초등국어의 표기와 발음

•●● 황인권 黃仁權

충남 보령 웅천 출생. 공주교육대학교와 한남대학교 국어교육과를 졸업했다. 한남대학교에서 석사학위를, 고려대학교에서 박사학위를 받았다. 저서로『한국 방언 연구 : 충남편』등이, 논문으로「충남 보령지역어의 음운연구」외 다수가 있다. 초등학교 교사와 공주교육대학교, 배재대학교, 한남대학교 강사를 역임했다.

초등국어의 표기와 발음

초판 인쇄 · 2016년 2월 15일
초판 발행 · 2016년 2월 25일

지은이 · 황인권
펴낸이 · 한봉숙
펴낸곳 · 푸른사상사

편집 · 지순이, 김선도 | 교정 · 김수란
등록 · 1999년 7월 8일 제2-2876호
주소 · 서울시 중구 충무로 29(초동) 아시아미디어타워 502호
대표전화 · 02) 2268-8706~7 | 팩시밀리 · 02) 2268-8708
이메일 · prun21c@hanmail.net
홈페이지 · http://www.prun21c.com

ⓒ 황인권, 2016
ISBN 979-11-308-0610-5 93710
값 36,000원

초등국어의
표기와 발음

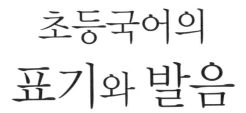

황인권

Notation
and
Pronunciation
in Elementary
Korean Language

이 도서의 국립중앙도서관 출판예정도서목록(CIP)은 서지정보유통지원시스템 홈페이지(http://seoji.nl.go.kr)와
국가자료공동목록시스템(http://www.nl.go.kr/kolisnet)에서 이용하실 수 있습니다.(CIP제어번호: CIP2016004387)

초등별곡

나는 초등학교 때 '밥'과 '밤'을 구별하지 못해 선생님께 개별 지도를 받은 것에 대해 지금도 기억하고 있다. 일기장에 '밥을 먹고'라고 써야 하는데, '밤을 먹고'라고 썼기 때문이다. 즉 'ㅂ'과 'ㅁ'의 다름을 정확히 알지 못한 것이다. 그래서 초등학교 교사가 되어 국어를 가르칠 때는 표기와 발음에 더 관심을 가지게 되었다. 그러나 초창기(1970년대)에는 표기와 발음에 대한 자료가 거의 없고, 내가 그때까지 공부한 내용은 국어의 닿소리와 홀소리가 전부였다. 그래서 수업 시간에 단원이 바뀔 때마다 칠판에 낱말의 표기와 발음을 적고, 학생들로 하여금 반복해서 발음을 하도록 지도했다. 그러나 마음은 언제나 답답했다. 표기와 발음이 달라지는 것에 대해 어떠한 음운원리나 규칙 등의 이론적인 지식이 전혀 없었기 때문이다. 흔히 교사는 열을 알고 그중 하나만 가르쳐야 된다는 말이 있지만, 나는 이에 대해서는 학생들보다 조금 앞설 뿐이라고 생각했다.

내가 초등학교 정년퇴임을 앞두고, 국어 교과서의 표기와 발음에 대해 글을 쓰기로 계획을 세웠다. 몇몇 선생님께 나의 뜻을 말하고 자문을 구했다. 국어 교과서의 낱말 중 표기와 발음이 다른 낱말에 적용되는 음운규칙에 대해 단원별로 기술하는 것이 좋겠다는 것이다. 그 후 교과서가 새로 개편된다는 말을 듣고, 지금까지 이 작업을 미루어 왔던 것이다.

처음에는 각 단원별로 표기와 발음이 다른 낱말들을 정리하니, 그 양이 너무 많았다. 그래서 국어와 국어활동에서 뽑은 낱말들을 단원 중심에서 '가'와 '나'별로 각각 합했다. 그래도 양이 너무 많았다. 이번에는 각 학기별로 '가'와

'나'를 합했다. 다음에는 1학기와 2학기를 합하여 학년별로 정리했다. 그래도 책이 너무 두꺼워 한 권이나 분권으로 하는 것도 여러모로 좀 어렵다고 생각했다. 선생님들과 상의한 결과 1·2학년, 3·4학년, 5·6학년과 같이 두 학년씩 합하는 것으로 마무리를 지었다. 아무래도 각 학년별보다는 좀 불편한 것이 사실이다.

초안을 작성해서 선생님들의 의견을 들어 보았다. 내용이 너무 어렵다는 것이 공통된 의견이었다. 특히 교대에서 국어 심화 과정을 이수하지 않은 경우에는 이해하기가 어렵다는 것이다. 좀 더 이해를 돕기 위해 이 글에서 기술된 음운규칙이나 한자로 된 용어를 대부분 우리말과 같이 기술했다. 초등학교 교육현장에서 학생들에게 이 음운규칙이나 용어를 전부 가르치는 것은 아니지만, 선생님들은 우리말 표기와 발음에 대해 이와 같은 음운규칙이나 용어들을 이해하고 있는 것이 발음 지도에 도움이 되리라고 생각했다. 왜냐하면 소리글자인 한글의 정확한 표기와 표준발음은 언어생활에서 가장 기본적인 태도라고 생각하기 때문이다. 그리고 한류의 열풍을 타고 외국인이나 유학생들이 우리말에 대해서 많은 관심을 갖고 배우고 있기 때문이다. 과거에 '국어사랑 나라사랑'이라는 표어가 유행어처럼 전국을 떠들썩하게 한 적이 있었다. 그런데 지금은 어떠한가? 우리 국어를 얼마나 바르게 사용하고 있는가? 우리 국어를 사랑하지 않고, 또 정확하게 사용하지도 않는지 한 번쯤 뒤돌아보는 것도 좋다고 생각한다. 우리가 우리 국어를 사랑할 때, 우리 국어는 지구상에 있는 모든 사람들로부터 사랑을 받을 것이다. 그리고 우리 국어는 우리 민족정신과 영원히 함께할 것이다.

"선생님, 지금도 학생들에게 한자를 가르치세요?"

"아니, 지금은 한자를 안 가르쳐."

어느 날 오후에 한 학생이 나를 찾아와서, 한자 공부에 대해 대화를 나누었다. 그러면서 그 학생은 "초등학교 시절에 선생님께 한자를 배울 때는 매우 힘들어서 중간에 포기하고 싶은 마음이 간절했는데, 끝까지 참고서 공부한 것이 지금 중학교에서 큰 도움이 되고 있다."면서, "앞으로 계속해서 학생들에게 한자 공부를 시키는 것이 좋겠다."고 했다.

그 당시에 초등학교에서는 한자능력급수시험에 합격하는 것이 자랑거리로 인식할 정도였다. 내가 방과 후에 한자 교육을 시작한 것도 학교에서 배려를 해주었기 때문에 가능했다. 교육은 인성 교육과 지식 교육이 균형을 이룰 때 바람직한 교육이 이루어질 수 있다는 것이 나의 소신이다. 거시적인 안목에서 볼 때, 우리 동양인은 서양철학보다는 먼저 동양철학에 접근하여 자신의 삶에 정신적 양식을 보충하기 위해서도 한자 교육이 중요하고 또 빠를수록 좋다고 생각해 왔다. 방과 후 한자 교육도 이와 같은 맥락에서 수업목표를 설정했다. 1주일에 두 시간을 정해서, 1시간은 지식 교육에 중점을 두고, 또 1시간은 인성 교육에 중점을 두고 수업계획을 세웠다. 학생들은 5, 6학년을 중심으로 희망하는 학생만 대상으로 했다. 교재는 전자의 교육을 위해 학교에 같은 옥편을 수강생 수만큼 부탁하고, 후자는 사자소학과 고사성어 및 숙어를 중심 내용으로 한 교재를 선정했다. 옥편에서는 매 시간마다 부수의 획과 뜻을 공부하고, 실제로 한자를 옥편에서 찾는 방법을 익히도록 지도했다. 부수의 뜻을 알면, 처음 보는 한자라도 그 뜻을 아는 데 어느 정도 도움이 될 수 있기 때문이다. 그리고 그 많은 한자를 외우는 것보다는 옥편을 활용하는 습관이 더 중요하기 때문이다. 단순히 한자의 음과 뜻을 외우는 것은 한계가 있다고 생각했기 때문에 옥편 중심으로 교육을 했다. 그리고 2차시에는 인성 교육에 도움이 되는 내용을 중심으로 한자의 음과 뜻과 한문의 내용을 공부했다. 첫 시간에 학생들에게 이와 같은 수업 내용을 설명해 주고, 수업을 받기 싫으면 언제든지 수업을 취소해도 된다는 말을 했다. 그리고 한자능력급수시험에 대해서는 학생 자신이 알아서 하도록 했다. 수업 시작부터 마지막 시간까지 중간에 수업을 포기하는 학생은 없었다. 좀 어려워했지만, 모두가 열심히 한자 공부를 했다. 수업 시간에 "쉽게 공부해서 얻는 것은 아무것도 없다. 다만 순간의 쾌락과 시간 낭비만 있을 뿐이다."라는 말을 하면서 학생들을 격려했다.

　내가 초등학교 시절에 고학년 국어 교과서에는 한자가 낱말의 괄호 안에 표기되어 있었다. 물론 그 시절에 한자를 공부한 것을 지금까지 거의 기억하고 있는 것은 아니지만, 한자를 초등학교 때 공부했다는 것은 지금도 기억하고 있다. 초등학교의 한자 교육에 대해 찬반의 견해가 있는 것으로 알고 있는데,

이는 찬반의 논쟁 대상이 될 수도 없고 또 논쟁 대상이 되는 것도 바람직하다고 생각하지 않는다. 학생들의 성장 과정에서 학생들을 위한 장래를 생각한다면, 한자 교육에 대한 정책은 '인기'도 아니고 '유행'도 아니기 때문에 더욱더 신중해야 된다고 생각한다. 언젠가는 초등학교 학생들도 한자 공부를 할 수 있는 기회가 있을 것이라는 생각을 가지고, 이 글에서도 한자의 발음과 관련된 두음법칙을 기술했다. 왜냐하면 한자어의 경우에 현행 한글맞춤법에도 두음법칙이 규정되어 있고, 또 국어사전을 보아도 한자와 한글로 병기된 낱말이 어느 정도인가는 누구나 다 아는 사실이기 때문이다. 물론 한자를 아는 것을 전제로 했을 때, 낱말이나 문장을 이해하는 데 얼마만큼 도움이 되는가는 말할 필요도 없다.

이 글을 마무리하기까지 자료 수집, 검토, 교정 등에 많은 수고를 해 준 강은정, 권혜정, 김현숙, 문보라, 박정란, 박지예, 송봉석, 윤예란, 이경자, 이성분, 조원균, 황화연님들에게 진심으로 감사드린다. 그동안 여러모로 많은 배려와 도움을 주시고, 정년퇴임을 하신 황의성(전 충남 보령시 교육장) 선배님과 김장환(전 초등학교 교장) 교우님에게 진심으로 감사드린다. 자료조사와 수집에 수고해 준 동생 인정에게도 고맙다는 말을 전하고 싶다.

이 글을 하나의 생명체로서 세상 구경을 시켜 주겠다며, 내 청을 흔쾌하게 받아 준 푸른사상사의 한봉숙 대표님에게 진심으로 감사드리고, 또 이 글이 한 권의 책이 되기까지 많은 수고를 해 준 김선도 팀장과 편집부 식구들에게도 진심으로 감사드린다.

이 책이 나오기까지 여러모로 많이 도와준 아내와 성원해 준 딸 상하, 그리고 컴퓨터 작업에 수고해 준 아들 건하에게도 고맙다는 말을 꼭 전하고 싶다.

운봉산을 내려오면서, '이젠 또 시작하는 새로운 길로 가야겠지. 또 다른 그 무엇을 찾기 위해서…….' 생각에 잠기는 동안 초등학교 정문을 지나고 있다. 이 학교는 내가 젊은 시절 4년 동안 교육 가족의 추억을 쌓은 곳이다. 이 정문을 볼 때마다, 오래전에 제자들의 동창모임 다음날 십여 명의 교육가족이 만남의 기념으로 모교의 정문에서 만든 행복한 영상들이 살포시 추억으로 떠오르곤 한다. 이 중 한 식구가 그동안 이 책을 만드는 데 수고를 많이 했다. 고마운 마음으로 잠깐 동안 심화라도 나누어 볼까! "여보세요, 교무실이죠. 혹시 교감선생님 계세요?"

　어느덧, 한두 송이씩 허공에서 난무하던 백설이 초등학교 아이들의 합창과 더불어 내 시선과 마주치는 듯했는데, 눈 깜짝할 사이에 삶의 갈등이 가득했던 무명교사의 길모퉁이에서 내 조그마한 발자국이 흔적과 사라짐을 반복하면서 지난 세월의 앨범을 만들고 있다. 이것이 순간마다의 긴 여정인 것을……. 내 고향 곰내의 아름다운 풍경 속에서 나그네를 반겨 주는 나의 보금자리가 마냥 그립다고 넋두리를 하면서, 못다 이룬 조그마한 꿈을 하얀 세상에 날려 보내 본다. 나의 삶에 있어서, 초등교육은 무한의 가치가 담긴 천년의 백자보다 더 소중한 것이라고 다시금 음미하면서 대문에 들어선다. 그리고 지난 세월과 먼 훗날의 교단을 그리면서 운봉산을 다시 한 번 바라본다. 새봄을 기다리면서…….

2016년 1월
충남 보령댐과 마주 선 雲峰山 기슭에서
곰내의 한빛을 내는 물흐름을 듣보면서
雲峰 씀

제3장 • 국어 닿소리의 음운변화와 관련된 음운규칙

이 책은 초등학교 국어 교과서(국어, 국어활동)를 중심으로 우리말 표기부터 발음까지의 음운변화 과정(이하 '음운변화 과정'을 '음운변화과정'으로 기술함)에서 음운규칙 적용에 따른 표준 발음과 비표준 발음을 정확히 이해하여 표기와 발음에 대한 표현 능력을 향상시키는 데 목적이 있다.(이하 '표준발음'과 '비표준발음'처럼 띄지 않고 붙여서 기술함.)

언어는 시간의 흐름에 따라 발음도 변하고, 글자의 형태도 변하고, 낱말의 의미도 변한다. 또 현재의 상황에서도 언어는 변화할 수 있고, 앞으로도 계속 변화할 것이다. 그러므로 이 글에서는 표기와 발음에 대해 현행 한글맞춤법(이하 '현행'은 생략함. 또 '한글맞춤법'처럼 띄지 않고 붙여서 기술함)과 표준 발음법(이하 '표준발음법'처럼 띄지 않고 붙여서 기술함)을 중심으로 기술한다. 이 중 한글맞춤법은 제2장 자모와 제3장 소리에 관한 것을 중심으로 기술한다.

표기와 발음이 '나무[나무]'와 같이 같은 경우도 있고, '국물[궁물]'과 같이 다른 경우도 있다. 전자는 바르게 표기만 하면 어려움이 없지만, 후자는 표기와 발음이 다르기 때문에 어느 정도 어려움을 느끼는 것도 사실이다. 따라서 이 글에서는 후자의 내용을 중심으로 기술한다.

표기와 발음이 다른 경우는 한 소리마디인 경우와 두 소리마디 이상인 경우로 나눌 수 있다. 한 소리마디인 경우에 첫소리보다는 끝소리에서 헷갈리는 경우가 있다. 입술소리(순음)는 '입[입]·잎[입]' 등과 같이 'ㅂ'과 'ㅍ'의 경우에, 잇몸소리(치경음)와 센입천장소리(경구개음)는 '낫[낟]·낮[낟]·낯[낟]·낱[낟]' 등과 같이 'ㅅ·ㅈ·ㅊ·ㅌ' 등의 경우에, 여린입천장소리

(연구개음)는 '박[박]·밖[박]' 등과 같이 'ㄱ'과 'ㄲ'의 경우에, '-녁[-녁](저녁)·-녘[녁](동녘)' 등과 같이 'ㄱ'과 'ㅋ'의 경우에 헷갈린다. 두 소리마디 이상인 경우는 두 가지로 나누어서 기술한다. 하나는 '굳이[구지]', '낳은[나은]' 등과 같이 두 소리마디 중 앞 소리마디의 끝소리('ㄷ, ㅎ' 등)와 뒤 소리마디의 홀소리('ㅣ, ㅡ' 등)가 연결된 경우에 표기와 발음이 다른 것이다. 또 하나는 '국물[궁물]'과 같이 앞 소리마디의 끝소리('ㄱ')와 뒤 소리마디의 첫 소리('ㅁ')가 연결된 경우에 표기와 발음이 다른 것이다. 이와 같이 하나의 닿소리가 놓이는 환경에 따라 본래의 음으로 발음되기도 하고, 다른 음으로 바뀌어 발음되기도 하기 때문에 헷갈리는 경우가 있다.

1부에서는 표기와 발음에 따른 이론에 대해 학문적인 내용보다는, 이 글을 읽는 데 참고가 될 수 있는 기초적인 내용을 중심으로 기술한다. 먼저 국어의 닿소리와 홀소리는 용어를 중심으로 입안의 소리 나는 위치와 소리 내는 발음방법에 따라 분류해서 기술한다. 국어 표기의 음운변화와 관련된 내용과 용어의 경우는 낱소리(음소)와 소리마디(음절), 닿소리 이어바뀜(자음접변, 이하 우리말 용어의 경우에는 띄어 쓰지 않고 붙여 씀.), 표기의 음운변화과정과 음운규칙 적용, 이음소리규칙(연음법칙), 내리닮음(순행동화)과 치닮음(역행동화)과 서로닮음(상호동화), 같은위치닿소리빠짐(동서열자음탈락) 등을 중심으로 기술한다. 이외에 홀소리 바뀜(변화)의 경우는 각 방언 또는 지역어에서는 큰 비중을 차지하지만, 초등학교 국어 교과서의 경우는 그렇지 않기 때문에 홑홀소리되기(단모음화)만 기술한다. 국어 닿소리변화와 관련된 음운규칙에서는 표준발음법에 제시된 보기를 중심으로, 표기에서 발음까지의 음운변화과정에 적용되는 음운규칙 등의 내용을 중심으로 기술한다. 다만, 머리소리규칙(두음법칙)은 한글맞춤법을 중심으로 기술한다. 닿소리 변화에 관한 규칙은 받침규칙(말음법칙), 닿소리빠짐(자음탈락), 콧소리되기(비음화), 흐름소리되기(유음화), 입술소리되기(순음화), 센입천장소리되기(경구개음화), 여린입천장소리되기(연구개음화), 거센소리되기(유기음화), 된소리되기(경음화), 닿소리보탬(자음첨가), 갈이소리되기(마찰음화), 머리소리규칙(두음법칙) 등을 중심으로 기술한다.

2부에서는 1학년부터 6학년까지 각 학년별로 국어 교과서인 국어와 국어활동(각각 1, 2학기의 '가'와 '나' 모두 포함)에서 인용한 보기를 중심으로 표기부터 발음까지의 음운변화과정을 분석한 후에, 각 단계별로 음운규칙을 적용함에 따라 실현된 표준발음과 비표준발음에 대한 내용을 기술한다. 각 학년별로 차례의 순서에 따라 기술할 규칙은 받침규칙, 닿소리빠짐, 콧소리되기, 흐름소리되기, 입술소리되기, 센입천장소리되기, 여린입천장소리되기, 거센소리되기, 된소리되기, 닿소리보탬, 갈이소리되기, 머리소리규칙 등이 있다. 이 중 머리소리규칙은 5, 6학년만 기술한다. 각 항별 머리글은 학년별로 내용이 모두 비슷하기 때문에 1, 2학년 머리글만 기술하고 다른 학년은 생략한다.(필요한 경우에는 1, 2학년 머리글 참조)

'부록'에서는 본문에 수록된 보기를 중심으로 표기부터 발음까지의 음운변화과정에서 적용되는 음운규칙과 표준발음 및 비표준발음을 기술한다. 경우에 따라서는 본문에 없는 낱말도 기술한다.

초등국어의 표기와 발음

표기와 발음에 관한 이론적 배경

제1장 • 국어의 **닿소리**와 **홀소리**

　국어의 닿소리를 '자음(子音)'이라고도 하고, 국어의 홀소리를 '모음(母音)'이라고도 하는데, 이 글에서는 닿소리와 홀소리라는 용어를 사용한다.

(1) ㄱ.　ㄱ(기역)　　ㄴ(니은)　　ㄷ(디귿)　　ㄹ(리을)　　ㅁ(미음)
　　　　ㅂ(비읍)　　ㅅ(시옷)　　ㅇ(이응)　　ㅈ(지읒)　　ㅊ(치읓)
　　　　ㅋ(키읔)　　ㅌ(티읕)　　ㅍ(피읖)　　ㅎ(히읗)
　　　　ㅏ(아)　　　ㅑ(야)　　　ㅓ(어)　　　ㅕ(여)　　　ㅗ(오)
　　　　ㅛ(요)　　　ㅜ(우)　　　ㅠ(유)　　　ㅡ(으)　　　ㅣ(이)

　(1)은 한글맞춤법 제4항에 규정하고 있다. 이 규정은 한글 자모의 수를 스물넉 자로 하고, 그 순서와 이름은 보기와 같이 한다는 내용이다.

(2) ㄴ.　ㄲ(쌍기역)　ㄸ(쌍디귿)　ㅃ(쌍비읍)　ㅆ(쌍시옷)　ㅉ(쌍지읒)
　　　　ㅐ(애)　　　ㅒ(얘)　　　ㅔ(에)　　　ㅖ(예)　　　ㅘ(와)
　　　　ㅙ(왜)　　　ㅚ(외)　　　ㅝ(워)　　　ㅞ(웨)　　　ㅟ(위)
　　　　ㅢ(의)

　(2)는 한글맞춤법 제4항 [붙임1]에 규정하고 있다. 이 규정은 (1)의 자모로써 적을 수 없는 소리는 두 개 이상의 자모를 어울러서 적되, 그 순서와 이름은 보기와 같이 정한다는 내용이다.

(3)　ㄱ ㄲ ㄴ ㄷ ㄸ ㄹ ㅁ ㅂ ㅃ ㅅ ㅆ ㅇ ㅈ ㅉ ㅊ ㅋ ㅌ ㅍ ㅎ

　(3)은 표준발음법 제2항에 규정하고 있다. 이 규정은 표준어의 닿소리를 19개로 한다는 내용이다.

⑷ ㅏ ㅐ ㅑ ㅒ ㅓ ㅔ ㅕ ㅖ ㅗ ㅘ ㅙ ㅚ ㅛ ㅜ ㅝ ㅞ ㅟ ㅠ ㅡ ㅢ ㅣ

⑷는 표준발음법 제3항에 규정하고 있다. 이 규정은 표준어의 홀소리를 21개로 한다는 내용이다.

① 국어의 닿소리(자음 : 子音)

국어의 닿소리는 소리 나는 위치(조음위치 : 調音位置, place of articulation)에 따라 입술소리 · 잇몸소리 · 센입천장소리 · 여린입천장소리 · 목구멍소리 등으로 분류되고, 소리 내는 방법(조음방법 : 調音方法, manner of articulation)에 따라 터짐소리 · 터짐갈이소리 · 갈이소리 · 콧소리 · 흐름소리 등으로 분류된다.

1) 입술소리(순음 : 脣音, labial)

입술소리는 두 입술이 맞닿아서 내는 닿소리를 말하는데, 이를 두입술소리(양순음 : 兩脣音, bilabial)라고도 한다. 국어 닿소리 중의 입술소리는 'ㅂ, ㅃ, ㅍ, ㅁ' 등이다.

2) 잇몸소리(치경음 : 齒莖音, alveolar)

잇몸소리는 혀끝(설단 : 舌端)을 잇몸(치경)에 대고 내는 닿소리를 말하는데, 이를 치조음(齒槽音)이라고도 한다. 국어 닿소리 중의 잇몸소리는 'ㄷ, ㄸ, ㅌ, ㅅ, ㅆ, ㄴ, ㄹ' 등이다.

3) 센입천장소리(경구개음 : 硬口蓋音, palatal)

센입천장소리는 혀의 앞부분(전설 : 前舌)을 센입천장(경구개 또는 단단

한 입천장)에 대거나 접근시켜서 내는 닿소리를 말하는데, 이를 입천장소리(구개음 : 口蓋音)라고도 한다. 국어 닿소리 중의 센입천장소리는 'ㅈ, ㅉ, ㅊ' 등이다.

4) 여린입천장소리(연구개음 : 軟口蓋音, velar)

여린입천장소리는 혀의 뒷부분(설배 : 舌背)과 여린입천장(연구개 또는 연하거나 부드러운 입천장)에서 내는 소리를 말한다. 국어 닿소리 중의 여린입천장소리는 'ㄱ, ㄲ, ㅋ, ㅇ' 등이다.

5) 목구멍소리(후두음 : 喉頭音, glottal)

목구멍소리는 인두(咽頭)의 벽과 혀뿌리(舌根)를 마찰하여 내는 소리를 말하는데, 이를 목청소리 · 성대음(聲帶音) · 성문음(聲門音) · 성문폐쇄음(聲門閉鎖音) · 후음(喉音) 등이라고도 한다. 국어 닿소리 중의 목구멍소리는 'ㅎ'이다.

6) 터짐소리(파열음 : 破裂音, plosive)

터짐소리는 입안의 어느 곳을 완전히 막고 기류(氣流)를 압축시켰다가 터뜨리는 소리를 말하는데, 이를 폐쇄음(閉鎖音) 또는 정지음(停止音, stop)이라고도 한다. 국어 닿소리 중의 터짐소리는 'ㄱ, ㄲ, ㅋ, ㄷ, ㄸ, ㅌ, ㅂ, ㅃ, ㅍ' 등이다.

7) 터짐갈이소리(파찰음 : 破擦音, affricate)]

터짐갈이소리는 터짐소리처럼 기류를 완전히 막았다가 터뜨릴 때는, 터짐소리와 달리 서서히 터뜨려서 갈이소리처럼 마찰이 생기게 하여 내는 소리를 말한다. 국어 닿소리 중의 터짐갈이소리는 'ㅈ, ㅉ, ㅊ' 등이다.

8) 갈이소리(마찰음 : 摩擦音, fricative, spirant)

갈이소리는 두 발음기관의 사이[조음점(調音點)과 조음체(調音體)]를 완전히 막지 않고, 아주 좁은 틈을 남겨 놓아 기류가 그 사이로 빠져나가게 하여 마찰을 일으켜 내는 소리를 말한다. 조음점은 자음의 소리 나는 위치와 관련된 기관 가운데 조음체가 접근하는 자리로서, 윗입술·윗니·윗잇몸·입천장 등과 같이 스스로 움직이지 못하는 발음기관을 말한다. 조음체는 자음을 만들어 내는 과정에서 능동적으로 움직여 조음점에 접근하는 발음기관으로서, 혀·아랫입술 등이 있다. 국어 닿소리 중의 갈이소리는 'ㅅ, ㅆ, ㅎ' 등이다.

9) 콧소리(비음 : 鼻音, nasal)

콧소리는 콧속(비강, 鼻腔)으로 통하는 통로가 열린 상태에서 내는 소리, 즉 입안의 통로를 막고 코로 공기를 내보내면서 내는 소리를 말한다. 국어 닿소리 중의 콧소리는 'ㄴ, ㅁ, ㅇ' 등이다.

10) 흐름소리(유음 : 流音, liquid)

흐름소리는 닿소리 중 기류가 가장 적게 장애를 받으면서 내는 소리를 말한다. 국어 닿소리 중의 흐름소리는 'ㄹ'이다.

11) 예사소리(例事–, 평음 : 平音)

예사소리는 입안(구강 : 口腔) 내부의 기압 및 발음기관의 긴장도가 낮아 약하게 터지는 소리를 말한다. 국어 닿소리 중의 예사소리는 'ㄱ, ㄷ, ㅂ,

ㅅ, ㅈ' 등이다. 'ㅎ'은 예사소리로 보는 견해도 있고, 거센소리로 보는 견해도 있다. 이 글의 국어 닿소리 체계에서는 'ㅎ'을 예사소리로 기술한다.

12) 된소리(경음 : 硬音)

된소리는 목구멍 근육을 긴장하거나 성문을 폐쇄하여 내는 소리를 말한다. 국어 닿소리 중의 된소리는 'ㄲ, ㄸ, ㅃ, ㅆ, ㅉ' 등이다.

13) 거센소리(유기음 : 有氣音)

거센소리는 숨이 거세게 나오는 터짐소리를 말한다. 이를 격음(激音) 또는 기음(氣音)이라고도 한다. 국어 닿소리 중의 거센소리는 'ㅋ, ㅌ, ㅊ, ㅍ' 등이다.

표 1 국어의 닿소리 체계

소리 내는 방법 ＼ 소리 나는 위치		입술소리 (순음)	잇몸소리 (치경음)	센입천장 소리 (경구개음)	여린입천장 소리 (연구개음)	목구멍 소리 (후두음)
터짐소리 (파열음)	예사소리 (평음)	ㅂ	ㄷ		ㄱ	
	된소리 (경음)	ㅃ	ㄸ		ㄲ	
	거센소리 (유기음)	ㅍ	ㅌ		ㅋ	
터짐갈이소리 (파찰음)	예사소리 (평음)			ㅈ		
	된소리 (경음)			ㅉ		
	거센소리 (유기음)			ㅊ		

제1부 표기와 발음에 관한 이론적 배경

소리 나는 위치 소리 내는 방법		입술소리 (순음)	잇몸소리 (치경음)	센입천장 소리 (경구개음)	여린입천장 소리 (연구개음)	목구멍 소리 (후두음)
갈이소리 (마찰음)	예사소리 (평음)		ㅅ			ㅎ
	된소리 (경음)		ㅆ			
콧소리(비음)		ㅁ	ㄴ		ㅇ	
흐름소리(유음)			ㄹ			

② 국어의 홀소리(모음 : 母音)

국어 홀소리의 분류 기준은 혀의 위치와 입술 모양으로 결정된다. 혀의
위치는 혀의 높낮이와 앞뒤의 위치로 구분한다. 이 중 혀의 높낮이로는 높
은홀소리, 가운데홀소리, 낮은홀소리 등으로 구분한다. 혀의 앞뒤의 위치
로는 앞홀소리, 뒤홀소리 등으로 구분한다. 입술 모양의 경우는 둥근홀소
리와 안둥근홀소리로 구분한다.

1) 높은홀소리(고모음 : 高母音, high vowel)

높은홀소리는 혀의 위치가 가장 높은 경우, 즉 혀가 입천장에 가장 가까
운 위치에서 실현되는 소리를 말한다. 국어 홀소리 중의 높은홀소리는 'ㅣ,
ㅟ, ㅡ, ㅜ' 등이다.

2) 가운데홀소리(중모음 : 中母音, mid vowel)

가운데홀소리는 높은홀소리와 낮은홀소리의 중간에서 실현되는 소리를
말한다. 국어 홀소리 중의 가운데홀소리는 'ㅔ, ㅚ, ㅓ, ㅗ' 등이다.

3) 낮은홀소리(저모음 : 低母音, low vowel)

낮은홀소리는 높은홀소리의 반대로 실현되는 소리를 말한다. 국어 홀소리 중의 낮은홀소리는 'ㅐ, ㅏ' 등이다.

4) 앞홀소리(전설모음 : 前舌母音, front vowel)

앞홀소리는 혀의 앞부분에서 실현되는 소리를 말한다. 국어 홀소리 중의 앞홀소리는 'ㅣ, ㅔ, ㅐ, ㅟ, ㅚ' 등이다.

5) 뒤홀소리(후설모음 : 後舌母音, back vowel)

뒤홀소리는 혀의 뒷부분에서 나는 소리를 말한다. 국어 홀소리 중의 뒤홀소리는 'ㅡ, ㅓ, ㅏ, ㅜ, ㅗ' 등이 있다.

6) 둥근홀소리(원순모음 : 圓脣母音, rounded vowel)

둥근홀소리는 입술을 둥글게 하고, 동시에 입술을 앞으로 쭉 내밀면서 내는 소리를 말한다. 국어 홀소리 중의 둥근홀소리는 'ㅜ, ㅗ, ㅟ, ㅚ' 등이다.

7) 안둥근홀소리(평순모음 : 平脣母音, unrounded vowel)

안둥근홀소리는 둥근홀소리와는 반대로 내는 소리를 말한다. 이를 비원순모음(非圓脣母音)이라고도 한다. 국어 홀소리 중의 안둥근홀소리는 'ㅣ, ㅔ, ㅐ, ㅡ, ㅓ, ㅏ' 등이다.

표 2   국어의 홑홀소리 체계

혀의 위치	앞홀소리(전설모음)		뒤홀소리(후설모음)	
입술 모양 혀의 높낮이	안둥근소리 (평순모음)	둥근홀소리 (원순모음)	안둥근홀소리 (평순모음)	둥근홀소리 (원순모음)
높은홀소리 (고모음)	ㅣ	ㅟ	ㅡ	ㅜ
가운데홀소리 (중모음)	ㅔ	ㅚ	ㅓ	ㅗ
낮은홀소리 (저모음)	ㅐ		ㅏ	

8) **홑홀소리**(단모음 : 單母音)와 **두겹홀소리**(이중모음 : 二重母音)와 **반홀소리**(반모음 : 半母音, semi-vowel)

(5) ㅏ   ㅐ   ㅓ   ㅔ   ㅗ   ㅚ   ㅜ   ㅟ   ㅡ   ㅣ

(5)는 표준발음법 제4항에 규정하고 있다. 이 규정은 보기를 홑홀소리로 발음한다는 내용이다. 이 중 'ㅚ. ㅟ'는 두겹홀소리로 발음할 수 있다.(제4항 [붙임]) 홑홀소리란 홀소리를 발음할 때 처음부터 끝까지 같은 음성으로 실현되는 모음을 말한다.

(6) ㅑ   ㅒ   ㅕ   ㅖ   ㅘ   ㅙ   ㅛ   ㅝ   ㅞ   ㅠ   ㅢ

(6)은 표준발음법 제5항에 규정하고 있다. 이 규정은 보기를 두겹홀소리로 발음한다는 내용이다. 두겹홀소리란 홀소리를 발음할 때에 홀소리가 겹으로 되어 소리가 나는 것을 말한다. 두겹홀소리를 거듭홀소리, 겹홀소리, 복모음(複母音), 중모음(重母音) 등이라고도 한다. 보기 중 'ㅑ[ja]', 'ㅛ[jo]', 'ㅘ[wa]', 'ㅝ[wɔ]' 등을 두겹홀소리로 발음할 경우에 'ㅑ(ㅣ + ㅏ)', 'ㅛ(ㅣ + ㅗ)', 'ㅘ(ㅗ + ㅏ)', 'ㅝ(ㅜ + ㅓ)' 등과 같이 분석할 수 있다.([ ]는 발음

을 나타냄.) 이 경우에 괄호 안의 'ㅓ' 앞에 있는 'ㅣ'와 'ㅗ', 'ㅜ' 등은 홀소리가 아닌 반홀소리다. 이와 같은 반홀소리(반모음 : 半母音)를 앞의 발음에서는 반홀소리 'ㅣ'를 [j]로, 반홀소리 'ㅗ'와 'ㅜ'를 [w]로 나타내었다. 그런데 반홀소리 [j]를 [y]로 나타내기도 한다. 그러므로 반홀소리는 홀소리와는 달리 혼자 소리마디를 이루지 못하고, 보기와 같이 홀소리와 결합하여 두겹홀소리로 실현된다.

제2장 **표기의 음운변화**와 관련된 내용과 용어

❶ 낱소리(음소 : 音素)와 소리마디(음절 : 音節)

음운(音韻)이란 말의 뜻을 구별하여 주는 소리의 가장 작은 단위를 말한다. 음운은 낱소리(음소 : 音素)와 운소(韻素)로 구분된다. 낱소리에는 닿소리와 홀소리가 있다. 닿소리의 예를 들면, '강'과 '방'은 뜻이 다르다. 이 경우에 두 낱말의 뜻을 구별하는 것은 두 낱말의 첫소리 'ㄱ'과 'ㅂ'이 다르기 때문이다. 그러므로 'ㄱ', 'ㅂ' 등과 같은 닿소리를 낱소리라고 한다. 홀소리의 예를 들면, '너'와 '나'도 뜻이 다르다. 이 경우는 홀소리 'ㅓ'와 'ㅏ'가 다르기 때문이다. 그러므로 'ㅓ', 'ㅏ' 등과 같은 홀소리를 낱소리라고 한다. 운소는 소리의 높낮이, 길이, 세기 등이 있다. 이 중 표준발음법에서는 음의 길이만을 운소로 규정하고 있다. 예를 들면, '밤[밤]'과 '밤[밤ː]'의 경우에 발음의 길이에 따라 두 낱말의 뜻이 다르다. 즉 소리의 길이를 운소라고 한다.

소리마디란 낱소리가 모여서 이루어진 소리의 한 덩어리를 말한다. 이 글에서는 음소나 음절 대신에 낱소리와 소리마디를 사용한다.

(7) ㄱ. 아   야   어   여   오   요   우   유   …
  ㄴ. 악   약   억   역   옥   욕   욱   육   …
  ㄷ. 가   갸   거   겨   고   교   구   규   …
  ㄹ. 갈   걸   결   골   굴   귤   …

(7)은 한 소리마디를 여러 유형으로 나타낸 경우이다.

(7ㄱ)은 홀소리인 가운뎃소리만으로 소리마디가 이루어진 경우이고, (7

ㄴ)은 홀소리인 가운뎃소리와 닿소리인 끝소리로 소리마디가 이루어진 경우이고, (7ㄷ)은 닿소리인 첫소리와 홀소리인 가운뎃소리로 소리마디가 이루어진 경우이고, (7ㄹ)은 닿소리인 첫소리와 홀소리인 가운뎃소리와 닿소리인 끝소리로 소리마디가 이루어진 경우이다. 국어의 홀소리는 '아·어' 등과 같이 스스로 한 소리마디를 이루지만, 국어의 닿소리는 'ㄱ·ㄴ' 등과 같이 스스로 한 소리마디를 이룰 수 없고, '가·나' 등과 같이 홀소리와 결합하여 한 소리마디를 이룰 수 있다. 국어의 한 소리마디는 '감'의 경우에 '감 → ㄱ + ㅏ + ㅁ'과 같이 닿소리와 홀소리로 분석할 수 있다. 이 중 'ㄱ'을 첫소리(초성 : 初聲), 모음 'ㅏ'를 가운뎃소리(중성 : 中聲), 받침 'ㅁ'을 끝소리(말음 : 末音 또는 종성 : 終聲)라고 한다. 따라서 국어의 경우에 한 소리마디는 '아·어' 등과 같이 홀소리로만 이루어지는 경우, '가·나' 등과 같이 닿소리와 홀소리로 이루어지는 경우, '감·강' 등과 같이 닿소리와 홀소리 그리고 닿소리로 이루어지는 경우 등과 같이 구분할 수 있다. 물론 가운뎃소리에는 '야·여' 등과 같이 반홀소리와 홀소리가 결합된 두겹홀소리인 경우도 있고, 끝소리에는 '밖, 있-' 등과 같이 쌍받침인 경우와 '값, 몫' 등과 같이 겹받침인 경우도 있다.

이 글에서는 소리마디와 소리마디가 결합되어 '국물'과 같이 두 소리마디인 경우에 '국-'을 제1소리마디, '-물'을 제2소리마디라고 기술한다. 또 이 경우에 제1소리마디인 '국-'을 앞 소리마디, 제2소리마디인 '-물'을 뒤 소리마디라고도 한다. 또 제1소리마디의 홀소리 'ㅜ'('국-'의 'ㅜ')와 제2소리마디의 홀소리 'ㅜ'('-물'의 'ㅜ') 사이에 있는 두 개의 닿소리 중 'ㄱ'('국'의 끝소리)을 앞 닿소리, 'ㅁ'('물'의 첫소리)을 뒤 닿소리라고 한다. '음악'의 경우에 앞 소리마디인 '음-'의 끝소리 'ㅁ'은 앞 닿소리이고, '-악'의 홀소리 'ㅏ'는 뒤 홀소리라고 한다.

② 닿소리이어바뀜(자음접변 : 子音接變)

앞 닿소리(제1소리마디 끝소리)와 뒤 닿소리(제2소리마디 첫소리)가 있는 두 소리마디가 결합되는 경우에 '신문[신문]'과 같이 소리가 변하지 않는 경우(표기와 발음이 같음)가 있고, '국물[궁물]'과 같이 소리가 변하는 경우(표기와 발음이 다름)도 있다. 후자와 같이 두 홀소리 사이에 있는 'ㄱ'과 'ㅁ'이 서로 이어져 소리가 변화하는 것을 닿소리이어바뀜이라고 한다. 이 내용과 관련하여 이 글에서는 '국물[궁물]'과 같이 닿소리이어바뀜이 실현될 수 있는 경우를 '닿소리이어바뀜의 환경'이라고 기술한다. '국물'과 같은 경우에는 앞 닿소리 'ㄱ'이 뒤 닿소리 'ㅁ'을 닮아 비음인 [ㅇ]으로 실현되기 때문에, 이는 닿소리닮음으로서 콧소리 되기(이하 '되기'는 붙임)에 해당된다.(제1부 제3장의 3. 콧소리되기 참조) 국어의 경우에 닿소리닮음은 소리 내는 방법에 따라 콧소리되기와 흐름소리되기로 구분하고, 소리 나는 위치에 따라 입술소리되기와 센입천장소리되기 및 여린입천장소리되기로 구분한다. 이에 대해서는 관련된 각 항에서 기술한다.

③ 표기의 음운변화과정과 음운규칙 적용

표기의 음운변화과정이란 표기와 발음이 다른 경우(예 : 국물[궁물])에, 표기의 닿소리나 홀소리가 다른 소리로 바뀌는 과정을 말한다. 즉 닿소리나 홀소리가 달라진 경우이다. 표기의 닿소리가 변화된 경우에는 닿소리에 관한 규칙이 적용되고, 홀소리가 변화된 경우에는 홀소리에 관한 규칙이 적용된다. 이 음운변화과정에서 적용되는 닿소리에 관한 규칙은 받침규칙, 닿소리빠짐, 콧소리되기, 흐름소리되기, 입술소리되기, 센입천장소리되기, 여린입천장소리되기, 거센소리되기, 된소리되기, 닿소리보탬, 갈이소리되기, 머리소리규칙, 같은위치닿소리빠짐 등이 있다. 홀소리에 관한 규칙은 홑홀소리되기가 있다. 이외에 이음소리규칙이 있다. 따라서 표기의 음운변화과정에 따른 음운규칙 적용이란 하나의 낱말(이하 설명이나 보기에서 '낱말과 토씨나 기타' 등이 결합된 경우도 포함됨.)에 대해 표기부터 발음까지 소리가 달라진 과정을 각 단계별로 구분했을 때에, 각 단계별로 소리의 변화에 해당되는 규칙이 적용된 과정을 말한다. 즉 위와 같은 규칙들이 각 단계별로 적용되는 경우를 말한다. 이 중 이음소리규칙, 같은위치 닿소리빠짐, 홑홀소리되기 등은 이 장에서 기술하고, 다른 음운규칙은 제3장에서 기술한다.

표기의 음운변화과정에서 각 단계별이란 'A → B → C'와 같이 기술하는 것을 말한다. 이 경우는 두 단계를 나타낸 것이다. 즉 화살표(→) 하나가 한 단계를 나타낸다. 이 중 'A'는 하나의 낱말에 대한 표기이고, 화살표는 소리의 변화 전·후를 나타내고, 'B'는 'A'(표기)에서 1단계로 변화된 것을 나타내고, 마지막 단계인 'C'는 발음을 나타낸다. 따라서 이 경우에는 표기(A)부터 발음(C)까지 두 단계의 음운규칙이 적용된다. 즉 1단계는 'A → B'와 같이 'A'가 'B'로 소리가 달라진 경우에, 달라진 내용에 해당되는 음운규칙이 적용된다. 2단계('B → C')는 'B'가 'C'로 소리가 달라진 경우에, 달라진 내용에 해당되는 음운규칙이 적용된다. 물론 낱말에 따라서는 표기부터 발음까지 '1단계'만 적용되거나 또는 '2단계' 이상 적용되는 경우도 있다. 예를 들면, 앞의 보기 '국물'은 [궁물]과 같이 닿소리이어바뀜의 환경에서 앞 닿소리 'ㄱ'이 뒤 닿소리 'ㅁ'을 닮아 비음인 [ㅇ]으로 발음된 경우인데, 이는 한 단계만 적용된다. 그러므로 '국물'이 '국물 → 궁물'과 같은 음운변화과정에서 1단계는 'ㄱ → ㅇ(국- → 궁-)'과 같이 'ㄱ'에 콧소리되기가 적용된다. 이 경우 'ㄱ'에 콧소리되기가 적용된다는 것은, 'ㄱ'이 [ㅇ]으로 콧소리되기가 실현되기 때문에 음운변화과정에서 콧소리되기 음운규칙이 적용된다는 것을 의미한다.(이하 '같은 의미'로 기술함) 그런데 음운변화과정이 '국물'과 같이 한 단계인 경우에는 '1단계'란 말을 생략하기도 한다.

보기에 따라서는 하나의 보기에 대해 두 가지 이상의 음운변화과정이 가능하지만, 이 글에서는 하나의 음운변화과정만 기술한다. 예를 들면 '몸짓'의 경우에 '몸짓 → 몸찓 → 몸찓'과 '몸짓 → 몸짇 → 몸찓'과 같이 두 가지의 음운변화과정이 가능하다. 이 경우에 음운규칙 적용 순서는 다르지만, 표기와 표준발음이 같기 때문에 하나의 음운변화과정만 기술한다.

④ 이음소리규칙(연음법칙 : 連音法則)

이음소리규칙이란 '옷이[오시]'와 같이 앞 닿소리('옷-'의 'ㅅ')와 뒤 홀소리('-ㅣ')가 결합되는 두 개의 소리마디에서 앞 닿소리가 뒤 소리마디의 첫소리로 발음되는 것을 말한다.

(8) 깎아[까까]   옷이[오시]   있어[이써]   낮이[나지]
     꽂아[꼬자]   꽃을[꼬츨]   쫓아[쪼차]   밭에[바테]
     앞으로[아프로]   덮이다[더피다]

(8)은 표준발음법 제13항에 규정하고 있다. 이 규정은 홑받침이나 쌍받침이 홀소리로 시작된 토씨(조사)나 씨끝(어미), 뒷가지(접미사)와 결합되는 경우에는, 제 소리(음가 : 音價. 낱자가 지니고 있는 소리 또는 소릿값)대로 뒤 소리마디(음절) 첫소리(초성)로 옮겨 발음한다는 내용이다. 이 중 '옷이 · 낮이 · 꽃을 · 밭에 · 앞으로' 등의 경우에 '이 · 을 · 에 · 으로' 등은 토씨이고, '깎아 · 있어 · 꽂아 •쫓아' 등의 경우에 '-아 · -어' 등은 씨끝이고, '덮이다'의 '-이-'는 뒷가지인 경우이다.

(9) 넋이[넉씨]   앉아[안자]   닭을[달글]   젊어[절머]
     곬이[골씨]   핥아[할타]   읊어[을퍼]   값을[갑쓸]
     없어[업ː써]

(9)는 표준발음법 제14항에 규정하고 있다. 이 규정은 겹받침이 홀소리로 시작된 토씨나 씨끝, 뒷가지와 결합되는 경우에는, 뒤엣 것만을 뒤 소리마디 첫소리로 옮겨 발음한다는 내용이다. 이 중 '넋-, 곬-, 값-, 없-' 등과 같이 겹받침 중 뒤 닿소리가 'ㅅ'인 경우는 [ㅆ]과 같이 된소리로 발음한다. 보기에서 '이, 을' 등은 토씨이고, '-아, -어' 등은 씨끝인 경우이다. 특히 보기 중 '닭을'을 비표준발음인 [다글]로 실현하는 경우도 많기 때문에 발음 지도에 유의해야 한다.

⑤ 내리닮음(순행동화 : 順行同化)과 치닮음(역행동화 : 逆行同化)과 서로닮음(상호동화 : 相互同化)

닮음(동화 : 同化)이란 앞 닿소리와 뒤 홀소리나 뒤 닿소리가 결합되는 경우에, 어느 한쪽이나 양쪽이 영향을 받아 비슷하거나 같은 소리로 바뀌는 현상을 말한다. 내리닮음이란 닿소리이어바뀜의 환경에서 뒤 닿소리가 앞 닿소리를 닮아 소리가 바뀌는 현상을 말한다. 치닮음이란 앞 닿소리가 뒤 홀소리나 뒤 닿소리를 닮아 소리가 바뀌는 현상을 말한다. 이와 관련된 내용에 대해서는 해당 항에서 기술한다.

(10) ㄱ. 물놀이[물로리]　　칼날[칼랄]　　종로[종노]
　　 ㄴ. 국물[궁물]　　　　닫는[단는]　　잡는[잠는]
　　 ㄷ. 물난리[물랄리]
　　 ㄹ. 백리[뱅니]　　　　협력[혐녁]

(10ㄱ)은 내리닮음인 경우이다. '물놀이'는 닿소리이어바뀜의 환경에서 [물로리]와 같이 뒤 닿소리 'ㄴ'이 앞 닿소리 'ㄹ'을 닮아 'ㄴ'이 [ㄹ]로 발음된 경우이다. 이 경우에 '물놀이'는 '물놀이→물로리'와 같은 음운변화 과정에서 'ㄴ→ㄹ(-놀-→-롤-)'과 같이 'ㄴ'에 흐름소리되기가 적용된

다.(제1부 제3장의 4. 흐름소리되기 참조) '종로'는 닿소리이어바뀜의 환경에서 [종노]와 같이 뒤 닿소리 'ㄹ'이 앞 닿소리 'ㅇ'을 닮아 'ㄹ'이 [ㄴ]으로 발음된 경우이다. 이 경우에 '종로'는 '종로 → 종노'와 같은 음운변화과정에서 'ㄹ → ㄴ(-로 → -노)'과 같이 'ㄹ'에 콧소리되기가 적용된다.

(10ㄴ)은 치닮음인 경우이다. '국물'은 닿소리이어바뀜의 환경에서 [궁물]과 같이 앞 닿소리 'ㄱ'이 뒤 닿소리 'ㅁ'을 닮아 'ㄱ'이 [ㅇ]으로 발음된 경우이다. 이 경우에 '국물'은 '국물 → 궁물'과 같은 음운변화과정에서 'ㄱ → ㅇ(국- → 궁-)'과 같이 'ㄱ'에 콧소리되기가 적용된다. '닫는'은 닿소리이어바뀜의 환경에서 [단는]과 같이 앞 닿소리 'ㄷ'이 뒤 닿소리 'ㄴ'을 닮아 'ㄷ'이 [ㄴ]으로 발음된 경우이다. '닫는'은 '닫는 → 단는'과 같은 음운변화과정에서 'ㄷ → ㄴ(닫- → 단-)'과 같이 'ㄷ'에 콧소리되기가 적용된다. '잡는'은 닿소리이어바뀜의 환경에서 [잠는]과 같이 앞 닿소리 'ㅂ'이 뒤 닿소리 'ㄴ'을 닮아 'ㅂ'이 [ㅁ]으로 발음된 경우이다. 이 경우에 '잡는'은 '잡는 → 잠는'과 같은 음운변화과정에서 'ㅂ → ㅁ(잡- → 잠-)'과 같이 'ㅂ'에 콧소리되기가 적용된다.

(10ㄷ)의 '물난리'[물랄리]는 제2소리마디 '-난-'을 중심으로 내리닮음과 치닮음처럼 두 가지의 닿소리닮음이 실현된 경우이다. 내리닮음은 '물난-'과 같은 닿소리이어바뀜의 환경에서 [물란]과 같이 뒤 닿소리 'ㄴ'이 앞 닿소리 'ㄹ'을 닮아 'ㄴ'이 [ㄹ]로 발음된 경우이다. 치닮음은 '-난리'와 같은 닿소리이어바뀜의 환경에서 [날리]와 같이 앞 닿소리 'ㄴ'이 뒤 닿소리 'ㄹ'을 닮아 'ㄴ'이 [ㄹ]로 발음된 경우이다. 즉 '물난리'가 '물난리 → 물란리 → 물랄리'와 같은 음운변화과정에서 1단계는 'ㄴ → ㄹ(-난- → -란-)'과 같이 '-난-'의 첫소리인 'ㄴ'에 흐름소리되기가 적용되고, 2단계는 'ㄴ → ㄹ(-란- → -랄-)'과 같이 '-란'의 끝소리인 'ㄴ'에 흐름소리되기가 적용된다.

(10ㄹ)은 서로닮음인 경우이다. 서로닮음이란 닿소리이어바뀜의 환경에

서 앞 닿소리와 뒤 닿소리가 서로 영향을 끼쳐 두 닿소리가 모두 변화하는 것을 말한다. '백리'는 '백리 → 백니 → 뱅니'와 같은 음운변화과정에서 1단계는 'ㄹ → ㄴ(-리 → -니)'과 같이 'ㄹ'에 콧소리되기가 적용되고, 2단계는 'ㄱ → ㅇ(백- → 뱅-)'과 같이 'ㄱ'에 콧소리되기가 적용된다. 이 경우에 표기는 '백리'이고, 표준발음은 [뱅니]이다. 즉 표기와 표준발음이 다른 경우이다. '협력'은 '협력 → 협녁 → 혐녁'과 같은 음운변화과정에서 1단계에 'ㄹ → ㄴ(-력 → -녁)'과 같이 'ㄹ'에 콧소리되기가 적용되고, 2단계는 'ㅂ → ㅁ(협- → 혐-)'과 같이 'ㅂ'에 콧소리되기가 적용된다. 이 경우에 표기는 '협력'이고, 표준발음은 [혐녁]이다. 즉 표기와 표준발음이 다른 경우이다.

❻ 같은위치닿소리빠짐(동서열자음탈락 : 同序列子音脫落)

같은위치닿소리빠짐이란 같은 소리 나는 위치에 있는 닿소리가 앞 닿소리와 뒤 닿소리로 연결되어 있는 경우에, 이 중 하나의 닿소리가 중화로 인해 빠지는 것을 말한다. '같은위치(동서열)'란 소리 나는 위치가 같은 경우를 말한다. 중화(中和)란 애초에 대립되던 닿소리들이 특정 환경에서 그 대립을 상실하게 되는 현상을 말한다. 이 경우에 특정 환경은 소리 나는 위치가 같다는 점이다.

이 항에서는 닿소리이어바뀜의 환경에서 같은 소리 나는 위치에 있는 앞 닿소리와 뒤 닿소리가 연결되어 있는 경우에 앞 닿소리가 빠지는 내용을 중심으로 기술한다. (보기의 '×'는 비표준발음을 나타냄.)

(11) ㄱ. 냇가[낻:까 / 내:까]　　콧등[콛뚱 / 코뚱]　　깃발[긷빨 / 기빨]
　　　햇살[핻쌀 / 해쌀]　　뱃전[밷쩐 / 배쩐]
　　ㄴ. 걷고[걷꼬](×[거꼬])　　닫고[닫꼬](×[다꼬])
　　　듣고[듣꼬](×[드꼬])　　싣고[싣꼬](×[시꼬])

ㄷ. 웃고[욷꼬](×[우꼬])   있고[읻꼬](×[이꼬])   잊고[읻꼬](×[이꼬])
　　꽃과[꼳꽈](×[꼬꽈])   같고[갇꼬](×[가꼬])

(11ㄱ)은 표준발음법 제30항 1에 규정하고 있는 보기의 일부이다. 이 규정은 'ㄱ, ㄷ, ㅂ, ㅅ, ㅈ'으로 시작하는 낱말 앞에 사이시옷('ㅅ')이 올 때는 이들 닿소리만을 된소리로 발음하는 것을 원칙으로 하되, 사이시옷을 [ㄷ]으로 발음하는 것도 허용한다는 내용이다. 보기는 두 가지의 발음을 모두 표준발음(복수표준발음)으로 인정한 경우이다. 이 경우에 '낻까 → 내까'와 같이 하나의 음운변화과정에서 두 가지의 표준발음을 모두 실현하기 위해서는 뒤 닿소리의 소리 나는 위치에 따라 세 가지의 음운규칙 적용 방법을 설정할 수 있다.

첫째, '냇가'와 같이 앞 닿소리가 'ㅅ'이고, 뒤 닿소리가 여린입천장소리('ㄱ')인 경우는 '받침규칙 → 된소리되기 → 여린입천장소리되기 → 같은위치닿소리빠짐' 등의 순서로 규칙을 적용한다. '냇가'는 '냇가 → 낻가 → 낻까 → 낵까 → 내까'와 같이 네 단계의 음운변화과정을 설정할 수 있다. 1단계는 'ㅅ → ㄷ(냇- → 낻-)'과 같이 'ㅅ'에 받침규칙이 적용되고(제1부 제3장의 1. 받침규칙 참조), 2단계는 'ㄱ → ㄲ(-가 → -까)'과 같이 'ㄱ'에 된소리되기가 적용되고(제1부 제3장의 9. 된소리되기 참조), 3단계는 'ㄷ → ㄱ(낻- → 낵-)'과 같이 'ㄷ'에 여린입천장소리되기가 적용되고(제1부 제3장의 7. 여린입천장소리되기 참조), 4단계는 'ㄱ → ∅(낵까 → 내까)'과 같이 'ㄱ'에 같은위치닿소리빠짐이 적용된다. 소리에 관한 이론에서는 이 부호('∅')를 영(零), 즉 아무것도 없음을 나타내는 기호로 사용하는 경우가 있다. 즉 이 부호('∅')는 'ㄱ → ∅'과 같이 'ㄱ'이 빠진(삭제 또는 생략) 경우에 사용하거나 또는 '∅ → ㄱ'과 같이 'ㄱ'이 보태진(첨가 또는 삽입) 경우에 사용하기도 한다. 그러므로 이 글에서도 위와 같이 이 부호('∅')를 빠짐이나 보탬의 경우에 사용하고, 이를 '영'이라고 읽는다. 이 음운변화과정에서 2단계에 실현된 [낻까]와 4단계에서 실현된 [내까]는 모두 표준발음이다. [내까]의 경우는 4단계에서 같은위치닿소리빠짐이 적용된 것이다. 이는 닿소리이어 바뀜의 환경에서 같은 소리 나는 위치에 있는 닿소리들이 앞 닿소리와 뒤 닿소리가 연결되어 발음되는 경우에, 이 중 앞 닿소리가 빠진 것이다. 즉 'ㄱ'과 'ㄲ'은 여린입천장소리로서 같은 위치에 있는 경우이다. 예를 들면, 4단계의 '낵까 → 내까'에서 앞 닿소리 'ㄱ'과 뒤 닿소리 'ㄲ'은 여린입천장소리로서 소리 나는 위치가 같은 경우에 앞 닿소리 'ㄱ'이 빠진 것이다. 실제로 '먹고' · '듣다' · '밥보' 등과 같은 경우에 [먹꼬] · [듣따] · [밥뽀] 등과 같은 표준발음보다는, 같은위치닿소리빠짐이 적용되어 비표준발음이 된 [머꼬] · [드따] · [바뽀] 등을 발음하는 데 힘이 덜 들고, 편하고, 부드럽다.

둘째, '콧등'이나 '뱃전'과 같이 앞 닿소리가 'ㅅ'이고, 뒤 닿소리가 잇몸소리('ㄷ')나 센입천장소리('ㅈ')인 경우는 '받침규칙 → 된소리되기 → 같은위치닿소리빠짐' 등의 순서로 규칙을 적용한다. '콧등'이 '콧등 → 콛등 → 콛뜽 → 코뜽'과 같은 음운변화과정에서 1단계는 'ㅅ → ㄷ(콧- → 콛-)'과 같이 'ㅅ'에 받침규칙이 적용되고, 2단계는 'ㄷ → ㄸ(-등 → -뜽)'과 같이 'ㄷ'에 된소리되기가 적용되고, 3단계는 'ㄷ → ∅(콛뜽 → 코뜽)'과 같이 'ㄷ'에 같은위치닿소리빠짐이 적용된다.('ㄷ'과 'ㄸ'은 같은 위치임) 이 중 2단계에서 실현된 [콛뜽]과 3단계에서 실현된 [코뜽]은 모두 표준발음이다. '햇살'이 '햇살 → 핻살 → 핻쌀 → 해쌀'과 같은 변화과정에서 1단계는 'ㅅ → ㄷ(햇- → 핻-)'과 같이 'ㅅ'에 받침규칙이 적용되고, 2단계는 'ㅅ → ㅆ(-살 → -쌀)'과 같이 'ㅅ'에 된소리되기가 적용되고, 3단계는 'ㄷ → ∅(핻쌀 → 해쌀)'과 같이 'ㄷ'에 같은위치닿소리빠짐이 적용된다.('ㄷ'과 'ㅆ'은 같은 위치임) '뱃전'이 '뱃전 → 밷전 → 밷쩐 → 배쩐'과 같은 음운변화과정에서 1단계는 'ㅅ → ㄷ(뱃- → 밷-)'과 같이 'ㅅ'에 받침규칙이 적용되고, 2단계는 'ㅈ → ㅉ(-전 → -쩐)'과 같이 'ㅈ'에 된소리되기가 적용되고, 3단계는 'ㄷ → ∅(밷쩐 → 배쩐)'과 같이 'ㄷ'에 같은위치닿소리빠짐이 적용된다. 이 경우에 'ㄷ'과 'ㅈ'은 소리 나는 위치가 다르지만, 이 두 닿소리들의 위치가 인접해 있고 또 받침의 위치에서 'ㅈ'은 'ㄷ'으로 중화되기 때문에 같은 위치에 포함되는 것으로 본다.

셋째, '깃발'과 같이 앞 닿소리가 'ㅅ'이고, 뒤 닿소리가 입술소리('ㅂ')인 경우는 '받침규칙 → 된소리되기 → 입술소리되기 → 같은위치닿소리빠짐' 등의 순서로 규칙을 적용한다. '깃발'이 '깃발 → 긷발 → 긷빨 → 깁빨 → 기빨'과 같은 음운변화과정에서 1단계는 'ㅅ → ㄷ(깃− → 긷−)'과 같이 'ㅅ'에 받침규칙이 적용되고, 2단계는 'ㅂ → ㅃ(−발 → −빨)'과 같이 'ㅂ'에 된소리되기가 적용되고, 3단계는 'ㄷ → ㅂ(긷− → 깁−)'과 같이 'ㄷ'에 입술소리되기가 적용되고(제1부 제3장의 5. 입술소리되기 참조), 4단계는 'ㅂ → ∅(깁빨 → 기빨)'과 같이 'ㅂ'에 같은위치닿소리빠짐이 적용된다.('ㅂ'과 'ㅃ'은 같은 위치임.)

(11ㄴ)은 표준발음과 비표준발음이 실현된 경우이다. 이 경우에 하나의 음운변화과정에서 표준발음과 비표준발음을 모두 나타내기 위해서는 '된소리되기 → 여린입천장소리되기 → 같은위치닿소리빠짐'의 순서로 규칙을 적용한다. '걷고'가 '걷고 → 걷꼬 → 걱꼬 → 거꼬'와 같은 음운변화과정에서 1단계는 'ㄱ → ㄲ(−고 → −꼬)'과 같이 'ㄱ'에 된소리되기가 적용되고, 2단계는 'ㄷ → ㄱ(걷− → 걱−)'과 같이 'ㄷ'에 여린입천장소리되기가 적용되고, 3단계는 'ㄱ → ∅(걱꼬 → 거꼬)'과 같이 'ㄱ'에 같은위치닿소리빠짐이 적용된다.('ㄱ'과 'ㄲ'은 같은 위치임.) 그러므로 1단계에서 실현된 [걷꼬]는 표준발음이지만, 3단계에서 실현된 [거꼬]는 비표준발음이다. '닫고·듣고·신고' 등도 이와 같은 음운변화과정에서 [닫꼬·듣꼬·신꼬] 등은 표준발음이지만, [다꼬·드꼬·시꼬] 등은 비표준발음이다.

(11ㄷ)은 표준발음과 비표준발음이 실현된 경우이다. 이 경우에 하나의 음운변화과정에서 표준발음과 비표준발음을 모두 나타내기 위해서는 '받침규칙 → 된소리되기 → 여린입천장소리되기 → 같은위치닿소리빠짐'의 순

서로 규칙을 적용한다. '웃고'가 '웃고 → 욷고 → 욷꼬 → 욱꼬 → 우꼬'와 같은 음운변화과정에서 1단계는 'ㅅ → ㄷ(웃- → 욷-)'과 같이 'ㅅ'에 받침규칙이 적용되고, 2단계는 'ㄱ → ㄲ(-고 → -꼬)'과 같이 'ㄱ'에 된소리되기가 적용되고, 3단계는 'ㄷ → ㄱ(욷- → 욱-)'과 같이 'ㄷ'에 여린입천장소리되기가 적용되고, 4단계는 'ㄱ → ∅(욱꼬 → 우꼬)'과 같이 'ㄱ'에 같은위치닿소리빠짐이 적용된다. 그러므로 2단계에서 실현된 [욷꼬]는 표준발음이지만, 4단계에서 실현된 [우꼬]는 비표준발음이다. '꽃과'가 '꽃과 → 꼳과 → 꼳꽈 → 꼭꽈 → 꼬꽈'와 같은 음운변화과정에서 1단계는 'ㅊ → ㄷ (꽃- → 꼳-)'과 같이 'ㅊ'에 받침규칙이 적용되고, 2단계는 'ㄱ → ㄲ(-과 → -꽈)'과 같이 'ㄱ'에 된소리되기가 적용되고, 3단계는 'ㄷ → ㄱ(꼳- → 꼭-)'과 같이 'ㄷ'에 여린입천장소리되기가 적용되고, 4단계는 'ㄱ → ∅(꼭꽈 → 꼬꽈)'과 같이 'ㄱ'에 같은위치닿소리빠짐이 적용된다. 그러므로 2단계에서 실현된 [꼳꽈]는 표준발음이지만, 4단계에서 실현된 [꼬꽈]는 비표준발음이다. '있고·잊고·같고' 등도 이와 같은 변화과정에서 [읻꼬·읻꼬·갇꼬] 등은 표준발음이지만, [이꼬·이꼬·가꼬] 등은 비표준발음이다.

⑦ 홑홀소리되기(단모음화 : 單母音化)

홑홀소리되기란 두겹홀소리가 홑홀소리로 발음되는 현상을 말한다.

(12) ㄱ. 가지어 → 가져[가저]   찌어 → 쪄[쩌]
　　　　 다치어 → 다쳐[다처]

　　　ㄴ. 계집[계:집 / 게:집]   계시다[계:시다 / 게:시다]
　　　　 시계[시계 / 시게](時計)   연계[연계 / 연게](連繫)
　　　　 몌별[몌별 / 메별](袂別)   개폐[개폐 / 개페](開閉)
　　　　 혜택[혜:택 / 헤:택](惠澤)   지혜[지혜 / 지혜](智慧)

　　　ㄷ. 닐리리[닐리리]   닝큼[닝큼]

무늬[무니]	띄어쓰기[띠어쓰기]
씌어[씨어]	틔어[티어]
희어[히어]	희떱다[히떱따]
희망[히망]	유희[유히]
ㄹ. 주의[주의 / 주이]	협의[혀븨 / 혀비]
우리의[우리의 / 우리에]	강의의[강의의 / 강의에]

(12)는 두겹홀소리가 홑홀소리로 실현된 홑홀소리되기의 경우이다.

(12ㄱ)은 표준발음법 제5항 '다만 1'에 규정하고 있다. 이 규정은 풀이씨(용언)의 끝바꿈꼴(활용형)에 나타나는 '져, 쪄, 쳐'는 [저, 쩌, 처]로 발음한다는 내용이다. 보기는 풀이씨의 줄기(어간)에 씨끝(어미)이 연결되어 소리마디줄임(음절축약)과 홑홀소리되기가 실현된 경우이다. '가지어'는 '가지- + -어 → 가지어'와 같이 '가지다'의 줄기 '가지-'에 씨끝 '-어'가 연결된 경우이다. '가지어'가 '가지어 → 가져 → 가저'와 같은 음운변화과정에서 1단계는 'ㅣ + ㅓ → ㅕ(-지어 → -져)'와 같이 두 소리마디가 한 소리마디로 줄어드는 소리마디줄임이 적용되고, 2단계는 'ㅕ → ㅓ(-져 → -저)'와 같이 두겹홀소리 'ㅕ'에 홑홀소리되기가 적용된다. 이 경우에 '져'의 'ㅈ', '쪄'의 'ㅉ', '쳐'의 'ㅊ' 등은 모두 소리 나는 위치가 센입천장소리이고, 'ㅕ(ㅣ + ㅓ)'의 반모음 'ㅣ'도 소리 나는 위치가 센입천장소리이다. 그러므로 앞 닿소리 'ㅈ, ㅉ, ㅊ' 등이 뒤 반홀소리 'ㅣ'와 결합되는 경우에는 같은 소리 나는 위치에서 중화로 인해 반홀소리인 'ㅣ'의 소리가 실현되지 않는다.('중화'는 제1부 제2장의 6. 같은위치닿소리빠짐 참조) 음운변화과정에서 소리마디줄임이 적용된다는 말은 '소리마디줄임'과 같은 발음이 실현된 경우에, 그 현상에 대해 음운변화과정에서 소리마디줄임이 적용된다는 의미이다.

(12ㄴ)은 표준발음법 제5항 '다만 2'에 규정하고 있다. 이 규정은 '예, 례' 이외의 'ㅖ'는 [ㅔ]로도 발음한다는 내용이다. 보기는 '계집[계집 / 게집]'과 같이 복수표준발음을 인정하는 경우이다. 이는 두겹홀소리 'ㅖ(ㅣ + ㅔ)'

가 반홀소리 'ㅣ'의 빠짐으로 인해 [에]처럼 실현된 것으로도 해석할 수 있다. 이 경우에 '계집'은 '계집 → 게집'과 같은 음운변화과정에서 'ㅖ → ㅔ (계- → 게-)'와 같이 'ㅖ'에 홑홀소리되기가 적용된다. 'ㅖ'의 홑홀소리되기가 적용된다는 것은, 'ㅖ'가 'ㅔ'로 홑홀소리되기가 실현되어 홑홀소리되기가 적용된다는 의미이다.

(12ㄷ)은 표준발음법 제5항 '다만 3'에 규정하고 있다. 이 규정은 닿소리를 첫소리로 가지고 있는 소리마디의 'ㅢ'는 [ㅣ]로 발음한다는 내용이다. 보기는 두겹홀소리 'ㅢ'가 홑홀소리 [ㅣ]처럼 실현된 것으로도 해석할 수 있다. 이 경우에 '늴리리'는 '늴리리 → 닐리리'와 같은 음운변화과정에서 'ㅢ → ㅣ(늴- → 닐-)'와 같이 'ㅢ'에 홑홀소리되기가 적용된다. '희망'은 '희망 → 히망'과 같은 음운변화과정에서 'ㅢ → ㅣ(희- → 히-)'와 같이 'ㅢ'에 홑홀소리되기가 적용된다. '유희'는 '유희 → 유히'와 같은 음운변화과정에서 'ㅢ → ㅣ(-희 → -히)'와 같이 'ㅢ'에 홑홀소리되기가 적용된다.

(12ㄹ)은 표준발음법 제5항 '다만 4'에 규정하고 있다. 이 규정은 낱말의 첫소리마디 이외의 '의'는 [ㅣ]로, 토씨 '의'는 [ㅔ]로 발음함도 허용한다는 내용이다. 보기는 '주의[주의 / 주이]'와 같이 복수표준발음을 인정하는 경우이다. 이는 두겹홀소리 'ㅢ'가 첫소리마디 이외의 경우와 토씨인 경우에 [ㅣ]로도 실현된 것으로 해석할 수 있다. 이 경우에 '주의'는 '주의 → 주이'와 같은 음운변화과정에서 'ㅢ → ㅣ(-의 → -이)'와 같이 'ㅢ'에 홑홀소리되기가 적용된다. 토씨인 경우의 '우리의'는 '우리의 → 우리에'와 같은 음운변화과정에서 'ㅢ → ㅔ(-의 → -에)'와 같이 'ㅢ'에 홑홀소리되기가 적용된다.

이 글은 초등학교 국어 교과서의 우리말 표기와 발음에 관한 내용을 기술하기 때문에, 제3절 국어 닿소리의 음운변화와 관련된 음운규칙에서도 학술적인 고찰보다는 표준발음법을 중심으로 표기와 발음에 대해 기술한다. 즉 표기부터 발음까지 음운변화과정에서 각 단계별로 적용되는 음운규칙 등에 대해서 기술한다.

이 장에서 국어 닿소리의 음운변화와 관련된 음운규칙은 받침규칙, 닿소리빠짐, 콧소리되기, 흐름소리되기, 입술소리되기, 센입천장소리되기, 여린입천장소리되기, 거센소리되기, 된소리되기, 닿소리보탬, 갈이소리되기, 머리소리규칙 등이 있다.

① 받침규칙(말음법칙 : 末音法則)

받침규칙이란 우리말의 받침소리가 'ㄱ, ㄴ, ㄷ, ㄹ, ㅁ, ㅂ, ㅇ'과 같이 7개의 닿소리로만 실현되는 현상을 말한다.(표준발음법 제8항) 이를 말음규칙이나 종성규칙이라고도 하는데, 이 규칙은 소리마디끝에서의 분포 제약을 의미한다. 즉 소리마디 끝에서는 하나의 닿소리만이 분포될 수 있고, 또 그 자리에 올 수 있는 낱소리도 위와 같이 7개의 닿소리로 한정되어 있다. 받침 'ㄲ · ㅋ' 등은 [ㄱ]으로, 받침 'ㅅ · ㅆ · ㅈ · ㅊ · ㅌ' 등은 [ㄷ]으로, 'ㅍ'은 [ㅂ]으로 발음한다. 표기는 '부엌, 꽃, 잎, 밭, 값, 흙' 등과 같이 소리마디 끝에 'ㅋ, ㅊ, ㅍ, ㅌ, ㅄ, ㄺ' 등이 올 수 있다. 그러나 발음은 '[부억], [꼳], [입], [받], [갑], [흑]' 등과 같이 위의 7개의 닿소리로만 할 수 있다. 국어의 경우에 표기와 발음이 '나무[나무]'와 같이 같은 경우도 있고, '국물[궁물]'과 같이 다른 경우도 있기 때문에, 받침규칙에 따른 표기와 발음을 정확하게 구별하는 것이 발음 지도에서 매우 중요하다.

(13) ㄱ. 닭다[닥따]   키읔[키윽]   키읔과[키윽꽈]
    ㄴ. 옷[옫]   웃다[욷:따]   있다[읻따]
      젖[젇]   빗다[빋따]   꽃[꼳]
      쫓다[쫃따]   솥[솓]   뱉다[밷:따]
    ㄷ. 앞[압]   덮다[덥따]

(13)은 표준발음법 제9항에 규정하고 있다. 이 규정은 받침 'ㄲ·ㅋ', 'ㅅ·ㅆ·ㅈ·ㅊ·ㅌ', 'ㅍ'은 낱말끝(어말 : 語末) 또는 닿소리 앞에서 각각 대표음 [ㄱ, ㄷ, ㅂ]으로 발음한다는 내용이다. 낱말끝이란 낱말의 마지막 소리마디의 받침을 말한다. 예를 들면 보기에서 '키읔'의 'ㅋ', '옷'의 'ㅅ', '젖'의 'ㅈ', '꽃'의 'ㅊ' 등이 낱말끝에 해당된다. '닿소리 앞'이란 '닭다'의 경우에 '닭–'의 'ㄲ'이 '–다'의 첫소리인 'ㄷ' 앞에 있는 것을 말한다.

(13ㄱ)은 받침 'ㄲ, ㅋ' 등이 낱말끝 또는 닿소리 앞에서 [ㄱ]으로 실현된 경우이다. 'ㅋ'이 낱말끝인 '키읔'은 '키읔 → 키윽'과 같은 음운변화과정에서 'ㅋ → ㄱ(–읔 → –윽)'과 같이 'ㅋ'에 받침규칙이 적용된다. 즉 표기는 '키읔'으로 하지만, 발음은 [키윽]으로 하기 때문에 표기와 발음이 다른 경우이다. 'ㄲ'이 닿소리('ㄷ') 앞인 '닭다'가 '닭다 → 닥다 → 닥따'와 같은 음운변화과정에서 1단계는 'ㄲ → ㄱ(닭– → 닥–)'과 같이 'ㄲ'에 받침규칙이 적용되고, 2단계는 'ㄷ → ㄸ(–다 → –따)'과 같이 'ㄷ'에 된소리되기가 적용된다. 그러므로 표기는 '닭다'이고, 표준발음은 [닥따]이다. 'ㅋ'이 닿소리('ㄱ') 앞인 '키읔과'가 '키읔과 → 키윽과 → 키윽꽈'와 같은 음운변화과정에서 1단계는 'ㅋ → ㄱ(–읔– → –윽–)'과 같이 'ㅋ'에 받침규칙이 적용되고, 2단계는 'ㄱ → ㄲ(–과 → –꽈)'과 같이 'ㄱ'에 된소리되기가 적용된다.

(13ㄴ)은 받침 'ㅅ, ㅆ, ㅈ, ㅊ, ㅌ' 등이 낱말끝 또는 닿소리 앞에서 [ㄷ] 으로 실현된 경우이다. 'ㅅ'이 낱말끝인 '옷'은 '옷→옫'과 같은 음운변화 과정에서 'ㅅ→ㄷ'과 같이 'ㅅ'에 받침규칙이 적용된다. 'ㅈ'이 낱말끝인 '젖'은 '젖→젇'과 같은 음운변화과정에서 'ㅈ→ㄷ'과 같이 'ㅈ'에 받침규 칙이 적용된다. 'ㅊ'이 낱말끝인 '꽃'은 '꽃→꼳'과 같은 음운변화과정에서 'ㅊ→ㄷ'과 같이 'ㅊ'에 받침규칙이 적용된다. 'ㅌ'이 낱말끝인 '솥'은 '솥 →솓'과 같은 음운변화과정에서 'ㅌ→ㄷ'과 같이 'ㅌ'에 받침규칙이 적용 된다.

닿소리이어바뀜의 환경에서 앞 닿소리 'ㅅ'이 뒤 닿소리 'ㄷ' 앞인 '웃 다'가 '웃다→욷다→욷따'와 같은 음운변화과정에서 1단계는 'ㅅ→ㄷ (웃-→욷-)'과 같이 'ㅅ'에 받침규칙이 적용되고, 2단계는 'ㄷ→ㄸ(-다 →-따)'과 같이 'ㄷ'에 된소리되기가 적용된다. 앞 닿소리 'ㅆ'이 뒤 닿소 리 'ㄷ' 앞인 '있다'가 '있다→읻다→읻따'와 같은 음운변화과정에서 1 단계는 'ㅆ→ㄷ(있-→읻-)'과 같이 'ㅆ'에 받침규칙이 적용되고, 2단계 는 'ㄷ→ㄸ(-다→-따)'과 같이 'ㄷ'에 된소리되기가 적용된다. 앞 닿소리 'ㅈ'이 뒤 닿소리 'ㄷ' 앞인 '빚다'가 '빚다→빋다→빋따'와 같은 음운변화 과정에서 1단계는 'ㅈ→ㄷ(빚-→빋-)'과 같이 'ㅈ'에 받침규칙이 적용되 고, 2단계는 'ㄷ→ㄸ(-다→-따)'과 같이 'ㄷ'에 된소리되기가 적용된다. 앞 닿소리 'ㅊ'이 뒤 닿소리 'ㄷ' 앞인 '쫓다'가 '쫓다→쫃다→쫃따'와 같 은 음운변화과정에서 1단계는 'ㅊ→ㄷ(쫓-→쫃-)'과 같이 'ㅊ'에 받침규 칙이 적용되고, 2단계는 'ㄷ→ㄸ(-다→-따)'과 같이 'ㄷ'에 된소리되기 가 적용된다. 앞 닿소리 'ㅌ'이 뒤 닿소리 'ㄷ' 앞인 '뱉다'가 '뱉다→밷다 →밷따'와 같은 음운변화과정에서 1단계는 'ㅌ→ㄷ(뱉-→밷-)'과 같이 'ㅌ'에 받침규칙이 적용되고, 2단계는 'ㄷ→ㄸ(-다→-따)'과 같이 'ㄷ'에 된소리되기가 적용된다.

(13ㄷ)은 받침 'ㅍ'이 낱말끝 또는 닿소리 앞에서 [ㅂ]으로 실현된 경우이

다. 'ㅍ'이 낱말끝인 '앞'은 '앞 → 압'과 같은 음운변화과정에서 'ㅍ → ㅂ'과 같이 'ㅍ'에 받침규칙이 적용된다. 'ㅍ'이 닿소리 앞인 '덮다'가 '덮다 → 덥다 → 덥따'와 같은 음운변화과정에서 1단계는 'ㅍ → ㅂ'과 같이 'ㅍ'에 받침규칙이 적용되고, 2단계는 'ㄷ → ㄸ(-다 → -따)'과 같이 'ㄷ'에 된소리되기가 적용된다.

(14) 놓는[논는]   쌓네[싼네]

(14)는 표준발음법 제12항 3에 규정하고 있다. 이 규정은 'ㅎ' 뒤에 'ㄴ'이 결합되는 경우에는 [ㄴ]으로 발음한다는 내용이다. 앞 닿소리 'ㅎ'이 뒤 닿소리 'ㄴ' 앞에 온 경우의 '놓는'이 '놓는 → 녿는 → 논는'과 같은 음운변화과정에서 1단계는 'ㅎ → ㄷ(놓- → 녿-)'과 같이 'ㅎ'에 받침규칙이 적용되고, 2단계는 'ㄷ → ㄴ(녿- → 논-)'과 같이 'ㄷ'에 콧소리되기가 적용된다. '쌓네'가 '쌓네 → 싿네 → 싼네'와 같은 음운변화과정에서 1단계는 'ㅎ → ㄷ(쌓- → 싿-)'과 같이 'ㅎ'에 받침규칙이 적용되고, 2단계는 'ㄷ → ㄴ(싿- → 싼-)'과 같이 'ㄷ'에 콧소리되기가 적용된다.

(15) 밭 아래[바다래]   늪 앞[느밥]   젖어미[저더미]   맛없다[마덥따]
    겉옷[거돋]   헛웃음[허두슴]   꽃 위[꼬뒤]

(15)는 표준발음법 제15항에 규정하고 있다. 이 규정은 '밭, 늪, 젖, 맛, 겉, 헛, 꽃' 등의 받침('ㅌ, ㅍ, ㅈ, ㅅ, ㅊ' 등) 뒤에 홀소리 'ㅏ, ㅓ, ㅗ, ㅜ, ㅟ' 등으로 시작되는 실질형태소('아래, 앞, 어미, 없다, 옷, 웃음, 위' 등)가 연결된 경우에는, 대표음(받침규칙이 적용된 낱소리)으로 바꾸어서 뒤 소리마디 첫소리로 옮겨 발음한다는 내용이다. 보기 중 '밭 아래, 늪 앞, 꽃 위' 등은 띄어서 표기되었지만, 두 낱말을 이어서 한 마디로 발음하는 경우에는 이 규정이 적용된 것으로 본다. '밭 아래'가 '밭아래 → 받아래 → 바

다래'와 같은 음운변화과정에서 1단계는 'ㅌ → ㄷ'과 같이 'ㅌ'에 받침규칙이 적용되고, 2단계는 '받아래 → 바다래'와 같이 이음소리규칙이 적용된다. '겉옷'이 '겉옷 → 걷온 → 거돋'과 같은 음운변화과정에서 1단계는 'ㅌ → ㄷ(겉- → 걷-)'과 같이 'ㅌ'에 받침규칙과 'ㅅ → ㄷ(-옷 → -온)'과 같이 'ㅅ'에 받침규칙이 각각 적용되고, 2단계는 '걷온 → 거돋'과 같이 이음소리규칙이 적용된다. 물론 이 경우에 소리마디 순서에 따른 음운변화과정에서 '겉옷 → 걷옷 → 걷온 → 거돋'과 같이 1단계는 'ㅌ'에 받침규칙을 적용하고, 2단계는 'ㅅ'에 받침규칙을 적용해도 표준발음 [거돋]은 같다. 소리마디 순서에 따른 변화과정에서 소리마디순서란 두 소리마디인 경우에 앞 소리마디의 첫소리나 끝소리에 적용되는 규칙이 있으면 먼저 적용한 후에, 뒤 소리마디 첫소리나 끝소리에 규칙을 적용하는 것을 말한다. 즉 이는 '앞 소리마디 첫소리 → 앞 소리마디 끝소리 → 뒤 소리마디 첫소리 → 뒤 소리마디 끝소리' 등과 같은 순서에서 적용할 규칙이 있으면 적용하고, 해당되는 규칙이 없으면 다음 단계로 이어지면서 해당되는 규칙을 적용하는 경우를 말한다.

② 닿소리빠짐(자음탈락 : 子音脫落)

닿소리빠짐이란 겹받침 중 하나의 닿소리가 낱말끝 또는 닿소리 앞에서 발음되지 않는 현상을 말한다. 또는 이를 묵음화(黙音化)라고도 한다. 이 중 전자의 경우는 예를 들면, '넋'[넉], '까닭'[까닥], '여덟'[여덜] 등과 같이 겹받침 중 'ㄳ'의 'ㅅ', 'ㄺ'의 'ㄹ', 'ㄼ'의 'ㅂ' 등이 낱말끝에서 발음되지 않는 경우이다. 후자의 경우는 '앉다[안따]', '앉고[안꼬]', '앉지[안찌]' 등과 같이 겹받침 'ㄵ' 중 'ㅈ'이 닿소리 'ㄷ, ㄱ, ㅈ' 등의 앞에서 발음되지 않는 경우이다. 물론 겹받침의 경우에 모든 환경에서 닿소리빠짐이 실현되는 것은 아니다. '앉아[안자], 닭을[달글], 핥아[할타]' 등과 같이 홀소리로 시작된 토

씨나 씨끝, 뒷가지와 결합되는 경우에는 이음소리를 나타내고 있다.(제1부 제2장의 4. 이음소리규칙 참조)

'ㅎ'의 빠짐도 표준발음법 제12항 2, 3[붙임], 4에 규정하고 있다. 그러므로 이 글에서는 받침 'ㅎ·ㄶ·ㅀ' 등에 대한 'ㅎ'의 빠짐에 대해서 별도의 항을 설정하지 않고, 이 항에서 기술한다.

(16) ㄱ. 넋[넉]　　　　넋과[넉꽈]　　　앉다[안따]　　　여덟[여덜]
　　　넓다[널따]　　　외곬[외골]　　　핥다[할따]　　　없다[업:따]
　　ㄴ. 밟다[밥:따]　　　밟소[밥:쏘]　　　밟지[밥:찌]
　　　밟게[밥:께]　　　밟고[밥:꼬]　　　밟는[밥:는 → 밤:는]
　　ㄷ. 넓-죽하다[넙쭈카다]　　　넓-둥글다[넙뚱글다]

(16ㄱ)은 표준발음법 제10항에 규정하고 있다. 이 규정은 겹받침 'ㄳ', 'ㄵ', 'ㄼ, ㄽ, ㄾ', 'ㅄ'은 낱말끝 또는 닿소리 앞에서 각각 [ㄱ, ㄴ, ㄹ, ㅂ]으로 발음한다는 내용이다. 보기는 겹받침 중 뒤 닿소리 'ㅅ, ㅈ, ㅂ, ㅌ' 등이 빠진 경우이다. 겹받침이 낱말 끝인 '넋'은 '넋 → 넉'과 같은 음운변화과정에서 'ㄳ → ㄱ(넋 → 넉)'과 같이 'ㅅ'에 닿소리빠짐이 적용된다. '여덟'은 '여덟 → 여덜'과 같은 음운변화과정에서 'ㄼ → ㄹ(-덟 → -덜)'과 같이 'ㅂ'에 닿소리빠짐이 적용된다. '외곬'은 '외곬 → 외골'과 같은 음운변화과정에서 'ㄽ → ㄹ(-곬 → -골)'과 같이 'ㅅ'에 닿소리빠짐이 적용된다.

겹받침이 닿소리 앞인 '넋과'가 '넋과 → 넉과 → 넉꽈'와 같은 음운변화과정에서 1단계는 'ㄳ → ㄱ(넋- → 넉-)'과 같이 'ㅅ'에 닿소리빠짐이 적용되고, 2단계는 'ㄱ → ㄲ(-과 → -꽈)'과 같이 'ㄱ'에 된소리되기가 적용된다. '앉다'가 '앉다 → 안다 → 안따'와 같은 음운변화과정에서 1단계는 'ㄵ → ㄴ(앉- → 안-)'과 같이 'ㅈ'에 닿소리빠짐이 적용되고, 2단계는 'ㄷ → ㄸ(-다 → -따)'과 같이 'ㄷ'에 된소리되기가 적용된다. '넓다'가 '넓다 → 널다 → 널따'와 같은 음운변화과정에서 1단계는 'ㄼ → ㄹ(넓- → 널-)'과 같이 'ㅂ'에 닿소리빠짐이 적용되고, 2단계는 'ㄷ → ㄸ(-다 → -따)'과 같이 'ㄷ'에 된소리되기가 적용된다. '핥다'가 '핥다 → 할다 → 할따'와 같은 음운변화과정에서 1단계는 'ㄾ → ㄹ(핥- → 할-)'과 같이 'ㅌ'에 닿소리빠짐이 적용되고, 2단계는 'ㄷ → ㄸ(-다 → -따)'과 같이 'ㄷ'에 된소리되기가 적용된다. '없다'가 '없다 → 업다 → 업따'와 같은 음운변화과정에서 1단계는 'ㅄ → ㅂ(없- → 업-)'과 같이 'ㅅ'에 닿소리빠짐이 적용되고, 2단계는 'ㄷ → ㄸ(-다 → -따)'과 같이 'ㄷ'에 된소리되기가 적용된다. 그런데 '넓다'는 [널브다], '핥다'는 [할트다]와 같은 비표준발음이 언중들에 의해 실현되고 있으므로 발음 지도에 유의해야 한다.

(16ㄴ)은 표준발음법 제10항 다만 (1)에 규정하고 있다. 이 규정은 '밟-'은 닿소리 앞에서 [밥]으로 발음한다는 내용이다. '밟다'가 '밟다 → 밥다 → 밥따'와 같은 음운변화과정에서 1단계는 'ㄼ → ㅂ(밟- → 밥-)'과 같이 'ㄹ'에 닿소리빠짐이 적용되고, 2단계는 'ㄷ → ㄸ(-다 → -따)'과 같이 'ㄷ'에 된소리되기가 적용된다. '밟는'이 '밟는 → 밥는 → 밤는'과 같은 음운변화과정에서 1단계는 'ㄼ → ㅂ(밟- → 밥-)'과 같이 'ㄹ'에 닿소리빠짐이 적용되고, 2단계는 'ㅂ → ㅁ(밥- → 밤-)'과 같이 'ㅂ'에 콧소리되기가 적용된다.

(16ㄷ)은 표준발음법 제10항 다만 (2)에 규정하고 있다. 이 규정은 '넓-'이 보기와 같은 경우에 [넙]으로 발음된다는 내용이다. '넓죽하다'가 '넓죽하다 → 넙죽하다 → 넙쭉하다 → 넙쭈카다'와 같은 음운변화과정에서 1단계는 'ㄼ → ㅂ(넓- → 넙-)'과 같이 'ㄹ'에 닿소리빠짐이 적용되고, 2단계는 'ㅈ → ㅉ(-죽- → -쭉-)'과 같이 'ㅈ'에 된소리되기가 적용되고, 3단계는 'ㄱ + ㅎ → ㅋ(-쭉하- → -쭈카-)'과 같이 'ㄱ'에 거센소리되기가 적용된다.(제1부 제3장의 8. 거센소리되기 참조) 따라서 겹받침이 'ㄼ'인 경우는 (16ㄱ)과 같이 뒤 닿소리 'ㅂ'의 빠짐이 일반적이지만, (16ㄴ, ㄷ) 등과 같이 '밟-[밥]·넓-[넙]'의 경우에는 앞 닿소리 'ㄹ'의 빠짐이 규정되어 있어 발음의 차이를 나타내고 있다. 이에 대해 현실에서도 언중들은 (16ㄱ)

의 '넓다'는 [넙다]로, (16ㄴ, ㄷ)의 대부분은 '밟다[발따], 넓−죽하다[널쭈
카다]' 등과 같이 혼란된 발음 모습을 보이고 있다. 그러므로 겹받침 'ㄼ'의
경우는 특별히 발음 지도에 주의를 요한다. 왜냐하면 언어 습득의 과정에
서는 특히 주변의 환경(지역방언)이나 다른 세대(사회방언)의 영향을 많이
받기 때문이다.

(17) ㄱ. 닭[닥]   흙과[흑꽈]   맑다[막따]   늙지[늑찌]
　　　삶[삼]   젊다[점ː따]   읊고[읍꼬]   읊다[읍따]
　　ㄴ. 맑게[말께]   묽고[물꼬]   얽거나[얼꺼나]

　(17ㄱ)은 표준발음법 제11항에 규정하고 있다. 이 규정은 겹받침 'ㄺ, ㄻ,
ㄿ'은 낱말끝 또는 닿소리 앞에서 각각 [ㄱ, ㅁ, ㅂ]으로 발음한다는 내용이
다. 보기는 겹받침 중 앞 닿소리 'ㄹ'이 빠진 경우이다. 겹받침이 낱말 끝인
'닭'은 '닭 → 닥'과 같은 음운변화과정에서 'ㄺ → ㄱ(닭 → 닥)'과 같이 'ㄹ'
에 닿소리빠짐이 적용된다. '삶'은 '삶 → 삼'과 같은 음운변화과정에서 'ㄻ
→ ㅁ(삶 → 삼)'과 같이 'ㄹ'에 닿소리빠짐이 적용된다.
　겹받침이 닿소리 앞인 '흙과'가 '흙과 → 흑과 → 흑꽈'와 같은 음운변화
과정에서 1단계는 'ㄺ → ㄱ(흙− → 흑−)'과 같이 'ㄹ'에 닿소리빠짐이 적
용되고, 2단계는 'ㄱ → ㄲ(−과 → −꽈)'과 같이 'ㄱ'에 된소리되기가 적용
된다.
　(17ㄴ)은 표준발음법 제11항 '다만'에 규정하고 있다. 이 규정은 풀이씨
(용언)의 줄기 끝소리 'ㄺ'은 'ㄱ'앞에서 [ㄹ]로 발음한다는 내용이다. 보기
는 앞 겹받침이 'ㄺ'이고, 뒤 닿소리가 'ㄱ'인 경우에 앞 겹받침 중 'ㄱ'이 빠
진 경우이다. 이는 풀이씨의 경우에 겹받침 중 뒤 닿소리 'ㄱ'이 뒤 닿소리
첫소리 'ㄱ'과 연결된 것이므로 같은위치닿소리빠짐이 실현된다. '맑게'가
'맑게 → 말게 → 말께'와 같은 음운변화과정에서 1단계는 'ㄺ → ㄹ(맑− →
말−)'과 같이 'ㄱ에 닿소리빠짐이 적용되고, 2단계는 'ㄱ → ㄲ(−게 → −

께)'과 같이 'ㄱ'에 된소리되기가 적용된다. (17ㄱ)의 '흙과'와 (17ㄴ)은 겹받침의 뒤에 있는 닿소리가 'ㄱ'('과'와 '-게'의 첫소리)과 같이 환경이 같지만, 발음의 경우에 전자는 겹닿소리 중 앞 닿소리 'ㄹ'이 빠지고, 후자는 뒤 닿소리 'ㄱ'이 빠져 차이를 보이고 있다.

(18) ㄱ. 넋 없다[너겁따]   닭 앞에[다가페]
    ㄴ. 값어치[가버치]   값있는[가빈는]

(18)은 표준발음법 제15항 [붙임]에 규정하고 있다. 이 규정은 겹받침의 경우에는, 그중 하나만을 옮겨 발음한다는 내용이다.

(18ㄱ)은 표기상 띄어 있지만, 발음은 두 낱말을 이어서 한 마디로 발음하는 경우이다. '넋없다'가 '넋없다 → 넉업다 → 넉업따 → 너겁따'와 같은 음운변화과정에서 1단계는 'ㄳ → ㄱ(넋- → 넉-)'·'ㅄ → ㅂ(-없- → -업-)' 등과 같이 'ㅅ'에 닿소리빠짐이 각각 적용되고, 2단계는 'ㄷ → ㄸ(-다 → -따)'과 같이 'ㄷ'에 된소리되기가 적용되고, 3단계는 '넉업- → 너겁-'과 같이 이음소리규칙이 적용된다. '닭 앞에'가 '닭앞에 → 닥앞에 → 다가페'와 같은 음운변화과정에서 1단계는 'ㄺ → ㄱ(닭- → 닥-)'과 같이 'ㄹ'에 닿소리빠짐이 적용되고, 2단계는 '닥앞에 → 다가페'와 같이 이음소리규칙이 적용된다. '닭 앞에'와 '닭을'[달글](제14항, 제1부 제2장의 4. 이음소리규칙 참조)을 비교해 보자. 표기의 경우는 '닭'의 겹받침 'ㄺ' 뒤에 '-아', '-으'와 같이 홀소리가 이어지고 있지만, 발음의 경우는 [다가페]와 [달글]처럼 차이를 보이고 있다. 표준발음법 규정에 따르면 전자는 '닭'과 '앞'이 실질형태소로서 대등적 관계와 닿소리빠짐 현상을 나타내고 있고, 후자는 실질형태소인 '닭'과 형식형태소인 토씨 '을'이 이어진 이음소리 현상을 나타내고 있다는 점이 다르다.

(18ㄴ)의 '값어치'가 '값어치 → 갑어치 → 가버치'와 같은 음운변화과정에서 1단계는 'ㅄ → ㅂ(값- → 갑-)'과 같이 'ㅅ'에 닿소리빠짐이 적용되고,

2단계는 '갑어- → 가버-'와 같이 이음소리규칙이 적용된다. '값있는'이 '값
있는 → 갑있는 → 갑읻는 → 갑인는 → 가빈는'과 같은 음운변화과정에서
1단계는 'ㅄ → ㅂ(값- → 갑-)'과 같이 'ㅅ'에 닿소리빠짐이 적용되고, 2단
계는 'ㅆ → ㄷ(-있- → -읻-)'과 같이 'ㅆ'에 받침규칙이 적용되고, 3단계
는 'ㄷ → ㄴ(-읻- → -인-)'과 같이 'ㄷ'에 콧소리되기가 적용되고(제1부
제3장의 3. 콧소리되기 참조), 4단계는 '갑인- → 가빈-'과 같이 이음소리
규칙이 적용된다. 비표준발음인 [갑씬는]으로 발음하는 경우도 있으므로,
발음 지도에 유의해야 한다.

(19) ㄱ. 낳은[나은]   놓아[노아]   쌓이다[싸이다]
    ㄴ. 많아[마나]   않은[아는]
    ㄷ. 닳아[다라]   싫어도[시러도]

　(19)는 표준발음법 제12항 4에 규정하고 있다. 이 규정은 'ㅎ(ㄶ, ㅀ)' 뒤
에 홀소리로 시작된 씨끝이나 뒷가지가 결합되는 경우에는, 'ㅎ'을 발음하
지 않는다는 내용이다.
　(19ㄱ)은 홀소리 사이에 있는 'ㅎ'이 빠진 경우이다. '낳은'은 '낳은 → 나
은'과 같은 음운변화과정에서 'ㅎ → ∅(낳- → 나-)'과 같이 'ㅎ'에 닿소리
빠짐이 적용된다.('∅'에 대해서는 제1부 제2장의 6. 같은위치닿소리빠짐
참조)
　(19ㄴ)은 홀소리 사이에 있는 받침 'ㄶ' 중 'ㅎ'이 빠진 경우이다. '많아'가
'많아 → 만아 → 마나'와 같은 음운변화과정에서 1단계는 'ㄶ → ㄴ(많- →
만-)'과 같이 'ㅎ'에 닿소리빠짐이 적용되고, 2단계는 '만아 → 마나'와 같
이 이음소리규칙이 적용된다.
　(19ㄷ)은 홀소리 사이에 있는 받침 'ㅀ' 중 'ㅎ'이 빠진 경우이다. '닳아'가
'닳아 → 달아 → 다라'와 같은 음운변화과정에서 1단계는 'ㅀ → ㄹ(닳- →
달-)'과 같이 'ㅎ'에 닿소리빠짐이 적용되고, 2단계는 '달아 → 다라'와 같

이 이음소리규칙이 적용된다.

(20) ㄱ. 않네[안네]　　　　　　　않는[안는]
　　ㄴ. 뚫네[뚤네→뚤레]　　　　뚫는[뚤는→뚤른]

(20)은 표준발음법 제12항 3 [붙임]에 규정하고 있다. 이 규정은 'ㄶ, ㅀ' 뒤에 'ㄴ'이 결합되는 경우에는, 'ㅎ'을 발음하지 않는다는 내용이다.

(20ㄱ)은 겹받침 'ㄶ' 중 'ㅎ'이 빠진 경우이다. '않네'는 '않네→안네'와 같은 음운변화과정에서 'ㄶ→ㄴ(않-→안-)'과 같이 'ㅎ'에 닿소리빠짐이 적용된다. '않는'은 '않는→안는'과 같은 음운변화과정에서 'ㄶ→ㄴ(않-→안-)'과 같이 'ㅎ'에 닿소리빠짐이 적용된다.

(20ㄴ)은 겹받침 'ㅀ' 중 'ㅎ'이 빠진 경우이다. '뚫네'가 '뚫네→뚤네→뚤레'와 같은 음운변화과정에서 1단계는 'ㅀ→ㄹ(뚫-→뚤-)'과 같이 'ㅎ'에 닿소리빠짐이 적용되고, 2단계는 'ㄴ→ㄹ(-네→-레)'과 같이 'ㄴ'에 흐름소리되기가 적용된다.(제1부 제3장의 4. 흐름소리되기 참조) '뚫는'이 '뚫는→뚤는→뚤른'과 같은 음운변화과정에서 1단계는 'ㅀ→ㄹ(뚫-→뚤-)'과 같이 'ㅎ'에 닿소리빠짐이 적용되고, 2단계는 'ㄴ→ㄹ(-는→-른)'과 같이 'ㄴ'에 흐름소리되기가 적용된다.

③ 콧소리되기(비음화 : 鼻音化)

콧소리되기는 표준발음법 제18항과 제19항에 규정하고 있다. 콧소리되기는 닿소리이어바뀜의 환경에서 앞 닿소리가 콧소리인 뒤 닿소리를 닮아 콧소리로 실현되는 치닮음의 경우(제18항)와 흐름소리인 뒤 닿소리가 콧소리인 앞 닿소리를 닮아 콧소리로 실현되는 내리닮음의 경우(제19항)처럼 두 가지로 구분할 수 있다.

(21) ㄱ. 먹는[멍는]　　　국물[궁물]　　　깎는[깡는]　　　키읔만[키응만]

　　　　　몫몫이[몽목씨]　　굵는[궁는]　　　흙만[흥만]　　　닫는[단는]

　　　　　밥물[밤물]　　　　잡는[잠는]　　　붙는[분는]　　　앞마당[암마당]

　　　　　밟는[밤:는]　　　읊는[음는]　　　없는[엄는]　　　값매다[감매다]

　　　ㄴ. 옷맵시[온맵씨]　　지는[진는]　　　있는[인는]　　　놓는[논는]

　　　ㄷ. 맞는[만는]　　　　젖멍울[전멍울]　쫓는[쫀는]　　　꽃망울[꼰망울]

　　　ㄹ. 책 넣는다[챙넌는다]　　흙 말리다[홍말리다]　　옷 맞추다[온맏추다]

　　　　　밥 먹는다[밤멍는다]　　값 매기다[감매기다]

　(21)은 표준발음법 제18항에 규정하고 있다. 이 규정은 받침 'ㄱ(ㄲ, ㅋ, ㄳ, ㄺ), ㄷ(ㅅ, ㅆ, ㅈ, ㅊ, ㅌ, ㅎ), ㅂ(ㅍ, ㄼ, ㄿ, ㅄ)'은 'ㄴ, ㅁ' 앞에서 [ㅇ, ㄴ, ㅁ]으로 발음한다는 내용이다. 보기는 'ㄱ'이 [ㅇ]으로, 'ㄷ'이 [ㄴ]으로, 'ㅂ'이 [ㅁ]으로 실현되는 치닮음인 경우이다.

　(21ㄱ)은 닿소리이어바뀜의 환경에서 앞 닿소리인 터짐소리가 뒤에 있는 콧소리를 닮아, 콧소리로 실현된 경우이다. 콧소리되기는 'ㄱ계→[ㅇ], ㄷ계→[ㄴ], ㅂ계→[ㅁ]' 등과 같이 같은위치닿소리닮음(동서열자음동화)이 실현된다. 'ㄱ계'는 'ㄱ, ㄲ, ㅋ, ㄳ, ㄺ' 등을 말하고, 'ㄷ계'는 'ㄷ, ㅅ, ㅆ, ㅈ, ㅊ, ㅌ, ㅎ' 등을 말하고, 'ㅂ계'는 'ㅂ, ㅍ, ㄼ, ㄿ, ㅄ' 등을 말한다. 같은위치닿소리닮음이란 같은 소리 나는 위치에서 터짐소리, 갈이소리, 터짐갈이소리 등이 같은 소리 나는 위치에 있는 콧소리로 실현되는 것이다. 예를 들면 보기 중 '먹는'에서 '먹'의 'ㄱ'(터짐소리)이 뒤 닿소리 'ㄴ'(콧소리)을 닮아 'ㄱ'과 같은 소리 나는 위치(여린입천장소리)에 있는 콧소리 [ㅇ]으로 실현되는 것이지, 다른 소리 나는 위치에 있는 콧소리 [ㄴ]이나 [ㅁ]으로 실현되는 것은 아니다. 다만, 'ㄷ'계의 경우에 센입천장소리인 'ㅈ, ㅊ' 등과 목구멍소리인 'ㅎ'은 'ㄷ'과 소리 나는 위치가 다르기 때문에 규칙 적용과정에서 1단계로 'ㅈ, ㅊ, ㅎ'→'ㄷ'과 같이 받침규칙이 적용된 다음에 콧소리되기가 적용되는 것이다. '먹는'은 '먹는 → 멍는'

과 같은 음운변화과정에서 'ㄱ → ㅇ(먹- → 멍-)'과 같이 'ㄱ'에 콧소리되기가 적용된다. '깎는'이 '깎는 → 깍는 → 깡는'과 같은 음운변화과정에서 1단계는 'ㄲ → ㄱ(깎- → 깍-)'과 같이 'ㄲ'에 받침규칙이 적용되고, 2단계는 'ㄱ → ㅇ(깍- → 깡-)'과 같이 'ㄱ'에 콧소리되기가 적용된다. '키읔만'이 '키읔만 → 키윽만 → 키응만'과 같은 음운변화과정에서 1단계는 'ㅋ → ㄱ(-읔- → -윽-)'과 같이 'ㅋ'에 받침규칙이 적용되고, 2단계는 'ㄱ → ㅇ(-윽- → -응-)'과 같이 'ㄱ'에 콧소리되기가 적용된다. '몫몫이'가 '몫몫이 → 목몫이 → 몽몫이 → 몽목씨'와 같은 음운변화과정에서 1단계는 'ㄳ → ㄱ(몫- → 목-)'과 같이 'ㅅ'에 닿소리빠짐이 적용되고, 2단계는 'ㄱ → ㅇ(목- → 몽-)'과 같이 'ㄱ'에 콧소리되기가 적용되고, 3단계는 'ㅅ → ㅆ(-몫이 → -목씨)'과 같이 'ㅅ'에 된소리되기가 적용된다. '밟는'이 '밟는 → 밥는 → 밤는'과 같은 음운변화과정에서 1단계는 'ㄼ → ㅂ(밟- → 밥-)'과 같이 'ㄹ'에 닿소리빠짐이 적용되고, 2단계는 'ㅂ → ㅁ(밥- → 밤-)'과 같이 'ㅂ'에 콧소리되기가 적용된다. '밟는'도 [발른]과 같은 비표준발음이 언중들에 의해 실현되고 있으므로, 발음 지도에 주의해야 한다. '읊는'이 '읊는 → 읖는 → 읍는 → 음는'과 같은 음운변화과정에서 1단계는 'ㄿ → ㅍ(읊- → 읖-)'과 같이 'ㄹ'에 닿소리빠짐이 적용되고, 2단계는 'ㅍ → ㅂ(읖- → 읍-)'과 같이 'ㅍ'에 받침규칙이 적용되고, 3단계는 'ㅂ → ㅁ(읍- → 음-)'과 같이 'ㅂ'에 콧소리되기가 적용된다. '없는'이 '없는 → 업는 → 엄는'과 같은 음운변화과정에서 1단계는 'ㅄ → ㅂ(없- → 업-)'과 같이 'ㅅ'에 닿소리빠짐이 적용되고, 2단계는 'ㅂ → ㅁ(업- → 엄-)'과 같이 'ㅂ'에 콧소리되기가 적용된다.

(21ㄴ)은 닿소리이어바뀜의 환경에서 앞 닿소리 'ㅅ·ㅆ·ㅎ' 등이 콧소리인 뒤 닿소리를 닮아, 콧소리로 실현된 경우이다. 이 경우는 먼저 앞 닿소리에 받침규칙이 적용된 후에, 콧소리되기가 적용된다. '옷맵시'가 '옷맵시 → 온맵시 → 온맵시 → 온맵씨'와 같은 음운변화과정에서 1단계는 'ㅅ

→ ㄷ(옷- → 온-)'과 같이 'ㅅ'에 받침규칙이 적용되고, 2단계는 'ㄷ → ㄴ(온- → 온-)'과 같이 'ㄷ'에 콧소리되기가 적용되고, 3단계는 'ㅅ → ㅆ(-시 → -씨)'과 같이 'ㅅ'에 된소리되기가 적용된다. '있는'이 '있는 → 읻는 → 인는'과 같은 음운변화과정에서 1단계는 'ㅆ → ㄷ(있- → 읻-)'과 같이 'ㅆ'에 받침규칙이 적용되고, 2단계는 'ㄷ → ㄴ(읻- → 인-)'과 같이 'ㄷ'에 콧소리되기가 적용된다. '놓는'이 '놓는 → 녿는 → 논는'과 같은 음운변화과정에서 1단계는 'ㅎ → ㄷ(놓- → 녿-)'과 같이 'ㅎ'에 받침규칙이 적용되고, 2단계는 'ㄷ → ㄴ(녿- → 논-)'과 같이 'ㄷ'에 콧소리되기가 적용된다.

(21ㄷ)은 닿소리이어바뀜의 환경에서 앞 닿소리 'ㅈ·ㅊ' 등이 콧소리인 뒤 닿소리를 닮아, 콧소리로 실현된 경우이다. 이 경우는 먼저 'ㅈ·ㅊ' 등에 받침규칙이 적용된 후에, 콧소리되기가 적용된다. '맞는'이 '맞는 → 맏는 → 만는'과 같은 음운변화과정에서 1단계는 'ㅈ → ㄷ(맞- → 맏-)'과 같이 'ㅈ'에 받침규칙이 적용되고, 2단계는 'ㄷ → ㄴ(맏- → 만-)'과 같이 'ㄷ'에 콧소리되기가 적용된다.

(21ㄹ)은 표준발음법 제18항 [붙임]에 규정하고 있다. 이 규정은 두 낱말을 이어서 한 마디로 발음하는 경우에도 콧소리되기가 실현된다는 내용이다. '책 넣는다'가 '책넣는다 → 챙넣는다 → 챙넏는다 → 챙넌는다'와 같은 음운변화과정에서 1단계는 'ㄱ → ㅇ(책- → 챙-)'과 같이 'ㄱ'에 콧소리되기가 적용되고, 2단계는 'ㅎ → ㄷ(-넣- → -넏-)'과 같이 'ㅎ'에 받침규칙이 적용되고, 3단계는 'ㄷ → ㄴ(-넏- → -넌-)'과 같이 'ㄷ'에 콧소리되기가 적용된다.

(22) ㄱ. 담력[담:녁]　　　침략[침냑]　　　　　강릉[강능]
　　　항로[항노]　　　대통령[대:통녕]
　　ㄴ. 막론[막논 → 망논]　　　　백리[백니 → 뱅니]
　　　협력[협녁 → 혐녁]　　　　십리[십니 → 심니]

(22ㄱ)은 표준발음법 제19항에 규정하고 있다. 이 규정은 받침 'ㅁ, ㅇ' 뒤에 연결되는 'ㄹ'은 [ㄴ]으로 발음한다는 내용이다. 이는 내리닮음이다. 보기는 닿소리이어바뀜의 환경에서 앞 닿소리가 'ㅁ・ㅇ' 등이고, 뒤 닿소리가 'ㄹ'인 경우에 'ㄹ'이 앞 닿소리인 콧소리를 닮아 [ㄴ]으로 실현된 경우이다. '담력'은 '담력 → 담녁'과 같은 음운변화과정에서 'ㄹ → ㄴ(-력 → -녁)'과 같이 'ㄹ'에 콧소리되기가 적용된다.

(22ㄴ)은 표준발음법 제19항 [붙임]에 규정하고 있다. 이 규정은 받침 'ㄱ, ㅂ' 뒤에 연결되는 'ㄹ'도 [ㄴ]으로 발음한다는 내용이다. 이 경우는 앞 닿소리와 뒤 닿소리가 서로 영향을 끼쳐 두 닿소리가 모두 변화하는 서로 닮음에 해당된다. '막론'이 '막론 → 막논 → 망논'과 같은 음운변화과정에서 1단계는 'ㄹ → ㄴ(-론 → -논)'과 같이 'ㄹ'에 콧소리되기가 적용되고, 2단계는 'ㄱ → ㅇ(막- → 망-)'과 같이 'ㄱ'에 콧소리되기가 적용된다.

(23) 콧날[콘날 → 콘날]   아랫니[아랟니 → 아랜니]
　　 툇마루[퇻:마루 → 퇸:마루 / 퉨-]   뱃머리[밷머리 → 밴머리]

(23)은 표준발음법 제30항 2에 규정하고 있다. 이 규정은 사이시옷 뒤에 'ㄴ, ㅁ'이 결합되는 경우에는 [ㄴ]으로 발음한다는 내용이다. 보기는 닿소리이어바뀜의 환경에서 앞 닿소리 'ㅅ'이 콧소리인 뒤 닿소리에 연결되어, 콧소리로 실현된 경우이다. 이 경우는 먼저 'ㅅ'에 받침규칙이 적용된 후에, 콧소리되기가 적용된다. '콧날'이 '콧날 → 콛날 → 콘날'과 같은 음운변화과정에서 1단계는 'ㅅ → ㄷ(콧- → 콛-)'과 같이 'ㅅ'에 받침규칙이 적용되고, 2단계는 'ㄷ → ㄴ(콛- → 콘-)'과 같이 'ㄷ'에 콧소리되기가 적용된다.

(24) 의견란[의:견난]   임진란[임:진난]   생산량[생산냥]
　　 결단력[결딴녁]   공권력[공꿘녁]   동원령[동:원녕]
　　 상견례[상견녜]   횡단로[횡단노/휑-]   이원론[이:원논]
　　 입원료[이붠뇨]   구근류[구근뉴]

(24)는 표준발음법 제20항 '다만'에 규정하고 있다. 이 규정은 보기와 같은 낱말들은 'ㄹ'을 [ㄴ]으로 발음한다는 규정이다. 보기는 '-견란'과 같이 닿소리이어바뀜의 환경에서도 앞 닿소리 'ㄴ'('-견'의 끝소리)이 [ㄹ]로 실현되지 않고, 뒤 닿소리 'ㄹ'('-란'의 첫소리)이 [ㄴ]으로 실현된 경우이다. '의견란'은 '의견란 → 의견난'과 같은 음운변화과정에서 'ㄹ → ㄴ(-란 → -난)'과 같이 'ㄹ'에 콧소리되기가 적용된다.

❹ 흐름소리되기(유음화 : 流音化)

흐름소리되기란 닿소리이어바뀜의 환경에서 'ㄴ'이 'ㄹ'을 닮아 [ㄹ]로 소리나는 현상을 말한다. 흐름소리되기는 '난로[날로]'와 같은 치닮음과 '칼날[칼랄]'과 같은 내리닮음처럼 두 가지가 모두 실현되는 경우이다.

(25) ㄱ. 난로 [날:로]   신라[실라]   천리[철리]
      광한루[광:할루]   대관령[대:괄령]
    ㄴ. 칼날[칼랄]   물난리[물랄리]   줄넘기[줄럼끼]
      할는지[할른지]
    ㄷ. 닳는[달른]   뚫는[뚤른]   핥네 [할레]

(25)는 표준발음법 제20항에 규정하고 있다. 이 규정은 'ㄴ'이 'ㄹ'의 앞이나 뒤에서 [ㄹ]로 발음된다는 내용이다.

(25ㄱ)은 닿소리이어바뀜의 환경에서 앞 닿소리 'ㄴ'이 뒤 닿소리 'ㄹ'을 닮아 [ㄹ]로 실현된 치닮음의 경우이다. '난로'의 경우는 '난-'의 받침 'ㄴ'이 'ㄹ'('-로'의 첫소리)을 닮아 [ㄹ]로 실현된 것이다. 즉 '난로'는 '난로 → 날로'와 같은 음운변화과정에서 'ㄴ → ㄹ(난- → 날-)'과 같이 'ㄴ'에 흐름소리되기가 적용된다. '천리'는 언중들이 [천니]와 같이 비표준발음을 하고 있으므로, 발음 지도에 유의해야 한다.

(25ㄴ)은 닿소리이어바뀜의 환경에서 뒤 닿소리 'ㄴ'이 앞 닿소리 'ㄹ'을 닮아 [ㄹ]로 실현된 내리닮음의 경우이다. '칼날'은 '-날'의 첫소리인 'ㄴ'이 'ㄹ'('칼-'의 끝소리)을 닮아 [ㄹ]로 실현된 것이다. 즉 '칼날'은 '칼날→칼랄'과 같은 음운변화과정에서 'ㄴ → ㄹ(-날→-랄)'과 같이 'ㄴ'에 흐름소리되기가 적용된다.

(25ㄷ)은 표준발음법 제20항 (2) [붙임]에 규정하고 있다. 이 규정은 첫소리 'ㄴ'이 'ㅀ', 'ㄾ' 뒤에 연결되는 경우에도 흐름소리되기를 인정하는 내용이다. 보기는 닿소리이어바뀜의 환경에서 뒤 소리마디 'ㄴ'('-는, -네' 등의 첫소리)이 앞 소리마디의 'ㅀ, ㄾ'('닳-, 뚫-, 핥-' 등의 겹받침) 뒤에 연결된 경우이다. 이 경우에는 먼저 닿소리빠짐이 적용된 후에, 흐름소리되기가 적용된다. '닳는'이 '닳는→달는→달른'과 같은 음운변화과정에서 1단계는 'ㅀ → ㄹ(닳-→달-)'과 같이 'ㅎ'에 닿소리빠짐이 적용되고, 2단계는 'ㄴ → ㄹ(-는→-른)'과 같이 'ㄴ'에 흐름소리되기가 적용된 내리닮음이다.

⑤ 입술소리되기(순음화 : 脣音化)

입술소리되기는 표준발음법 제21항에 규정하고 있다. 이 규정은 입술소리되기로 실현된 닿소리닮음은 표준발음으로 인정하지 않는다는 내용이다. 닿소리닮음 중 소리 나는 위치에 의한 경우는 입술소리되기, 센입천장소리되기, 여린입천장소리되기 등이 있다. 이 중 입술소리되기란 닿소리이어바뀜의 환경에서 앞 닿소리(입술소리 제외)가 뒤 닿소리를 닮아 입술소리로 실현되는 현상을 말한다. 이를 양순음화(두입술소리되기)라고도 한다. 이 경우에 치닮음인 입술소리되기는 비표준발음이다. 아래 보기는 표준발음과 비표준발음을 모두 나타낸 경우이다.(괄호 안의 '×'는 비표준발음을 나타냄.)

(26) ㄱ. 신문[신문](×[심문])　　연말[연말](×[염말])　　논문[논문](×[놈문])

　　 ㄴ. 맏며느리[만며느리](×[맘며느리])

　　 ㄷ. 꽃만[꼰만](×[꼼만])　　냇물[낸물](×[냄물])　　늦모[는모](×[늠모])
　　　　 뒷문[뒨문](×[뒴문])　　젖먹이[전머기](×[점머기])

　　 ㄹ. 군불[군불](×[굼불])　　문법[문뻡](×[뭄뻡])　　신발[신발](×[심발])
　　　　 전부[전부](×[점부])　　준비[준비](×[줌비])　　찬밥[찬밥](×[참밥])

　　 ㅁ. 꽃밭[꼰빤](×[꼽빤])　　밭보다[받뽀다](×[밥뽀다])
　　　　 촛불[촌뿔](×[촙뿔])　　텃밭[턷빤](×[텁빤])

　　 ㅂ. 연필[연필](×[염필])

(26)은 표준발음법 제21항에 규정하고 있다. 이 규정은 위와 같은 보기에 대해 닿소리닮음을 인정하지 않는다는 내용인데, 이는 비표준발음이라는 의미이다. 보기는 표준발음과 비표준발음을 모두 나타낸 경우인데, 이는 닿소리이어바뀜의 환경에서 앞 닿소리가 입술소리인 뒤 닿소리를 닮아 입술소리되기가 실현된 치닮음이다. '젖먹이, 문법, 꽃밭' 등은 표준발음법 제21항의 보기이다. (26ㄱ~ㄷ)은 뒤 닿소리가 'ㅁ'인 경우이고, (26ㄹ, ㅁ)은 뒤 닿소리가 'ㅂ'인 경우이고, (26ㅂ)은 뒤 닿소리가 'ㅍ'인 경우이다.

(26ㄱ)은 닿소리이어바뀜의 환경에서 앞 닿소리 'ㄴ'('신-, 연-, 논-' 등의 끝소리)이 뒤 닿소리 'ㅁ'('-문, -말' 등의 첫소리)을 닮아, 'ㄴ'이 입술소리 [ㅁ]으로 실현된 경우이다. '신문'은 '신문 → 심문'과 같은 음운변화과정에서 'ㄴ → ㅁ(신- → 심-)'과 같이 'ㄴ'에 입술소리되기가 적용된다. '심문'은 비표준발음이다. '연말, 논문' 등도 이와 같은 음운변화과정에서 비표준발음인 [염말], [놈문] 등과 같이 'ㄴ'에 입술소리되기가 적용된다.

(26ㄴ)의 '맏며느리'는 닿소리이어바뀜의 환경에서 앞 닿소리가 'ㄷ'('맏-'의 끝소리)이고, 뒤 닿소리가 'ㅁ'('-며-'의 첫소리)인 경우이다. 이 경우에 하나의 음운변화과정에서 표준발음과 비표준발음을 모두 나타내기 위해서는 먼저 콧소리되기를 적용한 후에, 입술소리되기를 적용한다. '맏

며느리'가 '맏며느리 → 만며느리 → 맘며느리'와 같은 음운변화과정에서 1 단계는 'ㄷ → ㄴ(맏- → 만-)'과 같이 'ㄷ'에 콧소리되기가 적용되고, 2단계는 'ㄴ → ㅁ(만- → 맘-)'과 같이 'ㄴ'에 입술소리되기가 적용된다. 1단계에 콧소리되기가 적용된 [만며느리]는 표준발음이고, 2단계에 입술소리되기가 적용된 [맘며느리]는 비표준발음이다.

(26ㄷ)은 닿소리이어바뀜의 환경에서 앞 닿소리가 'ㅊ, ㅅ, ㅈ'('꽃-, 냇-, 늦-, 뒷-, 젖-' 등의 끝소리) 등이고, 뒤 닿소리가 'ㅁ'('-만, 물, -모, -문, -먹-' 등의 첫소리)인 경우이다. 이 경우에 하나의 음운변화과정에서 표준발음과 비표준발음을 모두 나타내기 위해서는 먼저 받침규칙을 적용한 후에 콧소리되기, 입술소리되기 등을 차례로 적용한다. '꽃만'이 '꽃만 → 꼳만 → 꼰만 → 꼼만'과 같은 음운변화과정에서 1단계는 'ㅊ → ㄷ(꽃- → 꼳-)'과 같이 'ㅊ'에 받침규칙이 적용되고, 2단계는 'ㄷ → ㄴ(꼳- → 꼰-)'과 같이 'ㄷ'에 콧소리되기가 적용되고, 3단계는 'ㄴ → ㅁ (꼰- → 꼼-)'과 같이 'ㄴ'에 입술소리되기가 적용된다. 이 경우에 2단계에서 실현된 [꼰만]은 표준발음이고, 3단계에서 실현된 [꼼만]은 비표준발음이다.

(26ㄹ)은 닿소리이어바뀜의 환경에서 앞 닿소리 'ㄴ'('군-, 문-, 신-, 전-, 준-, 찬-' 등의 끝소리)이 뒤 닿소리 'ㅂ'('-불, -법, -발, -부, -비, -밥' 등의 첫소리)을 닮아, 'ㄴ → ㅁ'과 같이 'ㄴ'이 [ㅁ]으로 입술소리되기가 실현된 경우이다. '군불'은 '군불 → 굼불'과 같은 음운변화과정에서 'ㄴ → ㅁ(군- → 굼-)'과 같이 'ㄴ'에 입술소리되기가 적용된다. 다른 보기들도 '군불'과 같은 음운변화과정이 적용된다. 다만, '문법[문뻡]'과 같이 닿소리이어바뀜의 환경에서 음운변화과정에 된소리되기가 적용되는 경우는 두 가지의 변화과정을 설정할 수 있다. 하나는 '문법 → 뭄법 → 뭄뻡'과 같이 소리마디 순서에 따라 규칙을 적용하는 것이다. 이는 규칙 적용과정에서 앞 소리마디의 끝소리에 대한 규칙을 먼저 적용한 후에, 뒤 소리마디의

첫소리에 대한 규칙을 적용하는 것을 말한다. 예를 들면, 닿소리변화와 관련하여 '문법'과 같이 두 소리마디인 경우에는 이 중 앞 소리마디인 '문'의 끝소리(닿소리이어바뀜의 환경에서 앞 닿소리 'ㄴ')에 대한 규칙을 먼저 적용한 후에, 뒤 소리마디인 '법'의 첫소리(닿소리이어바뀜의 환경에서 뒤 닿소리 'ㅂ')에 대한 규칙을 적용하는 것이다. 이 경우에 '문법'이 '문법 → 뭄법 → 뭄뻡'과 같은 음운변화과정에서 1단계는 'ㄴ → ㅁ(문- → 뭄-)'과 같이 'ㄴ'에 입술소리되기가 적용되고, 2단계는 'ㅂ → ㅃ(-법 → -뻡)'과 같이 'ㅂ'에 된소리되기가 적용된다. 이 과정에서는 표준발음이 실현되지 않는다. 또 하나는 표준발음과 관련된 규칙을 먼저 적용한 후에, 비표준발음에 대한 규칙을 적용하는 것이다. 예를 들면, '문법'의 경우에 '문법 → 문뻡 → 뭄뻡'과 같은 음운변화과정에서 1단계는 'ㅂ → ㅃ(-법 → -뻡)'과 같이 'ㅂ'에 된소리되기를 적용하고, 2단계는 'ㄴ → ㅁ(문- → 뭄-)'과 같이 'ㄴ'에 입술소리되기를 적용하는 것이다. 이 경우에 1단계에서 실현된 [문뻡]은 표준발음이고, 2단계에서 실현된 [뭄뻡]은 비표준발음이다. 즉 이는 표준발음에 대한 규칙이 비표준발음에 대한 규칙보다 먼저 적용된 경우이다. 따라서 이 두 가지의 음운변화과정에 대한 차이는 규칙 적용과정에서 전자와 같이 소리마디 순서에 따른 경우는 표준발음이 실현되지 않지만, 후자와 같이 표준발음에 대한 규칙을 비표준발음에 대한 규칙보다 먼저 적용하는 경우는 표준발음이 실현된다는 점이다. 그러므로 하나의 변화과정에서 표준발음과 비표준발음을 모두 나타내기 위해서는 된소리되기를 입술소리되기보다 먼저 적용하는 후자의 변화과정을 선택해야 한다.

(26ㅁ)은 닿소리이어바뀜의 환경에서 앞 닿소리가 'ㅊ, ㅌ, ㅅ'('꽃-, 밭-, 촛-, 텃-' 등의 끝소리) 등이고, 뒤 닿소리가 'ㅂ'('-밭, -보-, -불' 등의 첫소리)인 경우이다. 이 경우에 하나의 음운변화과정에서 표준발음과 비표준발음을 모두 나타내기 위해서는 먼저 받침규칙을 적용한 후에 된소리되기, 입술소리되기 등을 차례로 적용한다. '꽃밭'이 '꽃밭 → 끋밭 → 끋

빤 → 꼽빤'과 같은 음운변화과정에서 1단계는 'ㅊ → ㄷ'과 같이 'ㅊ'에 받침규칙 'ㅌ → ㄷ'과 같이 'ㅌ'에 받침규칙이 각각 적용되고, 2단계는 'ㅂ → ㅃ(-받 → -빤)'과 같이 'ㅂ'에 된소리되기가 적용되고, 3단계는 'ㄷ → ㅂ(끋- → 꼽-)'과 같이 'ㄷ'에 입술소리되기가 적용된다. 이 경우에 2단계에서 실현된 [끋빤]은 표준발음이고, 3단계에서 실현된 [꼽빤]은 비표준발음이다.

(26ㅂ)은 닿소리이어바뀜의 환경에서 앞 닿소리가 'ㄴ'('연-'의 끝소리)이고, 뒤 닿소리가 'ㅍ'('-필'의 첫소리)인 경우에 'ㄴ → ㅁ'과 같이 'ㄴ'이 'ㅍ'을 닮아 [ㅁ]으로 실현된 경우이다. '연필'은 '연필 → 염필'과 같은 음운변화과정에서 'ㄴ → ㅁ(연- → 염-)'과 같이 'ㄴ'에 입술소리되기가 적용된다.

따라서 (26)과 같이 입술소리되기가 실현되는 경우는 언중들이 노력 경제로 인해 발음을 쉽고 편하게 하려는 경향을 나타내기 때문이다. 그러므로 표준발음과 비표준발음을 정확히 구별할 수 있도록, 발음 지도에 유의해야 할 것이다.

⑥ 센입천장소리되기(경구개음화 : 硬口蓋音化)

센입천장소리되기란 앞 닿소리가 뒤의 반홀소리 'ㅣ'나 홀소리 'ㅣ'와 연결된 경우에, 이의 닮음으로 인해 센입천장소리로 실현되는 현상을 말한다. 이를 구개음화(입천장소리되기)라고도 한다. 이 현상은 닿소리와 홀소리 사이에서 이루어지는 치닮음으로서, 낱소리가 바뀌는 'ㄷ·ㅌ', 'ㄱ·ㄲ·ㅋ' 등의 센입천장소리되기와 낱소리의 바뀜이 없이 음성적 차이만을 보이는 'ㅅ', 'ㄴ', 'ㄹ' 등의 센입천장소리되기로 구분된다. 이 글에서는 낱소리가 바뀌는 경우만 기술하고, 음성적 차이를 보이는 경우는 생략한다.

위치닮음 중 센입천장소리되기가 닿소리와 홀소리가 연결되는 경우에

앞 닿소리가 뒤 홀소리를 닮음으로 인해 실현되는 것이라면, 입술소리되기
와 여린입천장소리되기는 닿소리이어바꿈의 환경에서 앞 닿소리가 뒤 닿
소리를 닮음으로 인해 실현되는 경우이다.

(27) ㄱ   ㄴ   ㄱ   ㄴ

ㄱ	ㄴ	ㄱ	ㄴ
맏이	마지	핥이다	할치다
해돋이	해도지	걷히다	거치다
굳이	구지	닫히다	다치다
같이	가치	묻히다	무치다
끝이	끄치		

(27)은 한글맞춤법 제6항에 규정하고 있다. 이 규정은 'ㄷ, ㅌ' 받침 뒤에
종속적 관계를 가진 '-이(-)'나 '-히-'가 올 적에는 그 'ㄷ, ㅌ'이 'ㅈ, ㅊ'으
로 소리 나더라도 'ㄷ, ㅌ'으로 적는다는 내용이다. (27ㄱ)은 표기이고, (27
ㄴ)은 (27ㄱ)에 대해 센입천장소리되기가 실현되어 낱소리가 바뀐 표준발
음이다. 즉 이는 (27ㄱ) 환경에서 (27ㄴ)처럼 센입천장소리되기가 실현되
더라도, 표기는 (27ㄱ)처럼 해야 한다는 의미다. 그러므로 센입천장소리되
기의 경우에 표기와 발음을 정확히 구분할 수 있도록 발음 지도를 하는 것
이 중요하다. '맏이'는 '맏이 → 마지'와 같은 음운변화과정에서 'ㄷ → ㅈ'
과 같이 'ㄷ'에 센입천장소리되기가 적용된다. '걷히다'가 '걷히다 → 겉이
다 → 거치다'와 같은 음운변화과정에서 1단계는 'ㄷ + ㅎ → ㅌ(걷히- →
겉이-)'과 같이 'ㄷ'과 'ㅎ'의 합한 소리로 인해 'ㄷ'에 거센소리되기가 적
용되고, 2단계는 'ㅌ → ㅊ(겉이- → 거치-)'과 같이 'ㅌ'에 센입천장소리되
기가 적용된다. '같이'는 '같이 → 가치'와 같은 음운변화과정에서 'ㅌ →
ㅊ'과 같이 'ㅌ'에 센입천장소리되기가 적용된다. '핥이다'가 '핥이다 → 할
티다 → 할치다'와 같은 음운변화과정에서 1단계는 '핥이- → 할티-'와 같
이 이음소리규칙이 적용되고, 2단계는 'ㅌ → ㅊ'과 같이 'ㅌ'에 센입천장소

리되기가 적용된다.

(28) ㄱ. 곧이듣다[고지듣따]　　　굳이[구지]　　　　미닫이[미다지]
　　　　땀받이[땀바지]　　　　　밭이[바치]　　　　벼훑이[벼훌치]
　　　ㄴ. 굳히다[구치다]　　　　　닫히다[다치다]　　　묻히다[무치다]

　(28)은 표준발음법 제17항에 규정하고 있다. 이 규정은 받침 'ㄷ, ㅌ(ㄾ)'
이 토씨나 뒷가지의 홀소리 'ㅣ'와 결합되는 경우에는, [ㅈ, ㅊ]으로 바꾸어
서 뒤 소리마디 첫소리로 옮겨 발음한다는 내용이다. 이는 표준발음이다.
　(28ㄱ)은 앞 닿소리인 'ㄷ, ㅌ(ㄾ)' 등이 뒤 홀소리 'ㅣ'와 연결되어
'ㄷ'→[ㅈ], 'ㅌ'→[ㅊ] 등과 같이 센입천장소리되기가 실현된 경우이다.
'곧이듣다'가 '곧이듣다 → 고지듣다 → 고지듣따'와 같은 음운변화과정에
서 1단계는 'ㄷ → ㅈ(곧이- → 고지-)'과 같이 'ㄷ'에 센입천장소리되기가
적용되고, 2단계는 'ㄷ → ㄸ(-다 → -따)'과 같이 'ㄷ'에 된소리되기가 적
용된다. '밭이'는 '밭이 → 바치'와 같은 음운변화과정에서 'ㅌ → ㅊ'과 같
이 'ㅌ'에 센입천장소리되기가 적용된다. '벼훑이'가 '벼훑이 → 벼훌티 →
벼훌치'와 같은 음운변화과정에서 1단계는 '-훑이 → -훌티'와 같이 이음
소리규칙이 적용되고, 2단계는 'ㅌ → ㅊ(-티 → -치)'과 같이 'ㅌ'에 센입
천장소리되기가 적용된다.
　(28ㄴ)은 앞 닿소리 'ㄷ'이 뒤 소리마디 '히'와 연결되어 'ㄷ'의 센입천장
소리되기가 실현된 경우이다. '굳히다'가 '굳히다 → 굳이다 → 구치다'와
같은 음운변화과정에서 1단계는 'ㄷ + ㅎ → 'ㅌ'과 같이 'ㄷ'과 'ㅎ'의 합한
소리로 인해 'ㄷ'에 거센소리되기가 적용되고, 2단계는 'ㅌ → ㅊ(굳이- →
구치-)'과 같이 'ㅌ'에 센입천장소리되기가 적용된다. 그러므로 (28ㄴ)은
음운변화과정에서 1단계에 거센소리되기가 적용된다는 것이 (28ㄱ)과 다
른 점이다.

(29) ㄱ. 기다리다[기다리다](×[지다리다])　기둥[기둥](×[지둥])

　　　기름[기름](×[지름])　　　　　기미[기미](×[지미])

　　　기와집[기와집](×[지와집])　　기울다[기울다](×[지울다])

　　　기지개[기지개](×[지지개])　　기침[기침](×[기침])

　　　길[길](×[질])　　　　　　　길다[길다](×[질다])

　　　길쌈[길쌈](×[질쌈])　　　　길이[기리](×[지리])

　　　김[김](×[짐])　　　　　　　김장[김장](×[짐장])

　　　김치[김치](×[짐치])　　　　깃[긷](×[짇])

　　　깊이[기피](×[지피])　　　　들기름[들기름](×[들지름])

　　　엿기름[엳끼름](×[엳찌름])　　참기름[참기름](×[참지름])

　　ㄴ. 겨[겨](×[져 → 저])　　　　겨드랑[겨드랑](×[져드랑 → 저드랑])

　　　견디다[견디다](×[젼디다 → 전디다])

　　　결리다[결리다](×[졀리다 → 절리다])

　　ㄷ. 끼다[끼다](×[찌다])　　　　끼면[끼면](×[찌면])

　　　끼치다[끼치다](×[찌치다])

　　ㄹ. 키[키](×[치])

(29)는 앞 닿소리와 뒤 홀소리의 환경에서 앞 닿소리인 'ㄱ, ㄲ, ㅋ' 등이 뒤 홀소리인 'ㅣ'나 반홀소리 'ㅣ'와 연결되어 센입천장소리되기가 실현된 치닮음이다. 이는 낱소리의 바뀜을 보인 비표준발음이다.

(29ㄱ)은 'ㄱ'이 'ㅣ' 홀소리와 연결된 경우에, 'ㄱ → ㅈ'과 같이 'ㄱ'이 센입천장소리 [ㅈ]으로 실현된 경우이다. '기둥'은 '기둥 → 지둥'과 같은 음운 변화과정에서 'ㄱ → ㅈ(기- → 지-)'과 같이 'ㄱ'에 센입천장소리되기가 적용된다. '깃'은 '깃 → 긷 → 짇', '깃 → 짓 → 짇' 등과 같이 두 가지의 음운 변화과정을 설정할 수 있다. 이 중 전자의 경우에 1단계는 'ㅅ → ㄷ(깃 → 긷)'과 같이 'ㅅ'에 받침규칙이 적용되고, 2단계는 'ㄱ → ㅈ(긷 → 짇)'과 같이 'ㄱ'에 센입천장소리되기가 적용된다. 후자의 경우에 1단계는 'ㄱ → ㅈ(깃 → 짓)'과 같이 'ㄱ'에 센입천장소리되기가 적용되고, 2단계는 'ㅅ → ㄷ

(짓 → 짇)'과 같이 'ㅅ'에 받침규칙이 적용된 경우이다. 전자와 후자에 적용된 규칙의 종류가 같지만, 규칙 적용의 순서는 다르다. 또 전자는 표준발음에 대한 변화과정이 '짓 → 짇'과 같이 1단계에 나타나고 있지만, 후자는 이의 내용이 포함되지 않고 있다. 따라서 전자의 음운변화과정은 표준발음 'ㄱ'에 센입천장소리되기가 적용되고, 후자의 음운변화과정은 표준발음과 관계없이 'ㄱ'에 센입천장소리되기만 적용된다.

(29ㄴ)은 앞 닿소리가 'ㄱ'이고, 뒤의 반홀소리가 'ㅣ'('ㅕ = ㅣ + ㅓ'에서 'ㅣ'는 반홀소리임)인 경우에, 'ㄱ → ㅈ'과 같이 'ㄱ'의 센입천장소리되기가 실현된 것이다. '견디다'가 '견디다 → 젼디다 → 전디다'와 같은 음운변화과정에서 1단계는 'ㄱ → ㅈ(견- → 젼-)'과 같이 'ㄱ'에 센입천장소리되기가 적용되고, 2단계는 'ㅕ → ㅓ(젼- → 전-)'와 같이 'ㅕ'에 홑홀소리되기가 적용된다.

(29ㄷ)은 'ㄲ'이 'ㅣ'와 연결되어 [ㅉ]으로 실현된 경우이고, (29ㄹ)은 'ㅋ'이 'ㅣ'와 연결되어 [ㅊ]으로 실현된 경우이다.

따라서 비표준발음인 (29)는 발음을 쉽고 편하게 하려는 경향과 주변 언어 환경(가족이나 지역사회)의 닮음에서 비롯된 것으로 해석할 수 있다. 그러므로 (29)와 같은 비표준발음은 표준발음과 정확히 구별할 수 있도록 발음 지도에 유의해야 한다.

❼ 여린입천장소리되기(연구개음화 : 軟口蓋音化)

여린입천장소리되기는 표준발음법 제21항에 규정하고 있다. 여린입천장소리되기란 닿소리이어바뀜의 환경에서 앞 닿소리(여린입천장소리 제외)가 뒤 여린입천장소리를 닮아 여린입천장소리로 실현되는 현상을 말한다. 닿소리닮음 중 소리 나는 위치에 해당되는 여린입천장소리되기는 치닮음으로써, 이는 비표준발음이다. '감기[감:기](×[강:기])', '옷감[옫깜](×[옥

깜])', '있고[읻꼬](×[익꼬])', '꽃길[꼳낄](×[꼭낄])' 등이 표준발음법 제21
항의 보기인데, 이는 닿소리닮음을 인정하지 않는 비표준발음이다. 전술한
것처럼 괄호 안의 '×'는 비표준발음을 나타낸다.

(30) ㄱ. 눈곱[눈꼽](×[눙꼽])　　　　손가락[손까락](×[송까락])
　　　　안기다[안기다](×[앙기다])　　온갖[온갇](×[옹갇])
　　　　자전거[자전거](×[자정거])　　전기[전기](×[정기])
　　ㄴ. 감기다[감기다](×[강기다])　　남기다[남기다](×[낭기다])
　　　　삼키다[삼키다](×[상키다])　　잠꾸러기[잠꾸러기](×[장꾸러기])
　　　　참견[참견](×[창견])　　　　　참기름[참기름](×[창기름])
　　ㄷ. 걷기[걷끼](×[걱끼])　　　　　듣기[듣끼](×[득끼])
　　ㄹ. 곳간[곧깐](×[곡깐])　　　　　꽃가루[꼳까루](×[꼭까루])
　　　　냇가[낻까](×[낵까])　　　　　밭고랑[받꼬랑](×[박꼬랑])
　　　　샛길[샏낄](×[색낄])　　　　　옷고름[옫꼬름](×[옥꼬름])
　　　　젖가슴[젇까슴](×[적까슴])　　콧구멍[콛꾸멍](×[콕꾸멍])

　　(30)은 닿소리이어바뀜의 환경에서 앞 닿소리가 뒤 닿소리인인 여린입
천장소리('ㄱ, ㄲ, ㅋ' 등)를 닮아 여린입천장소리로 실현된 치닮음으로써,
이는 비표준발음이다. 이 경우에 하나의 음운변화과정에서 표준발음과 비
표준발음을 모두 나타내기 위해서는 '받침규칙 → 된소리되기 → 여린입천
장소리되기' 등의 순서로 규칙을 적용해야 한다. 즉 여린입천장소리되기를
마지막에 적용해야 한다. (30ㄱ, ㄴ)은 앞 닿소리가 콧소리 'ㄴ·ㅁ' 등인
경우에 'ㄴ·ㅁ → ㅇ'과 같이 여린입천장소리인 'ㅇ'으로 실현된 경우인데,
이는 콧소리('ㄴ, ㅁ')에서 콧소리('ㅇ')으로 변화된 것이다. (30ㄷ, ㄹ)은 앞
닿소리가 'ㄷ, ㅅ, ㅈ, ㅊ, ㅌ' 등과 같이 콧소리가 아닌 경우에 여린입천장
소리인 'ㄱ'으로 실현된 경우이다. 이는 변화 전·후에 모두 콧소리가 아닌
경우이다.
　　(30ㄱ)은 닿소리이어바뀜의 환경에서 앞 닿소리 'ㄴ'('눈-, 전-, 안-' 등

의 끝소리)이 여린입천장소리인 뒤 닿소리 'ㄱ'('-곱, -기' 등의 첫소리)을 닮아, 'ㄴ → ㅇ'와 같이 'ㄴ'이 여린입천장소리 'ㅇ'으로 실현된 경우이다. '눈곱'이 '눈곱 → 눈꼽 → 눙꼽'과 같은 음운변화과정에서 1단계는 'ㄱ → ㄲ(-곱 → -꼽)'과 같이 'ㄱ'에 된소리되기가 적용되고, 2단계는 'ㄴ → ㅇ (눈- → 눙-)'과 같이 'ㄴ'에 여린입천장소리되기가 적용된다. 이 경우에 1단계에서 실현된 [눈꼽]은 표준발음이고, 2단계에서 실현된 [눙꼽]은 비표준발음이다. 그런데 규칙 적용 순서를 바꾸어 '눈곱 → 눙곱 → 눙꼽'과 같이 1단계에 여린입천장소리되기를 적용하고, 2단계에 된소리되기를 적용하면 [눈꼽]과 같은 표준발음은 실현되지 않는다. 이것이 전자와 후자의 규칙 적용 순서에 따른 차이점이다.

　(30ㄴ)은 닿소리이어바뀜의 환경에서 앞 닿소리 'ㅁ'('감-, 남-, 삼-' 등의 끝소리)이 여린입천장소리인 뒤 닿소리 'ㄱ'('-기, -키-' 등의 첫소리)을 닮아, 'ㅁ → ㅇ'과 같이 'ㅁ'이 여린입천장소리 'ㅇ'으로 실현된 경우이다. '감기다'는 '감기다 → 강기다'와 같은 음운변화과정에서 'ㅁ → ㅇ(감- → 강-)'과 같이 'ㅁ'에 여린입천장소리되기가 적용된다. 이 경우에 표기와 같은 [감기다]는 표준발음이고, 여린입천장소리되기가 적용된 [강기다]는 비표준발음이다. 다른 보기들도 이와 같은 음운변화과정에서 'ㅁ'의 여린입천장소리되기가 적용된 비표준발음이다.

　(30ㄷ)은 닿소리이어바뀜의 환경에서 앞 닿소리 'ㄷ'이 여린입천장소리인 뒤 닿소리 'ㄱ'을 닮아, 여린입천장소리 'ㄱ'으로 실현된 경우이다. 이 경우에는 먼저 된소리되기를 적용한 후에 여린입천장소리되기를 적용한다. '걷기'가 '걷기 → 걷끼 → 걱끼'와 같은 음운변화과정에서 1단계는 'ㄱ → ㄲ(-기 → -끼)'과 같이 'ㄱ'에 된소리되기가 적용되고, 2단계는 'ㄷ → ㄱ (걷- → 걱-)'과 같이 'ㄷ'에 여린입천장소리되기가 적용된다. 이 경우에 1단계에서 실현된 [걷끼]는 표준발음이고, 2단계에서 실현된 [걱끼]는 비표준발음이다.

(30ㄹ)은 닿소리이어바뀜의 환경에서 앞 닿소리가 'ㅅ·ㅈ·ㅊ·ㅌ' 등이고, 뒤 닿소리가 여린입천장소리인 경우이다. 이 경우에는 받침규칙을 먼저 적용한 후에 된소리되기, 여린입천장소리되기 등의 순서로 규칙을 적용한다. '곳간'이 '곳간 → 곧간 → 곧깐 → 곡깐'과 같은 음운변화과정에서 1단계는 'ㅅ → ㄷ(곳- → 곧-)'과 같이 'ㅅ'에 받침규칙이 적용되고, 2단계는 'ㄱ → ㄲ(-간 → -깐)'과 같이 'ㄱ'에 된소리되기가 적용되고, 3단계는 'ㄷ → ㄱ(곧- → 곡-)'과 같이 'ㄷ'에 여린입천장소리되기가 적용된다. 이 경우에 2단계에서 실현된 [곧깐]은 표준발음이고, 3단계에서 실현된 [곡깐]은 비표준발음이다.

⑧ 거센소리되기(유기음화 : 有氣音化)

거센소리되기란 예사소리 'ㄱ·ㄷ·ㅂ·ㅈ' 등이 'ㅎ'과 결합되어 'ㄱ + ㅎ → ㅋ', 'ㄷ + ㅎ → ㅌ', 'ㅂ + ㅎ → ㅍ', 'ㅈ + ㅎ → ㅊ' 등과 같이 하나의 거센소리로 실현되는 것을 말한다. 이를 격음화(激音化), 또는 기음화(氣音化)라고도 한다. 이와 같은 현상은 발음하는 경우에 노력경제의 일환으로 말의 속도를 빠르게 하기 위해 합음(合音, 합한 소리)의 과정에서 나타나는 닿소리줄임(자음축약 : 子音縮約)이다. 닿소리이어바뀜의 환경에서 거센소리되기가 실현되는 경우에 'ㅎ'의 위치는 '좋다[조타]'와 같이 앞 닿소리인 경우도 있고, '좁히다[조피다]'와 같이 뒤 닿소리인 경우도 있다. 그러므로 거센소리되기는 닿소리이어바뀜의 환경에서 앞 닿소리나 뒤 닿소리 중 반드시 한 닿소리가 'ㅎ'인 경우에 일어나는 닿소리줄임이다.

(31) ㄱ. 놓고[노코]　　　　좋던[조:턴]　　　　쌓지[싸치]
　　　 많고[만:코]　　　　앓던[안턴]　　　　닳지[달치]
　　 ㄴ. 각하[가카]　　　　먹히다[머키다]　　밝히다[발키다]

맏형[마텽]　　　　좁히다[조피다]　　　넓히다[널피다]

꽂히다[꼬치다]　　　앉히다[안치다]

　ㄷ. 옷 한 벌[오탄벌]　　낮 한때[나탄때]　　꽃 한 송이[꼬탄송이]

　　숱하다[수타다]

　(31)은 표준발음법 제12항에 규정하고 있다. (31ㄱ)은 표준발음법 제12
항 1의 보기이고, (31ㄴ)은 제12항 1 [붙임 1]의 보기이며, (31ㄷ)은 제12항
1 [붙임 2]의 보기이다.

　(31ㄱ)은 표준발음법 제12항 1에 규정하고 있다. 이 규정은 'ㅎ(ㄶ, ㅀ)'
뒤에 'ㄱ, ㄷ, ㅈ'이 결합되는 경우에는, 뒤 소리마디 첫소리와 합쳐서 [ㅋ,
ㅌ, ㅊ]으로 발음한다는 내용이다. 보기는 소리마디 끝 위치에서 앞 닿소리
인 'ㅎ'('놓-, 않-, 닳-' 등의 끝소리)이 뒤 닿소리 'ㄱ, ㄷ, ㅈ'('-고, -던, -
지' 등의 첫소리) 등과 연결되는 경우에 두 닿소리의 합한 소리로 인해 거
센소리되기가 실현된 것이다. '놓고'는 '놓고 → 노코'와 같은 음운변화과정
에서 'ㅎ + ㄱ → ㅋ'과 같이 'ㄱ'에 거센소리되기가 적용된다. '않던'은 '않
던 → 안턴'과 같은 음운변화과정에서 'ㅎ + ㄷ → ㅌ'과 같이 'ㄷ'에 거센소
리되기가 적용된다. '닳지'는 '닳지 → 달치'와 같은 음운변화과정에서 'ㅎ
+ ㅈ → ㅊ'과 같이 'ㅈ'에 거센소리되기가 적용된다. 그런데 (31ㄱ)의 '놓
고, 좋던, 쌓지' 등이 [논꼬], [존떤], [싼찌] 등과 같이 거센소리되기가 아닌
된소리되기로 실현되기도 한다. '놓고'의 경우에 '놓고 → 논고 → 논꼬'와
같은 음운변화과정에서 1단계는 'ㅎ → ㄷ(놓- → 논-)'과 같이 'ㅎ'에 받침
규칙이 적용되고, 2단계는 'ㄱ → ㄲ(-고 → -꼬)'과 같이 'ㄱ'에 된소리되기
가 적용된다. 이와 같이 거센소리되기를 거부하고 된소리되기로 실현되는
것은 비표준발음이므로, 거센소리되기와 된소리되기를 정확히 구별하는
것이 발음 지도에 중요하다.

　(31ㄴ)은 표준발음법 제12항 1 [붙임 1]에 규정하고 있다. 이 규정은 받

침 'ㄱ(ㄹㄱ), ㄷ, ㅂ(ㄹㅂ), ㅈ(ㄴㅈ)'이 뒤 소리마디 첫소리 'ㅎ'과 결합되는 경우에도, 역시 두 소리를 합쳐서 [ㅋ, ㅌ, ㅍ, ㅊ]으로 발음한다는 내용이다. 보기는 앞 닿소리 'ㄱ, ㄹㄱ, ㄷ, ㅂ, ㄹㅂ, ㅈ, ㄴㅈ'('각-, 밝-, 맏-, 좁-, 넓-, 꽂-, 앉-' 등의 끝소리) 등이 뒤 닿소리 'ㅎ'과 연결되는 경우에 두 닿소리의 합한 소리로 인해 거센소리되기가 실현된 것이다. '각하'는 '각하 → 가카'와 같은 음운변화과정에서 'ㄱ + ㅎ → ㅋ'과 같이 'ㄱ'에 거센소리되기가 적용된다. '밝히다'는 '밝히다 → 발키다'와 같은 음운변화과정에서 'ㄱ + ㅎ → ㅋ'과 같이 'ㄱ'에 거센소리되기가 적용된다. '맏형'은 '맏형 → 마텽'과 같은 음운변화과정에서 'ㄷ + ㅎ → ㅌ'과 같이 'ㄷ'에 거센소리되기가 적용된다. '넓히다'는 '넓히다 → 널피다'와 같은 음운변화과정에서 'ㅂ + ㅎ → ㅍ'과 같이 'ㅂ'에 거센소리되기가 적용된다. '꽂히다'는 '꽂히다 → 꼬치다'와 같은 음운변화과정에서 'ㅈ + ㅎ → ㅊ'과 같이 'ㅈ'에 거센소리되기가 적용된다. '앉히다'는 '앉히다 → 안치다'와 같은 음운변화과정에서 'ㅈ + ㅎ → ㅊ'과 같이 'ㅈ'에 거센소리되기가 적용된다.

(31ㄷ)은 표준발음법 제12항 1 [붙임 2]에 규정하고 있다. 이는 규정에 따라 'ㄷ'으로 발음되는 'ㅅ, ㅈ, ㅊ, ㅌ'의 경우에도 거센소리되기를 인정한다는 내용이다. 보기는 둘 또는 그 이상의 낱말을 이어서 한 마디로 발음하는 경우이다. '옷 한 벌, 낮 한때' 등은 '옷한벌 → 온한벌 → 오탄벌, 낮한때 → 낟한때 → 나탄때' 등과 같이 음운변화과정을 설정할 수 있다. 이 중 1단계는 'ㅅ · ㅈ → ㄷ'과 같이 'ㅅ · ㅈ' 등에 받침규칙이 각각 적용되고, 2단계는 'ㄷ + ㅎ' → ㅌ'과 같이 'ㄷ'에 거센소리되기가 적용된다. '꽃 한 송이'가 '꽃한송이 → 꼳한송이 → 꼬탄송이'와 같은 음운변화과정에서 1단계는 'ㅊ → ㄷ(꽃- → 꼳-)'과 같이 'ㅊ'에 받침규칙이 적용되고, 2단계는 'ㄷ + ㅎ → ㅌ(꼳한- → 꼬탄-)'과 같이 'ㄷ'에 거센소리되기가 적용된다. '숱하다'가 '숱하- → 숟하- → 수타-'와 같은 음운변화과정에서 1단계는 'ㅌ → ㄷ(숱- → 숟-)'과 같이 'ㅌ'에 받침규칙이 적용되고, 2단계는 'ㄷ + ㅎ

→ ㅌ(숱하- → 수타-)'과 같이 'ㄷ'에 거센소리되기가 적용된다. 여기서 '숱하다'가 [수타다]로 실현되는 것이 '숱하- → 수타'와 같이 'ㅎ'이 탈락하는 것으로 이해해서는 안 된다는 점이다. 그러므로 '숱하다'의 경우는 거센소리되기와 'ㅎ' 빠짐을 정확히 구별해서 발음 지도를 해야 한다.

⑨ 된소리되기(경음화 : 硬音化)

된소리되기란 닿소리이어바뀜의 환경에서 예사소리인 뒤 닿소리가 된소리로 실현되는 현상을 말한다.

(32) ㄱ. 국밥[국빱]   깎다[깍따]   넋받이[넉빠지]   삯돈[삭똔]
     닭장[닥짱]   칡범[칙뻠]
   ㄴ. 뻗대다[뻗때다]   옷고름[온꼬름]   있던[읻떤]   꽂고[꼳꼬]
     꽃다발[꼳따발]   낯설다[낟썰다]   밭갈이[받까리]   솥전[솓쩐]
   ㄷ. 곱돌[곱똘]   덮개[덥깨]   옆집[엽찝]   넓죽하다[넙쭈카다]
     읊조리다[읍쪼리다]   값지다[갑찌다]

(32)는 표준발음법 제23항에 규정하고 있다. 이 규정은 받침 'ㄱ(ㄲ, ㅋ, ㄳ, ㄺ), ㄷ(ㅅ, ㅆ, ㅈ, ㅊ, ㅌ), ㅂ(ㅍ, ㄼ, ㄿ, ㅄ)' 뒤에 연결되는 'ㄱ, ㄷ, ㅂ, ㅅ, ㅈ'은 된소리로 발음한다는 내용이다. 보기는 닿소리이어바뀜의 환경에서 예사소리인 뒤 닿소리가 된소리로 실현된 경우이다.

(32ㄱ)은 닿소리이어바뀜의 환경에서 앞 닿소리인 받침이 'ㄱ, ㄲ, ㄳ, ㄺ' 등인 경우이다. '국밥'은 '국밥 → 국빱'과 같은 음운변화과정에서 'ㅂ → ㅃ(-밥 → -빱)'과 같이 'ㅂ'에 된소리되기가 적용된다. '깎다'가 '깎다 → 깍다 → 깍따'와 같은 음운변화과정에서 1단계는 'ㄲ → ㄱ(깎- → 깍-)'과 같이 'ㄲ'에 받침규칙이 적용되고, 2단계는 'ㄷ → ㄸ(-다 → -따)'과 같이 'ㄷ'에 된소리되기가 적용된다. '넋받이'가 '넋받이 → 넉받이 → 넉

빤이→넉빠지'와 같은 음운변화과정에서 1단계는 'ㄳ → ㄱ(넋- → 넉-)'
과 같이 'ㅅ'에 닿소리빠짐이 적용되고, 2단계는 'ㅂ → ㅃ(-받- → -빤-)'
과 같이 'ㅂ'에 된소리되기가 적용되고, 3단계는 'ㄷ → ㅈ(-빤이 → -빠
지)'과 같이 'ㄷ'에 센입천장소리되기가 적용된다.

(32ㄴ)은 앞 닿소리인 받침이 'ㄷ, ㅅ, ㅆ, ㅈ, ㅊ, ㅌ' 등인 경우이다. 닿
소리이어바뀜의 환경에서 앞 닿소리의 받침이 'ㄷ'인 '뻗대다'는 '뻗대다
→ 뻗때다'와 같은 음운변화과정에서 'ㄷ → ㄸ(-대- → -때-)'과 같이
'ㄷ'에 된소리되기가 적용된다. 앞 닿소리의 받침이 'ㅅ, ㅆ, ㅈ, ㅊ, ㅌ' 등
인 경우는 음운변화과정의 1단계에 받침규칙을 적용하고, 2단계에 된소리
되기를 적용한다. '옷고름'이 '옷고름 → 온고름 → 온꼬름'과 같은 음운변
화과정에서 1단계는 'ㅅ → ㄷ(옷- → 온-)'과 같이 'ㅅ'에 받침규칙이 적용
되고, 2단계는 'ㄱ → ㄲ(-고- → -꼬-)'과 같이 'ㄱ'에 된소리되기가 적용
된다.

(32ㄷ)은 앞 닿소리인 받침이 'ㅂ, ㅍ, ㄼ, ㄿ, ㅄ' 등인 경우이다. '곱돌'
이 '곱돌 → 곱똘'과 같은 음운변화과정에서 'ㄷ → ㄸ(-돌 → -똘)'과 같이
'ㄷ'에 된소리되기가 적용된다. '덮개'가 '덮개 → 덥개 → 덥깨'와 같은 음
운변화과정에서 1단계는 'ㅍ → ㅂ(덮- → 덥-)'과 같이 'ㅍ'에 받침규칙이
적용되고, 2단계는 'ㄱ → ㄲ(-개 → -깨)'과 같이 'ㄱ'에 된소리되기가 적
용된다. '넓죽하다'가 '넓죽하다 → 넙죽하다 → 넙쭉하다 → 넙쭈카다'와
같은 음운변화과정에서 1단계는 'ㄼ → ㅂ(넓- → 넙-)'과 같이 'ㄹ'에 닿
소리빠짐이 적용되고, 2단계는 'ㅈ → ㅉ(-죽- → -쭉-)'과 같이 'ㅈ'에 된
소리되기가 적용되고, 3단계는 'ㄱ + ㅎ → ㅋ(-쭉하- → -쭈카-)'과 같이
'ㄱ'에 거센소리되기가 적용된다.

(33) ㄱ. 신고[신:꼬] 껴안다[껴안따] 앉고[안꼬] 얹다[언따]

  ㄴ. 삼고[삼:꼬] 더듬지[더듬찌] 닮고[담꼬] 젊지[점:찌]

(33)은 표준발음법 제24항에 규정하고 있다. 이 규정은 줄기의 받침 'ㄴ(ㄵ), ㅁ(ㄻ)' 뒤에 결합되는 씨끝의 첫소리 'ㄱ, ㄷ, ㅅ, ㅈ'은 된소리로 발음한다는 내용이다. 보기는 닿소리이어바뀜의 환경에서 뒤 닿소리가 된소리되기로 실현된 경우이다.

(33ㄱ)은 닿소리이어바뀜의 환경에서 앞 닿소리가 'ㄴ·ㄵ' 등이고, 뒤 닿소리가 'ㄱ·ㄷ' 등인 경우이다. 뒤 닿소리가 'ㄱ'인 '신고'는 '신고 → 신꼬'와 같은 음운변화과정에서 'ㄱ → ㄲ(-고 → -꼬)'과 같이 'ㄱ'에 된소리되기가 적용된다. 물론 '신고'는 '신발을 신고'와 같이 '신다'의 줄기 '신-'에 씨끝 '-고'가 연결된 경우이다. 그러므로 '간첩신고'와 같이 '어떤 사실을 알리거나 보고하는 일'을 의미하는 '신고[신고]'와는 정확히 구별할 수 있도록 지도해야 한다.

(33ㄴ)은 닿소리이어바뀜의 환경에서 앞 닿소리가 'ㅁ·ㄻ' 등이고, 뒤 닿소리가 'ㄱ·ㅈ' 등인 경우이다. 뒤 닿소리가 'ㄱ'인 '삼고'는 '삼고 → 삼꼬'와 같은 음운변화과정에서 'ㄱ → ㄲ(-고 → -꼬)'과 같이 'ㄱ'에 된소리되기가 적용된다. 뒤 닿소리가 'ㅈ'인 '젊지'가 '젊지 → 점지 → 점찌'와 같은 음운변화과정에서 1단계는 'ㄻ → ㅁ(젊- → 점-)'과 같이 겹받침 중 'ㄹ'에 닿소리빠짐이 적용되고, 2단계는 'ㅈ → ㅉ(-지 → -찌)'과 같이 'ㅈ'에 된소리되기가 적용된다.

(34) ㄱ. 넓게[널께]   떫지[떨:찌]
     ㄴ. 핥다[할따]   훑소[훌쏘]

(34)는 표준발음법 제25항에 규정하고 있다. 이 규정은 줄기의 받침 'ㄼ, ㄾ' 뒤에 결합되는 씨끝의 첫소리 'ㄱ, ㅈ, ㄷ, ㅅ'은 된소리로 발음한다는 내용이다. 보기의 변화과정에서는 먼저 닿소리빠짐을 적용한 후에, 된소리되기를 적용해야 한다.

(34ㄱ)은 앞 닿소리인 겹받침이 'ㄼ'인 경우에, 뒤 닿소리인 'ㄱ·ㅈ' 등

이 각각 된소리되기로 실현된 것이다. 뒤 닿소리가 'ㄱ'인 '넓게'가 '넓게
→ 널게 → 널께'와 같은 음운변화과정에서 1단계는 'ㄼ → ㄹ(넓- → 널-)'
과 같이 'ㅂ'에 닿소리빠짐이 적용되고, 2단계는 'ㄱ → ㄲ(-게 → -께)'과
같이 'ㄱ'에 된소리되기가 적용된다.

(34ㄴ)은 앞 닿소리가 겹받침 'ㄾ'인 경우에, 뒤 닿소리인 'ㄷ·ㅅ' 등이
각각 된소리되기로 실현된 것이다. 뒤 닿소리가 'ㄷ'인 '핥다'가 '핥다 → 할
다 → 할따'와 같은 음운변화과정에서 1단계는 'ㄾ → ㄹ(핥- → 할-)'과 같
이 'ㅌ'에 닿소리빠짐이 적용되고, 2단계는 'ㄷ → ㄸ(-다 → -따)'과 같이
'ㄷ'에 된소리되기가 적용된다.

(35) ㄱ. 갈등[갈뜽]   발동[발똥]   절도[절또]
      말살[말쌀]   일시[일씨]   불소[불쏘](弗素)
      갈증[갈쯩]   물질[물찔]   발전[발쩐]
      몰상식[몰쌍식]   불세출[불쎄출]
  ㄴ. 허허실실[허허실실](虛虛實實)   절절하다[절절하다](切切切-)

(35)는 표준발음법 제26항에 규정하고 있다. 이 규정은 한자어에서, 'ㄹ'
받침 뒤에 연결되는 'ㄷ·ㅅ·ㅈ'은 된소리로 발음한다는 내용이다.

(35ㄱ)은 닿소리이어바뀜의 환경에서 앞 닿소리가 'ㄹ'이고, 뒤 닿소리가
'ㄷ·ㅅ·ㅈ' 등인 경우에, 'ㄷ·ㅅ·ㅈ' 등의 된소리되기가 각각 실현된
것이다. 뒤 닿소리가 'ㄷ'인 '갈등'은 '갈등 → 갈뜽'과 같은 음운변화과정에
서 'ㄷ → ㄸ(-등 → -뜽)'과 같이 'ㄷ'에 된소리되기가 적용된다.

(35ㄴ)은 표준발음법 제26항 '다만'에 규정하고 있다. 이 규정은 같은 한
자가 겹쳐진 낱말의 경우에는 된소리로 발음하지 않는다는 내용이다. 그러
므로 이 보기들은 '허허실실[허허실실]', '절절하다[절절하다]' 등과 같이 표
기와 발음이 같은 경우이다.

(36) ㄱ. 할 것을[할꺼슬]   갈 데가[갈떼가]   할 바를[할빠를]
　　　할 수는[할쑤는]   할 적에[할쩌게]   갈 곳[갈꼳]
　　　할 도리[할또리]   만날 사람[만날싸람]
　　ㄴ. 할걸[할껄]   할밖에[할빠께]   할세라[할쎄라]
　　　할수록[할쑤록]   할지라도[할찌라도]   할지언정[할찌언정]
　　　할진대[할찐대]

　　(36ㄱ)은 표준발음법 제27항에 규정하고 있다. 이 규정은 관형사형
'-(으)ㄹ' 뒤에 연결되는 'ㄱ, ㄷ, ㅂ, ㅅ, ㅈ'은 된소리로 발음한다는 내용이
다. 다만, 끊어서 말할 적에는 예사소리로 발음한다. 표기로는 '할 것'과 같
이 'ㄹ' 받침의 소리마디('할')와 뒤의 소리마디('것')가 한 칸 띄어 있지만,
발음의 경우는 두 가지가 가능하다는 것이다. 예를 들면, 보기 중 '할 것'에
대해 하나는 두 낱말('할'과 '것')을 한 마디로 이어서 발음하는 경우에 [할
껃]과 같이 'ㄱ'이 된소리되기로 실현되는데, 이는 (36ㄱ)에 해당한다. 또
하나는 제27항 '다만'의 내용과 같이 '할'과 '것'을 끊어서 말할 적에는 된
소리가 아닌 예사소리 [할 걷]으로 실현해야 된다는 것이다. 따라서 발음을
지도할 적에는 표기대로 띄어서 발음할 것인가(예사소리), 아니면 두 낱말
을 한 마디로 이어서 발음할 것인가(된소리되기)에 대해 정확히 구별해서
발음할 수 있도록 지도해야 한다.

　　(36ㄴ)은 표준발음법 제27항 [붙임]에 규정하고 있다. 이 규정은 '-(으)
ㄹ'로 시작되는 씨끝의 경우에도 된소리로 발음한다는 내용이다. 보기들은
줄기 '하-'에 씨끝 '-ㄹ걸 · -ㄹ밖에 · -ㄹ세라 · -ㄹ수록 · -ㄹ지라도 · -
ㄹ지언정 · -ㄹ진대' 등이 연결되는 경우에, 'ㄹ'의 뒤에 오는 'ㄱ · ㅂ ·
ㅅ · ㅈ' 등이 각각 된소리로 실현된 것이다.

(37) ㄱ. 문-고리[문꼬리]   눈-동자[눈똥자]   신-바람[신빠람]
　　　산-새[산쌔]   손-재주[손째주]

ㄴ. 길-개[길까]　　　물-동이[물똥이]　　　발-바닥[발빠닥]
　　　굴-속[굴쏙]　　　　술-잔[술짠]

ㄷ. 바람-결[바람껼]　　　그믐-달[그믐딸]　　　아침-밥[아침빱]
　　　잠-자리[잠짜리]

ㄹ. 강-개[강까]　　　　초승-달[초승딸]　　　등-불[등뿔]
　　　창-살[창쌀]　　　　강-줄기[강쭐기]

　(37)은 표준발음법 제28항에 규정하고 있다. 이 규정은 표기상으로는 사이시옷이 없더라도, 관형격 기능을 지니는 사이시옷이 있어야 할(휴지가 성립되는) 합성어의 경우에는, 뒤 낱말의 첫소리 'ㄱ·ㄷ·ㅂ·ㅅ·ㅈ'을 된소리로 발음한다는 내용이다.

　(37ㄱ)은 닿소리이어바뀜의 환경에서 앞 닿소리가 'ㄴ'인 경우에, 뒤 닿소리가 된소리로 실현된 것이다. 뒤 닿소리가 'ㄱ'인 '문-고리'는 '문고리 → 문꼬리'와 같은 음운변화과정에서 'ㄱ → ㄲ(-고- → -꼬-)'과 같이 뒤 닿소리 'ㄱ'에 된소리되기가 적용된다.

　(37ㄴ)은 닿소리이어바뀜의 환경에서 앞 닿소리가 'ㄹ'인 경우이다. 뒤 닿소리가 'ㄱ'인 '길-가'는 '길가 → 길까'와 같은 음운변화과정에서 'ㄱ → ㄲ(-가 → -까)'과 같이 'ㄱ'에 된소리되기가 적용된다.

　(37ㄷ)은 닿소리이어바뀜의 환경에서 앞 닿소리가 'ㅁ'인 경우이다. 뒤 닿소리가 'ㄱ'인 '바람-결'은 '바람결 → 바람껼'과 같은 음운변화과정에서 'ㄱ → ㄲ(-결 → -껼)'과 같이 'ㄱ'에 된소리되기가 적용된다. '그믐-달'은 '그믐달 → 그믐딸'과 같은 음운변화과정에서 'ㄷ → ㄸ(-달 → 딸)'과 같이 'ㄷ'에 된소리되기가 적용된다.

　(37ㄹ)은 닿소리이어바뀜의 환경에서 앞 닿소리가 'ㅇ'인 경우이다. 뒤 닿소리가 'ㄱ'인 '강-가'는 '강가 → 강까'와 같은 음운변화과정에서 'ㄱ → ㄲ(-가 → -까)'과 같이 'ㅂ'에 된소리되기가 적용된다.

(38) ㄱ. 냇가[내:까 / 낻:까]　　　샛길[새:낄 / 샏:낄]

　　ㄴ. 빨랫돌[빨래똘 / 빨랟똘]　　콧등[코뜽 / 콛뜽]

　　ㄷ. 깃발[기빨 / 긷빨]　　　　대팻밥[대:패빱 / 대:팯빱]

　　ㄹ. 햇살[해쌀 / 핻쌀]　　　　뱃속[배쏙 / 밷쏙]

　　ㅁ. 뱃전:[배쩐 / 밷쩐]　　　　고갯짓[고개찓 / 고갣찓]

(38)은 표준발음법 제30항 1에 규정하고 있다. 이 규정은 'ㄱ·ㄷ·ㅂ·ㅅ·ㅈ'으로 시작하는 낱말 앞에 사이시옷이 올 때는 이들 닿소리만을 된소리로 발음하는 것을 원칙으로 하되([내:까]), 사이시옷을 [ㄷ]으로 발음하는 것도 허용한다는([낻:까]) 내용이다. 즉 이는 두 가지를 모두 표준발음(복수표준발음)으로 인정한 경우이다.

(38ㄱ)은 닿소리이어바뀜의 환경에서 사이시옷의 뒤에 오는 닿소리가 'ㄱ'인 경우이다. 이 경우에 하나의 음운변화과정에서 두 가지의 표준발음을 모두 나타내기 위해서는 받침규칙, 된소리되기, 여린입천장소리되기, 같은위치닿소리빠짐 등의 순서로 규칙을 적용한다. '냇가'가 '냇가→낻가 → 낻까 → 낵까 → 내까'와 같은 음운변화과정에서 1단계는 'ㅅ → ㄷ(냇- → 낻-)'과 같이 'ㅅ'에 받침규칙이 적용되고, 2단계는 'ㄱ → ㄲ(-가 → -까)'과 같이 'ㄱ'에 된소리되기가 적용되고, 3단계는 'ㄷ → ㄱ(낻- → 낵-)'과 같이 'ㄷ'에 여린입천장소리되기가 적용되고, 4단계는 'ㄱ → ∅(낵까→ 내까)'과 같이 같은위치닿소리빠짐이 적용된다.(제1부 제2장의 6. 같은위치닿소리빠짐 참조) 이 중 2단계에서 실현된 [낻까]와 4단계에서 실현된 [내까]는 모두 표준발음이다. 물론 이 변화과정을 [낻까]와 [내까]같이 두 가지로 구분하여 설정할 수도 있다. 이 중 [낻까]는 '냇가 → 낻가 → 낻까'와 같이 두 단계의 음운변화과정을 설정할 수 있다. 그러나 [내까]는 두 가지가 가능하다. 하나는 처음 기술한 네 단계의 음운변화과정이다. 또 하나는 '냇가 → 낻가 → 낵가 → 낵까 → 내까'와 같이 소리마디 순서에 따른 음운변화과정이다. 이 경우에는 표준발음 [낻까]가 실현되지 않는다. 이것

이 전자와 후자의 차이점이다. 그러므로 어떠한 변화과정을 설정할 것인가에 대해서는, 상황에 따라 알맞은 변화과정을 선택하는 것이 바람직하다.

(38ㄴ)은 사이시옷의 뒤에 오는 닿소리가 'ㄷ'인 경우이다. 이 경우에 하나의 음운변화과정에서 두 가지의 표준발음을 나타내기 위해서는 받침규칙, 된소리되기, 같은위치닿소리빠짐 등의 순서로 규칙을 적용한다. '콧등'이 '콧등 → 콛등 → 콛뜽 → 코뜽'과 같은 음운변화과정에서 1단계는 'ㅅ → ㄷ(콧- → 콛-)'과 같이 'ㅅ'에 받침규칙이 적용되고, 2단계는 'ㄷ → ㄸ(-등 → -뜽)'과 같이 'ㄷ'에 된소리되기가 적용되고, 3단계는 'ㄷ'에 같은위치닿소리빠짐이 적용된다. 이 경우에 2단계에서 실현된 [콛뜽]과 3단계에서 실현된 [코뜽]은 모두 표준발음이다.

(38ㄷ)은 사이시옷의 뒤에 오는 닿소리가 'ㅂ'인 경우이다. 이 경우에 하나의 음운변화과정에서 두 가지의 표준발음을 나타내기 위해서는 받침규칙, 된소리되기, 입술소리되기, 같은위치닿소리빠짐 등의 순서로 규칙을 적용한다. '깃발'이 '깃발 → 긷발 → 긷빨 → 깁빨 → 기빨'과 같은 음운변화과정에서 1단계는 'ㅅ → ㄷ(깃- → 긷-)'과 같이 'ㅅ'에 받침규칙이 적용되고, 2단계는 'ㅂ → ㅃ(-발 → -빨)'과 같이 'ㅂ'에 된소리되기가 적용되고, 3단계는 'ㄷ → ㅂ(긷- → 깁-)'과 같이 'ㄷ'에 입술소리되기가 적용되고, 4단계는 'ㅂ'에 같은위치닿소리빠짐이 적용된다. 이 경우에 2단계에서 실현된 [긷빨]과 4단계에서 실현된 [기빨]은 모두 표준발음이다.

(38ㄹ)은 사이시옷의 뒤에 오는 닿소리가 'ㅅ'인 경우이다. 이 경우에 하나의 음운변화과정에서 두 가지의 표준발음을 나타내기 위해서는 받침규칙, 된소리되기, 같은위치닿소리빠짐 등의 순서로 규칙을 적용한다. '햇살'이 '햇살 → 핻살 → 핻쌀 → 해쌀'과 같은 음운변화과정에서 1단계는 'ㅅ → ㄷ(햇- → 핻-)'과 같이 'ㅅ'에 받침규칙이 적용되고, 2단계는 'ㅅ → ㅆ(-살 → -쌀)'과 같이 'ㅅ'에 된소리되기가 적용되고, 3단계는 'ㄷ'에 같은위치닿소리빠짐이 적용된다. 이 경우에 2단계에서 실현된 [핻쌀]과 3단계

에서 실현된 [해쌀]은 모두 표준발음이다.

(38ㅁ)은 사이시옷의 뒤에 오는 닿소리가 'ㅈ'인 경우이다. 이 경우에 하나의 음운변화과정에서 두 가지의 표준발음을 나타내기 위해서는 받침규칙, 된소리되기, 같은위치닿소리빠짐 등의 순서로 규칙을 적용한다. '뱃전'이 '뱃전 → 밷전 → 밷쩐 → 배쩐'과 같은 음운변화과정에서 1단계는 'ㅅ → ㄷ(뱃- → 밷-)'과 같이 'ㅅ'에 받침규칙이 적용되고, 2단계는 'ㅈ → ㅉ(-전 → -쩐)'과 같이 'ㅈ'에 된소리되기가 적용되고, 3단계는 'ㄷ'에 같은위치닿소리빠짐이 적용된다. 이 경우에 2단계에서 실현된 [밷쩐]과 3단계에서 실현된 [배쩐]은 모두 표준발음이다.

(39) 닿소[다쏘]   많소[만쏘]   싫소[실쏘]

(39)는 표준발음법 제12항 2에 규정하고 있다. 이 규정은 'ㅎ(ㄶ, ㅀ)' 뒤에 'ㅅ'이 결합되는 경우에는, 'ㅅ'을 [ㅆ]으로 발음한다는 내용이다. 앞 닿소리가 'ㅎ'이고, 뒤 닿소리가 'ㅅ'인 '닿소'가 '닿소 → 다소 → 다쏘'와 같은 음운변화과정에서 1단계는 'ㅎ → ∅(닿- → 다-)'과 같이 'ㅎ'에 닿소리빠짐이 적용되고, 2단계는 'ㅅ → ㅆ(-소 → -쏘)'과 같이 'ㅅ'에 된소리되기가 적용된다. 또 '닿소'는 '닿소 → 닫소 → 닫쏘 → 다쏘'와 같은 음운변화과정을 설정할 수 있다. 이 경우에 1단계는 'ㅎ → ㄷ(닿- → 닫-)'과 같이 'ㅎ'에 받침규칙이 적용되고, 2단계는 'ㅅ'에 된소리되기가 적용되고, 3단계는 'ㄷ'에 같은위치닿소리빠짐이 적용된다. 전자와 후자의 표준발음 [다쏘]는 같다. 음운규칙 적용의 경우에 전자는 두 단계로 적용되지만, 후자는 세 단계로 적용된다. 이 중 1단계에 전자는 'ㅎ'의 닿소리빠짐이 적용되고, 후자는 'ㅎ'의 받침규칙이 적용되어 차이를 보이고 있다. 앞 겹받침이 'ㄶ' 인 '많소'가 '많소 → 만소 → 만쏘'와 같은 음운변화과정에서 1단계는 'ㄶ → ㄴ(많- → 만-)'과 같이 'ㅎ'에 닿소리빠짐이 적용되고, 2단계는 'ㅅ → ㅆ(-소 → -쏘)'과 같이 'ㅅ'에 된소리되기가 적용된다. 앞 겹받침이 'ㅀ'인 '싫

소'가 '싫소 → 실소 → 실쏘'와 같은 음운변화과정에서 1단계는 'ㅀ → ㄹ(싫- → 실-)'과 같이 'ㅎ'에 닿소리빠짐이 적용되고, 2단계는 'ㅅ → ㅆ(-소 → -쏘)'과 같이 'ㅅ'에 된소리되기가 적용된다.

10 닿소리보탬(자음첨가 : 子音添加)

표준발음법 제7장 음의 첨가에서는 'ㄴ'소리보탬만 규정하고 있다. 표준발음법 제29항은 '솜이불[솜니불]', '홑이불[혼니불]' 등과 같이 합성어나 파생어의 경우에 'ㄴ'소리보탬을 나타내고 있다. 제30항 1은 '베갯잇[베갣닏 → 베갠닏]', '깻잎[깯닙 → 깬닙]' 등과 같이 사이시옷 뒤에 '이'소리가 결합되는 경우에는 'ㄴ'소리보탬을 나타내고 있다. 이와 같이 닿소리보탬은 앞 닿소리와 뒤 홀소리 사이에서 실현되고 있다. 'ㄴ'소리보탬으로 인해 콧소리되기와 흐름소리되기도 실현되는 경우가 있다.

(40) ㄱ.	눈-요기[눈뇨기]	맨-입[맨닙]	신-여성[신녀성]
	한-여름[한녀름]	국민-윤리[궁민뉼리]	남존-여비[남존녀비]
ㄴ.	담-요[담뇨]	밤-윷[밤뉻]	솜-이불[솜니불]
ㄷ.	식용-유[시공뉴]	직행-열차[지캥녈차]	콩-엿[콩녇]
ㄹ.	꽃-잎[꼰닙]	홑-이불[혼니불]	
ㅁ.	삯-일[상닐]		
ㅂ.	막-일[망닐]	내복-약[내봉냑]	색-연필[생년필]
	늑막-염[능망념]	영업-용[영엄뇽]	

(40)은 표준발음법 제29항에 규정하고 있다. 이 규정은 합성어 및 파생어에서, 앞 낱말이나 머리가지(접두사 : 接頭辭)의 끝이 닿소리이고 뒤 낱말이나 뒷가지의 첫 소리마디가 '이 · 야 · 여 · 요 · 유'인 경우에는, 'ㄴ' 소리를 보태서 [니 · 냐 · 녀 · 뇨 · 뉴]로 발음한다는 내용이다.

(40ㄱ)은 앞 낱말('눈, 국민, 남존' 등)이나 머리가지('맨-, 신-, 한-' 등)
의 받침이 'ㄴ'소리이고, 뒤 낱말의 첫 소리마디가 '요·이·여·유' 등인
경우에 'ㄴ'소리가 보태진 것이다. '눈요기'는 '눈요기 → 눈뇨기'와 같은 음
운변화과정에서 '∅ → ㄴ(-요- → -뇨-)'과 같이 'ㄴ'소리보탬이 적용된
다. '국민윤리'가 '국민윤리 → 궁민윤리 → 궁민뉸리 → 궁민뉼리'와 같은
소리마디 순서에 따른 음운변화과정에서 1단계는 'ㄱ → ㅇ(국- → 궁-)'과
같이 'ㄱ'에 콧소리되기가 적용되고, 2단계는 '∅ → ㄴ(-윤- → -뉸-)'과
같이 'ㄴ'소리보탬이 적용되고, 3단계는 'ㄴ → ㄹ(-뉸- → -뉼-)'과 같이
'ㄴ'에 흐름소리되기가 적용된다.

(40ㄴ)은 앞 낱말('담, 밤, 솜')의 받침이 'ㅁ'이고, 뒤 낱말의 첫 소리마디
가 '요·유·이' 등인 경우에 'ㄴ'소리가 보태진 것이다. '담요'는 '담요 →
담뇨'와 같은 음운변화과정에서 '∅ → ㄴ(-요 → -뇨)'과 같이 'ㄴ'소리보
탬이 적용된다. '밤윷'이 '밤윷 → 밤늦 → 밤눋'과 같은 음운변화과정에서
1단계는 '∅ → ㄴ(-윷 → -늦)'과 같이 'ㄴ'소리보탬이 적용되고, 2단계는
'ㅊ → ㄷ(-늦 → -눋)'과 같이 'ㅊ'에 받침규칙이 적용된다. 이 경우에 음운
변화과정에서 규칙 적용 순서를 바꾸어 1단계에 받침규칙을 적용하고, 2단
계에 'ㄴ'소리보탬을 적용해도 표준발음 [밤눋]은 같다.

(40ㄷ)은 앞 낱말('식용, 직행, 콩')의 받침이 'ㅇ'이고, 뒤 낱말('열차, 엿')
과 뒷가지('-유')의 첫 소리마디가 '여·유' 등인 경우에 'ㄴ'소리가 보태진
것이다. '식용유'가 '식용유 → 시공유 → 시공뉴'와 같은 음운변화과정에서
1단계는 '식용- → 시공-'과 같이 이음소리규칙이 적용되고, 2단계는 '∅
→ ㄴ(-유 → -뉴)'과 같이 'ㄴ'소리보탬이 적용된다. '직행열차'가 '직행열
차 → 지캥열차 → 지캥녈차'와 같은 음운변화과정에서 1단계는 'ㄱ + ㅎ
→ ㅋ(직행- → 지캥-)'과 같이 'ㄱ'과 'ㅎ'의 합한 소리로 인해 'ㄱ'에 거센
소리되기가 적용되고, 2단계는 '∅ → ㄴ(-열- → -녈-)'과 같이 'ㄴ'소리보
탬이 적용된다. '콩엿'이 '콩엿 → 콩녓 → 콩녇'과 같은 음운변화과정에서

1단계는 '∅ → ㄴ(-엿 → -녓)'과 같이 'ㄴ'소리보탬이 적용되고, 2단계는 'ㅅ → ㄷ(-녓 → -녇)'과 같이 'ㅅ'에 받침규칙이 적용된다.

(40ㄹ)은 앞 낱말('꽃')과 머리가지('홑-')의 받침이 'ㅊ · ㅌ' 등이고, 뒤 낱말('잎, 이불')의 첫 소리마디가 '이'인 경우에 'ㄴ'소리가 더 보태진 것이다. '꽃잎'이 '꽃잎 → 꼳입 → 꼳닙 → 꼰닙'과 같은 음운변화과정에서 1단계는 'ㅊ → ㄷ(꽃- → 꼳-)'과 같이 'ㅊ'에 받침규칙과 'ㅍ → ㄷ(-잎 → -입)'과 같이 'ㅍ'에 받침규칙이 각각 적용되고, 2단계는 '∅ → ㄴ(-입 → -닙)'과 같이 'ㄴ'소리보탬이 적용되고, 3단계는 'ㄷ → ㄴ(꼳- → 꼰-)'과 같이 'ㄷ'에 콧소리되기가 적용된다. 물론 이 음운변화과정의 규칙 적용 순서에서 1단계에 'ㄴ'소리보탬을 적용하고, 2단계에 'ㅊ'의 받침규칙을 적용해도 표준발음 [꼰닙]은 같다. '홑이불'은 '홑이불 → 혼이불 → 혼니불 → 혼니불'과 '홑이불 → 홑니불 → 혼니불 → 혼니불'같이 두 가지의 음운변화과정이 모두 가능하다. 전자의 경우에 1단계는 'ㅌ'에 받침규칙이 적용되고, 2단계는 'ㄴ'소리보탬이 적용된다. 후자의 경우에 1단계는 'ㄴ'소리보탬이 적용되고, 2단계는 'ㅌ'에 받침규칙이 적용된다. 그러므로 전자와 후자는 규칙 적용의 순서에서 1단계와 2단계가 다르지만, 표준발음 [혼니불]은 같다.

(40ㅁ)은 앞 낱말의 받침이 겹받침인 경우이다. '삯일'은 '삯일 → 삭일 → 삭닐 → 상닐'과 '삯일 → 삯닐 → 삭닐 → 상닐'같이 두 가지의 음운변화과정을 설정할 수 있다. 전자의 경우에 1단계는 'ㄳ → ㄱ(삯- → 삭-)'과 같이 'ㅅ'에 닿소리빠짐이 적용되고, 2단계는 '∅ → ㄴ(-일 → -닐)'과 같이 'ㄴ'소리보탬이 적용되고, 3단계는 'ㄱ → ㅇ(삭- → 상-)'과 같이 'ㄱ'에 콧소리되기가 적용된다. 후자의 경우에 1단계는 '∅ → ㄴ(-일 → -닐)'과 같이 'ㄴ'소리보탬이 적용되고, 2단계는 'ㄳ → ㄱ'과 같이 'ㅅ'에 닿소리빠짐이 적용되고, 3단계는 'ㄱ → ㅇ'과 같이 'ㄱ'에 콧소리되기가 적용된다. 그러므로 전자와 후자는 음운변화과정의 규칙 적용 순서에서 1단계와 2단계가 다르지만, 3단계의 표준발음 [상닐]은 같다.

(40ㅂ)은 'ㄴ'소리의 보탬으로 인해 콧소리되기가 적용된 경우이다. '막일'이 '막일 → 막닐 → 망닐'과 같은 음운변화과정에서 1단계는 '∅ → ㄴ(-일 → -닐)'과 같이 'ㄴ'소리보탬이 적용되고, 2단계는 'ㄱ → ㅇ(막- → 망-)'과 같이 'ㄱ'에 콧소리되기가 적용된다. '늑막염'이 '늑막염 → 늑막념 → 능망념'과 같은 음운변화과정에서 1단계는 '∅ → ㄴ(-염 → -념)'과 같이 'ㄴ'소리보탬이 적용되고, 2단계는 'ㄱ → ㅇ(늑- → 능-)'·'ㄱ → ㅇ(-막 → -망)' 등과 같이 각각 'ㄱ'에 콧소리되기가 적용된다. '영업용'이 '영업용 → 영업뇽 → 영엄뇽'과 같은 음운변화과정에서 1단계는 '∅ → ㄴ(-용 → -뇽)'과 같이 'ㄴ'소리보탬이 적용되고, 2단계는 'ㅂ → ㅁ(-업- → -엄-)'과 같이 'ㅂ'에 콧소리되기가 적용된다.

(41) ㄱ. 이죽-이죽[이중니죽]　야금-야금[야금냐금]　검열[검ː녈]
　　　금융[금늉]　　　　　야금-야금[야그먀금]
　　ㄴ. 이죽-이죽[이주기죽]　야금-야금[야그먀금]　검열[거ː멸]
　　　금융[그뮹]　　　　　욜랑-욜랑[욜랑욜랑]

(41)은 표준발음법 제29항 '다만'에 규정하고 있다. 이 규정은 위의 보기의 경우에 'ㄴ'소리를 보태어 발음하되, 표기대로 발음할 수 있다는 내용이다. 즉 (41ㄱ)과 (41ㄴ) 두 가지를 모두 복수표준발음으로 인정한 것이다. (41ㄱ)은 'ㄴ'소리가 보태진 것이고, (41ㄴ)은 표기대로 발음을 나타낸 것이다.

(41ㄱ)의 '이죽-이죽'이 '이죽이죽 → 이죽니죽 → 이중니죽'과 같은 음운변화과정에서 1단계는 '∅ → ㄴ(-이- → -니-)'과 같이 'ㄴ'소리보탬이 적용되고, 2단계는 'ㄱ → ㅇ(-죽- → -중-)'과 같이 'ㄱ'에 콧소리되기가 적용된 것이다.

(41ㄴ)은 이음소리가 실현된 경우이다.('욜랑욜랑'은 제외) '이죽이죽'은 '이죽이죽 → 이주기죽'과 같은 음운변화과정에서 '-죽이- → -주기-'와 같이 이음소리규칙이 적용된다. '검열'은 '검열 → 거멸'과 같이 이음소리규

칙이 적용된다.

(42) 들-일[들:릴]   솔-잎[솔립]   설-익다[설릭따]
      물-약[물략]   불-여우[불려우]   서울-역[서울력]
      물-엿 [물럳]   휘발-유[휘발류]   유들-유들[유들류들]

(42)는 표준발음법 제29항 [붙임 1]에 규정하고 있다. 이 규정은 'ㄹ'받침 뒤에 보태지는 'ㄴ'소리는 [ㄹ]로 발음한다는 내용이다. '들-일'이 '들일 → 들닐 → 들릴'과 같은 음운변화과정에서 1단계는 '∅ → ㄴ(-일 → -닐)'과 같이 'ㄴ'소리보탬이 적용되고, 2단계는 닿소리이어바뀜의 환경에서 'ㄴ → ㄹ(-닐 → -릴)'과 같이 뒤 닿소리 'ㄴ'에 흐름소리되기가 적용된다. 물론 '솔-잎'이나 '물-엿'은 'ㄴ'소리보탬과 흐름소리되기 이외에 'ㅍ, ㅅ → ㅂ, ㄷ' 등과 같이 각각 'ㅍ'과 'ㅅ'에 받침규칙이 적용된다. 이 경우에 'ㅍ, ㅅ' 등은 낱말끝('솔잎, 물엿')에 위치하기 때문에, '솔잎 → 솔닢 → 솔맆 → 솔립'과 '솔잎 → 솔입 → 솔닙 → 솔립'같은 음운변화과정에서 받침규칙은 3단계나 1단계와 같이 어느 경우에 적용해도, 표준발음 [솔립]은 같다.

(43) ㄱ. 한 일[한닐]   옷 입다[온닙따]   서른 여섯[서른녀섣]
         3연대[삼년대]   먹은 엿 [머근녇]
     ㄴ. 할 일[할릴]   잘 입다[잘립따]   스물 여섯 [스물려섣]
         1연대[일련대]   먹을 엿[머글렫]
     ㄷ. 6 · 25[유기오]   3 · 1절[사밀쩔]   송별-연[송:벼련]
         등용-문[등용문]

(43)은 표준발음법 제29항 [붙임 2]와 '다만'에 규정하고 있다. 이 규정은 두 낱말을 이어서 한 마디로 발음하는 경우에도 이에 준한다는 내용이다. 여기서 '이에 준한다'는 내용은 표기상은 띄어 쓰지만, 발음의 경우에 (43 ㄱ)은 'ㄴ'소리가 보태지고, (43ㄴ)은 'ㄴ'소리의 보탬에 따른 흐름소리되기

가 실현된 것을 의미한다.

(43ㄱ)은 앞 닿소리가 'ㄴ·ㅅ·ㅁ' 등이고, 뒤 소리마디가 '이·여' 등인 경우에 'ㄴ'소리가 보태진 것이다. '한 일'은 '한일 → 한닐'과 같은 음운변화과정에서 '∅ → ㄴ(-일 → -닐)'과 같이 'ㄴ'소리보탬이 적용된다. '옷 입다'가 '옷입다 → 옷닙다 → 온닙다 → 온닙다 → 온닙따'와 같은 음운변화과정에서 1단계는 '∅ → ㄴ(-입- → -닙-)'과 같이 'ㄴ'소리보탬이 적용되고, 2단계는 'ㅅ → ㄷ(옷- → 온-)'과 같이 'ㅅ'에 받침규칙이 적용되고, 3단계는 'ㄷ → ㄴ(온- → 온-)'과 같이 'ㄷ'에 콧소리되기가 적용되고, 4단계는 'ㄷ → ㄸ(-다 → -따)'와 같이 'ㄷ'에 된소리되기가 적용된다. 물론 이 경우에 1단계와 2단계에서 'ㄴ'소리보탬과 받침규칙의 적용 순서를 바꾸어 1단계에 받침규칙을 적용하고, 2단계에 'ㄴ'소리보탬을 적용해도 표준발음 [온닙따]는 같다.

(43ㄴ)은 앞 닿소리가 'ㄹ'이고, 뒤 소리마디가 '이·여' 등인 경우에 'ㄴ'소리가 보태진 것이다. '할 일'이 '할일 → 할닐 → 할릴'과 같은 음운변화과정에서 1단계는 '∅ → ㄴ(-일 → -닐)'과 같이 'ㄴ'소리보탬이 적용되고, 2단계는 'ㄴ → ㄹ(-닐 → -릴)'과 같이 'ㄴ'에 흐름소리되기가 적용된다. '먹을 엿'이 '먹을엿 → 먹을녓 → 먹을렷 → 머글런'과 같은 음운변화과정에서 1단계는 '∅ → ㄴ(-엿 → -녓)'과 같이 'ㄴ'소리보탬이 적용되고, 2단계는 닿소리이어바꿈의 환경에서 'ㄴ → ㄹ(-녓 → -렷)'과 같이 'ㄴ'에 흐름소리되기가 적용되고, 3단계는 'ㅅ → ㄷ(-렷 → -런)'과 같이 낱말끝 닿소리 'ㅅ'에 받침규칙이 적용된다. 물론 이 경우에도 음운규칙 적용의 순서에서 1단계에 받침규칙을 적용하고, 2단계에 'ㄴ'소리보탬을 적용해도 표준발음 [머글런]은 같다.

(43ㄷ)은 표준발음법 제29항 [붙임 2] '다만'에 규정하고 있다. 이 규정은 보기와 같은 낱말에서는 'ㄴ(ㄹ)'소리를 더 보태어 발음하지 않는다는 규정이다. 그러므로 위 보기들을 [융니오], [삼닐쩔], [송별련], [등농문] 등과 같

이 비표준발음으로 하지 않도록 주의해서 지도해야 한다.

(44) ㄱ. 도리깻열[도리깯녈 → 도리깬녈]   베갯잇[베갣닏 → 베갠닏]
     뒷윷[뒫뉻 → 뒨뉻]
   ㄴ. 깻잎[깯닙 → 깬닙]   나뭇잎[나묻닙 → 나문닙]

(44)는 표준발음법 제30항 3에 규정하고 있다. 이 규정은 사이시옷(ㅅ) 뒤에 '이'소리가 결합되는 경우에는 [ㄴㄴ]으로 발음한다는 내용이다. (44 ㄱ)은 사이시옷 뒤에 '여·이·유' 등이 결합된 경우이고, (44ㄴ)은 사이시옷 뒤에 '잎'이 결합된 경우이다.

(44ㄱ)의 '도리깻열'이 '도리깻열 → 도리깻녈 → 도리깯녈 → 도리깬녈'과 같은 음운변화과정에서 1단계는 '∅ → ㄴ(-열 → -녈)'과 같이 'ㄴ'소리보탬이 적용되고, 2단계는 'ㅅ → ㄷ(-깻- → -깯-)'과 같이 'ㅅ'에 받침규칙이 적용되고, 3단계는 'ㄷ → ㄴ(-깯- → -깬-)'과 같이 'ㄷ'에 콧소리되기가 적용된다. 물론 이 음운변화과정에서 1단계에 받침규칙을 적용하고, 2단계에 'ㄴ'소리보탬을 적용해도 표준발음 [도리깬녈]은 같다. '뒷윷'이 '뒷윷 → 뒷늋 → 뒫뉻 → 뒨뉻'과 같은 음운변화과정에서 1단계는 '∅ → ㄴ (-윷 → -늋)'과 같이 'ㄴ'소리보탬이 적용되고, 2단계는 'ㅅ → ㄷ(뒷- → 뒫-)'과 같이 'ㅅ'에 받침규칙과 'ㅊ → ㄷ(-윷 → -윧)'과 같이 'ㅊ'에 받침규칙이 각각 적용되고, 3단계는 'ㄷ → ㄴ(뒫- → 뒨-)'과 같이 'ㄷ'에 콧소리되기가 적용된다. 물론 이 변화과정에서 1단계에 받침규칙을 적용하고, 2단계에 'ㄴ'소리보탬을 적용해도 표준발음 [뒨뉻]은 같다.

(44ㄴ)의 '나뭇잎'은 '나뭇잎 → 나뭇닢 → 나묻닙 → 나문닙'과 '나뭇잎 → 나묻잎 → 나묻닙 → 나문닙'같이 두 가지의 음운변화과정을 설정할 수 있다. 전자의 경우에 1단계는 '∅ → ㄴ(-잎 → -닢)'과 같이 'ㄴ'소리보탬이 적용되고, 2단계는 'ㅅ → ㄷ·ㅍ → ㅂ' 등과 같이 각각 'ㅅ'과 'ㅍ'에 받침규칙이 적용되고, 3단계는 'ㄷ → ㄴ(-묻- → -문-)'과 같이 'ㄷ'에 콧소

리되기가 적용된다. 후자의 경우에 1단계는 받침규칙을 적용하고, 2단계에 'ㄴ'소리보탬을 적용해도, 전자와 후자의 표준발음 [나문닙]은 같다. '깻잎' 도 '나뭇잎'과 같은 음운변화과정을 나타낸다.

11 갈이소리되기(마찰음화 : 摩擦音化)

갈이소리되기란 임자씨(체언 : 體言)의 낱말끝닿소리(어말자음 : 語末子音) 'ㄷ, ㅌ, ㅈ, ㅊ, ㅎ' 등이 홀소리로 시작되는 자리씨끝(격어미 : 格語尾)과 연결된 경우에 갈이소리 [ㅅ]으로 발음되는 현상을 말한다.

(45) ㄱ. 디귿이[디그시]　　디귿을[디그슬]　　디귿에[디그세]
　　　지읒이[지으시]　　지읒을[지으슬]　　지읒에[지으세]
　　　치읓이[치으시]　　치읓을[치으슬]　　치읓에[치으세]
　　　티읕이[티으시]　　티읕을[티으슬]　　티읕에[티으세]
　　　히읗이[히으시]　　히읗을[히으슬]　　히읗에[히으세]
　　ㄴ. 맏이[마지](×[마시])　　　　　밭이[바치](×[바시])
　　　팥이[파치](×[파시])　　　　　솥이[소치](×[소시])
　　　끝이[끄치](×[끄시])　　　　　볕이[벼치](×[벼시])
　　ㄷ. 젖이[저지](×[저시])　　　　　빛이[비지](×[비시])
　　　숯이[수치](×[수시])　　　　　윷이[유치](×[유시])
　　　덫이[더치](×[더시])　　　　　꽃이[꼬치](×[꼬시])
　　　햇빛이[핻삐치](×[핻삐시])　　옻이[오치](×[오시])
　　ㄹ. 끝을[끄틀](×[끄슬])　　　　　밑을[미틀](×[미슬])
　　　밭을[바틀](×[바슬])　　　　　팥을[파틀](×[파슬])
　　　솥을[소틀](×[소슬])　　　　　젖을[저즐](×[저슬])
　　　빛을[비츨](×[비슬])　　　　　숯을[수츨](×[수슬])
　　　꽃을[꼬츨](×[꽃슬])　　　　　햇빛을[핻삐츨](×[핻삐슬])
　　ㅁ. 팥으로[파트로](×[파스로])　　밑으로[미트로](×[미스로])

빛으로[비츠로](×[비스로])　　　　숯으로[수츠로](×[수스로])
덫으로[더츠로](×[더스로])　　　　꽃으로[꼬츠로](×[꼬스로])
ㅂ. 밑에서[미테서](×[미세서])　　　　팥에[파테](×[파세])
빛에[비체](×[비세])　　　　　　꽃에서[꼬체서](×[꼬세서])

(45)는 갈이소리되기가 실현된 경우이다. 이 중 (45ㄱ)은 표준발음이고, (45ㄴ~ㅂ)은 비표준발음이다.

(45ㄱ)은 표준발음법 제16항에 규정하고 있다. 이 규정은 한글 자모의 이름은 그 받침소리를 이음소리로 하되, 'ㄷ·ㅅ·ㅊ·ㅎ'의 경우에는 특별히 보기와 같이 발음한다는 내용이다. 갈이소리되기에 대해 표준발음법에서는 (45ㄱ)과 같이 한글 자모의 경우로 한정하고 있다. 한글 자모의 이름은 그 받침소리를 이음소리로 하는 것이 원칙이지만, (45ㄱ)만은 언중들의 현실 발음을 표준발음으로 인정한 것이다. 그러나 '디귿이[디그지], 티읕이[티으치]' 등은 센입천장소리되기의 환경에 적합하기 때문에, 갈이소리되기와 센입천장소리되기의 구별에 혼란을 가져올 수도 있으므로 발음 지도에 유의해야 한다.

(45ㄴ)은 '맏이[마지], 팥이[파치]' 등과 같은 센입천장소리되기를 거부하고, 갈이소리되기가 실현된 경우이다. 특히 '밭이'의 경우는 [바치](센입천장소리되기), [바티](이음소리규칙), [바시](갈이소리되기) 등과 같이 다양하게 실현된다. 그러므로 [바치]와 같이 표준발음을 할 수 있도록 발음 지도에 특별한 주의를 해야 한다.

(45ㄷ)은 자리씨끝 '이'가 연결된 경우에 '젖이[저지], 꽃이[꼬치]' 등과 같은 이음소리를 거부하고, 갈이소리되기가 실현된 경우이다.

(45ㄹ)은 자리씨끝 '을'이 연결된 경우에 '쌀낟을[쌀라들], 끝을[끄틀]' 등과 같은 이음소리를 거부하고, 갈이소리되기가 실현된 경우이다.

(45ㅁ)은 자리씨끝 '으로'가, (45ㅂ)은 자리씨끝 '에(서)'가 연결된 경우에

이음소리를 거부하고 갈이소리되기가 실현된 경우이다.

갈이소리되기가 언중들에 의해서 실현되고 있는 것은 이음소리의 경우보다 발음하기가 더 쉽고 부드럽기 때문이다. 그러나 이는 임의변이로서 비표준발음인데도, (45ㄱ)과 같이 자모의 명칭에 한해서 표준발음이 인정됨으로 인해 더욱 혼란스러운 것도 사실이다. 더구나 같은 환경에서도 인위적으로 표준발음과 비표준발음을 구분해야 하기 때문에 발음 지도에 더욱 유의해야 한다.

12 머리소리규칙(두음법칙 : 頭音法則)

머리소리규칙이란 일부의 소리가 낱말첫머리(어두(語頭) 또는 단어의 첫소리)에서 발음되는 것을 꺼려 다른 소리로 발음되는 현상을 말한다. 한글맞춤법에서는 한자음의 경우에 머리소리규칙에 대해 세 가지를 규정하고 있다. 첫째는 낱말첫머리에서 'ㄴ'이 빠지는 경우이다.(한글맞춤법 제10항) 둘째는 낱말첫머리에서 'ㄹ'이 빠지는 경우이다.(한글맞춤법 제11항) 셋째는 낱말첫머리에서 'ㄹ'이 'ㄴ'으로 실현되는 경우이다.(한글맞춤법 제12항)

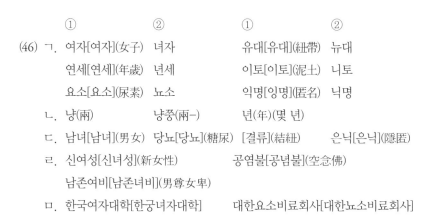

	①	②	①	②
(46) ㄱ.	여자[여자](女子)	녀자	유대[유대](紐帶)	뉴대
	연세[연세](年歲)	년세	이토[이토](泥土)	니토
	요소[요소](尿素)	뇨소	익명[잉명](匿名)	닉명
ㄴ.	냥(兩)	냥쭝(兩-)	년(年)(몇 년)	
ㄷ.	남녀[남녀](男女)	당뇨[당뇨](糖尿)	[결류](結紐)	은닉[은닉](隱匿)
ㄹ.	신여성[신녀성](新女性)		공염불[공념불](空念佛)	
	남존여비[남존녀비](男尊女卑)			
ㅁ.	한국여자대학[한궁녀자대학]		대한요소비료회사[대한뇨소비료회사]	

(46ㄱ)은 한글맞춤법 제10항에 규정하고 있다. 이 규정은 한자음 '녀, 뇨, 뉴, 니'가 낱말 첫머리에 올 적에는 머리소리규칙에 따라 '여, 요, 유, 이'로 적는다는 내용이다.(①은 취하고, ②는 버림.) 보기는 낱말의 첫소리가 한자음 'ㄴ'일 때 'ㄴ → ∅'과 같이 'ㄴ'이 빠진 경우이다. 한자음 '녀'(女)의 경우에 '여자'는 '녀자 → 여자'와 같은 음운변화과정에서 'ㄴ → ∅(녀- → 여-)'과 같이 'ㄴ'에 머리소리규칙이 적용된다. 이 경우에는 '여자[여자]'와 같이 표기와 표준발음이 같다. 한자음 '닉'(匿)의 경우에 '익명'이 '닉명 → 익명 → 잉명'과 같은 음운변화과정에서 1단계는 'ㄴ → ∅(닉- → 익-)'과 같이 'ㄴ'에 머리소리규칙이 적용되고, 2단계는 'ㄱ → ㅇ(익- → 잉-)'과 같이 'ㄱ'에 콧소리되기가 적용된다. 이 경우에 표기는 '익명'이고, 표준발음은 [잉명]이다. 즉 표기와 표준발음이 다른 경우이다. '유대[유대]', '연세[연세]', '이토[이토]', '요소[요소]' 등은 표기와 표준발음이 같은 경우이다.

(46ㄴ)은 한글맞춤법 제10항 '다만'에 규정하고 있다. 이 규정은 보기와 같은 의존명사에서는 '냐, 녀' 소리를 인정한다는 내용이다. 보기 중 '몇 년'의 경우에 표기는 띄어서 했지만(한글맞춤법 제42항), 발음은 두 낱말을 이어서 한 마디로 발음하는 경우(표준발음법 제18항 [붙임])에 '몇년 → 면년 → 면년'과 같은 음운변화과정에서 1단계는 'ㅊ → ㄷ(몇- → 면-)'과 같이 'ㅊ'에 받침규칙이 적용되고, 2단계는 'ㄷ → ㄴ(면- → 면-)'과 같이 'ㄷ'에 콧소리되기가 적용된다.

(46ㄷ)은 한글맞춤법 제10항 [붙임 1]에 규정하고 있다. 이 규정은 낱말의 첫머리 이외의 경우에는 본래의 소리대로 적는다는 내용이다. 보기 중 '남녀[남녀]', '당뇨[당뇨]', '은닉[은닉]' 등은 '-녀, -뇨, -닉' 등과 같이 뒤 닿소리 'ㄴ'을 본래의 소리대로 적기 때문에 표기와 표준발음이 같은 경우이다. '결뉴'는 '결뉴 → 결류'와 같은 음운변화과정에서 'ㄴ → ㄹ(-뉴 → -류)'과 같이 'ㄴ'에 흐름소리되기가 적용된다. 이는 표기 '결뉴'와 표준발음인 [결류]가 다른 경우이다.

(46ㄹ)은 한글맞춤법 제10항 [붙임 2]에 규정하고 있다. 이 규정은 머리가 지처럼 쓰이는 한자가 붙어서 된 말이나 합성어에서, 뒷말의 첫소리가 'ㄴ' 소리로 나더라도 머리소리규칙에 따라 적는다는 내용이다. 보기는 뒷말('여')의 첫소리에 'ㄴ'소리가 보태져 표기와 표준발음이 다른 경우이다. '신여성'은 '신여성 → 신녀성'과 같은 음운변화과정에서 '∅ → ㄴ(-여- → -녀-)'과 같이 'ㄴ'소리보탬이 적용된다. 이 경우에 표기는 '신여성'이고, 표준발음은 [신녀성]이다. 즉 한자음 '녀'(女)의 초성인 'ㄴ'이 표기에서는 빠지고, 표준발음에서는 실현된 경우이다. 표기와 표준발음이 다른 경우이다. 다른 보기들도 '공염불[공념불]', '남존여비[남존녀비]' 등과 같이 표기와 표준발음이 다른 경우이다.

(46ㅁ)은 한글맞춤법 제10항 [붙임 3]에 규정하고 있다. 이 규정은 둘 이상의 낱말로 이루어진 고유명사를 붙여 쓰는 경우에도 [붙임 2]에 준하여 적는다는 내용이다. 보기는 뒷말('여, 요' 등)의 첫소리에 'ㄴ'소리가 보태져 표기와 표준발음이 다른 경우이다. 한자음 '녀'(女)의 경우에 '한국여자대학'이 '한국여자대학 → 한국녀자대학 → 한궁녀자대학'과 같은 음운변화과정에서 1단계는 '∅ → ㄴ(-여- → -녀-)'과 같이 'ㄴ'소리보탬이 적용되고, 2단계는 'ㄱ → ㅇ(-국- → -궁-)'과 같이 'ㄱ'에 콧소리되기가 적용된다. 표기는 '한국여자대학'이고, 표준발음은 [한궁녀자대학]이다. 즉 한자음 '녀'(女)의 첫소리인 'ㄴ'이 표기에서는 빠지고, 표준발음에서는 실현된 경우이다. 이 경우에 '대한요소비료회사'도 [대한뇨소비료회사]와 같이 'ㄴ'소리가 보태져 표기와 표준발음이 다른 경우이다.

	①	②	①	②
(47) ㄱ.	양심[양심](良心)	량심	용궁[용궁](龍宮)	룡궁
	역사[역싸](歷史)	력사	유행[유행](流行)	류행
	예의[예의/-이](禮儀)	례의	이발[이발](理髮)	리발
ㄴ.	리(里) : 몇 리냐?		리(理) : 그럴 리가 없다.	

ㄷ. 개량[개량](改良)　　선량[설량](善良)　　수력[수력](水力)

　　협력[혐녁](協力)　　사례[사례](謝禮)　　혼례[홀례](婚禮)

　　와룡[와룡](臥龍)　　쌍룡[쌍뇽](雙龍)　　하류[하류](下流)

　　급류[금뉴](急流)　　도리[도리](道理)　　진리[질리](眞理)

　　　　①　　　　　　　②　　　　①　　　　　　　②

ㄹ. 나열[나열](羅列)　나렬　　분열[부녈](分裂)　분렬

　　치열[치열](齒列)　치렬　　선열[서녈](先烈)　선렬

　　비열[비열](卑劣)　비렬　　진열[지녈](陳列)　진렬

　　규율[규율](規律)　규률　　선율[서뉼](旋律)　선률

　　비율[비율](比率)　비률　　전율[저뉼](戰慄)　전률

　　실패율[실패율](失敗率)　실패률　　백분율[백뿐뇰](百分率)　백분률

ㅁ. 신립[실립](申砬)　　　최린[최린](崔麟)　　　채륜[채륜](蔡倫)

　　하륜[하륜](河崙)

ㅂ. 국련[궁년](國際聯合)　　　대한교련[대한교련](大韓敎育聯合會)

ㅅ. 역이용[여기용](逆利用)　　연이율[연니율](年利率)

　　열역학[열려칵](熱力學)　　해외여행[해외여행 / 해웨여행](海外旅行)

ㅇ. 서울여관[서울려관]　　　신흥이발관[신흥니발관]

　　육천육백육십육[육천늌뺑늌씸늌](六千六百六十六)

(47ㄱ)은 한글맞춤법 제11항에 규정하고 있다. 이 규정은 한자음 '랴, 려, 례, 료, 류, 리'가 낱말의 첫머리에 올 적에는 머리소리규칙에 따라 '야, 여, 예, 요, 유, 이'로 적는다는 내용이다.(①은 취하고, ②는 버림.) 보기는 낱말의 첫소리가 한자음 'ㄹ'인 경우에 'ㄹ → ∅'과 같이 'ㄹ'이 빠진 경우이다. 한자음 '량'(良)의 경우에 '양심'은 '량심 → 양심'과 같은 음운변화과정에서 'ㄹ → ∅(량- → 양-)'과 같이 'ㄹ'에 머리소리규칙이 적용된다. '양심[양심]'과 같이 표기와 표준발음이 같은 경우이다. 다른 보기들 중 '용궁[용궁]', '유행[유행]', '이발[이발]' 등도 표기와 표준발음이 같다. '역사'가 '력사 → 역사 → 역싸'와 같은 음운변화과정에서 1단계는 'ㄹ → ∅(력- → 역-)'

과 같이 '르'에 머리소리규칙이 적용되고, 2단계는 'ㅅ → ㅆ(-사 → -싸)'과 같이 'ㅅ'에 된소리되기가 적용된다. 표기는 '역사'이고, 표준발음은 [역싸]이다. 즉 표기와 표준발음이 다른 경우이다. '예의'가 '례의 → 예의 → 예이'와 같은 음운변화과정에서 1단계는 'ㄹ → ∅(례- → 예-)'과 같이 'ㄹ'에 머리소리규칙이 적용되고, 2단계는 'ㅢ → ㅣ(-의 → -이)'와 같이 'ㅢ'에 홑홑소리되기가 적용된다. 이 경우에 표기는 '예의'이지만, 표준발음은 [예의/ 예이]와 같이 두 가지 발음(복수표준발음)인 경우이다.

(47ㄴ)은 한글맞춤법 제11항 '다만'에 규정하고 있다. 이 규정은 보기와 같은 의존명사는 본래의 소리대로 적는다는 내용이다. 보기 중 '몇 리'의 경우에 표기는 띄어서 했지만(한글맞춤법 제42항), 발음은 두 낱말을 이어서 한 마디로 발음하는 경우(표준발음법 제18항 [붙임])에 '몇리 → 멷리 → 멷니 → 면니'와 같은 음운변화과정에서 1단계는 'ㅊ → ㄷ(몇- → 멷-)'과 같이 'ㄷ'에 받침규칙이 적용되고, 2단계는 'ㄹ → ㄴ(-리 → -니)'과 같이 'ㄹ'에 콧소리되기가 적용되고, 3단계는 'ㄷ → ㄴ(멷- → 면-)'과 같이 'ㄷ'에 콧소리되기가 적용된다. 이 경우에 표기는 '몇 리'이고, 표준발음은 [면니]이다. '그럴 리'는 [그럴리]와 같이 표기와 표준발음이 같은 경우이다.

(47ㄷ)은 한글맞춤법 제11항 [붙임 1]에 규정하고 있다. 이 규정은 낱말의 첫머리 이외의 경우에는 본래의 소리대로 적는다는 내용이다. 보기 중 '개량[개량]', '수력[수력]', '와룡[와룡]', '하류[하류]', '도리[도리]' 등은 표기와 표준발음이 같은 경우이다. '선량'은 '선량 → 설량'과 같은 음운변화과정에서 'ㄴ → ㄹ(선- → 설-)'과 같이 'ㄴ'에 흐름소리되기가 적용된다. 즉 표기 '선량'과 표준발음 [설량]이 다른 경우이다. 'ㄴ'에 흐름소리되기가 적용된 '혼례[홀례]', '진리[질리]' 등도 표기와 표준발음이 다른 경우이다. '협력'이 '협력 → 협녁 → 혐녁'과 같은 음운변화과정에서 1단계는 'ㄹ → ㄴ(-력 → -녁)'과 같이 'ㄹ'에 콧소리되기가 적용되고, 2단계는 'ㅂ → ㅁ(협- → 혐-)'과 같이 'ㅂ'에 콧소리되기가 적용된다. 이 경우는 서로닮음에 해당된

다.(제1부 제2장의 5. 서로닮음 참조) 표기는 '협력'이고, 표준발음은 [혐녁]이다. '급류'도 [금뉴]와 같이 표기는 '급류'이고, 표준발음은 [금뉴]이다.('협력' 참조) '쌍룡'은 '쌍룡 → 쌍뇽'과 같은 음운변화과정에서 'ㄹ → ㄴ(-룡 → -뇽)'과 같이 'ㄹ'에 콧소리되기가 적용된다. 표기는 '쌍룡'이고, 표준발음은 [쌍뇽]이다.

(47ㄹ)은 한글맞춤법 제11항 [붙임 1] '다만'에 규정하고 있다. 이 규정은 홀소리나 'ㄴ' 받침 뒤에 이어지는 '렬, 률'은 '열, 율'로 적는다는 내용이다.(①은 취하고, ②는 버림.) 보기는 앞 소리마디가 홀소리거나 앞 닿소리가 'ㄴ'이고, 뒤 닿소리가 'ㄹ'인 경우에 뒤 닿소리의 'ㄹ'이 빠진 경우이다. 앞 소리마디가 홀소리인 경우는 '나열'[나열], '치열'[치열] 등과 같이 표기와 표준발음이 같다. 뒤 닿소리가 'ㄴ'인 경우는 '분열 → 부녈'과 같은 음운변화과정에서 이음소리규칙이 적용된다. 이 경우에 표기는 '분열'이고, 표준발음은 [부녈]이다. '선열'[서녈], '진열'[지녈], '선율'[서뉼], '전율'[저뉼] 등도 '분열'과 같다. '백분율'이 '백분율 → 백뿐율 → 백뿐뉼'과 같은 음운변화과정에서 1단계는 'ㅂ → ㅃ(-분- → -뿐-)'과 같이 'ㅂ'에 된소리되기가 적용되고, 2단계는 '∅ → ㄴ(-율 → -뉼)'과 같이 'ㄴ'소리보탬이 적용된다. 표기는 '백분율'이고, 표준발음은 [백뿐뉼]이다. 이 경우에 한자음 '률'(率)의 첫소리인 'ㄹ'이 표기에서는 빠지고, 표준발음에서는 'ㄴ'으로 실현된 것이다. 그러므로 표기만의 음운변화과정은 '백분률 → 백분율'과 같이 설정할 수 있는데, 이 경우에는 'ㄹ → ∅(-률 → -율)'과 같이 'ㄹ'에 머리소리규칙이 적용된다. 표준발음만의 음운변화과정은 '백분률 → 백뿐률 → 백뿐뉼'과 같이 설정할 수 있는데, 이 경우에 1단계는 'ㅂ → ㅃ(-분- → -뿐-)'과 같이 'ㅂ'에 된소리되기가 적용되고, 2단계는 'ㄹ → ㄴ(-률 → -뉼)'과 같이 'ㄹ'에 콧소리되기가 적용된다.

(47ㅁ)은 한글맞춤법 제11항 [붙임 2]에 규정하고 있다. 이 규정은 외자로 된 이름을 성에 붙여 쓸 경우에도 본음대로 적을 수 있다는 내용이다. 보기

는 뒤 소리마디의 첫소리가 'ㄹ'인 경우이다. '최린'[최린], '채륜'[채륜], '하륜'[하륜] 등은 표기와 표준발음이 같은 경우이다. '신립'은 '신립 → 실립'과 같은 음운변화과정에서 'ㄴ → ㄹ(신- → 실-)'과 같이 'ㄴ'에 흐름소리되기가 적용된다. 표기는 '신립'이고, 표준발음은 [실립]이다.

(47ㅂ)은 한글맞춤법 제11항 [붙임 3]에 규정하고 있다. 이 규정은 준말에서 본음으로 소리나는 것은 본음대로 적는다는 내용이다. 보기는 '련'과 같이 본음대로 적은 경우이다. '국련'이 '국련 → 국년 → 궁년'과 같은 음운변화과정에서 1단계는 'ㄹ → ㄴ(-련 → -년)'과 같이 'ㄹ'에 콧소리되기가 적용되고, 2단계는 'ㄱ → ㅇ(국- → 궁-)'과 같이 'ㄱ'에 콧소리되기가 적용된 서로닮음이다. 표기는 '국련'이고, 표준발음은 [궁년]이다. '대한교련'은 [대한교련]과 같이 표기와 표준발음이 같은 경우이다.

(47ㅅ)은 한글맞춤법 제11항 [붙임 4]에 규정하고 있다. 이 규정은 머리가 지처럼 쓰이는 한자가 붙어서 된 말이나 합성어에서 뒷말의 첫소리가 'ㄴ' 또는 'ㄹ' 소리로 나더라도 머리소리규칙에 따라 적는다는 내용이다. 한자어 '리'(利)의 경우에 '역이용'은 '역이용 → 여기용'과 같은 음운변화과정에서 이음소리규칙이 적용된다. 표기는 '역이용'이고, 표준발음은 [여기용]이다. '연이율'은 '연이율 → 연니율'과 같은 음운변화과정에서 '∅ → ㄴ(-리- → -니-)'과 같이 'ㄴ'소리보탬이 적용된다. 표기는 '연이율'이고, 표준발음은 [연니율]이다. 이 경우에는 한자음 '리'(利)의 첫소리인 'ㄹ'이 표기에서는 빠지고, 표준발음에서는 'ㄴ'으로 실현된 것이다. 한자어 '력'(力)의 경우에 '열역학'이 '열역학 → 열력학 → 열려칵'과 같은 음운변화과정에서 1단계는 '∅ → ㄹ(-역- → -력-)'과 같이 'ㄹ'소리보탬이 적용되고, 2단계는 'ㄱ + ㅎ → ㅋ(-력학 → -려칵)'과 같이 'ㄱ'에 거센소리되기가 적용된다. 표기는 '열역학'이고, 표준발음은 [열려칵]이다. 이 경우에 '력'(力)의 첫소리인 'ㄹ'이 표기에서는 빠지고, 표준발음에서는 실현된 것이다. 물론 '력'(力)에 대해 본래의 소리를 살려 '열력학 → 열역학 → 열력학 → 열려칵'

과 같은 음운변화과정을 설정할 수도 있다. 이 경우에 앞의 변화과정과 비교하면 1단계에 머리소리규칙이 하나 더 적용된다. '해외여행'은 [해외여행/해웨여행]과 같이 표준발음은 두 가지이다. 즉 복수표준발음인 경우이다. 이 경우에 '려'(旅)의 첫소리인 'ㄹ'이 표기와 표준발음에서 모두 빠진 것이다.

(47ㅇ)은 한글맞춤법 제11항 [붙임 5]에 규정하고 있다. 이 규정은 둘 이상의 낱말로 이루어진 고유명사를 붙여 쓰는 경우나 십진법에 따라 쓰는 수(數)도 [붙임 4]에 준하여 적는다는 내용이다. 한자음 '려'(旅)의 경우에 '서울여관'은 '서울여관 → 서울려관'과 같은 음운변화과정에서 '∅ → ㄹ(-여- → -려-)'과 같이 'ㄹ'소리보탬이 적용된다. 표기는 '서울여관'이고, 표준발음은 [서울려관]이다. 따라서 '려'의 첫소리 'ㄹ'이 표기에서는 탈락되고, 표준발음에서는 실현된 경우이다. '신흥이발관'은 '신흥이발관 → 신흥니발관'과 같은 음운변화과정에서 '∅ → ㄴ(-이- → -니-)'과 같이 'ㄴ'소리보탬이 적용된다. 표기는 '신흥이발관'이고, 표준발음은 [신흥니발관]이다. 이 경우에 한자음 '리'(理)의 첫소리 'ㄹ'이 표기에서는 빠지고, 표준발음에서는 'ㄹ'이 'ㄴ'으로 변화된 것이다. '육천육백육십육'이 '육천육백육십육 → 육천늌백늌십늌 → 육천늌빽늌씹늌 → 육천늌뺑늌씸늌'과 같은 음운변화과정에서 1단계는 '∅ → ㄴ(-육- → -늌-)'과 같이 'ㄴ'소리보탬이 적용되고, 2단계는 'ㅂ → ㅃ(-백- → -빽-)'과 같이 'ㅂ'에 된소리되기와 'ㅅ → ㅆ(-십- → -씹-)'과 같이 'ㅅ'에 된소리되기가 각각 적용되고, 3단계는 'ㄱ → ㅇ(-빽- → -뺑-)'과 같이 'ㄱ'에 콧소리되기와 'ㅂ → ㅁ(-씹- → -씸-)'과 같이 'ㅂ'에 콧소리되기가 각각 적용된다. 표기는 '육천육백육십육'이고, 표준발음은 [육천늌뺑늌씸늌]이다. 이 경우에 한자음 '륙'의 첫소리 'ㄹ'이 표기에서는 실현되지 않고, 표준발음에서는 'ㄴ'으로 실현된 것이다.

	①	②	①	②
(48) ㄱ.	낙원[나권](樂園)	락원	뇌성[뇌성/눼-](雷聲)	뢰성

내일[내일](來日)　　　　래일　　　누각[누각](樓閣)　　　　　루각

노인[노인](老人)　　　　로인　　　능묘[능묘](陵墓)　　　　　릉묘

ㄴ. 쾌락[쾌락](快樂)　　　　극락[긍낙](極樂)　　　　거래[거래](去來)

왕래[왕내](往來)　　　　부로[부로](父老)　　　　연로[열로](年老)

지뢰[지뢰/–뤠](地雷)　　　낙뢰[낭뇌/–눼](落雷)　　　고루[고루](高樓)

광한루[광할루](廣寒樓)　　동구릉[동구릉](東九陵)　　가정란[가정난](家庭欄)

ㄷ. 내내월[내내월](來來月)　　상노인[상노인](上老人)　　중노동[중노동](重勞動)

비논리적[비놀리적](非論理的)

(48ㄱ)은 한글맞춤법 제12항에 규정하고 있다. 이 규정은 한자음 '라, 래, 로, 뢰, 루, 르'가 낱말의 첫머리에 올 적에는 머리소리규칙에 따라 '나, 내, 노, 뇌, 누, 느'로 적는다는 내용이다.(①은 취하고, ②는 버림.) 보기는 한자음 낱말의 첫째 소리마디의 첫소리 'ㄹ'이 'ㄴ'으로 표기된 경우이다. 한자음 '락'(樂)의 경우에 '낙원'이 '락원 → 낙원 → 나권'과 같은 음운변화과정에서 1단계는 'ㄹ → ㄴ(락– → 낙–)'과 같이 'ㄹ'에 머리소리규칙이 적용되고, 2단계는 '낙원 → 나권'과 같이 이음소리규칙이 적용된다. 표기는 '낙원'이고 표준발음은 [나권]이다. '뇌성'은 '뢰성 → 뇌성'과 같은 음운변화과정에서 'ㄹ → ㄴ(뢰– → 뇌–)'과 같이 'ㄹ'에 머리소리규칙이 적용된다. 이 경우에는 '뇌성'[뇌성]과 같이 표기와 표준발음이 같은 경우이다. 다른 보기들도 이와 같은 음운변화과정에서 표기와 표준발음이 같은 경우이다.

(48ㄴ)은 한글맞춤법 제12항 [붙임 1]에 규정하고 있다. 이 규정은 낱말의 첫머리 이외의 경우에는 본음대로 적는다는 내용이다. 보기 중 '쾌락'[쾌락], '거래'[거래], '부로'[부로], '고루'[고루], '동구릉'[동구릉] 등은 표기와 표준발음이 같은 경우이다. '지뢰'[지뢰/–뤠]는 복수표준발음이다. '극락'이 '극락 → 극낙 → 긍낙'과 같은 음운변화과정에서 1단계는 'ㄹ → ㄴ(–락 → –낙)'과 같이 'ㄹ'에 콧소리되기가 적용되고, 2단계는 'ㄱ → ㅇ(극– → 긍–)'과 같이 'ㄱ'에 콧소리되기가 적용되는 서로닮음이다. 표기는 '극락'이

고, 표준발음은 [긍낙]이다. '낙뢰'도 이와 같은 서로닮음이다. 표기는 '낙뢰'이고, 표준발음은 [낭뇌/-눼]이다. '왕래'는 '왕래 → 왕내'와 같은 음운변화과정에서 'ㄹ → ㄴ(-래 → 내)'과 같이 'ㄹ'에 콧소리되기가 적용된다. 표기는 '왕래'이고, 표준발음은 [왕내]이다. '가정란'도 이와 같은 경우이다. 표기는 '가정란'이고, 표준발음은 [가정난]이다. '연로'는 '연로 → 열로'와 같은 음운변화과정에서 'ㄴ → ㄹ(연- → 열-)'과 같이 'ㄴ'에 흐름소리되기가 적용된다. 표기는 '연로'이고, 표준발음은 [열로]이다. '광한루'도 이와 같은 흐름소리되기가 적용된다. 표기는 '광한루'이고, 표준발음은 [광할루]이다.

(48ㄷ)은 한글맞춤법 제12항 [붙임 2]에 규정하고 있다. 이 규정은 머리가지처럼 쓰이는 한자가 붙어서 된 낱말은 뒷말을 머리소리규칙에 따라 적는다는 내용이다. 보기는 한자음 낱말 둘째 소리마디의 첫소리 'ㄹ'이 'ㄴ'으로 표기된 경우이다. 한자음 '래'(來)의 경우에 '내내월'은 '내래월 → 내내월'과 같은 음운변화과정에서 'ㄹ → ㄴ(-래- → -내-)'과 같이 둘째 소리마디의 'ㄹ'에 머리소리규칙이 적용된다. 이는 표기와 표준발음이 같은 경우이다. '상노인', '중노동'도 이와 같은 음운변화과정에서 머리소리규칙이 적용되어 표기와 표준발음이 같은 경우이다. 한자음 '론'(論)의 경우에 '비논리적'이 '비론리적 → 비논리적 → 비놀리적'과 같은 음운변화과정에서 1단계는 'ㄹ → ㄴ(-론- → -논-)'과 같이 'ㄹ'에 머리소리규칙이 적용되고, 2단계는 'ㄴ → ㄹ(-논- → -놀-)'과 같이 'ㄴ'에 흐름소리되기가 적용된다. 표기는 '비논리적'이고, 표준발음은 [비놀리적]이다. 한자음 '논'(論)의 경우는 '비논리적 → 비놀리적'과 같은 음운변화과정에서 'ㄴ'에 흐름소리되기가 적용된다. 이 경우에 표기는 '비논리적'이고, 표준발음은 [비놀리적]이다. 따라서 전자('론')와 후자('논')의 음운변화과정에서 표기와 표준발음은 같다. 그러나 전자('론')는 머리소리규칙이 적용되고, 후자('논')는 머리소리규칙이 적용되지 않는다는 점에서 차이를 나타내고 있다.

초등학교 국어 교과서의
표기와 발음의 실제

① 받침규칙(말음법칙 : 末音法則)

받침의 발음은 표준발음법 제4장에 규정하고 있다. 이 중 받침규칙에서는 표준발음법 제4장 제8항 및 제9항과 관련된 내용을 기술하고, 이외의 내용은 각각 관련된 다른 항에서 기술하기로 한다.

받침규칙이 적용되는 경우는 두 가지로 구분할 수 있다. 하나는 '부엌'(50ㄷ)의 경우에 '부엌 → 부억'과 같은 음운변화과정에서 'ㅋ → ㄱ(-엌 → -억)'과 같이 1단계('부엌 → 부억')만 'ㅋ'에 받침규칙이 적용되고, 다른 규칙은 적용되지 않는 경우이다. 또 하나는 '고갯길'[고갣낄](86ㄱ), '묶는'[뭉는](52ㅁ) 등과 같이 받침규칙뿐만 아니라 다른 규칙도 적용되는 경우이다. 그러므로 받침규칙에 대한 중복적인 기술을 하지 않기 위해, 이 중 전자('부엌')는 이 항(받침규칙)에서 기술하고, 후자는 음운변화과정의 마지막 단계에 적용되는 음운규칙의 항에서 기술한다. 즉 후자의 경우에 '고갯길'이 '고갯길 → 고갣길 → 고갣낄'과 같은 음운변화과정에서 1단계는 'ㅅ → ㄷ(-갯- → -갣-)'과 같이 'ㅅ'에 받침규칙이 적용되고, 2단계는 'ㄱ → ㄲ(-길 → -낄)'과 같이 'ㄱ'에 된소리되기가 적용된다. 그러므로 '고갯길'의 경우는 음운변화과정의 마지막 단계(2단계)인 된소리되기에서만 기술한다. 후자의 '묶는'이 '묶는 → 묵는 → 뭉는'과 같은 음운변화과정에서 1단계는 'ㄲ → ㄱ(묶- → 묵-)'과 같이 'ㄲ'에 받침규칙이 적용되고, 2단계는 'ㄱ → ㅇ(묵- → 뭉-)'과 같이 'ㄱ'에 콧소리되기가 적용된다. 그러므로 '묶는'의 경우는 마지막 단계(2단계)인 콧소리되기에서만 기술한다. 각각의 보기에서 같은 음운변화과정과 음운규칙이 적용되는 경우에는 하나만 설명하고, 나머지 보기는 설명을 생략한다.

(49) ㄱ. 밖[박]

　　ㄴ. 갓[갇]　　　　　것[걷]　　　곳[곧]　　　그것[그걷]
　　　　그릇[그른]　　　낫[낟]　　　넷[넫]　　　노래하듯[노래하든]
　　　　다섯[다섣]　　　듯[듣]　　　뜻[뜯]　　　로봇[로봄]
　　　　마음껏[마음껃] 맛[맏]　　　못[몯]　　　무엇[무얻]
　　　　뭣[뭗]　　　　방긋[방근]　버릇[버름]　별것[별걷]
　　　　빙긋[빙근]　　셋[셑]　　　쉿[쉳]　　　시옷[시옫]
　　　　실컷[실컫]　　쌍시옷[쌍시옫]　　씨앗[씨앋]　　앗[앋]
　　　　어느덧[어느덛] 엇[얻]　　　에잇[에읻]　여섯[여섣]
　　　　연못[연몯]　　옷[옫]　　　이것[이걷]　이곳[이곧]
　　　　이웃[이욷]　　잘못[잘몯]　저것[저걷]　정성껏[정성껃]
　　　　짓[짇]　　　　쫑긋쫑긋[쫑근쫑근]　　첫[첟]　　하듯[하든]
　　　　한껏[한껃]　　힘껏[힘껃]

　　ㄷ. 것뿐[걷뿐]　　　것처럼[걷처럼]　　　그것참[그걷참] 깃털[긷털]
　　　　꼿꼿이[꼳꼬시] 못써[몯써] 잇따라[읻따라]

　　ㄹ. 쫄깃쫄깃[쫄긷쫄긷]　　　파릇파릇[파륻파륻]　　　푸릇푸릇[푸륻푸륻]

　　ㅁ. 첫인사[처딘사]　　　　첫인상[처딘상]

　(49)는 표준발음법 제9항에 규정하고 있다. 이 규정은 받침 'ㄲ·ㅋ', 'ㅅ·ㅆ·ㅈ·ㅊ·ㅌ', 'ㅍ'은 낱말끝 또는 닿소리 앞에서 각각 대표음 [ㄱ, ㄷ, ㅂ]으로 발음한다는 내용이다. 보기는 받침 'ㅅ'이 낱말끝('갓, 마음껏, 연못' 등의 끝소리인 'ㅅ')이나 닿소리 앞('것뿐, 깃털, 잇따라' 등의 앞 닿소리 'ㅅ'이 뒤 닿소리 'ㅃ, ㅌ, ㄸ' 등의 앞에 온 경우) 그리고 홀소리 앞('첫인사, 첫인상' 등의 첫소리마디 끝소리 'ㅅ'이 뒤 홀소리 'ㅣ' 앞에 온 경우)에서 'ㅅ → ㄷ'과 같이 [ㄷ]으로 실현된 경우이다.

(49ㄱ)은 'ㄲ'이 낱말끝인 경우이다. '밖'은 '밖 → 박'과 같은 음운변화과정에서 'ㄲ → ㄱ'과 같이 'ㄲ'에 받침규칙이 적용된다. 이는 교과서에 표기된 '밖'이 [박]으로 발음되는 것을 의미한다. 즉 표기와 표준발음이 다른 경우이다.

(49ㄴ)은 'ㅅ'이 낱말끝인 경우이다. '연못'은 '연못 → 연몯'과 같은 음운변화과정에서 'ㅅ → ㄷ(-못 → -몯)'과 같이 'ㅅ'에 받침규칙이 적용된다. 이는 교과서에 표기된 '연못'이 [연몯]으로 발음되는 것을 의미한다. 즉 표기와 표준발음이 다른 경우이다.

(49ㄷ)은 'ㅅ'이 닿소리 앞인 경우이다. '꼿꼿이'가 '꼿꼿이 → 꼳꼿이 → 꼳꼬시'와 같은 음운변화과정에서 1단계는 'ㅅ → ㄷ(꼿- → 꼳-)'과 같이 'ㅅ'에 받침규칙이 첫소리마디 '꼿-'에만 적용된다. 제2소리마디 '-꼿-'은 뒷소리가 '-이'이기 때문에 받침규칙이 적용되지 않고, 2단계의 '-꼿이 → -꼬시'와 같이 이음소리규칙이 적용된다.

(49ㄹ)은 'ㅅ'이 낱말끝과 닿소리 앞인 경우이다. '쫄깃쫄깃'은 '쫄깃쫄깃 → 쫄긷쫄긷'과 같은 음운변화과정에서 'ㅅ → ㄷ'과 같이 'ㅅ'이 낱말끝('-깃 → -긷')과 닿소리 앞('-깃- → -긷-')에서 각각 받침규칙이 적용된다.

(49ㅁ)은 'ㅅ'이 홀소리 앞인 경우이다. '첫인사'가 '첫인사 → 첟인사 → 처딘사'와 같은 음운변화과정에서 1단계는 'ㅅ → ㄷ(첫- → 첟-)'과 같이 'ㅅ'에 받침규칙이 적용되고, 2단계는 '첟인- → 처딘-'과 같이 이음소리규칙이 적용된다.

(50) ㄱ. 낮[낟]　　　맞추고[맏추고]　　맞추어[맏추어]　　맞춤[맏춤]
　　　부딪쳐[부딛처]　부딪치[부딛치]　　빗[빋]　　　　쌍지읏[쌍지은]
　　　온갖[온갇]　　　젖[젇]　　　　　지읒[지은]　　　한낮[한낟]
　　ㄴ. 꽃[꼳]　　　　나팔꽃[나팔꼳]　　낯[낟]　　　　들꽃[들꼳]
　　　빛깔[빋깔]　　　숯[숟]　　　　　치읓[치은]　　　풀꽃[풀꼳]
　　ㄷ. 부엌[부억]　　키읔[키윽]

ㄹ. 감자밭[감자받]　　고추밭[고추받]　　끝[끋]
　　끝까지[끋까지]　　말끝[말끋]　　밑[믿]　　　　바깥쪽[바깥쪽]
　　밭[받]　　　　　솥[솓]　　　　콩밭[콩받]　　티읕[티읃]
　　팥[팓]　　　　　풀밭[풀받]
ㅁ. 늪[늡]　　　　　무릎[무릅]　　숲[숩]　　　앞[압]
　　앞쪽[압쪽]　　　앞표지[압표지]　옆[엽]　　　잎[입]
　　피읖[피읍]
ㅂ. 히읗[히읃]

(50)은 표준발음법 제9항에 규정하고 있다. 보기 중 (50ㄱ)은 받침이 'ㅈ'이고, (50ㄴ)은 받침이 'ㅊ'이고, (50ㄷ)은 받침이 'ㅋ'이고, (50ㄹ)은 받침이 'ㅌ'이고, (50ㅁ)은 받침이 'ㅍ'이고, (50ㅂ)은 받침이 'ㅎ'인 경우이다.

(50ㄱ)은 받침 'ㅈ'이 낱말끝('낮, 온갖' 등의 끝소리인 'ㅈ')이나 닿소리 앞('맞추고, 부딪쳐' 등의 앞 닿소리 'ㅈ'이 뒤 닿소리 'ㅊ' 앞에 온 경우)에서 'ㅈ → ㄷ'과 같이 [ㄷ]으로 실현된 경우이다. 'ㅈ'이 낱말끝인 '낮'은 '낮 → 낟'과 같은 음운변화과정에서 'ㅈ → ㄷ'과 같이 'ㅈ'에 받침규칙이 적용된다. 이는 교과서에 표기된 '낮'이 [낟]으로 발음되는 것을 의미한다. 즉 표기와 표준발음이 다른 경우이다. 'ㅈ'이 닿소리 앞인 '부딪쳐'는 '부딪쳐 → 부딛쳐 → 부딛처'와 같은 음운변화과정에서 1단계는 'ㅈ → ㄷ(-딪- → -딛-)'과 같이 'ㅈ'에 받침규칙이 적용되고, 2단계는 'ㅕ → ㅓ(-쳐 → -처)'와 같이 'ㅕ'에 홑홀소리되기가 적용된다.

(50ㄴ)은 받침 'ㅊ'이 낱말끝('꽃, 들꽃' 등의 'ㅊ')이나 닿소리 앞('빛깔'의 'ㅊ'이 'ㄲ' 앞에 온 경우)에서 'ㅊ → ㄷ'과 같이 [ㄷ]으로 실현된 경우이다. 'ㅊ'이 낱말끝인 '들꽃'은 '들꽃 → 들꼳'과 같은 음운변화과정에서 'ㅊ → ㄷ(-꽃 → -꼳)'과 같이 'ㅊ'에 받침규칙이 적용된다. 'ㅊ'이 닿소리 앞인 '빛깔'은 '빛깔 → 빈깔'과 같은 음운변화과정에서 'ㅊ → ㄷ(빛- → 빈-)'과 같이 'ㅊ'에 받침규칙이 적용된다.

(50ㄷ)은 받침 'ㅋ'이 낱말끝('부엌'의 끝소리인 'ㅋ')에서 'ㅋ → ㄱ'과 같이 [ㄱ]으로 실현된 경우이다. 'ㅋ'이 낱말끝인 '부엌'은 '부엌 → 부억'과 같은 음운변화과정에서 'ㅋ → ㄱ(-엌 → -억)'과 같이 'ㅋ'에 받침규칙이 적용된다.

(50ㄹ)은 받침 'ㅌ'이 낱말끝('감자밭, 콩밭' 등의 'ㅌ')이나 닿소리 앞('끝까지'의 'ㅌ'이 'ㄲ' 앞에 온 경우)에서 'ㅌ → ㄷ'과 같이 [ㄷ]으로 실현된 경우이다. 'ㅌ'이 낱말끝인 '감자밭'은 '감자밭 → 감자받'과 같은 음운변화과정에서 'ㅌ → ㄷ(-밭 → -받)'과 같이 'ㅌ'에 받침규칙이 적용된다. 'ㅌ'이 닿소리 앞인 '끝까지'는 '끝까지 → 끋까지'와 같은 음운변화과정에서 'ㅌ → ㄷ(끝- → 끋-)'과 같이 'ㅌ'에 받침규칙이 적용된다.

(50ㅁ)은 받침 'ㅍ'이 낱말끝('늪, 숲' 등의 'ㅍ')이나 닿소리 앞('앞쪽, 앞표지' 등의 'ㅍ'이 'ㅉ, ㅍ' 등의 앞에 온 경우)에서 'ㅍ → ㅂ'과 같이 [ㅂ]으로 실현된 경우이다. 'ㅍ'이 낱말끝인 '늪'은 '늪 → 늡'과 같은 음운변화과정에서 'ㅍ → ㅂ'과 같이 'ㅍ'에 받침규칙이 적용된다.

(50ㅂ)은 표준발음법 제9항에는 없지만, 받침 'ㅎ'이 낱말끝('히읗'의 끝소리인 'ㅎ')에서 'ㅎ → ㄷ'과 같이 [ㄷ]으로 실현된 것으로 추정한다. 이는 제12항 3의 규정(받침 'ㅎ'의 발음)에 근거해서 '놓는'의 경우에 '놓는 → 녿는 → 논는'과 같은 음운변화과정을 설정할 수 있다. 이 중 1단계는 'ㅎ'의 받침규칙이 적용되는 것으로 본다. 그러므로 낱말끝이 'ㅎ'인 '히읗'은 '히읗 → 히읃'과 같은 음운변화과정에서 'ㅎ → ㄷ(-읗 → -읃)'과 같이 'ㅎ'에 받침규칙이 적용된다.

❷ 닿소리빠짐(자음탈락 : 子音脫落)

이 항에서 닿소리빠짐은 표준발음법 제10항, 제11항 등의 내용과 같이 겹받침 중 하나가 발음되지 않는 경우와 제12항 2 · 3 [붙임] · 4 등의 내용과 같이 'ㅎ'이 발음되지 않는 경우처럼 두 가지를 모두 기술한다.

겹받침의 닿소리빠짐은 '넋[넉]'(제10항), '흙과[흑꽈]'(제11항) 등과 같이 겹받침 'ㄳ, ㄺ' 등이 낱말끝('넋'의 ㄳ) 또는 닿소리 앞('흙'의 'ㄺ'이 '과'의 'ㄱ' 앞에 온 경우)에서 각각 [ㄱ]으로 발음된다는 내용이다. 'ㅎ'의 닿소리빠짐은 '닿소[다쏘]·많소[만쏘]'(제12항 2), '않네[안네]·뚫네[뚤레]'(제12항 3 [붙임]), '낳은[나은]·않은[아는]'(제12항 4) 등과 같이 'ㅎ'을 발음하지 않는다는 내용이다.

닿소리빠짐에 음운변화과정에서 음운규칙이 적용되는 경우는 두 가지로 구분할 수 있다. 하나는 '가잖니'(51 ㄴ)의 사례로, '가잖니 → 가잔니'와 같은 음운변화과정에서 'ㄶ → ㄴ(-잖- → -잔-)'과 같이 1단계만 'ㅎ'에 닿소리빠짐이 적용되고, 다른 규칙은 적용되지 않는 경우이다. 또 하나는 '굵다[국따]'(79 ㄹ), '밟는[밤는]'(58 ㄷ) 등과 같이 닿소리빠짐 이외에 다른 음운규칙도 적용되는 경우이다. 그러므로 닿소리빠짐에 대한 중복적인 기술을 하지 않기 위해, 이 중 전자('가잖니')는 이 항(닿소리빠짐)에서 기술하고, 후자('굵다, 밟는')는 음운변화과정 마지막 단계의 음운규칙에 해당하는 항에서 기술한다. 즉 후자의 경우에 '굵다'가 '굵다 → 국다 → 국따'와 같은 음운변화과정에서 1단계는 'ㄺ → ㄱ(굵- → 국-)'과 같이 'ㄹ'에 닿소리빠짐이 적용되고, 2단계는 'ㄷ → ㄸ(-다 → -따)'과 같이 'ㄷ'에 된소리되기가 적용된다. 그러므로 '굵다'의 경우는 마지막 단계(2단계)인 된소리되기에서만 기술한다. 후자의 '밟는'이 '밟는 → 밥는 → 밤는'과 같은 음운변화과정에서 1단계는 'ㄼ → ㅂ(밟- → 밥-)'과 같이 'ㄹ'에 닿소리빠짐이 적용되고, 2단계는 'ㅂ → ㅁ(밥- → 밤-)'과 같이 'ㅂ'에 콧소리되기가 적용된다. 그러므로 '밟는'의 경우는 마지막 단계(2단계)인 콧소리되기에서만 기술한다. 각각의 보기에서 같은 음운변화과정과 음운규칙이 적용되는 경우에는 하나만 설명하고, 나머지 보기는 설명을 생략한다.

(51) ㄱ. 낳아[나아]　　　넣어[너어]　　　넣으니[너으니]

　　　넣은[너은]　　　놓아[노아]　　　놓여[노여]

　　　놓으니[노으니]　　놓은[노은]　　　놓을[노을]

　　　닿아[다아]　　　닿을[다을]　　　쌓아[싸아]

　　　쌓여[싸여]　　　좋아[조아]　　　좋은[조은]

　　　좋을[조을]　　　가잖아[가자나]　괜찮아[괜차나]

　　　괜찮으니[괜차느니]　끊어[끄너]　　　끊임[끄님]

　　　많아[마나]　　　많으니[마느니]　많은[마는]

　　　많을[마늘]　　　많이[마니]　　　않아[아나]

　　　않으니[아느니]　않은[아는]　　　않을[아늘]

　　　언짢아[언짜나]　하잖아[하자나]　끊이다[끄리다]

　　　닳아[다라]　　　뚫을[뚜를]　　　싫어[시러]

　　　싫으니[시르니]　싫은[시른]　　　앓아[아라]

　　　옳을[오를]　　　잃어[이러]　　　잃은[이른]

　　ㄴ. 가잖니[가잔니]　괜찮니[괜찬니]　많네[만네]

　　　않네[안네]　　　않는[안는]

　　ㄷ. 몫[목]　　　　앉는[안는]　　　여덟[여덜]

　　ㄹ. 까닭[까닥]　　　닭[닥]　　　　수탉[수탁]

　　　흙[흑]　　　　옮겨[옴겨]　　　옮기다[옴기다]

　　　옮긴[옴긴]　　　옮길[옴길]

　(51ㄱ)은 표준발음법 제12항 4에 규정하고 있다. 이 규정은 'ㅎ(ㄶ, ㅀ)' 뒤에 홀소리로 시작된 씨끝이나 뒷가지가 결합되는 경우에는, 'ㅎ'을 발음하지 않는다는 내용이다. '낳아'는 'ㅎ'이 '-아'와 결합된 경우이고, '많아'는 'ㄶ'이 '-아'와 결합된 경우에 'ㅎ'의 빠짐이 실현된다. '낳아'는 '낳아 → 나아'와 같은 음운변화과정에서 'ㅎ → ∅(낳- → 나-)'과 같이 'ㅎ'에 닿소리빠짐이 적용된다.('∅'에 대해서는 제1부 제2장의 6. 같은위치닿소리빠짐 참조) '많아'가 '많아 → 만아 → 마나'와 같은 음운변화과정에서 1단계는

'ㄶ → ㄴ(많- → 만-)'과 같이 'ㅎ'에 닿소리빠짐이 적용되고, 2단계는 '만 아 → 마나'와 같이 이음소리규칙이 적용된다. '닳아'가 '닳아 → 달아 → 다라'와 같은 음운변화과정에서 1단계는 'ㅀ → ㄹ(닳- → 달-)'과 같이 'ㅎ'에 닿소리빠짐이 적용되고, 2단계는 '달아 → 다라'와 같이 이음소리규칙이 적용된다. 이는 교과서에 '낳아 · 많아 · 닳아 · 싫어' 등과 같이 표기하지만, 표준발음은 [나아] · [마나] · [다라] · [시러] 등과 같이 한다는 내용이다. 즉 표기와 발음이 다른 경우이다.

(51ㄴ)은 표준발음법 제12항 3의 [붙임]에 규정하고 있다. 이 규정은 'ㄶ' 뒤에 'ㄴ'이 결합되는 경우에는, 'ㅎ'을 발음하지 않는다는 내용이다. 'ㄶ'이 'ㄴ'과 결합되는 경우의 '가잖니'는 '가잖니 → 가잔니'와 같은 음운변화과정에서 'ㄶ → ㄴ(-잖- → -잔-)'과 같이 'ㅎ'에 닿소리빠짐이 적용된다.

(51ㄷ)은 표준발음법 제10항에 규정하고 있다. 이 규정은 겹받침 'ㄳ', 'ㄵ', 'ㄼ'은 낱말끝 또는 닿소리 앞에서 각각 [ㄱ, ㄴ, ㄹ]로 발음한다는 내용이다. 겹받침 'ㄳ'이 낱말끝인 '몫'은 '몫 → 목'과 같은 음운변화과정에서 'ㄳ → ㄱ(몫 → 목)'과 같이 'ㅅ'에 닿소리빠짐이 적용된다. 겹받침 'ㄵ'이 닿소리 앞('ㄴ')인 '앉는'은 '앉는 → 안는'과 같은 음운변화과정에서 'ㄵ → ㄴ (앉- → 안-)'과 같이 'ㅈ'에 닿소리빠짐이 적용된다.

(51ㄹ)은 표준발음법 제11항에 규정하고 있다. 이 규정은 겹받침 'ㄺ, ㄻ'은 낱말끝 또는 닿소리 앞에서 각각 [ㄱ, ㅁ]으로 발음한다는 내용이다. 겹받침 'ㄺ'이 낱말끝인 '까닭'은 '까닭 → 까닥'과 같은 음운변화과정에서 'ㄺ → ㄱ(-닭 → -닥)'과 같이 'ㄹ'에 닿소리빠짐이 적용된다. 이는 교과서에 '까닭'으로 표기하지만, 표준발음은 [까닥]으로 실현한다는 내용이다.

❸ 콧소리되기(비음화 : 鼻音化)

콧소리되기는 터짐소리, 터짐갈이소리, 갈이소리 등이 콧소리를 닮아 콧소리되기로 실현되는 경우와 흐름소리가 콧소리를 닮아 콧소리되기로 실현되는 경우처럼 두 가지로 구분할 수 있다. 전자는 표준발음법 제18항에 규정되어 있고, 후자는 제19항과 제20항 '다만'에 규정되어 있다.

표준발음법 제18항은 받침 'ㄱ(ㄲ, ㅋ, ㄳ, ㄺ), ㄷ(ㅅ, ㅆ, ㅈ, ㅊ, ㅌ, ㅎ), ㅂ(ㅍ, ㄼ, ㄿ, ㅄ)'은 'ㄴ, ㅁ' 앞에서 [ㅇ, ㄴ, ㅁ]으로 발음한다는 내용이다. 즉 닿소리이어바뀜의 환경에서 앞 닿소리가 콧소리인 뒤 닿소리를 닮아, 콧소리로 실현되는 경우이다. 예를 들면, '막는, 걷는, 겁먹은' 등과 같이 앞 닿소리가 'ㄱ('막-'의 받침 'ㄱ'), ㄷ('걷-'의 받침 'ㄷ'), ㅂ('겁-'의 받침 'ㅂ')' 등인 경우에는 뒤 닿소리 'ㄴ, ㅁ' 등을 닮아 [망는], [건는], [검머근] 등과 같이 콧소리되기가 실현된다. 그러나 앞 닿소리가 위의 'ㄱ'의 괄호 안에 있는 'ㄲ, ㅋ, ㄳ, ㄺ' 등인 경우에는 'ㄲ, ㅋ, ㄳ, ㄺ → ㄱ'과 같이 1단계에 받침규칙('ㄲ, ㅋ')이나 닿소리빠짐('ㄳ, ㄺ')이 적용된 후에 2단계나 3단계에서 콧소리되기가 적용된다. 예를 들면 '묶는'(52ㅁ)이 '묶는 → 묵는 → 뭉는'과 같은 음운변화과정에서 1단계는 'ㄲ → ㄱ(묶- → 묵-)'과 같이 'ㄲ'에 받침규칙이 적용되고, 2단계는 'ㄱ → ㅇ(묵- → 뭉-)'과 같이 'ㄱ'에 콧소리되기가 적용된다. 'ㄷ'의 괄호 안에 있는 앞 닿소리 'ㅅ, ㅆ, ㅈ, ㅊ, ㅌ, ㅎ' 등도 'ㅅ, ㅆ, ㅈ, ㅊ, ㅌ, (ㅎ) → ㄷ'과 같이 1단계에 받침규칙이 적용된 후에 2단계나 3단계에서 콧소리되기가 적용된다. 'ㅎ'은 'ㅎ → ㄷ'과 같이 받침규칙이 적용되는 경우도 있고, 적용되지 않는 경우도 있기 때문에 '(ㅎ)'과 같이 괄호를 사용한다. 'ㅂ'의 괄호 안에 있는 앞 닿소리 'ㅍ, ㄼ, ㄿ, ㅄ' 등도 'ㅍ, ㄼ, ㄿ, ㅄ → ㅂ'과 같이 1단계에 받침규칙이나 닿소리빠짐이 적용된 후에 2단계나 3단계에서 콧소리되기가 적용된다. 그러므로 위와 같은 경우에는 먼저 받침규칙이나 닿소리빠짐이 적용된 후에, 콧소리되기가 적용된다. 제18항 [붙임]은 '책 넣는다[챙넌는다]'와 같이 두 낱말을 이어서 한 마디로 발음하는 경우에도 콧소리되기가 적용되는 내용이다.

표준발음법 제19항은 '침략 → 침냑', '강릉 → 강능' 등과 같이 받침 'ㅁ,

ㅇ' 뒤에 연결되는 'ㄹ'은 [ㄴ]으로 발음한다는 내용이다. 제19항 [붙임]은 '막론→망논', '협력→혐녁' 등과 같이 받침 'ㄱ, ㅂ' 뒤에 연결되는 'ㄹ'도 [ㄴ]으로 발음한다는 내용이다. 이는 서로닮음에 해당된다. 제20항 '다만'도 '의견란→의견난'과 같이 'ㄹ'을 [ㄴ]으로 발음한다는 규정이다.

콧소리되기의 경우는 음운변화과정에서 콧소리되기 이외에 다른 규칙이 적용되는 경우도 모두 이 항에서 기술한다. 각각의 보기에서 같은 음운변화과정과 음운규칙이 적용되는 경우에는 하나만 설명하고, 나머지 보기는 설명을 생략한다.

(52) ㄱ. 기억나는[기엉나는]   도둑눈[도둥눈]   막는[망는]
　　　 먹나[멍나]   먹느니[멍느니]   먹는[멍는]
　　　 생각나는[생강나는]   생각났어[생강나써]
　　　 오르락내리락[오르랑내리락]   익는[잉는]
　　　 작년[장년]   저녁나절[저녕나절]
　　　 저녁노을[저녕노을]   죽는[중는]   직녀[징녀]
　　　 학년[항년]

　　ㄴ. 국민[궁민]   무럭무럭[무렁무럭]
　　　 미역무침[미영무침]   박물관[방물관]   손가락만[손까랑만]
　　　 식물[싱물]   식물원[싱무뤈]   얼룩말[얼룽말]
　　　 얼룩무늬[얼룽무니]   책만[챙만]   하나씩만[하나씽만]
　　　 학문[항문]

　　ㄷ. 귓속말[귇속말 → 귇쏙말 → 귇쏭말]

　　ㄹ. 떡 먹기[떵먹끼]   책 모양[챙모양]

　　ㅁ. 묶는다[묵는다 → 뭉는다]

　　ㅂ. 식량[식냥 → 싱냥]

(52ㄱ-ㅁ)은 표준발음법 제18항에 규정하고 있다. 이 규정은 받침 'ㄱ, ㄲ'은 'ㄴ, ㅁ' 앞에서 [ㅇ]으로 발음한다는 내용이다. (52ㄱ-ㄹ)은 앞 닿소리가 'ㄱ'이고, (52ㅁ)은 앞 닿소리가 'ㄲ'인 경우이다.

(52ㄱ)은 닿소리이어바뀜의 환경에서 앞 닿소리 'ㄱ'이 콧소리인 뒤 닿소리 'ㄴ'을 닮아, 'ㄱ → ㅇ'과 같이 'ㄱ'의 콧소리되기가 실현된 경우이다. '생각났어'는 앞 닿소리 'ㄱ'('-각-'의 받침)이 뒤 닿소리 'ㄴ'('-났-'의 '초성')을 닮아, 'ㄱ'이 [ㅇ]으로 실현된 것이다. 즉 '생각났어'가 '생각났어 → 생강났어 → 생강나써'와 같은 소리마디 순서에 따른 음운변화과정에서 1단계는 'ㄱ → ㅇ(-각- → -강-)'과 같이 'ㄱ'에 콧소리되기가 적용되고, 2단계는 '-났어 → -나써'와 같이 이음소리규칙이 적용된다.

(52ㄴ)은 닿소리이어바뀜의 환경에서 앞 닿소리 'ㄱ'이 콧소리인 뒤 닿소리 'ㅁ'을 닮아, 'ㄱ → ㅇ'과 같이 'ㄱ'의 콧소리되기가 실현된 경우이다. '국민'은 '국민 → 궁민'과 같은 음운변화과정에서 'ㄱ → ㅇ(국- → 궁-)'과 같이 'ㄱ'에 콧소리되기가 적용된다.

(52ㄷ)의 '귓속말'이 '귓속말 → 귇속말 → 귇쏙말 → 귇쏭말'과 같은 소리마디 순서에 따른 음운변화과정에서 1단계는 'ㅅ → ㄷ(귓- → 귇-)'과 같이 'ㅅ'에 받침규칙이 적용되고, 2단계는 'ㅅ → ㅆ(-속- → -쏙-)'과 같이 'ㅅ'에 된소리되기가 적용되고, 3단계는 'ㄱ → ㅇ(-쏙- → -쏭-)'과 같이 'ㄱ'에 콧소리되기가 적용된다.

(52ㄹ)은 표준발음법 제18항 [붙임]에 규정하고 있다. 이 규정은 '책 넣는다[챙년는다]'와 같이 두 낱말을 이어서 한 마디로 발음하는 경우에도 콧소리되기가 적용되는 내용이다. '떡 먹기'가 '떡먹기 → 떵먹기 → 떵먹끼'와 같은 음운변화과정에서 1단계는 'ㄱ → ㅇ(떡- → 떵-)'과 같이 'ㄱ'에 콧소리되기가 적용되고, 2단계는 'ㄱ → ㄲ(-기 → -끼)'과 같이 'ㄱ'에 된소리되기가 적용된다.

(52ㅁ)의 '묶는다'가 '묶는다 → 묵는다 → 뭉는다'와 같은 음운변화과정에서 1단계는 'ㄲ → ㄱ(묶- → 묵-)'과 같이 'ㄲ'에 받침규칙이 적용되고, 2단계는 'ㄱ → ㅇ(묵- → 뭉-)'과 같이 'ㄱ'에 콧소리되기가 적용된다.

(52ㅂ)은 표준발음법 제19항 [붙임]에 규정하고 있다. 이 규정은 받침

'ㄱ, ㅂ' 뒤에 연결되는 'ㄹ'도 [ㄴ]으로 발음한다는 내용이다. 이 경우는 앞 닿소리와 뒤 닿소리가 서로 영향을 끼쳐 두 닿소리가 모두 변화하는 서로 닮음에 해당된다. '식량'이 '식량 → 식냥 → 싱냥'과 같은 음운변화과정에서 1단계는 'ㄹ → ㄴ(-량 → -냥)'과 같이 'ㄹ'에 콧소리되기가 적용되고, 2단계는 'ㄱ → ㅇ(식- → 싱-)'과 같이 'ㄱ'에 콧소리되기가 적용된다.

(53) ㄱ. 걷는[건는]　　　듣는[든는]　　　뜯는[뜬는]　　　묻는[문는]
　　　 받는[반는]　　　얻는[언는]　　　이튿날[이튿날]
　　ㄴ. 염려[염녀]　　　공룡[공뇽]　　　정리[정니]　　　종류[종뉴]
　　ㄷ. 가깝네[가깜네]　　겹나지[겸나지]　　겹먹은[검머근]　 눕는[눔는]
　　　 모습만[모슴만]　　뽑는[뽐는]　　　읍내[음내]　　　입는[임는]
　　　 입맞춤[임맏춤]　　잡는[잠는]　　　접는[점는]　　　집는[짐는]
　　　 학습날[학씁날 → 학씀날]
　　ㄹ. 갑니다[감니다]　　겹니[겸니]　　　깁니[김니]　　　꿉니[꿈니]
　　　 납니[남니]　　　냅니[냄니]　　　넙니[넘니]　　　닙니[님니]
　　　 답니[담니]　　　댑니[댐니]　　　됩니[됨니/뒘-]　 듭니[듬니]
　　　 떱니[떰니]　　　뜁니[뜀니]　　　랍니[람니]　　　랩니[램니]
　　　 릅니[름니]　　　립니[림니]　　　맵니[맴니]　　　봅니[봄니]
　　　 삽니[삼니]　　　습니[슴니]　　　십니[심니]　　　씁니[씀니]
　　　 압니[암니]　　　옵니[옴니]　　　웁니[움니]　　　읍니[음니]
　　　 입니[임니]　　　잡니[잠니]　　　줍니[줌니]　　　집니[짐니]
　　　 쯉니[쯈니/쮐-]　　춥니[춤니]　　　칩니[침니]　　　킵니[킴니]
　　　 탑니[탐니]　　　풉니[품니]　　　합니[함니]
　　ㅁ. 입 모양[임모양]　　집 무너지는[짐무너지는]
　　ㅂ. 입력[입녁 → 임녁]

(53ㄱ)은 표준발음법 제18항에 규정하고 있다. 보기는 닿소리이어바뀜의 환경에서 앞 닿소리 'ㄷ'이 콧소리인 뒤 닿소리 'ㄴ'을 닮아, 'ㄷ → ㄴ'과 같이 'ㄷ'의 콧소리되기가 실현된 경우이다. '듣는'은 '듣는 → 든는'과 같

은 음운변화과정에서 앞 닿소리 'ㄷ'('듣-'의 받침)이 뒤 닿소리 'ㄴ'('-는'의 첫소리)을 닮아, 'ㄷ'이 [ㄴ]으로 실현된 것이다. 즉 이 음운변화과정에서는 'ㄷ'에 콧소리되기가 적용된다.

(53ㄴ)은 표준발음법 제19항에 규정하고 있다. 이 규정은 받침 'ㅁ, ㅇ' 뒤에 연결되는 'ㄹ'은 [ㄴ]으로 발음한다는 내용이다. '염려'는 '염려 → 염녀'와 같은 음운변화과정에서 'ㄹ → ㄴ(-려 → -녀)'와 같이 'ㄹ'에 콧소리되기가 적용된다. '정리'는 '정리 → 정니'와 같은 음운변화과정에서 'ㄹ → ㄴ(-리 → -니)'와 같이 'ㄹ'에 콧소리되기가 적용된다.

(53ㄷ)은 표준발음법 제18항에 규정하고 있다. 보기는 닿소리이어바뀜의 환경에서 앞 닿소리 'ㅂ'이 콧소리인 뒤 닿소리 'ㄴ'이나 'ㅁ'을 닮아, 'ㅂ'의 콧소리되기가 실현된 경우이다. 뒤 닿소리가 'ㄴ'인 '학습날'이 '학습날 → 학씁날 → 학씀날'과 같은 소리마디 순서에 따른 음운변화과정에서 1단계는 'ㅅ → ㅆ(-습- → -씁-)'과 같이 'ㅅ'에 된소리되기가 적용되고, 2단계는 'ㅂ → ㅁ(-씁- → -씀-)'과 같이 'ㅂ'에 콧소리되기가 적용된다.

(53ㄹ)의 '갑니다' 이외의 보기는 콧소리되기와 직접 관련이 없는 제3소리마디 '-다'를 생략한 경우이다. 보기는 닿소리이어바뀜의 환경에서 앞 닿소리 'ㅂ'이 콧소리인 뒤 닿소리 'ㄴ'('-니-'의 첫소리)을 닮아, 'ㅂ'의 콧소리되기가 실현된 경우이다. '갑니다'는 '갑니다 → 감니다'와 같은 음운변화과정에서 'ㅂ → ㅁ(갑- → 감-)'과 같이 'ㅂ'에 콧소리되기가 적용된다.

(53ㅁ)은 표준발음법 제18항 [붙임]에 규정하고 있다. 이 규정은 두 낱말을 이어서 한 마디로 발음하는 경우에도 콧소리되기가 실현된다는 내용이다. '입 모양'은 '입모양 → 임모양'과 같은 음운변화과정에서 'ㅂ → ㅁ(입- → 임-)'과 같이 'ㅂ'에 콧소리되기가 적용된다.

(53ㅂ)은 표준발음법 제19항 [붙임]에 규정하고 있다. 이 규정은 받침 'ㄱ, ㅂ' 뒤에 연결되는 'ㄹ'도 [ㄴ]으로 발음한다는 내용이다. '입력'은 '입력 → 입녁 → 임녁'과 같은 음운변화과정에서 1단계는 'ㄹ → ㄴ(-력 → -

녁)'과 같이 'ㄹ'에 콧소리되기가 적용되고, 2단계는 'ㅂ → ㅁ(입- → 임-)'
과 같이 'ㅂ'에 콧소리되기가 적용된다. 이는 서로닮음에 해당된다.

(54) ㄱ. 갓난[갇난 → 간난]　　　　거짓말[거짇말 → 거진말]
　　　　것만[걷만 → 건만]　　　　것만큼[걷만큼 → 건만큼]
　　　　고갯말[고갣말 → 고갠말]　　그릇만[그륻만 → 그른만]
　　　　낫네[낟네 → 난네]　　　　낫는[낟는 → 난는]
　　　　냇물[낻물 → 낸물]　　　　노랫말[노랟말 → 노랜말]
　　　　노릇노릇[노륻노륻 → 노른노른]　느릿느릿[느릳느릳 → 느린느린]
　　　　뒷머리[뒫머리 → 뒨머리]　　뒷면[뒫면 → 뒨면]
　　　　뒷문[뒫문 → 뒨문]　　　　맛난[맏난 → 만난]
　　　　맛만[맏만 → 만만]　　　　무엇무엇[무얻무얻 → 무언무얼]
　　　　바닷말[바닫말 → 바단말]　　닷물[바닫물 → 바단물]
　　　　빗물[빋물 → 빈물]　　　　시냇물[시낻물 → 시낸물]
　　　　옛날[옏날 → 옌날]　　　　옷만[옫만 → 온만]
　　　　웃는[욷는 → 운는]　　　　잣나무[잗나무 → 잔나무]
　　　　진딧물[진딛물 → 진딘물]　　짓는[짇는 → 진는]
　　　　첫눈[첟눈 → 천눈]　　　　콧물[콛물 → 콘물]
　　　　팻말[팯말 → 팬말]　　　　혼잣말[혼잗말 → 혼잔말]
　　ㄴ. 다섯 면[다섣면 → 다선면]　　못 날아[몯날아 → 몬나라]
　　　　못 낸다[몯낸다 → 몬낸다]　　못 말려[몯말려 → 몬말려]
　　　　못 맞아[몯맞아 → 몬마자]

　(54)는 표준발음법 제18항에 규정하고 있다. 보기는 닿소리이어바뀜의
환경에서 앞 닿소리가 'ㅅ'이고, 뒤 닿소리가 콧소리인 'ㄴ'이나 'ㅁ'인 경우
에 'ㅅ'의 콧소리되기가 실현된 것이다. 이 경우에는 'ㅅ → ㄷ'과 같이 'ㅅ'
에 받침규칙이 먼저 적용된 후에, 'ㄷ → ㄴ'과 같이 'ㄷ'에 콧소리되기가 적
용된다.
　(54ㄱ)에서 뒤 닿소리가 'ㄴ'인 '노릇노릇'이 '노릇노릇 → 노륻노륻 → 노

른노를'과 같은 음운변화과정에서 1단계는 'ㅅ → ㄷ(-룻- → -룯-)'과 같이 제2소리마디와 제4소리마디 'ㅅ'에 받침규칙이 적용되고, 2단계는 'ㄷ → ㄴ(-룯- → -룬-)'과 같이 제2소리마디 'ㄷ'에 콧소리되기가 적용된다.

(54ㄴ)은 표준발음법 제18항 [붙임]에 규정하고 있다. 이 규정은 두 낱말을 이어서 한 마디로 발음하는 경우에도 콧소리되기가 실현된다는 내용이다. 뒤 닿소리가 'ㄴ'인 '못 낸다'는 띄어서 표기하지만, '못낸다 → 몯낸다 → 몬낸다'와 같은 음운변화과정에서 1단계는 'ㅅ → ㄷ(못- → 몯-)'과 같이 'ㅅ'에 받침규칙이 적용되고, 2단계는 'ㄷ → ㄴ(몯- → 몬-)'과 같이 'ㄷ'에 콧소리되기가 적용된다.

(55)   가겠느냐[가겓느냐 → 가겐느냐] → 겠느[겓느 → 겐느]
       갔나[갇나 → 간나]   갔네[갇네 → 간네]   갔는[갇는 → 간는]
       갔니[갇니 → 간니]   겠네[겓네 → 겐네]   겠노[겓노 → 겐노]
       겠느[겓느 → 겐느]   겠는[겓는 → 겐는]   겠니[겓니 → 겐니]
       겼나[겯나 → 견나]   겼나[겯나 → 껸나]   겼는[겯는 → 견는]
       났나[낟나 → 난나]   났네[낟네 → 난네]   났는[낟는 → 난는]
       냈네[낻네 → 낸네]   냈니[낻니 → 낸니]   됐는[됃는 → 됀는]
       됐니[됃니 → 됀니]   땠나[땓나 → 땐나]   떴나[떧나 → 떤나]
       랐나[랃나 → 란나]   랐네[랃네 → 란네]   랐는[랃는 → 란는]
       랬니[랟니 → 랜니]   렀나[렏나 → 런나]   렸나[렫나 → 련나]
       렸네[렫네 → 련네]   렸는[렫는 → 련는]   봤는[봗는 → 봔는]
       셨나[셛나 → 션나]   썼나[썯나 → 썬나]   썼는[썯는 → 썬는]
       았나[앋나 → 안나]   았네[앋네 → 안네]   았는[앋는 → 안는]
       았니[앋니 → 안니]   었나[얻나 → 언나]   었네[얻네 → 언네]
       었는[얻는 → 언는]   었니[얻니 → 언니]   였나[엳나 → 연나]
       였는[엳는 → 연는]   였니[엳니 → 연니]   왔나[왇나 → 완나]
       왔는[왇는 → 완는]   왔니[왇니 → 완니]   웠네[웓네 → 원네]
       웠는[웓는 → 원는]   있나[읻나 → 인나]   있네[읻네 → 인네]
       있느[읻느 → 인느]   있는[읻는 → 인는]   있니[읻니 → 인니]

잤니[잗니 → 잔니]　　　졌나[젇나 → 전나]　　　졌네[젇네 → 전네]

졌는[젇는 → 전는]　　　컸는[컫는 → 컨는]　　　했나[핻나 → 핸나]

했네[핻네 → 핸네]　　　했는[핻는 → 핸는]　　　했니[핻니 → 핸니]

(55)는 표준발음법 제18항에 규정하고 있다. 보기는 전술한 것처럼, 콧소리되기와 직접 관련이 있는 두 소리마디만 기술한 경우이다. 그러므로 보기에 따라 앞 소리마디나 뒤 소리마디를 생략한 경우도 있다. '겠느'는 '가겠느냐 → 겠느'와 같이 콧소리되기와 직접 관련이 있는 두 소리마디('겠느') 이외의 앞 소리마디 '가-'와 뒤 소리마디 '-냐'를 생략한 경우이다. 보기는 닿소리이어바뀜의 환경에서 앞 닿소리가 'ㅆ'이고, 뒤 닿소리가 콧소리 'ㄴ'인 경우에 'ㅆ'의 콧소리되기가 실현된 경우이다. 이는 음운변화과정에서 먼저 'ㅆ → ㄷ'과 같이 'ㅆ'에 받침규칙이 적용된 후에, 'ㄷ → ㄴ'과 같이 'ㄷ'에 콧소리되기가 적용된다.

(56) ㄱ. 맞나[맏나 → 만나]　　　맞는[맏는 → 만는]　　　맺는[맫는 → 맨는]

　　　 멎는[멑는 → 먼는]　　　빚는[빋는 → 빈는]　　　젖니[젇니 → 전니]

　　　 짖는[짇는 → 진는]　　　찾는[찯는 → 찬는]

ㄴ. 꽃목걸이[꼳목걸이 → 꼰목꺼리]　　　불꽃놀이[불꼳놀이 → 불꼰노리]

　　　 빛나[빋나 → 빈나]　　　　　　　　쫓는[쫃는 → 쫀는]

ㄷ. 꽃 밑[꼳믿 → 꼰믿]　　 꽃 냄새[꼳냄새 → 꼰냄새]　 몇 막[멷막 → 면막]

(56)은 표준발음법 제18항에 규정하고 있다.

(56ㄱ)은 닿소리이어바뀜의 환경에서 앞 닿소리가 'ㅈ'이고, 뒤 닿소리가 콧소리 'ㄴ'인 경우에 'ㅈ'의 콧소리되기가 실현된 것이다. 이 경우에는 먼저 'ㅈ → ㄷ'과 같이 'ㅈ'에 받침규칙이 적용된 후에, 'ㄷ → ㄴ'과 같이 'ㄷ'에 콧소리되기가 적용된다. '맞나'가 '맞나 → 맏나 → 만나'와 같은 음운변화과정에서 1단계는 'ㅈ → ㄷ(맞- → 맏-)'과 같이 'ㅈ'에 받침규칙이 적용되고, 2단계는 'ㄷ → ㄴ(맏- → 만-)'과 같이 'ㄷ'에 콧소리되기가 적용된다.

(56ㄴ)은 닿소리이어바꿈의 환경에서 앞 닿소리가 'ㅊ'이고, 뒤 닿소리가 콧소리 'ㄴ·ㅁ' 등인 경우에 'ㅊ'의 콧소리되기가 실현된 것이다. 이 경우에는 먼저 'ㅊ → ㄷ'과 같이 'ㅊ'에 받침규칙이 적용된 후에, 'ㄷ → ㄴ'과 같이 'ㄷ'에 콧소리되기가 적용된다. 뒤 닿소리가 'ㄴ'인 '불꽃놀이'가 '불꽃놀이 → 불꼳놀이 → 불꼰놀이 → 불꼰노리'와 같은 소리마디 순서에 따른 음운변화과정에서 1단계는 'ㅊ → ㄷ(-꽃- → -꼳-)'과 같이 'ㅊ'에 받침규칙이 적용되고, 2단계는 'ㄷ → ㄴ(-꼳- → -꼰-)'과 같이 'ㄷ'에 콧소리되기가 적용되고, 3단계는 '-놀이 → -노리'와 같이 이음소리규칙이 적용된다.

(56ㄷ)은 표준발음법 제18항 [붙임]에 규정하고 있다. 이 규정은 두 낱말을 이어서 한 마디로 발음하는 경우에 콧소리되기가 실현된다는 내용이다. 보기는 닿소리이어바꿈의 환경에서 앞 닿소리가 'ㅊ'이고, 뒤 닿소리가 콧소리 'ㅁ'인 경우에 'ㅊ'의 콧소리되기가 실현된 경우이다. 이 경우에는 먼저 'ㅊ → ㄷ'과 같이 'ㅊ'에 받침규칙이 적용된 후에, 'ㄷ → ㄴ'과 같이 'ㄷ'에 콧소리되기가 적용된다. '꽃 밑'이 '꽃밑 → 꼳믿 → 꼰믿'과 같은 음운변화과정에서 1단계는 'ㅊ → ㄷ(꽃- → 꼳-)'과 같이 'ㅊ'에 받침규칙과 'ㅌ → ㄷ(-밑 → -믿)'과 같이 'ㅌ'에 받침규칙이 각각 적용되고, 2단계는 'ㄷ → ㄴ(꼳- → 꼰-)'과 같이 'ㄷ'에 콧소리되기가 적용된다.

(57) ㄱ. 같네[간네 → 간네]　　끝나[끝나 → 끈나]　　끝난[끝난 → 끈난]
　　　끝내[끋내 → 끈내]　　끝말[끋말 → 끈말]　　낱말[낟말 → 난말]
　　　맡는[맏는 → 만는]　　흩날리다[흗날리다 → 흔날리다]

ㄴ. 팥 난다[팓난다 → 판난다]

ㄷ. 싫나[십나 → 심나]　　앞니[압니 → 암니]　　앞면[압면 → 암면]
　　짚는[집는 → 짐는]

ㄹ. 넣는[넏는 → 넌는]　　놓는[녿는 → 논는]　　맞닿는[맏닫는 → 만딴는]

(57)은 표준발음법 제18항에 규정하고 있다.

(57ㄱ)은 닿소리이어바뀜의 환경에서 앞 닿소리가 'ㅌ'이고, 뒤 닿소리가 콧소리 'ㄴ·ㅁ' 등인 경우에 'ㅌ'의 콧소리되기가 실현된 경우이다. 이 경우에는 먼저 'ㅌ → ㄷ'과 같이 'ㅌ'에 받침규칙이 적용된 후에, 'ㄷ → ㄴ'과 같이 'ㄷ'에 콧소리되기가 적용된다. 뒤 닿소리가 'ㄴ'인 '같네'가 '같네 → 갇네 → 간네'와 같은 음운변화과정에서 1단계는 'ㅌ → ㄷ(같- → 갇-)'과 같이 'ㅌ'에 받침규칙이 적용되고, 2단계는 'ㄷ → ㄴ(갇- → 간-)'과 같이 'ㄷ'에 콧소리되기가 적용된다.

(57ㄴ)은 표준발음법 제18항 [붙임]에 규정하고 있다. 이 규정은 두 낱말을 이어서 한 마디로 발음하는 경우에 콧소리되기가 실현된다는 내용이다. '팥 난다'가 '팥난다 → 팓난다 → 판난다'와 같은 음운변화과정에서 1단계는 'ㅌ → ㄷ(팥- → 팓-)'과 같이 'ㅌ'에 받침규칙이 적용되고, 2단계는 'ㄷ → ㄴ(팓- → 판-)'과 같이 'ㄷ'에 콧소리되기가 적용된다.

(57ㄷ)는 표준발음법 제18항에 규정하고 있다. 보기는 닿소리이어바뀜의 환경에서 앞 닿소리가 'ㅍ'이고, 뒤 닿소리가 콧소리 'ㄴ·ㅁ' 등인 경우에 'ㅍ'의 콧소리되기가 실현된 것이다. 이 경우에는 먼저 'ㅍ → ㅂ'과 같이 'ㅍ'에 받침규칙이 적용된 후에, 'ㅂ → ㅁ'과 같이 'ㅂ'에 콧소리되기가 적용된다.

(57ㄹ)은 표준발음법 제18항에 규정하고 있다. 보기는 닿소리이어바뀜의 환경에서 앞 닿소리가 'ㅎ'이고, 뒤 닿소리가 콧소리 'ㄴ'인 경우에 'ㅎ'의 콧소리되기가 실현된 경우이다. 이 경우에는 먼저 'ㅎ → ㄷ'과 같이 'ㅎ'에 받침규칙이 적용된 후에, 'ㄷ → ㄴ'과 같이 'ㄷ'에 콧소리되기가 적용된다.

(58) ㄱ. 까닭만[까닥만 → 까당만]　　읽는[익는 → 잉는]　　밝는[박는 → 방는]
　　　흙냄새[흑냄새 → 흥냄새]
　　ㄴ. 흙 나르고[흑나르고 → 흥나르고]
　　ㄷ. 밟는[밥는 → 밤는]
　　ㄹ. 없나[업나 → 엄나]　　　　없네[업네 → 엄네]　　　　없는[업는 → 엄는]

(58ㄱ)은 표준발음법 제18항에 규정하고 있다. 보기는 닿소리이어바뀜의 환경에서 앞 닿소리가 겹받침 'ㄺ'이고, 뒤 닿소리가 'ㄴ·ㅁ' 등인 경우이다. 이 경우에는 음운변화과정에서 먼저 닿소리빠짐이 적용된 후에, 콧소리되기가 적용된다. 뒤 닿소리가 'ㄴ'인 '읽는'이 '읽는 → 익는 → 잉는'과 같은 음운변화과정에서 1단계는 'ㄺ → ㄱ(읽- → 익-)'과 같이 'ㄹ'에 닿소리빠짐이 적용되고, 2단계는 'ㄱ → ㅇ(익- → 잉-)'과 같이 'ㄱ'에 콧소리되기가 적용된다.

(58ㄴ)은 표준발음법 제18항 [붙임]에 규정하고 있다. 이 규정은 두 낱말을 이어서 한 마디로 발음하는 경우에 콧소리되기가 실현된다는 내용이다. '흙 나르고'가 '흙나르고 → 흑나르고 → 흥나르고'와 같은 음운변화과정에서 1단계는 'ㄺ → ㄱ(흙- → 흑-)'과 같이 'ㄹ'에 닿소리빠짐이 적용되고, 2단계는 'ㄱ → ㅇ(흑- → 흥-)'과 같이 'ㄱ'에 콧소리되기가 적용된다.

(58ㄷ)은 앞 닿소리가 'ㄼ'이고, 뒤 닿소리가 'ㄴ'인 경우이다. 이 경우에는 음운변화과정에서 먼저 닿소리빠짐이 적용된 후에, 콧소리되기가 적용된다. '밟는'이 '밟는 → 밥는 → 밤는'과 같은 음운변화과정에서 1단계는 'ㄼ → ㅂ(밟- → 밥-)'과 같이 'ㄹ'에 닿소리빠짐이 적용되고, 2단계는 'ㅂ → ㅁ(밥- → 밤-)'과 같이 'ㅂ'에 콧소리되기가 적용된다.

(58ㄹ)은 앞 닿소리가 'ㅄ'이고, 뒤 닿소리가 'ㄴ'인 경우이다. 이 경우에는 음운변화과정에서 먼저 닿소리빠짐이 적용된 후에, 콧소리되기가 적용된다. '없나'가 '없나 → 업나 → 엄나'와 같은 음운변화과정에서 1단계는 'ㅄ → ㅂ(없- → 업-)'과 같이 'ㅅ'에 닿소리빠짐이 적용되고, 2단계는 'ㅂ → ㅁ(업- → 엄-)'과 같이 'ㅂ'에 콧소리되기가 적용된다.

④ 흐름소리되기(유음화 : 流音化)

흐름소리되기는 표준발음법 제20항에 규정하고 있다. 이 규정은 'ㄴ'

이 'ㄹ'의 앞이나 뒤에서 [ㄹ]로 발음한다는 내용이다. 즉 이 경우는 'ㄴ'이 'ㄹ'의 앞에 온 경우와 'ㄴ'이 'ㄹ'의 뒤에 온 경우처럼 두 가지로 구분할수 있다. 이 중 전자는 닿소리이어바뀜의 환경에서 앞 닿소리가 'ㄴ'이고, 뒤 닿소리가 'ㄹ'인 경우에 '곤란[골란]'(59ㄱ)과 같이 'ㄴ'('곤–'의 끝소리)이 'ㄹ'('–란'의 첫소리)을 닮아 [ㄹ]로 실현되는 치닮음 현상이다. 후자는 닿소리이어바뀜의 환경에서 앞 닿소리가 'ㄹ'이고, 뒤 닿소리가 'ㄴ'인 경우에 '말놀이[말로리]'(59ㄴ)와 같이 'ㄴ'('–놀–'의 첫소리)이 'ㄹ'('말–'의 끝소리)을 닮아 [ㄹ]로 실현되는 내리닮음 현상이다. 그러므로 흐름소리되기는 닿소리이어바뀜의 환경에서 'ㄹ'이 앞 닿소리든 뒤 닿소리이든, 흐름소리('ㄹ')의 위치에 따라 치닮음과 내리닮음처럼 두 가지가 모두 실현된다.

(59) ㄱ. 곤란[골란] 관련[괄련] 관리[괄리] 구만리[구말리]
   난리[날리]   분류[불류] 산신령[산실령] 원래[월래]
   편리[펼리]
  ㄴ. 말놀이[말로리] 물놀이[물로리] 별나라[별라라] 실내[실래]
   역할놀이[여칼로리]   열네 번[열레번]
   줄넘기[줄럼끼]   풍물놀이[풍물로리]
  ㄷ. 끓는[끌는→끌른]

(59)는 표준발음법 제20항에 규정하고 있다. (59ㄱ)은 제20항 (1)에 해당되고, (59ㄴ)은 제20항 (2)에 해당되고, (59ㄷ)은 제20항 (2) [붙임]에 해당된다.

(59ㄱ)은 닿소리이어바뀜의 환경에서 앞 닿소리 'ㄴ'('관–, 원–, 편–' 등의 'ㄴ')이 뒤 닿소리 'ㄹ'('–련, –래, –리' 등의 'ㄹ')을 닮아, 'ㄴ → ㄹ'과 같이 'ㄴ'의 흐름소리되기가 실현된 경우이다. 이는 앞 닿소리 'ㄴ'이 뒤 닿소리 'ㄹ'을 닮아 [ㄹ]로 변화되었기 때문에 치닮음이다. '관리'는 '관리 → 괄리'와 같은 음운변화과정에서 'ㄴ → ㄹ(관– → 괄–)'과 같이 'ㄴ'에 흐름소

리되기가 적용된다.

(59ㄴ)은 닿소리이어바뀜의 환경에서 뒤 닿소리 'ㄴ'('-놀-, -넘-' 등의 'ㄴ')이 앞 닿소리 'ㄹ'('말-, 줄-' 등의 'ㄹ')을 닮아, 'ㄴ → ㄹ'과 같이 'ㄴ'의 흐름소리되기가 실현된 경우이다. 이는 뒤 닿소리 'ㄴ'이 앞 닿소리 'ㄹ'을 닮아 [ㄹ]로 변화되었기 때문에 내리닮음이다. '역할놀이'가 '역할놀이 → 여칼놀이 → 여카롤이 → 여칼로리'와 같은 소리마디 순서에 따른 음운변화과정에서 1단계는 'ㄱ + ㅎ → ㅋ(역할- → 여칼-)'과 같이 'ㄱ'과 'ㅎ'의 합한 소리로 인한 'ㄱ'에 거센소리되기가 적용되고, 2단계는 'ㄴ → ㄹ(-놀- → -롤-)'과 같이 'ㄴ'에 흐름소리되기가 적용되고, 3단계는 '-롤이 → -로리'와 같이 이음소리규칙이 적용된다.

(59ㄷ)은 표준발음법 제20항 (2) [붙임]에 규정하고 있다. 이 규정은 첫소리 'ㄴ'이 'ㅀ' 뒤에 연결되는 경우에 '닳는[달른]과 같이 [ㄹ]로 발음한다는 내용이다. '끓는'이 '끓는 → 끌는 → 끌른'과 같은 음운변화과정에서 1단계는 'ㅀ → ㄹ(끓- → 끌-)'과 같이 겹받침 중 'ㅎ'에 닿소리빠짐이 적용되고, 2단계는 'ㄴ → ㄹ(-는 → -른)'과 같이 'ㄴ'에 흐름소리되기가 적용된다. 이 경우에 뒤 닿소리가 앞 닿소리를 닮아, 흐름소리되기가 되었기 때문에 내리닮음이다.

⑤ 입술소리되기(순음화 : 脣音化)

입술소리되기는 표준발음법 제21항에 규정하고 있다. 이는 '젖먹이[점머기]', '문법[뭄뻡]', '꽃밭[꼽빧]' 등과 같은 닿소리닮음은 인정하지 않는다는 내용이다. 즉 이와 같은 발음은 비표준발음이라는 의미이다. '젖먹이[전머기](×[점머기])'의 경우에 표준발음인 [전머기]보다는 비표준발음(발음 앞에 '×' 표시함)인 [점머기]가 발음하기에 힘이 덜 들고 편하기 때문에, 언중들은 표준발음보다 비표준발음을 하게 된다. 그러므로 표준발음과 비표준발음을 정확히 구별하는 것이 교육현장에서도 매우 중요하다.

입술소리되기는 닿소리이어바뀜의 환경에서 앞 닿소리가 뒤 닿소리인 입술소리를 닮아, 입술소리로 실현된 수의적(임의적)인 음운현상이다. 이는 치닮음이다. 입술소리되기는 닿소리이어바뀜의 환경에서 뒤 닿소리가 'ㅁ'인 경우, 뒤 닿소리가 'ㅂ'인 경우, 뒤 닿소리가 'ㅍ'인 경우처럼 세 가지로 실현된다. 이 중 뒤 닿소리가 'ㅁ'인 '건물'(60ㄱ)의 경우에 표준발음은 [건물]인데, 비표준발음인 [검물]은 앞 닿소리인 'ㄴ'('건-'의 끝소리)이 입술소리인 뒤 닿소리 'ㅁ'('-물'의 첫소리)을 닮아 'ㄴ'이 [ㅁ]으로 실현된 경우이다.

이 항에서 입술소리되기의 보기는 두 가지로 구분하여 기술한다. 하나는 (60ㄱ)의 '건물(×[검물])'과 같이 표기인 '건물'과 표준발음인 [건물]이 같은 경우에는 표준발음의 기술을 생략하고, 비표준발음인 [검물]만 기술하는 것이다. 다른 하나는 (60ㄴ)의 '연못[연몯](×[염몯])'과 같이 표기인 '연못'과 표준발음인 [연몯]이 다른 경우('-못'의 'ㅅ'과 [-몯]의 'ㄷ')에는 표준발음 [연몯]과 비표준발음 [염몯]을 모두 기술하되, 비표준발음 앞에는 '×'를 사용한다. 각각의 보기에서 같은 음운변화과정과 음운규칙이 적용되는 경우에는 하나만 설명하고, 나머지 보기는 설명을 생략한다.

(60) ㄱ. 건물(×[검물])　　　눈물(×[눔물])　　　단물(×[담물])
　　　분명(×[붐명])　　　뿐만(×[뿜만])　　　선물(×[섬물])
　　　손목(×[솜목])　　　신문(×[심문])　　　신문고(×[심문고])
　　　신문지(×[심문지])　　온몸(×[옴몸])　　　인물(×[임물])
　　　천막(×[첨막])
　　ㄴ. 연못[연몯](×[염몯])
　　ㄷ. 거짓말[거진말](×[거짐말])　　것만[건만](×[검만])
　　　것만큼[건만큼](×[검만큼])　　고갯말[고갠말](×[고갬말])
　　　그릇만[그른만](×[그름만])　　꽃목걸이[꼰목꺼리](×[꼼목꺼리])

끝말[끈말](×[끔말])	낱말[난말](×[남말])
냇물[낸물](×[냄물])	노랫말[노랜말](×[노램말])
뒷머리[뒨머리](×[뒴머리])	뒷면[뒨면](×[뒴면])
뒷문[뒨문](×[뒴문])	맛만[만만](×[맘만])
바닷말[바단말](×[바담말])	바닷물[바단물](×[바담물])
빗물[빈물](×[빔물])	시냇물[시낸물](×[시냄물])
옷만[온만](×[옴만])	진딧물[진딘물](×[진딤물])
콧물[콘물](×[콤물])	팻말[팬말](×[팸말])
혼잣말[혼잔말](×[혼잠말])	

(60-61)처럼 앞 닿소리가 'ㄴ·ㅅ·ㅊ·ㅌ' 등이고, 뒤 닿소리가 'ㅁ'인 경우는 표준발음법 제21항의 보기에 없지만, 이는 발음현상으로 보아 제21항의 규정에 해당하는 것으로 추정한다. 이 규정은 위와 같은 경우에 닿소리닮음을 인정하지 않는다는 내용인데, 이는 비표준발음이라는 의미이다. (60ㄱ)은 표기와 표준발음이 같기 때문에 비표준발음만 기술하고, (60ㄴ, ㄷ)은 표기와 표준발음이 다르기 때문에 표준발음과 비표준발음을 모두 기술한 경우이다. 닿소리이어바뀜의 환경에서 앞 닿소리가 'ㅅ·ㅊ·ㅌ' 등인 경우에, 하나의 음운변화과정에서 표준발음과 비표준발음을 모두 나타내기 위해서는 먼저 받침규칙을 적용한 후에 된소리되기나 콧소리되기를 적용하고, 마지막 단계에 입술소리되기를 적용한다. 즉 음운변화과정에서 입술소리되기를 마지막 단계에 적용한다.

(60ㄱ)은 닿소리이어바뀜의 환경에서 앞 닿소리 'ㄴ'('건-, 눈-, 분-' 등의 끝소리)이 뒤 닿소리 'ㅁ'('-물, -명,' 등의 첫소리)을 닮아, 'ㄴ → ㅁ'과 같이 'ㄴ'이 [ㅁ]으로 실현된 경우이다. '건물'은 '건물 → 검물'과 같은 음운변화과정에서 'ㄴ → ㅁ(건- → 검-)'과 같이 'ㄴ'에 입술소리되기가 적용된다. 그러므로 표기 '건물'은 표준발음인 [건물]과 같지만, 입술소리되기가 적용된 비표준발음 [검물]은 표기와 다르다.

(60ㄴ)의 '연못'이 '연못 → 연몯 → 염몯'과 같은 음운변화과정에서 1단계는 'ㅅ → ㄷ(-못 → -몯)'과 같이 'ㅅ'에 받침규칙이 적용되고, 2단계는 'ㄴ → ㅁ(연- → 염-)'과 같이 'ㄴ'에 입술소리되기가 적용된다. 1단계에서 실현된 [연몯]은 표준발음이고, 2단계에서 실현된 [염몯]은 비표준발음이다.

(60ㄷ)은 닿소리이어바뀜의 환경에서 앞 닿소리가 'ㅅ·ㅊ·ㅌ'('-짓-, 꽃-, 낱-' 등의 끝소리) 등이고, 뒤 닿소리가 'ㅁ'('-말, -목-' 등의 첫소리)인 경우이다. 앞 닿소리가 'ㅅ'인 '거짓말'이 '거짓말 → 거짇말 → 거진말 → 거짐말'과 같은 음운변화과정에서 1단계는 'ㅅ → ㄷ(-짓- → -짇-)'과 같이 'ㅅ'에 받침규칙이 적용되고, 2단계는 'ㄷ → ㄴ(-짇- → -진-)'과 같이 'ㄷ'에 콧소리되기가 적용되고, 3단계는 'ㄴ → ㅁ(-진- → -짐-)'과 같이 'ㄴ'에 입술소리되기가 적용된다. 2단계에서 실현된 [거진말]은 표준발음이고, 3단계에서 실현된 [거짐말]은 비표준발음이다. 앞 닿소리가 'ㅊ'인 '꽃목걸이'가 '꽃목걸이 → 꼳목걸이 → 꼰목걸이 → 꼰목껄이 → 꼰목꺼리 → 꼼목꺼리'와 같은 음운변화과정에서 1단계는 'ㅊ → ㄷ(꽃- → 꼳-)'과 같이 'ㅊ'에 받침규칙이 적용되고, 2단계는 'ㄷ → ㄴ(꼳- → 꼰-)'과 같이 'ㄷ'에 콧소리되기가 적용되고, 3단계는 'ㄱ → ㄲ(-걸- → -껄-)'과 같이 'ㄱ'에 된소리되기가 적용되고, 4단계는 '-껄이 → -꺼리'와 같이 이음소리규칙이 적용되고, 5단계는 'ㄴ → ㅁ(꼰- → 꼼-)'과 같이 'ㄴ'에 입술소리되기가 적용된다. 4단계에서 실현된 [꼰목꺼리]는 표준발음이고, 5단계에서 실현된 [꼼목꺼리]는 비표준발음이다. 앞 닿소리가 'ㅌ'인 '낱말'이 '낱말 → 낟말 → 난말 → 남말'과 같은 음운변화과정에서 1단계는 'ㅌ → ㄷ(낱- → 낟-)'과 같이 'ㅌ'에 받침규칙이 적용되고, 2단계는 'ㄷ → ㄴ(낟- → 난-)'과 같이 'ㄷ'에 콧소리되기가 적용되고, 3단계는 'ㄴ → ㅁ(난- → 남-)'과 같이 'ㄴ'에 입술소리되기가 적용된다. 2단계에서 실현된 [난말]은 표준발음이고, 3단계에서 실현된 [남말]은 비표준발음이다.

(61)　　꽃 밑[꼰믿](×[꼼믿])　　　몇 막[면막](×[멈막])
　　　　못 말려[몬말려](×[몸말려]) 못 맞아[몬마자](×[몸마자])
　　　　숯 몇 개[순멷깨](×[숨멷깨])

　　(61)은 표준발음법 제18항 [붙임]에 규정하고 있다. 이는 '옷 맞추다[온맏추다]와 같이 두 낱말을 이어서 한 마디로 발음하는 경우에도 콧소리되기로 규정하는 내용이다. '꽃 밑'이 '꽃밑 → 꼳믿 → 꼰믿 → 꼼믿'과 같은 음운변화과정에서 1단계는 'ㅊ → ㄷ(꽃- → 꼳-)'과 같이 'ㅊ'에 받침규칙이 적용되고, 2단계는 'ㄷ → ㄴ(꼳- → 꼰-)'과 같이 'ㄷ'에 콧소리되기가 적용되고, 3단계는 'ㄴ → ㅁ(꼰- → 꼼-)'과 같이 'ㄴ'에 입술소리되기가 적용된다. 이 과정에서 콧소리되기가 적용된 [꼰믿]은 표준발음이고, 입술소리되기가 적용된 [꼼믿]은 비표준발음이다.

(62)ㄱ. 건배(×[검배])　　　눈보라(×[눔보라])　　눈부터(×[눔부터])
　　　　맨발(×[맴발])　　　문방구(×[뭄방구])　　문병(×[뭄병])
　　　　반복(×[밤복])　　　산비탈(×[삼비탈])　　손뼉(×[솜뼉])
　　　　신발(×[심발])　　　연분홍(×[염분홍])　　일번부터(×[일범부터])
　　　　준비(×[줌비])　　　준비물(×[줌비물])　　큰북(×[큼북])
　　　　한바탕(×[함바탕])　한번(×[함번])　　　한복(×[함복])
　　　　한복판(×[함복판])
　　ㄴ. 논밥[논빱](×[놈빱])　　눈빛[눈삗](×[눔삗])
　　　　손바닥[손빠닥](×[솜빠닥])　신바람[신빠람](×[심빠람])
　　　　은빛[은삗](×[음삗])　　　전봇대[전볻때](×[점볻때])

　　(62)는 표준발음법 제21항에 규정하고 있다. 이 규정은 보기와 같은 닿소리닮음은 인정하지 않는다는 내용이다. 이는 비표준발음이라는 의미이다. (62ㄱ)은 표기와 표준발음이 같기 때문에 비표준발음만 기술하고, (62ㄴ)은 표기와 표준발음이 다르기 때문에 표준발음과 비표준발음을 모두 기

술한 경우이다.

(62ㄱ)은 닿소리이어바뀜의 환경에서 앞 닿소리 'ㄴ'('건-, 반-, 손-' 등의 끝소리)이 뒤 닿소리 'ㅂ·ㅃ'('-배, -복, -뺙' 등의 첫소리) 등을 닮아, 'ㄴ → ㅁ'과 같이 'ㄴ'이 [ㅁ]으로 실현된 경우이다. 뒤 닿소리가 'ㅂ'인 '건배'는 '건배 → 검배'와 같은 음운변화과정에서 'ㄴ'에 입술소리되기가 적용된다. 그러므로 표기 '건배'와 표준발음인 [건배]는 같고, 입술소리되기가 실현된 비표준발음 [검배]는 표기와 다르다.

(62ㄴ)은 입술소리되기가 실현되는 닿소리이어바뀜의 환경은 (62ㄱ)과 같지만, 표기와 표준발음이 다른 경우이다. 이 경우에 하나의 음운변화과정에서 표준발음과 비표준발음을 모두 나타내기 위해서는 받침규칙이나 된소리되기를 적용한 후에, 마지막 단계에 입술소리되기를 적용한다. '논밥'이 '논밥 → 논빱 → 놈빱'과 같은 음운변화과정에서 1단계는 'ㅂ → ㅃ(-밥 → -빱)'과 같이 'ㅂ'에 된소리되기가 적용되고, 2단계는 'ㄴ → ㅁ(논- → 놈-)'과 같이 'ㄴ'에 입술소리되기가 적용된다. 이 경우에 1단계에서 실현된 [논빱]은 표준발음이고, 2단계에서 실현된 [놈빱]은 비표준발음이다.

(63) ㄱ. 갯벌[갣뻘](×[갭뻘])　　　　것보다[걷뽀다](×[겁뽀다])
　　　깃발[긷빨](×[깁빨])　　　　꽃반지[꼳빤지](×[꼽빤지])
　　　꽃방게[꼳빵게](×[꼽빵게])　　꽃병[꼳뼝](×[꼽뼝])
　　　꽃밭[꼳빧](×[꼽빧])　　　　덧붙이기[덛뿌치기](×[덥뿌치기])
　　　뒷받침[뒫빤침](×[뒵빤침])　　뒷벽[뒫뼉](×[뒵뼉])
　　　뒷부분[뒫뿌분](×[뒵뿌분])　　뜻밖에[뜯빠께](×[뜹빠께])
　　　맛보다[맏뽀다](×[맙뽀다])　　못밥[몯빱](×[몹빱])
　　　밑받침[믿빤침](×[밉빤침])　　바닷바람[바닫빠람](×[바답빠람])
　　　빗방울[빋빵울](×[빕빵울])　　아랫부분[아랟뿌분](×[아랩뿌분])
　　　어젯밤[어젣빰](×[어젭빰])　　연둣빛[연둗삗](×[연둡삗])

윗부분[윋뿌분](×[윕뿌분])   촛불[촏뿔](×[춉뿔])

햇빛[핻삗](×[햅삗])   햇볕이[핻뼈치](×[햅뼈치])

햇불[핻뿔](×[햅뿔])

ㄴ. 분필(×[붐필])   연필(×[염필])   연필심(×[염필심])

한눈팔다(×[한눔팔다])

(63ㄱ)은 표준발음법 제21항에 규정하고 있다. 이 규정은 보기와 같은 닿소리닮음은 인정하지 않는다는 내용이다. 이는 비표준발음이라는 의미이다. 보기는 표기와 표준발음이 다르기 때문에 표준발음과 비표준발음을 모두 기술한 경우이다. 이는 닿소리이어바뀜의 환경에서 앞 닿소리가 'ㅅ·ㅊ'('갯-, 꽃-' 등의 끝소리) 등이고, 뒤 닿소리가 'ㅂ'('-벌, -반-' 등의 첫소리)인 경우에 앞 닿소리가 'ㅂ'으로 실현된 것이다. 이 경우에 하나의 음운변화과정에서 표준발음과 비표준발음을 모두 나타내기 위해서는 받침규칙과 된소리되기를 적용한 후에, 마지막 단계에 입술소리되기를 적용한다. 앞 닿소리가 'ㅅ'인 '갯벌'이 '갯벌→갣벌→갣뻘→갭뻘'과 같은 음운변화과정에서 1단계는 'ㅅ→ㄷ(갯-→갣-)'과 같이 'ㅅ'에 받침규칙이 적용되고, 2단계는 'ㅂ→ㅃ(-벌→-뻘)'과 같이 'ㅂ'에 된소리되기가 적용되고, 3단계는 'ㄷ→ㅂ(갣-→갭-)'과 같이 'ㄷ'에 입술소리되기가 적용된다. 이 경우에 2단계에서 실현된 [갣뻘]은 표준발음이고, 3단계에서 실현된 [갭뻘]은 비표준발음이다.

(63ㄴ)은 표기와 표준발음이 같기 때문에 비표준발음만 기술한 경우이다. 이는 닿소리이어바뀜의 환경에서 앞 닿소리가 'ㄴ'('분-, 연-' 등의 끝소리)이고, 뒤 닿소리가 'ㅍ'('-필'의 첫소리)인 경우에 'ㄴ'이 [ㅁ]으로 실현된 경우이다. '분필'은 '분필→붐필'과 같은 음운변화과정에서 'ㄴ→ㅁ(분-→붐-)'과 같이 'ㄴ'에 입술소리되기가 적용된다. 그러므로 표기인 '분필'과 표준발음인 [분필]은 같지만, 입술소리되기가 실현된 비표준발음 [붐필]은 표기와 다르다.

⑥ 센입천장소리되기(경구개음화 : 硬口蓋音化)

센입천장소리되기는 한글맞춤법 제6항과 표준발음법 제17항에 규정되어 있다. 이는 받침 'ㄷ, ㅌ(ㄾ)' 등이 뒤 홀소리 'ㅣ'와 결합되는 경우에 치닮음에 의해 실현되는 표준발음을 의미한다. 그러나 센입천장소리되기에는 표준발음뿐만 아니라, 비표준발음도 매우 활발하게 실현되고 있는 것도 사실이다. 그러므로 센입천장소리되기에 따른 표준발음과 비표준발음을 정확히 구분하는 것이 중요하다.

센입천장소리되기는 '곧이듣다[고지듣따]', '밭이[바치]', '굳히다[구치다]', '벼훑이[벼훌치]' 등과 같이 받침 'ㄷ, ㅌ, ㄾ'이 토씨나 뒷가지의 홀소리 'ㅣ'와 결합되는 경우에 [ㅈ, ㅊ]으로 바꾸어서 뒤 소리마디 첫소리로 옮겨 발음하는 치닮음이다. 이는 표준발음인 경우이다. '기름[지름]', '길[질]', '끼다[찌다]', '키[치]' 등과 같이 첫소리 'ㄱ, ㄲ, ㅋ' 등의 센입천장소리되기도 실현되고 있다. 이는 비표준발음인 경우이다. 보기와 같이 소리마디 구조상 표준발음의 경우에는 두 소리마디 사이에서 앞 소리마디의 끝소리와 뒤 소리마디의 가운뎃소리(홀소리 'ㅣ'나 반홀소리 'ㅣ')가 결합되어 센입천장소리되기가 실현되는데, 비표준발음은 한 소리마디의 첫소리와 가운뎃소리가 결합된 경우에 센입천장소리되기가 실현된다. 이 항에서 센입천장소리되기의 보기는 두 가지로 구분하여 기술한다. 하나는 (64ㄱ)의 '해돋이[해도지]'와 같이 표준발음인 경우이고, 다른 하나는 (65ㄱ)의 '기다란[지다란]'과 같이 비표준발음인 경우이다. 각각의 보기에서 같은 음운변화과정과 음운규칙이 적용되는 경우에는 하나만 설명하고, 나머지 보기는 설명을 생략한다.

(64) ㄱ. 해돋이[해도지]
　　 ㄴ. 갇히면[같이면 → 가치면]　　 닫히다[다치다]　　 묻히다[무치다]

ㄷ. 닫혀[닽여 → 다텨 → 다처]   묻혀[무처]

ㄹ. 같이[가치]   꽃밭이[꼳빠치]   끝이[ㄲ치]
   덧붙이기[덛뿌치기]   똑같이[똑까치]   밭이[바치]
   볕이[벼치]   붙이나[부치나]   붙이다[부치다]
   붙이면[부치면]   붙인[부친]   붙일[부칠]
   붙임[부침]   붙입니다[부침니다]   햇볕이[핻뼈치]

ㅁ. 붙여[부쳐 → 부처]

(64)는 표준발음법 제17항에 규정하고 있다. 보기는 앞 소리마디의 받침 'ㄷ, ㅌ'이 뒤 홀소리(반홀소리 'ㅣ'나 홀소리 'ㅣ')와 결합되어, [ㅈ, ㅊ]과 같이 센입천장소리되기가 실현된 경우이다. 이는 표준발음이다.

(64ㄱ)은 둘째 소리마디의 받침 'ㄷ'('-돋-'의 끝소리)이 뒤 홀소리 'ㅣ'('-이')와 결합되어, 'ㄷ'의 센입천장소리되기가 실현된 경우이다. '해돋이'는 '해돋이 → 해도지'와 같은 음운변화과정에서 'ㄷ → ㅈ'과 같이 'ㄷ'에 센입천장소리되기가 적용된다. 이 경우에 표기는 '해돋이'이고, 표준발음은 [해도지]이다.

(64ㄴ)은 표준발음법 제17항 [붙임]에 규정하고 있다. 이 규정은 'ㄷ' 뒤에 뒷가지 '히'가 결합되어 '티'를 이루는 것은 [치]로 발음한다는 내용이다. 보기는 앞 소리마디의 받침 'ㄷ'('갇-'의 끝소리)이 뒤 소리마디의 '-히'와 결합되어, 'ㅌ'의 센입천장소리되기가 실현된 경우이다. '갇히면'이 '갇히면 → 같이면 → 가치면'과 같은 음운변화과정에서 1단계는 'ㄷ + ㅎ → ㅌ(갇힌- → 같인-)'과 같이 'ㄷ'에 거센소리되기가 적용되고, 2단계는 'ㅌ → ㅊ(같이- → 가치-)'과 같이 'ㅌ'에 센입천장소리되기가 적용된다.

(64ㄷ)은 앞 소리마디의 받침 'ㄷ'('닫-, 묻-' 등의 끝소리)이 뒤 소리마디의 '-혀'와 결합되어, 'ㅌ'의 센입천장소리되기가 실현된 경우이다. '닫혀'가 '닫혀 → 닽여 → 다텨 → 가처'와 같은 음운변화과정에서 1단계는 'ㄷ + ㅎ → ㅌ(닫혀- → 닽여-)'과 같이 'ㄷ'에 거센소리되기가 적용되고, 2단계

는 'ㅌ → ㅊ(닫여- → 다쳐)'과 같이 'ㅌ'에 센입천장소리되기가 적용되고, 3단계는 'ㅕ → ㅓ(-쳐 → -처)'와 같이 'ㅕ'에 홑홀소리되기가 적용된다.

(64ㄹ)은 앞 소리마디의 받침 'ㅌ'('같-, 끝-' 등의 끝소리)이 뒤 홀소리 'ㅣ'('-이, -인' 등)와 결합되어, 'ㅌ'의 센입천장소리되기가 실현된 경우이다. '같이'는 '같이 → 가치'와 같은 음운변화과정에서 'ㅌ → ㅊ'과 같이 'ㅌ'에 센입천장소리되기가 적용된다.

(64ㅁ)은 앞 소리마디의 받침 'ㅌ'('붙-'의 끝소리)이 뒤 홀소리 '-여'('ㅕ = ㅣ + ㅓ'에서 반홀소리 'ㅣ'인 경우)와 결합되어, 'ㅌ'의 센입천장소리되기가 실현된 경우이다. '붙여'가 '붙여 → 부쳐 → 부처'와 같은 음운변화과정에서 1단계는 'ㅌ → ㅊ'과 같이 'ㅌ'에 센입천장소리되기가 적용되고, 2단계는 'ㅕ → ㅓ(-쳐 → -처)'와 같이 'ㅕ'에 홑홀소리되기가 적용된다.

(65) ㄱ. 기다란[기다란](×[지다란])   기다리다[기다리다](×[지다리다])
    기다릴[기다릴](×[지다릴])   기둥[기둥](×[지둥])
    기름[기름](×[지름])   기우뚱[기우뚱](×[지우뚱])
    기울여[기우려](×[지우려])   기웃거려[기욷꺼려](×[지욷꺼려])
    긴[긴](×[진])   긴가요[긴가요](×[진가요])
    길[길](×[질])   길고[길고](×[질고])
    길다[길다](×[질다])   길어[기러](×[지러])
    길에서[기레서](×[지레서])   길을[기를](×[지를])
    길쭉길쭉[길쭉낄쭉](×[질쭉찔쭉]) 김[김](×[짐])
    김이[기미](×[지미])
  ㄴ. 참기름[참기름](×[참지름])
  ㄷ. 견디다[견디다](×[젼디다 → 전디다])   곁으로[겨트로](×[져트로 → 저트로])
    겨드랑이[겨드랑이](×[져드랑이 → 저드랑이])

(65)는 한 소리마디의 첫소리와 가운뎃소리인 홀소리 'ㅣ'나 반홀소리

‘ㅣ’가 결합되어, 센입천장소리되기가 실현된 경우이다. 이는 비표준발음이다. 보기는 ‘ㄱ → ㅈ’과 같이 센입천장소리되기 실현으로 인해 낱소리가 바뀐 경우이다.

(65ㄱ)은 첫소리마디의 첫소리 ‘ㄱ’(‘기-, 긴-’ 등의 첫소리)이 가운뎃소리인 홀소리 ‘ㅣ’(‘기’의 ‘ㅣ’)와 결합되어, ‘ㄱ’의 센입천장소리되기가 실현된 것이다. ‘기다란’은 ‘기다란 → 지다란’과 같은 음운변화과정에서 ‘ㄱ → ㅈ’과 같이 ‘ㄱ’에 센입천장소리되기가 적용된다.

(65ㄴ)은 둘째 소리마디의 첫소리 ‘ㄱ’(‘-기-’의 첫소리)이 가운뎃소리인 홀소리 ‘ㅣ’(‘-기-’의 ‘ㅣ’)와 결합되어, ‘ㄱ’의 센입천장소리되기가 실현된 경우이다. ‘참기름’이 ‘참기름 → 참지름’과 같은 음운변화과정에서 ‘ㄱ → ㅈ’(-기- → -지-)과 같이 ‘ㄱ’에 센입천장소리되기가 적용된다.

(65ㄷ)은 첫소리마디의 첫소리인 ‘ㄱ’(‘견-’의 첫소리)이 가운뎃소리인 홀소리 ‘ㅕ’(‘겨-’의 ‘ㅕ’ : ‘ㅕ = ㅣ + ㅓ’에서 반홀소리 ‘ㅣ’인 경우)와 결합되어, ‘ㄱ’의 센입천장소리되기가 실현된 경우이다. ‘견디다’가 ‘견디다 → 전디다 → 전디다’와 같은 음운변화과정에서 1단계는 ‘ㄱ → ㅈ’과 같이 ‘ㄱ’에 센입천장소리되기가 적용되고, 2단계는 ‘ㅕ → ㅓ(젼- → 전-)’와 같이 ‘ㅕ’에 홑홀소리되기가 적용된다.

⑦ 여린입천장소리되기(연구개음화 : 軟口蓋音化)

여린입천장소리되기는 표준발음법 제21항에 규정하고 있다. 이 규정은 ‘감기[강기]’, ‘옷감[옥깜]’, ‘있고[익꼬]’, ‘꽃길[꼭낄]’ 등과 같은 닿소리닮음을 인정하지 않는다는 내용이다. 즉 이와 같은 발음은 비표준발음이라는 의미이다. ‘감기[감기](×[강기])’의 경우에 표준발음인 [감기]보다는 비표준발음(발음 앞에 ‘×’ 표시함)인 [강기]가 발음하기에 힘이 덜 들고 편하기 때문에, 언중들은 표준발음보다 비표준발음을 하게 된다. 그러므로 표준발음과 비표준발음을 정확히 구별하는 것이 교육현장에서도 매우 중요하다.

여린입천장소리되기는 닿소리이어바뀜의 환경에서 앞 닿소리가 뒤 닿소리인 여린입천장소리 'ㄱ'을 닮아, 여린입천장소리('ㅇ', 'ㄱ' 등)로 실현된 수의적(임의적)인 변화현상이다. 이는 치닮음이다. '감기'의 경우에 표준발음이 [감기]인데, 비표준발음인 [강기]는 앞 닿소리인 'ㅁ'('감-'의 끝소리)이 여린입천장소리인 뒤 닿소리 'ㄱ'('-기'의 첫소리)을 닮아 'ㅁ'이 [ㅇ]으로 실현된 경우이다.

이 항에서 여린입천장소리되기의 보기는 두 가지로 구분하여 기술한다. 하나는 (66ㄱ)의 '간결(×[강결])'과 같이 표기인 '간결'과 표준발음인 [간결]이 같은 경우에는 표준발음의 기술을 생략하고, 비표준발음인 [강결]만 기술하는 것이다.(비표준발음은 모두 [ ] 앞에 '×'를 표시함.) 다른 하나는 (66ㄴ)의 '눈곱[눈꼽](×[눙꼽])'과 같이 표기인 '눈곱'과 표준발음인 [눈꼽]이 다른 경우('-곱'의 'ㄱ'과 [-꼽]의 'ㄲ')에는 표준발음 [눈꼽]과 비표준발음 [눙꼽]을 모두 기술한다. 그런데 후자와 같이 표기와 표준발음이 다른 경우에, 표준발음과 비표준발음을 하나의 음운변화과정에서 모두 나타내기 위해서는 음운규칙 적용의 순서에서 여린입천장소리되기를 마지막 단계에 적용한다. 각각의 보기에서 같은 음운변화과정과 음운규칙이 적용되는 경우에는 하나만 설명하고, 나머지 보기는 설명을 생략한다.

(66)ㄱ. 간결(×[강결])   건강(×[겅강])
    난간(×[낭간])   는개(×[능개])   만큼(×[망큼])
    문구점(×[뭉구점])   반가워(×[방가워])   번갈아(×[벙가라])
    반겨(×[방겨])   번개(×[벙개])   빈칸(×[빙칸])
    신기(×[싱기])   안간힘(×[앙간힘])   안개(×[앙개])
    안겨(×[앙겨])   연결(×[영결])   연구(×[영구])
    연기(×[영기])   자전거(×[자정거])   전기(×[정기])
    존경(×[종경])   친구(×[칭구])   큰걸(×[킁걸])

한가득(×[항가득])　　한가위(×[항가위])　　한글(×[항글])

한꺼번(×[항꺼번])　　환경(×[황경])

관계[관계/−게](×[광계/−게])

　ㄴ. 눈곱[눈꼽](×[능꼽])　　　　　　눈길[눈낄](×[눙낄])

눈꽃[눈꼳](×[능꼳])　　　　　　손길[손낄](×[송낄])

산골[산꼴](×[상꼴])　　　　　　안고[안꼬](×[앙꼬])

온갖[온갇](×[옹갇])　　　　　　윤기[윤끼](×[융끼])

인기[인끼](×[잉끼])　　　　　　반갑게[반갑께](×[방갑께])

산국화[산구콰](×[상구콰])　　　손가락[손까락](×[송까락])

(66−67)처럼 앞 닿소리가 'ㄴ·ㄷ' 등이고, 뒤 닿소리가 'ㄱ·ㅋ·ㄲ' 등인 경우는 표준발음법 제21항의 보기에 없지만, 이는 음운변화 현상으로 보아 제21항의 규정에 해당하는 것으로 추정한다. 이 규정은 위와 같은 경우에 닿소리닮음을 인정하지 않는다는 내용인데, 이는 비표준발음이라는 의미이다. (66ㄱ)은 표기와 표준발음이 같기 때문에 비표준발음만 기술하고, (66ㄴ)은 표기와 표준발음이 다르기 때문에 표준발음과 비표준발음을 모두 기술한 경우이다.

(66ㄱ)은 닿소리이어바뀜의 환경에서 앞 닿소리 'ㄴ'('간−, 한−, 빈−' 등의 끝소리)이 여린입천장소리인 뒤 닿소리 'ㄱ·ㄲ·ㅋ'('−결, −꺼−, −칸' 등의 첫소리) 등을 닮아, 'ㄴ → ㅇ'과 같이 'ㄴ'이 [ㅇ]으로 여린입천장소리되기가 실현된 경우이다. 뒤 닿소리가 'ㄱ'인 '건강'은 '건강 → 겅강'과 같은 음운변화과정에서 'ㄴ → ㅇ(건− → 겅−)'과 같이 'ㄴ'에 여린입천장소리되기가 적용된다. 그러므로 교과서에 표기된 '건강'은 표준발음인 [건강]과 같지만, 여린입천장소리되기가 적용된 비표준발음 [겅강]은 표기와 다르다.

(66ㄴ)은 닿소리이어바뀜의 환경에서 앞 닿소리 'ㄴ'('눈−, 손−' 등의 끝소리)이 여린입천장소리인 뒤 닿소리 'ㄱ·ㄲ'('−곱, −꽃' 등의 첫소리) 등을 닮아, 'ㄴ → ㅇ'과 같이 'ㄴ'이 [ㅇ]으로 여린입천장소리되기가 실현된

경우이다. 이 경우에 하나의 음운변화과정에서 표준발음과 비표준발음을
모두 나타내기 위해서는 먼저 된소리되기를 적용한 후에 여린입천장소리
되기를 적용한다. 뒤 닿소리가 'ㄱ'인 '눈길'이 '눈길 → 눈낄 → 눙낄'과 같
은 음운변화과정에서 1단계는 'ㄱ → ㄲ(-길 → -낄)'과 같이 'ㄱ'에 된소리
되기가 적용되고, 2단계는 'ㄴ → ㅇ(눈- → 눙-)'과 같이 'ㄴ'에 여린입천
장소리되기가 적용된다.

(67) 걷고[걷꼬](×[걱꼬])　　　　곧게[곧께](×[곡께])

　　긷고[긷꼬](×[긱꼬])　　　　깨닫게[깨닫께](×[깨닥께])

　　깨닫기[깨닫끼](×[깨닥끼])　　닫고[닫꼬](×[닥꼬])

　　돋고[돋꼬](×[독꼬])　　　　듣게[듣께](×[득께])

　　듣고[듣꼬](×[득꼬])　　　　묻고[묻꼬](×[묵꼬])

　　받게[받께](×[박께])　　　　받고[받꼬](×[박꼬])

　　뻗고[뻗꼬](×[뻑꼬])　　　　싣고[싣꼬](×[식꼬])

　(67)은 표기와 표준발음이 다르기 때문에 표준발음과 비표준발음을
모두 기술한 경우이다. 보기는 닿소리이어바뀜의 환경에서 앞 닿소리
'ㄷ'('닫-, 듣-, 묻-' 등의 끝소리)이 여린입천장소리인 뒤 닿소리 'ㄱ'('-고,
-게' 등의 첫소리)을 닮아, 'ㄷ → ㄱ'과 같이 'ㄷ'이 [ㄱ]으로 여린입천장소
리되기가 실현된 경우이다. 이 경우에 하나의 음운변화과정에서 표준발
음과 비표준발음을 모두 나타내기 위해서는 먼저 된소리되기를 적용한 후
에 여린입천장소리되기를 적용한다. '닫고'가 '닫고 → 닫꼬 → 닥꼬'와 같
은 음운변화과정에서 1단계는 'ㄱ → ㄲ(-고 → -꼬)'과 같이 'ㄱ'에 된소리
되기가 적용되고, 2단계는 'ㄷ → ㄱ(닫- → 닥-)'과 같이 'ㄷ'에 여린입천
장소리되기가 적용된다. 이 경우에 1단계에서 실현된 [닫꼬]는 표준발음이
고, 2단계에서 실현된 [닥꼬]는 비표준발음이다.

(68) ㄱ. 감기(×[강기])　　깜깜(×[깡깜])　　남기는(×[낭기는])
　　　남기다(×[낭기다])　　넘기다(×[넝기다])　　넘긴(×[넝긴])
　　　담겨(×[당겨])　　담긴(×[당긴])　　삼켜(×[상켜])
　　　삼키다(×[상키다])　　삼키면(×[상키면])　　섬긴(×[성긴])
　　　숨겨(×[숭겨])　　잠겨(×[장겨])　　잠깐(×[장깐])
　　　참견(×[창견])　　참고래(×[창고래])　　참기름(×[창기름])
　　　캄캄(×[캉캄])　　컴컴한(×[컹컴한])　　함께(×[항께])
　　ㄴ. 넘고[넘꼬](×[넝꼬])　　숨기[숨끼](×[숭끼])　　숨길[숨낄](×[숭낄])
　　　참기[참끼](×[창끼])　　품고[품꼬](×[풍꼬])
　　　남거나[남꺼나](×[낭꺼나])

　　(68)은 표준발음법 제21항에 규정하고 있다. 이 규정은 보기와 같은 닿
소리닮음을 인정하지 않는다는 내용이다. 이는 비표준발음이라는 의미이
다. (68ㄱ)은 표기와 표준발음이 같기 때문에 비표준발음만 기술하고, (68
ㄴ)은 표기와 표준발음이 다르기 때문에 표준발음과 비표준발음을 모두 기
술한 경우이다.

　　(68ㄱ)은 닿소리이어바뀜의 환경에서 앞 닿소리 'ㅁ'('감-, 깜-, 삼-' 등
의 끝소리)이 여린입천장소리인 뒤 닿소리 'ㄱ·ㄲ·ㅋ'('-기, -깜, -키-'
등의 첫소리) 등을 닮아, 'ㅁ → ㅇ'과 같이 'ㅁ'이 [ㅇ]으로 여린입천장소리
되기가 실현된 경우이다. 이는 비표준발음이다. 뒤 닿소리가 'ㄱ'인 '감기'
는 '감기 → 강기'와 같은 음운변화과정에서 'ㅁ → ㅇ(감- → 강-)'과 같이
'ㅁ'에 여린입천장소리되기가 적용된다. 그러므로 교과서에 표기된 '감기'
는 표준발음 [감기]와 같지만, 여린입천장소리되기가 적용된 비표준발음
[강기]는 표기와 다르다.

　　(68ㄴ)은 닿소리이어바뀜의 환경에서 앞 닿소리 'ㅁ'('남-, 숨-' 등의 끝
소리)이 여린입천장소리인 뒤 닿소리 'ㄱ'('-거-, -기, -길' 등의 첫소리)
을 닮아, 'ㅁ → ㅇ'과 같이 'ㅁ'이 [ㅇ]으로 여린입천장소리되기가 실현된

경우이다. 이 경우에 하나의 음운변화과정에서 표준발음과 비표준발음을 모두 나타내기 위해서는 먼저 된소리되기를 적용한 후에, 여린입천장소리되기를 적용한다. '남거나'가 '남거나 → 남꺼나 → 낭꺼나'와 같은 음운변화과정에서 1단계는 'ㄱ → ㄲ(-거- → -꺼-)'과 같이 'ㄱ'에 된소리되기가 적용되고, 2단계는 'ㅁ → ㅇ(남- → 낭-)'과 같이 'ㅁ'에 여린입천장소리되기가 적용된다. 이 경우에 1단계에서 실현된 [남꺼나]는 표준발음이고, 2단계에서 실현된 [낭꺼나]는 비표준발음이다.

(69) 갸웃거려[갸욷꺼려](×[갸욱꺼려])　　것과[걷꽈](×[걱꽈])
　　고갯길[고갣낄](×[고객낄])　　　곳곳[곧꼳](×[곡꼳])
　　곳과[곧꽈](×[곡꽈])　　　　　기웃거려[기욷꺼려](×[기욱꺼려])
　　기찻길[기찯낄](×[기착낄])　　낫게[낟께](×[낙께])
　　낫기[낟끼](×[낙끼])　　　　　냇가[낻까](×[낵까])
　　나뭇가지[나묻까지](×[나묵까지])　뒷걸음[뒫꺼름](×[뒥꺼름])
　　맛과[맏꽈](×[막꽈])　　　　　매밋과[매믿꽈](×[매믹꽈])
　　모랫길[모랟낄](×[모랙낄])　　몸짓과[몸찓꽈](×[몸찍꽈])
　　무엇과[무얻꽈](×[무억꽈])　　바닷가[바닫까](×[바닥까])
　　벗겨[벋껴](×[벅껴])　　　　　벗기[벋끼](×[벅끼])
　　붓과[붇꽈](×[북꽈])　　　　　붓글씨[붇끌씨](×[북끌씨])
　　비옷과[비옫꽈](×[비옥꽈])　　삿갓[삳깓](×[삭깓])
　　시냇가[시낻까](×[시낵까])　　씻고[씯꼬](×[씩꼬])
　　엇갈려[얻깔려](×[억깔려])　　엿가락[엳까락](×[역까락])
　　옷감[옫깜](×[옥깜])　　　　　옷깃[옫낃](×[옥낃])
　　웃고[욷꼬](×[욱꼬])　　　　　웃기[욷끼](×[욱끼])
　　윗글[윋끌](×[윅끌])　　　　　이야깃거리[이야긷꺼리](×[이야긱꺼리])
　　잇고[읻꼬](×[익꼬])　　　　　잇기[읻끼](×[익끼])
　　잿골[잳꼴](×[잭꼴])　　　　　젓가락[젇까락](×[적까락])
　　젓가락질[젇까락찔](×[적까락찔])　집짓기[집찓끼](×[집찍끼])
　　짓고[짇꼬](×[직꼬])　　　　　짓기[짇끼](×[직끼])

첫걸음마[천꺼름마](×[척꺼름마])　콧구멍[콛꾸멍](×[콕꾸멍])
풋고추[푿꼬추](×[푹꼬추])　　　학곳길[학꼳낄](×[학꼭낄])

(69)는 표준발음법 제21항에 규정하고 있다. 이 규정은 보기와 같은 닿소리닮음을 인정하지 않는다는 내용이다. 이는 비표준발음이라는 의미이다. 보기는 표기와 표준발음이 다르기 때문에 표준발음과 비표준발음을 모두 기술한 경우이다. 이는 닿소리이어바뀜의 환경에서 앞 닿소리가 'ㅅ'('것-, 곳-, 짓-' 등의 끝소리)이고, 뒤 닿소리가 여린입천장소리 'ㄱ'('-과, -곳-, -고' 등의 첫소리)인 경우에 앞 닿소리의 여린입천장소리되기가 실현된 것이다. 이 경우에 하나의 음운변화과정에서 표준발음과 비표준발음을 모두 나타내기 위해서는 먼저 'ㅅ'에 받침규칙을 적용한 후에, 된소리되기와 여린입천장소리되기를 차례로 적용한다. '것과'가 '것과→ 걷과→ 걷꽈→ 걱꽈'와 같은 음운변화과정에서 1단계는 'ㅅ → ㄷ(것- → 걷-)'과 같이 'ㅅ'에 받침규칙이 적용되고, 2단계는 'ㄱ → ㄲ(-과 → -꽈)'과 같이 'ㄱ'에 된소리되기가 적용되고, 3단계는 'ㄷ → ㄱ(걷- → 걱-)'과 같이 'ㄷ'에 여린입천장소리되기가 적용된다. 이 경우에 2단계에서 실현된 [걷꽈]는 표준발음이고, 3단계에서 실현된 [걱꽈]는 비표준발음이다.

(70) 가겠거니[가겓거니 → 가겓꺼니](×[가겍꺼니]) → 겠거[겓거 → 겓꺼](×[겍꺼])
　　　겠구[겓꾸](×[겍꾸])　　　겠군[겓꾼](×[겍꾼])　　　겼구[겯꾸](×[격꾸])
　　　겼군[겯꾼](×[격꾼])　　　낳거[낟꺼](×[낙꺼])　　　됐거[됃꺼](×[돽꺼])
　　　랐기[랃끼](×[락끼])　　　랬거[랟꺼](×[랙꺼])　　　랬구[랟꾸](×[랙꾸])
　　　렀거[럳꺼](×[럭꺼])　　　렸기[렫끼](×[력끼])　　　밌게[믿께](×[믹께])
　　　썼구[썯꾸](×[썩꾸])　　　았거[앋꺼](×[악꺼])　　　았고[앋꼬](×[악꼬])
　　　았군[앋꾼](×[악꾼])　　　았기[앋끼](×[악끼])　　　었거[얻꺼](×[억꺼])
　　　었고[얻꼬](×[억꼬])　　　었구[얻꾸](×[억꾸])　　　었군[얻꾼](×[억꾼])
　　　었기[얻끼](×[억끼])　　　였거[엳꺼](×[역꺼])　　　였게[엳께](×[역께])
　　　였고[엳꼬](×[역꼬])　　　였구[엳꾸](×[역꾸])　　　였기[엳끼](×[역끼])

왔구[완꾸](×[왁꾸])　　　 웠기[월끼](×[웍끼])　　　 있거[읻꺼](×[익꺼])

있게[읻께](×[익께])　　　 있고[읻꼬](×[익꼬])　　　 있구[읻꾸](×[익꾸])

있기[읻끼](×[익끼])　　　 겼거[젇꺼](×[적꺼])　　　 켰기[켣끼](×[격끼])

했거[핻꺼](×[핵꺼])　　　 했구[핻꾸](×[핵꾸])

(70)은 표준발음법 제21항에 규정하고 있다. 이 규정은 보기와 같은 닿소리닮음을 인정하지 않는다는 내용이다. 이는 비표준발음이라는 의미이다. 보기는 표기와 표준발음이 다르기 때문에 표준발음과 비표준발음을 모두 기술한 경우이다. 이는 전술한 것처럼, 여린입천장소리되기와 직접 관련이 있는 두 소리마디만 기술한 경우이다. 그러므로 보기에 따라 앞 소리마디나 뒤 소리마디를 생략한 경우도 있다. '겠거'는 '가겠거니 → 겠거'와 같이 여린입천장소리되기와 직접 관련이 있는 두 소리마디('겠거') 이외의 앞 소리마디 '가-'와 뒤 소리마디 '-니'를 생략한 경우이다. 보기는 닿소리이어바뀜의 환경에서 앞 닿소리가 'ㅆ'이고, 뒤 닿소리가 여린입천장소리 'ㄱ'인 경우에 'ㅆ'의 여린입천장소리되기가 실현된 것이다. 이 경우에 하나의 음운변화과정에서 표준발음과 비표준발음을 모두 나타내기 위해서는 먼저 'ㅆ'에 받침규칙을 적용한 후에, 된소리되기와 여린입천장소리되기를 차례로 적용한다. '-겠거-(보기는 '-' 생략)'가 '겠거 → 겓거 → 겓꺼 → 겍꺼'와 같은 음운변화과정에서 1단계는 'ㅆ → ㄷ(겠- → 겓-)'과 같이 'ㅆ'에 받침규칙이 적용되고, 2단계는 'ㄱ → ㄲ(-거 → -꺼)'과 같이 'ㄱ'에 된소리되기가 적용되고, 3단계는 'ㄷ → ㄱ(겓- → 겍-)'과 같이 'ㄷ'에 여린입천장소리되기가 적용된다. 이 경우에 2단계에서 실현된 [겓꺼]는 표준발음이고, 3단계에서 실현된 [겍꺼]는 비표준발음이다.

(71) ㄱ. 갖고[갇꼬](×[각꼬])　　　　 곶감[곧깜](×[곡깜])

　　　 꽃고[꼳꼬](×[꼭꼬])　　　　 늦가을[늗까을](×[늑까을])

　　　 늦게[늗께](×[늑께])　　　　 맞게[맏께](×[막께])

맞고[맏꼬](×[막꼬])   맞구[맏꾸](×[막꾸])

알맞게[알맏께](×[알막께])   잊고[읻꼬](×[익꼬])

젖고[젇꼬](×[적꼬])   짖고[짇꼬](×[직꼬])

찾게[찬께](×[착께])   찾고[찬꼬](×[착꼬])

찾기[찬끼](×[착끼])

  ㄴ. 쫓겨[쫀껴](×[쪽껴])

  ㄷ. 같고[갇꼬](×[각꼬])   같구나[갇꾸나](×[각꾸나])

같기[갇끼](×[각끼])   끝까지[끋까지](×[끅까지])

맡고[맏꼬](×[막꼬])   밭가[받까](×[박까])

밭고랑[받꼬랑](×[박꼬랑])   붙기[붇끼](×[북끼])

    (71ㄱ, ㄷ)처럼 앞 닿소리가 'ㅈ·ㅌ' 등이고, 뒤 닿소리가 'ㄱ·ㄲ' 등인 경우는 표준발음법 제21항의 보기에 없지만, 이는 음운변화 현상으로 보아 제21항의 규정에 해당하는 것으로 추정한다. 이 규정은 보기와 같은 닿소리닮음을 인정하지 않는다는 내용이다. 이는 비표준발음이라는 의미이다. (71)은 표기와 표준발음이 다르기 때문에 표준발음과 비표준발음을 모두 기술한 경우이다. 이는 닿소리이어바뀜의 환경에서 앞 닿소리가 'ㅈ·ㅊ·ㅌ'('갖-, 쫓-, 끝-' 등의 끝소리) 등이고, 뒤 닿소리가 여린입천장소리 'ㄱ·ㄲ'('-고, -겨, -까-' 등의 첫소리)인 경우에 앞 닿소리의 여린입천장소리되기가 실현된 것이다. 이 경우에 하나의 음운변화과정에서 표준발음과 비표준발음을 모두 나타내기 위해서는 먼저 'ㅈ·ㅊ·ㅌ' 등에 받침규칙을 적용한 후, 된소리되기와 여린입천장소리되기를 차례로 적용한다.

    (71ㄱ)은 닿소리이어바뀜의 환경에서 앞 닿소리가 'ㅈ'('갖-, 맞-' 등의 끝소리)이고, 뒤 닿소리가 여린입천장소리 'ㄱ'('-고, -구' 등의 첫소리)인 경우이다. 앞 닿소리가 'ㅈ'인 '갖고'가 '갖고 → 갇고 → 갇꼬 → 각꼬'와 같은 음운변화과정에서 1단계는 'ㅈ → ㄷ(갖- → 갇-)'과 같이 'ㅈ'에 받침규칙이 적용되고, 2단계는 'ㄱ → ㄲ(-고 → -꼬)'과 같이 'ㄱ'에 된소리되기

가 적용되고, 3단계는 'ㄷ → ㄱ(간- → 각-)'과 같이 'ㄷ'에 여린입천장소리되기가 적용된다. 이 경우에 2단계에서 실현된 [간꼬]는 표준발음이고, 3단계에서 실현된 [각꼬]는 비표준발음이다.

(71ㄴ)의 '쫓겨'가 '쫓겨 → 쫃겨 → 쫃껴 → 쪽껴'와 같은 음운변화과정에서 1단계는 'ㅊ → ㄷ(쫓- → 쫃-)'과 같이 'ㅊ'에 받침규칙이 적용되고, 2단계는 'ㄱ → ㄲ(-겨 → -껴)'과 같이 'ㄱ'에 된소리되기가 적용되고, 3단계는 'ㄷ → ㄱ(쫃- → 쪽-)'과 같이 'ㄷ'에 여린입천장소리되기가 적용된다. 이 경우에 2단계에서 실현된 [쫃껴]는 표준발음이고, 3단계에서 실현된 [쪽껴]는 비표준발음이다.

(71ㄷ)은 닿소리이어바뀜의 환경에서 앞 닿소리가 'ㅌ'('같-, 맡-, 붙-' 등의 끝소리)이고, 뒤 닿소리가 여린입천장소리 'ㄱ'('-고, -기' 등의 첫소리)인 경우이다. '같고'가 '같고 → 갇고 → 갇꼬 → 각꼬'와 같은 음운변화과정에서 1단계는 'ㅌ → ㄷ(같- → 갇-)'과 같이 'ㅌ'에 받침규칙이 적용되고, 2단계는 'ㄱ → ㄲ(-고 → -꼬)'과 같이 'ㄱ'에 된소리되기가 적용되고, 3단계는 'ㄷ → ㄱ(갇- → 각-)'과 같이 'ㄷ'에 여린입천장소리되기가 적용된다. 이 경우에 2단계에서 실현된 [갇꼬]는 표준발음이고, 3단계에서 실현된 [각꼬]는 비표준발음이다.

⑧ 거센소리되기(유기음화 : 有氣音化)

거센소리되기는 표준발음법 제12항 1, [붙임 1], [붙임 2] 등에 규정되어 있다. 이는 닿소리이어바뀜의 환경에서 예사소리('ㅅ' 제외)가 'ㅎ'과 결합되는 경우에 'ㄱ + ㅎ → ㅋ', 'ㄷ + ㅎ → ㅌ' 'ㅂ + ㅎ → ㅍ', 'ㅈ + ㅎ → ㅊ' 등과 같이 두 닿소리의 합한 소리(닿소리줄임)로 인해 예사소리 'ㄱ, ㄷ, ㅂ, ㅈ' 등의 거센소리되기가 실현된 표준발음이다. 그런데 거센소리되기는 위 규정과 같이 닿소리이어바뀜의 환경에서 'ㅎ'이 앞 닿소리인 경우와 뒤 닿소리인 경우처럼 두 가지로 구분할 수 있다. 제12항 1은 '놓고[노코] · 않던[안턴] · 닳지[달치]' 등과 같이 'ㅎ'이 앞 닿소리인 경우이고, [붙임 1]은 '각하[가카] · 앉히다[안치다] · 넓히다[널피다]' 등과 같이 'ㅎ'이 뒤 닿소리인 경우이다. 또 [붙임 2]도 '옷 한 벌[오탄벌] · 낮 한때[나탄때]' 등과 같이 'ㅎ'이 뒤 닿소리인 경우이다.

이 항의 거센소리되기 보기 중 '가득하다' · '먹히다' 등과 같이 '–하다' · '–히다' 등이 교과서에 '가득하고' · '가득하니' · '가득하게' · '먹히고' · '먹히나' · '먹히니' 등과 같이 여러 활용형으로 표기된 경우에, 본문에서는 이를 구분하지 않고 '가득하다' · '먹히다' 등과 같이 기본형 하나로 표기한다. 다만, 이 경우에 '가득하다 → 가득하', '먹히다 → 먹히' 등과 같이 씨끝 '–다'도 생략한다. 왜냐하면 '–게, –고, –나, –니, –다' 등은 '–득하– → –드카–(가득하게)'와 같이 닿소리이어바뀜의 환경에서 합한 소리로 인한 거센소리되기가 실현되는 소리마디에 포함되지 않기 때문이다. 그러나 '가득하다'의 경우에 '가득한[가드칸], 가득할[가드칼], 가득히[가드키], 가득해[가드캐]' 등과 같이 '–한, –할, –히, –해' 등이 '가득, 확실' 등과 같은 밑말(어근 : 語根)과 결합된 경우에는 모두 보기에 기술한다. 이 경우에는 '–득한 → –드칸(가득한)', '–득할 → 드칼(가득할)' 등과 같이 닿소리이어바뀜의 환경에서 거센소리되기가 실현되는 소리마디에 포함되기 때문이다. 각각의 보기에서 같은 음운변화과정과 음운규칙이 적용되는 경우에는 하나만 설명하고, 나머지 보기는 설명을 생략한다.

(72) ㄱ. 그렇게[그러케]　　그렇구[그러쿠]　　그렇긴[그러킨]
　　　그렇다[그러타]　　그렇지[그러치]　　까맣고[까마코]
　　　넣지[너치]　　　　노랗게[노라케]　　노랗고[노라코]
　　　놓고[노코]　　　　놓기[노키]　　　　누렇게[누러케]
　　　닿도록[다토록]　　동그랗게[동그라케]　말갛게[말가케]
　　　발갛게[발가케]　　빨갛게[빨가케]　　사이좋게[사이조케]

쌓기[싸키]	아무렇게[아무러케]	어떻게[어떠케]
어떻고[어떠코]	어떻다[어떠타]	요렇게[요러케]
이렇게[이러케]	이렇듯[이러튿]	저렇게[저러케]
좋게[조케]	좋구[조쿠]	좋다[조타]
좋단[조탄]	좋잖아[조차나]	좋지[조치]
커다랗고[커다라코]	파랗고[파라코]	하얗게[하야케]
하얗고[하야코]		

ㄴ.
괜찮다[괜찬타]	귀찮게[귀찬케]	끊기지[끈키지]
많게[만케]	많기[만키]	많다[만타]
많자[만차]	않게[안케]	않고[안코]
않군[안쿤]	않기[안키]	않다[안타]
않단다[안탄다]	않도록[안토록]	않죠[안쵸]
않지[안치]		

ㄷ.
끊고[끌코]	끊기[끌키]	싫다[실타]
옳다[올타]	옳지[올치]	잃고[일코]
잃다[일타]	잃지[일치]	

(72)는 표준발음법 제12항 1에 규정하고 있다. 이 규정은 'ㅎ(ㄶ, ㅀ)' 뒤에 'ㄱ·ㄷ·ㅈ'이 결합되는 경우에는, 뒤 소리마디 첫소리와 합쳐서 [ㅋ, ㅌ, ㅊ]으로 발음한다는 내용이다.

(72ㄱ)은 닿소리이어바뀜의 환경에서 앞 닿소리 'ㅎ'('-렇-, 맣-, 넣-' 등의 끝소리)이 뒤 닿소리 'ㄱ·ㄷ·ㅈ'('-게, -다, -지' 등의 첫소리) 등과 결합되는 경우에, 'ㅎ + ㄱ → ㅋ'·'ㅎ + ㄷ → ㅌ'·'ㅎ + ㅈ → ㅊ' 등과 같이 두 닿소리의 합한 소리로 인해 예사소리 'ㄱ·ㄷ·ㅈ' 등의 거센소리되기가 실현된 것이다. 뒤 닿소리가 'ㄱ'인 '그렇게'는 '그렇게 → 그러케'와 같은 음운변화과정에서 'ㅎ + ㄱ → ㅋ(-렇게 → -러케)'과 같이 'ㄱ'에 거센소리되기가 적용된다.

(72ㄴ)은 닿소리이어바뀜의 환경에서 앞 닿소리 'ㄶ'('-찮-, 많-, 않-'

등의 끝소리)이 뒤 닿소리 'ㄱ·ㄷ·ㅈ'('-게, -다, -죠' 등의 첫소리) 등과 결합되는 경우에, 'ㅎ+ㄱ→ㅋ'·'ㅎ+ㄷ→ㅌ'·'ㅎ+ㅈ→ㅊ' 등과 같이 두 닿소리의 합한 소리로 인해 예사소리 'ㄱ·ㄷ·ㅈ' 등의 거센소리되기가 실현된 것이다. 뒤 닿소리가 'ㄱ'인 '귀찮게'는 '귀찮게→귀찬케'와 같은 음운변화과정에서 'ㅎ+ㄱ→ㅋ(-찮게→-찬케)'과 같이 'ㄱ'에 거센소리되기가 적용된다.

(72ㄷ)은 닿소리이어바뀜의 환경에서 앞 닿소리 'ㅀ'('끓-, 싫-, 옳-' 등의 끝소리)이 뒤 닿소리 'ㄱ·ㄷ·ㅈ'('-기, -다, -지' 등의 첫소리) 등과 결합되는 경우에, 'ㅎ+ㄱ→ㅋ'·'ㅎ+ㄷ→ㅌ'·'ㅎ+ㅈ→ㅊ' 등과 같이 두 닿소리의 합한 소리로 인해 예사소리 'ㄱ·ㄷ·ㅈ' 등의 거센소리되기가 실현된 것이다. 뒤 닿소리가 'ㄱ'인 '끓기'는 '끓기→끌키'와 같은 음운변화과정에서 'ㅎ+ㄱ→ㅋ'과 같이 'ㄱ'에 거센소리되기가 적용된다.

(73) 가득하다[가드카다]　　　　가득히[가드키]　　　　　간직하다[간지카다]
　　　간직한[간지칸]　　　　　　계속하다[계소카다/게-]　국화[구콰]
　　　기억하다[기어카다]　　　　기억해[기어캐]　　　　　깜짝하다[깜짜카다]
　　　깜짝할[깜짜칼]　　　　　　깜찍한[깜찌칸]　　　　　꼼짝하다[꼼짜카다]
　　　낙하산[나카산]　　　　　　납작하다[납짜카다]　　　납작한[납짜칸]
　　　넓적하다[넙쩌카다]　　　　노력하다[노려카다]　　　도착하다[도차카다]
　　　도착한[도차칸]　　　　　　도착해[도차캐]　　　　　독촉함[독초캄]
　　　독특하다[독트카다]　　　　독특한[독트칸]　　　　　독하다[도카다]
　　　들썩하다[들써카다]　　　　딱딱해[딱따캐]　　　　　딱해[따캐]
　　　떡하다[떠카다]　　　　　　또박하다[또바카다]　　　똑똑하다[똑또카다]
　　　똑똑한[똑또칸]　　　　　　막혀[마켜]　　　　　　　뭉툭한[뭉투칸]
　　　반복하다[반보카다]　　　　백하[배카]　　　　　　　볼록해[볼로캐]
　　　부족하다[부조카다]　　　　부족한[부조칸]　　　　　부탁하다[부타카다]
　　　불룩하다[불루카다]　　　　뾰족하다[뾰조카다]　　　산국화[산구콰]
　　　삼각형[삼가켱]　　　　　　생각하다[생가카다]　　　생각한[생가칸]

생각해[생가캐]　　　　선택하다[선태카다]　　　섬뜩해[섬뜨캐]

소복하다[소보카다]　　속한[소칸]　　　　　　솔직하다[솔찌카다]

수북하다[수부카다]　　시작하다[시자카다]　　시작해[시자캐]

식혜[시케/시켸]　　　　식히다[시키다]　　　　씩씩하다[씩씨카다]

아늑한[아느칸]　　　　아득히[아드키]　　　　약속하다[약쏘카다]

약속해[약쏘캐]　　　　어떡해[어떠캐]　　　　어색하다[어새카다]

어색한[어새칸]　　　　어색해[어새캐]　　　　역할[여칼]

익혀[이켜]　　　　　　익히다[이키다]　　　　익힘[이킴]

재촉하다[재초카다]　　적힌[저킨]　　　　　　정확하다[정화카다]

정확한[정화칸]　　　　정확히[정화키]　　　　진득하다[진드카다]

짐작하다[짐자카다]　　짐작할[짐자칼]　　　　지극하다[지그카다]

짝하다[짜카다]　　　　착하다[차카다]　　　　착한[차칸]

척하다[처카다]　　　　축하[추카]　　　　　　쾌적하다[쾌저카다]

특히[트키]　　　　　　합격한[합껴칸]　　　　행복하다[행보카다]

행복한[행보칸]　　　　행복할[행보칼]　　　　흉측한[흉츠칸]

붉히다[불키다]

(73)은 표준발음법 제12항 1 [붙임 1]에 규정하고 있다. 이 규정은 받침 'ㄱ(ㄹㄱ)'이 뒤 소리마디 첫소리 'ㅎ'과 결합되는 경우에도, 역시 두 소리를 합쳐서 [ㅋ]으로 발음한다는 내용이다. 보기는 닿소리이어바뀜의 환경에서 앞 닿소리 'ㄱ(ㄹㄱ)'이 뒤 닿소리 'ㅎ'과 결합되는 경우에, 'ㄱ + ㅎ → ㅋ'과 같이 두 닿소리의 합한 소리로 인해 예사소리 'ㄱ'의 거센소리되기가 실현된 것이다. '가득하다'는 '가득하다 → 가드카다'와 같은 음운변화과정에서 'ㄱ + ㅎ → ㅋ(-득하- → -드카-)'과 같이 'ㄱ'에 거센소리되기가 적용된다.

(74) 고집하다[고지파다]　　굽혀[구펴]　　　　급하다[그파다]

　　급한[그판]　　　　　　눕히지[누피지]　　다급하다[다그파다]

　　다급한[다그판]　　　　답답하다[답따파다]　답답해[답따패]

답하다[다파다]	대답하다[대다파다]	대답한[대다판]
대답할[대다팔]	더럽히다[더러피다]	뽑혀[뽀펴]
뽑히다[뽀피다]	섭섭하다[섭써파다]	시합하다[시하파다]
업혀[어펴]	연습하다[연스파다]	연습해[연스패]
입학[이팍]	잡혀[자펴]	잡힌[자핀]
잡힐[자필]	합하다[하파다]	황급히[황그피]
밟힌[발핀]		

(74)는 표준발음법 제12항 1 [붙임 1]에 규정하고 있다. 이 규정은 받침 'ㅂ(ㄼ)'이 뒤 소리마디 첫소리 'ㅎ'과 결합되는 경우에도, 역시 두 소리를 합쳐서 [ㅍ]으로 발음한다는 내용이다. 보기는 닿소리이어바뀜의 환경에서 앞 닿소리 'ㅂ(ㄼ)'이 뒤 닿소리 'ㅎ'과 결합되는 경우에, 'ㅂ + ㅎ → ㅍ'과 같이 두 닿소리의 합한 소리로 인해 예사소리 'ㅂ'의 거센소리되기가 실현된 것이다. '고집하다'는 '고집하다 → 고지파다'와 같은 음운변화과정에서 'ㅂ + ㅎ → ㅍ(-집하- → -지파-)'과 같이 'ㅂ'에 거센소리되기가 적용된다.

(75) ㄱ.
깨끗하다[깨끄타다]	깨끗한[깨끄탄]	듯하다[드타다]
따뜻하다[따뜨타다]	따뜻한[따뜨탄]	따뜻함[따뜨탐]
또렷한[또려탄]	뜻하다[뜨타다]	못하다[모타다]
못한[모탄]	못할[모탈]	못함[모탐]
못해[모태]	무엇하다[무어타다]	반듯하다[반드타다]
비슷하다[비스타다]	비슷한[비스탄]	비슷할[비스탈]
비슷해[비스태]	잘못하다[잘모타다]	잘못한[잘모탄]
잘못해[잘모태]	찌릿하다[찌리타다]	푸릇하다[푸르타다]
흐뭇하다[흐무타다]	곳하다[곧하다 → 고타다]	
희끗희끗[희끋희끋 → 히끋히끋 → 히끄티끋]		

ㄴ.
넷 하면[네타면]	다섯 하면[다서타면]	못 하는[모타는]
못 할[모탈]	못 했어[모태써]	
셋 하면[셑하면 → 세타면]	잘 못 하다[잘몯하다 → 잘모타다]	

(75ㄱ)은 표준발음법 제12항 1 [붙임 2]에 규정하고 있다. 이는 규정에 따라 'ㄷ'으로 발음되는 'ㅅ'의 경우에도 이에 준한다는 내용이다. 보기는 닿소리이어바뀜의 환경에서 앞 닿소리 'ㅅ'이 뒤 닿소리 'ㅎ'과 결합되는 경우에, 'ㅅ'의 거센소리되기가 실현된 것이다. 이 경우에는 음운변화과정에서 먼저 'ㅅ'에 받침규칙을 적용한 후에, 거센소리되기를 적용한다. '희끗희끗'이 '희끗희끗 → 히끗히끗 → 히끋히끋 → 히끄티끋'과 같은 음운변화과정에서 1단계는 'ㅢ → ㅣ(희- → 히-)'와 같이 두겹홀소리 'ㅢ'에 홑홀소리되기가 적용되고, 2단계는 'ㅅ → ㄷ(-끗- → -끋-)'과 같이 'ㅅ'에 받침규칙이 적용되고, 3단계는 'ㄷ + ㅎ → ㅌ(-끋히 → -끄티)'과 같이 'ㄷ'에 거센소리되기가 적용된다. 1단계의 홑홀소리되기는 표준발음법 제5항 다만 3에 규정하고 있다. 이는 닿소리를 첫소리로 가지고 있는 소리마디의 'ㅢ'는 '닝큼[닝큼], 틔어[티어], 희망[히망], 유희[유히] 등과 같이 [ㅣ]로 발음한다는 내용이다.

(75ㄴ)은 표준발음법 제12항 1 [붙임 2]에 규정하고 있다. 보기에서 표기는 띄어서 했지만, 두 낱말을 한 마디로 이어서 발음하는 경우에도 거센소리되기를 적용하는 내용이다. 이 경우에는 음운변화과정에서 먼저 'ㅅ'에 받침규칙을 적용한 후에, 거센소리되기를 적용한다. '셋 하면'이 '셋 하면 → 셷하면 → 세타면'과 같은 음운변화과정에서 1단계는 'ㅅ → ㄷ(셋- → 셷-)'과 같이 'ㅅ'에 받침규칙이 적용되고, 2단계는 'ㄷ + ㅎ → ㅌ(셷하- → 세타-)'과 같이 'ㄷ'에 거센소리되기가 적용된다.

(76) ㄱ. 꽂혀[꼬쳐 → 꼬처]   맞혀[마처]   맞히기[마치기]
　　　맞히다[마치다]   맞힌[마친]   맷혀[매쳐 → 매처]
　　　맷힌[매친]   부딪혀[부디처]   알아맞히다[아라마치다]
　　ㄴ. 앉히며[안치며]
　　ㄷ. 꽃향기[꼳향기 → 꼬턍기]   몇 학년[며탕년]

(76ㄱ)은 표준발음법 제12항 1 [붙임 1]에 규정하고 있다. 이 규정은 받침 'ㅈ(ㄵ)'이 뒤 소리마디 첫소리 'ㅎ'과 결합되는 경우에도, 역시 두 소리를 합쳐서 [ㅊ]으로 발음한다는 내용이다. 보기는 닿소리이어바뀜의 환경에서 앞 닿소리 'ㅈ(ㄵ)'이 뒤 닿소리 'ㅎ'과 결합되는 경우에, 'ㅈ + ㅎ → ㅊ'과 같이 두 닿소리의 합한 소리로 인해 예사소리 'ㅈ'의 거센소리되기가 실현된 것이다. '꽂혀'가 '꽂혀 → 꼬쳐 → 꼬처'와 같은 음운변화과정에서 1단계는 'ㅈ + ㅎ → ㅊ'과 같이 'ㅈ'에 거센소리되기가 적용되고, 2단계는 'ㅕ → ㅓ(-쳐 → -처)'와 같이 'ㅕ'에 홑홀소리되기가 적용된다.

(76ㄴ)의 '앉히며'는 '앉히며 → 안치며'와 같은 음운변화과정에서 'ㅈ + ㅎ → ㅊ(앉히- → 안치-)'과 같이 'ㅈ'에 거센소리되기가 적용된다.

(76ㄷ)은 표준발음법 제12항 1 [붙임 2]에 규정하고 있다. 이는 규정에 따라 'ㄷ'으로 발음되는 'ㅊ'의 경우에도 이에 준한다는 내용이다. 보기 중 '몇 학년'은 표기를 띄어서 했지만, 두 낱말을 한 마디로 이어서 발음하는 경우에도 거센소리되기를 적용하는 내용이다. 이 경우에는 음운변화과정에서 먼저 'ㅊ'에 받침규칙을 적용한 후에, 거센소리되기를 적용한다. '꽃향기'가 '꽃향기 → 꼳향기 → 꼬턍기'와 같은 음운변화과정에서 1단계는 'ㅊ → ㄷ(꽃- → 꼳-)'과 같이 'ㅊ'에 받침규칙이 적용되고, 2단계는 'ㄷ + ㅎ → ㅌ(꼳향- → 꼬턍-)'과 같이 'ㄷ'에 거센소리되기가 적용된다.

⑨ 된소리되기(경음화 : 硬音化)

된소리되기는 표준발음법 제23항부터 제28항까지 규정하고 있다. 이 규정은 닿소리이어바뀜의 환경에서 앞 닿소리와 뒤 닿소리가 결합된 경우에, 뒤 닿소리의 된소리되기가 실현되는 내용이다. 이는 표준발음이다. 이 중 제27항은 이 항의 기술에서 제외한다.

된소리되기가 실현되는 환경은 두 가지이다. 하나는 홀소리와 홀소리 사이에서 '인사법[인사뻡]'(94ㄴ)과 같이 앞 홀소리와 뒤 닿소리가 연결된 경우에, 뒤 닿소리의 된소리되기가 실현되는 경우이다. 또 하나는 닿소리이어바뀜의 환경에서 '걱정[걱쩡]'(77ㅁ)과 같이 앞 닿소리 'ㄱ'과 뒤 닿소리 'ㅈ'이 연결된 경우에, 뒤 닿소리인 'ㅈ'의 된소리되기가 실현되는 경우이다. 된소리되기가 실현된 경우에 음운변화과정에서 규칙을 적용하는 순서는 앞 닿소리가 'ㄲ, ㅋ, ㅅ, ㅆ, ㅈ, ㅊ, ㅌ, ㅍ' 등인 경우에는 받침규칙이 적용된 후에 된소리되기가 적용된다. 앞 닿소리가 'ㄳ, ㄵ, ㄺ, ㄻ, ㄼ, ㄾ, ㄿ, ㅄ' 등과 같이 겹받침인 경우에는 닿소리빠짐이 적용된 후에 된소리되기가 적용된다.

된소리되기의 보기 중에는 대부분 '떡갈나무', '속닥속닥', '알록달록' 등과 같이 해당 보기의 소리마디를 전부 기술한다. 그러나 풀이씨(용언 : 用言)의 경우에 닿소리이어바뀜의 환경에서 '갔더[갇떠]', '겠군[겓꾼]', '겼지[겯찌]' 등과 같이 된소리되기의 실현과 직접 관련된 두 소리마디(즉 앞 닿소리와 뒤 닿소리가 포함된 소리마디)만 제시하고, 이 두 소리마디가 포함된 여러 풀이씨나 활용형의 중복적인 기술을 피하기 위해, 해당 보기의 앞 소리마디나 뒤 소리마디는 생략한다. 예를 들면, '갔더'의 경우에 '나갔더니, 나갔더라, 떠나갔더라, 지나갔더라, 갔더니, 갔더라' 등의 경우에 '갔더'의 앞 소리마디인 '나-, 떠나-, 지나-' 등과 뒤 소리마디인 '-니, -라' 등은 생략하고 '갔더'만 보기로 제시한다. 각각의 보기에서 같은 음운변화과정과 음운규칙이 적용되는 경우에는 하나만 설명하고, 나머지 보기는 설명을 생략한다.

(77) ㄱ.	각각[각깍]	골목길[골목낄]	국그릇[국끄른]
	국기[국끼]	도둑고양이[도둑꼬양이]	독감[독깜]
	따먹기[따먹끼]	떡갈나무[떡깔라무]	똑같구나[똑깓꾸나]
	똑같이[똑까치]	목구멍[목꾸멍]	북극[북끅]
	북극곰[북끅꼼]	순식간[순식깐]	식구[식꾸]

악기[악끼]   약간[약깐]   약국[약꾹]
역기[역끼]   육개장[육깨장]   이윽고[이윽꼬]
제각각[제각깍]   창덕궁[창덕꿍]   축구[축꾸]
축구공[축꾸공]   태극기[태극끼]   학교[학꾜]
학급[학끕]   학기[학끼]

ㄴ. 꼭대기[꼭때기]   농악대[농악때]   늑대[늑때]
더욱더[더욱떠]   막대[막때]   목덜미[목떨미]
백두산[백뚜산]   복도[복또]   산꼭대기[산꼭때기]
새벽닭[새벽딱]   색동저고리[색똥저고리]   적당히[적땅히]

ㄷ. 덕분[덕뿐]   떡볶이[떡뽀끼]   바각바각[바각빠각]
박박[박빡]   백발[백빨]   벅벅[벅뻑]
약봉지[약뽕지]   저녁밥[저녁빱]   체육복[체육뽁]
특별히[특뼐히]   폭발[폭빨]

ㄹ. 계획서[계획써/계획-]   공작새[공작쌔]   국수[국쑤]
낙서[낙써]   녹색[녹쌕]   독수리[독쑤리]
막상[막쌍]   목소리[목쏘리]   목숨[목쑴]
박사[박싸]   박수[박쑤]   백설[백썰]
백성[백썽]   북실북실[북씰북씰]   사각사각[사각싸각]
삭삭[삭싹]   세탁실[세탁씰]   속삭[속싹]
속상[속쌍]   속셈[속쎔]   식사[식싸]
식수[식쑤]   식수대[식쑤대]   색색[색쌕]
약속[약쏙]   역시[역씨]   욕심[욕씸]
짝사랑[짝싸랑]   책상[책쌍]   초록색[초록쌕]
학생[학쌩]   학습[학씁]   학식[학씩]
혹시[혹씨]

ㅁ. 각자[각짜]   걱정[걱쩡]   극적[극쩍]
깍지[깍찌]   꼭지[꼭찌]   딱지[딱찌]
떡집[떡찝]   박자[박짜]   색종이[색쫑이]
숙제[숙쩨]   숨바꼭질[숨바꼭찔]   왁자지껄[왁짜지껄]

<table>
<tr><td>육지[육찌]</td><td>직접[직쩝]</td><td>쪽지[쪽찌]</td></tr>
<tr><td>책장[책짱]</td><td>콩깍지[콩깍찌]</td><td>특징[특찡]</td></tr>
<tr><td>해수욕장[해수욕짱]</td><td></td><td></td></tr>
</table>

(77)은 표준발음법 제23항에 규정하고 있다. 이 규정은 받침 'ㄱ(ㄲ, ㅋ, ㄳ, ㄺ), ㄷ(ㅅ, ㅆ, ㅈ, ㅊ, ㅌ), ㅂ(ㅍ, ㄼ, ㄿ, ㅄ)' 뒤에 연결되는 'ㄱ, ㄷ, ㅂ, ㅅ, ㅈ'은 된소리로 발음한다는 내용이다. 이는 표준발음이다. 보기는 닿소리이어바뀜의 환경에서 앞 닿소리 'ㄱ'이 뒤 닿소리 'ㄱ·ㄷ·ㅂ·ㅅ·ㅈ' 등과 결합되어, 뒤 닿소리의 된소리되기가 실현된 경우이다.

(77ㄱ)은 닿소리이어바뀜의 환경에서 앞 닿소리가 'ㄱ'이고, 뒤 닿소리도 'ㄱ'인 경우이다. '국그릇'이 '국그릇 → 국끄릇 → 국끄른'과 같은 음운변화과정에서 1단계는 'ㄱ → ㄲ(-그- → -끄-)'과 같이 'ㄱ'에 된소리되기가 적용되고, 2단계는 'ㅅ → ㄷ(-릇 → -른)'과 같이 'ㅅ'에 받침규칙이 적용된다.

(77ㄴ)은 앞 닿소리가 'ㄱ'이고, 뒤 닿소리가 'ㄷ'인 경우이다. '꼭대기'는 '꼭대기 → 꼭때기'와 같은 음운변화과정에서 'ㄷ → ㄸ(-대- → -때-)'과 같이 'ㄷ'에 된소리되기가 적용된다. '새벽닭'이 '새벽닭 → 새벽딹 → 새벽딱'과 같은 음운변화과정에서 1단계는 'ㄷ → ㄸ(-닭 → -딹)'과 같이 'ㄷ'에 된소리되기가 적용되고, 2단계는 'ㄺ → ㄱ(-딹 → -딱)'과 같이 'ㄹ'에 닿소리빠짐이 적용된다.

(77ㄷ)은 앞 닿소리가 'ㄱ'이고, 뒤 닿소리가 'ㅂ'인 경우이다. '체육복'은 '체육복 → 체육뽁'과 같은 음운변화과정에서 'ㅂ → ㅃ(-복 → -뽁)'과 같이 'ㅂ'에 된소리되기가 적용된다.

(77ㄹ)은 앞 닿소리가 'ㄱ'이고, 뒤 닿소리가 'ㅅ'인 경우이다. '초록색'은 '초록색 → 초록쌕'과 같은 음운변화과정에서 'ㅅ → ㅆ(-색 → -쌕)'과 같이 'ㅅ'에 된소리되기가 적용된다.

(77ㅁ)은 앞 닿소리가 'ㄱ'이고, 뒤 닿소리가 'ㅈ'인 경우이다. '딱지'
는 '딱지 → 딱찌'와 같은 음운변화과정에서 'ㅈ → ㅉ(-지 → -찌)'과 같이
'ㅈ'에 된소리되기가 적용된다.

(78) 가족과[가족꽈]　　가족도[가족또]　　꼼짝도[꼼짝또]　　꿈쩍도[꿈쩍또]

　　덕도[덕또]　　　　도둑과[도둑꽈]　　도둑들[도둑뜰]　　목과[목꽈]

　　미역도[미역또]　　바닥도[바닥또]　　벽도[벽또]　　　　새싹들[새싹뜰]

　　생각과[생각꽈]　　생각도[생각또]　　손가락과[손까락꽈] 싹들[싹뜰]

　　아직도[아직또]　　음식과[음식꽈]　　음식들[음식뜰]　　음악도[으막또]

　　제목도[제목또]　　짝과[짝꽈]　　　　책과[책꽈]　　　　책도[책또]

　　책들[책뜰]　　　　책밖에[책빠께]　　책보다[책뽀다]

　　하얀색과[하얀색꽈]　검은색밖에[거믄색빠께]

(78)은 표준발음법 제23항에 규정하고 있다. 보기는 닿소리이어바뀜의
환경에서 앞 닿소리 'ㄱ'이 뒤 닿소리 'ㄱ·ㄷ·ㅂ' 등으로 시작되는 토씨
나 뒷가지와 결합되어, 뒤 닿소리의 된소리되기가 실현된 경우이다. '수탉
과'가 '수탉과 → 수탁과 → 수탁꽈'와 같은 음운변화과정에서 1단계는 'ㄺ
→ ㄱ(-탉- → -탁-)'과 같이 'ㄹ'에 닿소리빠짐이 적용되고, 2단계는 'ㄱ
→ ㄲ(-과 → -꽈)'과 같이 'ㄱ'에 된소리되기가 적용된다.

(79) ㄱ. 녹듯[녹뜯]　　　　녹자[녹짜]　　　　똑같구나[똑깓꾸나]

　　똑같다[똑깓따]　　똑같애[똑까태]　　똑같은[똑까튼]

　　먹게[먹께]　　　　먹고[먹꼬]　　　　먹기[먹끼]

　　먹다[먹따]　　　　먹도록[먹또록]　　먹습니다[먹씀니다]

　　먹자[먹짜]　　　　먹지[먹찌]　　　　반짝거려[반짝꺼려]

　　부탁드려[부탁뜨려]　부탁받은[부탁빠든]　생각다[생각따]

　　속지[속찌]　　　　심자[심짜]　　　　쑥스러운[쑥쓰러운]

　　작게[작께]　　　　작고[작꼬]　　　　작지[작찌]

　　적다[적따]　　　　적시다[적씨다]　　죽고[죽꼬]

찍고[찍꼬]　　　　　찍습니다[찍씀니다]　　　파닥거려[파닥꺼려]

꼼지락거려[꼼지락꺼려]　　　들락거리다[들락꺼리다]

믿음직스러[미듬직쓰러]　　　반복되다[반복뙤다/-뛔-]

시작되다[시작뙤다/-뛔-]　　　작달막하다[작딸마카다]

헐떡거리다[헐떡꺼리다]

ㄴ. 닦거[닥거 → 닥꺼]　　　닦고[닥꼬]　　　　닦습니다[닥씀니다]

ㄷ. 넋두리[넉두리 → 넉뚜리]

ㄹ. 굵다[국다 → 국따]　　　긁적이다[극쩌기다]　　　까닭과[까닥꽈]

까닭도[까닥또]　　　　닭다리[닥따리]　　　　닭장[닥짱]

맑다[막따]　　　　　밝다[박따]　　　　　수탉과[수탁꽈]

읽다[익따]　　　　　읽더라[익떠라]　　　　읽되[익뙤/-뛔]

읽습니다[익씀니다]　　　읽자[익짜]　　　　　읽지[익찌]

통닭과[통닥꽈]　　　　통닭도[통닥또]　　　　흙덩이[흑떵이]

ㅁ. 굵고[굴고 → 굴꼬]　　　긁거나[글꺼나]　　　늙고[늘꼬]

맑고[말꼬]　　　　　밝고[발꼬]　　　　　밝기[발끼]

읽거나[일꺼나]　　　　읽거든[일꺼든]　　　　읽고[일꼬]

읽기[일끼]

(79)는 표준발음법 제23항에 규정하고 있다. 이 규정은 받침 'ㄱ, ㄲ, ㄳ, ㄺ' 뒤에 연결되는 'ㄱ, ㄷ, ㅂ, ㅅ, ㅈ'은 된소리로 발음한다는 내용이다.

(79ㄱ)은 닿소리이어바뀜의 환경에서 앞 닿소리 'ㄱ'이 뒤 닿소리 'ㄱ·ㄷ·ㅂ·ㅅ·ㅈ' 등과 결합되어, 뒤 닿소리의 된소리되기가 실현된 경우이다. 즉 보기는 밑말(어근 : 語根)에 뒷가지가 연결된 경우, 줄기(어간 : 語幹) 및 줄기에 씨끝이 연결된 경우 등에서 된소리되기가 실현된 것이다. 뒤 닿소리가 'ㄱ'인 '똑같다'가 '똑같다 → 똑깥따 → 똑깐따'와 같은 음운변화과정에서 1단계는 'ㄱ → ㄲ(-같- → -깥-)'과 같이 'ㄱ'에 된소리되기와 'ㄷ → ㄸ(-다 → -따)'과 같이 'ㄷ'에 된소리되기가 각각 적용되고, 2단계는 'ㅌ → ㄷ(-깥- → -깐-)'과 같이 'ㅌ'에 받침규칙이 적용된다.

(79ㄴ)은 닿소리이어바뀜의 환경에서 앞 닿소리 'ㄲ'이 뒤 닿소리 'ㄱ·ㅅ' 등으로 시작되는 씨끝과 결합되어, 뒤 닿소리의 된소리되기가 실현된 경우이다. '닦습니다'는 '닦습니다 → 닥습니다 → 닥씁니다 → 닥씀니다'와 같은 음운변화과정에서 1단계에 'ㄲ → ㄱ(닦- → 닥-)'과 같이 'ㄲ'에 받침규칙이 적용되고, 2단계는 'ㅅ → ㅆ(-습- → -씁-)'과 같이 'ㅅ'에 된소리되기가 적용되고, 3단계는 'ㅂ → ㅁ(-씁- → -씀-)'과 같이 'ㅂ'에 콧소리되기가 적용된다.

(79ㄷ)은 닿소리이어바뀜의 환경에서 앞 닿소리 'ㄳ'이 뒤 닿소리 'ㄷ'과 결합되어, 뒤 닿소리의 된소리되기가 실현된 경우이다. '넋두리'가 '넋두리 → 넉두리 → 넉뚜리'와 같은 음운변화과정에서 1단계는 'ㄳ → ㄱ(넋- → 넉-)'과 같이 'ㅅ'에 닿소리빠짐이 적용되고, 2단계는 'ㄷ → ㄸ(-두- → -뚜-)'과 같이 'ㄷ'에 된소리되기가 적용된다.

(79ㄹ)은 닿소리이어바뀜의 환경에서 앞 닿소리 'ㄺ'이 뒤 닿소리 'ㄱ·ㄷ·ㅅ·ㅈ' 등과 결합되어, 뒤 닿소리의 된소리되기가 실현된 경우이다. 뒤 닿소리가 'ㄱ'인 '까닭과'가 '까닭과 → 까닥과 → 까닥꽈'와 같은 음운변화과정에서 1단계는 'ㄺ → ㄱ(-닭- → -닥-)'과 같이 'ㄹ'에 닿소리빠짐이 적용되고, 2단계는 'ㄱ → ㄲ(-과 → -꽈)'과 같이 'ㄱ'에 된소리되기가 적용된다.

(79ㅁ)은 닿소리이어바뀜의 환경에서 앞 닿소리 'ㄺ'이 뒤 닿소리인 씨끝의 첫소리 'ㄱ'과 결합되어, 뒤 닿소리 'ㄱ'의 된소리되기가 실현된 경우이다. '늙고'가 '늙고 → 늘고 → 늘꼬'와 같은 음운변화과정에서 1단계는 'ㄺ → ㄹ(늙- → 늘-)'과 같이 'ㄱ'에 닿소리빠짐이 적용되고, 2단계는 'ㄱ → ㄲ(-고 → -꼬)'과 같이 'ㄱ'에 된소리되기가 적용된다.

(80) ㄱ. 논두렁[논뚜렁]   논밥[논빱]   눈곱[눈꼽]   눈길[눈낄]
        눈독[눈똑]   눈빛[눈삗]   산골[산꼴]   산속[산쏙]

손가락[손까락]　　　손길[손낄]　　　손도장[손또장]　　　손바닥[손빠닥]

신바람[신빠람]　　　은빛[은삣]　　　장난감[장난깜]

ㄴ. 윤기[윤끼]　　　인기[인끼]

ㄷ. 신고[신꼬]　　　안고[안꼬]　　　안습니다[안씁니다]

앉게[안게 → 안께]　　　앉고[안꼬]　　　앉다[안따]　　　앉지[안찌]

얹다[언따]

(80ㄱ)은 표준발음법 제28항에 규정하고 있다. 이 규정은 표기상으로는 사이시옷이 없더라도, 관형격 기능을 지니는 사이시옷이 있어야 할(휴지가 성립되는) 합성어의 경우에는, 뒤 낱말의 첫소리 'ㄱ, ㄷ, ㅂ, ㅅ, ㅈ'을 된소리로 발음한다는 내용이다. 보기는 닿소리이어바뀜의 환경에서 앞 닿소리 'ㄴ'이 뒤 닿소리 'ㄱ·ㄷ·ㅂ·ㅅ' 등과 결합되어, 뒤 닿소리의 된소리되기가 실현된 경우이다. 뒤 닿소리가 'ㄱ'인 '장난감'은 '장난감 → 장난깜'과 같은 음운변화과정에서 'ㄱ → ㄲ(-감 → -깜)'과 같이 'ㄱ'에 된소리되기가 적용된다.

(80ㄴ)은 한자어의 경우에 닿소리이어바뀜의 환경에서 앞 닿소리 'ㄴ'이 뒤 닿소리 'ㄱ'과 결합되어, 뒤 닿소리의 된소리되기가 실현된 것이다. '윤기'는 '윤기 → 윤끼'와 같은 음운변화과정에서 'ㄱ → ㄲ(-기 → -끼)'과 같이 뒤 닿소리 'ㄱ'에 된소리되기가 적용된다.

(80ㄷ)은 표준발음법 제24항에 규정하고 있다. 이 규정은 줄기 받침 'ㄴ(ㄵ)' 뒤에 결합되는 씨끝의 첫소리 'ㄱ, ㄷ, ㅅ, ㅈ'은 된소리로 발음한다는 내용이다. 보기는 닿소리이어바뀜의 환경에서 앞 닿소리 'ㄴ(ㄵ)'이 뒤 닿소리 'ㄱ·ㄷ·ㅅ·ㅈ' 등과 결합되어, 뒤 닿소리의 된소리되기가 실현된 경우이다. 뒤 닿소리가 'ㄱ'인 '신고'는 '신고 → 신꼬'와 같은 음운변화과정에서 'ㄱ → ㄲ(-고 → -꼬)'과 같이 'ㄱ'에 된소리되기가 적용된다.

(81) 걷고[걷꼬]　　　걷다[걷따]　　　걷던[걷떤]　　　걷습니다[걷씁니다]

걷지[걷찌]　　　곧게[곧께]　　　곧장[곧짱]　　　긷고[긷꼬]

깨닫게[깨닫께]　　깨닫기[깨닫끼]　닫고[닫꼬]　　　닫다[닫따]

돋고[돋꼬]　　　　듣게[듣께]　　　듣고[듣꼬]　　　듣다[듣따]

듣습니다[듣씀니다] 듣잖니[듣짠니]　듣지[듣찌]　　　묻고[묻꼬]

받게[받께]　　　　받고[받꼬]　　　받습니다[받씀니다] 뻗고[뻗꼬]

신고[신꼬]

(81)은 표준발음법 제23항에 규정하고 있다. 보기는 닿소리이어바뀜의
환경에서 앞 닿소리 'ㄷ'이 뒤 닿소리 'ㄱ·ㄷ·ㅅ·ㅈ' 등과 결합되어, 뒤
닿소리의 된소리되기가 실현된 경우이다. 뒤 닿소리가 'ㄱ'인 '걷고'는 '걷
고 → 걷꼬'와 같은 음운변화과정에서 'ㄱ → ㄲ(-고 → -꼬)'과 같이 'ㄱ'에
된소리되기가 적용된다.

(82) ㄱ. 개울가[개울까]　　　겨울잠[겨울짬]　　　굴속[굴쏙]

　　　글감[글깜]　　　　　글자[글짜]　　　　　길거리[길꺼리]

　　　눈물주머니[눈물쭈머니] 달빛[달삗]　　　　　돌덩이[돌떵이]

　　　돌부리[돌뿌리]　　　돌쇠[돌쐬/돌쒜]　　　들길[들낄]

　　　들쥐[들쮜]　　　　　말소리[말쏘리]　　　　말주머니[말쭈머니]

　　　물감[물깜]　　　　　물개[물깨]　　　　　물결[물껼]

　　　물고기[물꼬기]　　　물돼지[물뙈지]　　　물방울[물빵울]

　　　물새[물쌔]　　　　　물속[물쏙]　　　　　물줄기[물쭐기]

　　　발가락[발까락]　　　발뒤꿈치[발뛰꿈치]　발소리[발쏘리]

　　　발자국[발짜국]　　　별빛[별삗]　　　　　보물섬[보물썸]

　　　불빛[불삗]　　　　　열쇠[열쐬/열쒜]　　　오솔길[오솔낄]

　　　자물쇠[자물쐬/-쒜]　하늘색[하늘쌕]

　　ㄴ. 갈색[갈쌕]　　　　　결심[결씸]　　　　　결정[결쩡]

　　　마술사[마술싸]　　　물질[물찔]　　　　　생일상[생일쌍]

　　　솔직[솔찍]　　　　　실수[실쑤]　　　　　실제[실쩨]

　　　열심[열씸]　　　　　일상[일쌍]　　　　　일점[일쩜]

일종[일쫑]　　　　　일주일[일쭈일]　　　절대[절때]

질서[질써]　　　　　활동[활똥]

ㄷ. 넓다[널다 → 널따]　넓습니다[널씀니다]　짧게[짤께]

짧고[짤꼬]　　　　　짧다[짤따]　　　　짧습니다[짤씀니다]

ㄹ. 개미핥기[개미할기 → 개미할끼]

(82ㄱ)은 표준발음법 제28항에 규정하고 있다. 보기는 닿소리이어바뀜의 환경에서 앞 닿소리 'ㄹ'이 뒤 닿소리 'ㄱ·ㄷ·ㅂ·ㅅ·ㅈ' 등과 결합되어, 뒤 닿소리의 된소리되기가 실현된 경우이다. 뒤 닿소리가 'ㄱ'인 '개울가'는 '개울가 → 개울까'와 같은 음운변화과정에서 'ㄱ → ㄲ(-가 → -까)'과 같이 'ㄱ'에 된소리되기가 적용된다.

(82ㄴ)은 표준발음법 제26항에 규정하고 있다. 이 규정은 한자어에서, 'ㄹ' 받침 뒤에 연결되는 'ㄷ·ㅅ·ㅈ'은 된소리로 발음한다는 내용이다. 보기는 닿소리이어바뀜의 환경에서 앞 닿소리 'ㄹ'이 뒤 닿소리 'ㄷ·ㅅ·ㅈ' 등과 결합되어, 뒤 닿소리의 된소리되기가 실현된 것이다. 뒤 닿소리가 'ㄷ'인 '활동'은 '활동 → 활똥'과 같은 음운변화과정에서 'ㄷ → ㄸ(-동 → -똥)'과 같이 'ㄷ'에 된소리되기가 적용된다.

(82ㄷ)은 표준발음법 제25항에 규정하고 있다. 이 규정은 줄기 받침 'ㄼ' 뒤에 결합되는 씨끝의 첫소리 'ㄱ, ㄷ, ㅅ, ㅈ'은 된소리로 발음한다는 내용이다. 보기는 닿소리이어바뀜의 환경에서 앞 닿소리 'ㄼ'이 뒤 닿소리 'ㄱ·ㄷ' 등과 결합되어, 뒤 닿소리의 된소리되기가 실현된 경우이다. 뒤 닿소리가 'ㄱ'인 '짧게'가 '짧게 → 짤게 → 짤께'와 같은 음운변화과정에서 1단계는 'ㄼ → ㄹ(짧- → 짤-)'과 같이 'ㅂ'에 닿소리빠짐이 적용되고, 2단계는 'ㄱ → ㄲ(-게 → -께)'과 같이 'ㄱ'에 된소리되기가 적용된다.

(82ㄹ)은 표준발음법 제25항에 규정하고 있다. 이 규정은 줄기 받침 'ㄾ' 뒤에 결합되는 씨끝의 첫소리 'ㄱ, ㄷ, ㅅ, ㅈ'은 된소리로 발음한다는 내용이다. 보기는 닿소리이어바뀜의 환경에서 앞 닿소리 'ㄾ'이 뒤 닿소리 'ㄱ'

과 결합되어, 뒤 닿소리의 된소리되기가 실현된 경우이다. '개미핥기'가 '개미핥기 → 개미할기 → 개미할끼'와 같은 음운변화과정에서 1단계는 'ᄙ → ㄹ(-핥- → -할-)'과 같이 'ㅌ'에 닿소리빠짐이 적용되고, 2단계는 'ㄱ → ㄲ(-기 → -끼)'과 같이 'ㄱ'에 된소리되기가 적용된다.

(83) ㄱ. 꿈속[꿈쏙]   마음속[마음쏙]   몸속[몸쏙]
　　　몸집[몸찝]   몸짓[몸찓]   밤중[밤쭝]
　　　보름달[보름딸]   숨구멍[숨꾸멍]   울음소리[우름쏘리]
　　　웃음소리[우슴쏘리]   잠자리[잠짜리]
　　ㄴ. 모음자[모음짜]   으름장[으름짱]   자음자[자음짜]
　　　점수[점쑤]   줄넘기[줄럼끼]   한밤중[한밤쭝]
　　ㄷ. 감고[감꼬]   남거나[남꺼나]   남지[남찌]
　　　넘고[넘꼬]   넘기[넘끼]   다듬기[다듬끼]
　　　뿜기[뿜끼]   뿜지[뿜찌]   숨고[숨꼬]
　　　숨기[숨끼]   숨자[숨짜]   심고[심꼬]
　　　참게[참께]   참고[참꼬]   참기[참끼]
　　　참다[참따]   품고[품꼬]   굶다[굼다 → 굼따]
　　　닮고[담꼬]   삶다[삼따]   젊고[점꼬]

　　(83ㄱ)은 표준발음법 제28항에 규정하고 있다. 보기는 닿소리이어바뀜의 환경에서 앞 닿소리 'ㅁ'이 뒤 닿소리 'ㄱ·ㄷ·ㅂ·ㅅ·ㅈ' 등과 결합되어, 뒤 닿소리의 된소리되기가 실현된 경우이다. 뒤 닿소리가 'ㄱ'인 '숨구멍'은 '숨구멍 → 숨꾸멍'과 같은 음운변화과정에서 'ㄱ → ㄲ(-구- → -꾸-)'과 같이 'ㄱ'에 된소리되기가 적용된다.

　　(83ㄴ)은 닿소리이어바뀜의 환경에서 앞 닿소리 'ㅁ'이 뒤 닿소리 'ㄱ· ㅅ·ㅈ' 등과 결합되어, 뒤 닿소리의 된소리되기가 실현된 경우이다. 뒤 닿소리가 'ㄱ'인 '줄넘기'가 '줄넘기 → 줄럼기 → 줄럼끼'와 같은 음운변화과정에서 1단계는 'ㄴ → ㄹ(-넘- → -럼-)'과 같이 'ㄴ'에 흐름소리되기가

적용되고, 2단계는 'ㄱ → ㄲ(-기 → -끼)'과 같이 'ㄱ'에 된소리되기가 적용된다.

(83ㄷ)은 표준발음법 제24항에 규정하고 있다. 이 규정은 줄기 받침 'ㅁ, ㄻ' 뒤에 결합되는 씨끝의 첫소리 'ㄱ, ㄷ, ㅅ, ㅈ'은 된소리로 발음한다는 내용이다. 보기는 닿소리이어바뀜의 환경에서 앞 닿소리 'ㅁ·ㄻ' 등이 뒤 닿소리 'ㄱ·ㄷ·ㅈ' 등과 결합되어, 뒤 닿소리의 된소리되기가 실현된 경우이다. 뒤 닿소리가 'ㄱ'인 '감고'는 '감고 → 감꼬'와 같은 음운변화과정에서 'ㄱ → ㄲ(-고 → -꼬)'과 같이 'ㄱ'에 된소리되기가 적용된다.

(84) ㄱ. 가깝구[가깝꾸]　　　가볍게[가볍께]　　　고맙게[고맙께]
　　　고맙구[고맙꾸]　　　곱게[곱께]　　　　곱고[곱꼬]
　　　곱기[곱끼]　　　　귀엽게[귀엽께]　　　귀엽고[귀엽꼬]
　　　꼽고[꼽꼬]　　　　놀랍고[놀랍꼬]　　　덥긴[덥낀]
　　　돕고[돕꼬]　　　　돕기[돕끼]　　　　맵고[맵꼬]
　　　무겁게[무겁께]　　　모습과[모습꽈]　　　무섭고[무섭꼬]
　　　반갑게[반갑께]　　　밥그릇[밥끄를]　　　부드럽게[부드럽께]
　　　부드럽고[부드럽꼬]　　　뽑고[뽑꼬]　　　뽑기[뽑끼]
　　　수줍게[수줍께]　　　술래잡기[술래잡끼]　　　쉽게[쉽께]
　　　쉽고[쉽꼬]　　　　슬기롭게[슬기롭께]　　　습관[습꽌]
　　　아름답게[아름답께]　　　아름답고[아름답꼬]　　　어렵게[어렵께]
　　　업고[업꼬]　　　　엉겁결[엉겁껼]　　　우습게[우습께]
　　　입고[입꼬]　　　　잡고[잡꼬]　　　　잡기[잡끼]
　　　접기[접끼]　　　　좁고[좁꼬]　　　　집게발[집께발]
　　　춥거든[춥꺼든]　　　춥고[춥꼬]　　　흥겹게[흥겹께]
　　ㄴ. 가깝다[가깝따]　　　가볍다[가볍따]　　　고맙다[고맙따]
　　　곱다[곱따]　　　　귀엽다[귀엽따]　　　대답도[대답또]
　　　맵다[맵따]　　　　무겁다[무겁따]　　　무섭다[무섭따]
　　　반갑다[반갑따]　　　부드럽다[부드럽따]　　　아름답다[아름답따]
　　　어둡다[어둡따]　　　입던[입떤]　　　　좁다[좁따]

집도[집또]　　　　　　협동[협똥]

　ㄷ. 급식[급씩]　　　　눕시다[눕씨다]　　　덥석[덥썩]

　　　둡시다[둡씨다]　　　마법사[마법싸]　　　몹시[몹씨]

　　　밥상[밥쌍]　　　　　봅시다[봅씨다]　　　쉽습니다[쉽씀니다]

　　　십시오[십씨오]　　　엽서[엽써]　　　　　읍시다[읍씨다]

　　　입술[입쑬]　　　　　입술책[입쑬책]　　　입습니다[입씀니다]

　　　접시[접씨]　　　　　접시꽃[접씨꼳]　　　줍시다[줍씨다]

　　　합시다[합씨다]　　　가볍습니다[가볍씀니다]　고맙습니다[고맙씀니다]

　　　부럽습니다[부럽씀니다]

　ㄹ. 갑자기[갑짜기]　　　고맙지[고맙찌]　　　납작[납짝]

　　　답장[답짱]　　　　　무겁지[무겁찌]　　　무섭지[무섭찌]

　　　뽑지[뽑찌]　　　　　쉽지[쉽찌]　　　　　씹지[씹찌]

　　　아깝지[아깝찌]　　　집적[집쩍]　　　　　집중[집쭝]

　　　집짓기[집찓끼]

(84)는 표준발음법 제23항에 규정하고 있다. 보기는 닿소리이어바뀜의 환경에서 앞 닿소리 'ㅂ'이 뒤 닿소리 'ㄱ·ㄷ·ㅅ·ㅈ' 등과 결합되어, 뒤 닿소리의 된소리되기가 실현된 경우이다.

(84ㄱ)은 닿소리이어바뀜의 환경에서 앞 닿소리가 'ㅂ'이고, 뒤 닿소리가 'ㄱ'인 경우이다. '가깝구'는 '가깝구 → 가깝꾸'와 같은 음운변화과정에서 'ㄱ → ㄲ(-구 → -꾸)'과 같이 'ㄱ'에 된소리되기가 적용된다. '밥그릇'이 '밥그릇 → 밥끄릇 → 밥끄륻'과 같이 소리마디 순서에 따른 음운변화과정에서 1단계는 'ㄱ → ㄲ(-그- → -끄-)'과 같이 'ㄱ'에 된소리되기가 적용되고, 2단계는 'ㅅ → ㄷ(-릇 → -륻)'과 같이 'ㅅ'에 받침규칙이 적용된다.

(84ㄴ)은 앞 닿소리가 'ㅂ'이고, 뒤 닿소리가 'ㄷ'인 경우이다. '아름답다'는 '아름답다 → 아름답따'와 같은 음운변화과정에서 'ㄷ → ㄸ(-다 → -따)'과 같이 'ㄷ'에 된소리되기가 적용된다.

(84ㄷ)은 앞 닿소리가 'ㅂ'이고, 뒤 닿소리가 'ㅅ'인 경우이다. '입습니다'

가 '입습니다→ 입씁니다→ 입씀니다'와 같이 소리마디 순서에 따른 음운
변화과정에서 1단계는 'ㅅ → ㅆ(-습- → -씁-)'과 같이 'ㅅ'에 된소리되기
가 적용되고, 2단계는 'ㅂ → ㅁ(-씁- → -씀-)'과 같이 'ㅂ'에 콧소리되기
가 적용된다.

(84ㄹ)은 앞 닿소리가 'ㅂ'이고, 뒤 닿소리가 'ㅈ'인 경우이다. '답장'
은 '답장→ 답짱'과 같은 음운변화과정에서 'ㅈ → ㅉ(-장 → -짱)'과 같이
'ㅈ'에 된소리되기가 적용된다.

(85) ㄱ. 넓적하게[넙적하게 → 넙쩍하게 → 넙쩌카게]
　　　밟고[밥꼬]　　밟기[밥끼]
　　ㄴ. 없게[업께]　　없고[업꼬]　　없구[업꾸]　　없기[업끼]
　　　없다[업따]　　없대[업때]　　없던[업떤]　　없지[업찌]
　　　없거나[업거나 → 업꺼나]　　없잖아[업짜나]　　없습니다[업씀니다]

(85ㄱ)은 표준발음법 제10항 '다만'에 규정하고 있다. 이 규정은 '밟-'은
닿소리 앞에서 [밥]으로 발음하고, '넓-'은 '넓-죽하다[넙쭈카다]·넓-둥
글다[넙뚱글다] 등과 같은 경우에 [넙]으로 발음한다는 내용이다. 보기는
닿소리이어바뀜의 환경에서 앞 닿소리 'ㄼ'이 뒤 닿소리 'ㄱ·ㅈ' 등과 결
합되어, 뒤 닿소리의 된소리되기가 실현된 경우이다. 뒤 닿소리가 'ㄱ'인
'밟고'가 '밟고 → 밥고 → 밥꼬'와 같은 음운변화과정에서 1단계는 'ㄼ →
ㅂ(밟- → 밥-)'과 같이 'ㄹ'에 닿소리빠짐이 적용되고, 2단계는 'ㄱ → ㄲ
(-고 → -꼬)'과 같이 'ㄱ'에 된소리되기가 적용된다.

(85ㄴ)은 표준발음법 제23항에 규정하고 있다. 보기는 닿소리이어바뀜
의 환경에서 앞 닿소리 'ㅄ'이 뒤 닿소리 'ㄱ·ㄷ·ㅅ·ㅈ' 등과 결합되어,
뒤 닿소리의 된소리되기가 실현된 경우이다. 뒤 닿소리가 'ㄱ'인 '없거나'
가 '없거나 → 업거나 → 업꺼나'와 같은 음운변화과정에서 1단계는 'ㅄ →
ㅂ(없- → 업-)'과 같이 'ㅅ'에 닿소리빠짐이 적용되고, 2단계는 'ㄱ → ㄲ

'(-거- → -꺼-)'과 같이 'ㄱ'에 된소리되기가 적용된다.

(86) ㄱ. 갸웃거려[갸운거려 → 갸운꺼려]

곗과[걷꽈] 고갯길[고갠낄] 곳곳[곧꼳]

곳과[곧꽈] 기웃거려[기운꺼려] 기웃기웃[기운끼운]

낫게[낟께] 낫기[낟끼] 맛과[맏꽈]

몸짓과[몸짇꽈] 무엇과[무얻꽈] 벗겨[벋껴]

벗기[벋끼] 붓과[붇꽈] 붓글씨[붇끌씨]

비웃과[비욷꽈] 삿갓[삳깓] 씻고[씯꼬]

엇갈려[얻깔려] 엿가락[엳까락] 옷감[옫깜]

옷깃[옫낃] 웃고[욷꼬] 웃기[욷끼]

잇고[읻꼬] 잇기[읻끼] 집짓기[집찓끼]

짓고[짇꼬] 짓기[짇끼] 첫걸음마[첟꺼름마]

풋고추[푿꼬추]

ㄴ. 것도[걷또] 것들[걷뜰] 그것도[그걷또]

그릇된[그른뙨/-뛘] 못된[몯뙨/-뛘] 봇도랑[볻또랑]

빗대어[빋때어] 빗댄[빋땐] 아무것도[아무걷또]

옷도[옫또] 옷들[옫뜰] 웃다[욷따]

이것도[이걷또] 잇다[읻따] 잘못된[잘몯뙨/-뛘]

짓듯[짇뜯]

ㄷ. 것보다[걷뽀다] 덧붙이기[덛뿌치기] 뜻밖에[뜯빠께]

맛보려고[맏뽀려고] 못밥[몯빱] 엿보고[엳뽀고]

울긋불긋[울귿뿔근] 횃불[횃뿔]

ㄹ. 못생긴[몯쌩긴] 씻습니다[씯씀니다] 옷소매[옫쏘매]

웃습니다[욷씀니다] 잇습니다[읻씀니다]

ㅁ. 낫지[낟찌] 낫질[낟찔] 돗자리[돋짜리]

멋쟁이[먿쨍이] 멋지[먿찌] 멋진[먿찐]

못줄[몯쭐] 밧줄[받쭐] 숫자[숟짜]

옛적[옏쩍] 옷자락[옫짜락] 옷장[옫짱]

이것저것[이걷쩌걷] 이곳저곳[이곧쩌곧] 이웃집[이욷찝]

짓자[짇짜]　　　　　　　콧잔등[콛짠등]

(86)은 표준발음법 제23항에 규정하고 있다. 보기는 닿소리이어바뀜의 환경에서 앞 닿소리 'ㅅ'이 뒤 닿소리 'ㄱ・ㄷ・ㅂ・ㅅ・ㅈ' 등과 결합되어, 뒤 닿소리의 된소리되기가 실현된 경우이다. 이 경우에 음운변화과정에서 먼저 'ㅅ'에 받침규칙을 적용한 후에, 된소리되기를 적용한다.

(86ㄱ)은 닿소리이어바뀜의 환경에서 앞 닿소리가 'ㅅ'이고, 뒤 닿소리가 'ㄱ'인 경우이다. '갸웃거려'가 '갸웃거려 → 갸욷거려 → 갸욷꺼려'와 같은 음운변화과정에서 1단계는 'ㅅ → ㄷ(-웃- → -욷-)'과 같이 'ㅅ'에 받침규칙이 적용되고, 2단계는 'ㄱ → ㄲ(-거- → -꺼-)'과 같이 'ㄱ'에 된소리되기가 적용된다.

(86ㄴ)은 앞 닿소리가 'ㅅ'이고, 뒤 닿소리가 'ㄷ'인 경우이다. '짓듯'이 '짓듯 → 짇듣 → 짇뜯'과 같은 음운변화과정에서 1단계는 'ㅅ → ㄷ(짓- → 짇-)'・'ㅅ → ㄷ(-듯 → -듣)' 등과 같이 'ㅅ'에 받침규칙이 각각 적용되고, 2단계는 'ㄷ → ㄸ(-듣 → -뜯)'과 같이 'ㄷ'에 된소리되기가 적용된다.

(86ㄷ)은 앞 닿소리가 'ㅅ'이고, 뒤 닿소리가 'ㅂ'인 경우이다. '덧붙이기'가 '덧붙이기 → 덛붙이기 → 덛뿥이기 → 덛뿌치기'와 같은 소리마디 순서에 따른 음운변화과정에서 1단계는 'ㅅ → ㄷ(덧- → 덛-)'과 같이 'ㅅ'에 받침규칙이 적용되고, 2단계는 'ㅂ → ㅃ(-붙- → -뿥-)'과 같이 'ㅂ'에 된소리되기가 적용되고, 3단계는 'ㅌ → ㅊ(-뿥이- → -뿌치-)'과 같이 'ㅌ'에 센입천장소리되기가 적용된다.

(86ㄹ)은 앞 닿소리가 'ㅅ'이고, 뒤 닿소리도 'ㅅ'인 경우이다. '웃습니다'가 '웃습니다 → 욷습니다 → 욷씁니다 → 욷씀니다'와 같은 소리마디 순서에 따른 음운변화과정에서 1단계는 'ㅅ → ㄷ(웃- → 욷-)'과 같이 'ㅅ'에 받침규칙이 적용되고, 2단계는 'ㅅ → ㅆ(-습- → -씁-)'과 같이 'ㅅ'에 된소리되기가 적용되고, 3단계는 'ㅂ → ㅁ(-씁- → -씀-)'과 같이 'ㅂ'에 콧소

리되기가 적용된다.

(86ㅁ)은 앞 닿소리가 'ㅅ'이고, 뒤 닿소리가 'ㅈ'인 경우이다. '콧잔등'이 '콧잔등 → 콛잔등 → 콛짠등'과 같은 음운변화과정에서 1단계는 'ㅅ → ㄷ(콧- → 콛-)'과 같이 'ㅅ'에 받침규칙이 적용되고, 2단계는 'ㅈ → ㅉ(-잔- → -짠-)'과 같이 'ㅈ'에 된소리되기가 적용된다.

(87) ㄱ. 기찻길[기찯길 → 기찯낄 → 기착낄 → 기차낄]

기찻길[기차낄 / 기찯낄]　　　　　깃발[기빨 / 긷빨]
냇가[내까 / 낻까]　　　　　　　　나뭇가지[나무까지 / 나묻까지]
뒷걸음[뒤꺼름 / 뒫꺼름]　　　　　매밋과[매미꽈 / 매믿꽈]
모랫길[모래낄 / 모랟낄]　　　　　바닷가[바다까 / 바닫까]
시냇가[시내까 / 시낻까]　　　　　윗글[위끌 / 윋끌]
이야깃거리[이야기꺼리/이야긷꺼리]　잿골[재꼴 / 잳꼴]
젓가락[저까락 / 젇까락]　　　　　젓가락질[저까락찔 / 젇까락찔]
콧구멍[코꾸멍 / 콛꾸멍]　　　　　학굣길[학꾜낄 / 학꾣낄]

ㄴ. 나뭇더미[나무떠미 / 나묻떠미]　맷돌[매똘 / 맫똘]
볏단[벼딴 / 볃딴]　　　　　　　　아랫도리[아래또리 / 아랟또리]
오랫동안[오래똥안 / 오랟똥안]　　윗도리[위또리 / 윋또리]
전봇대[전보때 / 전볻때]

ㄷ. 갯벌[개뻘 / 갣뻘]　　　　　　　뒷받침[뒤빧침 / 뒫빧침]
뒷벽[뒤뼉 / 뒫뼉]　　　　　　　　뒷부분[뒤뿌분 / 뒫뿌분]
바닷바람[바다빠람 / 바닫빠람]　　비눗방울[비누빵울 / 비눋빵울]
빗방울[비빵울 / 빋빵울]　　　　　아랫부분[아래뿌분 / 아랟뿌분]
어젯밤[어제빰 / 어젣빰]　　　　　연둣빛[연두삗 / 연둗삗]
윗부분[위뿌분 / 윋뿌분]　　　　　촛불[초뿔 / 촏뿔]
햇빛[해삗 / 핻삗]　　　　　　　　햇볕이[해뼈치 / 핻뼈치]

ㄹ. 뒷사람[뒤싸람 / 뒫싸람]　　　　뒷산[뒤싼 / 뒫싼]
머릿속[머리쏙 / 머릳쏙]　　　　　바닷속[바다쏙 / 바닫쏙]
칫솔[치쏠 / 칟쏠]　　　　　　　　콧속[코쏙 / 콛쏙]

햇살[해쌀 / 핻쌀]

ㅁ. 갯지렁이[개찌렁이 / 갣찌렁이]　　　건넛집[건너찝 / 건넏찝]

　뒷자리[뒤짜리 / 뒫짜리]　　　　마룻장[마루짱 / 마룯짱]

　밧줄[바쭐 / 받쭐]　　　　　　빗자루[비짜루 / 빋짜루]

　치맛자락[치마짜락 / 치맏짜락]

(87)은 표준발음법 제30항 1에 규정하고 있다. 이 규정은 'ㄱ, ㄷ, ㅂ, ㅅ, ㅈ'으로 시작하는 낱말 앞에 사이시옷이 올 때는 이들 닿소리만을 된소리로 발음하는 것을 원칙으로 하되, 사이시옷을 [ㄷ]으로 발음하는 것도 허용한다는 내용이다. 보기는 닿소리이어바뀜의 환경에서 앞 닿소리 'ㅅ'이 뒤 닿소리 'ㄱ·ㄷ·ㅂ·ㅅ·ㅈ' 등과 결합되어, 뒤 닿소리의 된소리되기가 두 가지의 표준발음으로 실현된 경우이다. 이 경우에 하나의 음운변화과정에서 두 가지의 표준발음을 모두 나타내기 위해서는 뒤 닿소리의 소리 나는 위치에 따라 세 가지의 음운규칙 적용 방법을 설정할 수 있다. 첫째는 '갯벌'과 같이 앞 닿소리가 'ㅅ'이고, 뒤 닿소리가 입술소리('ㅂ')인 경우는 '받침규칙 → 된소리되기 → 입술소리되기 → 같은위치닿소리빠짐' 등의 순서로 규칙을 적용한다. 둘째는 '뒷산'이나 '치맛자락'과 같이 앞 닿소리가 'ㅅ'이고, 뒤 닿소리가 잇몸소리('ㅅ')나 센입천장소리('ㅈ')인 경우는 '받침규칙 → 된소리되기 → 같은위치닿소리빠짐' 등의 순서로 규칙을 적용한다. 셋째는 '콧구멍'과 같이 앞 닿소리가 'ㅅ'이고, 뒤 닿소리가 여린입천장소리('ㄱ')인 경우는 '받침규칙 → 된소리되기 → 여린입천장소리되기 → 같은위치닿소리빠짐' 등의 순서로 규칙을 적용한다.

(87ㄱ)은 닿소리이어바뀜의 환경에서 앞 닿소리가 'ㅅ'이고, 뒤 닿소리가 'ㄱ'인 경우이다. '콧구멍'이 '콧구멍 → 콛구멍 → 콛꾸멍 → 콕꾸멍 → 코꾸멍'과 같은 음운변화과정에서 1단계는 'ㅅ → ㄷ(콧- → 콛-)'과 같이 'ㅅ'에 받침규칙이 적용되고, 2단계는 'ㄱ → ㄲ(-구- → -꾸-)'과 같이 'ㄱ'에 된소리되기가 적용되고, 3단계는 'ㄷ → ㄱ(콛- → 콕-)'과 같이 'ㄷ'에 여

린입천장소리되기가 적용되고, 4단계는 'ㄱ → ∅(콕- → 코-)'과 같이 'ㄱ'에 같은위치닿소리빠짐이 적용된다. 이 경우에 2단계에서 실현된 [콘꾸멍]과 4단계에서 실현된 [코꾸멍]은 모두 표준발음이다.

(87ㄴ)은 앞 닿소리가 'ㅅ'이고, 뒤 닿소리가 'ㄷ'인 경우이다. '볏단'이 '볏단 → 볃단 → 볃딴 → 벼딴'과 같은 음운변화과정에서 1단계는 'ㅅ → ㄷ(볏- → 볃-)'과 같이 'ㅅ'에 받침규칙이 적용되고, 2단계는 'ㄷ → ㄸ(-단 → -딴)'과 같이 'ㄷ'에 된소리되기가 적용되고, 3단계는 'ㄷ → ∅(볃- → 벼-)'과 같이 'ㄷ'에 같은위치닿소리빠짐이 적용된다. 이 경우에 2단계에서 실현된 [볃딴]과 3단계에서 실현된 [벼딴]은 모두 표준발음이다.

(87ㄷ)은 앞 닿소리가 'ㅅ'이고, 뒤 닿소리가 'ㅂ'인 경우이다. '갯벌'이 '갯벌 → 갣벌 → 갣뻘 → 갭뻘 → 개뻘'과 같은 음운변화과정에서 1단계는 'ㅅ → ㄷ(갯- → 갣-)'과 같이 'ㅅ'에 받침규칙이 적용되고, 2단계는 'ㅂ → ㅃ(-벌 → -뻘)'과 같이 'ㅂ'에 된소리되기가 적용되고, 3단계는 'ㄷ → ㅂ(갣- → 갭-)'과 같이 'ㄷ'에 입술소리되기가 적용되고, 4단계는 'ㅂ → ∅(갭- → 개-)'과 같이 'ㅂ'에 같은위치닿소리빠짐이 적용된다. 이 경우에 2단계에서 실현된 [갣뻘]과 4단계에서 실현된 [개뻘]은 모두 표준발음이다.

(87ㄹ)은 앞 닿소리가 'ㅅ'이고, 뒤 닿소리도 'ㅅ'인 경우이다. '뒷산'이 '뒷산 → 뒫산 → 뒫싼 → 뒤싼'과 같은 음운변화과정에서 1단계는 'ㅅ → ㄷ(뒷- → 뒫-)'과 같이 'ㅅ'에 받침규칙이 적용되고, 2단계는 'ㅅ → ㅆ(-산 → -싼)'과 같이 'ㅅ'에 된소리되기가 적용되고, 3단계는 'ㄷ → ∅(뒫- → 뒤-)'과 같이 'ㄷ'에 같은위치닿소리빠짐이 적용된다. 이 경우에 2단계에서 실현된 [뒫싼]과 3단계에서 실현된 [뒤싼]은 모두 표준발음이다.

(87ㅁ)은 앞 닿소리가 'ㅅ'이고, 뒤 닿소리가 'ㅈ'인 경우이다. '치맛자락'이 '치맛자락 → 치맏자락 → 치맏짜락 → 치마짜락'과 같은 음운변화과정에서 1단계는 'ㅅ → ㄷ(-맛- → -맏-)'과 같이 'ㅅ'에 받침규칙이 적용되고, 2단계는 'ㅈ → ㅉ(-자- → -짜-)'과 같이 'ㅈ'에 된소리되기가 적용되

고, 3단계는 'ㄷ → ∅(-맏- → -마-)'과 같이 'ㄷ'에 같은위치닿소리빠짐
이 적용된다. 이 경우에 2단계에서 실현된 [치맏짜락]과 3단계에서 실현된
[치마짜락]은 모두 표준발음이다.

(88)　　가겠거니[가겓거니 → 가겓꺼니] → 겠거[겓거 → 겓꺼]

ㄱ. 겠거[겓꺼]　　겠구[겓꾸]　　겠군[겓꾼]　　겼구[겯꾸]　　겼군[겯꾼]
　　났거[낟꺼]　　됐거[됃꺼]　　랐기[랃끼]　　랬거[랟꺼]　　랬구[랟꾸]
　　렀거[럳꺼]　　렀기[럳끼]　　믰게[믿께]　　썼구[썯꾸]　　았거[앋꺼]
　　았고[앋꼬]　　았군[앋꾼]　　았기[앋끼]　　었거[얻꺼]　　었고[얻꼬]
　　었구[얻꾸]　　었군[얻꾼]　　었기[얻끼]　　였거[엳꺼]　　였게[엳께]
　　였고[엳꼬]　　였구[엳꾸]　　였기[엳끼]　　왔구[왇꾸]　　왰기[왣끼]
　　있거[읻꺼]　　있게[읻께]　　있고[읻꼬]　　있구[읻꾸]　　있기[읻끼]
　　졌거[젇꺼]　　컸기[컫끼]　　했거[핻꺼]　　했구[핻꾸]

ㄴ. 갔다[갇따]　　갔더[갇떠]　　갔던[갇떤]　　겠다[겓따]　　겼다[겯따]
　　겼던[겯떤]　　났다[낟따]　　났던[낟떤]　　냈다[낻따]　　됐다[됃따]
　　뒀다[둳따]　　떴다[떧따]　　랐다[랃따]　　랐던[랃떤]　　랬더[랟떠]
　　렀다[럳따]　　렀던[럳떤]　　멌다[먿따]　　믰다[믿따]　　볐대[별때]
　　봤더[봗떠]　　뺐다[뺃따]　　샀다[삳따]　　섰다[섣따]　　셨다[셛따]
　　썼다[썯따]　　썼던[썯떤]　　았다[앋따]　　았더[앋떠]　　았던[앋떤]
　　었다[얻따]　　었답[얻땁]　　었대[얻때]　　었더[얻떠]　　었던[얻떤]
　　였다[엳따]　　였더[엳떠]　　였던[엳떤]　　왔다[왇따]　　왰다[왣따]
　　왰대[왣때]　　왰던[왣떤]　　있다[읻따]　　있더[읻떠]　　있던[읻떤]
　　있도[읻또]　　잤다[잗따]　　졌다[젇따]　　졌던[젇떤]　　쳤다[쳗따]
　　켰다[켣따]　　탔다[탇따]　　팠던[팓떤]　　펐던[펃떤]　　폈던[펻떤]
　　했다[핻따]　　했던[핻떤]　　혔다[혇따]

ㄷ. 겠소[겓쏘]　　었소[얻쏘]

ㄹ. 갔자[갇짜]　　겠지[겓찌]　　났지[낟찌]　　냈지[낻찌]　　됐지[됃찌]
　　떴지[떧찌]　　랐지[랃찌]　　랬지[랟찌]　　렀자[럳짜]　　렀지[럳찌]
　　빴지[빤찌]　　뺐지[뺃찌]　　셨자[셛짜]　　셨죠[셛쬬]　　셨지[셛찌]

앉지[안찌]　　었자[얻짜]　　었죠[얻쬬]　　었지[얻찌]　　였죠[엳쬬]

였지[엳찌]　　왔지[왇찌]　　웠지[윋찌]　　있자[읻짜]　　있지[읻찌]

졌자[젇짜]　　졌지[젇찌]　　췄자[췓짜]　　쳤지[쳗찌]　　켰지[켣찌]

했자[핻짜]　　했지[핻찌]

　(88)은 전술한 것처럼, 된소리되기와 직접 관련이 있는 두 소리마디만 기술한 경우이다. 그러므로 보기에 따라 앞 소리마디나 뒤 소리마디를 생략한 경우도 있다. 보기는 표준발음법 제23항에 규정하고 있다. 이 규정은 받침 'ㅆ' 뒤에 연결되는 'ㄱ, ㄷ, ㅂ, ㅅ, ㅈ'은 된소리로 발음한다는 내용이다. 보기는 닿소리이어바뀜의 환경에서 앞 닿소리 'ㅆ'이 뒤 닿소리 'ㄱ·ㄷ·ㅅ·ㅈ' 등과 결합되어, 뒤 닿소리의 된소리되기가 실현된 경우이다. 이 경우에 음운변화과정에서 먼저 'ㅆ'에 받침규칙을 적용한 후에, 된소리되기를 적용한다.

　(88ㄱ)은 닿소리이어바뀜의 환경에서 앞 닿소리가 'ㅆ'이고, 뒤 닿소리가 'ㄱ'인 경우이다. '겠거'는 '가겠거니 → 겠거'와 같이 '겠거'의 앞 소리마디 '가-'와 뒤 소리마디 '-니'를 생략한 것이다. '겠거 → 겓거 → 겓꺼'와 같은 음운변화과정에서 1단계는 'ㅆ → ㄷ(겠- → 겓-)'과 같이 'ㅆ'에 받침규칙이 적용되고, 2단계는 'ㄱ → ㄲ(-거 → -꺼)'과 같이 'ㄱ'에 된소리되기가 적용된다.

　(88ㄴ)은 앞 닿소리가 'ㅆ'이고, 뒤 닿소리가 'ㄷ'인 경우이다. '썼다'가 '썼다 → 썯다 → 썯따'와 같은 음운변화과정에서 1단계는 'ㅆ → ㄷ(썼- → 썯-)'과 같이 'ㅆ'에 받침규칙이 적용되고, 2단계는 'ㄷ → ㄸ(-다 → -따)'과 같이 'ㄷ'에 된소리되기가 적용된다.

　(88ㄷ)은 앞 닿소리가 'ㅆ'이고, 뒤 닿소리가 'ㅅ'인 경우이다. '었소'가 '었소 → 얻소 → 얻쏘'와 같은 음운변화과정에서 1단계는 'ㅆ → ㄷ(었- → 얻-)'과 같이 'ㅆ'에 받침규칙이 적용되고, 2단계는 'ㅅ → ㅆ(-소 → -쏘)'

과 같이 'ㅅ'에 된소리되기가 적용된다.

(88ㄹ)은 앞 닿소리가 'ㅆ'이고, 뒤 닿소리가 'ㅈ'인 경우이다. '켰지'가 '켰지 → 켣지 → 켣찌'와 같은 음운변화과정에서 1단계는 'ㅆ → ㄷ(켰- → 켣-)'과 같이 'ㅆ'에 받침규칙이 적용되고, 2단계는 'ㅈ → ㅉ(-지 → -찌)'과 같이 'ㅈ'에 된소리되기가 적용된다.

(89) ㄱ. 강가[강까]   강바람[강빠람]   땅바닥[땅빠닥]   땅속[땅쏙]
　　　 방바닥[방빠닥] 성냥개비[성냥깨비] 장독[장똑]
　　 ㄴ. 상장[상짱]   성격[성껵]   외양간[외양깐/웨-]

(89ㄱ)은 표준발음법 제28항에 규정하고 있다. 보기는 닿소리이어바꿈의 환경에서 앞 닿소리 'ㅇ'이 뒤 닿소리 'ㄱ·ㄷ·ㅂ·ㅅ' 등과 결합되어, 뒤 닿소리의 된소리되기가 실현된 경우이다. 뒤 닿소리가 'ㄱ'인 '강가'는 '강가 → 강까'와 같은 음운변화과정에서 'ㄱ → ㄲ(-가 → -까)'과 같이 'ㄱ'에 된소리되기가 적용된다.

(89ㄴ)은 한자어의 경우에 닿소리이어바꿈의 환경에서 앞 닿소리 'ㅇ'이 뒤 닿소리 'ㄱ·ㅈ' 등과 결합되어, 뒤 닿소리의 된소리되기가 실현된 경우이다. 뒤 닿소리가 'ㄱ'인 '성격'은 '성격 → 성껵'과 같은 음운변화과정에서 'ㄱ → ㄲ(-격 → -껵)'과 같이 뒤 닿소리인 'ㄱ'에 된소리되기가 적용된다.

(90) 갖고[갇고 → 갇꼬] 갖다[갇따]   곶감[곧깜]   꽂고[꼳꼬]
　　 낮잠[낟짬]   늦가을[늗까을] 늦게[늗께]   늦잠[늗짬]
　　 맞게[맏께]   맞고[맏꼬]   맞구[맏꾸]   맞다[맏따]
　　 맞닿는[맏딴는] 맞대다[맏때다] 맞잡아[맏짜바] 맞장구[맏짱구]
　　 맞지[맏찌]   알맞게[알맏께] 알맞지[알맏찌] 잊고[읻꼬]
　　 잊다[읻따]   젖고[젇꼬]   짖고[짇꼬]   짖습니다[짇씀니다]
　　 짓지[짇찌]   찾게[찯께]   찾겠니[찯껜니] 찾고[찯꼬]
　　 찾기[찯끼]   찾다[찯따]   찾습니다[찯씀니다]

(90)은 표준발음법 제23항에 규정하고 있다. 보기는 닿소리이어바뀜의
환경에서 앞 닿소리 'ㅈ'이 뒤 닿소리 'ㄱ·ㄷ·ㅅ·ㅈ' 등과 결합되어, 뒤
닿소리의 된소리되기가 실현된 경우이다. 이 경우에 음운변화과정에서 먼
저 'ㅈ'에 받침규칙을 적용한 후에, 된소리되기를 적용한다. 뒤 닿소리가
'ㄱ'인 '찾겠니'가 '찾겠니 → 찬겐니 → 찬껜니 → 찬껜니'와 같은 음운변화
과정에서 1단계는 'ㅈ → ㄷ(찾- → 찬-)'과 같이 'ㅈ'에 받침규칙과 'ㅆ →
ㄷ(-겠- → -겐-)'과 같이 'ㅆ'에 받침규칙이 각각 적용되고, 2단계는 'ㄱ
→ ㄲ(-겐- → -껜-)'과 같이 'ㄱ'에 된소리되기가 적용되고, 3단계는 'ㄷ
→ ㄴ(-껜- → -껜-)'과 같이 'ㄷ'에 콧소리되기가 적용된다.

(91) ㄱ. 꽃다발[꼳다발 → 꼳따발]

     꽃동산[꼳똥산]   꽃들[꼳뜰]   꽃반지[꼳빤지] 꽃밭게[꼳빨게]
     꽃밭[꼳빧]   꽃병[꼳뼝]   꽃수[꼳쑤]   꽃집[꼳찝]
     낮선[낟썬]   낮설[낟썰]   빛도[빋또]   쫓겨[쫃껴]

    ㄴ. 같고[갇고 → 갇꼬]

     같구나[갇꾸나]   같기[갇끼]   같다[갇따]   같소[갇쏘]
     같습니다[갇씀니다] 같지[갇찌]   낱자[낟짜]   맡고[맏꼬]
     맡습니다[맏씀니다] 밑동[믿똥]   밑받침[믿빧침] 밑줄[믿쭐]
     밭가[받까]   밭고랑[받꼬랑] 밭둑[받뚝]   붙기[붇끼]
     붙습니다[붇씀니다] 붙잡아[붇짜바] 붙지[붇찌]   팥죽[팓쭉]

(91ㄱ)은 표준발음법 제23항에 규정하고 있다. 보기는 닿소리이어바뀜
의 환경에서 앞 닿소리 'ㅊ'이 뒤 닿소리 'ㄱ·ㄷ·ㅂ·ㅅ·ㅈ' 등과 결합
되어, 뒤 닿소리의 된소리되기가 실현된 경우이다. 이 경우에 음운변화과
정에서 먼저 'ㅊ'에 받침규칙을 적용한 후에, 된소리되기를 적용한다. 뒤
닿소리가 'ㄱ'인 '쫓겨'가 '쫓겨 → 쫃겨 → 쫃껴'와 같은 음운변화과정에서
1단계는 'ㅊ → ㄷ(쫓- → 쫃-)'과 같이 'ㅊ'에 받침규칙이 적용되고, 2단계

는 'ㄱ → ㄲ(-겨 → -껴)'과 같이 'ㄱ'에 된소리되기가 적용된다.

(91ㄴ)은 표준발음법 제23항에 규정하고 있다. 보기는 닿소리이어바뀜의 환경에서 앞 닿소리 'ㅌ'이 뒤 닿소리 'ㄱ·ㄷ·ㅂ·ㅅ·ㅈ' 등과 결합되어, 뒤 닿소리의 된소리되기가 실현된 경우이다. 이 경우에 음운변화과정에서 먼저 'ㅌ'에 받침규칙을 적용한 후에, 된소리되기를 적용한다.

(92) 깊게[깁게 → 깁께]

깊숙이[깁쑤기]	높고[놉꼬]	높다[놉따]	높습니다[놉씀니다]
덮고[덥꼬]	덮지[덥찌]	숲공원[숩꽁원]	숲길[숩낄]
싶기[십끼]	싶다[십따]	싶습니다[십씀니다]	앞과[압꽈]
앞도[압또]	앞뒤[압뛰]	앞부분[압뿌분]	앞사람[압싸람]
앞서[압써]	앞장[압짱]	엎드려[업뜨려]	옆구리[엽꾸리]
옆집[엽찝]	잎과[입꽈]	잎도[입또]	잎사귀[입싸귀]

(92)는 표준발음법 제23항에 규정하고 있다. 보기는 닿소리이어바뀜의 환경에서 앞 닿소리 'ㅍ'이 뒤 닿소리 'ㄱ·ㄷ·ㅂ·ㅅ·ㅈ' 등과 결합되어, 뒤 닿소리의 된소리되기가 실현된 경우이다. 이 경우에 음운변화과정에서 먼저 'ㅍ'에 받침규칙을 적용한 후에, 된소리되기를 적용한다. 뒤 닿소리가 'ㄱ'인 '깊게'가 '깊게 → 깁게 → 깁께'와 같은 음운변화과정에서 1단계는 'ㅍ → ㅂ(깊- → 깁-)'과 같이 'ㅍ'에 받침규칙이 적용되고, 2단계는 'ㄱ → ㄲ(-게 → -께)'과 같이 'ㄱ'에 된소리되기가 적용된다.

(93) ㄱ. 그렇습니다[그러습니다 → 그러씁니다 → 그러씀니다]
　　　넣습니다[너씀니다]　　　　　좋습니다[조씀니다]
　　ㄴ. 가잖소[가잔소 → 가잔쏘]　　괜찮습니다[괜찬씀니다]
　　　많습니다[만씀니다]　　　　　않습니다[안씀니다]

(93)은 표준발음법 제12항 2에 규정하고 있다. 이 규정은 'ㅎ(ㄶ, ㅀ)' 뒤

에 'ㅅ'이 결합되는 경우에는, 'ㅅ'을 [ㅆ]으로 발음한다는 내용이다. 보기는 닿소리이어바뀜의 환경에서 앞 닿소리 'ㅎ·ㄶ' 등이 뒤 닿소리 'ㅅ'과 결합되어, 'ㅅ → ㅆ'과 같이 뒤 닿소리 'ㅅ'의 된소리되기가 실현된 경우이다.

(93ㄱ)은 닿소리이어바뀜의 환경에서 앞 닿소리가 'ㅎ'인 경우이다. 이 경우에는 두 가지의 음운변화과정을 설정할 수 있다. 하나는 '그렇습니다'의 경우에 '그렇습니다 → 그러습니다 → 그러씁니다 → 그러씀니다'와 같은 음운변화과정이다. 1단계는 'ㅎ → ∅(-렇- → -러-)'과 같이 'ㅎ'에 닿소리빠짐이 적용되고, 2단계는 'ㅅ → ㅆ(-습- → -씁-)'과 같이 'ㅅ'에 된소리되기가 적용되고, 3단계는 'ㅂ → ㅁ(-씁- → -씀-)'과 같이 'ㅂ'에 콧소리되기가 적용된다. 또 하나는 '그렇습니다 → 그런습니다 → 그런씁니다 → 그런씀니다 → 그러씀니다'와 같은 음운변화과정이다. 1단계는 'ㅎ → ㄷ(-렇- → -런-)'과 같이 'ㅎ'에 받침규칙이 적용되고, 2단계는 'ㅅ → ㅆ(-습- → -씁-)'과 같이 'ㅅ'에 된소리되기가 적용되고, 3단계는 'ㅂ → ㅁ(-씁- → -씀-)'과 같이 'ㅂ'에 콧소리되기가 적용되고, 4단계는 'ㄷ → ∅(-런- → -러-)'과 같이 'ㄷ'에 같은위치닿소리빠짐이 적용된다. 전자는 닿소리빠짐·된소리되기·콧소리되기 등처럼 세 단계가 적용되고, 후자는 받침규칙·된소리되기·콧소리되기·같은위치닿소리빠짐 등처럼 네 단계가 적용되어 차이를 나타내고 있다. 그러나 표준발음 [그러씀니다]는 같다.

(93ㄴ)은 닿소리이어바뀜의 환경에서 앞 닿소리가 'ㄶ'인 경우이다. '가잖소'가 '가잖소 → 가잔소 → 가잔쏘'와 같은 음운변화과정에서 1단계는 'ㄶ → ㄴ(-잖- → -잔-)'과 같이 'ㅎ'에 닿소리빠짐이 적용되고, 2단계는 'ㅅ → ㅆ(-소 → -쏘)'과 같이 'ㅅ'에 된소리되기가 적용된다. '괜찮습니다'가 '괜찮습니다 → 괜찬습니다 → 괜찬씁니다 → 괜찬씀니다'와 같은 음운변화과정에서 1단계는 'ㄶ → ㄴ(-찮- → -찬-)'과 같이 'ㅎ'에 닿소리빠짐이 적용되고, 2단계는 'ㅅ → ㅆ(-습- → -씁-)'과 같이 'ㅅ'에 된소리되기

가 적용되고, 3단계는 'ㅂ → ㅁ(-씁- → -씀-)'과 같이 'ㅂ'에 콧소리되기
가 적용된다.

(94) ㄱ. 무조건[무조껀]
　　 ㄴ. 인사법[인사뻡]
　　 ㄷ. 안내장[안내짱]　　　　　일기장[일기짱]　　　　　초대장[초대짱]

(94)는 홀소리와 홀소리 사이에서 닿소리의 된소리되기가 실현된 경우
이다.

(94ㄱ)은 앞 홀소리와 뒤 닿소리 'ㄱ'이 연결된 경우에, 'ㄱ → ㄲ'과 같이
'ㄱ'의 된소리되기가 실현된 것이다. '무조건'은 '무조건 → 무조껀'과 같은
음운변화과정에서 'ㄱ'에 된소리되기가 적용된다.

(94ㄴ)은 앞 홀소리와 뒤 닿소리 'ㅂ'이 연결된 경우에, 'ㅂ → ㅃ'과 같이
'ㅂ'의 된소리되기가 실현된 것이다. '인사법'은 '인사법 → 인사뻡'과 같은
음운변화과정에서 'ㅂ'에 된소리되기가 적용된다.

(94ㄷ)은 앞 홀소리와 뒤 닿소리 'ㅈ'이 연결된 경우에, 'ㅈ → ㅉ'과 같이
'ㅈ'의 된소리되기가 실현된 것이다. '일기장'은 '일기장 → 일기짱'과 같은
음운변화과정에서 'ㅈ'에 된소리되기가 적용된다.

🔟 닿소리보탬(자음첨가 : 子音添加)

표준발음법 음의 첨가에서는 'ㄴ'소리보탬만 규정하고 있다. 표준발음법
제29항은 '솜이불[솜니불]', '홑이불[혼니불]' 등과 같이 합성어나 파생어의
경우에 'ㄴ'소리보탬을 나타내고 있다. 제30항 1은 '베갯잇[베갣닏 → 베갠
닏]', '깻잎[깯닙 → 깬닙]' 등과 같이 사이시옷 뒤에 '이'소리가 결합되는 경
우에 'ㄴ'소리보탬을 나타내고 있다.

따라서 이 항에서는 'ㄴ'소리가 보태진 경우와 'ㄴ'소리가 보태진 뒤에

콧소리되기와 흐름소리되기가 실현되는 경우처럼 두 가지로 구분하여 기술한다.

(95) ㄱ. 단풍잎[단풍입 → 단풍닙]　　　　　색연필[색년필 → 생년필]

　　 ㄴ. 나뭇잎[나묻입 → 나묻닙 → 나문닙]

　　　 뒷이야기[뒨니야기]　　　　　　　옛이야기[옌니야기]

　　 ㄷ. 꽃잎[꼳입 → 꼳닙 → 꼰닙]

　　 ㄹ. 간 일[간닐]　　　　　　　　　　된 일[된닐]　　잔 일[잔닐]

　　　 탄 일[탄닐]　　　　　　　　　　한 일[한닐]

　　 ㅁ. 꽃 이름[꼳이름 → 꼳니름 → 꼰니름]　책 이름[챙니름]

　　 ㅁ. 별일[별닐 → 별릴]

　　 ㅂ. 스물여덟[스물여덜 → 스물녀덜 → 스물려덜]

　　　 줄 일[줄닐 → 줄릴]　　　　　　　할 일[할릴]

(95)는 앞 닿소리와 뒤 홀소리 사이에 'ㄴ'소리가 보태진 경우이다.

(95ㄱ)은 표준발음법 제29항에 규정하고 있다. 보기는 제29항과 같이 'ㄴ'소리가 보태진 후에, 닿소리이어바뀜의 환경에서 앞 닿소리가 'ㄴ'소리보탬 뒤 닿소리를 닮아 콧소리로 실현된 경우이다. '색연필'이 '색연필 → 색년필 → 생년필'과 같은 음운변화과정에서 1단계는 'ø → ㄴ(-연- → -년-)'과 같이 'ㄴ'소리보탬이 적용되고, 2단계는 'ㄱ → ㅇ(색- → 생-)'과 같이 'ㄱ'에 콧소리되기가 적용된다.

(95ㄴ)은 표준발음법 제30항 3에 규정하고 있다. 이 규정은 사이시옷 뒤에 '이'소리가 결합되는 경우에는 [ㄴㄴ]으로 발음한다는 내용이다. 보기는 'ㅅ → ㄷ'과 같이 받침규칙이 적용된 후에(또는 'ㄴ'소리보탬 후 받침규칙 적용도 가능함.), 'ㄴ'소리보탬으로 인한 닿소리이어바뀜의 환경에서 앞 닿소리가 'ㄴ'소리보탬 뒤 닿소리를 닮아 콧소리로 실현된 경우이다. '나뭇잎'이 '나뭇잎 → 나묻입 → 나묻닙 → 나문닙'과 같은 음운변화과정에서 1단계는 'ㅅ → ㄷ(-뭇- → -묻-)'과 같이 'ㅅ'에 받침규칙과 'ㅍ → ㅂ(-잎

→ −입)'과 같이 'ㅍ'에 받침규칙이 각각 적용되고, 2단계는 '∅ → ㄴ(−입 → −닙)'과 같이 'ㄴ'소리보탬이 적용되고, 3단계는 'ㄷ → ㄴ(−묻− → −문−)'과 같이 'ㄷ'에 콧소리되기가 적용된다.

(95ㄷ)은 표준발음법 제29항에 규정하고 있다. 보기는 제29항과 같이 'ㄴ'소리가 보태진 후에, 닿소리이어바뀜의 환경에서 받침규칙이 적용된 앞 닿소리가 'ㄴ'소리보탬 뒤 닿소리를 닮아 콧소리로 실현된 경우이다. '꽃잎'이 '꽃잎 → 꼳입 → 꼳닙 → 꼰닙'과 같은 음운변화과정에서 1단계는 'ㅊ → ㄷ(꽃− → 꼳−)'과 같이 'ㅊ'에 받침규칙과 'ㅍ → ㅂ(잎 → −입)'과 같이 'ㅍ'에 받침규칙이 각각 적용되고, 2단계는 '∅ → ㄴ(−입 → −닙)'과 같이 'ㄴ'소리보탬이 적용되고, 3단계는 'ㄷ → ㄴ(꼳− → 꼰−)'과 같이 'ㄷ'에 콧소리되기가 적용된다. '짚여물'이 '짚여물 → 집여물 → 집녀물 → 짐녀물'과 같은 변화과정에서 1단계는 'ㅍ → ㅂ(짚− → 집−)'과 같이 'ㅍ'에 받침규칙이 적용되고, 2단계는 '∅ → ㄴ(−여− → −녀−)'과 같이 'ㄴ'소리보탬이 적용되고, 3단계는 'ㅂ → ㅁ(집− → 짐−)'과 같이 'ㅂ'에 콧소리되기가 적용된다.

(95ㄹ)은 표준발음법 제29항 [붙임 2]에 규정하고 있다. 보기는 띄어 있는 표기에서 두 낱말을 한 마디로 이어서 발음하는 경우에, 'ㄴ'소리가 보태진 닿소리이어바뀜의 환경에서 앞 닿소리가 뒤 닿소리를 닮아 콧소리로 실현된 경우이다. '꽃 이름'이 '꽃이름 → 꼳이름 → 꼳니름 → 꼰니름'과 같은 음운변화과정에서 1단계는 'ㅊ → ㄷ(꽃− → 꼳−)'과 같이 'ㅊ'에 받침규칙이 적용되고, 2단계는 '∅ → ㄴ(−이− → −니−)'과 같이 'ㄴ'소리보탬이 적용되고, 3단계는 'ㄷ → ㄴ(꼳− → 꼰−)'과 같이 'ㄷ'에 콧소리되기가 적용된다.

(95ㅁ)은 표준발음법 제29항 [붙임 1]에 규정하고 있다. 이 규정은 'ㄹ' 받침 뒤에 보태진 'ㄴ'소리는 [ㄹ]로 발음한다는 내용이다. 보기는 제29항과 같이 'ㄴ'소리가 보태진 후에, 닿소리이어바뀜의 환경에서 'ㄴ'소리보탬

뒤 닿소리가 앞 닿소리를 닮아 흐름소리로 실현된 경우이다. '별일'이 '별일 → 별닐 → 별릴'과 같은 음운변화과정에서 1단계는 '∅ → ㄴ(-일 → -닐)'과 같이 'ㄴ'소리보탬이 적용되고, 2단계는 'ㄴ → ㄹ(-닐 → -릴)'과 같이 'ㄴ'에 흐름소리되기가 적용된다.

(95ㅂ)은 표준발음법 제29항 [붙임 2]에 규정하고 있다. 이 규정은 두 낱말을 이어서 한 마디로 발음하는 경우에도, 'ㄴ'소리를 보태어 발음한다는 내용이다. 보기는 띄어 있는 표기에서 두 낱말을 한 마디로 이어서 발음하는 경우에, 'ㄴ'소리가 보태진 닿소리이어바꿈의 환경에서 뒤 닿소리 'ㄴ'이 앞 닿소리 'ㄹ'을 닮아 흐름소리로 실현된 경우이다. '스물여덟'이 '스물여덟 → 스물녀덟 → 스물려덟 → 스물려덜'과 같은 음운변화과정에서 1단계는 '∅ → ㄴ(-여- → -녀-)'과 같이 'ㄴ'소리보탬이 적용되고, 2단계는 'ㄴ → ㄹ(-녀- → -려-)'과 같이 'ㄴ'에 흐름소리되기가 적용되고, 3단계는 'ㄼ → ㅂ(-덟 → -덜)'과 같이 'ㅂ'에 닿소리빠짐이 적용된다.

11 갈이소리되기(마찰음화 : 摩擦音化)

갈이소리되기는 표준발음법 제16항에 규정하고 있다. 이 규정은 '디귿이[디그시]', '지읒을[지으슬]', '치읓에[치으세]', '티읕이[티으시]', '히읗이[히으시]' 등과 같이 한글 자모의 이름에 한해 표준발음을 나타내고 있는 내용이다. 즉 이 규정에서는 앞 닿소리 'ㄷ·ㅈ·ㅊ·ㅌ·ㅎ' 등이 뒤 소리마디 '이·을·에' 등과 결합되는 경우에, 갈이소리 [ㅅ]으로 실현되는 갈이소리되기를 표준발음으로 인정하고 있다. 이 항에서는 앞 닿소리 'ㅊ, ㅌ' 등이 갈이소리 [ㅅ]으로 실현되는 경우에 한하여 기술한다.

이 항에서 갈이소리되기는 한글 자모의 이름 이외에 앞 닿소리 'ㅊ, ㅌ' 등과 뒤 소리마디(홀소리로 시작하는 '에, 으로, 은, 을, 의, 이' 등)가 결합되는 경우를 중심으로 기술하는데, 이는 비표준발음이다.

(96) ㄱ. 꽃은[꼬츤](×[꼬슨])　　　　　꽃을[꼬츨](×[꼬슬])
　　　꽃이[꼬치](×[꼬시])　　　　　꽃인데[꼬친데](×[꼬신데])
　　　나팔꽃이[나팔꼬치](×[나팔꼬시])　눈꽃이[눈꼬치](×[눈꼬시])
　　　눈빛이[눈삐치](×[눈삐시])　　　달빛이[달삐치](×[달삐시])
　　　들꽃이[들꼬치](×[들꼬시])　　　먼빛으로[먼비츠로](×[먼비스로])
　　　빛을[비츨](×[비슬])　　　　　숯으로[수츠로](×[수스로])
　　　은빛으로[은삐츠로](×[은삐스로])　풀꽃이[풀꼬치](×[풀꼬시])
　　ㄴ. 고추밭의[고추바틔/-테](×[고추바싀/-세])
　　　꽃밭에[꼳빠테](×[꼳빠세])
　　　꽃밭을[꼳빠틀](×[꼳빠슬])　　　꽃밭이[꼳빠치](×[꼳빠시])
　　　끝에[끄테](×[끄세])　　　　　끝을[끄틀](×[끄슬])
　　　끝이[끄치](×[끄시])　　　　　뒤꼍으로[뒤껴트로](×[뒤껴스로])
　　　말끝을[말끄틀](×[말끄슬])　　　밀밭에[밀바테](×[밀바세])
　　　밑에[미테](×[미세])　　　　　밑으로[미트로](×[미스로])
　　　밭에[바테](×[바세])　　　　　밭을[바틀](×[바슬])
　　　밭이[바치](×[바시])　　　　　볕에[벼테](×[벼세])
　　　볕이[벼치](×[벼시])　　　　　풀밭을[풀바틀](×[풀바슬])
　　　햇볕이[핻뼈치](×[핻뼈시])

　(96)은 앞 닿소리와 뒤 홀소리 사이에서 앞 닿소리의 갈이소리되기가 실
현된 경우인데, 이는 비표준발음이다.
　(96ㄱ)은 앞 닿소리 'ㅊ'이 뒤 소리마디 '-을‧-이‧인‧으로' 등과 결합
되는 경우에, 'ㅊ → ㅅ'과 같이 'ㅊ'의 갈이소리되기가 실현된 것이다. 뒤
소리마디가 '을'인 '꽃을'이 '꽃을 → 꽃을 → 꼬슬'과 같은 음운변화과정에
서 1단계는 'ㅊ → ㅅ(꽃- → 꽃-)'과 같이 'ㅊ'에 갈이소리되기가 적용되고,
2단계는 '꽃을 → 꼬슬'과 같이 이음소리규칙이 적용된다.

1 받침규칙(말음법칙 : 末音法則)

(97) ㄱ. 밖[박]

ㄴ. 갓[갇]　　　　거짓[거짇]　　　것[걷]　　　　곳[곧]

　그것[그걷]　　　그곳[그곧]　　　그까짓[그까짇]　그깟[그깓]

　그릇[그륻]　　　까짓[까짇]　　　넷[녣]　　　　노릇[노륻]

　다섯[다섣]　　　닷[닫]　　　　던지듯[던지듣]　듯[듣]

　뜻[뜯]　　　　로봇[로볻]　　　마음껏[마음껃]　맛[맏]

　멈칫[멈칟]　　　목청껏[목청껃]　못[몯]　　　　무엇[무얻]

　바치듯[바치듣]　버릇[버륻]　　　벗[벋]　　　　별짓[별짇]

　붓[붇]　　　　빙긋[빙귿]　　　생긋[생귿]　　　선뜻[선뜯]

　셋[섿]　　　　쇠못[쇠몯/쉐-]　쉿[쉳]　　　　슈퍼마켓[슈퍼마켇]

　실컷[실컫]　　　싱긋[싱귿]　　　씨앗[씨앋]　　　아얏[아얃]

　암컷[암컫]　　　앗[앋]　　　　어느덧[어느덛]　언뜻[언뜯]

　얼핏[얼핃]　　　에잇[에읻]　　　여태껏[여태껃]　엿[엳]

　옛[옏]　　　　옷[옫]　　　　움칫[움칟]　　　이것[이걷]

　이곳[이곧]　　　이웃[이욷]　　　이제껏[이제껃]　인터넷[인터넫]

　잘못[잘몯]　　　잠옷[자몯]　　　저것[저걷]　　　저깟[저깓]

　정성껏[정성껃]　지금껏[지금껃]　질그릇[질그륻]　짐짓[짐짇]

　짓[짇]　　　　쫑긋[쫑귿]　　　찌릿[찌릳]　　　차렷[차렫]

　첫[첟]　　　　초콜릿[초콜릳]　퍼듯[퍼듣]　　　한껏[한껃]

　햇[핻]　　　　허드렛[허드렏]　후훗[후훋]　　　흘깃[흘긷]

　히힛[히힏]　　　힘껏[힘껃]

ㄷ. 것까지[걷까지]　것끼리[걷끼리]　것뿐[걷뿐]　　　것쯤[걷쯤]

것처럼[걷처럼]　　깃털[긷털]　　　꿋꿋이[끋꾸시]　　넷째[녇째]

뜻풀이[뜯푸리]　　맛테기[맏테기]　　멋쩍어[멀쩌거]　　못써[몯써]

못쓰는[몯쓰는]　　무엇처럼[무얻처럼]　　셋째[섿째]　　엿치기[열치기]

엿판[열판]　　　　옷차림[옫차림]　　옷핀[옫핀]　　　으랏차차[으랃차차]

잇따라[읻따라]　　첫째[첟째]　　　첫쪽[첟쪽]

ㄹ.웃어른[우더른]　웃옷[우돋]　　　윗옷[위돋]　　　첫인사[처딘사]

ㅁ.쯧쯧[쯛쯛]　　　파릇파릇[파륻파륻]

(97)은 표준발음법 제9항에 규정하고 있다. 이 규정은 받침 'ㄲ·ㅋ', 'ㅅ·ㅆ·ㅈ·ㅊ·ㅌ', 'ㅍ'은 낱말끝 또는 닿소리 앞에서 각각 대표음 [ㄱ, ㄷ, ㅂ]으로 발음한다는 내용이다.

(97ㄱ)은 받침 'ㄲ'이 낱말끝('밖'의 끝소리인 'ㄲ')에서 'ㄲ → ㄱ'과 같이 [ㄱ]으로 실현된 경우이다. 'ㄲ'이 낱말끝인 '밖'은 '밖 → 박'과 같은 음운변화과정에서 'ㄲ → ㄱ'과 같이 'ㄲ'에 받침규칙이 적용된다. 이는 교과서에 표기된 '밖'이 [박]으로 발음되는 것을 의미한다. 즉 표기와 표준발음이 다른 경우이다.

(97ㄴ)은 'ㅅ'이 낱말끝인 경우이다. '거짓'은 '거짓 → 거짇'과 같은 음운변화과정에서 'ㅅ → ㄷ(-짓 → -짇)'과 같이 'ㅅ'에 받침규칙이 적용된다. 이는 교과서에 표기된 '거짓'이 [거짇]으로 발음되는 것을 의미한다.

(97ㄷ)은 'ㅅ'이 닿소리 앞인 경우이다. '것처럼'이 '것처럼 → 걷처럼'과 같은 음운변화과정에서 'ㅅ → ㄷ(것- → 걷-)'과 같이 'ㅅ'에 받침규칙이 적용된다.

(97ㄹ)은 'ㅅ'이 홀소리 앞인 경우이다. '웃어른', '웃옷', '윗옷' 등은 표준발음법 제15항에 규정하고 있다. 이 규정은 받침 뒤에 홀소리 'ㅏ, ㅓ, ㅗ, ㅜ, ㅟ' 등으로 시작되는 실질형태소가 연결되는 경우에는 대표음으로 바꾸어 뒤 소리마디 첫소리로 옮겨 발음한다는 내용이다. 'ㅅ'이 홀소리 앞인 '웃어른'이 '웃어른 → 욷어른 → 우더른'과 같은 음운변화과정에서 1단계

는 'ㅅ → ㄷ(옷- → 운-)'과 같이 'ㅅ'에 받침규칙이 적용되고, 2단계는 '운
어- → 우더-'와 같이 이음소리규칙이 적용된다. '옷어른'은 [우서른]과 같
이 이음소리로 실현되는 것이 아니고, 제15항 규정에 따라 [우더른]으로 발
음해야 한다.

(97ㅁ)은 'ㅅ'이 닿소리 앞('쯧-')과 낱말끝('-쯧')인 경우이다. '쯧쯧'은
'쯧쯧 → 쯛쯛'과 같은 음운변화과정에서 'ㅅ → ㄷ'과 같이 'ㅅ'에 받침규칙
이 적용된다.

(98) ㄱ. 갖추다[갇추다]   갖춤[갇춤]   갖춰[갇춰]   낮추다[낟추다]
　　　낮춰[낟춰]   맞추어[맏추어]   맞추다[맏추다] 맞춤[맏춤]
　　　맞춰[맏춰]   밤낮[밤낟]   벚꽃[벋꼳]   부딪쳐[부딛처]
　　　부딪치다[부딛치다] 온갖[온갇]
　　ㄴ. 꽃[꼳]   　　　꽃씨[꼳씨]   꽃처럼[꼳처럼]   몇[면]
　　　빛깔[빋깔]   윷[윧]   장미꽃[장미꼳]

(98)은 표준발음법 제9항에 규정하고 있다.

(98ㄱ)은 받침 'ㅈ'이 낱말끝('온갖'의 'ㅈ')이나 닿소리 앞('갖추-', '맞춤'
등의 'ㅈ'이 'ㅊ' 앞에 온 경우)에서 'ㅈ → ㄷ'과 같이 [ㄷ]으로 실현된 경우
이다. 'ㅈ'이 낱말끝인 '온갖'은 '온갖 → 온갇'과 같은 음운변화과정에서
'ㅈ → ㄷ(-갖 → -갇)'과 같이 'ㅈ'에 받침규칙이 적용된다. 이는 교과서에
표기된 '온갖'이 [온갇]으로 발음되는 것을 의미한다. 즉 표기와 표준발음
이 다른 경우이다.

(98ㄴ)은 받침 'ㅊ'이 낱말끝('꽃, 장미꽃' 등의 'ㅊ')이나 닿소리 앞('빛깔'
에서 '빛'의 'ㅊ'이 '-깔'의 'ㄲ' 앞에 온 경우)에서 'ㅊ → ㄷ'과 같이 [ㄷ]으
로 실현된 경우이다. 'ㅊ'이 낱말끝인 '장미꽃'은 '장미꽃 → 장미꼳'과 같은
음운변화과정에서 'ㅊ → ㄷ(-꽃 → -꼳)'과 같이 'ㅊ'에 받침규칙이 적용된
다. 이는 교과서에 표기된 '장미꽃'이 [장미꼳]으로 발음되는 것을 의미한

다. 즉 표기와 표준발음이 다른 경우이다.

(99) ㄱ. 동녘[동녁]　　　부엌[부억]　　　서녘[서녁]

　　ㄴ. 가마솥[가마솓]　　끝[끋]　　　끝까지[끋까지] 밑[믿]

　　　밑창[믿창]　　　바깥[바깓]　　　밭[받]　　　손끝[손끋]

　　　솥[솓]　　　솥뚜껑[솓뚜껑]　　코밑[코믿]

　(99)는 표준발음법 제9항에 규정하고 있다.

　(99ㄱ)은 받침 'ㅋ'이 낱말끝('부엌, 서녘' 등의 끝소리인 'ㅋ')에서 'ㅋ →
ㄱ'과 같이 [ㄱ]으로 실현된 경우이다. 'ㅋ'이 낱말끝인 '부엌'은 '부엌 → 부
억'과 같은 음운변화과정에서 'ㅋ → ㄱ(-엌 → -억)'과 같이 'ㅋ'에 받침규
칙이 적용된다. 이는 교과서에 표기된 '부엌'이 [부억]으로 발음되는 것을
의미한다. 즉 표기와 표준발음이 다른 경우이다.

　(99ㄴ)은 받침 'ㅌ'이 낱말끝('가마솥', '코밑' 등의 'ㅌ')이나 닿소리 앞('끝
까지, 솥뚜껑' 등의 'ㅌ'이 'ㄲ, ㄸ' 등의 앞에 온 경우)에서 'ㅌ → ㄷ'과 같
이 [ㄷ]으로 실현된 경우이다. 'ㅌ'이 낱말끝인 '가마솥'은 '가마솥 → 가마
솓'과 같은 음운변화과정에서 'ㅌ → ㄷ(-솥 → -솓)'과 같이 'ㅌ'에 받침규
칙이 적용된다.

(100) ㄱ. 늪[늡]　　　덮쳐[덥쳐 → 덥처]　덮치다[덥치다]　덮치던[덥치던]

　　　무릎[무릅]　　숲[숩]　　　앞[압]　　　앞까지[압까지]

　　　앞뿐[압뿐]　　앞쪽[압쪽]　　　앞코로[압코로]　앞표지[압표지]

　　　옆[엽]　　　잎[입]　　　코앞[코압]　　헝겊[헝겁]

　　ㄴ. 히읗[히읃]

　(100)은 표준발음법 제9항에 규정하고 있다.

　(100ㄱ)은 받침 'ㅍ'이 낱말끝('무릎', '헝겊' 등의 'ㅍ')이나 닿소리 앞('덮
치던, 앞표지' 등의 'ㅍ'이 'ㅊ, ㅍ' 등의 앞에 온 경우)에서 'ㅍ → ㅂ'과 같

이 [ㅂ]으로 실현된 경우이다. 'ㅍ'이 낱말끝인 '무릎'은 '무릎→무릅'과 같은 음운변화과정에서 'ㅍ→ㅂ(-릎→-릅)'과 같이 'ㅍ'에 받침규칙이 적용된다.

(100ㄴ)은 표준발음법 제9항에는 없지만, 받침 'ㅎ'이 낱말끝('히읗'의 끝소리인 'ㅎ')에서 'ㅎ→ㄷ'과 같이 [ㄷ]으로 실현된 것으로 추정한다. 이는 제12항 3의 규정(받침 'ㅎ'의 발음)에 근거해서 '놓는'의 경우에 '놓는→녿는→논는'과 같은 음운변화과정을 설정할 수 있다. 이 중 1단계는 'ㅎ'의 받침규칙이 적용되는 것으로 본다. 그러므로 'ㅎ'이 낱말끝인 '히읗'은 '히읗→히읃'과 같은 음운변화과정에서 'ㅎ→ㄷ(-읗→-읃)'과 같이 'ㅎ'에 받침규칙이 적용된다.

❷ 닿소리빠짐(자음탈락 : 子音脫落)

(101) ㄱ. 낳아[나아]　　낳으니[나으니]　낳은[나은]　　낳을[나을]
　　　　넣어[너어]　　넣으니[너으니]　넣은[너은]　　넣을[너을]
　　　　놓아[노아]　　놓여[노여]　　놓으니[노으니]　놓은[노은]
　　　　놓이다[노이다]　닿아[다아]　　닿을[다을]　　빻아[빠아]
　　　　쌓아[싸아]　　쌓여[싸여]　　쌓으니[싸으니]　쌓은[싸은]
　　　　쌓을[싸을]　　쌓이다[싸이다]　쌓인[싸인]　　좋아[조아]
　　　　좋으니[조으니]　좋은[조은]　　좋을[조을]　　찧어[찌어]
　　　　찧은[찌은]　　찧을[찌을]
　　　　가쟎아[가자나]　괜찮아[괜차나]　괜찮으니[괜차느니]　괜찮은[괜차는]
　　　　끊어[끄너]　　끊으니[끄느니]　끊다[끄니다]　끊임[끄님]
　　　　많아[마나]　　많으니[마느니]　많은[마는]　　많이[마니]
　　　　않아[아나]　　않으니[아느니]　않은[아는]　　않을[아늘]
　　　　않음[아늠]　　잖아[자나]　　잖은[자는]
　　　　곯아[고라]　　꿇어[꾸러]　　꿇여[끄려]　　끓이다[끄리다]
　　　　닳아[다라]　　뚫어[뚜러]　　싫어[시러]　　싫으니[시르니]

싫은[시른]　　　옳아[오라]　　　옳으니[오르니]　　　옳은[오른]

잃어[이러]　　　잃은[이른]　　　잃을[이를]

ㄴ. 괜찮니[괜찬니]　많네[만네]　　　않나[안나]　　　않네[안네]

않느냐[안느냐]　않는[안는]　　　않니[안니]

ㄷ. 몫[목]　　　　앉는[안는]　　　없는[언는]　　　여덟[여덜]

ㄹ. 까닭[까닥]　　　흙[흑]　　　　흙탕[흑탕]　　　굶주려[굼주려]

만듦[만듬]　　　삶[삼]　　　　삶는[삼는]　　　옮겨[옴겨]

옮기다[옴기다]　옮길[옴길]　　　옮김[옴김]

(101ㄱ)은 표준발음법 제12항 4에 규정하고 있다. 이 규정은 'ㅎ(ㄶ, ㅀ)' 뒤에 홀소리로 시작된 씨끝이나 뒷가지가 결합되는 경우에는, 'ㅎ'을 발음하지 않는다는 내용이다. '낳아'는 'ㅎ'이 '–아'와 결합된 경우이고, '가잖아'는 'ㄶ'이 '–아'와 결합된 경우에 'ㅎ'의 빠짐이 실현된다. '낳아'는 '낳아 → 나아'와 같은 음운변화과정에서 'ㅎ → ∅(낳– → 나–)'과 같이 'ㅎ'에 닿소리빠짐이 적용된다.('∅'에 대해서는 제1부 제2장 6 같은위치닿소리빠짐 참조) '가잖아'가 '가잖아 → 가잔아 → 가자나'와 같은 음운변화과정에서 1단계는 'ㄶ → ㄴ(–잖– → –잔–)'과 같이 'ㅎ'에 닿소리빠짐이 적용되고, 2단계는 '–잔아 → –자나'와 같이 이음소리규칙이 적용된다.

(101ㄴ)은 표준발음법 제12항 3의 [붙임]에 규정하고 있다. 이 규정은 'ㄶ' 뒤에 'ㄴ'이 결합되는 경우에는, 'ㅎ'을 발음하지 않는다는 내용이다. 'ㄶ'이 'ㄴ'과 결합된 경우의 '괜찮니'는 '괜찮니 → 괜찬니'와 같은 음운변화과정에서 'ㄶ → ㄴ(–찮– → –찬–)'과 같이 'ㅎ'에 닿소리빠짐이 적용된다. 이는 교과서에 '괜찮니·많네·않니' 등과 같이 표기하지만, 표준발음은 [괜찬니]·[만네]·[안니] 등과 같이 실현한다는 내용이다.

(101ㄷ)은 표준발음법 제10항에 규정하고 있다. 이 규정은 겹받침 'ㄳ, ㄵ, ㄼ'은 닿소리 앞에서 각각 [ㄱ, ㄴ, ㄹ]로 발음한다는 내용이다. 겹받침 'ㄳ'이 낱말끝인 '몫'은 '몫 → 목'과 같은 음운변화과정에서 'ㄳ → ㄱ(몫 →

목)'과 같이 'ㅅ'에 닿소리빠짐이 적용된다. 겹받침 'ㄵ'이 닿소리 앞('ㄴ')인 '앉는'은 '앉는 → 안는'과 같은 음운변화과정에서 'ㄵ → ㄴ(앉- → 안-)'과 같이 'ㅈ'에 닿소리빠짐이 적용된다.

(101ㄹ)은 표준발음법 제11항에 규정하고 있다. 이 규정은 겹받침 'ㄺ, ㄻ'은 낱말끝 또는 닿소리 앞에서 각각 [ㄱ, ㅁ]으로 발음한다는 내용이다. 겹받침 'ㄺ'이 낱말끝인 '까닭'은 '까닭 → 까닥'과 같은 음운변화과정에서 'ㄺ → ㄱ(-닭 → -닥)'과 같이 'ㄹ'에 닿소리빠짐이 적용된다. 이는 교과서에 '까닭'으로 표기하지만, 표준발음은 [까닥]으로 실현한다는 내용이다.

③ 콧소리되기(비음화(鼻音化)

(102) ㄱ.   고목나무[고몽나무]   기억나다[기엉나다]   넉넉하다[넝너카다]
　　　　넉넉히[넝너키]   녹는[농는]   눅눅하다[눙누카다]
　　　　들쭉날쭉[들쭝날쭉]   막내[망내]   막는[망는]
　　　　먹나[멍나]   먹는[멍는]   생각나[생강나]
　　　　속는[송는]   숙녀[숭녀]   써먹는[써멍는]
　　　　썩는[썽는]   억누르고[엉누르고]   자작나무[자장나무]
　　　　작년[장년]   재작년[재장년]   저녁내[저녕내]
　　　　적는[정는]   죽는[중는]   직녀[징녀]
　　　　쪽나무[쫑나무]   찍는[찡는]   학년[항년]
　　ㄴ.   건축물[건충물]   국민[궁민]   녹말[농말]
　　　　다락문[다랑문]   도둑맞은[도둥마즌]   동식물[동싱물]
　　　　떡메[떵메]   막막히[망마키]   먹먹히[멍머키]
　　　　먹물[멍물]   모락모락[모랑모락]   목마른[몽마른]
　　　　목말라[몽말라]   묵묵히[뭉무키]   박물관[방물관]
　　　　발자국만[발짜궁만]   백만[뱅만]   백미[뱅미]
　　　　생각만[생강만]   속마음[송마음]   식물[싱물]
　　　　식민지[싱민지]   악물고[앙물고]   약만[양만]

억만 원[엉마눤]　　　억명[엉명]　　　음식물[음싱물]

이익만[이잉만]　　　저작물[저장물]　　　조금씩만[조금씽만]

주먹만[주멍만]　　　쪽만큼[쫑만큼]　　　창작물[창장물]

책만[챙만]　　　　체육복만[체육뽕만]　학문[항문]

한 벌씩만[한벌씽만]

ㄷ.　각 나라[강나라]　　각 면[강면]　　　각 문단[강문단]

거북 목[거붕목]　들릴락 말락[들릴랑말락]목 놓아[몽노아]

백 미터[뱅미터]　　복 많이[봉마니]　　생각 나누기[생강나누기]

수학 문제[수항문제]　약 먹여[양머겨]　억 명[엉명]

오백 년[오뱅년]　　죽 먹여[중머겨]　　책 내용[챙내용]

책 먹는[챙멍는]　　책 모양[챙모양]　　축 늘어진[충느러진]

ㄹ.　격려[격녀 → 경녀]　국립[국닙 → 궁닙]　기억력[기억녁 → 기엉녁]

녹로[녹노 → 농노]　독립[독닙 → 동닙]　목련[목년 → 몽년]

목록[목녹 → 몽녹]　식량[식냥 → 싱냥]　청백리[청백니 → 청뱅니]

학력[학녁 → 항녁]　십리[십니 → 심니]

왕십리[왕십니 → 왕심니]　　　　합리적[합니적 → 함니적]

ㅁ.　겨는[격는 → 경는]　닭는[닥는 → 당는]　묶는[묵는 → 뭉는]

(102)는 표준발음법 제18항에 규정하고 있다. 이 규정은 받침 'ㄱ, ㄲ'은 'ㄴ, ㅁ' 앞에서 [ㅇ]으로 발음한다는 내용이다. (102ㄱ-ㄷ)은 앞 닿소리가 'ㄱ'이고, (102ㄹ)은 앞 닿소리가 'ㄱ, ㅂ' 등인 경우이고, (102ㅁ)은 앞 닿소리가 'ㄲ'인 경우이다.

(102ㄱ)은 닿소리이어바뀜의 환경에서 앞 닿소리 'ㄱ'이 콧소리인 뒤 닿소리 'ㄴ'을 닮아, 'ㄱ → ㅇ'과 같이 'ㄱ'의 콧소리되기가 실현된 경우이다. '넉넉히'는 '넉넉히 → 넝넉히 → 넝너키'와 같이 소리마디 순서에 따른 음운변화과정에서 앞 닿소리 'ㄱ'(제1음절 '넉-'의 받침)이 뒤 닿소리 'ㄴ'(제2소리마디 '-넉'의 'ㄴ')을 닮아, 'ㄱ'이 [ㅇ]으로 실현된 것이다. 즉 1단계는 'ㄱ → ㅇ(넉- → 넝-)'과 같이 'ㄱ'에 콧소리되기가 적용되고, 2단계는 'ㄱ

+ ㅎ → ㅋ(-넉히 → -너키)'과 같이 'ㄱ'과 'ㅎ'의 합한 소리로 인해 'ㄱ'에 거센소리되기가 적용된다.

(102ㄴ)은 닿소리이어바뀜의 환경에서 앞 닿소리 'ㄱ'이 콧소리인 뒤 닿소리 'ㅁ'을 닮아, 'ㄱ → ㅇ'과 같이 'ㄱ'의 콧소리되기가 실현된 경우이다. '도둑맞은'이 '도둑맞은 → 도둥맞은 → 도둥마즌'과 같은 소리마디 순서에 따른 음운변화과정에서 1단계는 'ㄱ → ㅇ(-둑- → -둥-)'과 같이 'ㄱ'에 콧소리되기가 적용되고, 2단계는 '-맞은 → -마즌'과 같이 이음소리규칙이 적용된다.

(102ㄷ)은 표준발음법 제18항 [붙임]에 규정하고 있다. 이 규정은 두 낱말을 이어서 한 마디로 발음하는 경우에도 콧소리되기가 실현된다는 내용이다. 보기는 닿소리이어바뀜의 환경에서 앞 닿소리 'ㄱ'이 콧소리인 뒤 닿소리 'ㄴ·ㅁ' 등을 닮아, 'ㄱ → ㅇ'과 같이 'ㄱ'의 콧소리되기가 실현된 경우이다. 뒤 닿소리가 'ㄴ'인 '각 나라'는 '각나라 → 강나라'와 같은 음운변화과정에서 'ㄱ → ㅇ(각- → 강-)'과 같이 'ㄱ'에 콧소리되기가 적용된다.

(102ㄹ)은 표준발음법 제19항 [붙임]에 규정하고 있다. 이 규정은 받침 'ㄱ, ㅂ' 뒤에 연결되는 'ㄹ'도 [ㄴ]으로 발음한다는 내용이다. 이 경우는 앞 닿소리와 뒤 닿소리가 서로 영향을 끼쳐 두 닿소리가 모두 변화하는 서로닮음에 해당된다. 앞 닿소리가 'ㄱ'이고 뒤 닿소리가 'ㄹ'인 '격려'가 '격려 → 격녀 → 경녀'와 같은 음운변화과정에서 1단계는 'ㄹ → ㄴ(-려 → -녀)'과 같이 'ㄹ'에 콧소리되기가 적용되고, 2단계는 'ㄱ → ㅇ(격- → 경-)'과 같이 'ㄱ'에 콧소리되기가 적용된다.

(102ㅁ)은 음운변화과정에서 받침규칙, 콧소리되기 등의 순서로 규칙을 적용한다. '겪는'이 '겪는 → 격는 → 경는'과 같은 음운변화과정에서 1단계는 'ㄲ → ㄱ(겪- → 격-)'과 같이 'ㄲ'에 받침규칙이 적용되고, 2단계는 'ㄱ → ㅇ(격- → 경-)'과 같이 'ㄱ'에 콧소리되기가 적용된다.

(103) ㄱ. 걷는[건는]　　　굳는[군는]　　　듣는[든는]　　　뜯는[뜯는]

　　　묻는[문는]　　　믿는[민는]　　　받나[반나]　　　받느니[반느니]

　　　받는[반는]　　　삼진날[삼진날]　이튿날[이튼날]

　　ㄴ. 남루[남누]　　　늠름[늠늠]　　　염려[염녀]　　　음력[음녁]

　　　침략[침냑]　　　강렬[강녈]　　　경력[경녁]　　　경련[경년]

　　　경례[경녜]　　　공로[공노]　　　공룡[공뇽]　　　궁리[궁니]

　　　권장량[권장냥]　능력[능녁]　　　능률[능뉼]　　　동력[동녁]

　　　동료[동뇨]　　　사용량[사용냥]　사용료[사용뇨]　승리[승니]

　　　양력[양녁]　　　영리[영니]　　　왕립[왕닙]　　　장래[장내]

　　　장렬[장녈]　　　정리[정니]　　　행랑채[행낭채]　행렬[행녈]

　　　황량[황냥]

　　ㄷ. 가깝나[가깜나]　겁먹은[검머근]　겁먹을[검머글]　굽는[굼는]

　　　눕는[눔는]　　　돕는[돔는]　　　모습만[모슴만]　뽑나[뽐나]

　　　뽑는[뽐는]　　　쉽네[쉼네]　　　십년[심년]　　　어렵네[어렴네]

　　　우습나[우슴나]　월급날[월금날]　읍내[음내]　　　읍는[음는]

　　　입는[임는]　　　입맛[임맏]　　　잡는[잠는]　　　접느냐[점느냐]

　　　조팝나무[조팜나무]　집는[짐는]　　　집만[짐만]　　　출입문[추림문]

　　　컵만[컴만]　　　집집마다[집찜마다]

　　ㄹ. 갑니다[감니다]　겁니[검니]　　　깁니[김니]　　　꿉니[꿈니]

　　　납니[남니]　　　냅니[냄니]　　　놉니[놈니]　　　눕니[눔니]

　　　닙니[님니]　　　답니[담니]　　　됩니[됨니/뗌－]　둡니[둠니]

　　　듭니[듬니]　　　랍니[람니]　　　랩니[램니]　　　렵니[렴니]

　　　룹니[룸니]　　　릅니[름니]　　　립니[림니]　　　몹니[몸니]

　　　뭡니[뭠니]　　　밉니[밈니]　　　봅니[봄니]　　　빕니[빔니]

　　　뽑니[뽐니]　　　섭니[섬니]　　　쉽니[쉼니]　　　습니[슴니]

　　　십니[심니]　　　씁니[씀니]　　　압니[암니]　　　엽니[염니]

　　　옵니[옴니]　　　웁니[움니]　　　입니[임니]　　　잡니[잠니]

　　　줍니[줌니]　　　집니[짐니]　　　찹니[참니]　　　춥니[춤니]

　　　칩니[침니]　　　캅니[캄니]　　　큽니[큼니]　　　픕니[픔니]

핍니[핌니]　　　　합니[함니]　　　힙니[힘니]

　ㅁ. 밥 냄새[밤냄새]　　　밥 먹는[밤멍는]　　　밥 먹자[밤먹짜]

　　수업 마침[수엄마침]　　십 년[심년]　　　아홉 명[아홈명]

　　일곱 명[일곰명]　　　입 맞추자[임맏추자]　집 모양[짐모양]

　　집 마당[짐마당]

　(103ㄱ)은 표준발음법 제18항에 규정하고 있다. 보기는 닿소리이어바뀜
의 환경에서 앞 닿소리 'ㄷ'이 콧소리인 뒤 닿소리 'ㄴ'을 닮아, 'ㄷ → ㄴ'과
같이 'ㄷ'의 콧소리되기가 실현된 경우이다. 이는 치닮음이다. '굳는'은 '굳
는 → 군는'과 같은 음운변화과정에서 앞 닿소리 'ㄷ'('굳-'의 받침)이 뒤 닿
소리 'ㄴ'('-는'의 '첫소리')을 닮아, 'ㄷ'이 [ㄴ]으로 실현된 것이다. 즉 이 음
운변화과정에서는 'ㄷ'에 콧소리되기가 적용된다.

　(103ㄴ)은 표준발음법 제19항에 규정하고 있다. 이 규정은 받침 'ㅁ, ㅇ'
뒤에 연결되는 'ㄹ'은 [ㄴ]으로 발음한다는 내용이다. 보기는 닿소리이어
바뀜의 환경에서 뒤 닿소리 'ㄹ'이 콧소리인 앞 닿소리 'ㅁ·ㅇ' 등을 닮아,
'ㄹ'의 콧소리되기가 실현된 경우이다. 이는 내리닮음이다. 앞 닿소리가
'ㅁ'인 '남루'는 '남루 → 남누'와 같은 음운변화과정에서 'ㄹ → ㄴ(-루 → -
누)'과 같이 'ㄹ'에 콧소리되기가 적용된다.

　(103ㄷ)은 표준발음법 제18항에 규정하고 있다. 보기는 닿소리이어바
뀜의 환경에서 앞 닿소리 'ㅂ'이 콧소리인 뒤 닿소리 'ㄴ'이나 'ㅁ'을 닮아,
'ㅂ'의 콧소리되기가 실현된 경우이다. 이는 치닮음이다. 뒤 닿소리가 'ㄴ'
인 '가깝나'는 '가깝나 → 가깜나'와 같은 음운변화과정에서 'ㅂ → ㅁ(-
깝- → -깜-)'과 같이 'ㅂ'에 콧소리되기가 적용된다.

　(103ㄹ)의 '갑니다' 이외의 보기는 콧소리되기와 직접 관련이 없는 제3소
리마디 '-다'를 생략한 것이다. 보기는 닿소리이어바뀜의 환경에서 앞 닿
소리 'ㅂ'이 콧소리인 뒤 닿소리 'ㄴ'('-니-'의 첫소리)을 닮아, 'ㅂ'의 콧소
리되기가 실현된 경우이다. 이는 치닮음이다. '갑니다'는 '갑니다 → 감니

다'와 같은 음운변화과정에서 'ㅂ → ㅁ(갑- → 감-)'과 같이 'ㅂ'에 콧소리 되기가 적용된다.

(103ㅁ)은 표준발음법 제18항 [붙임]에 규정하고 있다. 이 규정은 두 낱 말을 이어서 한 마디로 발음하는 경우에도 콧소리되기가 실현된다는 내용 이다. 뒤 닿소리가 'ㄴ'인 '밥 냄새'는 '밥냄새 → 밤냄새'와 같은 음운변화 과정에서 'ㅂ → ㅁ(밥- → 밤-)'과 같이 'ㅂ'에 콧소리되기가 적용된다.

(104) ㄱ. 갓난[갇난 → 간난]   갓난아이[갇난아이 → 간난아이]

     갯마을[갣마을 → 갠마을]   거짓말[거짇말 → 거진말]

     것만[걷만 → 건만]   굿모닝[굳모닝 → 군모닝]

     그것마저[그걷마저 → 그건마저] 그것만[그걷만 → 그건만]

     그곳만[그곧만 → 그곤만]   그릇만[그륻만 → 그른만]

     낫는[낟는 → 난는]   노랫말[노랟말 → 노랜말]

     노릇노릇[노륻노륻 → 노른노른] 뉘엿뉘엿[뉘엳뉘엳 → 뉘연뉘연]

     느릿느릿[느릳느릳 → 느린느린] 뒷날[뒫날 → 뒨날]

     뒷마당[뒫마당 → 뒨마당]   뒷머리[뒫머리 → 뒨머리]

     뒷면[뒫면 → 뒨면]   뒷모습[뒫모습 → 뒨모습]

     뒷문[뒫문 → 뒨문]   맛난[맏난 → 만난]

     머뭇머뭇[머묻머묻 → 머문머문] 못난[몯난 → 몬난]

     못마땅[몯마땅 → 몬마땅]   무엇무엇[무얻무얻 → 무언무언]

     바닷물[바닫물 → 바단물]   바닷물고기[바닫물고기 → 바단물꼬기]

     벗님[벋님 → 번님]   붓는[붇는 → 분는]

     빗물[빋물 → 빈물]   빼앗는[빼앋는 → 빼안는]

     솟는[솓는 → 손는]   시냇물[시낻물 → 시낸물]

     아랫물[아랟물 → 아랜물]   어긋나[어귿나 → 어근나]

     어긋난[어귿난 → 어근난]   옛날[옏날 → 옌날]

     웃네[욷네 → 운네]   웃냐[욷냐 → 운냐]

     웃느라[욷느라 → 운느라]   웃는[욷는 → 운는]

     웃니[욷니 → 운니]   윗물[윋물 → 윈물]

이것만[이걷만→이건만]   입맛만[입맏만→임만만]

잔칫날[잔칟날→잔친날]   잣나무[잗나무→잔나무]

잿물[잳물→잰물]   짓는[짇는→진는]

첫머리[첟머리→천머리]   콧노래[콛노래→콘노래]

콧물[콛물→콘물]   툇마루[퇻마루→퇸마루/퉫-]

팻말[팯말→팬말]   혼잣말[혼잗말→혼잔말]

ㄴ.   갓 낳은[갇낳은→간나은]   네댓 마리[네댇마리→네댄마리]

    못 나가[몯나가→몬나가]   못 내[몯내→몬내]

    못 낼[몯낼→몬낼]   못 만지게[몯만지게→몬만지게]

    못 맞추다[몯맏추다→몬만추다] 못 먹게[몯먹게→몬먹께]

    못 먹고[몯먹고→몬먹꼬]   못 먹는[몯먹는→몬멍는]

    못 먹어[몯먹어→몬머거]   옛 모습[옏모습→옌모습]

ㄷ.   밋밋하[믿믿하→민미타]

(104)는 표준발음법 제18항에 규정하고 있다. 보기는 닿소리이어바뀜의 환경에서 앞 닿소리가 'ㅅ'이고, 뒤 닿소리가 콧소리 'ㄴ'이나 'ㅁ'인 경우에 'ㅅ'의 콧소리되기가 실현된 경우이다. 이 경우에는 음운변화과정에서 'ㅅ → ㄷ'과 같이 'ㅅ'에 받침규칙이 먼저 적용된 후에, 'ㄷ → ㄴ'과 같이 'ㄷ'에 콧소리되기가 적용된다.

(104ㄱ)에서 뒤 닿소리가 'ㄴ'인 '갓난'이 '갓난 → 갇난 → 간난'과 같은 음운변화과정에서 1단계는 'ㅅ → ㄷ(갓- → 갇-)'과 같이 'ㅅ'에 받침규칙이 적용되고, 2단계는 'ㄷ → ㄴ(갇- → 간-)'과 같이 'ㄷ'에 콧소리되기가 적용된다.

(104ㄴ)은 표준발음법 제18항 [붙임]에 규정하고 있다. 이 규정은 두 낱말을 이어서 한 마디로 발음하는 경우에도 콧소리되기가 실현된다는 내용이다. 뒤 닿소리가 'ㄴ'인 '못 내'가 띄어서 표기되지만, '못내 → 몯내 → 몬내'와 같은 음운변화과정에서 1단계는 'ㅅ → ㄷ(못- → 몯-)'과 같이 'ㅅ'에 받침규칙이 적용되고, 2단계는 'ㄷ → ㄴ(몯- → 몬-)'과 같이 'ㄷ'에 콧소

리되기가 적용된다. 뒤 닿소리가 'ㅁ'인 '못 맞추다'가 '못맞추다 → 몯맏추다 → 몬맏추다'와 같은 음운변화과정에서 1단계는 'ㅅ → ㄷ(못- → 몯-)'과 같이 'ㅅ'에 받침규칙과 'ㅈ → ㄷ(-맞- → -맏-)'과 같이 'ㅈ'에 받침규칙이 각각 적용되고, 2단계는 'ㄷ → ㄴ(몯- → 몬-)'과 같이 'ㄷ'에 콧소리되기가 적용된다.

(104ㄷ)의 '밋밋하'가 '밋밋하 → 믿믿하 → 민민하 → 민미타'와 같은 소리마디 순서에 따른 음운변화과정에서 1단계는 'ㅅ → ㄷ(밋밋- → 믿믿-)'과 같이 'ㅅ'에 받침규칙이 적용되고, 2단계는 'ㄷ → ㄴ(믿- → 민-)'과 같이 제1소리마디인 'ㄷ'에 콧소리되기가 적용되고, 3단계는 'ㄷ + ㅎ → ㅌ(-믿하 → -미타)'과 같이 'ㄷ'과 'ㅎ'의 합한 소리로 인해 'ㄷ'에 거센소리되기가 적용된다.

(105) 가겠나요[가겐나요 → 가겐나요] → 겠나[겐나 → 겐나]

갔나[갇나 → 간나]　　　갔느[갇느 → 간느]　　　갔는[갇는 → 간는]
갔니[갇니 → 간니]　　　겠나[겐나 → 겐나]　　　겠냐[겐냐 → 겐냐]
겠네[겐네 → 겐네]　　　겠노[겐노 → 겐노]　　　겠느[겐느 → 겐느]
겠는[겐는 → 겐는]　　　겠니[겐니 → 겐니]　　　겼나[겯나 → 견나]
겼네[겯네 → 견네]　　　겼는[겯는 → 견는]　　　겼니[겯니 → 견니]
겼나[겯나 → 견나]　　　겼는[겯는 → 견는]　　　났나[낟나 → 난나]
났네[낟네 → 난네]　　　났는[낟는 → 난는]　　　냈는[낻는 → 낸는]
냈니[낻니 → 낸니]　　　놨는[녿는 → 논는]　　　딨노[딛노 → 딘노]
떴는[떧는 → 떤는]　　　랐나[랃나 → 란나]　　　랐네[랃네 → 란네]
랬나[랟나 → 랜나]　　　랬는[랟는 → 랜는]　　　랬니[랟니 → 랜니]
렀나[렏나 → 런나]　　　렀냐[렏냐 → 런냐]　　　렀는[렏는 → 런는]
렸나[렫나 → 련나]　　　렸네[렫네 → 련네]　　　렸는[렫는 → 련는]
몄는[멷는 → 면는]　　　봤나[봗나 → 봔나]　　　봤는[봗는 → 봔는]
봤니[봗니 → 봔니]　　　샀는[삳는 → 산는]　　　셨나[션나 → 션나]
셨냐[셛냐 → 션냐]　　　셨는[셛는 → 션는]　　　셨니[셛니 → 션니]

썼나[썯나→썬나] 썼네[썯네→썬네] 썼는[썯는→썬는]
았나[앋나→안나] 았냐[앋냐→안냐] 았네[앋네→안네]
았느[앋느→안느] 았는[앋는→안는] 았니[앋니→안니]
었나[얻나→언나] 었냐[얻냐→언냐] 었네[얻네→언네]
었느[얻느→언느] 었는[얻는→언는] 었니[얻니→언니]
였나[엳나→연나] 였네[엳네→연네] 였느[엳느→연느]
였는[엳는→연는] 였니[엳니→연니] 왔나[왇나→완나]
왔네[왇네→완네] 왔느[왇느→완느] 왔는[왇는→완는]
왔니[왇니→완니] 윘는[윋는→원는] 윘니[윋니→원니]
있나[읻나→인나] 있냐[읻냐→인냐] 있네[읻네→인네]
있느[읻느→인느] 있는[읻는→인는] 있니[읻니→인니]
잤니[잗니→잔니] 졌나[젇나→전나] 졌네[젇네→전네]
졌는[젇는→전는] 줬는[줟는→줜는] 쳤는[쳗는→천는]
켰는[켣는→켠는] 탔는[탇는→탄는] 팠나[팓나→판나]
했나[핻나→핸나] 했는[핻는→핸는] 했니[핻니→핸니]
혔는[혇는→현는]

(105)는 표준발음법 제18항에 규정하고 있다. 보기는 전술한 것처럼, 콧소리되기와 직접 관련이 있는 두 소리마디만 기술한 경우이다. 그러므로 보기에 따라 앞 소리마디나 뒤 소리마디를 생략한 경우도 있다. '겠나'는 '가겠나요→겠나'와 같이 콧소리되기와 직접 관련이 있는 두 소리마디('겠나') 이외의 앞 소리마디 '가–'와 뒤 소리마디 '–요'를 생략한 경우이다. 보기는 닿소리이어바뀜의 환경에서 앞 닿소리가 'ㅆ'이고, 뒤 닿소리가 콧소리 'ㄴ'인 경우에 'ㅆ'의 콧소리되기가 실현된 것이다. 이 경우에는 음운변화과정에서 먼저 'ㅆ→ㄷ'과 같이 'ㅆ'에 받침규칙이 적용된 후에, 'ㄷ→ㄴ'과 같은 'ㄷ'에 콧소리되기가 적용된다. '겠나'가 '겠나→겓나→겐나'와 같은 음운변화과정에서 1단계는 'ㅆ→ㄷ(겠–→겓–)'과 같이 'ㅆ'에 받침규칙이 적용되고, 2단계는 'ㄷ→ㄴ(겓–→겐–)'과 같이 'ㄷ'에 콧소리

되기가 적용된다.

(106)ㄱ. 갖는[갇는→간는]　　맞나[맏나→만나]　　맞는[맏는→만는]
　　　　맞니[맏니→만니]　　맷는[맫는→맨는]　　멎는[멛는→먼는]
　　　　빚는[빋는→빈는]　　젖니[젇니→전니]　　짖는[짇는→진는]
　　　　찾는[찯는→찬는]
　　　ㄴ. 꽃말[꼳말→꼰말]　　몇만[멷만→면만]　　몇몇[멷몇→면멷]
　　　　빛나[빋나→빈나]　　쫓는[쫃는→쫀는]
　　　　꽃목걸이[꼳목걸이→꼰목꺼리]　　　뒤쫓는[뒤쫃는→뒤쫀는]
　　　　불꽃놀이[불꼳놀이→불꼰노리]
　　　ㄷ. 꽃 밑[꼳믿→꼰믿]　　꽃 냄새[꼳냄새→꼰냄새]　　몇 년[멷년→면년]
　　　　몇 명[멷명→면명]　　몇 막[멷막→면막]

(106)은 표준발음법 제18항에 규정하고 있다. 보기 중 (106ㄱ)은 앞 닿소리가 'ㅈ'이고, (106ㄴ, ㄷ)은 앞 닿소리가 'ㅊ'인 경우이다.

(106ㄱ)은 닿소리이어바뀜의 환경에서 앞 닿소리가 'ㅈ'이고, 뒤 닿소리가 콧소리 'ㄴ'인 경우에 'ㅈ'의 콧소리되기가 실현된 것이다. 이 경우에는 음운변화과정에서 먼저 'ㅈ → ㄷ'과 같이 'ㅈ'에 받침규칙이 적용된후에, 'ㄷ → ㄴ'과 같이 'ㄷ'에 콧소리되기가 적용된다. 뒤 닿소리가 'ㄴ'인 '갖는'이 '갖는→갇는→간는'과 같은 음운변화과정에서 1단계는 'ㅈ → ㄷ(갖-→갇-)'과 같이 'ㅈ'에 받침규칙이 적용되고, 2단계는 'ㄷ → ㄴ(갇-→간-)'과 같이 'ㄷ'에 콧소리되기가 적용된다.

(106ㄴ)은 닿소리이어바뀜의 환경에서 앞 닿소리가 'ㅊ'이고, 뒤 닿소리가 콧소리 'ㄴ·ㅁ' 등인 경우에 'ㅊ'의 콧소리되기가 실현된 것이다. 이 경우에는 음운변화과정에서 먼저 'ㅊ → ㄷ'과 같이 'ㅊ'에 받침규칙이 적용된후에, 'ㄷ → ㄴ'과 같이 'ㄷ'에 콧소리되기가 적용된다. 뒤 닿소리가 'ㄴ'인 '뒤쫓는'이 '뒤쫓는→뒤쫃는→뒤쫀는'과 같은 음운변화과정에서 1단계는 'ㅊ → ㄷ(-쫓-→-쫃-)'과 같이 'ㅊ'에 받침규칙이 적용되고, 2단계는

‘ㄷ → ㄴ(-쫃- → -쫀-)’과 같이 ‘ㄷ’에 콧소리되기가 적용된다.

(106ㄷ)은 표준발음법 제18항 [붙임]에 규정하고 있다. 이 규정은 두 낱말을 이어서 한 마디로 발음하는 경우에도 콧소리되기가 실현된다는 내용이다. 뒤 닿소리가 ‘ㄴ’인 ‘몇 년’이 ‘몇년 → 멷년 → 면년’과 같은 음운변화 과정에서 1단계는 ‘ㅊ → ㄷ(몇- → 멷-)’과 같이 ‘ㅊ’에 받침규칙이 적용되고, 2단계는 ‘ㄷ → ㄴ(멷- → 면-)’과 같이 ‘ㄷ’에 콧소리되기가 적용된다.

(107) ㄱ. 겉나[걷나 → 건나]　　　　　겉니[걷니 → 건니]

　　　　겉만[걷만 → 건만]　　　　　겉면[걷면 → 건면]

　　　　겉모습[걷모습 → 건모습]　　겉눈[걷눈 → 건눈]

　　　　겉눈질[걷눈질 → 건눈질]　　끝나[끋나 → 끈나]

　　　　끝난[끋난 → 끈난]　　　　　끝내[끋내 → 끈내]

　　　　끝낸[끋낸 → 끈낸]　　　　　끝마다[끋마다 → 끈마다]

　　　　끝마치다[끋마치다 → 끈마치다]　끝만[끋만 → 끈만]

　　　　끝말[끋말 → 끈말]　　　　　끝매[끋매 → 끈매]

　　　　끝맺는[끋맨는 → 끈맨는]　　낱말[낟말 → 난말]

　　　　맡는[맏는 → 만는]　　　　　밭만[받만 → 반만]

　　　　붙는[붇는 → 분는]　　　　　흩날리다[흗날리다 → 흔날리다]

　　　ㄴ. 갚는[갑는 → 감는]　　덮는[덥는 → 덤는]　　싶나[십나 → 심나]

　　　　싶니[십니 → 심니]　　앞날[압날 → 암날]　　앞말[압말 → 암말]

　　　　앞만[압만 → 암만]　　앞문[압문 → 암문]

　　　　높낮이[놉낮이 → 놈나지]　　　　　앞마당[압마당 → 암마당]

　　　　앞머리[압머리 → 암머리]

　　　ㄷ. 숲 마을[숩마을 → 숨마을]

　　　ㄹ. 낳느[낟느 → 난느]　　낳는[낟는 → 난는]　　넣는[넏는 → 넌는]

　　　　놓네[녿네 → 논네]　　놓는[녿는 → 논는]　　닿는[닫는 → 단는]

　　　　좋네[졷네 → 존네]

(107)은 표준발음법 제18항에 규정하고 있다. 보기 중 (107ㄱ)은 앞 닿소

리가 'ㅌ'이고, (107ㄴ, ㄷ)은 앞 닿소리가 'ㅍ'이고, (107ㄹ)은 앞닿소리가
'ㅎ'인 경우이다.

(107ㄱ)은 닿소리이어바뀜의 환경에서 앞 닿소리가 'ㅌ'이고, 뒤 닿소리
가 콧소리 'ㄴ · ㅁ' 등인 경우에 'ㅌ'의 콧소리되기가 실현된 것이다. 이 경
우에는 음운변화과정에서 먼저 'ㅌ → ㄷ'과 같이 'ㅌ'에 받침규칙이 적용
된 후에, 'ㄷ → ㄴ'과 같은 'ㄷ'에 콧소리되기가 적용된다. 뒤 닿소리가 'ㄴ'
인 '같니'가 '같니 → 갇니 → 간니'와 같은 음운변화과정에서 1단계는 'ㅌ
→ ㄷ(같- → 갇-)'과 같이 'ㅌ'에 받침규칙이 적용되고, 2단계는 'ㄷ → ㄴ
(갇- → 간-)'과 같이 'ㄷ'에 콧소리되기가 적용된다.

(107ㄴ)은 닿소리이어바뀜의 환경에서 앞 닿소리가 'ㅍ'이고, 뒤 닿소리
가 콧소리 'ㄴ · ㅁ' 등인 경우에 'ㅍ'의 콧소리되기가 실현된 것이다. 이 경
우에는 음운변화과정에서 먼저 'ㅍ → ㅂ'과 같이 'ㅍ'에 받침규칙이 적용
된 후에, 'ㅂ → ㅁ'과 같이 'ㅂ'에 콧소리되기가 적용된다. 뒤 닿소리가 'ㄴ'
인 '싶나'가 '싶나 → 십나 → 심나'와 같은 음운변화과정에서 1단계는 'ㅍ
→ ㅂ(싶- → 십-)'과 같이 'ㅍ'에 받침규칙이 적용되고, 2단계는 'ㅂ → ㅁ
(십- → 심-)'과 같이 'ㅂ'에 콧소리되기가 적용된다.

(107ㄷ)은 표준발음법 제18항 [붙임]에 규정하고 있다. 이 규정은 두 낱
말을 이어서 한 마디로 발음하는 경우에 콧소리되기가 실현된다는 내용이
다. 뒤 닿소리가 'ㅁ'인 '숲 마을'이 '숲마을 → 숩마을 → 숨마을'과 같은 음
운변화과정에서 1단계는 'ㅍ → ㅂ(숲- → 숩-)'과 같이 'ㅍ'에 받침규칙이
적용되고, 2단계는 'ㅂ → ㅁ(숩- → 숨-)'과 같이 'ㅂ'에 콧소리되기가 적
용된다.

(107ㄹ)은 표준발음법 제18항에 규정하고 있다. 보기는 닿소리이어바뀜
의 환경에서 앞 닿소리가 'ㅎ'이고, 뒤 닿소리가 콧소리 'ㄴ'인 경우에 'ㅎ'
의 콧소리되기가 실현된 것이다. 이 경우에는 먼저 'ㅎ → ㄷ'과 같이 'ㅎ'에
받침규칙이 적용된 후에, 'ㄷ → ㄴ'과 같이 'ㄷ'에 콧소리되기가 적용된다.

뒤 닿소리가 'ㄴ'인 '낳는'이 '낳는 → 낟는 → 난는'과 같은 음운변화과정에서 1단계는 'ㅎ → ㄷ(낳- → 낟-)'과 같이 'ㅎ'에 받침규칙이 적용되고, 2단계는 'ㄷ → ㄴ(낟- → 난-)'과 같이 'ㄷ'에 콧소리되기가 적용된다.

(108) ㄱ. 몫만[목만 → 몽만]
　　　ㄴ. 굵는[극는 → 긍는]　　읽나[익나 → 잉나]　　읽느[익느 → 잉느]
　　　　　읽는[익는 → 잉는]　　읽니[익니 → 잉니]　　흙물[흑물 → 흥물]
　　　ㄷ. 밟나[밥나 → 밤나]　　밟는[밥는 → 밤는]
　　　ㄹ. 없나[업나 → 엄나]　　없냐[업냐 → 엄냐]　　없네[업네 → 엄네]
　　　　　없느[업느 → 엄느]　　없는[업는 → 엄는]　　없니[업니 → 엄니]

　　(108)은 표준발음법 제18항에 규정하고 있다. 보기는 닿소리이어바뀜의 환경에서 앞 닿소리가 겹받침인 경우이고, 뒤 닿소리가 콧소리 'ㄴ·ㅁ' 등인 경우에 콧소리되기가 실현된 것이다. 이 경우에는 음운변화과정에서 먼저 닿소리빠짐이 적용된 후에, 콧소리되기가 적용된다. 보기 중 (108ㄱ)은 앞 닿소리가 'ㄳ'이고, (108ㄴ)은 앞 닿소리가 'ㄺ'이고, (108ㄷ)은 앞 닿소리가 'ㄼ'이고, (108ㄹ)은 앞 닿소리가 'ㅄ'인 경우이다.

　　(108ㄱ)에서 뒤 닿소리가 'ㅁ'인 '몫만'이 '몫만 → 목만 → 몽만'과 같은 음운변화과정에서 1단계는 'ㄳ → ㄱ(몫- → 목-)'과 같이 'ㅅ'에 닿소리빠짐이 적용되고, 2단계는 'ㄱ → ㅇ(목- → 몽-)'과 같이 'ㄱ'에 콧소리되기가 적용된다.

　　(108ㄴ)에서 뒤 닿소리가 'ㄴ'인 '읽나'가 '읽나 → 익나 → 잉나'와 같은 음운변화과정에서 1단계는 'ㄺ → ㄱ(읽- → 익-)'과 같이 'ㄹ'에 닿소리빠짐이 적용되고, 2단계는 'ㄱ → ㅇ(익- → 잉-)'과 같이 'ㄱ'에 콧소리되기가 적용된다.

　　(108ㄷ)에서 뒤 닿소리가 'ㄴ'인 '밟나'가 '밟나 → 밥나 → 밤나'와 같은 음운변화과정에서 1단계는 'ㄼ → ㅂ(밟- → 밥-)'과 같이 'ㄹ'에 닿소리빠

짐이 적용되고, 2단계는 'ㅂ → ㅁ(밥- → 밤-)'과 같이 'ㅂ'에 콧소리되기가 적용된다.

(108ㄹ)에서 뒤 닿소리가 'ㄴ'인 '없나'가 '없나 → 업나 → 엄나'와 같은 음운변화과정에서 1단계는 'ㅄ → ㅂ(없- → 업-)'과 같이 'ㅅ'에 닿소리빠짐이 적용되고, 2단계는 'ㅂ → ㅁ(업- → 엄-)'과 같이 'ㅂ'에 콧소리되기가 적용된다.

❹ 흐름소리되기(유음화 : 流音化)

(109) ㄱ. 곤란[골란]　　　관람[괄람]　　　관련[괄련]　　　관리[괄리]
　　　　권리[궐리]　　　난로[날로]　　　난리[날리]　　　논리[놀리]
　　　　단련[달련]　　　만리[말리]　　　본래[볼래]　　　분량[불량]
　　　　분류[불류]　　　분리[불리]　　　산림[살림]　　　산신령[산실령]
　　　　순례[술례]　　　신라[실라]　　　신랑[실랑]　　　신령[실령]
　　　　신령님[실령님]　원래[월래]　　　원료[월료]　　　원리[월리]
　　　　전라도[절라도]　전래[절래]　　　진료[질료]　　　천리[철리]
　　　　탄력[탈력]　　　편리[펼리]　　　한라산[할라산]　훈련[홀련]
　　　　만리장성[말리장성]　　　　　　전라남도[절라남도]
　　　ㄴ. 천 리[철리]
　　　ㄷ. 길님[길림]　　　달님[달림]　　　땔나무[땔라무]　별나라[별라라]
　　　　별난[별란]　　　별님[별림]　　　설날[설랄]　　　실내[실래]
　　　　실내화[실래화]　잘난[잘란]　　　줄넘기[줄럼끼]　칼날[칼랄]
　　　　역할놀이[여칼로리]
　　　ㄹ. 일 년[일련]
　　　ㅁ. 끓는[끌는 → 끌른]
　　　ㅂ. 물난리[물랄리]

(109)는 표준발음법 제20항에 규정하고 있다. (109ㄱ, ㄴ)은 제20항 (1)

에 해당되고, (109ㄷ, ㄹ)은 제20항 (2)에 해당되고, (109ㅁ)은 제20항 (2) [붙임]에 해당되고, (109ㅂ)은 제20항 (1), (2)에 해당된다.

(109ㄱ)은 닿소리이어바뀜의 환경에서 앞 닿소리 'ㄴ'('관-, 곤-, 권-' 등의 끝소리 'ㄴ')이 뒤 닿소리 'ㄹ'('-련, -리, -란' 등의 첫소리 'ㄹ')을 닮아, 'ㄴ'의 흐름소리되기가 실현된 경우이다. 이는 앞 닿소리 'ㄴ'이 뒤 닿소리 'ㄹ'을 닮아 [ㄹ]로 변화되기 때문에 치닮음이다. '관리'는 '관리 → 괄리'와 같은 음운변화과정에서 'ㄴ → ㄹ(관- → 괄-)'과 같이 'ㄴ'에 흐름소리되기가 적용된다.

(109ㄴ)의 '천 리'에서 '리'는 '거리를 나타내는 단위'이기 때문에 띄어서 표기했지만(한글 맞춤법 제43항 참조), 이 경우에 두 낱말을 이어서 한 마디로 발음하면 '천리[철리]'와 같이 앞 닿소리 'ㄴ'이 뒤 닿소리 'ㄹ'을 닮아 [ㄹ]로 실현되는 치닮음이다. '천리'는 '천리 → 철리'와 같은 음운변화과정에서 'ㄴ → ㄹ(천- → 철-)'과 같이 'ㄴ'에 흐름소리되기가 적용된다.

(109ㄷ)은 닿소리이어바뀜의 환경에서 뒤 닿소리 'ㄴ'(-님, -나' 등의 첫소리 'ㄴ')이 앞 닿소리 'ㄹ'('길-, 땔-' 등의 끝소리 'ㄹ')을 닮아, 'ㄴ'의 흐름소리되기가 실현된 경우이다. 이는 뒤 닿소리 'ㄴ'이 앞 닿소리 'ㄹ'을 닮아 [ㄹ]로 변화되기 때문에 내리닮음이다. '길님'은 '길님 → 길림'과 같은 음운변화과정에서 'ㄴ → ㄹ(-님 → -림)'과 같이 'ㄴ'에 흐름소리되기가 적용된다.

(109ㄹ)의 '일 년'에서 '년'은 '해를 세는 단위'이기 때문에 띄어서 표기했지만(한글맞춤법 제43항 참조), 이 경우는 두 낱말을 이어서 한 마디로 발음하면 '일년[일련]'과 같이 뒤 닿소리 'ㄴ'이 앞 닿소리 'ㄹ'을 닮아 [ㄹ]로 실현되는 내리닮음이다. '일 년'은 '일년 → 일련'과 같은 음운변화과정에서 'ㄴ → ㄹ(-년 → -련)'과 같이 'ㄴ'에 흐름소리되기가 적용된다.

(109ㅁ)은 표준발음법 제20항 (2) [붙임]에 규정하고 있다. 이 규정은 첫소리 'ㄴ'이 'ㄶ', 'ㄾ' 뒤에 연결되는 경우에도 흐름소리되기가 실현된다는

내용이다. '끓는'이 '끓는 → 끌는 → 끌른'과 같은 음운변화과정에서 1단계
는 'ㄾ → ㄹ(끓- → 끌-)'과 같이 'ㅎ'에 닿소리빠짐이 적용되고, 2단계는
'ㄴ → ㄹ(-는 → -른)'과 같이 'ㄴ'에 흐름소리되기가 적용된다.

(109ㅂ)의 '물난리'는 '물난-[물란-]'과 '-난리[-날리]'같이 두 번이나 흐
름소리되기가 실현된 경우이다. 전자인 '물난-'은 [물란-]과 같이 뒤 닿소
리 'ㄴ'('-난-'의 첫소리 'ㄴ')이 앞 닿소리 'ㄹ'('물-'의 끝소리 'ㄹ')을 닮아,
[ㄹ]로 변화되었기 때문에 내리닮음이다. 후자인 '-난리'는 [-날리]와 같이
앞 닿소리 'ㄴ'('-난-'의 끝소리 'ㄴ')이 뒤 닿소리 'ㄹ'('-리'의 첫소리 'ㄹ')
을 닮아, [ㄹ]로 변화되었기 때문에 치닮음이다. 그러므로 '물난리'는 [물랄
리]와 같이 '-난-'을 중심으로 내리닮음과 치닮음 두 가지가 모두 실현된
흐름소리되기이다.

⑤ 입술소리되기(순음화 : 脣音化)

(110) ㄱ. 건물(×[검물])　　　논문서(×[놈문서])　　눈망울(×[눔망울])
　　　　눈만(×[눔만])　　　　눈물(×[눔물])　　　더운물(×[더움물])
　　　　맨머리(×[맴머리])　　맨몸(×[맴몸])　　　반만(×[밤만])
　　　　반말(×[밤말])　　　　본말(×[봄말])　　　본문(×[봄문])
　　　　분명(×[붐명])　　　　빈말(×[빔말])　　　뿐만(×[뿜만])
　　　　선명(×[섬명])　　　　선물(×[섬물])　　　손목(×[솜목])
　　　　신문(×[심문])　　　　신문지(×[심문지])　오랜만에(×[오램마네])
　　　　온몸(×[옴몸])　　　　운명(×[움명])　　　인물(×[임물])
　　　　전문가(×[점문가])　　찬물(×[참물])　　　한마당(×[함마당])
　　　　한마디(×[함마디])　　한민족(×[함민족])　훈맹(×[훔맹])
　　　ㄴ. 만물상[만물쌍](×[맘물쌍])

(110)처럼 앞닿소리가 'ㄴ'이고, 뒤 닿소리가 'ㅁ'인 경우는 표준발음법

제21항의 보기에 없지만, 이는 음운변화현상으로 보아 제21항의 규정에 해당하는 것으로 추정한다. 이 규정은 위와 같은 경우에 닿소리닮음을 인정하지 않는다는 내용이다. 이는 비표준발음이라는 의미이다. (110ㄱ)은 표기와 표준발음이 같기 때문에 비표준발음만 기술하고, (110ㄴ)은 표기와 표준발음이 다르기 때문에 표준발음과 비표준발음을 모두 기술한 경우이다.

(110ㄱ)은 닿소리이어바뀜의 환경에서 앞닿소리 'ㄴ'('건-, 눈-' 등의 끝소리)이 뒤 닿소리 'ㅁ'('-물, -망-' 등의 첫소리)을 닮아, 'ㄴ → ㅁ'과 같이 'ㄴ'의 입술소리되기가 실현된 경우이다. '건물'은 '건물 → 검물'과 같은 음운변화과정에서 'ㄴ → ㅁ(건- → 검-)'과 같이 'ㄴ'에 입술소리되기가 적용된다. 그러므로 교과서에 표기된 '건물'은 표준발음 [건물]과 같지만, 입술소리되기가 적용된 비표준발음 [검물]은 표기와 다르다.

(110ㄴ)의 경우에 하나의 음운변화과정에서 표준발음과 비표준발음을 모두 나타내기 위해서는 된소리되기를 입술소리되기보다 먼저 적용해야 한다. '만물상'이 '만물상 → 만물쌍 → 맘물쌍'과 같은 음운변화과정에서 1단계는 'ㅅ → ㅆ(-상 → -쌍)'과 같이 'ㅅ'에 된소리되기가 적용되고, 2단계는 'ㄴ → ㅁ(만- → 맘-)'과 같이 'ㄴ'에 입술소리되기가 적용된다. 1단계에서 실현된 [만물쌍]은 표준발음이고, 2단계에서 실현된 [맘물쌍]은 비표준발음이다.

(111) ㄱ. 갯마을[갠마을](×[갬마을])　　　거짓말[거진말](×[거짐말])
　　　것만[건만](×[검만])　　　　　　굿모닝[군모닝](×[굼모닝])
　　　그것마저[그건마저](×[그검마저])　그것만[그건만](×[그검만])
　　　그곳만[그곤만](×[그곰만])　　　　그릇만[그른만](×[그름만])
　　　노랫말[노랜말](×[노램말])　　　　뒷마당[뒨마당](×[뒴마당])
　　　뒷머리[뒨머리](×[뒴머리])　　　　뒷면[뒨면](×[뒴면])
　　　뒷모습[뒨모습](×[뒴모습])　　　　뒷문[뒨문](×[뒴문])
　　　머뭇머뭇[머문머묻](×[머뭄머묻])　못마땅[몬마땅](×[몸마땅])

무엇무엇[무언무얻](×[무엄무얻])　　바닷물[바단물](×[바담물])

빗물[빈물](×[빔물])　　　　　　시냇물[시낸물](×[시냄물])

아랫물[아랜물](×[아램물])　　　　윗물[윈물](×[윔물])

이것만[이건만](×[이검만])　　　　잿물[잰물](×[잼물])

첫머리[천머리](×[첨머리])　　　　콧물[콘물](×[콤물])

툇마루[퇸마루/퉨－](×[툄마루/퉴－])　　팻말[팬말](×[팸말])

혼잣말[혼잔말](×[혼잠말])

바닷물고기[바단물꼬기](×[바담물꼬기])

　　ㄴ. 네댓 마리[네댄마리](×[네댐마리])　　못 만지게[몬만지게](×[몸만지게])

못 먹게[몬먹께](×[몸먹께])　　　　못 먹고[몬먹꼬](×[몸먹꼬])

못 먹는[몬멍는](×[몸멍는])　　　　못 먹어[몬머거](×[몸머거])

못 맞추다[몬맏추다](×[몸맏추다])　　옛 모습[옏모습](×[옘모습])

첫 문장[천문장](×[첨문장])

(111)처럼 앞닿소리가 'ㅅ'이고, 뒤 닿소리가 'ㅁ'인 경우는 표준발음법 제21항의 보기에 없지만, 이는 음운변화현상으로 보아 제21항의 규정에 해당하는 것으로 추정한다. 이 규정은 위와 같은 경우에 닿소리닮음을 인정하지 않는다는 내용이다. 이는 비표준발음이라는 의미이다. 보기는 표기와 표준발음이 다르기 때문에 표준발음과 비표준발음을 모두 기술한 경우이다. 이 경우에 하나의 음운변화과정에서 표준발음과 비표준발음을 모두 나타내기 위해서는 받침규칙, 콧소리되기, *된소리되기, 입술소리되기 등의 순서로 규칙을 적용해야 한다.('*'는 규칙 적용이 불규칙적임.)

(111ㄱ)은 앞닿소리가 'ㅅ'이고, 뒤 닿소리가 'ㅁ'인 경우에 앞닿소리가 'ㅁ'으로 실현된 것이다. '거짓말'이 '거짓말 → 거짇말 → 거진말 → 거짐말'과 같은 소리마디 순서에 따른 음운변화과정에서 1단계는 'ㅅ → ㄷ(－짓－ → －짇－)'과 같이 'ㅅ'에 받침규칙이 적용되고, 2단계는 'ㄷ → ㄴ(－짇－ → －진－)'과 같이 'ㄷ'에 콧소리되기가 적용되고, 3단계는 'ㄴ → ㅁ(－진－ → －짐－)'과 같이 'ㄴ'에 입술소리되기가 적용된다. 2단계에서 실현된

[거진말]은 표준발음이고, 3단계에서 실현된 [거짐말]은 비표준발음이다.

(111ㄴ)은 표준발음법 제18항 [붙임]에 규정하고 있다. 이 규정은 '옷 맞추다[온맏추다]와 같이 두 낱말을 이어서 한 마디로 발음하는 경우에도 콧소리되기가 실현된다는 내용이다. '못 먹고'가 '못먹고 → 몯먹고 → 몬먹고 → 몬먹꼬 → 몸먹꼬'과 같은 음운변화과정에서 1단계는 'ㅅ → ㄷ(못- → 몯-)'과 같이 'ㅅ'에 받침규칙이 적용되고, 2단계는 'ㄷ → ㄴ(몯- → 몬-)'과 같이 'ㄷ'에 콧소리되기가 적용되고, 3단계는 'ㄱ → ㄲ(-고 → -꼬)'과 같이 'ㄱ'에 된소리되기가 적용되고, 4단계는 'ㄴ → ㅁ(몬- → 몸-)'과 같이 ㄴ'에 입술소리되기가 적용된다. 이 과정에서 3단계에 된소리되기가 적용된 [몬먹꼬]는 표준발음이고, 4단계에 입술소리되기가 적용된 [몸먹꼬]는 비표준발음이다.

(112) ㄱ. 낮말[난말](×[남말]) 젖무덤[전무덤](×[점무덤])

ㄴ. 꽃만[꼰만](×[꼼만]) 꽃말[꼰말](×[꼼말])
꽃무늬[꼰무니](×[꼼무니]) 몇만[면만](×[몀만])
몇몇[면멷](×[몀멷])

ㄷ. 몇 마리[면마리](×[몀마리]) 몇 명[면명](×[몀명])
몇 문단[면문단](×[몀문단])

ㄹ. 겉만[건만](×[검만]) 겉면[건면](×[검면])
겉모습[건모습](×[검모습]) 끝마다[끈마다](×[끔마다])
끝마치다[끈마치다](×[끔마치다]) 끝만[끈만](×[끔만])
끝말[끈말](×[끔말]) 끝매다[끈매다](×[끔매다])
끝맺는[끈맨는](×[끔맨는]) 낱말[난말](×[남말])
밭만[반만](×[밤만])

(112ㄱ)은 표준발음법 제21항에 규정하고 있다. 이 규정은 위와 같은 경우에 닿소리닮음을 인정하지 않는다는 내용이다. 이는 비표준발음이라는 의미이다. 보기는 표기와 표준발음이 다르기 때문에 표준발음과 비표준발

음을 모두 기술한 경우이다. 이 경우에 하나의 음운변화과정에서 표준발음과 비표준발음을 모두 나타내기 위해서는 받침규칙, 콧소리되기, 입술소리되기 등의 순서로 규칙을 적용해야 한다. '낮말'이 '낮말 → 낟말 → 난말 → 남말'과 같은 음운변화과정에서 1단계는 'ㅈ → ㄷ(낮- → 낟-)'과 같이 'ㅈ'에 받침규칙이 적용되고, 2단계는 'ㄷ → ㄴ(낟- → 난-)'과 같이 'ㄷ'에 콧소리되기가 적용되고, 3단계는 'ㄴ → ㅁ(난- → 남-)'과 같이 'ㄴ'에 입술소리되기가 적용된다. 2단계에서 실현된 [난말]은 표준발음이고, 3단계에서 실현된 [남말]은 비표준발음이다.

(112ㄴ-ㄹ)처럼 앞닿소리가 'ㅊ·ㅌ' 등이고, 뒤 닿소리가 'ㅁ'인 경우는 표준발음법 제21항의 보기에 없지만, 이는 음운변화현상으로 보아 제21항의 규정에 해당하는 것으로 추정한다. 이 규정은 위와 같은 경우에 닿소리닮음을 인정하지 않는다는 내용이다. 이는 비표준발음이라는 의미이다. 보기는 표기와 표준발음이 다르기 때문에 표준발음과 비표준발음을 모두 기술한 경우이다. 이 경우에 하나의 음운변화과정에서 표준발음과 비표준발음을 모두 나타내기 위해서는 받침규칙, 콧소리되기, 입술소리되기 등의 순서로 규칙을 적용해야 한다.

(112ㄴ)은 앞닿소리가 'ㅊ'이고, 뒤 닿소리가 'ㅁ'인 경우이다. '꽃말'이 '꽃말 → 꼳말 → 꼰말 → 꼼말'과 같은 음운변화과정에서 1단계는 'ㅊ → ㄷ(꽃- → 꼳-)'과 같이 'ㅊ'에 받침규칙이 적용되고, 2단계는 'ㄷ → ㄴ(꼳- → 꼰-)'과 같이 'ㄷ'에 콧소리되기가 적용되고, 3단계는 'ㄴ → ㅁ(꼰- → 꼼-)'과 같이 'ㄴ'에 입술소리되기가 적용된다. 2단계에서 실현된 [꼰말]은 표준발음이고, 3단계에서 실현된 [꼼말]은 비표준발음이다.

(112ㄷ)은 표준발음법 제18항 [붙임]에 규정하고 있다. 이 규정은 '옷 맞추다[온맏추다]와 같이 두 낱말을 이어서 한 마디로 발음하는 경우에도 콧소리되기가 실현된다는 내용이다. '몇 명'이 '몇명 → 멷명 → 면명 → 몀명'과 같은 음운변화과정에서 1단계는 'ㅊ → ㄷ(몇- → 멷-)'과 같이 'ㅊ'에 받

침규칙이 적용되고, 2단계는 'ㄷ → ㄴ(멷- → 면-)'과 같이 'ㄷ'에 콧소리되기가 적용되고, 3단계는 'ㄴ → ㅁ(면- → 몃-)'과 같이 'ㄴ'에 입술소리되기가 적용된다. 이 과정에서 콧소리되기가 적용된 [면명]은 표준발음이고, 입술소리되기가 적용된 [몃명]은 비표준발음이다.

(112ㄹ)은 앞닿소리가 'ㅌ'이고, 뒤 닿소리가 'ㅁ'인 경우이다. '겉모습'이 '겉모습 → 겉모습 → 건모습 → 검모습'과 같은 음운변화과정에서 1단계는 'ㅌ → ㄷ(겉- → 걷-)'과 같이 'ㅌ'에 받침규칙이 적용되고, 2단계는 'ㄷ → ㄴ(걷- → 건-)'과 같이 'ㄷ'에 콧소리되기가 적용되고, 3단계는 'ㄴ → ㅁ(건- → 검-)'과 같이 'ㄴ'에 입술소리되기가 적용된다. 2단계에서 실현된 [건모습]은 표준발음이고, 3단계에서 실현된 [검모습]은 비표준발음이다.

(113) ㄱ. 건반(×[검반])　　　　눈보라(×[눔보라])　　　눈부신(×[눔부신])
　　　　만병(×[맘병])　　　　맨발(×[맴발])　　　　먼바다(×[멈바다])
　　　　문방구(×[뭄방구])　　반복(×[밤복])　　　　본받을(×[봄바들])
　　　　본보기(×[봄보기])　　분별(×[붐별])　　　　분비(×[붐비])
　　　　빈병(×[빔병])　　　　빈부(×[빔부])　　　　빨간불(×[빨감불])
　　　　선발(×[섬발])　　　　선비(×[섬비])　　　　손부리(×[솜부리])
　　　　손부터(×[솜부터])　　손뼉(×[솜뼉])　　　　순번(×[숨번])
　　　　신발(×[심발])　　　　신비(×[심비])　　　　안부(×[암부])
　　　　연분홍(×[염분홍])　　연뿌리(×[염뿌리])　　전복(×[점복])
　　　　전부(×[점부])　　　　준비(×[줌비])　　　　준비물(×[줌비물])
　　　　찐빵(×[찜빵])　　　　큰불(×[큼불])　　　　한발(×[함발])
　　　　한번(×[함번])　　　　한복(×[함복])　　　　한복판(×[함복판])
　　ㄴ. 눈밭[눈받](×[눔받])　　　　　눈병[눈뼝](×[눔뼝])
　　　　눈빛[눈삗](×[눔삗])　　　　　단백질[단백찔](×[담백찔])
　　　　문밖[문박](×[뭄박])　　　　　문법[문뻡](×[뭄뻡])
　　　　산불[산뿔](×[삼뿔])　　　　　산비탈[산삐탈](×[삼삐탈])
　　　　손바닥[손빠닥](×[솜빠닥])　　안방[안빵](×[암빵])

(113)은 표준발음법 제21항에 규정하고 있다. 이 규정은 보기와 같은 닿소리닮음은 인정하지 않는다는 내용이다. 이는 비표준발음이라는 의미이다. (113ㄱ)은 표기와 표준발음이 같기 때문에 비표준발음만 기술하고, (113ㄴ)은 표기와 표준발음이 다르기 때문에 표준발음과 비표준발음을 모두 기술한 경우이다.

(113ㄱ)은 닿소리이어바뀜의 환경에서 앞닿소리 'ㄴ'('건-, 눈-, 문-' 등의 끝소리)이 뒤 닿소리 'ㅂ'('-반, -부, -방-' 등의 첫소리)을 닮아, 'ㄴ → ㅁ'과 같이 'ㄴ'의 입술소리되기가 실현된 경우이다. '건반'은 '건반 → 검반'과 같은 음운변화과정에서 'ㄴ → ㅁ(건- → 검-)'과 같이 'ㄴ'에 입술소리되기가 적용된다. 그러므로 교과서에 표기된 '건반'의 경우에 [건반]은 표준발음이고, [검반]은 비표준발음이다.

(113ㄴ)의 경우에 하나의 음운변화과정에서 표준발음과 비표준발음을 모두 나타내기 위해서는 된소리되기, 입술소리되기 등의 순서로 규칙을 적용해야 한다. '눈병'이 '눈병 → 눈뼝 → 눔뼝'과 같은 음운변화과정에서 1단계는 'ㅂ → ㅃ(-병 → -뼝)'과 같이 'ㅂ'에 된소리되기가 적용된 [눈뼝]이 표준발음이고, 2단계는 'ㄴ → ㅁ(눈- → 눔-)'과 같이 'ㄴ'에 입술소리되기가 적용된 [눔뼝]이 비표준발음이다.

(114) ㄱ. 갯바닥[갣빠닥](×[갭빠닥])　　갯벌[갣뻘](×[갭뻘])
　　　 것보다[걷뽀다](×[겁뽀다])　　것부터[걷뿌터](×[겁뿌터])
　　　 것뿐[걷뿐](×[겁뿐])　　　　　고깃배[고긷빼](×[고깁빼])
　　　 그것보다[그걷뽀다](×[그겁뽀다])　깃발[긷빨](×[깁빨])
　　　 덧붙여[덛뿌쳐](×[덥뿌쳐])　　덧붙은[덛뿌튼](×[덥뿌튼])
　　　 덧붙이다[덛뿌치다](×[덥뿌치다])　덧붙인[덛뿌친](×[덥뿌친])
　　　 뒷받침[뒫빧침](×[뒵빧침])　　뒷발[뒫빨](×[뒵빨])
　　　 뒷발질[뒫빨질](×[뒵빨질])　　뒷부분[뒫뿌분](×[뒵뿌분])
　　　 뜻밖에[뜯빠께](×[뜹빠께])　　마룻바닥[마룯빠닥](×[마룹빠닥])

맛보고[맏뽀고](×[맙뽀고])   무엇보다[무얻뽀다](×[무업뽀다])

반딧불이[반딛뿌리](×[반딥뿌리])   보랏빛[보랃삗](×[보랍삗])

비눗방울[비눋빵울](×[비눕빵울])   쇳빛[쇧삗/쉗−](×[쉽삗/쉡−])

시곗바늘[시곋빠늘/−곋−](×[시곕빠늘/−곕−])

어젯밤[어젣빰](×[어젭빰])

엿보다[엳뽀다](×[엽뽀다])   엿불[엳뿔](×[엽뿔])

옷부터[옫뿌터](×[옵뿌터])   윗부분[윋뿌분](×[윕뿌분])

장밋빛[장믿삗](×[장밉삗])   촛불[촏뿔](×[촙뿔])

콧방귀[콛빵귀](×[콥빵귀])   텃밭[턷빧](×[텁빧])

하룻밤[하룯빰](×[하룹빰])   햇밤[핻빰](×[햅빰])

햇병아리[핻뼝아리](×[햅뼝아리])   햇볕[핻뼏](×[햅뼏])

햇빛[핻삗](×[햅삗])   헛바람[헏빠람](×[헙빠람])

헛보고[헏뽀고](×[헙뽀고])   혓바닥[혇빠닥](×[협빠닥])

ㄴ. 낮부터[낟뿌터](×[납뿌터])   맞받아[맏빠다](×[맙빠다])

ㄷ. 꽃부리[꼳뿌리](×[꼽뿌리])   꽃받침[꼳빧침](×[꼽빧침])

꽃병[꼳뼝](×[꼽뼝])

ㄹ. 밑바닥[믿빠닥](×[밉빠닥])   밑부분[믿뿌분](×[밉뿌분])

얕보다[얃뽀다](×[얍뽀다])

(114ㄷ)은 표준발음법 제21항의 보기에 해당되지만, (114ㄱ, ㄴ, ㄹ)은 제21항의 보기에 해당되지 않는다. 그러나 이 경우도 음운변화현상으로 보아 제21항의 규정에 해당되는 것으로 추정한다. 이 규정은 보기와 같은 닿소리닮음은 인정하지 않는다는 내용이다. 이는 비표준발음이라는 의미 이다. 보기는 표기와 표준발음이 다르기 때문에 표준발음과 비표준발음을 모두 기술한 경우이다. 이 경우에 하나의 음운변화과정에서 표준발음과 비 표준발음을 모두 나타내기 위해서는 받침규칙, 된소리되기, *센입천장소 리되기, 입술소리되기 등의 순서로 음운규칙을 적용해야 한다.('*'는 규칙 적용이 불규칙적임.)

(114ㄱ)은 닿소리이어바뀜의 환경에서 앞닿소리가 'ㅅ'이고, 뒤 닿소리가 'ㅂ'인 경우이다. '것보다'가 '것보다 → 걷보다 → 걷뽀다 → 겁뽀다'와 같은 음운변화과정에서 1단계는 'ㅅ → ㄷ(것- → 걷-)'과 같이 'ㅅ'에 받침규칙이 적용되고, 2단계는 'ㅂ → ㅃ(-보- → -뽀-)'과 같이 'ㅂ'에 된소리되기가 적용되고, 3단계는 'ㄷ → ㅂ(걷- → 겁-)'과 같이 'ㄷ'에 입술소리되기가 적용된다. 이 경우에 2단계에서 실현된 [걷뽀다]는 표준발음이고, 3단계에서 실현된 [겁뽀다]는 비표준발음이다.

(114ㄴ)은 닿소리이어바뀜의 환경에서 앞닿소리가 'ㅈ'('낮-, 맞-' 등의 끝소리)이고, 뒤 닿소리가 'ㅂ'('-부-, -받-' 등의 첫소리)인 경우이다. '낮부터'가 '낮부터 → 낟부터 → 낟뿌터 → 납뿌터'와 같은 음운변화과정에서 1단계는 'ㅈ → ㄷ(낮- → 낟-)'과 같이 'ㅈ'에 받침규칙이 적용되고, 2단계는 'ㅂ → ㅃ(-부- → -뿌-)'과 같이 'ㅂ'에 된소리되기가 적용되고, 3단계는 'ㄷ → ㅂ(낟- → 납-)'과 같이 'ㄷ'에 입술소리되기가 적용된다. 이 경우에 2단계에서 실현된 [낟뿌터]는 표준발음이고, 3단계에서 실현된 [납뿌터]는 비표준발음이다.

(114ㄷ)은 닿소리이어바뀜의 환경에서 앞닿소리가 'ㅊ'('꽃-,'의 끝소리)이고, 뒤 닿소리가 'ㅂ'('-부-'의 첫소리)인 경우이다. '꽃부리'가 '꽃부리 → 꼳부리 → 꼳뿌리 → 꼽뿌리'와 같은 음운변화과정에서 1단계는 'ㅊ → ㄷ(꽃- → 꼳-)'과 같이 'ㅊ'에 받침규칙이 적용되고, 2단계는 'ㅂ → ㅃ(-부- → -뿌-)'과 같이 'ㅂ'에 된소리되기가 적용되고, 3단계는 'ㄷ → ㅂ(꼳- → 꼽-)'과 같이 'ㄷ'에 입술소리되기가 적용된다. 이 경우에 2단계에서 실현된 [꼳뿌리]는 표준발음이고, 3단계에서 실현된 [꼽뿌리]는 비표준발음이다.

(114ㄹ)은 닿소리이어바뀜의 환경에서 앞닿소리가 'ㅌ'('밑-'의 끝소리)이고, 뒤 닿소리가 'ㅂ'('-바-, -부-' 등의 첫소리)인 경우이다. '밑바닥'이 '밑바닥 → 믿바닥 → 믿빠닥 → 밉빠닥'과 같은 음운변화과정에서 1단계는

'ㅌ → ㄷ(밑- → 믿-)'과 같이 'ㅌ'에 받침규칙이 적용되고, 2단계는 'ㅂ → ㅃ(-바- → -빠-)'과 같이 'ㅂ'에 된소리되기가 적용되고, 3단계는 'ㄷ → ㅂ(믿- → 밉-)'과 같이 'ㄷ'에 입술소리되기가 적용된다. 이 경우에 2단계에서 실현된 [믿빠닥]은 표준발음이고, 3단계에서 실현된 [밉빠닥]은 비표준발음이다.

(115) 간편(×[감편])　　　　단풍(×[담풍])　　　　단풍나무(×[담풍나무])
　　　　만년필(×[만념필])　　분필(×[붐필])　　　　연필(×[염필])
　　　　왼팔(×[욈팔])　　　　한편(×[함편])　　　　한평생(×[함평생])

　(115)처럼 앞닿소리가 'ㄴ'이고, 뒤 닿소리가 'ㅍ'인 경우는 표준발음법 제21항의 보기에 없지만, 이는 음운변화현상으로 보아 제21항의 규정에 해당하는 것으로 추정한다. 이 규정은 위와 같은 경우에 닿소리닮음을 인정하지 않는다는 내용이다. 이는 비표준발음이라는 의미이다. 보기는 표기와 표준발음이 같기 때문에 비표준발음만 기술한 경우이다. 이는 닿소리이어바뀜의 환경에서 앞 닿소리가 'ㄴ'('단-, 연-' 등의 끝소리)이고, 뒤 닿소리가 'ㅍ'('-풍, -필' 등의 첫소리)인 경우에 'ㄴ → ㅁ'과 같이 'ㄴ'의 입술소리되기가 실현된 경우이다.

⑥ 센입천장소리되기(경구개음화 : 硬口蓋音化)

(116) ㄱ. 가을걷이[가을거지]　　굳이[구지]　　　　　맏이[마지]
　　　　미닫이[미다지]　　　　해돋이[해도지]
　　ㄴ. 가마솥이[가마소치]　　갈대밭이[갈때바치]　　같이[가치]
　　　　겉이[거치]　　　　　　공같이[공가치]　　　　끝이[ㄲ치]
　　　　덧붙이면[덛뿌치면]　　똑같이[똑까치]　　　　밭이[바치]
　　　　봄볕이[봄뼈치]　　　　불같이[불가치]　　　　붙이다[부치다]

붙인[부친]	붙임[부침]	붙입니다[부침니다]
샅샅이[삳싸치]	쇠붙이[쇠부치/쉐-]	풀밭이[풀바치]
코끝이[코*끄*치]	혀끝이[혀*끄*치]	

ㄷ. 붙여[부텨 → 부처]

ㄹ. 갇히다[가치다]

ㅁ. 갇혀[가텨 → 가처] 닫혀[다처] 묻혀[무처]

(116)은 표준발음법 제17항에 규정하고 있다. 보기는 앞 소리마디의 받침 'ㄷ, ㅌ' 등이 뒤 홀소리(반홀소리 'ㅣ'나 홀소리 'ㅣ')와 결합되어, [ㅈ, ㅊ] 등과 같이 센입천장소리되기가 실현된 경우이다. 이는 표준발음이다.

(116ㄱ)은 앞 소리마디의 받침 'ㄷ'('굳-'의 끝소리)이 뒤 홀소리 'ㅣ'('-이')와 결합되어, 'ㄷ'의 센입천장소리되기가 실현된 경우이다. '가을걷이'는 '가을걷이 → 가을거지'와 같은 음운변화과정에서 'ㄷ → ㅈ'과 같이 'ㄷ'에 센입천장소리되기가 적용된다. 이 경우에 표기는 '굳이'이고, 표준발음은 [구지]이다.

(116ㄴ)은 앞 소리마디의 받침 'ㅌ'('-솥-, 같-' 등의 끝소리)이 뒤 홀소리 'ㅣ'('-이, -인' 등)와 결합되어, 'ㅌ'의 센입천장소리되기가 실현된 경우이다. '샅샅이'가 '샅샅이 → 산샅이 → 산쌑이 → 산싸치'와 같은 소리마디 순서에 따른 음운변화과정에서 1단계는 'ㅌ → ㄷ(샅- → 산-)'과 같이 'ㅌ'에 받침규칙이 적용되고, 2단계는 'ㅅ → ㅆ(-샅- → -쌑-)'과 같이 'ㅅ'에 된소리되기가 적용되고, 3단계는 'ㅌ → ㅊ(-쌑이 → -싸치)'과 같이 'ㅌ'에 센입천장소리되기가 적용된다.

(116ㄷ)은 앞 소리마디의 받침 'ㅌ'('붙-'의 끝소리)이 뒤 홀소리 '-여'('ㅕ = ㅣ + ㅓ'에서 반홀소리 'ㅣ'인 경우)와 결합되어, 'ㅌ'의 센입천장소리되기가 실현된 경우이다. '붙여'가 '붙여 → 부텨 → 부처'와 같은 음운변화과정에서 1단계는 'ㅌ → ㅊ'과 같이 'ㅌ'에 센입천장소리되기가 적용되고, 2단계는 'ㅕ → ㅓ(-쳐 → -처)'와 같이 'ㅕ'에 홑홀소리되기가 적용된다.

(116ㄹ)은 표준발음법 제17항 [붙임]에 규정하고 있다. 이 규정은 'ㄷ' 뒤에 뒷가지 '히'가 결합되어 '티'를 이루는 것은 [치]로 발음한다는 내용이다. 보기는 앞 소리마디의 받침 'ㄷ'('갇-'의 끝소리)이 뒤 소리마디의 '-히-'와 결합되어, 'ㅌ'의 센입천장소리되기가 실현된 경우이다. '갇히다'가 '갇히다 → 같이다 → 가치다'와 같은 음운변화과정에서 1단계는 'ㄷ + ㅎ → ㅌ(갇히- → 같이-)'과 같이 'ㄷ'에 거센소리되기가 적용되고, 2단계는 'ㅌ → ㅊ(같이- → 가치-)'과 같이 'ㅌ'에 센입천장소리되기가 적용된다.

(116ㅁ)은 앞 소리마디의 받침 'ㄷ'('갇-, 닫-, 묻-' 등의 끝소리)이 뒤 소리마디의 '-혀'와 결합되어, 'ㅌ'의 센입천장소리되기가 실현된 경우이다. '갇혀'가 '갇혀 → 같여 → 가쳐 → 가처'와 같은 음운변화과정에서 1단계는 'ㄷ + ㅎ → ㅌ(갇혀- → 같여-)'과 같이 'ㄷ'에 거센소리되기가 적용되고, 2단계는 'ㅌ → ㅊ(같여- → 가쳐)'과 같이 'ㅌ'에 센입천장소리되기가 적용되고, 3단계는 'ㅕ → ㅓ(-쳐 → -처)'와 같이 'ㅕ'에 홑홀소리되기가 적용된다.

(117) ㄱ. 기다란[기다란](×[지다란]) 기다려[기다려](×[지다려])
　　　기다리고[기다리고](×[지다리고]) 기다리지[기다리지](×[지다리지])
　　　기둥[기둥](×[지둥]) 기름[기름](×[지름])
　　　기와[기와](×[지와]) 기와집[기와집](×[지와집])
　　　기울다[기울다](×[지울다]) 기울이고[기우리고](×[지우리고])
　　　기침[기침](×[지침]) 긴[긴](×[진])
　　　길[길](×[질]) 길가[길까](×[질까])
　　　길게[길게](×[질게]) 길고[길고](×[질고])
　　　길님[길림](×[질림]) 길다[길다](×[질다])
　　　길목[길목](×[질목]) 김빠지는[김빠지는](×[짐빠지는])
　　　길에[기레](×[지레]) 길을[기를](×[지를])
　　　길잡이[길자비](×[질자비]) 김[김](×[짐])
　　　김치[김치](×[짐치]) 깊은[기픈](×[지픈])
　　ㄴ. 눈길[눈낄](×[눈찔]) 발길[발낄](×[발찔])

밤길[밤낄](×[밤찔])　　　　산길[산낄](×[산찔])
엿기름[엳끼름](×[엳찌름])　　찻길[찯낄](×[찯찔])
햇김[핻낌](×[핻찜])
　ㄷ. 끼고[끼고](×[찌고])　　　　끼리[끼리](×[찌리])
끼어[끼어](×[찌어])　　　　낀[낀](×[찐])
낌새[낌새](×[찜새])
　ㄹ. 겨루기[겨루기](×[겨루기 → 저루기])　　견뎌[견뎌](×[견뎌 → 전뎌])
견디다[견디다](×[견디다 → 전디다])
견디며[견디며](×[견디며 → 전디며])
견딜[견딜](×[전딜 → 전딜])　　　　겹쳐[겹처](×[겹처 → 접처])
곁에[겨테](×[겨테 → 저테])
　ㅁ. 껴입고[껴입꼬](×[쪄입꼬 → 쩌입꼬])

(117)은 한 소리마디의 첫소리와 가운뎃소리인 홀소리 'ㅣ'나 반홀소리
'ㅣ'가 결합되어, 센입천장소리되기가 실현된 경우이다. 이는 비표준발음
이다. 보기는 'ㄱ → ㅈ', 'ㄲ → ㅉ' 등과 같이 센입천장소리되기 실현으로
인해 낱소리가 바뀐 경우이다.

(117ㄱ)은 첫소리마디의 첫소리 'ㄱ'('기-, 긴- 등의 첫소리)이 가운뎃소
리인 홀소리 'ㅣ'('기'의 'ㅣ')와 결합되어, 'ㄱ'의 센입천장소리되기가 실현
된 것이다. '기다려'는 '기다려 → 지다려'와 같은 음운변화과정에서 'ㄱ →
ㅈ'과 같이 'ㄱ'에 센입천장소리되기가 적용된다.

(117ㄴ)은 둘째소리마디의 첫소리 'ㄱ'('-길'의 첫소리)이 가운뎃소리인
홀소리 'ㅣ'('길'의 'ㅣ')와 결합되어, 'ㄱ'의 센입천장소리되기가 실현된 경
우이다. '눈길'이 '눈길 → 눈낄 → 눈찔'과 같은 소리마디 순서에 따른 음운
변화과정에서 1단계는 'ㄱ → ㄲ'(-길 → -낄)과 같이 'ㄱ'에 된소리되기가
적용되고, 2단계는 'ㄲ → ㅉ(-낄 → -찔)'과 같이 'ㄲ'에 센입천장소리되기
가 적용된다.

(117ㄷ)은 첫소리마디의 첫소리인 'ㄲ'('끼-'의 첫소리)이 가운뎃소리인

홀소리 'ㅣ'('끼-'의 'ㅣ')와 결합되어, 'ㄲ'의 센입천장소리되기가 실현된 경우이다. '끼리'는 '끼리 → 찌리'와 같은 음운변화과정에서 'ㄲ → ㅉ'과 같이 'ㄲ'에 센입천장소리되기가 적용된다.

(117ㄹ)은 첫소리마디의 첫소리인 'ㄱ'('겨-'의 첫소리)이 가운뎃소리인 홀소리 'ㅕ'('겨-'의 'ㅕ' : 'ㅕ = ㅣ + ㅓ'에서 반홀소리 'ㅣ'인 경우)와 결합되어, 'ㄱ'의 센입천장소리되기가 실현된 경우이다. '견뎌'가 '견뎌 → 젼뎌 → 전뎌'와 같은 음운변화과정에서 1단계는 'ㄱ → ㅈ'과 같이 'ㄱ'에 센입천장소리되기가 적용되고, 2단계는 'ㅕ → ㅓ(젼- → 전-)'와 같이 'ㅕ'에 홑홀소리되기가 적용된다.

(117ㅁ)은 첫소리마디의 첫소리인 'ㄲ'('껴-'의 첫소리)이 가운뎃소리인 홀소리 'ㅕ'('껴-'의 'ㅕ' : 'ㅕ = ㅣ + ㅓ'에서 반홀소리 'ㅣ'인 경우)와 결합되어, 'ㄲ'의 센입천장소리되기가 실현된 경우이다. '껴입고'가 '껴입고 → 쪄입고 → 쩌입고 → 쩌입꼬'와 같은 소리마디 순서에 따른 음운변화과정에서 1단계는 'ㄲ → ㅉ'과 같이 'ㄲ'에 센입천장소리되기가 적용되고, 2단계는 'ㅕ → ㅓ(젼- → 전-)'와 같이 'ㅕ'에 홑홀소리되기가 적용되고, 3단계는 'ㄱ → ㄲ(-고 → -꼬)'과 같이 'ㄱ'에 된소리되기가 적용된다.

⑦ 여린입천장소리되기(연구개음화 : 軟口蓋音化)

(118)ㄱ. 간격(×[강격])　　　건강(×[겅강])　　　관객(×[광객])
　　　관계(×[광계])　　　관광(×[광광])　　　근거(×[긍거])
　　　긴급(×[깅급])　　　눈꺼풀(×[눙꺼풀])　눈꼬리(×[눙꼬리])
　　　만강(×[망강])　　　만큼(×[망큼])　　　문고(×[뭉고])
　　　문구(×[뭉구])　　　문구점(×[뭉구점])　반가운(×[방가운])
　　　반가운(×[방가운])　반가워(×[방가워])　반기는(×[방기는])
　　　번갈아(×[벙가라])　번개(×[벙개])　　　빈칸(×[빙칸])
　　　선거(×[성거])　　　순간(×[숭간])　　　순경(×[숭경])

신경(×[싱경])　　　　신고(×[싱고])　　　　신기한(×[싱기한])
안간힘(×[앙간힘])　　안경(×[앙경])　　　　연거푸(×[영거푸])
연결(×[영결])　　　　연구(×[영구])　　　　연극(×[영극])
연기(×[영기])　　　　온기(×[옹기])　　　　원고지(×[웡고지])
인구(×[잉구])　　　　자신감(×[자싱감])　　자전거(×[자정거])
잔가지(×[장가지])　　전교생(×[정교생])　　전구(×[정구])
전기(×[정기])　　　　존경(×[종경])　　　　친구(×[칭구])
친근감(×[칭긍감])　　큰길(×[킁길])　　　　판결(×[팡결])
편견(×[평견])　　　　한가득(×[항가득])　　한강(×[항강])
한걸음(×[항거름])　　한겨울(×[항겨울])　　한결(×[항결])
한국(×[항국])　　　　한글(×[항글])　　　　한글날(×[항글날])
한꺼번(×[항꺼번])　　현관(×[형관])　　　　환경(×[황경])

ㄴ. 눈가[눈까](×[눙까])　　　　　눈가루[눈까루](×[눙까루])
　　눈곱[눈꼽](×[눙꼽])　　　　　눈길[눈낄](×[눙낄])
　　반갑게[반갑께](×[방갑께])　　반갑기[반갑끼](×[방갑끼])
　　손가락[손까락](×[송까락])　　손길[손낄](×[송낄])
　　안고[안꼬](×[앙꼬])　　　　　안기듯[안기듣](×[앙기듣])
　　인기[인끼](×[잉끼])　　　　　연꽃[연꼳](×[영꼳])
　　장난감[장난깜](×[장낭깜])　　한껏[한껃](×[항껃])
　　한끝[한끋](×[항끋])

　(118~119)처럼 앞 닿소리가 'ㄴ·ㄷ' 등이고, 뒤 닿소리가 'ㄱ·ㅋ·ㄲ' 등인 경우는 표준발음법 제21항의 보기에 없지만, 이는 음운변화현상으로 보아 제21항의 규정에 해당하는 것으로 추정한다. 이 규정은 위와 같은 경우에 닿소리닮음을 인정하지 않는다는 내용인데, 이는 비표준발음이라는 의미이다. (118ㄱ)은 표기와 표준발음이 같기 때문에 비표준발음만 기술하고, (118ㄴ)은 표기와 표준발음이 다르기 때문에 표준발음과 비표준발음을 모두 기술한 경우이다.

　(118ㄱ)은 닿소리이어바뀜의 환경에서 앞 닿소리 'ㄴ'('간-, 눈-, 만-'

등의 끝소리)이 여린입천장소리인 뒤 닿소리 'ㄱ · ㄲ · ㅋ'('-격, -꼬-, -큼' 등의 첫소리) 등을 닮아, 'ㄴ → ㅇ'과 같이 'ㄴ'이 [ㅇ]으로 여린입천장소리되기가 실현된 경우이다. 뒤 닿소리가 'ㄱ'인 '간격'은 '간격 → 강격'과 같은 음운변화과정에서 'ㄴ → ㅇ(간- → 강-)'과 같이 'ㄴ'에 여린입천장소리되기가 적용된다. 그러므로 교과서에 표기된 '간격'은 표준발음 [간격]과 같지만, 여린입천장소리되기가 적용된 비표준발음 [강격]은 표기와 다르다.

(118ㄴ)은 닿소리이어바뀜의 환경에서 앞 닿소리 'ㄴ'('반-, 손-' 등의 끝소리)이 여린입천장소리인 뒤 닿소리 'ㄱ'('-갑-, -가-' 등의 첫소리)을 닮아, 'ㄴ → ㅇ'과 같이 'ㄴ'이 [ㅇ]으로 여린입천장소리되기가 실현된 경우이다. 이 경우에 하나의 음운변화과정에서 표준발음과 비표준발음을 모두 나타내기 위해서는 먼저 된소리되기를 적용한 후에, 여린입천장소리되기를 적용한다. '반갑게'가 '반갑게 → 반갑께 → 방갑께'와 같은 음운변화과정에서 1단계는 'ㄱ → ㄲ(-게 → -께)'과 같이 'ㄱ'에 된소리되기가 적용되고, 2단계는 'ㄴ → ㅇ(반- → 방-)'과 같이 'ㄴ'에 여린입천장소리되기가 적용된다. 이 경우에 1단계에서 실현된 [반갑께]는 표준발음이고, 2단계에서 실현된 [방갑께]는 비표준발음이다.

(119) 걷고[걷꼬](×[걱꼬])　　　　걷기[걷끼](×[걱끼])
　　　곧게[곧께](×[곡께])　　　　굳게[굳께](×[국께])
　　　긷기[긷끼](×[긱끼])　　　　깨닫게[깨닫께](×[깨닥께])
　　　깨닫고[깨닫꼬](×[깨닥꼬])　닫게[닫께](×[닥께])
　　　듣거든[듣꺼든](×[득꺼든])　듣게[듣께](×[득께])
　　　듣고[듣꼬](×[득꼬])　　　　듣기[듣끼](×[득끼])
　　　뜯겨[뜯껴](×[뜩껴])　　　　묻고[묻꼬](×[묵꼬])
　　　믿게[믿께](×[믹께])　　　　믿기[믿끼](×[믹끼])
　　　반짇고리[반짇꼬리](×[반직꼬리])　받거나[받꺼나](×[박꺼나])

받게[받께](×[박께])　　　　받고[받꼬](×[박꼬])

받기[받끼](×[박끼])　　　　뻗고[뻗꼬](×[뻑꼬])

숟가락[숟까락](×[숙까락])　　숟갈[숟깔](×[숙깔])

싣고[싣꼬](×[식꼬])　　　　싣기[싣끼](×[식끼])

쏟고[쏟꼬](×[쏙꼬])　　　　얻거든[얻꺼든](×[억꺼든])

얻고[얻꼬](×[억꼬])　　　　얻기[얻끼](×[억끼])

(119)는 표기와 표준발음이 다르기 때문에 표준발음과 비표준발음을 모두 기술한 경우이다. 이는 닿소리이어바뀜의 환경에서 앞 닿소리 'ㄷ'(굳-, 긷-, 쏟- 등의 끝소리)이 여린입천장소리인 뒤 닿소리 'ㄱ'('-게, -기, -고' 등의 첫소리)을 닮아, 'ㄷ → ㄱ'과 같이 'ㄷ'이 [ㄱ]으로 여린입천장소리되기가 실현된 경우이다. 이 경우에 하나의 음운변화과정에서 표준발음과 비표준발음을 모두 나타내기 위해서는 먼저 된소리되기를 적용한 후에, 여린입천장소리되기를 적용한다. '굳게'가 '굳게 → 굳께 → 국께'와 같은 음운변화과정에서 1단계는 'ㄱ → ㄲ(-게 → -께)'과 같이 'ㄱ'에 된소리되기가 적용되고, 2단계는 'ㄷ → ㄱ(굳- → 국-)'과 같이 'ㄷ'에 여린입천장소리되기가 적용된다. 이 경우에 1단계에서 실현된 [굳께]는 표준발음이고, 2단계에서 실현된 [국께]는 비표준발음이다.

(120) ㄱ. 감각(×[강각])　　　감겨(×[강겨])　　　감기(×[강기])

　　　남겨(×[낭겨])　　　남기고(×[낭기고])　　남긴(×[낭긴])

　　　남길(×[낭길])　　　넘겨(×[넝겨])　　　넘기다(×[넝기다])

　　　넘긴(×[넝긴])　　　담겨(×[당겨])　　　담그다(×[당그다])

　　　담긴(×[당긴])　　　부침개(×[부칭개])　　삼켜(×[상켜])

　　　삼키다(×[상키다])　　삼킨(×[상킨])　　　섬겨(×[성겨])

　　　섬기다(×[성기다])　　숨겨(×[숭겨])　　　숨기고(×[숭기고])

　　　움켜(×[웅켜])　　　움큼(×[웅큼])　　　잠가(×[장가])

　　　잠겨(×[장겨])　　　잠근다(×[장근다])　　잠기는(×[장기는])

잠기셔(×[장기셔])　　잠깐(×[장깐])　　잠꾸러기(×[장꾸러기])

점검(×[정검])　　참견(×[창견])　　캄캄(×[캉캄])

함께(×[항께])

ㄴ. 넘게[넘께](×[넝께])　담고[담꼬](×[당꼬])　잠결[잠껼](×[장껼])

　　(120)은 표준발음법 제21항에 규정하고 있다. 이 규정은 보기와 같은 닿소리닮음을 인정하지 않는다는 내용이다. 이는 비표준발음이라는 의미이다. (120ㄱ)은 표기와 표준발음이 같기 때문에 비표준발음만 기술하고, (120ㄴ)은 표기와 표준발음이 다르기 때문에 표준발음과 비표준발음을 모두 기술한 경우이다.

　　(120ㄱ)은 닿소리이어바뀜의 환경에서 앞 닿소리 'ㅁ'('남-, 잠-, 움-' 등의 끝소리)이 여린입천장소리인 뒤 닿소리 'ㄱ · ㄲ · ㅋ'('-기-, -깐, -켜' 등의 첫소리) 등을 닮아, 'ㅁ → ㅇ'과 같이 'ㅁ'이 [ㅇ]으로 여린입천장소리되기가 실현된 경우이다. 뒤 닿소리가 'ㄱ'인 '남기고'는 '남기고 → 낭기고'와 같은 음운변화과정에서 'ㅁ → ㅇ(남- → 낭-)'과 같이 'ㅁ'에 여린입천장소리되기가 적용된다. 그러므로 교과서에 표기된 '남기고'는 표준발음 [남기고]와 같지만, 여린입천장소리되기가 적용된 비표준발음 [낭기고]는 표기와 다르다.

　　(120ㄴ)은 닿소리이어바뀜의 환경에서 앞 닿소리 'ㅁ'('넘-'의 끝소리)이 여린입천장소리인 뒤 닿소리 'ㄱ'('-게'의 첫소리)을 닮아, 'ㅁ → ㅇ'과 같이 'ㅁ'이 [ㅇ]으로 여린입천장소리되기가 실현된 경우이다. 이 경우에 하나의 음운변화과정에서 표준발음과 비표준발음을 모두 나타내기 위해서는 먼저 된소리되기를 적용한 후에, 여린입천장소리되기를 적용한다. '넘게'가 '넘게 → 넘께 → 넝께'와 같은 음운변화과정에서 1단계는 'ㄱ → ㄲ (-게 → -께)'과 같이 'ㄱ'에 된소리되기가 적용되고, 2단계는 'ㅁ → ㅇ (넘- → 넝-)'과 같이 'ㅁ'에 여린입천장소리되기가 적용된다. 이 경우에 1

단계에서 실현된 [넙께]는 표준발음이고, 2단계에서 실현된 [넝께]는 비표
준발음이다.

(121) 갯가[갣까](×[객까])   갸웃거려[갸욷꺼려](×[갸욱꺼려])
갸웃거리[갸욷꺼리](×[갸욱꺼리])   갸웃거린[갸욷꺼린](×[갸욱꺼린])
것같이[걷까치](×[걱까치])   것과[걷꽈](×[걱꽈])
고깃국[고긷꾹](×[고긱꾹])   골칫거리[골칟꺼리](×[골칙꺼리])
곳곳[곧꼳](×[곡꼳])   귓구녕[귇꾸녕](×[귁꾸녕])
귓구멍[귇꾸멍](×[귁꾸멍])   김칫국[김칟꾹](×[김칙꾹])
나뭇가지[나묻까지](×[나묵까지])   낫게[낟께](×[낙께])
낫기[낟끼](×[낙끼])   냇가[낻까](×[낵까])
댓글[댇끌](×[댁끌])   등곳길[등곧낄](×[등곡낄])
뜻과[뜯꽈](×[뜩꽈])   맛과[맏꽈](×[막꽈])
머뭇거리[머묻꺼리](×[머묵꺼리])   멋과[먿꽈](×[먹꽈])
몸짓과[몸찓꽈](×[몸찍꽈])   무엇과[무얻꽈](×[무억꽈])
뭇국[묻꾹](×[묵꾹])   바닷가[바닫까](×[바닥까])
방앗간[방앋깐](×[방악깐])   뱃가죽[밷까죽](×[백까죽])
벗겨[벋껴](×[벅껴])   벗고[벋꼬](×[벅꼬])
벗기[벋끼](×[벅끼])   북엇국[부걷꾹](×[부걱꾹])
붓고[붇꼬](×[북꼬])   붓과[붇꽈](×[북꽈])
붓글씨[붇끌씨](×[북끌씨])   뺏기다[뺃끼다](×[뺙끼다])
빼앗고[빼앋꼬](×[빼악꼬])   빼앗기다[빼앋끼다](×[빼악끼다])
빼앗긴[빼앋낀](×[빼악낀])   서릿기둥[서릳끼둥](×[서릭끼둥])
솟고[솓꼬](×[속꼬])   솟구[솓꾸](×[속꾸])
송곳과[송곧꽈](×[송곡꽈])   시냇가[시낻까](×[시낵까])
씻고[씯꼬](×[씩꼬])   엿가위질[엳까위질](×[역까위질])
엿기름[엳끼름](×[역끼름])   옷가지[옫까지](×[옥까지])
옷감[옫깜](×[옥깜])   옷과[옫꽈](×[옥꽈])
옷깃[옫낃](×[옥낃])   웃게[욷께](×[욱께])

웃겨서[욷껴서](×[욱껴서])　　웃고[욷꼬](×[욱꼬])

웃기다[욷끼다](×[욱끼다])　　이웃과[이욷꽈](×[이욱꽈])

잇거든[읻꺼든](×[익꺼든])　　잇고[읻꼬](×[익꼬])

잣가루[잗까루](×[작까루])　　저잣거리[저잗꺼리](×[저작꺼리])

젓가락[젇까락](×[적까락])　　젓갈[젇깔](×[적깔])

진돗개[진돋깨](×[진독깨])　　짓거든[짇꺼든](×[직꺼든])

짓게[짇께](×[직께])　　　　짓고[짇꼬](×[직꼬])

짓궂게[짇꾿께](×[직꾿께])　　짓기[짇끼](×[직끼])

찻길[찯낄](×[착낄])　　　　첫걸음[첟꺼름](×[척꺼름])

풋고추[푿꼬추](×[푹꼬추])　　햇감[핻깜](×[핵깜])

햇감자[핻깜자](×[핵깜자])　　햇김[핻낌](×[핵낌])

헛간[헏깐](×[헉깐])　　　　헛개[헏깨](×[헉깨])

헬멧과[헬멛꽈](×[헬멕꽈])　　햇갈려[핻깔려](×[핵깔려])

이야깃거리[이야긷꺼리](×[이야긱꺼리])

쫑긋거리다[쫑귿꺼리다](×[쫑극꺼리다])

(121)은 표준발음법 제21항에 규정하고 있다. 이 규정은 보기와 같은 닿
소리닮음을 인정하지 않는다는 내용이다. 이는 비표준발음이라는 의미이
다. 보기는 표기와 표준발음이 다르기 때문에 표준발음과 비표준발음을 모
두 기술한 경우이다. 이는 닿소리이어바뀜의 환경에서 앞 닿소리가 'ㅅ'('-
웃-, 것-, 젓-' 등의 끝소리)이고, 뒤 닿소리가 여린입천장소리 'ㄱ'('-거-,
-과, -가-' 등의 첫소리)인 경우에 앞 닿소리의 여린입천장소리되기가 실
현된 것이다. 이 경우에 하나의 음운변화과정에서 표준발음과 비표준발음
을 모두 나타내기 위해서는 먼저 'ㅅ'에 받침규칙을 적용한 후에, 된소리되
기와 여린입천장소리되기를 차례로 적용한다. '갸웃거리다'가 '갸웃거리다
→ 갸욷거리다 → 갸욷꺼리다 → 갸욱꺼리다'와 같은 음운변화과정에서 1
단계는 'ㅅ → ㄷ(-웃- → -욷-)'과 같이 'ㅅ'에 받침규칙이 적용되고, 2단
계는 'ㄱ → ㄲ(-거- → -꺼-)'과 같이 'ㄱ'에 된소리되기가 적용되고, 3단

계는 'ㄷ → ㄱ(-운- → -욱-)'과 같이 'ㄷ'에 여린입천장소리되기가 적용
된다. 이 경우에 2단계에서 실현된 [갸운꺼리다]는 표준발음이고, 3단계에
서 실현된 [갸욱꺼리다]는 비표준발음이다.

(122) 가겠구나[가겐구나 → 가겐꾸나](×[가겍꾸나]) → 겠구[겐구 → 겐꾸](×[겍꾸])

갔게[간께](×[각께])	갔고[간꼬](×[각꼬])	갔기[간끼](×[각끼])
겠거[겐꺼](×[겍꺼])	겠고[겐꼬](×[겍꼬])	겠구[겐꾸](×[겍꾸])
겠군[겐꾼](×[겍꾼])	겼구[견꾸](×[격꾸])	겼기[견끼](×[격끼])
겼고[견꼬](×[격꼬])	났거[낟꺼](×[낙꺼])	났구[낟꾸](×[낙꾸])
냈고[낻꼬](×[낵꼬])	댔기[댇끼](×[댁끼])	됐구[됃꾸](×[돽꾸])
됐군[됃꾼](×[돽꾼])	랐게[랃께](×[락께])	랐고[랃꼬](×[락꼬])
랐기[랃끼](×[락끼])	랬구[랟꾸](×[랙꾸])	렀고[럳꼬](×[럭꼬])
렀구[럳꾸](×[럭꾸])	렀기[럳끼](×[럭끼])	샀고[삳꼬](×[삭꼬])
셨거[셛꺼](×[셕꺼])	셨고[셛꼬](×[셕꼬])	셨기[셛끼](×[셕끼])
썼고[썯꼬](×[썩꼬])	썼구[썯꾸](×[썩꾸])	았거[앋꺼](×[악꺼])
았고[앋꼬](×[악꼬])	았구[앋꾸](×[악꾸])	았기[앋끼](×[악끼])
었거[얻꺼](×[억꺼])	었게[얻께](×[억께])	었고[얻꼬](×[억꼬])
었구[얻꾸](×[억꾸])	었기[얻끼](×[억끼])	였거[엳꺼](×[역꺼])
였건[엳껀](×[역껀])	였고[엳꼬](×[역꼬])	였구[엳꾸](×[역꾸])
였기[엳끼](×[역끼])	왔고[왇꼬](×[왁꼬])	왔구[왇꾸](×[왁꾸])
왔기[왇끼](×[왁끼])	윘거[윋꺼](×[윅꺼])	윘게[윋께](×[윅께])
윘구[윋꾸](×[윅꾸])	있거[읻꺼](×[익꺼])	있게[읻께](×[익께])
있고[읻꼬](×[익꼬])	있구[읻꾸](×[익꾸])	있기[읻끼](×[익끼])
잤구[잗꾸](×[작꾸])	졌거[젇꺼](×[적꺼])	졌고[젇꼬](×[적꼬])
졌구[젇꾸](×[적꾸])	졌기[젇끼](×[적끼])	쨌거[쨷꺼](×[쨱꺼])
팠구[팓꾸](×[팍꾸])	팠고[팓꼬](×[팍꼬])	했거[핻꺼](×[핵꺼])
했고[핻꼬](×[핵꼬])	했구[핻꾸](×[핵꾸])	했기[핻끼](×[핵끼])

(122)는 표준발음법 제21항에 규정하고 있다. 이 규정은 보기와 같은 닿

소리닮음을 인정하지 않는다는 내용이다. 이는 비표준발음이라는 의미이다. 보기는 표기와 표준발음이 다르기 때문에 표준발음과 비표준발음을 모두 기술한 경우이다. 그리고 전술한 것처럼, 여린입천장소리되기와 직접 관련이 있는 두 소리마디만 기술한 경우이다. 그러므로 보기에 따라 앞 소리마디나 뒤 소리마디를 생략한 경우도 있다. '겠구'는 '가겠구나 → 겠구'와 같이 여린입천장소리되기와 직접 관련이 있는 두 소리마디('겠구') 이외의 앞 소리마디 '가-'와 뒤 소리마디 '-나'를 생략한 경우이다. 보기는 닿소리이어바뀜의 환경에서 앞 닿소리가 'ㅆ'이고, 뒤 닿소리가 여린입천장소리 'ㄱ'인 경우에 'ㅆ'의 여린입천장소리되기가 실현된 비표준발음이다. 이 경우에 하나의 음운변화과정에서 표준발음과 비표준발음을 모두 나타내기 위해서는 먼저 'ㅆ'에 받침규칙을 적용한 후에, 된소리되기와 여린입천장소리되기를 차례로 적용한다. '겠구'가 '겠구 → 겐구 → 겐꾸 → 겍꾸'와 같은 음운변화과정에서 1단계는 'ㅆ → ㄷ(겠- → 겐-)'과 같이 'ㅆ'에 받침규칙이 적용되고, 2단계는 'ㄱ → ㄲ(-구 → -꾸)'과 같이 'ㄱ'에 된소리되기가 적용되고, 3단계는 'ㄷ → ㄱ(겐- → 겍-)'과 같이 'ㄷ'에 여린입천장소리되기가 적용된다. 이 경우에 2단계에서 실현된 [겐꾸]는 표준발음이고, 3단계에서 실현된 [겍꾸]는 비표준발음이다.

(123) ㄱ. 갖가지[갇까지](×[각까지])　　　　갖고[갇꼬](×[각꼬])

　　　갖기[갇끼](×[각끼])　　　　　　궂고[굳꼬](×[국꼬])

　　　꽂고[꼳꼬](×[꼭꼬])　　　　　　낯같이[낟까치](×[낙까치])

　　　늦게[늗께](×[늑께])　　　　　　늦겨울[늗껴울](×[늑껴울])

　　　맞게[맏께](×[막께])　　　　　　맞고[맏꼬](×[막꼬])

　　　맞구[맏꾸](×[막꾸])　　　　　　맞기[맏끼](×[막끼])

　　　맞긴[맏낀](×[막낀])　　　　　　알맞게[알맏께](×[알막께])

　　　잊게[읻께](×[익께])　　　　　　잊고[읻꼬](×[익꼬])

　　　찾게[찯께](×[착께])　　　　　　찾고[찯꼬](×[착꼬])

찾기[찯끼](×[챧끼])

ㄴ. 꽃가루[꼳까루](×[꼭까루])　　　　꽃가지[꼳까지](×[꼭까지])

꽃게[꼳께](×[꼭께])　　　　　　　꽃과[꼳꽈](×[꼭꽈])

꽃구경[꼳꾸경](×[꼭꾸경])　　　쫓겨[쫃껴](×[쪽껴])

쫓기[쫃끼](×[쪽끼])

ㄷ. 같고[갇꼬](×[각꼬])　　　　　　　같구[갇꾸](×[각꾸])

같기[갇끼](×[각끼])　　　　　　　맡겨[맏껴](×[막껴])

맡고[맏꼬](×[막꼬])　　　　　　　맡기[맏끼](×[막끼])

맡긴[맏낀](×[막낀])　　　　　　　밑거름[믿꺼름](×[믹꺼름])

(123ㄴ)은 표준발음법 제21항에 규정하고 있다. 그러나 (123ㄱ, ㄷ)처럼 앞 닿소리가 'ㅈ · ㅌ' 등이고, 뒤 닿소리가 'ㄱ'인 경우는 표준발음법 제21 항의 보기에 없지만, 이는 음운변화현상으로 보아 제21항의 규정에 해당 하는 것으로 추정한다. 이 규정은 위와 같은 경우에 닿소리닮음을 인정하 지 않는다는 내용인데, 이는 비표준발음이라는 의미이다. 보기는 표기와 표준발음이 다르기 때문에 표준발음과 비표준발음을 모두 기술한 경우이 다. 이는 닿소리이어바뀜의 환경에서 앞 닿소리가 'ㅈ · ㅊ · ㅌ' 등이고, 뒤 닿소리가 여린입천장소리 'ㄱ'인 경우에 앞 닿소리의 여린입천장소리되기 가 실현된 것이다. 이 경우에 하나의 음운변화과정에서 표준발음과 비표준 발음을 모두 나타내기 위해서는 먼저 받침규칙을 적용한 후에, 된소리되기 와 여린입천장소리되기를 차례로 적용한다.

(123ㄱ)은 닿소리이어바뀜의 환경에서 앞 닿소리가 'ㅈ'('갖-, 맞-' 등의 끝소리) 등이고, 뒤 닿소리가 여린입천장소리 'ㄱ'('-고, -게' 등의 첫소리) 인 경우이다. 앞 닿소리가 'ㅈ'인 '갖고'가 '갖고 → 갇고 → 갇꼬 → 각꼬'와 같은 음운변화과정에서 1단계는 'ㅈ → ㄷ(갖- → 갇-)'과 같이 'ㅈ'에 받침 규칙이 적용되고, 2단계는 'ㄱ → ㄲ(-고 → -꼬)'과 같이 'ㄱ'에 된소리되 기가 적용되고, 3단계는 'ㄷ → ㄱ(갇- → 각-)'과 같이 'ㄷ'에 여린입천장

소리되기가 적용된다. 이 경우에 2단계에서 실현된 [간꼬]는 표준발음이고, 3단계에서 실현된 [각꼬]는 비표준발음이다.

(123ㄴ)은 앞 닿소리가 'ㅊ'이고, 뒤 닿소리가 여린입천장소리 'ㄱ'인 경우이다. '꽃가루'가 '꽃가루 → 꼳가루 → 꼳까루 → 꼭까루'와 같은 음운변화과정에서 1단계는 'ㅊ → ㄷ(꽃- → 꼳-)'과 같이 'ㅊ'에 받침규칙이 적용되고, 2단계는 'ㄱ → ㄲ(-가- → -까-)'과 같이 'ㄱ'에 된소리되기가 적용되고, 3단계는 'ㄷ → ㄱ(꼳- → 꼭-)'과 같이 'ㄷ'에 여린입천장소리되기가 적용된다. 이 경우에 2단계에서 실현된 [꼳까루]는 표준발음이고, 3단계에서 실현된 [꼭까루]는 비표준발음이다.

(123ㄷ)은 닿소리이어바뀜의 환경에서 앞 닿소리가 'ㅌ'이고, 뒤 닿소리가 여린입천장소리 'ㄱ'인 경우이다. '같고'가 '같고 → 갇고 → 갇꼬 → 각꼬'와 같은 음운변화과정에서 1단계는 'ㅌ → ㄷ(같- → 갇-)'과 같이 'ㅌ'에 받침규칙이 적용되고, 2단계는 'ㄱ → ㄲ(-고 → -꼬)'과 같이 'ㄱ'에 된소리되기가 적용되고, 3단계는 'ㄷ → ㄱ(갇- → 각-)'과 같이 'ㄷ'에 여린입천장소리되기가 적용된다. 이 경우에 2단계에서 실현된 [갇꼬]는 표준발음이고, 3단계에서 실현된 [각꼬]는 비표준발음이다.

⑧ 거센소리되기(유기음화 : 有氣音化)

(124) ㄱ. 그렇게[그러케]　　　그렇고[그러코]　　　그렇구[그러쿠]
　　　그렇군[그러쿤]　　　그렇다[그러타]　　　그렇대[그러태]
　　　그렇듯[그러튿]　　　그렇잖아[그러차나]　　그렇지[그러치]
　　　까맣게[까마케]　　　까맣고[까마코]　　　낳거나[나커나]
　　　낳고[나코]　　　　　내놓게[내노케]　　　넣고[너코]
　　　넣기[너키]　　　　　넣든[너튼]　　　　　넣지[너치]
　　　노랗게[노라케]　　　놓거나[노커나]　　　놓게[노케]
　　　놓고[노코]　　　　　놓곤[노콘]　　　　　놓기[노키]

놓다[노타]　　　　　놓도록[노토록]　　　　놓든지[노튼지]

놓지[노치]　　　　　누렇게[누러케]　　　　닿도록[다토록]

닿지[다치]　　　　　덩그렇게[덩그러케]　　동그랗게[동그라케]

둥그렇게[둥그러케]　벌겋게[벌거케]　　　　빨갛게[빨가케]

뻘겋게[뻘거케]　　　뿌옇게[뿌여케]　　　　사이좋게[사이조케]

시퍼렇게[시퍼러케]　쌓고[싸코]　　　　　　쌓기[싸키]

아무렇게[아무러케]　아무렇지[아무러치]　　얄따랗고[얄따라코]

어떻게[어떠케]　　　어떻고[어떠코]　　　　어떻다[어떠타]

이렇게[이러케]　　　이렇다[이러타]　　　　이렇듯[이러튿]

저렇게[저러케]　　　저렇고[저러코]　　　　조그맣게[조그마케]

좋게[조케]　　　　　좋고[조코]　　　　　　좋구[조쿠]

좋군[조쿤]　　　　　좋기[조키]　　　　　　좋다[조타]

좋단다[조탄다]　　　좋잖아[조차나]　　　　좋지[조치]

커다랗게[커다라케]　퍼렇게[퍼러케]　　　　하얗게[하야케]

하얗고[하야코]　　　하얗다[하야타]

　ㄴ. 괜찮게[괜찬케]　괜찮다[괜찬타]　귀찮게[귀찬케]　귀찮다[귀찬타]

끊겨[끈켜] 끊기[끈키]　　　　　　끊다[끈타]　　　끊자[끈차]

끊지[끈치]　　　많거나[만커나]　많게[만케]　　　많고[만코]

많구[만쿠]　　　많기[만키]　　　많다[만타]　　　많더라[만터라]

많잖아[만차나]　많지[만치]　　　않거나[안커나]　않게[안케]

않고[안코]　　　않기[안키]　　　않다[안타]　　　않던[안턴]

않도록[안토록]　않자[안차]　　　않지[안치]　　　언짢기[언짠키]

점잖고[점잔코]　하찮게[하찬케]

　ㄷ. 끓고[끌코]　　　끓고[끌코]　　　닳다[달타]　　　싫게[실케]

싫다[실타]　　　앓고[알코]　　　앓다[알타]　　　옳거니[올커니]

옳고[올코]　　　옳지[올치]　　　잃게[일케]　　　잃고[일코]

잃자[일차]　　　잃지[일치]

(124)는 표준발음법 제12항 1의 보기이다. 이는 'ㅎ(ㄶ, ㅀ)' 뒤에 'ㄱ·

ㄷ · ㅈ'이 결합되는 경우에는, 뒤 소리마디 첫소리와 합쳐서 [ㅋ, ㅌ, ㅊ]으로 발음한다는 내용이다.

(124ㄱ)은 닿소리이어바뀜의 환경에서 앞 닿소리 'ㅎ'('-렇-, -랗-, 닿-' 등의 끝소리)이 뒤 닿소리 'ㄱ · ㄷ · ㅈ'('-게, -다, -지' 등의 첫소리) 등과 결합되는 경우에, 'ㅎ + ㄱ → ㅋ' · 'ㅎ + ㄷ → ㅌ' · 'ㅎ + ㅈ → ㅊ' 등과 같이 두 닿소리의 합한 소리로 인해 예사소리 'ㄱ · ㄷ · ㅈ' 등의 거센소리되기가 실현된 것이다. 뒤 닿소리가 'ㄱ'인 '그렇게'는 '그렇게 → 그러케'와 같은 음운변화과정에서 'ㅎ + ㄱ → ㅋ'과 같이 'ㄱ'에 거센소리되기가 적용된다.

(124ㄴ)은 닿소리이어바뀜의 환경에서 앞 닿소리 'ㄶ'('-찮-, 끊-, 많-, 않-' 등의 끝소리)이 뒤 닿소리 'ㄱ · ㄷ · ㄱ' 등과 결합되는 경우에, 'ㅎ + ㄱ → ㅋ' · 'ㅎ + ㄷ → ㅌ' · 'ㅎ + ㅈ → ㅊ' 등과 같이 두 닿소리의 합한 소리로 인해 예사소리 'ㄱ · ㄷ · ㅈ' 등의 거센소리되기가 실현된 것이다. 뒤 닿소리가 'ㄱ'인 '괜찮게'는 '괜찮게 → 괜찬케'와 같은 음운변화과정에서 'ㅎ + ㄱ → ㅋ'과 같이 'ㄱ'에 거센소리되기가 적용된다.

(124ㄷ)은 닿소리이어바뀜의 환경에서 앞 닿소리 'ㅀ'(꿇-, 싫-, 닳-' 등의 끝소리)이 뒤 닿소리 'ㄱ · ㄷ · ㅈ' 등과 결합되는 경우에, 'ㅎ + ㄱ → ㅋ' · 'ㅎ + ㄷ → ㅌ' · 'ㅎ + ㅈ → ㅊ' 등과 같이 두 닿소리의 합한 소리로 인해 예사소리 'ㄱ · ㄷ · ㅈ' 등의 거센소리되기가 실현된 것이다. 뒤 닿소리가 'ㄱ'인 '꿇고'는 '꿇고 → 꿀코'와 같은 음운변화과정에서 'ㅎ + ㄱ → ㅋ'과 같이 'ㄱ'에 거센소리되기가 적용된다.

(125) ㄱ. 가득하다[가드카다]　　가득해[가드캐]　　　가득히[가드키]
　　　　간직하다[간지카다]　　감독하다[감도카다]　개학하다[개하카다]
　　　　갸륵한[갸르칸]　　　　검색하다[검새카다]　결석하다[결써카다]
　　　　고약하다[고야카다]　　공격하다[공겨카다]　과격하다[과겨카다]
　　　　구속하다[구소카다]　　국하고[구카고]　　　국화[구콰]

국회[구쾨/구쿼] 그득하다[그드카다] 극복한[극뽀칸]

기득한[기드칸] 기록하다[기로카다] 기억하다[기어카다]

기억해[기어캐] 기특하다[기트카다] 까마득히[까마드키]

깜박해[깜바캐] 깜짝하다[깜짜카다] 깜짝할[깜짜칼]

깜찍해[깜찌캐] 꼼짝하다[꼼짜카다] *끄덕하다[끄더카다]*

끈적하다[끈저카다] 끈적한[끈저칸] 끈적해[끈저캐]

끔벅하다[끔버카다] 끔찍한[끔찌칸] 납작하다[납짜카다]

납작한[납짜칸] 낭독하기[낭도카기] 내색하다[내새카다]

넉넉하다[넝너카다] 넉넉히[넝너키] 노력하다[노려카다]

노력한[노려칸] 노력해[노려캐] 높직하다[놉찌카다]

눅눅하다[눙누카다] 다복하다[다보카다] 단축하다[단추카다]

달록하다[달로카다] 덕행[더캥] 도착하다[도차카다]

도착한[도차칸] 독특한[독트칸] 독후감[도쿠감]

두둑하다[두두카다] 딱딱하다[딱따카다] 딱한[따칸]

딱히[따키] 떡하다[떠카다] 똑똑한[똑또칸]

똑똑히[똑또키] 막막하다[망마카다] 막하다[마카다]

막혀[마켜] 막히다[마키다] 막힐[마킬]

만족하다[만조카다] 망극하다[망그카다] 먹하다[머카다]

멀쑥하다[멀쑤카다] 목욕하다[모교카다] 목화[모콰]

묵직하다[묵찌카다] 박혀[바켜] 박히다[바키다]

반복하다[반보카다] 반죽하다[반주카다] 백희[배키]

벽화[벼콰] 부족하다[부조카다] 부축하다[부추카다]

부축한[부추칸] 부탁하다[부타카다] 북한[부칸]

불뚝하다[불뚜카다] 불룩하다[불루카다]

뾰족하다[뾰조카다] 사각형[사가켱] 삭혀[사켜]

생각하다[생가카다] 생각해[생가캐] 선택하다[선태카다]

설득하다[설뜨카다] 속하다[소카다] 솔직히[솔찌키]

수확하다[수화카다] 수북하다[수부카다] 시작하다[시자카다]

시작함[시자캄] 시작해[시자캐] 식혜[시켸/시케]

식히다[시키다] 실룩하다[실루카다] 심각하다[심가카다]

씩씩하다[씩씨카다] 씩씩한[씩씨칸] 씩씩해[씩씨캐]
아늑하다[아느카다] 아늑한[아느칸] 아득하다[아드카다]
약속하다[약쏘카다] 약하다[야카다] 약한[야칸]
어둑하다[어두카다] 어떡하다[어떠카다] 어떡해[어떠캐]
어뜩하다[어뜨카다] 어리숙해[어리수캐] 어색하다[어새카다]
어색한[어새칸] 역할[여칼] 역할극[여칼극]
예측하다[예츠카다] 완벽하다[완벼카다] 요약하다[요야카다]
욕하다[요카다] 유익하다[유이카다] 으쓱하다[으쓰카다]
으쓱해[으쓰캐] 익숙하다[익쑤카다] 익숙해[익쑤캐]
익혀[이켜] 익히[이키] 익힘[이킴]
인색하다[인새카다] 인식하다[인시카다] 재촉하다[재초카다]
적혀[저켜] 적히다[저키다] 적힌[저킨]
절약하다[저랴카다] 정사각형[정사가켱] 정착하다[정차카다]
정확하다[정화카다] 정확히[정화키] 조각하늘[조가카늘]
조각하다[조가카다] 족하다[조카다] 지각하다[지가카다]
진맥하다[진매카다] 짐작하다[짐자카다] 짤막하다[짤마카다]
찐득하다[찐드카다] 착각하다[착까카다] 착하다[차카다]
참석하다[참서카다] 참석한[참서칸] 창작하다[창자카다]
척하다[처카다] 척해[처캐] 촉박하다[촉빠카다]
촉촉하다[촉초카다] 추격하다[추겨카다] 추측하다[추츠카다]
축하[추카] 침착하다[침차카다] 큼직하다[큼지카다]
탁하다[타카다] 특히[트키] 파악하다[파아카다]
편식하다[편시카다] 풍족하다[풍조카다] 합격하다[합껴카다]
행복하다[행보카다] 행복한[행보칸] 행복할[행보칼]
행복해[행보캐] 허락하다[허라카다] 헉헉[허컥]
험악하다[허마카다] 흑흑[흐큭] 흡족하다[흡쪼카다]
흡족해[흡쪼캐] 가족회의[가조쾨의/-이]
계속하다[계소카다/게-] 계획하다[계회카다/계훼-]
덥수룩하다[덥쑤루카다] 무뚝뚝하다[무뚝뚜카다]
바람직하다[바람지카다] 불규칙하다[불규치카다]

시무룩하다[시무루카다]   쌔무룩하다[쌔무루카다]

회복하다[회보카다/훼-]

　ㄴ. 긁혀[글켜]　　　　긁히다[글키다]　　　밝혀[발켜]

　　밝히다[발키다]　　　얽히다[얼키다]　　　얽힌[얼킨]

　　읽히다[일키다]

(125)는 표준발음법 제12항 1 [붙임 1]에 규정하고 있다. 이는 받침 'ㄱ
(ㄺ)'이 뒤 소리마디 첫소리 'ㅎ'과 결합되는 경우에도, 역시 두 소리를 합
쳐서 [ㅋ]으로 발음한다는 내용이다. 보기는 닿소리이어바뀜의 환경에서
앞 닿소리 'ㄱ(ㄺ)'이 뒤 닿소리 'ㅎ'과 결합되는 경우에, 'ㄱ + ㅎ → ㅋ'과
같이 두 닿소리의 합한 소리로 인해 예사소리 'ㄱ'의 거센소리되기가 실현
된 것이다.

(125ㄱ)의 '가득하다'는 '가득하다 → 가드카다'와 같은 음운변화과정에
서 'ㄱ + ㅎ → ㅋ(-득하- → -드카-)'과 같이 'ㄱ'에 거센소리되기가 적용
된다. '촉박하다'가 '촉박하다 → 촉빡하다 → 촉빠카다'와 같은 음운변화과
정에서 1단계는 'ㅂ → ㅃ(-박- → -빡-)'과 같이 'ㅂ'에 된소리되기가 적
용되고, 2단계는 'ㄱ + ㅎ → ㅋ(-박하- → -바카-)'과 같이 'ㄱ'에 거센소
리되기가 적용된다.

(125ㄴ)의 '긁혀'는 '긁혀 → 글켜'와 같은 음운변화과정에서 'ㄱ + ㅎ →
ㅋ'과 같이 'ㄱ'에 거센소리되기가 적용된다.

(126) ㄱ. 간지럽히다[간지러피다]　괴롭히다[괴로피다]　　굽혀[구펴]

　　굽히다[구피다]　　　급하다[그파다]　　　급한[그판]

　　급해[그패]　　　　　급히[그피]　다급하다[다그파다]

　　다급히[다그피]　　　답답하다[답따파다]　　답하다[다파다]

　　대답하다[대다파다]　대답한[대다판]　　　대답해[대다패]

　　대접하다[대저파다]　더럽혀[더러펴]　　미흡하다[미흐파다]

　　반납하다[반나파다]　법학[버팍]　복잡하다[복짜파다]

복잡해[복짜패]	비겁하다[비거파다]	뽑혀[뽀펴]
뽑히다[뽀피다]	뽑힌[뽀핀]	상접하다[상저파다]
섭섭하다[섭써파다]	섭하다[서파다]	성급하다[성그파다]
수집하다[수지파다]	연습하다[연스파다]	위급하다[위그파다]
응답하다[응다파다]	입학[이팍]	입혀[이펴] 입히다[이피다]
입힌[이핀]	잡혀[자펴] 잡히다[자피다]	잡힐[자필]
적합하다[저카파다]	취급하다[취그파다]	침입하다[치미파다]
편집할[편지팔]	학급회의[하끄쾨의/–풰이] 합하다[하파다]
혼잡하다[혼자파다]	화합하다[화하파다]
긴급회의[긴그쾨의/–풰이]

ㄴ. 넓히다[널피다]

(126)은 표준발음법 제12항 1 [붙임 1]에 규정하고 있다. 이 규정은 받침 'ㅂ(ㄼ)'이 뒤 소리마디 첫소리 'ㅎ'과 결합되는 경우에도, 역시 두 소리를 합쳐서 [ㅍ]으로 발음한다는 내용이다. 보기는 닿소리이어바뀜의 환경에서 앞 닿소리 'ㅂ·ㄼ' 등이 뒤 닿소리 'ㅎ'과 결합되는 경우에, 'ㅂ + ㅎ → ㅍ'과 같이 두 닿소리의 합한 소리로 인해 예사소리 'ㅂ'의 거센소리되기가 실현된 것이다.

(126ㄱ)의 '간지럽히다'는 '간지럽히다 → 간지러피다'와 같은 음운변화 과정에서 'ㅂ + ㅎ → ㅍ(–럽히– → –러피–)'과 같이 'ㅂ'에 거센소리되기가 적용된다. '학급회의'가 '학급회의 → 학끕회의 → 학끄쾨의/–풰이'와 같은 음운변화과정에서 1단계는 'ㄱ → ㄲ(–급– → –끕–)'과 같이 'ㄱ'에 된소리되기가 적용되고, 2단계는 'ㅂ + ㅎ → ㅍ(–끕회– → –끄쾨–)'과 같이 'ㅂ'에 거센소리되기가 적용된다.

(126ㄴ)의 '넓히다'는 '넓히다 → 널피다'와 같은 음운변화과정에서 'ㅂ + ㅎ → ㅍ'과 같이 'ㅂ'에 거센소리되기가 적용된다.

(127)ㄱ. 갸웃하다[갸운하다 → 갸우타다]

갸웃하다[갸우타다]　　　걸핏하다[걸피타다]　　　곳하다[고타다]

깨끗하다[깨끄타다]　　　깨끗한[깨끄탄]　　　　깨끗해[깨끄태]

꼿꼿하다[꼳꼬타다]　　　꿋꿋하다[꾿꾸타다]　　　노릇하다[노르타다]

느긋하다[느그타다]　　　듯하다[드타다]　　　　듯한[드탄]

듯해[드태]　　　　　　　따뜻하다[따뜨타다]　　　따뜻한[따뜨탄]

또렷하다[또려타다]　　　뚜렷하다[뚜려타다]　　　뜻하다[뜨타다]

머뭇하다[머무타다]　　　멈칫하다[멈치타다]　　　못하다[모타다]

못한[모탄]　　　　　　　못할[모탈]　　　　　　　못해[모태]

밋밋하다[민미타다]　　　반듯하다[반드타다]　　　봉긋한[봉그탄]

비롯하다[비로타다]　　　비슷하다[비스타다]　　　비슷한[비스탄]

비슷해[비스태]　　　　　빳빳하다[빤빠타다]　　　뻣뻣하다[뻗뻐타다]

뿌듯하다[뿌드타다]　　　뿌듯한[뿌드탄]　　　　뿌듯함[뿌드탐]

뿌듯해[뿌드태]　　　　　야릇하다[야르타다]　　　애틋한[애트탄]

애틋해[애트태]　　　　　의젓한[의저탄]　　　　잘못하다[잘모타다]

잘못한[잘모탄]　　　　　잘못해[잘모태]　　　　짜릿하다[짜리타다]

쫑긋하다[쫑그타다]　　　쭈뼛하다[쭈뼈타다]　　　찡긋하다[찡그타다]

흐릿하다[흐리타다]　　　흐뭇하다[흐무타다]　　　희끗하다[히끄타다]

희끗희끗[히끗히끗 → 히끋히끋 → 히끄티끋]

ㄴ. 낫 한 자루[나탄자루]　　　멋 하냐[머타냐]　　　못 하다[모타다]

못 한다[모탄다]　　　　못 해[모태]　　　　　무엇 하는[무어타는]

뭇 하다[무타다]　　　　옷 한 벌[오탄벌]

　(127ㄱ)은 표준발음법 제12항 1 [붙임 2]에 규정하고 있다. 이는 규정에 따라 'ㄷ'으로 발음되는 'ㅅ'의 경우에도 이에 준한다는 내용이다. 보기는 닿소리이어바뀜의 환경에서 앞 닿소리 'ㅅ'이 뒤 닿소리 'ㅎ'과 결합되어, 'ㅅ'의 거센소리되기가 실현된 경우이다. 이 경우에 음운변화과정에서 'ㅅ'에 받침규칙을 먼저 적용한 후에, 거센소리되기를 적용한다. 앞 닿소리가 'ㅅ'인 '갸웃하다'가 '갸웃하다 → 갸욷하다 → 갸우타다'와 같은 음운변화 과정에서 1단계는 'ㅅ → ㄷ(-웃- → -욷-)'과 같이 'ㅅ'에 받침규칙이 적

용되고, 2단계는 'ㄷ + ㅎ → ㅌ(-운하- → -우타-)'과 같이 'ㄷ'에 거센소리되기가 적용된다.

(127ㄴ)은 표준발음법 제12항 1 [붙임 2]에 규정하고 있다. 이는 규정에 따라 'ㄷ'으로 발음되는 'ㅅ'의 경우에도 이에 준한다는 내용이다. 보기에서 표기는 띄어서 했지만, 두 낱말을 한 마디로 이어서 발음하는 경우에도 거센소리되기를 적용하는 내용이다. 이 경우에 음운변화과정에서 'ㅅ'에 받침규칙을 먼저 적용한 후에, 거센소리되기를 적용한다. '낫 한 자루'가 '낫한자루 → 낟한자루 → 나탄자루'와 같은 음운변화과정에서 1단계는 'ㅅ → ㄷ(낫- → 낟-)'과 같이 'ㅅ'에 받침규칙이 적용되고, 2단계는 'ㄷ + ㅎ → ㅌ(낟한- → 나탄-)'과 같이 'ㄷ'에 거센소리되기가 적용된다.

(128) ㄱ. 꽂힐[꼬칠]　　맞혀[마쳐 → 마처]　　맞히다[마치다]
　　　　맞힌[마친]　　부딪혀[부디쳐 → 부디처]　　부딪히다[부디치다]
　　ㄴ. 앉히다[안치다]　　없혀[언쳐 → 언처]
　　ㄷ. 꽂향기[꼳향기 → 꼬턍기]

(128ㄱ, ㄴ)은 표준발음법 제12항 1 [붙임 1]에 규정하고 있다. 이 규정은 받침 'ㅈ(ㄵ)'이 뒤 소리마디 첫소리 'ㅎ'과 결합되는 경우에도, 역시 두 소리를 합쳐서 [ㅊ]으로 발음한다는 내용이다. 보기는 닿소리이어바뀜의 환경에서 앞 닿소리 'ㅈ(ㄵ)'이 뒤 닿소리 'ㅎ'과 결합되는 경우에, 'ㅈ + ㅎ → ㅊ'과 같이 두 닿소리의 합한 소리로 인해 예사소리 'ㅈ'의 거센소리되기가 실현된 것이다.

(128ㄱ)의 '꽂힐'은 '꽂힐 → 꼬칠'과 같은 음운변화과정에서 'ㅈ + ㅎ → ㅊ'과 같이 'ㅈ'에 거센소리되기가 적용된다.

(128ㄴ)의 '없혀'가 '없혀 → 언쳐 → 언처'와 같은 음운변화과정에서 1단계는 'ㅈ + ㅎ → ㅊ'과 같이 'ㅈ'에 거센소리되기가 적용되고, 2단계는 'ㅕ → ㅓ(-쳐 → -처)'와 같이 'ㅕ'에 홀홀소리되기가 적용된다.

(128ㄷ)은 표준발음법 제12항 [붙임 2]에 규정하고 있다. '꽃향기'가 '꽃
향기 → 꼳향기 → 꼬턍기'와 같은 음운변화과정에서 1단계는 'ㅊ → ㄷ'
과 같이 'ㅊ'에 받침규칙이 적용되고, 2단계는 'ㄷ + ㅎ → ㅌ(꼳향- → 꼬
턍-)'과 같이 'ㄷ'에 거센소리되기가 적용된다.

⑨ 된소리되기(경음화 : 硬音化)

(129) ㄱ. 가득가득[가득까득]　　각각[각깍]　　경복궁[경복꿍]

　　　　골목길[골목낄]　　구석구석[구석꾸석]　　국가[국까]

　　　　국경일[국꼉일]　　국기[국끼]　　독감[독깜]

　　　　떡갈비[떡깔비]　　똑같이[똑까치]　　먹구름[먹꾸름]

　　　　목걸이[목꺼리]　　목구멍[목꾸멍]　　미역국[미역꾹]

　　　　백과사전[백꽈사전]　　백구[백꾸]　　백군[백꾼]

　　　　복건[복껀]　　북극[북끅]　　북극곰[북끅꼼]

　　　　삼각기둥[삼각끼둥]　　석가탑[석까탑]　　석굴암[석꾸람]

　　　　수족관[수족꽌]　　순식간[순식깐]　　식구[식꾸]

　　　　악기[악끼]　　악착같이[악착까치]　　애걸복걸[애걸복껄]

　　　　애국가[애국까]　　약간[약깐]　　약과[약꽈]

　　　　언덕길[언덕낄]　　여객기[여객끼]　　역경[역꼉]

　　　　오색구름[오색꾸름]　　음악가[으막까]　　이윽고[이윽꼬]

　　　　작가[작까]　　장학금[장학끔]　　저작권[저작꿘]

　　　　적군[적꾼]　　적극적[적끅쩍]　　조각가[조각까]

　　　　쥐어박기[쥐어박끼]　　착각[착깍]　　착공[착꽁]

　　　　창덕궁[창덕꿍]　　책가방[책까방]　　축구[축꾸]

　　　　축구공[축꾸공]　　탁구[탁꾸]　　태극기[태극끼]

　　　　특기[특끼]　　학교[학꾜]　　학급[학끕]

　　　　학기[학끼]　　흑갈색[흑깔쌕]

　　　ㄴ. 검색대[검색때]　　깍두기[깍뚜기]　　깍둑깍둑[깍뚝깍뚝]

꼭대기[꼭때기]　　　녹두[녹뚜]　　　　　늘대[늘때]

다닥다닥[다닥따닥]　　다독다독[다독따독]　더욱더[더욱떠]

독도[독또]　　　　　막대[막때]　　　　　막대기[막때기]

목덜미[목떨미]　　　목돈[목똔]　　　　　목동[목똥]

목둘레[목뚤레]　　　벽돌[벽똘]　　　　　복덩이[복떵이]

복도[복또]　　　　　색동[색똥]　　　　　속담[속땀]

속도[속또]　　　　　식당[식땅]　　　　　싹둑싹둑[싹뚝싹뚝]

알록달록[알록딸록]　　작대기[작때기]　　　작디작은[작띠자근]

적당[적땅]　　　　　적대감[적때감]　　　후닥닥[후닥딱]

ㄷ. 국밥[국빱]　　　　　국보[국뽀]　　　　　극복[극뽁]

극비[극삐]　　　　　극빈자[극삔자]　　　다락방[다락빵]

덕분[덕뿐]　　　　　뒤죽박죽[뒤죽빡쭉]　떡볶이[떡뽀끼]

똑바로[똑빠로]　　　뚝배기[뚝빼기]　　　럭비[럭삐]

말뚝박기[말뚝빡끼]　먹보[먹뽀]　　　　　모닥불[모닥뿔]

바둑부[바둑뿌]　　　반짝반짝[반짝빤짝]　북북[북뿍]

연극반[연극빤]　　　작별[작뼐]　　　　　저녁밥[저녁빱]

쪽박[쪽빡]　　　　　쪽방[쪽빵]　　　　　쪽배기[쪽빼기]

체육복[체육뽁]　　　촉박[촉빡]　　　　　특별[특뼐]

학비[학삐]　　　　　혹부리[혹뿌리]　　　흑밥장난[흑빱짱난]

ㄹ. 각시[각씨]　　　　　객석[객썩]　　　　　경각심[경각씸]

곡선[곡썬]　　　　　곡식[곡씩]　　　　　공격수[공격쑤]

구역상[구역쌍]　　　국수[국쑤]　　　　　낙서[낙써]

녹색[녹쌕]　　　　　대각선[대각썬]　　　독새(독사)[독쌔]

독서[독써]　　　　　독성[독썽]　　　　　독수리[독쑤리]

떡살[떡쌀]　　　　　떡시루[떡씨루]　　　목사[목싸]

목소리[목쏘리]　　　목수[목쑤]　　　　　목숨[목쑴]

박사[박싸]　　　　　박살[박쌀]　　　　　박수[박쑤]

백설기[백썰기]　　　백성[백썽]　　　　　벽시계[벽씨계/-게]

복사[복싸]　　　　　복사뼈[복싸뼈]　　　복상씨[복쌍씨]

복수[복쑤]　　　　　복숭아[복쑹아]　　　복습[복씁]

북서[북써]   사육사[사육싸]   상록수[상녹쑤]

색상[색쌍]   색소[색쏘]   색시[색씨]

속상[속쌍]   식사[식싸]   식생활[식쌩활]

실룩실룩[실룩씰룩]   액수[액쑤]   약속[약쏙]

약수[약쑤]   얼룩소[얼룩쏘]   역사[역싸]

역시[역씨]   옥수꾸[옥쑤꾸]   옥수수[옥쑤수]

옥수숫대[옥쑤수때/-숟-]   옥신각신[옥씬각씬]   욕설[욕썰]

욕실[욕씰]   욕심[욕씸]   욕심쟁이[욕씸쟁이]

왁스[왁쓰]   원각사지[원각싸지]   익숙[익쑥]

작성[작썽]   조각상[조각쌍]   즉석[즉썩]

즉시[즉씨]   책상[책쌍]   초록색[초록쌕]

축성[축썽]   콩국수[콩국쑤]   턱수염[턱쑤염]

특색[특쌕]   특성[특썽]   특수[특쑤]

학생[학쌩]   학습[학씁]   혹시[혹씨]

확성기[확썽기]   확신[확씬]   확실[확씰]

흑색[흑쌕]

ㅁ. 각자[각짜]   각종[각쫑]   각지[각찌]

걱정[걱쩡]   걱정거리[걱쩡꺼리]   곤두박질[곤두박찔]

공격자[공격짜]   공식적[공식쩍]   과학자[과학짜]

과학적[과학쩍]   교육적[교육쩍]   국적[국쩍]

국제[국쩨]   규칙적[규칙쩍]   그럭저럭[그럭쩌럭]

기록자[기록짜]   깨구락지[깨구락찌]   꼭지[꼭찌]

꼭지연[꼭찌연]   낙지[낙찌]   노숙자[노숙짜]

단백질[단백찔]   달음박질[다름박찔]   달짝지근[달짝찌근]

도둑질[도둑찔]   도착점[도착쩜]   득점[득쩜]

딱정벌레[딱쩡벌레]   딱지[딱찌]   딸꾹질[딸꾹찔]

떡조개[떡쪼개]   목장[목짱]   목적[목쩍]

목적지[목쩍찌]   묵직[묵찍]   백정[백쩡]

복잡[복짭]   복제[복쩨]   복주머니[복쭈머니]

북적북적[북쩍북쩍]   삭제[삭쩨]   색종이[색쫑이]

색지[색찌]	속절[속쩔]	숙제[숙쩨]
숙직실[숙찍씰]	숨바꼭질[숨바꼭찔]	액자[액짜]
약재[약째]	억지[억찌]	오두막집[오두막찝]
육지[육찌]	자작자작[자작짜작]	작전[작쩐]
작정[작쩡]	저작자[저작짜]	적극적[적끅쩍]
적자[적짜]	적절[적쩔]	적절성[적쩔썽]
절룩절룩[절룩쩔룩]	젖꼭지[전꼭찌]	주먹질[주먹찔]
죽죽[죽쭉]	직접[직쩝]	쪽지[쪽찌]
책장[책짱]	청국장[청국짱]	축제[축쩨]
축조[축쪼]	탁자[탁짜]	투막집[투막찝]
특정[특쩡]	특징[특찡]	포각질[포각찔]
학자[학짜]	합격자[합껵짜]	허벅지[허벅찌]
확정[확쩡]	가무락조개[가무락쪼개]	
직지심체요절[직찌심체요절]		

(129)는 표준발음법 제23항에 규정하고 있다. 이 규정은 받침 'ㄱ(ㄲ, ㅋ, ㄳ, ㄺ), ㄷ(ㅅ, ㅆ, ㅈ, ㅊ, ㅌ), ㅂ(ㅍ, ㄼ, ㄿ, ㅄ)' 뒤에 결합되는 'ㄱ, ㄷ, ㅂ, ㅅ, ㅈ'은 된소리로 발음한다는 내용이다. 보기는 닿소리이어바뀜의 환경에서 앞 닿소리 'ㄱ'이 뒤 닿소리 'ㄱ・ㄷ・ㅂ・ㅅ・ㅈ' 등과 결합되어, 뒤 닿소리의 된소리되기가 실현된 경우이다.

(129ㄱ)은 닿소리이어바뀜의 환경에서 앞 닿소리가 'ㄱ'이고, 뒤 닿소리도 'ㄱ'인 경우이다. '악착같이'가 '악착같이 → 악착깥이 → 악착까치'와 같은 음운변화과정에서 1단계는 'ㄱ → ㄲ(-같- → -깥-)'과 같이 'ㄱ'에 된소리되기가 적용되고, 2단계는 'ㅌ → ㅊ(-깥이 → -까치)'과 같이 'ㅌ'에 센입천장소리되기가 적용된다.

(129ㄴ)은 앞 닿소리가 'ㄱ'이고, 뒤 닿소리가 'ㄷ'인 경우이다. '알록달록'은 '알록달록 → 알록딸록'과 같은 음운변화과정에서 'ㄷ → ㄸ(-달- → -딸-)'과 같이 'ㄷ'에 된소리되기가 적용된다.

(129ㄷ)은 앞 닿소리가 'ㄱ'이고, 뒤 닿소리가 'ㅂ'인 경우이다. '흑밥장난'이 '흑밥장난 → 흑빱장난 → 흑빱짱난'과 같은 음운변화과정에서 1단계는 'ㅂ → ㅃ(-밥- → -빱-)'과 같이 'ㅂ'에 된소리되기가 적용되고, 2단계는 'ㅈ → ㅉ(-장- → -짱-)'과 같이 'ㅈ'에 된소리되기가 적용된다.

(129ㄹ)은 앞 닿소리가 'ㄱ'이고, 뒤 닿소리가 'ㅅ'인 경우이다. '옥수숫대'가 '옥수숫대 → 옥수숟대 → 옥쑤숟때 → 옥쑤수때'와 같은 음운변화과정에서 1단계는 'ㅅ → ㄷ(-숫- → -숟-)'과 같이 'ㅅ'에 받침규칙이 적용되고, 2단계는 'ㅅ → ㅆ(-수- → -쑤-)'과 같이 'ㅅ'에 된소리되기와 'ㄷ → ㄸ(-대 → -때)'과 같이 'ㄷ'에 된소리되기가 각각 적용되고, 3단계는 'ㄷ → ∅(-숟- → -수-)'과 같이 'ㄷ'에 같은위치닿소리빠짐이 적용된다. 이 경우에 2단계에서 실현된 [옥쑤숟때]와 3단계에서 실현된 [옥쑤수때]도 모두 표준발음이다. 즉 복수표준발음이다.

(129ㅁ)은 앞 닿소리가 'ㄱ'이고, 뒤 닿소리가 'ㅈ'인 경우이다. '걱정거리'가 '걱정거리 → 걱쩡거리 → 걱쩡꺼리'와 같은 음운변화과정에서 1단계는 앞 닿소리가 'ㄱ'인 경우에 'ㅈ → ㅉ(-정- → -쩡-)'과 같이 'ㅈ'에 된소리되기가 적용되고, 2단계는 앞 닿소리가 'ㅇ'인 경우에 'ㄱ → ㄲ(-거 → -꺼-)'과 같이 'ㄱ'에 된소리되기가 적용된다.

(130) ㄱ. 가족과[가족꽈] 관찰력과[관찰력꽈] 굴뚝과[굴뚝꽈]
 늘그래국과[늘그래국꽈] 도둑과[도둑꽈] 매력과[매력꽈]
 백옥같이[배곡까치] 북과[북꽈] 색과[색꽈]
 생각과[생각꽈] 시작과[시작꽈] 언덕과[언덕꽈]
 욕과[욕꽈] 장작과[장작꽈] 젓가락과[전까락꽈]
 제목과[제목꽈] 짝과[짝꽈] 책과[책꽈]
 총각과[총각꽈] 친척과[친척꽈] 피부색과[피부색꽈]
 홍보석같이[홍보석까치]
 ㄴ. 관객들[관객뜰] 꼼짝도[꼼짝또] 꿈쩍도[꿈쩍또]

끄덕도[끄덕또]	녀석들[녀석뜰]	노력도[노력또]
다식도[다식또]	도둑도[도둑또]	도시락도[도시락또]
돌복도[돌복또]	돌복들[돌복뜰]	목적도[목쩍또]
바지락도[바지락또]	발짝도[발짝또]	방청객도[방청객또]
복도[복또]	색도[색또]	생각도[생각또]
손가락도[손까락또]	아직도[아직또]	약도[약또]
약속대로[약쏙때로]	어묵도[어묵또]	음식도[음식또]
자격도[자격또]	자식도[자식또]	자식들[자식뜰]
적도[적또]	짐작대로[짐작때로]	책도[책또]
책들[책뜰]	허락도[허락또]	
ㄷ. 새벽부터[새벽뿌터]	약보다[약뽀다]	저녁부터[저녁뿌터]

(130)은 표준발음법 제23항에 규정하고 있다. 보기는 닿소리이어바뀜의 환경에서 앞 닿소리 'ㄱ'이 뒤 닿소리 'ㄱ·ㄷ·ㅂ' 등으로 시작되는 토씨나 뒷가지와 결합되어, 뒤 닿소리의 된소리되기가 실현된 경우이다.

(130ㄱ)은 닿소리이어바뀜의 환경에서 앞 닿소리가 'ㄱ'이고, 뒤 닿소리도 'ㄱ'인 경우이다. 가족과'는 '가족과 → 가족꽈'와 같은 음운변화과정에서 'ㄱ → ㄲ(-과 → -꽈)'과 같이 뒤 닿소리 'ㄱ'(토씨 '과'의 첫소리인 예사소리 'ㄱ')에 된소리되기가 적용된다.

(130ㄴ)은 앞 닿소리가 'ㄱ'이고, 뒤 닿소리가 'ㄷ'인 경우이다. '약속대로'가 '약속대로 → 약쏙대로 → 약쏙때로'와 같은 소리마디 순서에 따른 음운변화과정에서 1단계는 'ㅅ → ㅆ(-속- → -쏙-)'과 같이 'ㅅ'에 된소리되기가 적용되고, 2단계는 'ㄷ → ㄸ(-대- → -때-)'과 같이 'ㄷ'(토씨 '대로'의 첫소리)에 된소리되기가 적용된다.

(130ㄷ)은 앞 닿소리가 'ㄱ'이고, 뒤 닿소리가 'ㅂ'인 경우이다. '새벽부터'는 '새벽부터 → 새벽뿌터'와 같은 음운변화과정에서 'ㅂ → ㅃ(-부- → -뿌-)'과 같이 'ㅂ'(토씨 '부터'의 첫소리)에 된소리되기가 적용된다.

제2부 초등학교 국어교과서의 표기와 발음의 실제

(131) ㄱ. 걸리적거릴[걸리적꺼릴]   겸연쩍게[겨면쩍께]   기죽기[기죽끼]

　　 까딱거려[까딱꺼려]   깜박거리[깜박꺼리]   깨작거리[깨작꺼리]

　　 껌벅거리[껌벅꺼리]   꼼지락거려[꼼지락꺼려]   끔벅거리[끔벅꺼리]

　　 녹고[녹꼬]   달싹거려[달싹꺼려]   들락거리[들락꺼리]

　　 들먹거리[들먹꺼리]   들썩거리[들썩꺼리]   똑같은[똑까튼]

　　 똑같이[똑까치]   막고[막꼬]   막기[막끼]

　　 만지작거리[만지작꺼리]   먹거나[먹꺼나]   먹게[먹께]

　　 먹고[먹꼬]   먹기[먹끼]   묵게[묵께]

　　 바스락거리[바스락꺼리]   삐죽거려[삐죽꺼려]   쉭쉭거리[쉭쒹꺼리]

　　 시덕거리[시덕꺼리]   실룩거리[실룩꺼리]   씩씩거려[씩씩꺼려]

　　 씩씩거리[씩씩꺼리]   씰룩거리[씰룩꺼리]   익게[익께]

　　 작게[작께]   작고[작꼬]   적게[적께]

　　 적고[적꼬]   절룩거리[절룩꺼리]   죽거나[죽꺼나]

　　 죽게[죽께]   죽고[죽꼬]   지지직거리[지지직꺼리]

　　 질퍽거리[질퍽꺼리]   짹짹거리[짹짹꺼리]   쩔뚝거리[쩔뚝꺼리]

　　 찍고[찍꼬]   킥킥거리[킥킥꺼리]   펄럭거리[펄럭꺼리]

　　 허우적거리[허우적꺼리]   헐떡거리[헐떡꺼리]   홀쩍거려[홀쩍꺼려]

　 ㄴ. 경직되[경직뙤/-뛔]   먹다[먹따]   먹던[먹떤]

　　 박도록[박또록]   반복되[반복뙤/-뛔]   색다른[색따른]

　　 시작되[시작뙤/-뛔]   시작될[시작뙬/-뛜]   작다[작따]

　　 적다[적따]   적더니[적떠니]   킥킥대[킥킥때]

　　 헉헉대면[허컥때면]   계속되어[계속뙤어/-뛔-]

　 ㄷ. 만족스럽[만족쓰럽]   먹습니[먹씀니]   먹음직스럽[머금직쓰럽]

　　 쑥스럽거나[쑥쓰럽꺼나]   작습니[작씀니]   죽사옵니[죽싸옴니]

　 ㄹ. 넉넉지[넝넉찌]   막지[막찌]   먹자[먹짜]

　　 먹지[먹찌]   북적대는[북쩍때는]   생각지[생각찌]

　　 썩지[썩찌]   얼룩진[얼룩찐]   익지[익찌]

　　 적지[적찌]   죽자[죽짜]   죽지[죽찌]

(131)은 표준발음법 제23항에 규정하고 있다. 보기는 닿소리이어바뀜의

환경에서 앞 닿소리 'ㄱ'이 뒤 닿소리 'ㄱ·ㄷ·ㅂ·ㅅ·ㅈ' 등과 결합되어, 뒤 닿소리의 된소리되기가 실현된 경우이다.(보기에서 셋 소리마디 이상은 '–다'를 생략함.) 즉 보기는 밑말(어근 : 語根)에 뒷가지(접미사 : 接尾辭)가 연결된 경우, 줄기(어간 : 語幹) 및 줄기에 씨끝이 연결된 경우 등에서 된소리되기가 실현된 것이다.

(131ㄱ)은 닿소리이어바뀜의 환경에서 앞 닿소리가 'ㄱ'이고, 뒤 닿소리도 'ㄱ'인 경우이다. '걸리적거릴'('거치적거릴'이 잘못 표기됨.)은 '걸리적거릴 → 걸리적꺼릴'과 같은 음운변화과정에서 'ㄱ → ㄲ(–거– → –꺼–)'과 같이 'ㄱ'에 된소리되기가 적용된다.

(131ㄴ)은 앞 닿소리가 'ㄱ'이고, 뒤 닿소리가 'ㄷ'인 경우이다. '경직되'는 '경직되 → 경직뙤/–뛔'와 같은 음운변화과정에서 'ㄷ → ㄸ(–되 → –뙤/–뛔)'과 같이 뒤 닿소리 'ㄷ'에 된소리되기가 적용된다.

(131ㄷ)은 앞 닿소리가 'ㄱ'이고, 뒤 닿소리가 'ㅅ'인 경우이다. '쑥스럽거나'가 '쑥스럽거나 → 쑥쓰럽거나 → 쑥쓰럽꺼나'와 같은 소리마디 순서에 따른 음운변화과정에서 1단계는 'ㅅ → ㅆ(–스– → –쓰–)'과 같이 'ㅅ'에 된소리되기가 적용되고, 2단계는 'ㄱ → ㄲ(–거– → –꺼–)'과 같이 'ㄱ'에 된소리되기가 적용된다.

(131ㄹ)은 앞 닿소리가 'ㄱ'이고, 뒤 닿소리가 'ㅈ'인 경우이다. '넉넉지'가 '넉넉지 → 넝넉지 → 넝넉찌'와 같은 변화과정에서 1단계는 'ㄱ → ㅇ(넉– → 넝–)'과 같이 'ㄱ'에 콧소리되기가 적용되고, 2단계는 'ㅈ → ㅉ(–지 → –찌)'과 같이 'ㅈ'에 된소리되기가 적용된다.

(132) ㄱ. 겪게[격게 → 격께]　　겪고[격꼬]　　겪다[격따]　　깎고[깍꼬]
　　　　꺾지[꺽찌]　　　　　닦기[닥끼]　　　닦다[닥따]　　묶고[묵꼬]
　　　　섞습니다[석씀니다]
　　　ㄴ. 굵다[국다 → 국따]　굵습니다[극씀니다]　굵적이다[극쩌기다]
　　　　까닭과[까닥꽈]　　　까닭도[까닥또]　　닭고기[닥꼬기]　닭들[닥뜰]

맑다[막따]	맑지[막찌]	밟다[밥따] 밟습니다[밥씀니다]	
밟자[밥짜]	밟지[밥찌]	붉지[북찌]	읽다[익따]
읽던[익떤]	읽듯[익뜯]	읽자[익짜]	읽지[익찌]
흙덩이[흑떵이]	흙바닥[흑빠닥]		

ㄷ. 굵고[굴고 → 굴꼬]　굵기[굴끼]　긁고[글꼬]　긁기[글끼]

맑게[말게]	맑고[말꼬]	맑기[말끼]	묽게[물께]
밝거나[발꺼나]	밝게[발께]	밝고[발꼬]	밝기[발끼]
붉게[불께]	읽거나[일꺼나]	읽거라[일꺼라]	
읽게[일께]	읽고[일꼬]	읽기[일끼]	

(132)는 표준발음법 제23항에 규정하고 있다. 이 경우에 음운변화과정에서 (132ㄱ)은 먼저 받침규칙을 적용한 후에 된소리되기를 적용하고, (132ㄴ, ㄷ)은 먼저 닿소리빠짐을 적용한 후에 된소리되기를 적용한다.

(132ㄱ)은 닿소리이어바뀜의 환경에서 앞 닿소리 'ㄲ'이 뒤 닿소리 'ㄱ·ㄷ' 등과 결합되어, 뒤 닿소리의 된소리되기가 실현된 경우이다. 뒤 닿소리가 'ㄱ'인 '겪고'가 '겪고 → 격고 → 격꼬'와 같은 음운변화과정에서 1단계는 'ㄲ → ㄱ(겪- → 격-)'과 같이 'ㄲ'에 받침규칙이 적용되고, 2단계는 'ㄱ → ㄲ(-고 → -꼬)'과 같이 'ㄱ'에 된소리되기가 적용된다.

(132ㄴ)은 앞 닿소리 'ㄺ'이 뒤 닿소리 'ㄷ·ㅂ·ㅅ·ㅈ' 등과 결합되어, 뒤 닿소리의 된소리되기가 실현된 경우이다. 뒤 닿소리가 'ㄷ'인 '굵다'는 '굵다 → 국다 → 국따'와 같은 음운변화과정에서 1단계는 'ㄺ → ㄱ(굵- → 국-)'과 같이 'ㄹ'에 닿소리빠짐이 적용되고, 2단계는 'ㄷ → ㄸ(-다 → -따)'과 같이 'ㄷ'에 된소리되기가 적용된다.

(132ㄷ)은 앞 닿소리 'ㄺ'이 뒤 닿소리인 씨끝의 첫소리 'ㄱ'과 결합되어, 뒤 닿소리의 된소리되기가 실현된 경우이다. '굵고'가 '굵고 → 굴고 → 굴꼬'와 같은 음운변화과정에서 1단계는 'ㄺ → ㄹ(굵- → 굴-)'과 같이 'ㄱ'에 닿소리빠짐이 적용되고, 2단계는 'ㄱ → ㄲ(-고 → -꼬)'과 같이 'ㄱ'에 된

소리되기가 적용된다.

(133) ㄱ. 눈가[눈까]　　　눈가루[눈까루]　　눈곱[눈꼽]　　눈길[눈낄]
　　　　눈동자[눈똥자]　　눈병[눈뼝]　　　눈빛[눈삗]　　눈사람[눈싸람]
　　　　눈살[눈쌀]　　　　눈시울[눈씨울]　눈짓[눈찓]　　등잔불[등잔뿔]
　　　　문고리[문꼬리]　　문지방[문찌방]　산골[산꼴]　　산길[산낄]
　　　　산불[산뿔]　　　　산속[산쏙]　　　산자락[산짜락]　손가락[손까락]
　　　　손길[손낄]　　　　손동작[손똥작]　손등[손뜽]　　손바닥[손빠닥]
　　　　손수건[손쑤건]　　손짓[손찓]　　　안방[안빵]　　여관집[여관찝]
　　　　장난감[장난깜]　　돈주머니[돈쭈머니]　　산봉우리[산뽕우리]
　　　ㄴ. 단점[단쩜]　　　　문구[문꾸]　　　문법[문뻡]　　문자[문짜]
　　　　발언권[바런�꿘]　보관대[보관때]　생산성[생산썽]　윤기[윤끼]
　　　　인간성[인간썽]　　인기[인끼]　　　장단점[장단쩜]
　　　ㄷ. 신고[신꼬]　　　　안고[안꼬]
　　　ㄹ. 앉다[안따]　　　　앉자[안짜]　　　앉지[안찌]
　　　　앉기[안기 → 안끼]　　　　　　　　없다[언다 → 언따]

(133ㄱ)는 표준발음법 제28항에 규정하고 있다. 이 규정은 표기상으로는 사이시옷이 없더라도, 관형격 기능을 지니는 사이시옷이 있어야 할(휴지가 성립되는) 합성어의 경우에는, 뒤 낱말의 첫소리 'ㄱ, ㄷ, ㅂ, ㅅ, ㅈ'을 된소리로 발음한다는 내용이다. 보기는 닿소리이어바뀜의 환경에서 앞 닿소리 'ㄴ'이 뒤 닿소리 'ㄱ·ㄷ·ㅂ·ㅅ·ㅈ' 등과 결합되어, 뒤 닿소리의 된소리되기가 실현된 경우이다. 뒤 닿소리가 'ㄱ'인 '눈가'는 '눈가 → 눈까'와 같은 음운변화과정에서 'ㄱ → ㄲ(-가 → -까)'과 같이 'ㄱ'에 된소리되기가 적용된다.

(133ㄴ)은 한자어의 경우이다. 이는 닿소리이어바뀜의 환경에서 앞 닿소리 'ㄴ'이 뒤 닿소리 'ㄱ·ㄷ·ㅅ·ㅈ' 등과 결합되어, 뒤 닿소리의 된소리되기가 실현된 경우이다. 뒤 닿소리가 'ㄱ'인 '문구'는 '문구 → 문꾸'와 같

은 음운변화과정에서 'ㄱ → ㄲ(-구 → -꾸)'과 같이 'ㄱ'에 된소리되기가 적용된다. 뒤 닿소리가 'ㄷ'인 '보관대'는 '보관대 → 보관때'와 같은 음운변화과정에서 'ㄷ → ㄸ(-대 → -때)'과 같이 'ㄷ'에 된소리되기가 적용된다.

(133ㄷ)은 표준발음법 제24항에 규정하고 있다. 이 규정은 줄기 받침 'ㄴ(ㄵ)' 뒤에 결합되는 씨끝의 첫소리 'ㄱ, ㄷ, ㅅ, ㅈ'은 된소리로 발음한다는 내용이다. 보기는 닿소리이어바뀜의 환경에서 앞 닿소리 'ㄴ(ㄵ)'이 뒤 닿소리 'ㄱ・ㄷ・ㅈ' 등과 결합되어, 뒤 닿소리의 된소리되기가 실현된 경우이다. 뒤 닿소리가 'ㄱ'인 '신고'는 '신고 → 신꼬'와 같은 음운변화과정에서 'ㄱ → ㄲ(-고 → -꼬)'과 같이 'ㄱ'에 된소리되기가 적용된다.

(133ㄹ)의 '앉다'가 '앉다 → 안다 → 안따'와 같은 음운변화과정에서 1단계는 'ㄵ → ㄴ(앉- → 안-)'과 같이 'ㅈ'에 닿소리빠짐이 적용되고, 2단계는 'ㄷ → ㄸ(-다 → -따)'과 같이 'ㄷ'에 된소리되기가 적용된다.

(134) ㄱ. 걷고[걷꼬]　　　걷기[걷끼]　　　곧게[곧께]　　　굳게[굳께]
　　　 긷기[긷끼]　　　깨닫게[깨닫께]　　깨닫고[깨닫꼬]　　듣거든[듣꺼든]
　　　 듣게[듣께]　　　듣고[듣꼬]　　　듣기[듣끼]　　　뜯겨[뜯껴]
　　　 묻고[묻꼬]　　　믿게[믿께]　　　믿고[믿꼬]　　　믿기[믿끼]
　　　 받거나[받꺼나]　받게[받께]　　　받고[받꼬]　　　받기[받끼]
　　　 뻗고[뻗꼬]　　　숟가락[숟까락]　　숟갈[숟깔]　　　신고[신꼬]
　　　 신기[신끼]　　　쏟고[쏟꼬]　　　얻거나[얻꺼나]　얻고[얻꼬]
　　　 얻기[얻끼]　　　반짇고리[반짇꼬리]
　　 ㄴ. 걷다[걷따]　　　걷던[걷떤]　　　닫다[닫따]　　　듣다[듣따]
　　　 듣던[듣떤]　　　듣도록[듣또록]　　믿다[믿따]　　　섣달[섣딸]
　　 ㄷ. 곧바로[곧빠로]　　돋보이게[돋뽀이게]
　　 ㄹ. 걷습니다[걷씀니다]　　군세게[군쎄게]　　　묻습니다[묻씀니다]
　　　 받습니다[받씀니다]
　　 ㅁ. 걷지[걷찌]　　　곧장[곧짱]　　　굳지[굳찌]　　　깨닫지[깨닫찌]
　　　 닫지[닫찌]　　　듣자[듣짜]　　　듣잖아[듣짜나]　　듣지[듣찌]

| 뜯지[뜯찌] | 묻자[묻짜] | 받자[받짜] | 받지[받찌] |
| 얻지[얻찌] | 캐묻지[캐묻찌] | | |

(134)는 표준발음법 제23항에 규정하고 있다. 보기는 닿소리이어바뀜의 환경에서 앞 닿소리 'ㄷ'이 뒤 닿소리 'ㄱ·ㄷ·ㅂ·ㅅ·ㅈ' 등과 결합되어, 뒤 닿소리의 된소리되기가 실현된 경우이다.

(134ㄱ)은 닿소리이어바뀜의 환경에서 앞 닿소리가 'ㄷ'이고, 뒤 닿소리가 'ㄱ'인 경우이다. '걷고'는 '걷고 → 걷꼬'와 같은 음운변화과정에서 'ㄱ → ㄲ(-고 → -꼬)'과 같이 'ㄱ'에 된소리되기가 적용된다.

(134ㄴ)은 앞 닿소리가 'ㄷ'이고, 뒤 닿소리도 'ㄷ'인 경우이다. '섣달'은 '섣달 → 섣딸'과 같은 음운변화과정에서 'ㄷ → ㄸ(-달 → -딸)'과 같이 'ㄷ'에 된소리되기가 적용된다.

(134ㄷ)은 앞 닿소리가 'ㄷ'이고, 뒤 닿소리가 'ㅂ'인 경우이다. '돋보이게'는 '돋보이게 → 돋뽀이게'와 같은 음운변화과정에서 'ㅂ → ㅃ(-보- → -뽀-)'과 같이 'ㅂ'에 된소리되기가 적용된다.

(134ㄹ)은 앞 닿소리가 'ㄷ'이고, 뒤 닿소리가 'ㅅ'인 경우이다. '걷습니다'가 '걷습니다 → 걷씁니다 → 걷씀니다'와 같은 음운변화과정에서 1단계는 'ㅅ → ㅆ(-습- → -씁-)'과 같이 'ㅅ'에 된소리되기가 적용되고, 2단계는 'ㅂ → ㅁ(-씁- → -씀-)'과 같이 'ㅂ'에 콧소리되기가 적용된다.

(134ㅁ)은 앞 닿소리가 'ㄷ'이고, 뒤 닿소리가 'ㅈ'인 경우이다. '듣잖아'가 '듣잖아 → 듣짢아 → 듣짠아 → 듣짜나'와 같은 음운변화과정에서 1단계는 'ㅈ → ㅉ(-잖- → -짢-)'과 같이 'ㅈ'에 된소리되기가 적용되고, 2단계는 'ㅎ → ㄴ(-짢- → -짠-)'과 같이 'ㅎ'에 닿소리빠짐이 적용되고, 3단계는 '-짠아 → -짜나'와 같이 이음소리규칙이 적용된다.

(135) ㄱ. 갈색[갈쌕]　감별사[감별싸]　결석[결썩]　결심[결씸]
　　　결정[결쩡]　대출증[대출쯩]　만물상[만물쌍]　멸종[멸쫑]

몰두[몰뚜]	물질[물찔]	발달[발딸]	발생[발쌩]
발전[발쩐]	불사신[불싸신]	불상[불쌍]	불시착[불씨착]
생일상[생일쌍]	설득[설뜩]	설사[설싸]	설정[설쩡]
솔직[솔찍]	실수[실쑤]	실제[실쩨]	실조[실쪼]
열정[열쩡]	월등[월뜽]	일단[일딴]	일상[일쌍]
일점[일쩜]	일정[일쩡]	일종[일쫑]	일주[일쭈]
일주일[일쭈일]	일지[일찌]	자율적[자율쩍]	절대[절때]
절제[절쩨]	질서[질써]	팔자[팔짜]	팔절[팔쩔]
해설사[해설싸]	활동[활똥]	활자[활짜]	효율적[효율쩍]
신경질적[신경질쩍]		일석이조[일써기조]	

ㄴ.
겨울밤[겨울빰]	겨울잠[겨울짬]	굴속[굴쏙]	글자[글짜]
길가[길까]	길바닥[길빠닥]	꿀단지[꿀딴지]	
달밤[달빰]	달빛[달삗]	돌부리[돌뿌리]	돌상[돌쌍]
말귀[말뀌]	말소리[말쏘리]	물감[물깜]	물개[물깨]
물결[물껼]	물고기[물꼬기]	물독[물똑]	물방울[물빵울]
물병[물뼝]	물살[물쌀]	물소리[물쏘리]	물속[물쏙]
물수건[물쑤건]	밀가루[밀까루]	바늘귀[바늘뀌]	발가락[발까락]
발걸음[발꺼름]	발길[발낄]	발등[발뜽]	발바닥[발빠닥]
발자국[발짜국]	별빛[별삗]	불길[불낄]	불빛[불삗]
살가죽[살까죽]	살결[살껼]	시골집[시골찝]	살색[살쌕]
술독[술똑]	술잔[술짠]	쌀가루[쌀까루]	쌀독[쌀똑]
쌀자루[쌀짜루]	열쇠[열쐬/열쒜]	일거리[일꺼리]	일손[일쏜]
절집[절찝]	코뿔소[코뿔쏘]	풀숲[풀쑵]	하늘색[하늘쌕]
하늘가[하늘까]		녹말가루[농말까루]	
자물쇠[자물쐬/-쒜]		찹쌀가루[찹쌀까루]	

(135ㄱ)은 표준발음법 제26항에 규정하고 있다. 이 규정은 한자어에서, '￦' 받침 뒤에 연결되는 'ㄷ, ㅅ, ㅈ'은 된소리로 발음한다는 내용이다. 보기는 닿소리이어바꿈의 환경에서 앞 닿소리 'ㄹ'이 뒤 닿소리 'ㄷ·ㅅ·

ㅈ' 등과 결합되어, 뒤 닿소리의 된소리되기가 실현된 것이다. 뒤 닿소리가 'ㄷ'인 '발달'은 '발달 → 발딸'과 같은 음운변화과정에서 'ㄷ → ㄸ(-달 → -딸)'과 같이 'ㄷ'에 된소리되기가 적용된다.

(135ㄴ)은 표준발음법 제28항에 규정하고 있다. 보기는 닿소리이어바뀜의 환경에서 앞 닿소리 'ㄹ'이 뒤 닿소리 'ㄱ·ㄷ·ㅂ·ㅅ·ㅈ' 등과 결합되어, 뒤 닿소리의 된소리되기가 실현된 경우이다. 뒤 닿소리가 'ㄱ'인 '길가'는 '길가 → 길까'와 같은 음운변화과정에서 'ㄱ → ㄲ(-가- → -까-)'과 같이 'ㄱ'에 된소리되기가 적용된다.

(136)ㄱ. 넓게[널게 → 널께]　　넓고[널꼬]　　　　넓다[널따]
　　　 넓습니다[널씀니다]　　떫다[떨따]　　　　얇게[얄께]
　　　 얇고[얄꼬]　　　　　　얇다[얄따]　　　　엷게[열께]
　　　 엷다[열따]　　　　　　짧거나[짤꺼나]　　짧게[짤께]
　　　 짧다[짤따]　　　　　　짧지[짤찌]
　　 ㄴ. 여덟 가지[여덜까지]　　여덟 개[여덜깨]　　여덟 시[여덜씨]
　　 ㄷ. 개미핥기[개미할기 → 개미할끼]　　　　　 핥고[할꼬]

(136ㄱ)은 표준발음법 제25항에 규정하고 있다. 이 규정은 줄기 받침 'ㄼ' 뒤에 결합되는 씨끝의 첫소리 'ㄱ, ㄷ, ㅅ, ㅈ'은 된소리로 발음한다는 내용이다. 보기는 닿소리이어바뀜의 환경에서 앞 닿소리 'ㄼ'이 뒤 닿소리 'ㄱ·ㄷ·ㅅ' 등과 결합되어, 뒤 닿소리의 된소리되기가 실현된 경우이다. 이 경우에 음운변화과정에서 먼저 닿소리빠짐을 적용한 후에, 된소리되기를 적용한다. 뒤 닿소리가 'ㄱ'인 '엷게'가 '엷게 → 열게 → 열께'와 같은 음운변화과정에서 1단계는 'ㄼ → ㄹ(엷- → 열-)'과 같이 'ㅂ'에 닿소리빠짐이 적용되고, 2단계는 'ㄱ → ㄲ(-게 → -께)'과 같이 'ㄱ'에 된소리되기가 적용된다.

(136ㄴ)은 한글맞춤법 제43항에 규정하고 있다. 이는 '가지', '개', '시' 등

과 같이 단위를 나타내는 명사는 띄어 쓴다는 내용이다. 이 경우에 두 낱말을 이어서 한 마디로 발음하면 '여덟 가지[여덜까지]'와 같이 'ㄱ'에 된소리되기가 실현된다. 보기는 닿소리이어바뀜의 환경에서 앞 닿소리 'ㄼ'이 뒤 닿소리 'ㄱ·ㅅ' 등과 결합되어, 뒤 닿소리의 된소리되기가 실현된 경우이다. 뒤 닿소리가 'ㄱ'인 '여덟 가지'가 '여덟가지 → 여덜가지 → 여덜까지'와 같은 음운변화과정에서 1단계는 'ㄼ → ㄹ(-덟- → -덜-)'과 같이 'ㅂ'에 닿소리빠짐이 적용되고, 2단계는 'ㄱ → ㄲ(-가- → -까-)'과 같이 'ㄱ'에 된소리되기가 적용된다.

(136ㄷ)은 표준발음법 제25항에 규정하고 있다. 보기는 닿소리이어바뀜의 환경에서 앞 닿소리 'ㄾ'이 뒤 닿소리 'ㄱ'과 결합되어, 뒤 닿소리의 된소리되기가 실현된 경우이다. 이 경우에 음운변화과정에서 먼저 닿소리빠짐을 적용한 후에, 된소리되기를 적용한다. '개미핥기'가 '개미핥기 → 개미할기 → 개미할끼'와 같은 음운변화과정에서 1단계는 'ㄾ → ㄹ(-핥- → -할-)'과 같이 'ㅌ'에 닿소리빠짐이 적용되고, 2단계는 'ㄱ → ㄲ(-기 → -끼)'과 같이 'ㄱ'에 된소리되기가 적용된다.

(137) ㄱ. 금빛[금삗]   김밥[김빱]   꿈속[꿈쏙]
　　　몸동작[몸똥작]   몸속[몸쏙]   몸집[몸찝]
　　　몸짓[몸찓]   바람결[바람껼]   밤길[밤낄]
　　　보름달[보름딸]   봄비[봄삐]   살림집[살림찝]
　　　샘가[샘까]   숨구멍[숨꾸멍]   숨소리[숨쏘리]
　　　얼음덩어리[어름떵어리]   얼음덩이[어름떵이]   울음소리[우름쏘리]
　　　웃음거리[우슴꺼리]   웃음소리[우슴쏘리]   잠자리[잠짜리]
　　　토담집[토담찝]   황금빛[황금삗]
　　ㄴ. 점수[점쑤]   점자[점짜]
　　ㄷ. 가다듬기[가다듬끼]   감고[감꼬]   남도록[남또록]
　　　남지[남찌]   넘게[넘께]   넘고[넘꼬]
　　　넘습니다[넘씀니다]   넘지[넘찌]   다듬기[다듬끼]

담고[담꼬]	담기[담끼]	뿜기[뿜끼]
심습니다[심씀니다]	심자[심짜]	참고[참꼬]
참지[참찌]	품고[품꼬]	굵고[굴고→굼꼬]
닮고[담꼬]	닮지[담지→담찌]	삶습니다[삼씀니다]

(137ㄱ)은 표준발음법 제28항에 규정하고 있다. 보기는 닿소리이어바뀜의 환경에서 앞 닿소리 'ㅁ'이 뒤 닿소리 'ㄱ·ㄷ·ㅂ·ㅅ·ㅈ' 등과 결합되어, 뒤 닿소리의 된소리되기가 실현된 경우이다. 뒤 닿소리가 'ㄱ'인 '밤길'이 '밤길→밤낄'과 같은 음운변화과정에서 'ㄱ→ㄲ(-길→-낄)'과 같이 'ㄱ'에 된소리되기가 적용된다.

(137ㄴ)은 한자어의 경우이다. 보기는 닿소리이어바뀜의 환경에서 앞 닿소리 'ㅁ'이 뒤 닿소리 'ㅅ·ㅈ' 등과 연결되어, 뒤 닿소리의 된소리되기가 실현된 것이다. 뒤 닿소리가 'ㅅ'인 '점수'는 '점수→점쑤'와 같은 음운변화과정에서 'ㅅ→ㅆ(-수→-쑤)'과 같이 'ㅅ'에 된소리되기가 적용된다. 뒤 닿소리가 'ㅈ'인 '점자'는 '점자→점짜'와 같은 음운변화과정에서 'ㅈ→ㅉ(-자→-짜)'과 같이 'ㅈ'에 된소리되기가 적용된다.

(137ㄷ)은 표준발음법 제24항에 규정하고 있다. 보기는 닿소리이어바뀜의 환경에서 앞 닿소리 'ㅁ·ㄻ' 등이 뒤 닿소리 'ㄱ·ㅅ·ㅈ' 등과 결합되어, 뒤 닿소리의 된소리되기가 실현된 경우이다. 이 중 앞 닿소리가 'ㄻ'과 같이 겹받침인 경우는 먼저 닿소리빠짐을 적용한 후에, 된소리되기를 적용한다. 뒤 닿소리가 'ㄱ'인 '감고'는 '감고→감꼬'와 같은 음운변화과정에서 'ㄱ→ㄲ(-고→-꼬)'과 같이 'ㄱ'에 된소리되기가 적용된다.

(138) ㄱ. 가깝게[가깝께] 가볍게[가볍께] 가볍고[가볍꼬]
　　　겹겹[겹겹] 고맙게[고맙께] 고맙구[고맙꾸]
　　　고맙기[고맙끼] 고맙긴[고맙낀] 곱게[곱께]
　　　곱고[곱꼬] 곱기[곱끼] 괴롭게[괴롭께/궤-]

귀엽게[귀엽께]　　귀엽고[귀엽꼬]　　급기야[급끼야]

기업가[기업까]　　꼬집고[꼬집꼬]　　놀랍게[놀랍께]

눕기[눕끼]　　　　덥거든[덥꺼든]　　덥구나[덥꾸나]

돕게[돕께]　　　　돕고[돕꼬]　　　　돕기[돕끼]

두껍게[두껍께]　　두껍고[두껍꼬]　　뒤집고[뒤집꼬]

마법과[마법꽈]　　모습과[모습꽈]　　무겁게[무겁께]

무겁고[무겁꼬]　　무섭게[무섭께]　　무섭고[무섭꼬]

무섭기[무섭끼]　　밀랍과[밀랍꽈]　　밉고[밉꼬]

반갑게[반갑께]　　반갑고[반갑꼬]　　반갑기[반갑끼]

밥과[밥꽈]　　　　밥그릇[밥끄른]　　뵙게[뵙께/뷉-]

뵙고[뵙꼬/뷉-]　　부드럽게[부드럽께]　부드럽고[부드럽꼬]

부드럽구[부드럽꾸]　부럽게[부럽께]　　부럽고[부럽꼬]

사납게[사납께]　　사납고[사납꼬]　　사십권[사십꿘]

수줍게[수줍께]　　쉽게[쉽께]　　　　쉽고[쉽꼬]

쉽기[쉽끼]　　　　습관[습꽌]　　　　습기[습끼]

시집간[시집깐]　　씹거든[씹꺼든]　　아름답게[아름답께]

아름답고[아름답꼬]　아름답구[아름답꾸]　아름답기[아름답끼]

안타깝기[안타깝끼]　어둡거나[어둡꺼나]　어둡고[어둡꼬]

어렵게[어렵께]　　어렵고[어렵꼬]　　업고[업꼬]

엉겁결[엉겁껼]　　우습기[우습끼]　　입게[입께]

입고[입꼬]　　　　입구[입꾸]　　　　입기[입끼]

잡거나[잡꺼나]　　잡게[잡께]　　　　잡고[잡꼬]

잡곡[잡꼭]　　　　잡균[잡뀬]　　　　잡기[잡끼]

접기[접끼]　　　　정답게[정답께]　　좁게[좁께]

좁고[좁꼬]　　　　집게[집께]　　　　집게발[집께발]

집고[집꼬]　　　　집과[집꽈]　　　　집기[집끼]

차갑게[차갑께]　　춥고[춥꼬]　　　　컵과[컵꽈]

하옵게[하옵께]　　협공[협꽁]　　　　흥겹게[흥겹께]

흥미롭게[흥미롭께]　흥미롭고[흥미롭꼬]　흥미롭기[흥미롭끼]

ㄴ. 가렵다[가렵따]　　가볍다[가볍따]　　고맙다[고맙따]

귀엽다[귀엽따]	껍데기[껍떼기]	냅다[냅따]
눕더니[눕떠니]	답답하다[답따파다]	대답도[대답또]
두껍다[두껍따]	두텁다[두텁따]	모습도[모습또]
무겁다[무겁따]	무섭다[무섭따]	무섭던[무섭떤]
밥도[밥또]	부럽다[부럽따]	쉽다[쉽따]
아깝다[아깝따]	아름답다[아름답따]	어렵다[어렵따]
업다[업따]	입던[입떤]	잡다[잡따]
잡동사니[잡똥사니]	정겹다[정겹따]	지겹던[지겹떤]
집도[집또]	집들[집뜰]	협동[협똥]
화합도[화합또]	흥미롭다[흥미롭따]	

ㄷ. 겹받침[겹빧침] 답변[답뻔] 밥보[밥뽀]
  밥보다[밥뽀다] 십분[십뿐] 집배원[집빼원]

ㄹ. 가렵습니다[가렵씁니다] 가십시다[가십씨다] 갑시다[갑씨다]
  고맙습니다[고맙씁니다] 곱셈[곱쎔] 곱슬머리[곱쓸머리]
  곱습니다[곱씁니다] 굽실대다[굽씰대다] 급식[급씩]
  급식소[급씩쏘] 놀랍소[놀랍쏘] 덥석[덥썩]
  둡시다[둡씨다] 듭시다[듭씨다] 맵시[맵씨]
  몹시[몹씨] 무겁습니다[무겁씁니다] 반갑습니다[반갑씁니다]
  밥상[밥쌍] 배꼽시계[배꼽씨계/—게] 봅시다[봅씨다]
  부럽습니다[부럽씁니다] 사업상[사업쌍] 섭섭하게[섭써파게]
  섭섭하다[섭써파다] 쉽습니다[쉽씁니다] 십시오[십씨오]
  아름답습니다[아름답씁니다] 어렵쇼[어렵쑈] 엽서[엽써]
  응급실[응급씰] 입술[입쑬] 입시[입씨]
  잡수고[잡쑤고] 잡수다[잡쑤다] 접습니다[접씁니다]
  접시[접씨] 줍시다[줍씨다] 집세[집쎄]
  합시다[합씨다]

ㅁ. 가렵지[가렵찌] 가볍지[가볍찌] 갑자기[갑짜기]
  갑작스런[갑짝쓰런] 겁쟁이[겁쟁이] 곱지[곱찌]
  괴롭지[괴롭찌/궤—] 껍질[껍찔] 납작[납짝]
  넙죽[넙쭉] 답장[답짱] 도웁지[도웁찌]

무겁지[무겁찌]	법정[법쩡]	부럽지[부럽찌]
뽑자[뽑짜]	뽑지[뽑찌]	쉽지[쉽찌]
아름답지[아름답찌]	어렵지[어렵찌]	업적[업쩍]
엽전[엽쩐]	입자[입짜]	입장[입짱]
입조심[입쪼심]	입지[입찌]	잡자[잡짜]
잡지[잡찌]	정답지[정답찌]	좁지[좁찌]
좁자[좁짜]	집중[집쭝]	집집[집찝]
춥지[춥찌]	허겁지겁[허겁찌겁]	협조[협쪼]
흡족[흡쪽]	흥미롭지[흥미롭찌]	

(138)은 표준발음법 제23항에 규정하고 있다. 보기는 닿소리이어바뀜의 환경에서 앞 닿소리 'ㅂ'이 뒤 닿소리 'ㄱ·ㄷ·ㅂ·ㅅ·ㅈ' 등과 결합되어, 뒤 닿소리의 된소리되기가 실현된 경우이다.

(138ㄱ)은 닿소리이어바뀜의 환경에서 앞 닿소리가 'ㅂ'이고, 뒤 닿소리가 'ㄱ'인 경우이다. '가깝게'는 '가깝게 → 가깝께'와 같은 음운변화과정에서 'ㄱ → ㄲ(-게 → -께)'과 같이 'ㄱ'에 된소리되기가 적용된다.

(138ㄴ)은 앞 닿소리가 'ㅂ'이고, 뒤 닿소리가 'ㄷ'인 경우이다. '어렵다'는 '어렵다 → 어렵따'와 같은 음운변화과정에서 'ㄷ → ㄸ(-다 → -따)'과 같이 'ㄷ'에 된소리되기가 적용된다.

(138ㄷ)은 앞 닿소리가 'ㅂ'이고, 뒤 닿소리도 'ㅂ'인 경우이다. '겹받침'은 '겹받침 → 겹빧침'과 같은 음운변화과정에서 'ㅂ → ㅃ(-받- → -빧-)'과 같이 'ㅂ'에 된소리되기가 적용된다.

(138ㄹ)은 앞 닿소리가 'ㅂ'이고, 뒤 닿소리가 'ㅅ'인 경우이다. '섭섭하게'가 '섭섭하게 → 섭썹하게 → 섭써파게'와 같은 소리마디 순서에 따른 음운변화과정에서 1단계는 'ㅅ → ㅆ(-섭- → -썹-)'과 같이 'ㅅ'에 된소리되기가 적용되고, 2단계는 'ㅂ + ㅎ → ㅍ(-썹하- → -써파-)'과 같이 'ㅂ'에 거센소리되기가 적용된다.

(138ㅁ)은 앞 닿소리가 'ㅂ'이고, 뒤 닿소리가 'ㅈ'인 경우이다. '갑작스런'은 '갑작스런 → 갑짝스런 → 갑짝쓰런'과 같은 소리마디 순서에 따른 음운변화과정에서 1단계는 'ㅈ → ㅉ(-작- → -짝-)'과 같이 'ㅈ'에 된소리되기가 적용되고, 2단계는 'ㅅ → ㅆ(-스- → -쓰-)'과 같이 'ㅅ'에 된소리되기가 적용된다.

(139) ㄱ. 넓적한[넙적한 → 넙쩍한 → 넙쩌칸] 밟거든[밥거든 → 밥꺼든]

　　　밟고[밥꼬]　　밟다[밥따]　　　밟지[밥찌]

　　ㄴ. 가엾게[가엽게 → 가엽께]　　　가엾다[가엽다 → 가엽따]

　　　값도[갑또]　　없거든[업꺼든]　　없게[업께]　　없고[업꼬]

　　　없구[업꾸]　　없기[업끼]　　　없다[업따]　　없단다[업딴다]

　　　없대[업때]　　없더니[업떠니]　　없던[업떤]　　없도록[업또록]

　　　없사옵니다[업싸옵니다]　　　　없소[업쏘]　　없습니다[업씀니다]

　　　없자[업짜]　　없잖아[업짜나]　　없지[업찌]　　읎다[읍따]

(139ㄱ)은 표준발음법 제10항 '다만'에 규정하고 있다. 이 규정은 '밟-'은 닿소리 앞에서 [밥]으로 발음하고, '넓-'은 'ㅈ' 앞에서 [넙]으로 발음한다는 내용이다. 보기는 닿소리이어바뀜의 환경에서 앞 닿소리 'ㄼ'이 뒤 닿소리 'ㄱ·ㄷ·ㅈ' 등과 결합되어, 뒤 닿소리의 된소리되기가 실현된 경우이다. 이 경우에 음운변화과정에서 먼저 닿소리빠짐을 적용한 후에, 된소리되기를 적용한다. 뒤 닿소리가 'ㄱ'인 '밟거든'이 '밟거든 → 밥거든 → 밥꺼든'과 같은 음운변화과정에서 1단계는 'ㄼ → ㅂ(밟- → 밥-)'과 같이 'ㄹ'에 닿소리빠짐이 적용되고, 2단계는 'ㄱ → ㄲ(-거- → -꺼-)'과 같이 'ㄱ'에 된소리되기가 적용된다.

(139ㄴ)은 표준발음법 제23항에 규정하고 있다. 보기는 닿소리이어바뀜의 환경에서 앞 닿소리 'ㅄ'이 뒤 닿소리 'ㄱ·ㄷ·ㅅ·ㅈ' 등과 결합되어, 뒤 닿소리의 된소리되기가 실현된 경우이다. 이 경우에 음운변화과정에서

먼저 닿소리빠짐을 적용한 후에, 된소리되기를 적용한다. 뒤 닿소리가 'ㄱ'인 '가엾게'가 '가엾게 → 가엽게 → 가엽께'와 같은 음운변화과정에서 1단계는 'ㅄ → ㅂ(-엾- → -엽-)'과 같이 'ㅅ'에 닿소리빠짐이 적용되고, 2단계는 'ㄱ → ㄲ(-게 → -께)'과 같이 'ㄱ'에 된소리되기가 적용된다.

(140) ㄱ. 갸웃거려[갸욷거려 → 갸욷꺼려]   것같이[걷같이 → 걷깥이 → 걷까치]

    갸웃거려[갸욷꺼려]   갸웃거리다[갸욷꺼리다]   갸웃거린[갸욷꺼린]

것같이[걷까치]	것과[걷꽈]	곳곳[곧꼳]
낫게[낟께]	낫기[낟끼]	댓글[댇끌]
뜻과[뜯꽈]	맛과[맏꽈]	머뭇거리다[머묻꺼리다]
멋과[먿꽈]	몸짓과[몸짇꽈]	무엇과[무얻꽈]
벗겨[벋껴]	벗고[벋꼬]	벗기다[벋끼다]
붓고[붇꼬]	붓과[붇꽈]	붓글씨[붇끌씨]
뺏기[뺃끼]	빼앗고[빼앋꼬]	빼앗기[빼앋끼]
빼앗기지[빼앋끼지]	빼앗긴[빼앋낀]	솟고[솓꼬]
솟구[솓꾸]	송곳과[송곧꽈]	씻고[씯꼬]
엿가위질[엳까위질]	엿기름[엳끼름]	옷가지[옫까지]
옷감[옫깜]	옷과[옫꽈]	옷깃[옫낃]
웃게[욷께]	웃겨서[욷껴서]	웃고[욷꼬]
웃기[욷끼]	이웃과[이욷꽈]	잇거든[읻꺼든]
잇고[읻꼬]	잣가루[잗까루]	젓갈[젇깔]
짓거든[짇꺼든]	짓게[짇께]	짓고[짇꼬]
짓궂게[짇꾿께]	짓기[짇끼]	쫑긋거리다[쫑귿꺼리다]
첫걸음[첟꺼름]	풋고추[푿꼬추]	햇감[핻깜]
햇감자[핻깜자]	햇김[핻낌]	헛간[헏깐]
헛개[헏깨]	헷갈려[헫깔려]	헬멧과[헬멛꽈]

  ㄴ. 갓도[갇도 → 갇또]   거짓된[거짇뙨/-뛘]   것도[걷또]

것들[걷뜰]	곳도[곧또]	그것도[그걷또]
그릇도[그륻또]	그릇들[그륻뜰]	깃들다[긷뜯다]

로봇도[로볻또]　　　맛도[맏또]　　　　못된[몯뙨/-뙌]

못될[몯뙬/-뙐]　　　못들은[몯뜨른]　　　뭣들[뭗뜰]

붓대[붇때]　　　　　빗대[빋때]　　　　숫대[숟때]

씨앗도[씨앋또]　　　아무것도[아무걷또]　옷도[옫또]

옷들[옫뜰]　　　　　웃더니[욷떠니]　　　웃던[욷떤]

이것도[이걷또]　　　이웃들[이욷뜰]　　　잘못된[잘몯뙨/-뙌]

젓다[젇따]　　　　　제멋대로[제먼때로]　초콜릿도[초콜릳또]

ㄷ. 것부터[걷뿌터]　　　그것보다[그걷뽀다]　덧붙인[덛뿌친]

덧붙여[덛뿌처]　　　덧붙은[덛뿌튼]　　　덧붙이다[덛뿌치다]

뜻밖에[뜯빠께]　　　맛보고[맏뽀고]　　　무엇보다[무얻뽀다]

방긋방긋[방귿빵귿]　엿보다[엳뽀다]　　　엿볼[엳뽈]

옷부터[옫뿌터]　　　울긋불긋[울귿뿔귿]　햇밤[핻빰]

햇병아리[핻뼝아리]　헛바람[헏빠람]　　　헛보고[헏뽀고]

것보다[걷보다 → 걷뽀다]

ㄹ. 긋습니다[귿습니다 → 귿씁니다 → 근씁니다]

낫습니다[낟씀니다]　　　닷새[닫쌔]　　　덧신[덛씬]

못살게[몯쌀게]　　　　　엿새[엳쌔]　　　옛사람[옏싸람]

짓습니다[짇씀니다]　　　풋사과[푿싸과]　햇사과[핻싸과]

헛수고[헏쑤고]　　　　　흰맷새[힌맫새 → 힌맫쌔]

ㅁ. 것조차[걷조차 → 걷쪼차]　군것질[군걷찔]　돗자리[돋짜리]

멋쟁이[먿쨍이]　　　　멋져[먿쪄 → 먿쩌]　멋지다[먿찌다]

멋진[먿찐]　　　　　　못지[몯찌]　　　　밧줄[받쭐]

벗지[벋찌]　　　　　　붓질[붇찔]　　　　숫자[숟짜]

씻지[씯찌]　　　　　　엿장사[엳짱사]　　엿장수[엳짱수]

엿쟁이[엳쨍이]　　　　옛적[옏쩍]　　　　옷장[옫짱]

웃자[욷짜]　　　　　　웃지[욷찌]　　　　이것저것[이걷쩌걷]

이곳저곳[이곧쩌곧]　　이웃집[이욷찝]　　잇지[읻찌]

짓지[짇찌]　　　　　　풋잠[푿짬]

(140)은 표준발음법 제23항에 규정하고 있다. 보기는 닿소리이어바뀜의

환경에서 앞 닿소리 'ㅅ'이 뒤 닿소리 'ㄱ·ㄷ·ㅂ·ㅅ·ㅈ' 등과 결합되어, 뒤 닿소리의 된소리되기가 실현된 경우이다. 이 경우에 음운변화과정에서 먼저 'ㅅ'에 받침규칙을 적용한 후에, 된소리되기를 적용한다.

(140ㄱ)은 닿소리이어바뀜의 환경에서 앞 닿소리가 'ㅅ'이고, 뒤 닿소리가 'ㄱ'인 경우이다. '것같이'가 '것같이 → 걷같이 → 걷깥이 → 걷까치'와 같은 소리마디 순서에 따른 음운변화과정에서 1단계는 'ㅅ → ㄷ(것- → 걷-)'과 같이 'ㅅ'에 받침규칙이 적용되고, 2단계는 'ㄱ → ㄲ(-같- → -깥-)'과 같이 'ㄱ'에 된소리되기가 적용되고, 3단계는 'ㅌ → ㅊ(-깥이 → -까치)'과 같이 'ㅌ'에 센입천장소리되기가 적용된다.

(140ㄴ)은 앞 닿소리가 'ㅅ'이고, 뒤 닿소리가 'ㄷ'인 경우이다. '거짓된'이 '거짓된 → 거짇된 → 거짇뛴/-뗸'과 같은 음운변화과정에서 1단계는 'ㅅ → ㄷ(-짓- → -짇-)'과 같이 'ㅅ'에 받침규칙이 적용되고, 2단계는 'ㄷ → ㄸ(-된 → -뛴/-뗸)'과 같이 'ㄷ'에 된소리되기가 적용된다.

(140ㄷ)은 앞 닿소리가 'ㅅ'이고, 뒤 닿소리가 'ㅂ'인 경우이다. '옷부터'가 '옷부터 → 옫부터 → 옫뿌터'와 같은 음운변화과정에서 1단계는 'ㅅ → ㄷ(옷- → 옫-)'과 같이 'ㅅ'에 받침규칙이 적용되고, 2단계는 'ㅂ → ㅃ(-부- → -뿌-)'과 같이 'ㅂ'에 된소리되기가 적용된다.

(140ㄹ)은 앞 닿소리가 'ㅅ'이고, 뒤 닿소리도 'ㅅ'인 경우이다. '낫습니다'가 '낫습니다 → 낟습니다 → 낟씁니다 → 낟씀니다'와 같은 소리마디 순서에 따른 음운변화과정에서 1단계는 'ㅅ → ㄷ(낫- → 낟-)'과 같이 'ㅅ'에 받침규칙이 적용되고, 2단계는 'ㅅ → ㅆ(-습- → -씁-)'과 같이 'ㅅ'에 된소리되기가 적용되고, 3단계는 'ㅂ → ㅁ(-씁- → -씀-)'과 같이 'ㅂ'에 콧소리되기가 적용된다.

(140ㅁ)은 앞 닿소리가 'ㅅ'이고, 뒤 닿소리가 'ㅈ'인 경우이다. '옷자'가 '옷자 → 옫자 → 옫짜'와 같은 음운변화과정에서 1단계는 'ㅅ → ㄷ(옷- → 옫-)'과 같이 'ㅅ'에 받침규칙이 적용되고, 2단계는 'ㅈ → ㅉ(-자 → -짜)'

과 같이 'ㅈ'에 된소리되기가 적용된다.

(141) ㄱ. 갯가[갣가 → 갣까 → 객까 → 개까]

갯가[개까 / 갣까]　　　　　고깃국[고기꾹 / 고긷꾹]

골칫거리[골치꺼리 / 골칟꺼리]　　귓구녕[귀꾸녕 / 귇꾸녕]

귓구멍[귀꾸멍 / 귇꾸멍]　　　　김칫국[김치꾹 / 김칟꾹]

나뭇가지[나무까지 / 나묻까지]　　냇가[내까 / 낻까]

등굣길[등교낄 / 등굗낄]　　　　뭇국[무꾹 / 묻꾹]

바닷가[바다까 / 바닫까]　　　　방앗간[방아깐 / 방안깐]

뱃가죽[배까죽 / 밷까죽]　　　　북엇국[부거꾹 / 부걷꾹]

서릿기둥[서리끼둥 / 서릳끼둥]　　시냇가[시내까 / 시낻까]

이야깃거리[이야기꺼리 / 이야긷꺼리]　저잣거리[저자꺼리 / 저잗꺼리]

젓가락[저까락 / 젇까락]　　　　진돗개[진도깨 / 진돋깨]

찻길[차낄 / 찯낄]

ㄴ. 김칫독[김치똑 / 김칟똑]　　　담뱃대[담배때 / 담밷때]

세뱃돈[세배똔 / 세밷똔]　　　　세숫대야[세수때야 / 세순때야]

아랫동아리[아래똥아리 / 아랟똥아리]　오랫동안[오래똥안 / 오랟똥안]

윗도리[위또리 / 윋또리]　　　　콧등[코뜽 / 콛뜽]

ㄷ. 갯바닥[개빠닥 / 갣빠닥]　　　갯벌[개뻘 / 갣뻘]

고깃배[고기빼 / 고긷빼]　　　　깃발[기빨 / 긷빨]

뒷받침[뒤빧침 / 뒫빧침]　　　　뒷발[뒤빨 / 뒫빨]

뒷발질[뒤빨질 / 뒫빨질]　　　　뒷부분[뒤뿌분 / 뒫뿌분]

마룻바닥[마루빠닥 / 마룬빠닥]　　반딧불이[반디뿌리 / 반딛뿌리]

보랏빛[보라삗 / 보랃삗]　　　　비눗방울[비누빵울 / 비눋빵울]

빗방울[비빵울 / 빋빵울]　　　　쇳빛[쇠삗 / 쇤삗]

시곗바늘[시계빠늘 / 시겐빠늘]　　어젯밤[어제빰 / 어젣빰]

윗부분[위뿌분 / 윋뿌분]　　　　장밋빛[장미삗 / 장믿삗]

촛불[초뿔 / 촏뿔]　　　　　　콧방귀[코빵귀 / 콛빵귀]

텃밭[터빧 / 턷빧]　　　　　　하룻밤[하루빰 / 하룯빰]

햇볕[해뼏 / 핻뼏]　　　　　　햇빛[해삗 / 핻삗]

혓바닥[혀빠닥 / 혇빠닥]

ㄹ. 가운뎃손가락[가운데손까락 / 가운덷손까락]

귓속[귀쏙 / 귇쏙]　　　　　　귓속말[귀쏭말 / 귇쏭말]

노랫소리[노래쏘리 / 노랟쏘리]　　뒷사람[뒤싸람 / 뒫싸람]

머릿속[머리쏙 / 머릳쏙]　　　　바닷속[바다쏙 / 바닫쏙]

윗사람[위싸람 / 윋싸람]　　　　잔칫상[잔치쌍 / 잔칟쌍]

햇살[해쌀 / 핻쌀]　　　　　　　횟수[회쑤 / 휀쑤]

ㅁ. 갈빗집[갈비찝 / 갈빋찝]　　　갯지렁이[개찌렁이 / 갣찌렁이]

그넷줄[그네쭐 / 그넫쭐]　　　나뭇짐[나무찜 / 나묻찜]

날갯짓[날개찓 / 날갣찓]　　　농삿집[농사찝 / 농삳찝]

도낏자루[도끼짜루 / 도낃짜루]　뒷장불[뒤짱불 / 뒫짱불]

뒷전[뒤쩐 / 뒫쩐]　　　　　　못자리[모짜리 / 몯짜리]

밧줄[바쭐 / 받쭐]　　　　　　볏짚[벼찝 / 볃찝]

부잣집[부자찝 / 부잗찝]　　　빗자루[비짜루 / 빋짜루]

빗줄기[비쭐기 / 빋쭐기]　　　외갓집[외가찝 / 웨간찝]

이삿짐[이사찜 / 이삳찜]　　　잔칫집[잔치찝 / 잔칟찝]

전깃줄[전기쭐 / 전긷쭐]　　　치맛자락[치마짜락 / 치맏짜락]

배냇저고리[배내쩌고리 / 배낻쩌고리]

(141)은 표준발음법 제30항 1에 규정하고 있다. 이 규정은 'ㄱ, ㄷ, ㅂ, ㅅ, ㅈ'으로 시작하는 낱말 앞에 사이시옷이 올 때는 이들 닿소리만을 된소리로 발음하는 것을 원칙으로 하되, 사이시옷을 [ㄷ]으로 발음하는 것도 허용한다는 내용이다. 보기는 닿소리이어바뀜의 환경에서 앞 닿소리 'ㅅ'이 뒤 닿소리 'ㄱ·ㄷ·ㅂ·ㅅ·ㅈ' 등과 결합되어, 뒤 닿소리의 된소리되기가 두 가지의 표준발음으로 실현된 경우이다. 이 경우에 하나의 음운변화 과정에서 두 가지의 표준발음을 모두 나타내기 위해서는 뒤 닿소리의 소리나는 위치에 따라 세 가지의 규칙 적용 방법을 설정할 수 있다. 첫째는 '갯벌'과 같이 앞 닿소리가 'ㅅ'이고, 뒤 닿소리가 입술소리('ㅂ')인 경우는 '받

침규칙 → 된소리되기 → 입술소리되기 → 같은위치닿소리빠짐' 등의 순서로 규칙을 적용한다. 둘째는 '김칫독'·'뒷산'·'치맛자락' 등과 같이 앞 닿소리가 'ㅅ'이고, 뒤 닿소리가 잇몸소리('ㄷ, ㅅ')나 센입천장소리('ㅈ')인 경우는 '받침규칙 → 된소리되기 → 같은위치닿소리빠짐' 등의 순서로 규칙을 적용한다. 셋째는 '콧구멍'과 같이 앞 닿소리가 'ㅅ'이고, 뒤 닿소리가 여린입천장소리('ㄱ')인 경우는 '받침규칙 → 된소리되기 → 여린입천장소리되기 → 같은위치닿소리빠짐' 등의 순서로 규칙을 적용한다.

(141ㄱ)은 닿소리이어바뀜의 환경에서 앞 닿소리가 'ㅅ'이고, 뒤 닿소리가 'ㄱ'인 경우이다. '고깃국'이 '고깃국 → 고긷국 → 고긷꾹 → 고긱꾹 → 고기꾹'과 같은 음운변화과정에서 1단계는 'ㅅ → ㄷ(-깃- → -긷-)'과 같이 'ㅅ'에 받침규칙이 적용되고, 2단계는 'ㄱ → ㄲ(-국 → -꾹)'과 같이 'ㄱ'에 된소리되기가 적용되고, 3단계는 'ㄷ → ㄱ(-긷- → -긱-)'과 같이 'ㄷ'에 여린입천장소리되기가 적용되고, 4단계는 'ㄱ → ∅(-긱- → -기-)'과 같이 'ㄱ'에 같은위치닿소리빠짐이 적용된다. 이 경우에 2단계에서 실현된 [고긷꾹]과 4단계에서 실현된 [고기꾹]은 모두 표준발음이다.

(141ㄴ)은 앞 닿소리가 'ㅅ'이고, 뒤 닿소리가 'ㄷ'인 경우이다. '김칫독'이 '김칫독 → 김칟독 → 김칟똑 → 김치똑'과 같은 음운변화과정에서 1단계는 'ㅅ → ㄷ(-칫- → -칟-)'과 같이 'ㅅ'에 받침규칙이 적용되고, 2단계는 'ㄷ → ㄸ(-독 → -똑)'과 같이 'ㄷ'에 된소리되기가 적용되고, 3단계는 'ㄷ → ∅(-칟- → -치-)'과 같이 'ㄷ'에 같은위치닿소리빠짐이 적용된다. 이 경우에 2단계에서 실현된 [김칟똑]과 3단계에서 실현된 [김치똑]은 모두 표준발음이다.

(141ㄷ)은 앞 닿소리가 'ㅅ'이고, 뒤 닿소리가 'ㅂ'인 경우이다. '고깃배'가 '고깃배 → 고긷배 → 고긷빼 → 고깁빼 → 고기빼'와 같은 음운변화과정에서 1단계는 'ㅅ → ㄷ(-깃- → -긷-)'과 같이 'ㅅ'에 받침규칙이 적용되고, 2단계는 'ㅂ → ㅃ(-배 → -빼)'과 같이 'ㅂ'에 된소리되기가 적용되

고, 3단계는 'ㄷ → ㅂ(-긴- → -깁-)'과 같이 'ㄷ'에 입술소리되기가 적용되고, 4단계는 'ㅂ → ∅(-깁- → -기-)'과 같이 'ㅂ'에 같은위치닿소리빠짐이 적용된다. 이 경우에 2단계에서 실현된 [고긴빼]와 4단계에서 실현된 [고기빼]는 모두 표준발음이다.

(141ㄹ)은 앞 닿소리가 'ㅅ'이고, 뒤 닿소리도 'ㅅ'인 경우이다. '햇살'이 '햇살 → 핻살 → 핻쌀 → 해쌀'과 같은 음운변화과정에서 1단계에 'ㅅ → ㄷ(햇- → 핻-)'과 같이 'ㅅ'에 받침규칙이 적용되고, 2단계는 'ㅅ → ㅆ(-살 → -쌀)'과 같이 'ㅅ'에 된소리되기가 적용되고, 3단계는 'ㄷ → ∅(핻- → 해-)'과 같이 'ㄷ'에 같은위치닿소리빠짐이 적용된다. 이 경우에 2단계에서 실현된 [핻쌀]과 3단계에서 실현된 [해쌀]은 모두 표준발음이다.

(141ㅁ)은 앞 닿소리가 'ㅅ'이고, 뒤 닿소리가 'ㅈ'인 경우이다. '전깃줄'이 '전깃줄 → 전긷줄 → 전긷쭐 → 전기쭐'과 같은 음운변화과정에서 1단계에 'ㅅ → ㄷ(-깃- → -긷-)'과 같이 'ㅅ'에 받침규칙이 적용되고, 2단계는 'ㅈ → ㅉ(-줄 → -쭐)'과 같이 'ㅈ'에 된소리되기가 적용되고, 3단계는 'ㄷ → ∅(-긷- → -기-)'과 같이 'ㄷ'에 같은위치닿소리빠짐이 적용된다. 이 경우에 2단계에서 실현된 [전긷쭐]과 3단계에서 실현된 [전기쭐]은 모두 표준발음이다.

(142)　　가겠구나[가겓구나 → 가겓꾸나] → 겠구[겓구 → 겓꾸]

　　ㄱ.　갔게[갇께]　갔고[갇꼬]　갔기[갇끼]　겠거[겓꺼]　겠고[겓꼬]
　　　　겠구[겓꾸]　겠군[겓꾼]　겼구[겯꾸]　겼기[겯끼]　겼고[겯꼬]
　　　　났거[낟꺼]　났구[낟꾸]　냈고[낻꼬]　댔기[댇끼]　됐구[됃꾸]
　　　　됐군[됃꾼]　랐게[랃께]　랐고[랃꼬]　랐기[랃끼]　랬구[랟꾸]
　　　　렀고[럳꼬]　렸구[렫꾸]　렸기[렫끼]　샀고[삳꼬]　셨거[셛꺼]
　　　　셨고[셛꼬]　셨기[셛끼]　썼고[썯꼬]　썼구[썯꾸]　았거[앋꺼]
　　　　았고[앋꼬]　았구[앋꾸]　았기[앋끼]　었거[얻꺼]　었게[얻께]
　　　　었고[얻꼬]　었구[얻꾸]　었기[얻끼]　였거[엳꺼]　였건[엳껀]

였고[엳꼬]　　였구[엳꾸]　　였기[엳끼]　　왔고[완꼬]　　왔구[완꾸]

왔기[완끼]　　웠거[월꺼]　　웠게[월께]　　웠구[월꾸]　　있거[읻꺼]

있게[읻께]　　있고[읻꼬]　　있구[읻꾸]　　있기[읻끼]　　잤구[잗꾸]

졌거[젇꺼]　　졌고[젇꼬]　　졌구[젇꾸]　　졌기[젇끼]　　쪘거[쩓꺼]

팠구[팓꾸]　　폈고[펻꼬]　　했거[핻꺼]　　했고[핻꼬]　　했구[핻꾸]

했기[핻끼]

ㄴ. 갔다[간따]　　갔더[간떠]　　갔던[간떤]　　겠다[겓따]　　겠대[겓때]

졌다[젇따]　　껐다[껃따]　　껐던[껃떤]　　났다[낟따]　　났던[낟떤]

냈다[낻따]　　냈던[낻떤]　　넜다[넏따]　　넸다[넫따]　　녔다[녇따]

댔다[댇따]　　됐다[됃따]　　됐더[됃떠]　　됬다[됟따]　　떴다[떧따]

랐다[랃따]　　랐던[랃떤]　　랬다[랟따]　　랬더[랟떠]　　랬던[랟떤]

렀다[럳따]　　렀당[럳땅]　　렀더[럳떠]　　렸다[럳따]　　렸던[럳떤]

믰다[믿따]　　봤다[봗따]　　봤더[봗떠]　　빴던[빧떤]　　뻤다[뻗따]

샀다[삳따]　　섰다[섣따]　　셌다[섿따]　　셨다[셛따]　　셨대[셛때]

셨던[셛떤]　　쌌다[쌛따]　　썼다[썯따]　　썼대[썯때]　　썼더[썯떠]

썼던[썯떤]　　썼든[썯뜬]　　쐈더[쏻떠]　　았다[앋따]　　았단[앋딴]

았대[앋때]　　았더[앋떠]　　았던[앋떤]　　었다[얻따]　　었단[얻딴]

었답[얻땁]　　었대[얻때]　　었더[얻떠]　　었던[얻떤]　　었든[얻뜬]

였다[엳따]　　였더[엳떠]　　였던[엳떤]　　왔다[완따]　　왔대[완때]

왔더[완떠]　　왔던[완떤]　　웠다[월따]　　웠더[월떠]　　웠던[월떤]

있다[읻따]　　있대[읻때]　　있댜[읻땨]　　있더[읻떠]　　있던[읻떤]

있도[읻또]　　잤다[잗따]　　졌다[젇따]　　졌단[젇딴]　　졌대[젇때]

졌던[젇떤]　　줬다[줟따]　　쪘다[쩓따]　　쪘든[쩓뜬]　　찼다[찯따]

챘다[챋따]　　쳤다[쳗따]　　컸다[컫따]　　컸더[컫떠]　　컸던[컫떤]

켰다[켣따]　　팠다[팓따]　　팠던[팓떤]　　탔다[탇따]　　탔던[탇떤]

폈다[펻따]　　했다[핻따]　　했더[핻떠]　　했던[핻떤]　　혔다[혇따]

ㄷ. 겠사[겓싸]　　겠소[겓쏘]　　냈수[낻쑤]　　렀소[럳쏘]　　았소[앋쏘]

었사[얻싸]　　었소[얻쏘]　　였소[엳쏘]　　왔수[완쑤]　　있사[읻싸]

있소[읻쏘]　　졌소[젇쏘]　　했소[핻쏘]

ㄹ. 갔자[갇짜]　　갔죠[갇쬬]　　갔지[갇찌]　　겠죠[겓쬬]　　겠지[겓찌]

겼지[견찌]　　낯자[낟짜]　　낯지[낟찌]　　냈지[낻찌]　　놨지[놛찌]

댔지[댇찌]　　됐지[됃찌]　　랐지[랃찌]　　랬자[랟짜]　　랬지[랟찌]

렀자[런짜]　　렀지[런찌]　　봤지[받찌]　　셨자[션짜]　　셨죠[션쪼]

셨지[션찌]　　썼지[썯찌]　　쐈지[쏻찌]　　았지[앋찌]　　었자[언짜]

었죠[언쪼]　　었지[언찌]　　였지[엳찌]　　왔지[완찌]　　웠지[윋찌]

있자[읻짜]　　있죠[읻쬬]　　있지[읻찌]　　잤지[잗찌]　　졌지[젇찌]

첬지[천찌]　　컸지[컫찌]　　켰지[켣찌]　　폈지[펻찌]　　했자[핻짜]

했제[핻쩨]　　했지[핻찌]　　혔지[혇찌]

ㅁ. 느꼈답니다[느껻답니다 → 느껻땁니다 → 느껻땀니다] → 껐답[껃답 → 껃땁]

껐답[껃땁]　　녔답[녇땁]　　렀답[런땁]　　셨답[션땁]　　았답[앋땁]

었답[언땁]　　했답[핻땁]

ㅂ. 갔습니다[갇습니다 → 갇씁니다 → 갇씀니다] → 갔습[갇습 → 갇씁]

겠습[겓씁]　　겼습[겯씁]　　났습[낟씁]　　냈습[낻씁]　　녔습[녇씁]

댔습[댇씁]　　됐습[됃씁]　　땠습[땓씁]　　떴습[떧씁]　　랐습[랃씁]

랬습[랟씁]　　렀습[런씁]　　렸습[렫씁]　　맸습[맫씁]　　몄습[묻씁]

뱄습[뱓씁]　　볐습[별씁]　　뺐습[뺃씁]　　샀습[삳씁]　　섰습[섣씁]

셨습[션씁]　　썼습[썯씁]　　았습[앋씁]　　었습[얻씁]　　엿습[엳씁]

왔습[완씁]　　웠습[윋씁]　　있습[읻씁]　　잤습[잗씁]　　졌습[젇씁]

찼습[찯씁]　　첬습[천씁]　　컸습[컫씁]　　켰습[켣씁]　　탔습[탇씁]

팠습[팓씁]　　폈습[펻씁]　　했습[핻씁]　　혔습[혇씁]

　(142)는 전술한 것처럼, 된소리되기와 직접 관련이 있는 두 소리마디만 기술한 경우이다. 그러므로 보기에 따라 앞 소리마디나 뒤 소리마디를 생략한 경우도 있다. 보기는 표준발음법 제23항에 규정하고 있다. 보기는 닿소리이어바뀜의 환경에서 앞 닿소리 'ㅆ'이 뒤 닿소리 'ㄱ·ㄷ·ㅅ·ㅈ' 등과 결합되어, 뒤 닿소리의 된소리되기가 실현된 경우이다. 이 경우에 음운변화과정에서 먼저 'ㅆ'에 받침규칙을 적용한 후에, 된소리되기를 적용한다.

　(142ㄱ)은 닿소리이어바뀜의 환경에서 앞 닿소리가 'ㅆ'이고, 뒤 닿소리

가 'ㄱ'인 경우이다. '겠구'는 '가겠구나 → 겠구'와 같이 '겠구'의 앞 소리마디 '가-'와 뒤 소리마디 '-나'를 생략한 것이다. 이는 '겠구 → 겓구 → 겓꾸'와 같은 음운변화과정에서 1단계는 'ㅆ → ㄷ(겠- → 겓-)'과 같이 'ㅆ'에 받침규칙이 적용되고, 2단계는 'ㄱ → ㄲ(-구 → -꾸)'과 같이 'ㄱ'에 된소리되기가 적용된다.

(142ㄴ)은 앞 닿소리가 'ㅆ'이고, 뒤 닿소리가 'ㄷ'인 경우이다. '냈다'가 '냈다 → 낻다 → 낻따'와 같은 음운변화과정에서 1단계는 'ㅆ → ㄷ(냈- → 낻-)'과 같이 'ㅆ'에 받침규칙이 적용되고, 2단계는 'ㄷ → ㄸ(-다 → -따)'과 같이 'ㄷ'에 된소리되기가 적용된다.

(142ㄷ)은 앞 닿소리가 'ㅆ'이고, 뒤 닿소리가 'ㅅ'인 경우이다. '했소'가 '했소 → 핻소 → 핻쏘'와 같은 변화과정에서 1단계는 'ㅆ → ㄷ(했- → 핻-)'과 같이 'ㅆ'에 받침규칙이 적용되고, 2단계는 'ㅅ → ㅆ(-소 → -쏘)'과 같이 'ㅅ'에 된소리되기가 적용된다.

(142ㄹ)은 앞 닿소리가 'ㅆ'이고, 뒤 닿소리가 'ㅈ'인 경우이다. '했지'가 '했지 → 핻지 → 핻찌'와 같은 음운변화과정에서 1단계는 'ㅆ → ㄷ(했- → 핻-)'과 같이 'ㅆ'에 받침규칙이 적용되고, 2단계는 'ㅈ → ㅉ(-지 → -찌)'과 같이 'ㅈ'에 된소리되기가 적용된다.

(142ㅁ)의 보기는 '녔답, 렸답' 등과 같이 된소리되기와 직접 관련된 두 소리마디만 기술하고, 직접 관련이 없는 앞 소리마디나 뒤 소리마디는 생략한 경우이다. '다녔답니다'가 '다녔답니다 → 다녇답니다 → 다녇땁니다 → 다녇땀니다'와 같은 음운변화과정에서 1단계는 'ㅆ → ㄷ(-녔- → -녇-)'과 같이 'ㅆ'에 받침규칙이 적용되고, 2단계는 'ㄷ → ㄸ(-답- → -땁-)'과 같이 'ㄷ'에 된소리되기가 적용되고, 3단계는 'ㅂ → ㅁ(-땁- → -땀-)'과 같이 'ㅂ'에 콧소리되기가 적용된다. '렸답'은 '기다렸답니다'에서 앞 소리마디 '기다-'와 뒤 소리마디 '-니다'를 생략한 것이다.

(142ㅂ)의 '갔습'은 '갔습니다'에서 씨끝 '-니다'를 생략한 경우이다. '갔

습니다'가 '갔습니다 → 갇습니다 → 갇씁니다 → 간씁니다'와 같은 음운변
화과정에서 1단계는 'ㅆ → ㄷ(갔- → 갇-)'과 같이 'ㅆ'에 받침규칙이 적용
되고, 2단계는 'ㅅ → ㅆ(-습- → -씁-)'과 같이 'ㅅ'에 된소리되기가 적용
되고, 3단계는 'ㅂ → ㅁ(-씁- → -씀-)'과 같이 'ㅂ'에 콧소리되기가 적용
된다.

(143) ㄱ. 강가[강까]　　　　강둑[강뚝]　　　　　땅속[땅쏙]
　　　　 명줄[명쭐]　　　　방구석[방꾸석]　　　방바닥[방빠닥]
　　　　 분홍빛[분홍삗]　　　빵집[빵찝]　　　　　자랑거리[자랑꺼리]
　　　　 장독[장똑]　　　　　장바구니[장빠구니]　종소리[종쏘리]
　　　　 창가[창까]　　　　　초승달[초승딸]　　　총구멍[총꾸멍]
　　　　 총소리[총쏘리]　　　콩가루[콩까루]
　　ㄴ. 가능성[가능썽]　　　결승점[결씅쩜]　　　공법[공뺍]
　　　　 공통점[공통쩜]　　　동점[동쩜]　　　　　상장[상짱]
　　　　 성격[성껵]　　　　　약탕기[약탕끼]　　　왕권[왕꿘]
　　　　 장점[장쩜]　　　　　장기[장끼]　　　　　장기자랑[장끼자랑]
　　　　 통증[통쯩]　　　　　평가[평까]

　(143ㄱ)은 표준발음법 제28항에 규정하고 있다. 보기는 닿소리이어바뀜
의 환경에서 앞 닿소리 'ㅇ'이 뒤 닿소리 'ㄱ·ㄷ·ㅂ·ㅅ·ㅈ' 등과 결합
되어, 뒤 닿소리의 된소리되기가 실현된 경우이다. 뒤 닿소리가 'ㄱ'인 '강
가'는 '강가 → 강까'와 같은 음운변화과정에서 'ㄱ → ㄲ(-가 → -까)'과 같
이 'ㄱ'에 된소리되기가 적용된다.

　(143ㄴ)은 한자어의 경우이다. 이는 닿소리이어바뀜의 환경에서 앞 닿소
리 'ㅇ'이 뒤 닿소리 'ㄱ·ㄷ·ㅂ·ㅈ' 등과 결합되어, 뒤 닿소리의 된소리
되기가 실현된 경우이다. 뒤 닿소리가 'ㄱ'인 '성격'은 '성격 → 성껵'과 같
은 음운변화과정에서 'ㄱ → ㄲ(-격 → -껵)'과 같이 'ㄱ'에 된소리되기가
적용된다.

(144) ㄱ. 갗고[갇꼬]　　　　　갗기[갇끼]　　　　　굿고[굳꼬]

　　　꽂고[꼳꼬]　　　　　늦게[늗께]　　　　　늦겨울[늗껴울]

　　　대낮같이[대낟까치]　　맞게[맏께]　　　　　맞고[맏꼬]

　　　맞구[맏꾸]　　　　　맞기[맏끼]　　　　　맞긴[맏낀]

　　　알맞게[알맏께]　　　알맞기[알맏끼]　　　잊게[읻께]

　　　잊고[읻꼬]　　　　　찾게[찯께]　　　　　찾고[찯꼬]

　　　찾기[찯끼]　　　　　갖가지[갇가지 → 갇까지]

　　ㄴ. 갖다[갇따]　　　　　낮다[낟따]　　　　　늦도록[늗또록]

　　　맞다[맏따]　　　　　맞당게[맏땅께]　　　맞닿아[맏따아]

　　　찾던[찯떤]

　　ㄷ. 낮부터[낟뿌터]　　　맞받아[맏빠다]

　　ㄹ. 맞습니다[맏씀니다]　　젖소[젇쏘]　　　　　찾습니다[찯씀니다]

　　ㅁ. 낮잠[낟짬]　　　　　늦잠[늗짬]　　　　　늦지[늗찌]

　　　맞장구[맏짱구]　　　맞지[맏찌]　　　　　잊지[읻찌]

　　　찾지[찯찌]

　(144)는 표준발음법 제23항에 규정하고 있다. 보기는 닿소리이어바뀜의 환경에서 앞 닿소리 'ㅈ'이 뒤 닿소리 'ㄱ·ㄷ·ㅂ·ㅅ·ㅈ' 등과 결합되어, 뒤 닿소리의 된소리되기가 실현된 경우이다. 이 경우에 음운변화과정에서 'ㅈ'에 받침규칙을 먼저 적용한 후에, 된소리되기를 적용한다.

　(144ㄱ)은 닿소리이어바뀜의 환경에서 앞 닿소리가 'ㅈ'이고, 뒤 닿소리가 'ㄱ'인 경우이다. '갗고'가 '갗고 → 갇고 → 갇꼬'와 같은 음운변화과정에서 1단계는 'ㅈ → ㄷ(갗- → 갇-)'과 같이 'ㅈ'에 받침규칙이 적용되고, 2단계는 'ㄱ → ㄲ(-고 → -꼬)'과 같이 'ㄱ'에 된소리되기가 적용된다.

　(144ㄴ)은 앞 닿소리가 'ㅈ'이고, 뒤 닿소리가 'ㄷ'인 경우이다. '맞닿아'가 '맞닿아 → 맏닿아 → 맏땋아 → 맏따아'와 같은 음운변화과정에서 1단계는 'ㅈ → ㄷ(맞- → 맏-)'과 같이 'ㅈ'에 받침규칙이 적용되고, 2단계는 'ㄷ → ㄸ(-닿- → -땋-)'과 같이 'ㄷ'에 된소리되기가 적용되고, 3단계는

'ㅎ → Ø(-땋아 → -따아)'과 같이 'ㅎ'에 닿소리빠짐이 적용된다.

(144ㄷ)은 앞 닿소리가 'ㅈ'이고, 뒤 닿소리가 'ㅂ'인 경우이다. '낮부터'가 '낮부터 → 낟부터 → 낟뿌터'와 같은 음운변화과정에서 1단계는 'ㅈ → ㄷ(낮- → 낟-)'과 같이 'ㅈ'에 받침규칙이 적용되고, 2단계는 'ㅂ → ㅃ(-부- → -뿌-)'과 같이 'ㅂ'에 된소리되기가 적용된다.

(144ㄹ)은 앞 닿소리가 'ㅈ'이고, 뒤 닿소리가 'ㅅ'인 경우이다. '찾습니다'가 '찾습니다 → 찬습니다 → 찬씁니다 → 찬씀니다'와 같은 음운변화과정에서 1단계는 'ㅈ → ㄷ(찾- → 찬-)'과 같이 'ㅈ'에 받침규칙이 적용되고, 2단계는 'ㅅ → ㅆ(-습- → -씁-)'과 같이 'ㅅ'에 된소리되기가 적용되고, 3단계는 'ㅂ → ㅁ(-씁- → -씀-)'과 같이 'ㅂ'에 콧소리되기가 적용된다.

(144ㅁ)은 앞 닿소리가 'ㅈ'이고, 뒤 닿소리도 'ㅈ'인 경우이다. '늦잠'이 '늦잠 → 늗잠 → 늗짬'과 같은 음운변화과정에서 1단계는 'ㅈ → ㄷ(늦- → 늗-)'과 같이 'ㅈ'에 받침규칙이 적용되고, 2단계는 'ㅈ → ㅉ(-잠 → -짬)'과 같이 'ㅈ'에 된소리되기가 적용된다.

(145) ㄱ. 꽃가루[꼳까루]　　　꽃가지[꼳까지]　　　꽃게[꼳께]
　　　꽃과[꼳꽈]　　　　　꽃구경[꼳꾸경]　　　꽃도[꼳또]
　　　꽃들[꼳뜰]　　　　　꽃받침[꼳빧침]　　　꽃병[꼳뼝]
　　　꽃부리[꼳뿌리]　　　꽃삽[꼳쌉]　　　　　꽃샘[꼳쌤]
　　　꽃술[꼳쑬]　　　　　꽃잠[꼳짬]　　　　　꽃집[꼳찝]
　　　낮선[낟썬]　　　　　낮설다[낟썰다]　　　뒤쫓다[뒤쫃따]
　　　몇십[멷씹]　　　　　별빛도[별삗또]　　　쫓겨[쫃껴]
　　　쫓기다[쫃끼다]　　　쫓지[쫃찌]　　　　　꽃가루[꼳가루 → 꼳까루]
　　ㄴ. 몇 가지[멷까지]　　　몇 개[멷깨]　　　　몇 걸음[멷꺼름]
　　　몇 권[멷꿘]　　　　　몇 달[멷딸]　　　　몇 대[멷때]
　　　몇 바퀴[멷빠퀴]　　　몇 번[멷뻔]　　　　몇 부분[멷뿌분]
　　　몇 숟가락[멷쑫까락]　몇 시[멷씨]　　　　몇 시간[멷씨간]
　　　몇 장[멷짱]

(145ㄱ)은 표준발음법 제23항에 규정하고 있다. 보기는 닿소리이어바뀜의 환경에서 앞 닿소리 'ㅊ'이 뒤 닿소리 'ㄱ·ㄷ·ㅂ·ㅅ·ㅈ' 등과 결합되어, 뒤 닿소리의 된소리되기가 실현된 경우이다. 이 경우에 음운변화과정에서 'ㅊ'에 받침규칙을 먼저 적용한 후에, 된소리되기를 적용한다. 뒤 닿소리가 'ㄱ'인 '꽃가루'가 '꽃가루 → 꼳가루 → 꼳까루'와 같은 음운변화과정에서 1단계는 'ㅊ → ㄷ(꽃- → 꼳-)'과 같이 'ㅊ'에 받침규칙이 적용되고, 2단계는 'ㄱ → ㄲ(-가- → -까-)'과 같이 'ㄱ'에 된소리되기가 적용된다.

(145ㄴ)은 한글맞춤법 제43항에 규정하고 있다. 이 규정은 '가지', '개', '걸음' 등과 같이 단위를 나타내는 명사는 띄어 쓴다는 내용이다. 이 경우에 두 낱말을 이어서 한 마디로 발음하면 된소리되기가 실현된다. 보기는 닿소리이어바뀜의 환경에서 앞 닿소리 'ㅊ'이 뒤 닿소리 'ㄱ·ㄷ·ㅂ·ㅅ·ㅈ' 등과 결합되어, 뒤 닿소리의 된소리되기가 실현된 경우이다. 이 경우에 음운변화과정에서 'ㅊ'에 받침규칙을 먼저 적용한 후에, 된소리되기를 적용한다. 뒤 닿소리가 'ㄱ'인 '몇 가지'가 '몇가지 → 멷가지 → 멷까지'와 같은 음운변화과정에서 1단계는 'ㅊ → ㄷ(몇- → 멷-)'과 같이 'ㅊ'에 받침규칙이 적용되고, 2단계는 'ㄱ → ㄲ(-가- → -까-)'과 같이 'ㄱ'에 된소리되기가 적용된다.

(146) ㄱ. 부엌과[부억과 → 부억꽈]

ㄴ. 같고[갇고 → 갇꼬]   같구[갇꾸]   같기[갇끼]
　　같긴[갇낀]   같다[갇따]   같소[갇쏘]
　　같습니다[갇씀니다]   같잖아[갇짜나]   같지[갇찌]
　　끝도[끋또]   낱자[낟짜]   맡겨[맏껴]
　　맡고[맏꼬]   맡기다[맏끼다]   맡긴[맏낀]
　　밑거름[믿꺼름]   밑도[믿또]   밑동[믿똥]
　　밑바닥[믿빠닥]   밑부분[믿뿌분]   밑줄[믿쭐]

밭두렁[받뚜렁]　　　　뱉잖아[밷짜나]　　　　붙들고[붇뜰고]

붙들어[붇뜨러]　　　　붙잡고[붇짭꼬]　　　　붙잡기[붇짭끼]

붙지[붇찌]　　　　　　샅바[삳빠]　　　　　샅샅이[삳싸치]

얕보다[얃뽀다]

(146ㄱ)은 표준발음법 제23항에 규정하고 있다. 보기는 닿소리이어바뀜의 환경에서 앞 닿소리 'ㅋ'이 뒤 닿소리 'ㄱ'과 결합되어, 뒤 닿소리 'ㄱ'의 된소리되기가 실현된 경우이다. 이 경우에 음운변화과정에서 'ㅋ'에 받침규칙을 먼저 적용한 후에, 된소리되기를 적용한다. '부엌과'가 '부엌과 → 부억과 → 부억꽈'와 같은 음운변화과정에서 1단계는 'ㅋ → ㄱ(-엌- → -억-)'과 같이 'ㅋ'에 받침규칙이 적용되고, 2단계는 'ㄱ → ㄲ(-과 → -꽈)'과 같이 'ㄱ'에 된소리되기가 적용된다.

(146ㄴ)은 표준발음법 제23항에 규정하고 있다. 보기는 닿소리이어바뀜의 환경에서 앞 닿소리 'ㅌ'이 뒤 닿소리 'ㄱ·ㄷ·ㅂ·ㅅ·ㅈ' 등과 결합되어, 뒤 닿소리의 된소리되기가 실현된 경우이다. 이 경우에 음운변화과정에서 'ㅌ'에 받침규칙을 먼저 적용한 후에, 된소리되기를 적용한다. 뒤 닿소리가 'ㄱ'인 '같고'는 '같고 → 갇고 → 갇꼬'와 같은 음운변화과정에서 1단계는 'ㅌ → ㄷ(같- → 갇-)'과 같이 'ㅌ'에 받침규칙이 적용되고, 2단계는 'ㄱ → ㄲ(-고 → -꼬)'과 같이 'ㄱ'에 된소리되기가 적용된다.

(147) 갚게[갑게 → 갑께]　　　깊게[깁께]　　　　　깊고[깁꼬]

　　　깊구나[깁꾸나]　　　　깊다[깁따]　　　　　깊숙이[깁쑤기]

　　　깊습니다[깁씀니다]　　높거나[놉꺼나]　　　높게[놉께]

　　　높고[놉꼬]　　　　　높다[놉따]　　　　　높직하다[놉찌카다]

　　　덮고[덥꼬]　　　　　숲길[숩낄]　　　　　싶거나[십꺼나]

　　　싶고[십꼬]　　　　　싶기[십끼]　　　　　싶다[십따]

　　　싶단다[십딴다]　　　싶대[십때]　　　　　싶습니다[십씀니다]

싫지[십찌]　　　　　　앞다리[압따리]　　　　　앞다투어[압따투어]

앞둔[압뚠]　　　　　　　앞뒤[압뛰]　　　　　　　앞발[압빨]

앞부분[압뿌분]　　　　　앞사람[압싸람]　　　　　앞산[압싼]

앞서[압써]　　　　　　　앞자리[압짜리]　　　　　앞장[압짱]

앞장불[압짱불]　　　　　앞질러[압찔러]　　　　　엎드려[업뜨려]

엎드리다[업뜨리다]　　　엎드린[업뜨린]　　　　　엎지[업찌]

옆구리[엽꾸리]　　　　　옆방[엽빵]　　　　　　　옆집[엽찝]

잎들[입뜰]　　　　　　　잎사귀[입싸귀]　　　　　짚신[집씬]

짚지[집찌]

(147)은 표준발음법 제23항에 규정하고 있다. 보기는 닿소리이어바뀜의 환경에서 앞 닿소리 'ㅍ'이 뒤 닿소리 'ㄱ · ㄷ · ㅅ · ㅈ' 등과 결합되어, 뒤 닿소리의 된소리되기가 실현된 경우이다. 이 경우에 음운변화과정에서 'ㅍ'에 받침규칙을 먼저 적용한 후에, 된소리되기를 적용한다. 뒤 닿소리가 'ㄱ'인 '갚게'는 '갚게 → 갑게 → 갑께'와 같은 음운변화과정에서 1단계는 'ㅍ → ㅂ(갚- → 갑-)'과 같이 'ㅍ'에 받침규칙이 적용되고, 2단계는 'ㄱ → ㄲ(-게 → -께)'과 같이 'ㄱ'에 된소리되기가 적용된다.

(148) ㄱ. 그렇소[그러소 → 그러쏘]　그렇습니다[그러씀니다]
　　　　　넣습니다[너씀니다]　　　　놓습니다[노씀니다]　　　좋소[조쏘]
　　　　　좋습니다[조씀니다]
　　　ㄴ. 괜찮습니다[괜찬씀니다]　　많습니다[만씀니다]　　않습니다[안씀니다]

(148)은 표준발음법 제12항 2에 규정하고 있다. 이 규정은 'ㅎ(ㄶ, ㅀ)' 뒤에 'ㅅ'이 결합되는 경우에는, 'ㅅ'을 [ㅆ]으로 발음한다는 내용이다. 보기는 닿소리이어바뀜의 환경에서 앞 닿소리('ㅎ, ㄶ' 등)가 뒤 닿소리 'ㅅ'과 결합되어, 'ㅅ → ㅆ'과 같이 뒤 닿소리 'ㅅ'의 된소리되기가 실현된 경우이다.

(148ㄱ)은 닿소리이어바뀜의 환경에서 앞 닿소리가 'ㅎ'인 경우이다. 이

경우에는 두 가지의 음운변화과정을 설정할 수 있다. 하나는 '그렇소'의 경우에 '그렇소 → 그러소 → 그러쏘'와 같은 음운변화과정이다. 1단계는 'ㅎ → ∅(−렇− → −러−)'과 같이 'ㅎ'에 닿소리빠짐이 적용되고, 2단계는 'ㅅ → ㅆ(−소 → −쏘)'과 같이 'ㅅ'에 된소리되기가 적용된다. 또 하나는 '그렇소 → 그런소 → 그런쏘 → 그러쏘'와 같은 음운변화과정이다. 1단계는 'ㅎ → ㄷ(−렇− → −런−)'과 같이 'ㅎ'에 받침규칙이 적용되고, 2단계는 'ㅅ → ㅆ(−소 → −쏘)'과 같이 'ㅅ'에 된소리되기가 적용되고, 3단계는 'ㄷ → ∅(−런쏘 → −러쏘)'과 같이 'ㄷ'에 같은위치닿소리빠짐이 적용된다. 전자는 닿소리빠짐 · 된소리되기 등과 같이 두 단계가 적용되고, 후자는 받침규칙 · 된소리되기 · 같은위치닿소리빠짐 등과 같이 세 단계가 적용되어 차이를 나타내고 있다. 그러나 표준발음 [그러쏘]는 같다.

(148ㄴ)은 닿소리이어바꿈의 환경에서 앞 닿소리가 'ㄶ'인 경우이다. '괜찮습니다'가 '괜찮습니다 → 괜찬습니다 → 괜찬씁니다 → 괜찬씀니다'와 같은 음운변화과정에서 1단계는 'ㄶ → ㄴ(−찮− → −찬−)'과 같이 'ㅎ'에 닿소리빠짐이 적용되고, 2단계는 'ㅅ → ㅆ(−습− → −씁−)'과 같이 'ㅅ'에 된소리되기가 적용되고, 3단계는 'ㅂ → ㅁ(−씁− → −씀−)'과 같이 'ㅂ'에 콧소리되기가 적용된다.

(149) ㄱ. 기권[기꿘]   무조건[무조껀] 사건[사껀]
  ㄴ. 초대장[초대짱] 일기장[일기짱]

(149)는 홀소리와 홀소리 사이에서 닿소리의 된소리되기가 실현된 경우이다.

(149ㄱ)은 앞 홀소리와 뒤 닿소리 'ㄱ'이 연결된 경우에, 'ㄱ → ㄲ'과 같이 'ㄱ'의 된소리되기가 실현된 것이다. '기권'은 '기권 → 기꿘'과 같은 음운변화과정에서 'ㄱ'에 된소리되기가 적용된다.

(149ㄴ)은 앞 홀소리와 뒤 닿소리 'ㅈ'이 연결된 경우에, 'ㅈ → ㅉ'과 같

이 'ㅈ'의 된소리되기가 실현된 것이다. '초대장'은 '초대장 → 초대짱'과 같은 음운변화과정에서 'ㅈ'에 된소리되기가 적용된다.

⑩ 닿소리보탬(자음첨가 : 子音添加)

(150) ㄱ. 눈요기[눈뇨기]　　　　담요[담뇨]　　　　은행잎[은행닙]
　　　　일인용[이린뇽]　　　　단풍잎[단풍입 → 단풍닙]
　　　ㄴ. 떡잎[떵닙]　　　　　　색연필[생년필]　　　색이름[생니름]
　　　　가락엿[가락연 → 가락녇 → 가랑녇]
　　　ㄷ. 나랏일[나란닐]　　　　나뭇잎[나문닙]　　　댓잎[댄닙]
　　　　아랫입술[아랜닙쑬]　　　옛이응[옌니응]　　　윗잇몸[윈닌몸]
　　　　갯일[갣일 → 갣닐 → 갠닐]
　　　ㄹ. 꽃잎만[꼰님만]　　　　앞일[암닐]　　　　짚여물[짐녀물]
　　　　꽃잎[꼳입 → 꼳닙 → 꼰닙]
　　　ㅁ. 간 일[간닐]　　　　　한 일[한닐]　　　　한 입[한닙]
　　　　한 잎[한닙]
　　　ㅂ. 꽃 이름[꼰니름]　　　꽃 이야기[꼰니야기]　닭 요리[당뇨리]
　　　　못 입고[몬닙꼬]　　　못 읽게[몬닐께]　　　옷 이름[온니름]
　　　　꽃 요리[꼳요리 → 꼳뇨리 → 꼰뇨리]
　　　ㅅ. 들일[들닐 → 들릴]　　물약[물략]　　　　반달연[반달련]
　　　　별일[별릴]　　　　　　볼일[볼릴]　　　　알약[알략]
　　　　윤활유[윤활류]　　　　풀잎[풀립]
　　　ㅇ. 될 일[될닐 → 될릴]　배달 일[배달릴]　　볼 일[볼릴]
　　　　할 일[할릴]

(150)은 앞 닿소리와 뒤 홀소리 사이에 'ㄴ'소리가 보태진 경우이다.

(150ㄱ)은 표준발음법 제29항에 규정하고 있다. 이 규정은 합성어 및 파생어에서, 앞 낱말이나 뒷가지의 끝이 닿소리이고 뒤 낱말이나 뒷가지의

첫 소리마디가 '이, 야, 여, 요, 유'인 경우에는, 'ㄴ'소리를 보태어 [니, 냐, 녀, 뇨, 뉴]로 발음한다는 내용이다. 보기는 앞 닿소리와 뒤 홀소리 사이에 'ㄴ'소리가 보태진 경우이다. '눈요기'는 '눈요기 → 눈뇨기'와 같은 음운변화과정에서 '∅ → ㄴ(-요- → -뇨-)'과 같이 'ㄴ'소리보탬이 적용된다.

(150ㄴ)은 표준발음법 제29항에 규정하고 있다. 보기는 제29항과 같이 'ㄴ'소리가 보태진 후에, 닿소리이어바뀜의 환경에서 앞 닿소리가 'ㄴ'소리보탬 뒤 닿소리를 닮아 콧소리로 실현된 경우이다. '떡잎'이 '떡잎 → 떡닢 → 떵닢 → 떵닙'과 같은 음운변화과정에서 1단계는 '∅ → ㄴ(-잎 → -닢)'과 같이 'ㄴ'소리보탬이 적용되고, 2단계는 'ㄱ → ㅇ(떡- → 떵-)'과 같이 'ㄱ'에 콧소리되기가 적용되고, 3단계는 'ㅍ → ㅂ(-닢 → -닙)'과 같이 'ㅍ'에 받침규칙이 적용된다.

(150ㄷ)은 표준발음법 제30항 3에 규정하고 있다. 이 규정은 사이시옷 뒤에 '이'소리가 결합되는 경우에는 [ㄴㄴ]으로 발음한다는 내용이다. 보기는 'ㅅ → ㄷ'과 같이 받침규칙이 적용된 후에(또는 'ㄴ'소리가 보태진 후 받침규칙 적용도 가능함), 'ㄴ'소리보탬으로 인한 닿소리이어바뀜의 환경에서 앞 닿소리가 'ㄴ'소리보탬 뒤 닿소리를 닮아 콧소리로 실현된 경우이다. '나랏일'이 '나랏일 → 나랃일 → 나랃닐 → 나란닐'과 같은 음운변화과정에서 1단계는 'ㅅ → ㄷ(-랏- → -랃-)'과 같이 'ㅅ'에 받침규칙이 적용되고, 2단계는 '∅ → ㄴ(-일 → -닐)'과 같이 'ㄴ'소리보탬이 적용되고, 3단계는 'ㄷ → ㄴ(-랃-- → -란-)'과 같이 'ㄷ'에 콧소리되기가 적용된다.

(150ㄹ)은 표준발음법 제29항에 규정하고 있다. 보기는 제29항과 같이 'ㄴ'소리가 보태진 후에, 닿소리이어바뀜의 환경에서 받침규칙이 적용된 앞 닿소리가 'ㄴ'소리보탬 뒤 닿소리를 닮아 콧소리로 실현된 경우이다. '꽃잎'이 '꽃잎 → 꼳입 → 꼳닙 → 꼰닙'과 같은 음운변화과정에서 1단계는 'ㅊ → ㄷ(꽃- → 꼳-)'과 같이 'ㅊ'에 받침규칙과 'ㅍ → ㅂ(-잎 → -입)'과 같이 'ㅍ'에 받침규칙이 각각 적용되고, 2단계는 '∅ → ㄴ(-입 → -닙)'과

같이 'ㄴ'소리보탬이 적용되고, 3단계는 'ㄷ → ㄴ(꼳- → 꼰-)'과 같이 'ㄷ'에 콧소리되기가 적용된다.

(150ㅁ)은 표준발음법 제29항 [붙임 2]에 규정하고 있다. 이 규정은 두 낱말을 이어서 한 마디로 발음하는 경우에도 'ㄴ'소리를 보태어 발음한다는 내용이다. 보기는 띄어 있는 표기에서 'ㄴ'소리보탬 후에 두 낱말을 한 마디로 이어서 발음한 경우이다. '간 일'은 '간일 → 간닐'과 같은 음운변화과정에서 '∅ → ㄴ(-일 → -닐)'과 같이 'ㄴ'소리보탬이 적용된다.

(150ㅂ)은 표준발음법 제29항 [붙임 2]에 규정하고 있다. 보기는 띄어 있는 표기에서, 'ㄴ'소리보탬 후에 닿소리이어바뀜의 환경에서 앞 닿소리가 'ㄴ'소리보탬 뒤 닿소리를 닮아 콧소리로 실현된 경우이다. '꽃 이름'이 '꽃이름 → 꼳이름 → 꼳니름 → 꼰니름'과 같은 음운변화과정에서 1단계는 'ㅊ → ㄷ(꽃- → 꼳-)'과 같이 'ㅊ'에 받침규칙이 적용되고, 2단계는 '∅ → ㄴ(-이 → -니)'과 같이 'ㄴ'소리보탬이 적용되고, 3단계는 'ㄷ → ㄴ(꼳- → 꼰-)'과 같이 'ㄷ'에 콧소리되기가 적용된다. '못 읽게'가 '못읽게 → 몯읽게 → 몯늙게 → 몬늙게 → 몬닐게 → 몬닐께'와 같은 음운변화과정에서 1단계는 'ㅅ → ㄷ(못- → 몯-)'과 같이 'ㅅ'에 받침규칙이 적용되고, 2단계는 '∅ → ㄴ(-읽- → -늙-)'과 같이 'ㄴ'소리보탬이 적용되고, 3단계는 'ㄷ → ㄴ(몯- → 몬-)'과 같이 'ㄷ'에 콧소리되기가 적용되고, 4단계는 'ㄺ → ㄹ(-늙- → -닐-)'과 같이 'ㄱ'에 닿소리빠짐이 적용되고, 5단계는 'ㄱ → ㄲ(-게 → -께)'과 같이 'ㄱ'에 된소리되기가 적용된다.

(150ㅅ)은 표준발음법 제29항 [붙임 1]에 규정하고 있다. 이 규정은 'ㄹ'받침 뒤에 보태진 'ㄴ'소리는 [ㄹ]로 발음한다는 내용이다. 보기는 제29항과 같이 'ㄴ'소리가 보태진 후에, 닿소리이어바뀜의 환경에서 'ㄴ'소리가 보태진 뒤 닿소리가 앞 닿소리를 닮아 흐름소리로 실현된 경우이다. '물약'이 '물약 → 물냑 → 물략'과 같은 음운변화과정에서 1단계는 '∅ → ㄴ(-약 → -냑)'과 같이 'ㄴ'소리보탬이 적용되고, 2단계는 'ㄴ → ㄹ(-냑 → -략)'

과 같이 'ㄴ'에 흐름소리되기가 적용된다.

(150ㅇ)은 표준발음법 제29항 [붙임 2]에 규정하고 있다. 이 규정은 두 낱말을 이어서 한 마디로 발음하는 경우에도 'ㄴ'소리를 보태어 발음한다는 내용이다. 보기는 띄어 있는 표기에서 두 낱말을 한 마디로 이어서 발음하는 경우에, 'ㄴ'소리가 보태진 닿소리이어바뀜의 환경에서 뒤 닿소리 'ㄴ'이 앞 닿소리 'ㄹ'을 닮아 흐름소리로 실현된 경우이다. '될 일'이 '될 일 → 될닐 → 될릴'과 같은 음운변화과정에서 1단계는 '∅ → ㄴ(-일 → -닐)'과 같이 'ㄴ'소리보탬이 적용되고, 2단계는 'ㄴ → ㄹ(-닐 → -릴)'과 같이 'ㄴ'에 흐름소리되기가 적용된다.

11 갈이소리되기(마찰음화 : 摩擦音化)

(151) ㄱ. 꽃에[꼬체](×[꼬세])　　　　　꽃으로[꼬츠로](×[꼬스로])
　　　　꽃은[꼬츤](×[꼬슨])　　　　　꽃을[꼬츨](×[꼬슬])
　　　　꽃이[꼬치](×[꼬시])　　　　　꽃이랑[꼬치랑](×[꼬시랑])
　　　　눈빛으로[눈삐츠로](×[눈삐스로])　눈빛을[눈삐츨](×[눈삐슬])
　　　　눈빛이[눈삐치](×[눈삐시])　　　불꽃이[불꼬치](×[불꼬시])
　　　　불빛이[불삐치](×[불삐시])　　　빛을[비츨](×[비슬])
　　　　숯은[수츤](×[수슨])　　　　　숯을[수츨](×[수슬])
　　　　숯이[수치](×[수시])　　　　　햇빛에[핻삐체](×[핻삐세])
　　ㄴ. 가마솥이[가마소치](×[가마소시])　끝에[끄테](×[끄세])
　　　　끝은[끄튼](×[끄슨])　　　　　끝을[끄틀](×[끄슬])
　　　　끝이[끄치](×[끄시])　　　　　눈밭에[눈바테](×[눈바세])
　　　　눈밭으로[눈바트로](×[눈바스로])　눈밭을[눈바틀](×[눈바슬])
　　　　말끝을[말끄틀](×[말끄슬])　　　밀밭의[밀바틔/-테](×[밀바싀/-세])
　　　　밀밭이[밀바치](×[밀바시])　　　바깥으로[바까트로](×[바까스로])
　　　　바깥을[바까틀](×[바까슬])　　　발끝을[발끄틀](×[발끄슬])
　　　　밭에[바테](×[바세])　　　　　밭으로[바트로](×[바스로])

밭은[바튼](×[바슨])   밭을[바틀](×[바슬])
밭이[바치](×[바시])   봄볕이[봄뼈치](×[봄뼈시])
샅샅이[삳싸치](×[삳싸시])   손끝을[손끄틀](×[손끄슬])
솥에[소테](×[소세])   펄밭이[펄바치](×[펄바시])
혀끝이[혀끄치](×[혀끄시])

　　(151)은 앞 닿소리와 뒤 홀소리 사이에서 앞 닿소리의 갈이소리되기가
실현된 경우인데, 이는 비표준발음이다.

　　(151ㄱ)은 앞 닿소리 'ㅊ'이 뒤 소리마디 '-에 · -으로 · -은 · -을 · -이'
등과 결합되어, 'ㅊ → ㅅ'과 같이 'ㅊ'의 갈이소리되기가 실현된 경우이다.
뒤 소리마디가 '에'인 '꽃에'가 '꽃에 → 꼿에 → 꼬세'와 같은 음운변화과정
에서 1단계는 'ㅊ → ㅅ(꽃- → 꼿-)'과 같이 'ㅊ'에 갈이소리되기가 적용되
고, 2단계는 '꼿에 → 꼬세'와 같이 이음소리규칙이 적용된다.

　　(151ㄴ)은 앞 닿소리 'ㅌ'이 뒤 소리마디 '-에 · -은 · -을 · -이' 등과 결
합되어, 'ㅌ → ㅅ'과 같이 'ㅌ'의 갈이소리되기가 실현된 것이다. 뒤 소리마
디가 '에'인 '끝에'가 '끝에 → 끗에 → 끄세'와 같은 음운변화과정에서 1단
계는 'ㅌ → ㅅ(끝- → 끗-)'과 같이 'ㅌ'에 갈이소리되기가 적용되고, 2단
계는 '끗에 → 끄세'와 같이 이음소리규칙이 적용된다.

1 반침규칙(말음법칙 : 末音法則)

(152) ㄱ. 밖[박]　　　　　　밖까지[박까지]

ㄴ. 감추듯[감추듣]　　갓[갇]　　　　거짓[거짇]　　　것[걷]

곳[곧]　　　　그것[그걷]　　그곳[그곧]　　그까짓[그까짇]

그깟[그깓]　　그릇[그륻]　　기껏[기껃]　　깨엿[깨엳]

남짓[남짇]　　낫[낟]　　　　눈치껏[눈치껃]　다섯[다섣]

달래듯[달래듣]　도넛[도넏]　　뒤지듯[뒤지듣]　듯[듣]

따라왓[따라완]　뜻[뜯]　　　　마음껏[마음껃]　맛[맏]

모시듯[모시듣]　목청껏[목청껃]　못[몯]　　　무릇[무륻]

무엇[무얻]　　밤새껏[밤새껃]　방긋[방귿]　　버릇[버륻]

별것[별걷]　　보듯[보듣]　　부르듯[부르듣]　빙긋[빙귿]

사뭇[사묻]　　4컷[4컫]　　　선뜻[선뜯]　　셋[셀]

쉿[쉳]　　　　시옷[시옫]　　실컷[실컫]　　앗[앋]

어느덧[어느덛]　언뜻[언뜯]　　여럿[여럳]　　여섯[여섣]

여태껏[여태껃]　연못[연몯]　　옛[옏]　　　이것[이걷]

이까짓[이까짇]　이깟[이깓]　　이때껏[이때껃]　이웃[이욷]

이제껏[이제껃]　인터넷[인터넫]　잘못[잘몯]　　잣[잗]

저것[저걷]　　정성껏[정성껃]　제까짓[제까짇]　지금껏[지금껃]

짐짓[짐짇]　　쭈뼛[쭈뼏]　　찡긋[찡귿]　　첫[첟]

쳇[첻]　　　　초콜릿[초콜릳]　추듯[추듣]　　탓[탇]

튕기듯[튕기듣]　하듯[하듣]　　한껏[한껃]　　한뜻[한뜯]

한치못[한치몯]　흘긋[흘귿]　　흘끗[흘끋]　　흘낏[흘낃]

흠칫[흠칟]　　힘껏[힘껃]　　눈속임짓[눈소김짇]

도망치듯[도망치든]　　　　　　　찌푸리듯[찌푸리든]
　　　핀잔하듯[핀잔하든]　　　　　　　호통치듯[호통치든]
　ㄷ. 것까지[걷까지]　　것끼리[걷끼리]　　것뿐[걷뿐]　　것쯤[걷쯤]
　　　것처럼[걷처럼]　　고것뿐[고걷뿐]　　곳까지[곧까지]　　그것참[그걷참]
　　　깃털[긷털]　　　　꼿꼿이[꼳꼬시]　　꿋꿋이[꾿꾸시]　　다섯째[다섣째]
　　　맛깔[맏깔]　　　　멋쩍은[먿쩌근]　　못쓰다[몯쓰다]　　붓통[붇통]
　　　셋째[섿째]　　　　앗싸[앋싸]　　　　여섯째[여섣째]　　오얏꽃[오얃꼳]
　　　옷차림[옫차림]　　잇꽃[읻꼳]　　　　잇따라[읻따라]　　첫째[첟째]
　　　탓처럼[탇처럼]　　　노릇까지[노륻까지]　　　로봇처럼[로봗처럼]
　　　버릇처럼[버륻처럼]　　앗쭈구리[앋쭈구리]
　ㄹ. 웃옷[우돋]　　　윗옷[위돋]
　ㅁ. 쯧쯧[쯛쯛]　　　파릇파릇[파륻파륻]　　　푸릇푸릇[푸륻푸륻]

　　(152)는 표준발음법 제9항에 규정하고 있다. 이 규정은 받침 'ㄲ·ㅋ', 'ㅅ·ㅆ·ㅈ·ㅊ·ㅌ', 'ㅍ'은 낱말끝 또는 닿소리 앞에서 각각 대표음 [ㄱ, ㄷ, ㅂ]으로 발음한다는 내용이다.

　　(152ㄱ)은 받침 'ㄲ'이 낱말끝('밖'의 끝소리인 'ㄲ')이나 닿소리 앞('밖'의 'ㄲ'이 '-까-'의 첫소리인 'ㄲ' 앞에 온 경우)에서 'ㄲ → ㄱ'과 같이 [ㄱ]으로 실현된 경우이다. 'ㄲ'이 낱말끝인 '밖'은 '밖 → 박'과 같은 음운변화과정에서 'ㄲ → ㄱ'과 같이 'ㄲ'에 받침규칙이 적용된다. 이는 교과서에 표기된 '밖'이 [박]으로 발음되는 것을 의미한다. 즉 표기와 표준발음이 다른 경우이다. 'ㄲ'이 닿소리 앞인 '밖까지'는 '밖까지 → 박까지'와 같은 음운변화과정에서 'ㄲ → ㄱ'과 같이 'ㄲ'에 받침규칙이 적용된다.

　　(152ㄴ)은 'ㅅ'이 낱말끝인 경우이다. '갓'은 '갓 → 갇'과 같은 음운변화과정에서 'ㅅ → ㄷ'과 같이 'ㅅ'에 받침규칙이 적용된다. 이는 교과서에 표기된 '갓'이 [갇]으로 발음되는 것을 의미한다. 즉 표기와 표준발음이 다른 경우이다.

　　(152ㄷ)은 'ㅅ'이 닿소리 앞인 경우이다. '옷차림'은 '옷차림 → 옫차림'과

같은 음운변화과정에서 'ㅅ → ㄷ'과 같이 'ㅅ'에 받침규칙이 적용된다. '꽂꽂이'가 '꽂꽂이 → 꼳꽂이 → 꼳꼬시'와 같은 음운변화과정에서 1단계는 'ㅅ → ㄷ(꽂- → 꼳-)'과 같이 'ㅅ'에 받침규칙이 첫소리마디 '꽂-'에만 적용된다. 제2소리마디 '-꽂-'의 뒷소리는 닿소리가 아닌 홀소리 'ㅣ'이기 때문에, 2단계는 받침규칙이 적용되지 않고, '-꽂이 → -꼬시'와 같이 이음소리규칙이 적용된다. '꽂꽂이'도 '꽂꽂이'와 같은 음운변화과정이 적용된다.

(152ㄹ)은 'ㅅ'이 홀소리 앞인 경우이다. '웃옷'은 '웃옷 → 우돋'과 같은 음운변화과정에서 'ㅅ → ㄷ'과 같이 'ㅅ'에 받침규칙이 적용된다. 이 경우에는 낱말끝('-옷 → -옫')에서도 'ㅅ'에 받침규칙이 적용된다.

(152ㅁ)은 'ㅅ'이 닿소리 앞('-룻파-')과 낱말끝('-룻')인 경우이다. '파룻파룻'은 '파룻파룻 → 파륻파륻'과 같은 음운변화과정에서 'ㅅ → ㄷ'과 같이 'ㅅ'에 받침규칙이 적용된다.

(153) ㄱ. 갖추다[갇추다]　　갖춘[갇춘]　　갖춤[갇춤]　　갖춰[갇춰]
　　　　낮[낟]　　　　　　낮추다[낟추다]　낮춰[낟춰]　　늦춰[늗춰]
　　　　맞추다[맏추다]　　맞춤[맏춤]　　맞춰[맏춰]　　부딪쳐[부딛처]
　　　　부딪치[부딛치]　　온갖[온갇]　　젖[젇]　　　　지읒[지읃]
　　　　한낮[한낟]　　　　대낮처럼[대낟처럼]
　　　ㄴ. 꽃[꼳]　　　　　낯[낟]　　　　　닻[닫]
　　　　돛처럼[돋처럼]　　들꽃[들꼳]　　몇[면]　　　　몇천[면천]
　　　　밑[믿]　　　　　　봄꽃[봄꼳]　　불꽃[불꼳]　　붓꽃[붇꼳]
　　　　빛[빈]　　　　　　빛깔[빈깔]　　안개꽃[안개꼳]　애기꽃[애기꼳]
　　　　연꽃[연꼳]　　　　옻칠[온칠]　　웃음꽃[우슴꼳]　치읓[치읃]
　　　　풀꽃[풀꼳]　　　　개불알꽃[개부랄꼳]　　　　은방울꽃[은방울꼳]
　　　ㄷ. 동녘[동녁]　　　　부엌[부억]　　서녘[서녁]　　키읔[키윽]

(153)은 표준발음법 제9항에 규정하고 있다. 보기 중 (153ㄱ)은 받침이 'ㅈ'이고, (153ㄴ)은 받침이 'ㅊ'이고, (153ㄷ)은 받침이 'ㅋ'인 경우이다.

(153ㄱ)은 받침 'ㅈ'이 낱말끝('낮, 온갖, 지읒' 등의 'ㅈ')이나 닿소리 앞('갖추다, 맞추다, 부딪치다' 등의 'ㅈ'이 'ㅊ' 앞에 온 경우)에서 'ㅈ → ㄷ'과 같이 [ㄷ]으로 실현된 경우이다. 'ㅈ'이 낱말끝인 '낮'은 '낮 → 낟'과 같은 음운변화과정에서 'ㅈ → ㄷ'과 같이 'ㅈ'에 받침규칙이 적용된다. 이는 교과서에 표기된 '낮'이 [낟]으로 발음되는 것을 의미한다. 즉 표기와 표준발음이 다른 경우이다. 'ㅈ'이 닿소리 앞('ㅊ')인 '갖추다'는 '갖추다 → 갇추다'와 같은 음운변화과정에서 'ㅈ → ㄷ'과 같이 'ㅈ'에 받침규칙이 적용된다.

(153ㄴ)은 받침 'ㅊ'이 낱말끝('닻, 치읓, 풀꽃' 등의 'ㅊ')이나 닿소리 앞('몇천, 빛깔' 등의 'ㅊ'이 'ㅊ, ㄲ' 등의 앞에 온 경우)에서 'ㅊ → ㄷ'과 같이 [ㄷ]으로 실현된 경우이다. 'ㅊ'이 낱말끝인 '닻'은 '닻 → 닫'과 같은 음운변화과정에서 'ㅊ → ㄷ'과 같이 'ㅊ'에 받침규칙이 적용된다. 이는 교과서에 표기된 '닻'이 [닫]으로 발음되는 것을 의미한다. 즉 표기와 표준발음이 다른 경우이다. 'ㅊ'이 닿소리 앞인 '몇천'은 '몇천 → 멷천'과 같은 음운변화과정에서 'ㅊ → ㄷ'과 같이 'ㅊ'에 받침규칙이 적용된다.

(153ㄷ)은 받침 'ㅋ'이 낱말끝('부엌, 키읔' 등의 제2소리마디 끝소리인 'ㅋ')에서 'ㅋ → ㄱ'과 같이 [ㄱ]으로 실현된 경우이다. 'ㅋ'이 낱말끝인 '부엌'은 '부엌 → 부억'과 같은 음운변화과정에서 'ㅋ → ㄱ'과 같이 'ㅋ'에 받침규칙이 적용된다. 이는 교과서에 표기된 '부엌, 키읔' 등이 [부억], [키윽] 등처럼 표준발음인 것을 의미한다.

(154) ㄱ. 가마솥[가마솓] 거피팥[거피팓] 겉옷[거돋] 겉표지[걷표지]
　　　끝[끋]　　　　 끝까지[끋까지]　 돝[돋]　 　메밀밭[메밀받]
　　　밑[믿]　　　　 밑창[믿창]　　　 밑천[믿천]　 바깥[바깓]
　　　밭[받]　　　　 솥[솓]　　　　　 솥뚜껑[솓뚜껑]　한낱[한낟]
　　　수수밭[수수받]　티읕[티읃]　　　 팥[팓]
　　　참외밭[차뫼받/-뭬-]
　　ㄴ. 덮친[덥친]　　 무릎[무릅]　　　 숲[숩]　 앞[압]

<table>
<tr><td>앞쪽[압쪽]</td><td>앞치마[압치마]</td><td>앞표지[압표지]</td><td></td></tr>
<tr><td>엎치락[업치락]</td><td>옆[엽]</td><td>옆쪽[엽쪽]</td><td>잎[입]</td></tr>
<tr><td>잎싹[입싹]</td><td>짚[집]</td><td>피읖[피읍]</td><td>헝겊[헝겁]</td></tr>
</table>

ㄷ. 놓치고[논치고]

(154ㄱ, ㄴ)은 표준발음법 제9항에 규정하고 있다. 보기 중 (154ㄱ)은 받침이 'ㅌ'이고, (154ㄴ)은 받침이 'ㅍ'이고, (154ㄷ)은 받침이 'ㅎ'인 경우이다.

(154ㄱ)은 받침 'ㅌ'이 낱말끝('메밀밭, 바깥, 수수밭' 등의 'ㅌ')이나 닿소리 앞('끝까지, 밑창, 밑천' 등의 'ㅌ'이 'ㄲ, ㅊ' 앞에 온 경우)에서 'ㅌ → ㄷ'과 같이 [ㄷ]으로 실현된 경우이다. 'ㅌ'이 낱말끝인 '메밀밭'은 '메밀밭 → 메밀받'과 같은 음운변화과정에서 'ㅌ → ㄷ'과 같이 'ㅌ'에 받침규칙이 적용된다. 이는 교과서에 표기된 '메밀밭'이 [메밀받]으로 발음되는 것을 의미한다. 즉 표기와 표준발음이 다른 경우이다. 'ㅌ'이 닿소리 앞('ㄲ')인 '끝까지'는 '끝까지 → 끋까지'와 같은 음운변화과정에서 'ㅌ → ㄷ'과 같이 'ㅌ'에 받침규칙이 적용된다.

(154ㄴ)은 받침 'ㅍ'이 낱말끝('무릎, 숲, 피읖' 등의 'ㅍ')이나 닿소리 앞('앞치마, 앞표지, 엎치락' 등의 'ㅍ'이 'ㅊ, ㅍ' 등의 앞에 온 경우)에서 'ㅍ → ㅂ'과 같이 [ㅂ]으로 실현된 경우이다. 'ㅍ'이 낱말끝인 '무릎'은 '무릎 → 무릅'과 같은 음운변화과정에서 'ㅍ → ㅂ'과 같이 'ㅍ'에 받침규칙이 적용된다. 이는 교과서에 표기된 '무릎'이 [무릅]으로 발음되는 것을 의미한다. 즉 표기와 표준발음이 다른 경우이다.

(154ㄷ)은 표준발음법 제9항에는 없지만, 받침 'ㅎ'이 자음 앞('-치-'의 첫소리 'ㅊ')에서 'ㅎ → ㄷ'과 같이 [ㄷ]으로 실현된 것으로 추정한다. 이는 제12항 3의 규정(받침 'ㅎ'의 발음)에 근거해서 '놓는'의 경우에 '놓는 → 녿는 → 논는'과 같은 음운변화과정을 설정할 수 있다. 이 중 1단계는 'ㅎ'의 받침규칙이 적용되는 것으로 본다. 그러므로 'ㅎ'이 자음 앞인 '놓치고'는

'놓치고 → 녿치고'와 같은 음운변화과정에서 'ㅎ → ㄷ(놓- → 녿-)'과 같이 'ㅎ'에 받침규칙이 적용된다.

❷ 닿소리빠짐(자음탈락 : 子音脫落)

(155) ㄱ. 낳아[나아]　낳으[나으]　낳은[나은]　낳을[나을]　넣어[너어]
　　　넣으[너으]　넣은[너은]　넣을[너을]　놓아[노아]　놓여[노여]
　　　놓으[노으]　놓은[노은]　놓을[노을]　놓인[노인]　닿아[다아]
　　　닿으[다으]　닿은[다은]　닿을[다을]　쌓아[싸아]　쌓여[싸여]
　　　쌓으[싸으]　쌓은[싸은]　쌓이[싸이]　쌓인[싸인]　좋아[조아]
　　　좋으[조으]　좋은[조은]　좋을[조을]　찧어[찌어]
　　　끊어[*끄*너]　끊음[*끄*늠]　끊이[*끄*니]　끊임[*끄*님]　많아[마나]
　　　많으[마느]　많은[마는]　많을[마늘]　많음[마늠]　많이[마니]
　　　않아[아나]　않으[아느]　않은[아는]　않을[아늘]　않음[아늠]
　　　잖아[자나]　잖은[자는]　짧아[짜나]　짧을[짜늘]　찮아[차나]
　　　찮으[차느]　찮은[차는]
　　　곯아[고라]　곯으[고르]　꿇어[꾸러]　끓어[*끄*러]　끓여[*끄*려]
　　　끓으[*끄*르]　끓이[*끄*리]　끓인[*끄*린]　닳아[다라]　뚫어[뚜러]
　　　뚫을[뚜를]　뚫음[뚜름]　싫어[시러]　싫으[시르]　싫은[시른]
　　　싫음[시름]　앓아[아라]　옳아[오라]　옳으[오르]　옳은[오른]
　　　옳을[오를]　잃어[이러]　잃은[이른]　잃을[이를]　잃음[이름]
　　ㄴ. 많네[만네]　않나[안나]　않네[안네]　않느[안느]　않는[안는]
　　　않니[안니]　잖니[잔니]
　　ㄷ. 넋[넉]　　한몫[한목]　앉는[안는]　없는[언는]
　　ㄹ. 기슭[기슥]　까닭[까닥]　닭[닥]　　암탉[암탁]　진흙[진흑]
　　　흙[흑]
　　ㅁ. 굶겨[굼겨]　굶는[굼는]　굶주리[굼주리]　놂[놈]　만듦[만듬]
　　　멺[멈]　　묾[뭄]　　삶[삼]　　삶과[삼과]　삶도[삼도]
　　　어짊[어짐]　옮겨[옴겨]　옮기[옴기]　옮긴[옴긴]　옮길[옴길]

옮김[옴김]

ㅂ. 여덟 폭[여덜폭]

ㅅ. 값싸게[갑싸게]

(155ㄱ)은 표준발음법 제12항 4에 규정하고 있다. 이 규정은 'ㅎ(ㄶ, ㅀ)' 뒤에 홀소리로 시작된 씨끝이나 뒷가지가 결합되는 경우에는, 'ㅎ'을 발음하지 않는다는 내용이다. '낳아'는 'ㅎ'이 '-아'와 결합된 경우이고, '끊어'는 'ㄶ'이 '-어'와 결합된 경우에 'ㅎ'의 빠짐이 실현된다. '낳아'는 '낳아 → 나아'와 같은 음운변화과정에서 'ㅎ → ∅(낳- → 나-)'과 같이 'ㅎ'에 닿소리빠짐이 적용된다.('∅'은 제1부 제2장 6. 같은위치닿소리빠짐 참조) '끊어'가 '끊어 → 끈어 → 끄너'와 같은 음운변화과정에서 1단계는 'ㄶ → ㄴ(끊- → 끈-)'과 같이 'ㅎ'에 닿소리빠짐이 적용되고, 2단계는 '끈어 → 끄너'와 같이 이음소리규칙이 적용된다. '곯아'가 '곯아 → 골아 → 고라'와 같은 음운변화과정에서 1단계는 'ㅀ → ㄹ(곯- → 골-)'과 같이 'ㅎ'에 닿소리빠짐이 적용되고, 2단계는 '골아 → 고라'와 같이 이음소리규칙이 적용된다. 이는 교과서에 '낳아 · 끊어 · 곯아 · 잃어' 등과 같이 표기하지만, 표준발음은 [나아] · [끄너] · [고라] · [이러] 등과 같이 실현한다는 내용이다. 즉 표기와 표준발음이 다른 경우이다.

(155ㄴ)은 표준발음법 제12항 3의 [붙임]에 규정하고 있다. 이 규정은 'ㄶ' 뒤에 'ㄴ'이 결합되는 경우에는, 'ㅎ'을 발음하지 않는다는 내용이다. 'ㄶ'이 'ㄴ'과 결합된 경우의 '많네'는 '많네 → 만네'와 같은 음운변화과정에서 'ㄶ → ㄴ(많- → 만-)'과 같이 'ㅎ'에 닿소리빠짐이 적용된다. 이는 교과서에 '많네 · 않는 · 잖니' 등과 같이 표기하지만, 표준발음은 [만네] · [안는] · [잔니] 등과 같이 한다는 내용이다.

(155ㄷ)은 표준발음법 제10항에 규정하고 있다. 이 규정은 겹받침 'ㄳ', 'ㄵ'은 낱말끝 또는 닿소리 앞에서 각각 [ㄱ, ㄴ]으로 발음한다는 내용이다.

겹받침 'ㄳ'이 낱말끝인 '한몫'은 '한몫 → 한목'과 같은 음운변화과정에서 'ㄳ → ㄱ(-몫 → -목)'과 같이 'ㅅ'에 닿소리빠짐이 적용된다.

(155ㄹ)은 표준발음법 제11항에 규정하고 있다. 이 규정은 겹받침 'ㄺ'이 낱말끝에서 [ㄱ]으로 발음한다는 내용이다. '까닭'은 '까닭 → 까닥'과 같은 음운변화과정에서 'ㄺ → ㄱ(-닭 → -닥)'과 같이 'ㄹ'에 닿소리빠짐이 적용된다. 이는 교과서에 '까닭'으로 표기하지만, 표준발음은 [까닥]으로 한다는 내용이다.

(155ㅁ)은 표준발음법 제11항에 규정하고 있다. 이 규정은 겹받침 'ㄻ'이 낱말끝 또는 닿소리 앞에서 [ㅁ]으로 발음한다는 내용이다. 겹받침 'ㄻ'이 낱말끝인 '닮'은 '닮 → 담'과 같은 음운변화과정에서 'ㄻ → ㅁ(닮 → 담)'과 같이 'ㄹ'에 닿소리빠짐이 적용된다.

(155ㅂ)은 표준발음법 제11항에 규정하고 있다. 이 규정은 겹받침 'ㄼ'이 닿소리 앞에서 [ㄹ]로 발음한다는 내용이다. 겹받침 'ㄼ'이 닿소리 앞('ㅍ')인 '여덟 폭'은 '여덟폭 → 여덜폭'과 같은 음운변화과정에서 'ㄼ → ㄹ(-덟- → -덜-)'과 같이 'ㅂ'에 닿소리빠짐이 적용된다. 이는 교과서에 '여덟 폭'으로 표기하지만, 표준발음은 [여덜폭]과 같이 한다는 내용이다.

(155ㅅ)은 표준발음법 제11항에 규정하고 있다. 이 규정은 겹받침 'ㅄ'이 닿소리 앞에서 [ㅂ]으로 발음한다는 내용이다. 겹받침 'ㅄ'이 닿소리 앞('ㅆ')인 '값싸게'는 '값싸게 → 갑싸게'와 같은 음운변화과정에서 'ㅄ → ㅂ(값- → 갑-)'과 같이 'ㅅ'에 닿소리빠짐이 적용된다. 이는 교과서에 '값싸게'로 표기하지만, 표준발음은 [갑싸게]와 같이 한다는 내용이다.

③ 콧소리되기(비음화 : 鼻音化)

(156) ㄱ. 국내[궁내]　　기억나[기엉나]　　넉넉[넝넉]　　닥나무[당나무]
　　　막내[망내]　　막는[망는]　　먹는[멍는]　　백 년[뱅년]

생각나[생강나]　　속눈썹[송눈썹]　　숙녀[숭녀]　　　식는[싱는]

썩는[썽는]　　　아낙네[아낭네]　　익는[잉는]　　　작년[장년]

재작년[재장년]　　적는[정는]　　　죽내[중내]　　　죽는[중는]

직녀[징녀]　　　찍는[찡는]　　　추석날[추성날]　　학년[항년]

들락날락[들랑날락]　　억누루다[엉누르다]　　자작나무[자장나무]

ㄴ. 각목[강목]　　　건축물[건충물]　　국문[궁문]

국물[궁물]　　　국민[궁민]　　　기록문[기롱문]

노력만[노령만]　　대목만[대몽만]　　덕망[덩망]　　　동식물[동싱물]

막막[망막]　　　막만[망만]　　　먹먹[멍먹]

목마름[몽마름]　　목말라[몽말라]　　목먹산[몽먹싼]

묵묵[뭉묵]　　　박물관[방물관]　　백만[뱅만]

백미[뱅미]　　　벽만[병만]　　　색맹[생맹]　　　생각만[생강만]

식물[싱물]　　　악물어[앙무러]　　음식만[음싱만]　　음식물[음싱물]

이익만[이잉만]　　작물[장물]　　　저작물[저장물]　　제목만[제몽만]

쪽문[쫑문]　　　쪽물[쫑물]　　　책만[챙만]　　　축적물[축쩡물]

측만증[층만쯩]　　측면[층면]　　　학문[항문]　　　한국말[한궁말]

가슴팍만[가슴팡만]　　길목마다[길몽마다]　　막무가내[망무가내]

목마르다[몽마르다]　　무럭무럭[무렁무럭]　　저녁마다[저녕마다]

지역마다[지영마다]　　초록머리[초롱머리]

ㄷ. 구속력[구송녁]　　국립[궁닙]　　　극락[긍낙]

기억력[기엉녁]　　독립[동닙]　　　맥락[맹낙]　　　면역력[며녕녁]

목련[몽년]　　　목록[몽녹]　　　석류[성뉴]　　　설득력[설뜽녁]

속력[송녁]　　　식량[싱냥]　　　육로[융노]　　　적록[정녹]

폭력[퐁녁]　　　확률[황뉼]　　　확립[황닙]

격려[격녀 → 경녀]　　　　　어획량[어횡냥/-휑-]

ㄹ. 각 나라[강나라]　　각 문단[강문단]　　각 문장[강문장]

막 눈물[망눈물]　　목 놓아[몽노아]　　백 날[뱅날]　　백 년[뱅년]

백 마리[뱅마리]　　백 명[뱅명]　　수백 년[수뱅년]

썩 물러[썽물러]　　쑥 냄새[쑹냄새]　　오백 냥[오뱅냥]

오백 년[오뱅년]　　육 년[융년]　　　책 내용[챙내용]

혹 모르니[홍모르니]　　　　　가족 나들이[가종나드리]

미역 냄새[미영냄새]　　　　　생각 마라[생강마라]

장례식 날[장녜싱날]　　　　　저녁 내내[저녕내내]

저녁 늦게[저녕는께]　　　　　저녁 무렵[저녕무렵]

책 나부랭이[챙나부랭이]

　　ㅁ. 겪나[격나 → 경나]　　　겪는[경는]　　　깎는[깡는]

　　닦는[당는]　　　볶는[봉는]　　　엮는[영는]　　　창밖만[창방만]

(156ㄱ)은 표준발음법 제18항에 규정하고 있다. 보기는 닿소리이어바뀜의 환경에서 앞 닿소리 'ㄱ'이 콧소리인 뒤 닿소리 'ㄴ'을 닮아, 'ㄱ → ㅇ'과 같이 'ㄱ'의 콧소리되기가 실현된 경우이다. '국내'는 '국내 → 궁내'와 같은 음운변화과정에서 'ㄱ → ㅇ(국- → 궁-)'과 같이 'ㄱ'에 콧소리되기가 적용된다.

(156ㄴ)은 표준발음법 제18항에 규정하고 있다. 보기는 닿소리이어바뀜의 환경에서 앞 닿소리 'ㄱ'이 콧소리인 뒤 닿소리 'ㅁ'을 닮아, 'ㄱ → ㅇ'과 같이 'ㄱ'의 콧소리되기가 실현된 경우이다. '측만증'이 '측만증 → 층만증 → 층만쯩'과 같은 소리마디 순서에 따른 음운변화과정에서 1단계는 'ㄱ → ㅇ(측- → 층-)'과 같이 'ㄱ'에 콧소리되기가 적용되고, 2단계는 'ㅈ → ㅉ(-증 → -쯩)'과 같이 'ㅈ'에 된소리되기가 적용된다.

(156ㄷ)은 표준발음법 제19항 [붙임]에 규정하고 있다. 이 규정은 받침 'ㄱ, ㅂ' 뒤에 연결되는 'ㄹ'도 [ㄴ]으로 발음한다는 내용이다. 보기는 닿소리이어바뀜의 환경에서 앞 닿소리가 'ㄱ'이고, 뒤 닿소리이 'ㄹ'인 경우이다. 이 경우는 앞 닿소리와 뒤 닿소리가 서로 영향을 끼쳐 두 닿소리가 모두 음운변화하는 서로닮음에 해당된다. '격려'가 '격려 → 격녀 → 경녀'와 같은 음운변화과정에서 1단계는 'ㄹ → ㄴ(-려 → -녀)'과 같이 'ㄹ'에 콧소리되기가 적용되고, 2단계는 'ㄱ → ㅇ(격- → 경-)'과 같이 'ㄱ'에 콧소리되기가 적용된다.

(156ㄹ)은 표준발음법 제18항 [붙임]에 규정하고 있다. 이 규정은 두 낱말을 이어서 한 마디로 발음하는 경우에도 콧소리되기가 실현된다는 내용이다. 뒤 닿소리가 'ㄴ'인 '가족 나들이'가 '가족나들이 → 가종나들이 → 가종나드리'와 같은 음운변화과정에서 1단계는 'ㄱ → ㅇ(-족- → -종-)'과 같이 'ㄱ'에 콧소리되기가 적용되고, 2단계는 '-들이 → -드리'와 같이 이음소리규칙이 적용된다. 뒤 닿소리가 'ㅁ'인 '각 문단'은 '각문단 → 강문단'과 같은 음운변화과정에서 'ㄱ → ㅇ(각- → 강-)'과 같이 'ㄱ'에 콧소리되기가 적용된다.

(156ㅁ)은 표준발음법 제18항에 규정하고 있다. 보기는 닿소리이어바뀜의 환경에서 앞 닿소리가 'ㄲ'이고, 뒤 닿소리가 'ㄴ'인 경우이다. 이 경우에는 음운변화과정에서 먼저 받침규칙을 적용한 후에, 콧소리되기를 적용한다. '겪는'이 '겪는 → 격는 → 경는'과 같은 음운변화과정에서 1단계는 'ㄲ → ㄱ(겪- → 격-)'과 같이 'ㄲ'에 받침규칙이 적용되고, 2단계는 'ㄱ → ㅇ(격- → 경-)'과 같이 'ㄱ'에 콧소리되기가 적용된다.

(157) ㄱ. 인접권료[인접꿘료 → 인접꿘뇨]   저작권료[저작꿘뇨]

ㄴ. 걷느라[건느라]   걷는[건는]   닫네[단네]   닫는[단는]
　　돋는[돈는]   듣는[든는]   뜯는[뜬는]   묻는[문는]
　　믿는[민는]   받는[반는]   뻗는[뻔는]   싣는[신는]
　　얻는[언는]   이튿날[이튼날]   일컫는[일컨는]   컫는[컨는]
　　헐뜯는[헐뜬는]

ㄷ. 남루[남누]   늠름[늠늠]   범람[범남]   심리[심니]
　　염라[염나]   염려[염녀]   음력[음녁]   음료수[음뇨수]
　　점령[점녕]   침략[침냑]   함락[함낙]
　　강력[강녁]   강릉[강능]   경로[경노]   경쟁력[경쟁녁]
　　공로[공노]   궁리[궁니]   낭랑[낭낭]   노동력[노동녁]
　　능력[능녁]   동력[동녁]   동료[동뇨]   등록[등녹]
　　맹랑[맹낭]   명랑[명낭]   명령[명녕]   몽롱[몽농]

몽룡실[몽농실]　　발생률[발생뉼]　　병력[병녁]　　사용량[사용냥]

상류[상뉴]　　상륙[상뉵]　　상상력[상상녁]　　생략[생냑]

생리적[생니적]　　성률[성뉼]　　성리학[성니학]　　숭례문[숭녜문]

승려[승녀]　　승렬[승녈]　　승리[승니]　　시청률[시청뉼]

영락[영낙]　　영리[영니]　　영향력[영향녁]　　왕래[왕내]

왕릉[왕능]　　원동력[원동녁]　　음료수[음뇨수]　　이용료[이용뇨]

입장료[입짱뇨]　　장래[장내]　　장래성[장내썽]　　장례[장녜]

장례식[장녜식]　　장류[장뉴]　　정란[정난]　　정령[정녕]

정류장[정뉴장]　　정리[정니]　　정립[정닙]　　정신력[정신녁]

종례[종녜]　　종로[종노]　　종루[종누]　　종류[종뉴]

중력[중녁]　　진흥리[진흥니]　　청력[청녁]　　충류[충뉴]

탑평리[탑평니]　　통로[통노]　　파충류[파충뉴]　항로[항노]

행렬[행녈]

ㄹ. 거듭나[거듭나]　　　겁먹게[검먹께]　　　겁먹은[검머근]

겁먹지[검먹찌]　　　겹눈[겸눈]　　　고맙네[고맘네]

고집만[고짐만]　　　꼬집는[꼬짐는]　　　농립모[농님모]

눕는[눔는]　　　답네[담네]　　　돕는[돔는]

동갑내기[동감내기]　　밉니[밈니]　　　반갑네[반감네]

밥만[밤만]　　　밥맛[밤맏]　　　밥물[밤물]

부럽네[부럼네]　　　뽑는[뽐는]　　　사립문[사림문]

사옵는[사옴는]　　　사진첩만[사진첨만]　손톱만큼[손톰만큼]

쉽네[쉼네]　　　십만[심만]　　　아름답네[아름담네]

업무[엄무]　　　읍내[음내]　　　입는[임는]

입맛[임맏]　　　입맛만[임만만]　　　입맛춤[임맏춤]

잡는[잠는]　　　접목[점목]　　　조립만[조림만]

줍는[줌는]　　　중앙탑면[중앙탐면]　집마다[짐마다]

집념[짐념]　　　집집마다[집쩜마다]　톱니[톰니]

ㅁ. 갑니다[감니다] → 갑니[감니]

겁니[검니]　　깁니[김니]　　꿉니[꿈니]　　낍니[낌니]

납니[남니]　　냅니[냄니]　　넙니[넘니]　　답니[담니]

됩니[됨니/뒘-]	듭니[듬니]	떱니[떰니]	랍니[람니]
럽니[럼니]	룹니[룸니]	릅니[름니]	립니[림니]
맙니[맘니]	뭽니[뭠니]	봅니[봄니]	빕니[빔니]
뽑니[뽐니]	삽니[삼니]	섭니[섬니]	쉽니[쉼니]
습니[슴니]	십니[심니]	쌉니[쌈니]	씁니[씀니]
압니[암니]	엽니[염니]	옵니[옴니]	웁니[움니]
입니[임니]	줍니[줌니]	집니[짐니]	챕니[챔니]
칩니[침니]	큽니[큼니]	킵니[킴니]	탑니[탐니]
튑니[튐니]	풉니[품니]	핍니[핌니]	합니[함니]

ㅂ. 밥 먹고[밤먹꼬]　　밥 먹는[밤멍는]　　밥 먹을[밤머글]

　　삽 모양[삼모양]　　수백 년[수뱅년]　　수십 년[수심년]

　　수십 마리[수심마리]　　수십 명[수심명]　　십 년[심년]

　　십 마리[심마리]　　십 명[심명]　　십리[심니]

　　오륙십 명[오륙씸명]　　입 모양[임모양]　　집 농사[짐농사]

ㅅ. 답례[답녜 → 담녜]　　법률[범뉼]　　압력[암녁]　　압록강[암녹깡]

　　입력[임녁]　　합류[함뉴]　　합리[함니]　　합리적[함니적]

　　협력[혐녁]

(157ㄱ)은 표준발음법 제20항 (2) '다만'에 규정하고 있다. 보기와 같은 낱말들은 'ㄹ'을 [ㄴ]으로 발음한다는 규정이다. 이는 닿소리이어바뀜의 환경에서 뒤 닿소리 'ㄹ'이 콧소리인 앞 닿소리 'ㄴ'을 닮아, 'ㄹ → ㄴ'과 같이 'ㄹ'의 콧소리되기가 실현된 경우이다. '인접권료'가 '인접권료 → 인접꿘료 → 인접꿘뇨'와 같은 음운변화과정에서 1단계는 'ㄱ → ㄲ(-권 → -꿘)'과 같이 'ㄱ'에 된소리되기가 적용되고, 2단계는 'ㄹ → ㄴ(-료 → 뇨)'과 같이 'ㄹ'에 콧소리되기가 적용된다.

(157ㄴ)은 표준발음법 제18항에 규정하고 있다. 보기는 닿소리이어바뀜의 환경에서 앞 닿소리 'ㄷ'이 콧소리인 뒤 닿소리 'ㄴ'을 닮아, 'ㄷ → ㄴ'과 같이 'ㄷ'의 콧소리되기가 실현된 경우이다. '듣는'은 '듣는 → 든는'과 같은

음운변화과정에서 'ㄷ → ㄴ(듣- → 든-)'과 같이 'ㄷ'에 콧소리되기가 적용된다.

(157ㄷ)은 표준발음법 제19항에 규정하고 있다. 이 규정은 받침 'ㅁ, ㅇ' 뒤에 연결되는 'ㄹ'은 [ㄴ]으로 발음한다는 내용이다. 보기는 닿소리이어바뀜의 환경에서 뒤 닿소리 'ㄹ'이 콧소리인 앞 닿소리 'ㅁ·ㅇ' 등을 닮아, 'ㄹ'의 콧소리되기가 실현된 경우이다. 앞 닿소리가 'ㅁ'인 '심리'는 '심리 → 심니'와 같은 음운변화과정에서 'ㄹ → ㄴ(-리 → -니)'과 같이 'ㄹ'에 콧소리되기가 적용된다.

(157ㄹ)은 표준발음법 제18항에 규정하고 있다. 보기는 닿소리이어바뀜의 환경에서 앞 닿소리 'ㅂ'이 콧소리인 뒤 닿소리 'ㄴ'이나 'ㅁ'을 닮아, 'ㅂ'의 콧소리되기가 실현된 경우이다. 뒤 닿소리가 'ㄴ'인 '고맙네'는 '고맙네 → 고맘네'와 같은 음운변화과정에서 'ㅂ → ㅁ(-맙- → -맘-)'과 같이 'ㅂ'에 콧소리되기가 적용된다. 뒤 닿소리가 'ㅁ'인 '고집만'은 '고집만 → 고짐만'과 같은 음운변화과정에서 'ㅂ → ㅁ(-집- → -짐-)'과 같이 'ㅂ'에 콧소리되기가 적용된다.

(157ㅁ)의 '갑니다' 이외의 보기는 콧소리되기와 직접 관련이 없는 셋째 소리마디 '-다'를 생략한 것이다. 보기는 닿소리이어바뀜의 환경에서 앞 닿소리 'ㅂ'이 콧소리인 뒤 닿소리 'ㄴ'('-니-'의 첫소리)을 닮아, 'ㅂ'의 콧소리되기가 실현된 경우이다.

(157ㅂ)은 표준발음법 제18항 [붙임]에 규정하고 있다. 이 규정은 두 낱말을 이어서 한 마디로 발음하는 경우에도 콧소리되기가 실현된다는 내용이다. 뒤 닿소리가 'ㄴ'인 '십 년'은 '십년 → 심년'과 같은 음운변화과정에서 'ㅂ → ㅁ(십- → 심-)'과 같이 'ㅂ'에 콧소리되기가 적용된다.

(157ㅅ)은 표준발음법 제19항 [붙임]에 규정하고 있다. 이 규정은 받침 'ㄱ, ㅂ' 뒤에 연결되는 'ㄹ'도 [ㄴ]으로 발음한다는 내용이다. 보기는 닿소리이어바뀜의 환경에서 앞 닿소리가 'ㅂ'이고, 뒤 닿소리가 'ㄹ'인 경우이

다. 이 경우는 앞 닿소리와 뒤 닿소리가 서로 영향을 끼쳐 두 닿소리가 모두 변화하는 서로닮음에 해당된다. '답례'가 '답례 → 답녜 → 담녜'와 같은 음운변화과정에서 1단계는 'ㄹ → ㄴ(-례 → -녜)'과 같이 'ㄹ'에 콧소리되기가 적용되고, 2단계는 'ㅂ → ㅁ(답- → 담-)'과 같이 'ㅂ'에 콧소리되기가 적용된다.

(158) ㄱ. 갓난[갇난 → 간난]   나긋나긋[나귿나귿 → 나근나귿]

   낫는[낟는 → 난는]   노릇노릇[노륻노륻 → 노른노륻]

   느릿느릿[느릳느릳 → 느린느릳] 덧나[덛나 → 던나]

   뒷날[뒫날 → 뒨날]   맛나[맏나 → 만나]

   맛나게[맏나게 → 만나게]   맛난[맏난 → 만난]

   못난[몯난 → 몬난]   못내[몯내 → 몬내]

   비웃는[비욷는 → 비운는]   샛노랗다[샏노라타 → 샌노라타]

   솟는[솓는 → 손는]   씻는[씯는 → 씬는]

   어긋나[어귿나 → 어근나]   어긋난[어귿난 → 어근난]

   어긋날[어귿날 → 어근날]   어긋남[어귿남 → 어근남]

   옛날[옏날 → 옌날]   웃나[욷나 → 운나]

   웃는[욷는 → 운는]   잇는[읻는 → 인는]

   짓나[짇나 → 진나]   짓눌러[짇눌러 → 진눌러]

   짓는[짇는 → 진는]   첫날[첟날 → 천날]

   콧노래[콛노래 → 콘노래]   훗날[훋날 → 훈날]

  ㄴ. 거짓말[거짇말 → 거진말]   것만[걷만 → 건만]

   고갯마루[고갣마루 → 고갠마루] 곳마다[곧마다 → 곤마다]

   곳만[곧만 → 곤만]   그것마저[그걷마저 → 그건마저]

   그것만[그걷만 → 그건만]   그릇마다[그륻마다 → 그른마다]

   낙숫물[낙숟물 → 낙쑨물]   냇물[낻물 → 낸물]

   노랫말[노랟말 → 노랜말]   노릇만[노륻만 → 노른만]

   뒷마을[뒫마을 → 뒨마을]   뒷말[뒫말 → 뒨말]

   뒷머리[뒫머리 → 뒨머리]   뒷면[뒫면 → 뒨면]

뒷모습[뒫모습 → 뒨모습]　　　　　뒷문[뒫문 → 뒨문]

듯만[듣만 → 든만]　　　　　　　　못마땅[몯마땅 → 몬마땅]

무엇무엇[무얻무얻 → 무언무얻]　　바닷물[바닫물 → 바단물]

뱃머리[밷머리 → 밴머리]　　　　　버릇만[버륻만 → 버른만]

비눗물[비눋물 → 비눈물]　　　　　빗물[빋물 → 빈물]

샛문[샏문 → 샌문]　　　　　　　　셋만[섿만 → 센만]

수돗물[수돋물 → 수돈물]　　　　　시냇물[시낻물 → 시낸물]

아랫마을[아랟마을 → 아랜마을]　　옛말[옏말 → 옌말]

옷만[옫만 → 온만]　　　　　　　　옷맵시[옫맵시 → 온맵씨]

윗말[윋말 → 윈말]　　　　　　　　윗목[윋목 → 윈목]

윗몸[윋몸 → 윈몸]　　　　　　　　이것만[이걷만 → 이건만]

첫마디[첟마디 → 천마디]　　　　　콧물[콛물 → 콘물]

콩깻묵[콩깯묵 → 콩깬묵]　　　　　팻말[팯말 → 팬말]

허드렛물[허드렏물 → 허드렌물]　　혼잣말[혼잗말 → 혼잔말]

ㄷ. 다섯 남매[다섣남매 → 다선남매]　다섯 마리[다섣마리 → 다선마리]

다섯 명[다섣명 → 다선명]　　　　못 내는[몯내는 → 몬내는]

버섯 모양[버섣모양 → 버선모양]　첫 문단[천문단 → 천문단]

(158)은 표준발음법 제18항에 규정하고 있다. 보기는 닿소리이어바뀜의 환경에서 앞 닿소리가 'ㅅ'이고, 뒤 닿소리가 콧소리 'ㄴ'이나 'ㅁ'인 경우에 'ㅅ'의 콧소리되기가 실현된 것이다. 이 경우에는 음운변화과정에서 먼저 'ㅅ → ㄷ'과 같이 'ㅅ'에 받침규칙이 적용된 후에, 'ㄷ → ㄴ'과 같이 'ㄷ'에 콧소리되기가 적용된다.

(158ㄱ)은 닿소리이어바뀜의 환경에서 앞 닿소리가 'ㅅ'이고, 뒤 닿소리가 'ㄴ'인 경우이다. '샛노랗다'가 '샛노랗다 → 샏노랗다 → 샌노랗다 → 샌노라타'와 같은 소리마디 순서에 따른 음운변화과정에서 1단계는 'ㅅ → ㄷ(샛- → 샏-)'과 같이 'ㅅ'에 받침규칙이 적용되고, 2단계는 'ㄷ → ㄴ(샏- → 샌-)'과 같이 'ㄷ'에 콧소리되기가 적용되고, 3단계는 'ㅎ + ㄷ →

ㅌ(-랗다 → -라타)'와 같이 'ㅎ'과 'ㄷ'의 합한 소리로 인해 'ㄷ'에 거센소리되기가 적용된다.

(158ㄴ)은 닿소리이어바뀜의 환경에서 앞 닿소리가 'ㅅ'이고, 뒤 닿소리가 'ㅁ'인 경우이다. '거짓말'이 '거짓말 → 거짇말 → 거진말'과 같은 음운변화과정에서 1단계는 'ㅅ → ㄷ(-짓- → -짇-)'과 같이 'ㅅ'에 받침규칙이 적용되고, 2단계는 'ㄷ → ㄴ(-짇- → -진-)'과 같이 'ㄷ'에 콧소리되기가 적용된다.

(158ㄷ)은 표준발음법 제18항 [붙임]에 규정하고 있다. 이 규정은 두 낱말을 이어서 한 마디로 발음하는 경우에도 콧소리되기가 실현된다는 내용이다. 뒤 닿소리가 'ㄴ'인 '다섯 남매'는 띄어서 표기하지만, '다섯남매 → 다섣남매 → 다선남매'와 같은 음운변화과정에서 1단계는 'ㅅ → ㄷ(-섯- → -섣-)'과 같이 'ㅅ'에 받침규칙이 적용되고, 2단계는 'ㄷ → ㄴ(-섣- → -선-)'과 같이 'ㄷ'에 콧소리되기가 적용된다.

(159) 가겠네요[가겓네요 → 가겐네요] → 겠네[겓네 → 겐네]

갔네[갇네 → 간네]　갔노[갇노 → 간노]　갔느[갇느 → 간느]　갔는[갇는 → 간는]
갔니[갇니 → 간니]　겄는[겇는 → 건는]　겠나[겓나 → 겐나]　겠네[겓네 → 겐네]
겠노[겓노 → 겐노]　겠느[겓느 → 겐느]　겠는[겓는 → 겐는]　겠니[겓니 → 겐니]
겼나[겯나 → 견나]　겼는[겯는 → 견는]　꿨는[꿷는 → 꿘는]　났나[낟나 → 난나]
났네[낟네 → 난네]　났노[낟노 → 난노]　났는[낟는 → 난는]　냈는[낻는 → 낸는]
놨나[녿나 → 논나]　놨네[녿네 → 논네]　놨는[녿는 → 논는]　됐는[됃는 → 됀는]
랐나[랃나 → 란나]　랐는[랃는 → 란는]　랬나[랟나 → 랜나]　랬는[랟는 → 랜는]
랬니[랟니 → 랜니]　렀는[럳는 → 런는]　렀나[럳나 → 런나]　렸네[렫네 → 련네]
렀는[럳는 → 런는]　렸니[렫니 → 련니]　있는[읻는 → 인는]　봤는[봗는 → 봔는]
봤니[봗니 → 봔니]　섰는[섣는 → 선는]　섰네[섣네 → 선네]　셨나[셛나 → 션나]
섰네[섣네 → 선네]　셨는[셛는 → 션는]　셨니[셛니 → 션니]　썼는[썯는 → 썬는]
았나[앋나 → 안나]　았네[앋네 → 안네]　았느[앋느 → 안느]　았는[앋는 → 안는]
았니[앋니 → 안니]　었나[얻나 → 언나]　었네[얻네 → 언네]　었노[얻노 → 언노]

었는[얻는→언는] 었니[얻니→언니] 였나[엳나→연나] 였는[엳는→연는]

였니[엳니→연니] 왔나[왇나→완나] 왔네[왇네→완네] 왔느[왇느→완느]

왔는[왇는→완는] 윘나[윋나→윈나] 윘는[윋는→윈는] 윘니[윋니→윈니]

있나[읻나→인나] 있네[읻네→인네] 있노[읻노→인노] 있느[읻느→인느]

있는[읻는→인는] 있니[읻니→인니] 잤나[잗나→잔나] 잤느[잗느→잔느]

겼나[겯나→전나] 겼네[겯네→전네] 겼노[겯노→전노] 겼는[겯는→전는]

줬는[줟는→줜는] 첬는[첟는→천는] 컸는[컫는→컨는] 켰는[켣는→켠는]

팠는[팓는→판는] 펐는[펃는→펀는] 했나[핻나→핸나] 했냐[핻냐→핸냐]

했네[핻네→핸네] 했느[핻느→핸느] 했는[핻는→핸는] 했니[핻니→핸니]

혔나[혇나→현나] 혔네[혇네→현네] 혔는[혇는→현는]

(159)는 표준발음법 제18항에 규정하고 있다. 보기는 앞에서 기술한 것처럼, 콧소리되기와 직접 관련이 있는 두 소리마디만 기술한 경우이다. 그러므로 보기에 따라 앞 소리마디나 뒤 소리마디를 생략한 경우도 있다. '겠네'는 '가겠네요 → 겠네'와 같이 콧소리되기와 직접 관련이 있는 두 소리마디('겠네') 이외의 앞 소리마디 '가-'와 뒤 소리마디 '-요'를 생략한 경우이다. 보기는 닿소리이어바꿈의 환경에서 앞 닿소리가 'ㅆ'이고, 뒤 닿소리가 콧소리 'ㄴ'인 경우에 'ㅆ'의 콧소리되기가 실현된 것이다. 이 경우에는 음운변화과정에서 먼저 'ㅆ → ㄷ'과 같이 'ㅆ'에 받침규칙이 적용된 후에, 'ㄷ → ㄴ'과 같은 'ㄷ'에 콧소리되기가 적용된다. '갔노'가 '갔노 → 간노 → 간노'와 같은 음운변화과정에서 1단계는 'ㅆ → ㄷ(갔- → 갇-)'과 같이 'ㅆ'에 받침규칙이 적용되고, 2단계는 'ㄷ → ㄴ(갇- → 간-)'과 같이 'ㄷ'에 콧소리되기가 적용된다.

(160) ㄱ. 꽂는[꼰는]   낯말[난말]   늦는[는는]   맞나[만나]

맞는[만는]   맺는[맨는]   멎는[먼는]   빚는[빈는]

잊는[인는]   젖는[전는]   찾는[찬는]

갖는[갇는→간는]   맞물리다[만물리다]   울부짖는[울부진는]

ㄴ. 꽃눈[꼰눈]　　　꽃마다[꼰마다]　　　꽃말[꼰말]　　　꽃무늬[꼰무니]

　　뒤쫓는[뒤쫀는]　　　몇몇[면면]　　　　　빛나[빈나]　　　빛난[빈난]

　　빛날[빈날]　　　　　빛내며[빈내며]　　　빛낸[빈낸]　　　빛낼[빈낼]

　　빛만[빈만]　　　　　옻나무[온나무]　　　쫓는[쫀는]

　　꽃나무[꼰나무 → 꼰나무]　　　　　　　연꽃무늬[연꼰무니]

ㄷ. 꽃 냄새[꼰냄새]　　　꽃 모양[꼰모양]　　　몇 날[면날]　　　몇 년[면년]

　　몇 마디[면마디]　　　몇 마리[면마리]　　　몇 명[면명]　　　몇 문단[면문단]

(160ㄱ)은 표준발음법 제18항에 규정하고 있다. 보기는 닿소리이어바뀜의 환경에서 앞 닿소리가 'ㅈ'이고, 뒤 닿소리가 콧소리 'ㄴ'인 경우에 'ㅈ'의 콧소리되기가 실현된 것이다. 이 경우에는 음운변화과정에서 먼저 'ㅈ → ㄷ'과 같은 'ㅈ'에 받침규칙이 적용된 후에, 'ㄷ → ㄴ'과 같은 'ㄷ'에 콧소리되기가 적용된다. 뒤 닿소리가 'ㄴ'인 '꽃는'이 '꽃는 → 꼳는 → 꼰는'과 같은 음운변화과정에서 1단계는 'ㅈ → ㄷ(꽃- → 꼳-)'과 같이 'ㅈ'에 받침규칙이 적용되고, 2단계는 'ㄷ → ㄴ(꼳- → 꼰-)'과 같이 'ㄷ'에 콧소리되기가 적용된다.

(160ㄴ)은 표준발음법 제18항에 규정하고 있다. 보기는 닿소리이어바뀜의 환경에서 앞 닿소리가 'ㅊ'이고, 뒤 닿소리가 콧소리 'ㄴ · ㅁ' 등인 경우에 'ㅊ'의 콧소리되기가 실현된 것이다. 이 경우에는 음운변화과정에서 먼저 'ㅊ → ㄷ'과 같은 'ㅊ'에 받침규칙이 적용된 후에, 'ㄷ → ㄴ'과 같은 'ㄷ'에 콧소리되기가 적용된다. 뒤 닿소리가 'ㄴ'인 '꽃나무'가 '꽃나무 → 꼳나무 → 꼰나무'와 같은 음운변화과정에서 1단계는 'ㅊ → ㄷ(꽃- → 꼳-)'과 같이 'ㅊ'에 받침규칙이 적용되고, 2단계는 'ㄷ → ㄴ(꼳- → 꼰-)'과 같이 'ㄷ'에 콧소리되기가 적용된다.

(160ㄷ)은 표준발음법 제18항 [붙임]에 규정하고 있다. 이 규정은 두 낱말을 이어서 한 마디로 발음하는 경우에 콧소리되기가 실현된다는 내용이다. 뒤 닿소리가 'ㄴ'인 '꽃 냄새'가 '꽃냄새 → 꼳냄새 → 꼰냄새'와 같은 음

운변화과정에서 1단계는 'ㅊ → ㄷ(꽃- → 꼳-)'과 같이 'ㅊ'에 받침규칙이
적용되고, 2단계는 'ㄷ → ㄴ(꼳- → 꼰-)'과 같이 'ㄷ'에 콧소리되기가 적
용된다.

(161) ㄱ.같네[간네]　　　겉모양[건모양]　　　곁눈[견눈]　　　곁눈질[견눈질]
　　　　끝나[끈나]　　　　끝난[끈난]　　　　끝날[끈날]　　　끝내[끈내]
　　　　끝만[끈만]　　　　끝맺는[끈맨는]　　　끝머리[끈머리]　낱말[난말]
　　　　내뱉는[내밴는]　바깥문[바깐문]　　　붙는[분는]　　　붙니[분니]
　　　　같나[간나 → 간나]　　　털끝만큼[털끈만큼]　　　흩날리다[흔날리다]
　　　ㄴ.팥 난다[팓난다 → 판난다]
　　　ㄷ.높낮이[놈나지]　싫나[심나]　　　　싫니[심니]　　　앞날[암날]
　　　　앞마당[암마당]　앞마을[암마을]　　　앞만[암만]　　　앞말[암말]
　　　　앞면[암면]　　　옆만[염만]　　　　　갚는[갑는 → 감는]
　　　ㄹ.앞 못 보는[압몯보는 → 암몯뽀는]
　　　ㅁ.내놓는[내논는]　넣는[넌는]　　　　놓는[논는]　　　닿는[단는]
　　　　빻는[빤는]　　　쌓느[싼느]　　　　쌓는[싼는]　　　좋니[존니]
　　　　낳는[낟는 → 난는]

(161ㄱ)은 표준발음법 제18항에 규정하고 있다. 보기는 닿소리이어바뀜
의 환경에서 앞 닿소리가 'ㅌ'이고, 뒤 닿소리가 콧소리 'ㄴ·ㅁ' 등인 경우
에 'ㅌ'의 콧소리되기가 실현된 것이다. 이 경우에는 음운변화과정에서 먼
저 'ㅌ → ㄷ'과 같은 'ㅌ'에 받침규칙이 적용된 후에, 'ㄷ → ㄴ'과 같은 'ㄷ'
에 콧소리되기가 적용된다. 뒤 닿소리가 'ㄴ'인 '같나'가 '같나 → 간나 →
간나'와 같은 음운변화과정에서 1단계는 'ㅌ → ㄷ(같- → 갇-)'과 같이
'ㅌ'에 받침규칙이 적용되고, 2단계는 'ㄷ → ㄴ(갇- → 간-)'과 같이 'ㄷ'에
콧소리되기가 적용된다.

(161ㄴ)은 표준발음법 제18항 [붙임]에 규정하고 있다. 이 규정은 두 낱
말을 이어서 한 마디로 발음하는 경우에 콧소리되기가 실현된다는 내용이

다. 뒤 닿소리가 'ㄴ'인 '팥 난다'는 '팥난다 → 판난다 → 판난다'와 같은 음운변화과정에서 1단계는 'ㅌ → ㄷ(팥- → 판-)'과 같이 'ㅌ'에 받침규칙 적용되고, 2단계는 'ㄷ → ㄴ(판- → 판-)'과 같이 'ㄷ'에 콧소리되기가 적용된다.

(161ㄷ)은 표준발음법 제18항에 규정하고 있다. 보기는 닿소리이어바뀜의 환경에서 앞 닿소리가 'ㅍ'이고, 뒤 닿소리가 콧소리 'ㄴ · ㅁ' 등인 경우에 'ㅍ'의 콧소리되기가 실현된 것이다. 이 경우에는 음운변화과정에서 먼저 'ㅍ → ㅂ'과 같은 'ㅍ'에 받침규칙이 적용된 후에, 'ㅂ → ㅁ'과 같은 콧소리되기가 적용된다. 뒤 닿소리가 'ㄴ'인 '높낮이'가 '높낮이 → 놉낮이 → 놈낮이 → 놈나지'와 같은 소리마디 순서에 따른 음운변화과정에서 1단계는 'ㅍ → ㅂ(높- → 놉-)'과 같이 'ㅍ'에 받침규칙이 적용되고, 2단계는 'ㅂ → ㅁ(놉- → 놈-)'과 같이 'ㅂ'에 콧소리되기가 적용되고, 3단계는 '-낮이 → -나지'와 같이 이음소리규칙이 적용된다.

(161ㄹ)은 표준발음법 제18항 [붙임]에 규정하고 있다. 이 규정은 두 낱말을 이어서 한 마디로 발음하는 경우에 콧소리되기가 실현된다는 내용이다. 뒤 닿소리가 'ㅁ'인 '앞 못 보는'이 '앞못보는 → 압몯보는 → 암몯보는 → 암몯뽀는'과 같은 소리마디 순서에 따른 음운변화과정에서 1단계는 'ㅍ → ㅂ(앞- → 압-)'과 같이 'ㅍ'에 받침규칙과 'ㅅ → ㄷ(-못- → -몯-)'과 같이 'ㅅ'에 받침규칙이 각각 적용되고, 2단계는 'ㅂ → ㅁ(압- → 암-)'과 같이 'ㅂ'에 콧소리되기가 적용되고, 3단계는 'ㅂ → ㅃ(-보- → -뽀-)'과 같이 'ㅂ'에 된소리되기가 적용된다.

(161ㅁ)은 표준발음법 제18항에 규정하고 있다. 보기는 닿소리이어바뀜의 환경에서 앞 닿소리가 'ㅎ'이고, 뒤 닿소리가 콧소리 'ㄴ'인 경우에 'ㅎ'의 콧소리되기가 실현된 것이다. 이 경우에는 음운변화과정에서 먼저 'ㅎ → ㄷ'과 같은 'ㅎ'에 받침규칙이 적용된 후에, 'ㄷ → ㄴ'과 같은 'ㄷ'에 콧소리되기가 적용된다. 뒤 닿소리가 'ㄴ'인 '낳는'이 '낳는 → 낟는 → 난는'

과 같은 음운변화과정에서 1단계는 'ㅎ → ㄷ(낳- → 낟-)'과 같이 'ㅎ'에 받침규칙이 적용되고, 2단계는 'ㄷ → ㄴ(낟- → 난-)'과 같이 'ㄷ'에 콧소리되기가 적용된다.

(162) ㄱ. 까닭만[까닥만 → 까당만]

　　　읽는[잉는]　　　흙냄새[흥냄새]　　　흙만[흥만]　　　흙물[흥물]

　　ㄴ. 밟는[밥는 → 밤는]

　　ㄷ. 없나[업나 → 엄나]

　　　없네[엄네]　　　없느[엄느]　　　없는[엄는]　　　없니[엄니]

　(162)는 표준발음법 제18항에 규정하고 있다. 보기는 음운변화과정에서 먼저 닿소리빠짐을 적용한 후에, 콧소리되기를 적용한다.

　(162ㄱ)은 닿소리이어바뀜의 환경에서 앞 닿소리가 'ㄺ'이고, 뒤 닿소리가 'ㄴ·ㅁ' 등인 경우이다. 뒤 닿소리가 'ㄴ'인 '읽는'이 '읽는 → 익는 → 잉는'과 같은 음운변화과정에서 1단계는 'ㄺ → ㄱ(읽- → 익-)'과 같이 'ㄹ'에 닿소리빠짐이 적용되고, 2단계는 'ㄱ → ㅇ(익- → 잉-)'과 같이 'ㄱ'에 콧소리되기가 적용된다.

　(162ㄴ)은 닿소리이어바뀜의 환경에서 앞 닿소리가 'ㄼ'이고, 뒤 닿소리가 'ㄴ'인 경우이다. '밟는'이 '밟는 → 밥는 → 밤는'과 같은 음운변화과정에서 1단계는 'ㄼ → ㅂ(밟- → 밥-)'과 같이 'ㄹ'에 닿소리빠짐이 적용되고, 2단계는 'ㅂ → ㅁ(밥- → 밤-)'과 같이 'ㅂ'에 콧소리되기가 적용된다.

　(162ㄷ)은 닿소리이어바뀜의 환경에서 앞 닿소리가 'ㅄ'이고, 뒤 닿소리가 'ㄴ'인 경우이다. '없나'가 '없나 → 업나 → 엄나'와 같은 음운변화과정에서 1단계는 'ㅄ → ㅂ(없- → 업-)'과 같이 'ㅅ'에 닿소리빠짐이 적용되고, 2단계는 'ㅂ → ㅁ(업- → 엄-)'과 같이 'ㅂ'에 콧소리되기가 적용된다.

④ 흐름소리되기(유음화 : 流音化)

(163) ㄱ. 건립[걸립]　　　곤란[골란]　　　관람[괄람]　　　관련[괄련]

　　　　관리[괄리]　　　권력[궐력]　　　권리[궐리]　　　난로[날로]

　　　　난류[날류]　　　난리[날리]　　　논리[놀리]　　　단련[달련]

　　　　만리[말리]　　　문루[물루]　　　반론[발론]　　　본래[볼래]

　　　　본론[볼론]　　　분량[불량]　　　분류[불류]　　　분리[불리]

　　　　산란[살란]　　　신라[실라]　　　신뢰[실뢰/–뤠]　신립[실립]

　　　　안락[알락]　　　언론[얼론]　　　연락[열락]　　　연례[열례]

　　　　윤리[율리]　　　원래[월래]　　　원리[월리]　　　인류[일류]

　　　　전략[절략]　　　전류[절류]　　　진로[질로]　　　전략[절략]

　　　　진리[질리]　　　찬란[찰란]　　　천리[철리]　　　편리[펼리]

　　　　한류[할류]　　　혼란[홀란]　　　훈련[훌련]　　　대관령[대괄령]

　　　　반란군[발란군]　산림관[살림관]　삼천 리[삼철리]　손난로[손날로]

　　　　열네 살[열레살]　열네 자[열레자]　전람회[절람회/–훼]

　　　　전라도[절라도]　진료비[질료비]　한라산[할라산]

　　ㄴ. 삼천 리[삼철리]　　천 리[철리]

　　ㄷ. 달나라[달라라]　　들녘[들력]　　　별난[별란]

　　　　별님[별림]　　　불나다[불라다]　실내[실래]　　　실내화[실래화]

　　　　아들놈[아들롬]　유별난[유별란]　줄넘기[줄럼끼]

　　　　찰나[찰라]　　　칼날[칼랄]

　　　　백발노인[백빨로인]　　아들내미[아들래미]　　스물네 자[스물레자]

　　　　열네 시간[열레시간]　　고무줄놀이[고무줄로리]

　　ㄹ. 일 년[일련]

　　ㅁ. 뚫는[뚤른]　　　싫네[실레]　　　앓는[알른]　　　잃는[일른]

　　　　핥느라[할르라]　끓는[끌는 → 끌른]

　　ㅂ. 물난리[물랄리]

(163ㄱ)은 표준발음법 제20항 (1)에 규정하고 있다. 보기는 닿소리이어

바뀜의 환경에서 앞 닿소리가 'ㄴ'이고, 뒤 닿소리가 'ㄹ'인 경우에 'ㄴ'이 'ㄹ'을 닮아 [ㄹ]로 실현된 것이다. 이는 치닮음이다. '권리'는 '권리 → 궐리'와 같은 음운변화과정에서 'ㄴ → ㄹ(권- → 궐-)'과 같이 'ㄴ'에 흐름소리되기가 적용된다.

(163ㄴ)의 '삼천 리'에서 '리'는 '거리의 단위'이기 때문에 띄어서 표기했지만(한글맞춤법 제43항 참조), 이 경우는 두 낱말을 이어서 한 마디로 발음하면 '삼천리[삼철리]'와 같이 앞 닿소리 'ㄴ'이 뒤 닿소리 'ㄹ'을 닮아 [ㄹ]로 실현된 흐름소리되기이다. 이는 치닮음이다. '삼천 리'는 '삼천리 → 삼철리'와 같은 음운변화과정에서 'ㄴ → ㄹ(-천- → -철-)'과 같이 'ㄴ'에 흐름소리되기가 적용된다.

(163ㄷ)은 표준발음법 제20항 (2)에 규정하고 있다. 보기는 닿소리이어 바뀜의 환경에서 앞 닿소리가 'ㄹ'이고, 뒤 닿소리가 'ㄴ'인 경우에 'ㄴ'이 'ㄹ'을 닮아 [ㄹ]로 실현된 것이다. 이는 내리닮음이다. '고무줄놀이'가 '고무줄놀이 → 고무줄롤이 → 고무줄로리'와 같은 음운변화과정에서 1단계는 'ㄴ → ㄹ(-놀- → -롤-)'과 같이 'ㄴ'에 흐름소리되기가 적용되고, 2단계는 '-롤이 → -로리'와 같이 이음소리규칙이 적용된다.

(163ㄹ)의 '일 년'에서 '년'은 '해를 세는 단위'이기 때문에 띄어서 표기했지만(한글맞춤법 제43항 참조), 이 경우는 두 낱말을 이어서 한 마디로 발음하면 '일년[일련]'과 같이 뒤 닿소리 'ㄴ'이 앞 닿소리 'ㄹ'을 닮아 [ㄹ]로 실현된 흐름소리되기이다. 이는 내리닮음이다. '일 년'은 '일년 → 일련'과 같은 음운변화과정에서 'ㄴ → ㄹ(-년 → -련)'과 같이 'ㄴ'에 흐름소리되기가 적용된다.

(163ㅁ)은 표준발음법 제20항 [붙임]에 규정하고 있다. 이 규정은 첫소리 'ㄴ'이 'ㅀ', 'ㄾ' 뒤에 연결되는 경우에도 흐름소리되기가 실현된다는 내용이다. '잃는'이 '잃는 → 일는 → 일른'과 같은 음운변화과정에서 1단계는 'ㅀ → ㄹ(잃- → 일-)'과 같이 'ㅎ'에 닿소리빠짐이 적용되고, 2단계는 'ㄴ

→ ㄹ(-는→ -른)'과 같이 뒤 닿소리 'ㄴ'에 흐름소리되기가 적용된다.

(163ㅂ)의 '물난리'가 '물난리 → 물란리 → 물랄리'와 같은 소리마디 순서에 따른 음운변화과정에서 1단계는 'ㄴ → ㄹ(-난- → -란-)'과 같이 'ㄴ'에 흐름소리되기가 적용된 내리닮음이고, 2단계는 'ㄴ → ㄹ(-란- → -랄-)'과 같이 'ㄴ'에 흐름소리되기가 적용된 치닮음이다. 즉 전자(1단계)는 뒤 닿소리 'ㄴ'이 앞 닿소리 'ㄹ'을 닮아 'ㄹ'로 실현된 경우이고, 후자(2단계)는 앞 닿소리 'ㄴ'이 뒤 닿소리 'ㄹ'을 닮아 'ㄹ'로 실현된 경우이다.

❺ 입술소리되기(순음화 : 脣音化)

(164) ㄱ. 건물(×[검물])　　　　견문(×[겸문])　　　　근무(×[금무])
　　　긴밀(×[김밀])　　　　논문(×[놈문])　　　　눈만(×[눔만])
　　　눈물(×[눔물])　　　　돈만(×[돔만])　　　　만물(×[맘물])
　　　문맥(×[뭄맥])　　　　문명(×[뭄명])　　　　문물(×[뭄물])
　　　민망(×[밈망])　　　　반면(×[밤면])　　　　변명(×[볌명])
　　　분명(×[붐명])　　　　뿐만(×[뿜만])　　　　산맥(×[삼맥])
　　　선명(×[섬명])　　　　선물(×[섬물])　　　　손만(×[솜만])
　　　손목(×[솜목])　　　　신문(×[심문])　　　　연맹(×[염맹])
　　　온몸(×[옴몸])　　　　운명(×[움명])　　　　원망(×[웜망])
　　　웬만(×[웸만])　　　　인마(×[임마])　　　　인명(×[임명])
　　　인물(×[임물])　　　　전망(×[점망])　　　　전문(×[점문])
　　　준말(×[줌말])　　　　찬물(×[참물])　　　　천막(×[첨막])
　　　천만(×[첨만])　　　　친목(×[침목])　　　　친밀(×[침밀])
　　　큰맘(×[큼맘])　　　　판매(×[팜매])　　　　한명(×[함명])
　　　한문(×[함문])　　　　한번(×[함번])　　　　현명(×[혐명])
　　　현미(×[혐미])　　　　훈민(×[훔민])
　　　눈망울(×[눔망울])　　반만년(×[밤만년])　　빈민가(×[빔민가])
　　　사진만(×[사짐만])　　산마루(×[삼마루])　　산마을(×[삼마을])

산모롱이(×[삼모롱이])	산모퉁이(×[삼모퉁이])	손마디(×[솜마디])
신문지(×[심문지])	오래간만(×[오래감만])	이건만(×[이검만])
이번만(×[이범만])	잠깐만(×[잠깜만])	전문가(×[점문가])
중간막(×[중감막])	피란민(×[피람민])	한마당(×[함마당])
한마디(×[함마디])	한마을(×[함마을])	한마음(×[함마음])
훈민가(×[훔민가])		

ㄴ. 단맛[단맏](×[담맏])　　　　연못[연몯](×[염몯])

(164)처럼 앞 닿소리가 'ㄴ'이고, 뒤 닿소리가 'ㅁ'인 경우는 표준발음법 제21항의 보기에 없지만, 이는 음운변화현상으로 보아 제21항의 규정에 해당하는 것으로 추정한다. 이 규정은 위와 같은 경우에 닿소리닮음을 인정하지 않는다는 내용인데, 이는 비표준발음이라는 의미이다. (164ㄱ)은 표기와 표준발음이 같기 때문에, 비표준발음만 기술한 경우이고, (164ㄴ)은 표기와 표준발음이 다르기 때문에 표준발음과 비표준발음 모두 기술한 경우이다. 이는 닿소리이어바뀜의 환경에서 앞 닿소리 'ㄴ'('건-, 근-, 눈-' 등의 끝소리)이 뒤 닿소리 'ㅁ'('-물, -무, -만' 등의 첫소리)을 닮아, 'ㄴ → ㅁ'과 같이 'ㄴ'의 입술소리되기가 실현된 경우이다.

(164ㄱ)의 '건물'은 '건물 → 검물'과 같은 음운변화과정에서 'ㄴ → ㅁ(건- → 검-)'과 같이 'ㄴ'에 입술소리되기가 적용된다. 그러므로 교과서에 표기된 '건물'은 표준발음 [건물]과 같지만, 입술소리되기가 적용된 비표준발음 [검물]은 표기와 다르다.

(164ㄴ)의 '단맛'이 '단맛 → 단맏 → 담맏'과 같은 음운변화과정에서 1단계는 'ㅅ → ㄷ(-맛 → -맏)'과 같이 'ㅅ'에 받침규칙이 적용되고, 2단계는 'ㄴ → ㅁ(단- → 담-)'과 같이 'ㄴ'에 입술소리되기가 적용된다. 1단계에서 실현된 [단맏]은 표준발음이고, 2단계에서 실현된 [담맏]은 비표준발음이다.

(165) ㄱ. 거짓말[거진말](×[거짐말])　　　　것만[건만](×[검만])

고갯마루[고갠마루](×[고갬마루])　곳마다[곤마다](×[곰마다])

그것마저[그건마저](×[그검마저])　그것만[그건만](×[그검만])

그릇마다[그른마다](×[그름마다])　그릇만[그른만](×[그름만])

깻묵[깬묵](×[깸묵])　　　　　　　낚싯물[낙쑨물](×[낙쑴물])

냇물[낸물](×[냄물])　　　　　　　노랫말[노랜말](×[노램말])

노릇만[노른만](×[노름만])　　　　뒷마을[뒨마을](×[뒴마을])

뒷말[뒨말](×[뒴말])　　　　　　　뒷머리[뒨머리](×[뒴머리])

뒷면[뒨면](×[뒴면])　　　　　　　뒷모습[뒨모습](×[뒴모습])

뒷문[뒨문](×[뒴문])　　　　　　　맛만[만만](×[맘만])

못마땅[몬마땅](×[몸마땅])　　　　바깥문[바깐문](×[바깜문])

바닷물[바단물](×[바담물])　　　　비눗물[비눈물](×[비눔물])

빗물(빈물](×[빔물])　　　　　　　샛문[샌문](×[샘문])

셋만[센만](×[셈만])　　　　　　　손맛[손맏](×[솜맏])

수돗물[수돈물](×[수돔물])　　　　시냇물[시낸물](×[시냄물])

아랫마을[아랜마을](×[아램마을])　옛말[옌말](×[옘말])

옷만[온만](×[옴만])　　　　　　　옷맵시[온맵씨](×[옴맵씨])

윗말[윈말](×[윔말])　　　　　　　윗목[윈목](×[윔목])

윗몸[윈몸](×[윔몸])　　　　　　　이것만[이건만](×[이검만])

첫마디[천마디](×[첨마디])　　　　콧물[콘물](×[콤물])

팻말[팬말](×[팸말])　　　　　　　허드렛물[허드렌물](×[허드렘물])

혼잣말[혼잔말](×[혼잠말])

ㄴ. 낮말[난말](×[남말])　　　　　　　맞물리게[만물리게](×[맘물리게])

ㄷ. 꽃마다[꼰마다](×[꼼마다])　　　　꽃만[꼰만](×[꼼만])

꽃말[꼰말](×[꼼말])　　　　　　　꽃무늬[꼰무니](×[꼼무니])

몇몇[면면](×[멈면])　　　　　　　불빛만[불삔만](×[불뻼만])

빛만[빈만](×[빔만])

ㄹ. 꽃 모양[꼰모양](×[꼼모양])　　　　다섯 마리[다선마리](×[다섬마리])

다섯 명[다선명](×[다섬명])　　　　몇 마디[면마디](×[멈마디])

몇 마리[면마리](×[멈마리])　　　　몇 명[면명](×[멈명])

몇 문단[면문단](×[멈문단])　　버섯 모양[버선모양](×[버섬모양])

여섯 마리[여선마리](×[여섬마리])　첫 문단[천문단](×[첨문단])

ㅁ. 겉모양[건모양](×[검모양])　　끝만[끈만](×[끔만])

끝맺는[끈맨는](×[끔맨는])　　　끝머리[끈머리](×[끔머리])

낱말[난말](×[남말])　　　　　털끝만큼[털끈만큼](×[털끔만큼])

(165ㄱ, ㄷ, ㄹ, ㅁ)처럼 앞 닿소리가 'ㅅ·ㅊ·ㅌ' 등이고, 뒤 닿소리가 'ㅁ'인 경우는 표준발음법 제21항의 보기에 없지만, 이는 음운변화현상으로 보아 제21항의 규정에 해당하는 것으로 추정한다. 이 규정은 위와 같은 경우에 닿소리닮음을 인정하지 않는다는 내용인데, 이는 비표준발음이라는 의미이다. 보기는 표기와 표준발음이 다르기 때문에, 표준발음과 비표준발음을 모두 기술한 경우이다. 이 경우에 하나의 음운변화과정에서 표준발음과 비표준발음을 모두 나타내기 위해서는 받침규칙, 콧소리되기, 입술소리되기 등의 순서로 규칙을 적용한다.

(165ㄱ)은 닿소리이어바꿈의 환경에서 앞 닿소리가 'ㅅ'이고, 뒤 닿소리가 'ㅁ'인 경우에 앞 닿소리의 입술소리되기가 실현된 경우이다. '거짓말'이 '거짓말 → 거짇말 → 거진말 → 거짐말'과 같은 소리마디 순서에 따른 음운변화과정에서 1단계는 'ㅅ → ㄷ(-짓- → -짇-)'과 같이 'ㅅ'에 받침규칙이 적용되고, 2단계는 'ㄷ → ㄴ(-짇- → -진-)'과 같이 'ㄷ'에 콧소리되기가 적용되고, 3단계는 'ㄴ → ㅁ(-진- → -짐-)'과 같이 'ㄴ'에 입술소리되기가 적용된다. 2단계에서 실현된 [거진말]은 표준발음이고, 3단계에서 실현된 [거짐말]은 비표준발음이다.

(165ㄴ)은 표준발음법 제21항에 규정하고 있다. 이 규정은 위와 같은 경우에 닿소리닮음을 인정하지 않는다는 내용이다. 이는 비표준발음이라는 의미이다. 보기는 표기와 표준발음이 다르기 때문에 표준발음과 비표준발음을 모두 기술한 경우이다. '낱말'이 '낱말 → 낟말 → 난말 → 남말'과 같은 음운변화과정에서 1단계는 'ㅌ → ㄷ(낱- → 낟-)'과 같이 'ㅌ'에 받침규

칙이 적용되고, 2단계는 'ㄷ → ㄴ(낟- → 난-)'과 같이 'ㄷ'에 콧소리되기가 적용되고, 3단계는 'ㄴ → ㅁ(난- → 남-)'과 같이 'ㄴ'에 입술소리되기가 적용된다. 2단계에서 실현된 [난말]은 표준발음이고, 3단계에서 실현된 [남말]은 비표준발음이다.

(165ㄷ)은 앞 닿소리가 'ㅊ'이고, 뒤 닿소리가 'ㅁ'인 경우이다. '꽃마다'가 '꽃마다 → 꼳마다 → 꼰마다 → 꼼마다'와 같은 음운변화과정에서 1단계는 'ㅊ → ㄷ(꽃- → 꼳-)'과 같이 'ㅊ'에 받침규칙이 적용되고, 2단계는 'ㄷ → ㄴ(꼳- → 꼰-)'과 같이 'ㄷ'에 콧소리되기가 적용되고, 3단계는 'ㄴ → ㅁ(꼰- → 꼼-)'과 같이 'ㄴ'에 입술소리되기가 적용된다. 2단계에서 실현된 [꼰마다]는 표준발음이고, 3단계에서 실현된 [꼼마다]는 비표준발음이다.

(165ㄹ)은 표준발음법 제18항 [붙임]에 규정하고 있다. 이는 '옷 맞추다 [온맏추다]와 같이 두 낱말을 이어서 한 마디로 발음하는 경우에도 콧소리되기로 규정하는 내용이다. '버섯 모양'이 '버섯모양 → 버섣모양 → 버선모양 → 버섬모양'과 같은 음운변화과정에서 1단계는 'ㅅ → ㄷ(-섯- → -섣-)'과 같이 'ㅅ'에 받침규칙이 적용되고, 2단계는 'ㄷ → ㄴ(-섣- → -선-)'과 같이 'ㄷ'에 콧소리되기가 적용되고, 3단계는 'ㄴ → ㅁ(-선- → -섬-)'과 같이 'ㄴ'에 입술소리되기가 적용된다. 이 과정에서 콧소리되기가 적용된 [버선모양]은 표준발음이고, 입술소리되기가 적용된 [버섬모양]은 비표준발음이다.

(165ㅁ)은 닿소리이어바뀜의 환경에서 앞 닿소리가 'ㅌ'이고, 뒤 닿소리가 'ㅁ'인 경우에 앞 닿소리의 입술소리되기가 실현된 경우이다. '끝맺는'이 '끝맺는 → 끋맫는 → 끈맨는 → 끔맨는'과 같은 음운변화과정에서 1단계는 'ㅌ → ㄷ(끝- → 끋-)'과 같이 'ㅌ'에 받침규칙과 'ㅈ → ㄷ(-맺- → -맫-)'과 같이 'ㅈ'에 받침규칙이 각각 적용되고, 2단계는 'ㄷ → ㄴ(끋- → 끈)'과 같이 'ㄷ'에 콧소리되기와 'ㄷ → ㄴ(-맫- → -맨-)'과 같이 'ㄷ'에

콧소리되기가 각각 적용되고, 3단계는 'ㄴ → ㅁ(끈- → 끔-)'과 같이 'ㄴ'에 입술소리되기가 적용된다. 2단계에서 실현된 [끈맨는]은 표준발음이고, 3단계에서 실현된 [끔맨는]은 비표준발음이다.

(166) ㄱ. 간발(×[감발])　　　간밤(×[감밤])　　　건방지다(×[검방지다])

　　　관복(×[광복])　　　군밤(×[굼밤])　　　눈보다(×[눔보다])

　　　눈보라(×[눔보라])　눈부시다(×[눔부시다])눈부신(×[눔부신])

　　　단비(×[담비])　　　맨발(×[맴발])　　　먼바다(×[멈바다])

　　　문방구(×[뭄방구])　반박(×[밤박])　　　반밖에(×[밤바께])

　　　반복(×[밤복])　　　분별(×[붐별])　　　분부(×[붐부])

　　　분비(×[붐비])　　　빈방(×[빔방])　　　선박(×[섬박])

　　　선발(×[섬발])　　　선보는(×[섬보는])　선비(×[섬비])

　　　손발(×[솜발])　　　신발(×[심발])　　　신부(×[심부])

　　　신비(×[심비])　　　신분제(×[심분제])　안보리(×[암보리])

　　　안부(×[암부])　　　연방(×[염방])　　　완벽(×[왐벽])

　　　원본(×[웜본])　　　전부(×[점부])　　　전부터(×[점부터])

　　　준비(×[줌비])　　　준비물(×[줌비물])　지난번(×[지남번])

　　　찬밥(×[참밥])　　　천박(×[첨박])　　　천벌(×[첨벌])

　　　큰북(×[큼북])　　　한밤(×[함밤])　　　한번(×[함번])

　　　한복판(×[함복판])　헌병(×[험병])　　　환불(×[황불])

　　ㄴ. 눈뿐(×[눔뿐])　　손뼉(×[솜뼉])　　　잔뼈(×[잠뼈])

　　　잔뿌리(×[잠뿌리])

(166)은 표준발음법 제21항의 보기 중 '문법'과 비교하면, 앞 닿소리('ㄴ')와 뒤 닿소리('ㅂ')가 같다. 그러나 음운변화규칙에서 보기는 입술소리되기만 적용되는데, 제21항 '문법'은 된소리되기와 입술소리되기가 적용되어 차이를 나타내고 있다. 보기는 표기와 표준발음이 같기 때문에, 비표준발음만 기술한 경우이다. 이는 닿소리이어바뀜의 환경에서 앞 닿소리 'ㄴ'(간-, 건-, 눈- 등의 끝소리)이 뒤 닿소리 'ㅂ · ㅃ'('-발, -방-, -보-'

등의 첫소리) 등을 닮아, 'ㄴ → ㅁ'과 같이 'ㄴ'의 입술소리되기가 실현된 경우이다.

(166ㄱ)은 닿소리이어바뀜의 환경에서 앞 닿소리가 'ㄴ'이고, 뒤 닿소리가 'ㅂ'인 경우이다. '간발'은 '간발 → 감발'과 같은 음운변화과정에서 'ㄴ → ㅁ(간- → 감-)'과 같이 'ㄴ'에 입술소리되기가 적용된다. 그러므로 교과서에 표기된 '간발'은 표준발음 [간발]과 같지만, 입술소리되기가 적용된 비표준발음 [감발]은 표기와 다르다.

(166ㄴ)은 닿소리이어바뀜의 환경에서 앞 닿소리가 'ㄴ'이고, 뒤 닿소리가 'ㅃ'인 경우이다. '눈뿐'은 '눈뿐 → 눔뿐'과 같은 음운변화과정에서 'ㄴ → ㅁ(눈- → 눔-)'과 같이 'ㄴ'에 입술소리되기가 적용된다. 그러므로 교과서에 표기된 '눈뿐'은 표준발음 [눈뿐]과 같지만, 입술소리되기가 적용된 비표준발음 [눔뿐]은 표기와 다르다.

(167) ㄱ. 논밭[논받](×[놈받])　　　눈밭[눈받](×[눔받])
　　　　눈병[눈뼝](×[눔뼝])　　　눈빛[눈삗](×[눔삗])
　　　　단칸방[단칸빵](×[단캄빵])　돈벌이[돈뻐리](×[돔뻐리])
　　　　문밖[문박](×[뭄박])　　　문법[문뻡](×[뭄뻡])
　　　　손바닥[손빠닥](×[솜빠닥])　신바람[신빠람](×[심빠람])
　　　　안방[안빵](×[암빵])
　　ㄴ. 곧바로[곧빠로](×[곱빠로])

(167ㄱ)은 표준발음법 제21항에 규정하고 있다. 이 규정은 보기와 같은 경우에 닿소리닮음을 인정하지 않는다는 내용이다. 이는 비표준발음이라는 의미이다. 보기는 표기와 표준발음이 다르기 때문에, 표준발음과 비표준발음을 모두 기술한 경우이다. 이는 닿소리이어바뀜의 환경에서 앞 닿소리가 'ㄴ'('눈-, -칸-' 등의 끝소리)이고, 뒤 닿소리가 'ㅂ'('-병, -방' 등의 첫소리)인 경우에 'ㄴ → ㅁ'과 같이 'ㄴ'의 입술소리되기가 실현된 경우이

다. '눈빛'이 '눈빛 → 눈빋 → 눈삧 → 눔삧'과 같은 음운변화과정에서 1단
계는 'ㅊ → ㄷ(-빛 → -빋)'과 같이 'ㅊ'에 받침규칙이 적용되고, 2단계는
'ㅂ → ㅃ(-빋 → -삧)'과 같이 'ㅂ'에 된소리되기가 적용되고, 3단계는 'ㄴ
→ ㅁ(눈- → 눔-)'과 같이 'ㄴ'에 입술소리되기가 적용된다. 이 경우에 2
단계에서 실현된 [눈삧]은 표준발음이고, 3단계에서 실현된 [눔삧]은 비표
준발음이다.

(167ㄴ)의 경우에 앞 닿소리가 'ㄷ'이고, 뒤 닿소리가 'ㅂ'인 경우는 표준
발음법 제21항의 보기에 없지만, 이는 음운변화현상으로 보아 제21항의
규정에 해당하는 것으로 추정한다. 이 규정은 위와 같은 경우에 닿소리닮
음을 인정하지 않는다는 내용인데, 이는 비표준발음이라는 의미이다. '곧
바로'가 '곧바로 → 곧빠로 → 곱빠로'와 같은 음운변화과정에서 1단계는
'ㅂ → ㅃ(-바- → -빠-)'과 같이 'ㅂ'에 된소리되기가 적용되고, 2단계는
'ㄷ → ㅂ(곧- → 곱-)'과 같이 'ㄷ'에 입술소리되기가 적용된다. 그러므로
교과서에 표기된 '곧바로'의 표준발음은 1단계에서 실현된 [곧빠로]이고,
비표준발음은 입술소리되기가 적용된 [곱빠로]이다.

(168) ㄱ. 것뿐[걷뿐](×[겁뿐])   것밖에[걷빠께](×[겁빠께])
　　　것보다[걷뽀다](×[겁뽀다])   고것뿐[고걷뿐](×[고겁뿐])
　　　고깃배[고긷빼](×[고깁빼])   곳불[곧뿔](×[곱뿔])
　　　공깃밥[공긷빱](×[공깁빱])   구둣발[구둗빨](×[구둡빨])
　　　그것밖에[그걷빠께](×[그겁빠께])   깃발[긷빨](×[깁빨])
　　　나룻배[나룯빼](×[나룹빼])   난롯불[날롣뿔](×[날롭뿔])
　　　담뱃불[담밷뿔](×[담뱁뿔])   대팻밥[대팯빱](×[대팹빱])
　　　덧붙는[덛뿐는](×[덥뿐는])   덧붙여[덛뿌처](×[덥뿌처])
　　　덧붙인[덛뿌친](×[덥뿌친])   뒷받침[뒫빧침](×[뒵빧침])
　　　뒷밭[뒫빧](×[뒵빧])   뒷부분[뒫뿌분](×[뒵뿌분])
　　　등댓불[등댇뿔](×[등댑뿔])   뜻밖[뜯빡](×[뜹빡])
　　　마룻바닥[마룯빠닥](×[마룹빠닥])   맛보다[맏뽀다](×[맙뽀다])

맛볼[맏뽈](×[맙뽈])　　　　　맞부딪치[맏뿌딛치](×[맙뿌딛치])
무엇보다[무얻뽀다](×[무업뽀다])　무엇부터[무얻뿌터](×[무업뿌터])
무지갯빛[무지갣삗](×[무지갭삗])　반딧불이[반딛뿌리](×[반딥뿌리])
방긋방긋[방귿빵귿](×[방급빵귿])　버릇부터[버륻뿌터](×[버릅뿌터])
보랏빛[보랃삗](×[보랍삗])　　　　빗방울[빋빵울](×[빕빵울])
샛바람[샏빠람](×[샙빠람])　　　　아랫부분[아랟뿌분](×[아랩뿌분])
어젯밤[어젣빰](×[어젭빰])　　　　엿보다[엳뽀다](×[엽뽀다])
엿볼[엳뽈](×[엽뽈])　　　　　　옷본[옫뽄](×[옵뽄])
윗부분[윋뿌분](×[윕뿌분])　　　　자줏빛[자줃삗](×[자줍삗])
잿빛[잳삗](×[잽삗])　　　　　　짓밟고[짇빱꼬](×[집빱꼬])
짓밟은[짇빨븐](×[집빨븐])　　　　촛불[촏뿔](×[춉뿔])
콧방귀[콛빵귀](×[콥빵귀])　　　　텃밭[턷빧](×[텁빧])
핏발[핃빨](×[핍빨])　　　　　　하룻밤[하룯빰](×[하룹빰])
햇볕[핻뼏](×[햅뼏])　　　　　　햇빛[핻삗](×[햅삗])
혓바닥[혇빠닥](×[협빠닥])　　　　햇불[핻뿔](×[햅뿔])

ㄴ. 낮보다[낟뽀다](×[납뽀다])

ㄷ. 꽃밭[꼳빧](×[꼽빧])　　　　　꽃병[꼳뼝](×[꼽뼝])
꽃봉우리[꼳뽕우리](×[꼽뽕우리])　낯빛[낟삗](×[납삗])
몇백[멷빽](×[멥빽])

ㄹ. 끝부터[끋뿌터](×[끕뿌터])　　　밑바닥[믿빠닥](×[밉빠닥])
밑부분[믿뿌분](×[밉뿌분])

　(168ㄱ, ㄴ, ㄹ)처럼 앞 닿소리가 'ㅅ·ㅈ·ㅌ' 등이고, 뒤 닿소리가 'ㅂ·
ㅃ' 등인 경우는 표준발음법 제21항의 보기에 없지만, 이는 음운변화현상
으로 보아 제21항의 규정에 해당하는 것으로 추정한다. 이 규정은 위와 같
은 경우에 닿소리닮음을 인정하지 않는다는 내용인데, 이는 비표준발음이
라는 의미이다. 보기는 표기와 표준발음이 다르기 때문에, 표준발음과 비
표준발음을 모두 기술한 경우이다. 이 경우에 하나의 음운변화과정에서 표
준발음과 비표준발음을 모두 실현하기 위해서는 받침규칙, 된소리되기, 입

술소리되기 등의 순서로 규칙을 적용한다.

(168ㄱ)의 '것뿐'이 '것뿐 → 걷뿐 → 겁뿐'과 같은 음운변화과정에서 1단계는 'ㅅ → ㄷ(것- → 걷-)'과 같이 'ㅅ'에 받침규칙이 적용되고, 2단계는 'ㄷ → ㅂ(걷- → 겁-)'과 같이 'ㄷ'에 입술소리되기가 적용된다. 이 경우에 1단계에서 실현된 [걷뿐]은 표준발음이고, 2단계에서 실현된 [겁뿐]은 비표준발음이다.

(168ㄴ)은 닿소리이어바뀜의 환경에서 앞 닿소리가 'ㅈ'이고, 뒤 닿소리가 'ㅂ'인 경우에 앞 닿소리의 입술소리되기가 실현된 것이다. '낮보다'가 '낮보다 → 낟보다 → 낟뽀다 → 납뽀다'와 같은 음운변화과정에서 1단계는 'ㅈ → ㄷ(낮- → 낟-)'과 같이 'ㅈ'에 받침규칙이 적용되고, 2단계는 'ㅂ → ㅃ(-보- → -뽀-)'과 같이 'ㅂ'에 된소리되기가 적용되고, 3단계는 'ㄷ → ㅂ(낟- → 납-)'과 같이 'ㄷ'에 입술소리되기가 적용된다. 2단계에서 실현된 [낟뽀다]는 표준발음이고, 3단계에서 실현된 [납뽀다]는 비표준발음이다.

(168ㄷ)은 표준발음법 제21항에 규정하고 있다. 이 규정은 보기와 같은 경우에 닿소리닮음을 인정하지 않는다는 내용이다. 이는 비표준발음이라는 의미이다. 보기는 닿소리이어바뀜의 환경에서 앞 닿소리가 'ㅊ'이고, 뒤 닿소리가 'ㅂ'인 경우에 앞 닿소리의 입술소리되기가 실현된 것이다. '꽃밭'이 '꽃밭 → 꼳받 → 꼳빧 → 꼽빧'과 같은 음운변화과정에서 1단계는 'ㅊ → ㄷ(꽃- → 꼳-)'과 같이 'ㅊ'에 받침규칙과 'ㅌ → ㄷ(-밭 → -받)'과 같이 'ㅌ'에 받침규칙이 각각 적용되고, 2단계는 'ㅂ → ㅃ(-받- → -빧-)'과 같이 'ㅂ'에 된소리되기가 적용되고, 3단계는 'ㄷ → ㅂ(꼳- → 꼽-)'과 같이 'ㄷ'에 입술소리되기가 적용된다. 2단계에서 실현된 [꼳빧]은 표준발음이고, 3단계에서 실현된 [꼽빧]은 비표준발음이다.

(168ㄹ)은 닿소리이어바뀜의 환경에서 앞 닿소리가 'ㅌ'이고, 뒤 닿소리가 'ㅂ'인 경우에 앞 닿소리의 입술소리되기가 실현된 것이다. '끝부터'가 '끝부터 → 끋부터 → 끋뿌터 → 끕뿌터'와 같은 음운변화과정에서 1단계

는 'ㅌ → ㄷ(끝- → 끋-)'과 같이 'ㅌ'에 받침규칙이 적용되고, 2단계는 'ㅂ → ㅃ(-부- → -뿌-)'과 같이 'ㅂ'에 된소리되기가 적용되고, 3단계는 'ㄷ → ㅂ(끋- → 끕-)'과 같이 'ㄷ'에 입술소리되기가 적용된다. 2단계에서 실현된 [끋뿌터]는 표준발음이고, 3단계에서 실현된 [끕뿌터]는 비표준발음이다.

(169) ㄱ. 간편(×[감편])　　　　연필(×[염필])　　　　인품(×[임품])
　　　　한편(×[함편])
　　 ㄴ. 안팎[안팍](×[암팍])

(169)처럼 앞 닿소리가 'ㄴ'이고, 뒤 닿소리가 'ㅍ'인 경우는 표준발음법 제21항의 보기에 없지만, 이는 음운변화현상으로 보아 제21항의 규정에 해당하는 것으로 추정한다. 이 규정은 위와 같은 경우에 닿소리닮음을 인정하지 않는다는 내용인데, 이는 비표준발음이라는 의미이다. (169ㄱ)은 표기와 표준발음이 같기 때문에, 비표준발음만 기술한 경우이고, (169ㄴ)은 표기와 표준발음이 다르기 때문에, 표준발음과 비표준발음을 모두 기술한 경우이다.

(169ㄱ)은 닿소리이어바뀜의 환경에서 앞 닿소리가 'ㄴ'이고, 뒤 닿소리가 'ㅍ'인 경우에 'ㄴ → ㅁ'과 같이 'ㄴ'의 입술소리되기가 실현된 것이다. '연필'은 '연필 → 염필'과 같은 음운변화과정에서 'ㄴ → ㅁ(연- → 염-)'과 같이 'ㄴ'에 입술소리되기가 적용된다.

(169ㄴ)의 '안팎'이 '안팎 → 안팍 → 암팍'과 같은 음운변화과정에서 1단계는 'ㄲ → ㄱ(-팎 → -팍)'과 같이 'ㄲ'에 받침규칙이 적용되고, 2단계는 'ㄴ → ㅁ(안- → 암-)'과 같이 'ㄴ'에 입술소리되기가 적용된다.

⑥ 센입천장소리되기(경구개음화 : 硬口蓋音化)

(170) ㄱ. 굳이[구지]　　　　　　맏이[마지]　　　　　미닫이[미다지]

　　　　반닫이[반다지]　　　　해돋이[해도지]

　　ㄴ. 같이[가치]　　　　　　끝이[끄치]　　　　　논밭이[논바치]

　　　　밥솥이[밥쏘치]　　　　밥솥임[밥쏘침]　　　붙이다[부치다]

　　　　붙인[부친]　　　　　　붙일[부칠]　　　　　붙임[부침]

　　　　샅샅이[산싸치]　　　　쇠붙이[쇠부치/쉐－]

　　ㄷ. 붙여[부쳐 → 부처]

　　ㄹ. 갇힌[같인 → 가친]　　　갇힘[가침]　　　　　닫히다[다치다]

　　　　닫힌[다친]　　　　　　묻히다[무치다]

　　ㅁ. 갇혀[같여 → 가쳐 → 가처]　닫혀[다처]　　　묻혀[무처]

　　(170)은 표준발음법 제17항에 규정하고 있다. 보기는 앞 소리마디의 받침 'ㄷ, ㅌ' 등이 뒤 홀소리(반홀소리 'ㅣ'나 홀소리 'ㅣ')와 결합되어, [ㅈ, ㅊ] 등과 같이 센입천장소리되기가 실현된 경우이다. 이는 표준발음이다.

　　(170ㄱ)은 앞 소리마디의 받침 'ㄷ'('굳－'의 끝소리)이 뒤 홀소리 'ㅣ'('－이')와 결합되어, 'ㄷ'의 센입천장소리되기가 실현된 경우이다. '굳이'는 '굳이 → 구지'와 같은 음운변화과정에서 'ㄷ → ㅈ'과 같이 'ㄷ'에 센입천장소리되기가 적용된다. 이 경우에 표기는 '굳이'이고, 표준발음은 [구지]이다.

　　(170ㄴ)은 앞 소리마디의 받침 'ㅌ'('같－, 끝－' 등의 끝소리)이 뒤 홀소리 'ㅣ'('－이, －인' 등)와 결합되어, 'ㅌ'의 센입천장소리되기가 실현된 경우이다. '같이'는 '같이 → 가치'와 같은 음운변화과정에서 'ㅌ → ㅊ'과 같이 'ㅌ'에 센입천장소리되기가 적용된다. '밥솥이'가 '밥솥이 → 밥쏱이 → 밥쏘치'와 같은 소리마디 순서에 따른 음운변화과정에서 1단계는 'ㅅ → ㅆ'과 같이 'ㅅ'에 된소리되기가 적용되고, 2단계는 'ㅌ → ㅊ(－쏱이 → －쏘치)'과 같이 'ㅌ'에 센입천장소리되기가 적용된다.

(170ㄷ)은 앞 소리마디의 받침 'ㅌ'('붙-'의 끝소리)이 뒤 홀소리 '-여'('ㅕ = ㅣ + ㅓ'에서 반홀소리 'ㅣ'인 경우)와 결합되어, 'ㅌ'의 센입천장소리되기가 실현된 경우이다. '붙여'가 '붙여 → 부쳐 → 부처'와 같은 음운변화과정에서 1단계는 'ㅌ → ㅊ'과 같이 'ㅌ'에 센입천장소리되기가 적용되고, 2단계는 'ㅕ → ㅓ(-쳐 → -처)'와 같이 'ㅕ'에 홑홀소리되기가 적용된다.

(170ㄹ)은 표준발음법 제17항 [붙임]에 규정하고 있다. 이 규정은 'ㄷ' 뒤에 뒷가지 '히'가 결합되어 '티'를 이루는 것은 [치]로 발음한다는 내용이다. 보기는 앞 소리마디의 받침 'ㄷ'('갇-'의 끝소리)이 뒤 소리마디의 '-힌'과 결합되어, 'ㅌ'의 센입천장소리되기가 실현된 경우이다. '갇힌'이 '갇힌 → 같인 → 가친'과 같은 음운변화과정에서 1단계는 'ㄷ + ㅎ → ㅌ(갇힌- → 같인-)'과 같이 'ㄷ'에 거센소리되기가 적용되고, 2단계는 'ㅌ → ㅊ(같인 → 가친)'과 같이 'ㅌ'에 센입천장소리되기가 적용된다.

(170ㅁ)은 앞 소리마디의 받침 'ㄷ'('갇-, 닫-, 묻-' 등의 끝소리)이 뒤 소리마디의 '-혀'와 결합되어, 'ㅌ'의 센입천장소리되기가 실현된 경우이다. '갇혀'가 '갇혀 → 같여 → 가쳐 → 가처'와 같은 음운변화과정에서 1단계는 'ㄷ + ㅎ → ㅌ(갇혀- → 같여-)'과 같이 'ㄷ'에 거센소리되기가 적용되고, 2단계는 'ㅌ → ㅊ(같여- → 가쳐-)'과 같이 'ㅌ'에 센입천장소리되기가 적용되고, 3단계는 'ㅕ → ㅓ(-쳐 → -처)'와 같이 'ㅕ'에 홑홀소리되기가 적용된다.

(171) ㄱ. 기다려[기다려](×[지다려]) 기다리[기다리](×[지다리])
　　　 기대다[기대다](×[지대다]) 기둥[기둥](×[지둥])
　　　 기름[기름](×[지름]) 기와[기와](×[지와])
　　　 기와집[기와집](×[지와집]) 기우제[기우제](×[지우제])
　　　 기울여[기우려](×[지우려]) 기울이[기우리](×[지우리])
　　　 기척[기척](×[지척]) 기침[기침](×[지침])
　　　 긴[긴](×[진]) 긴소리[긴소리](×[진소리])

길[길](×[질])　　　　　　길거나[길거나](×[질거나])

길게[길게](×[질게])　　　　길고[길고](×[질고])

길들여[길드려](×[질드려])　　길다[길다](×[질다])

길도[길도](×[질도])　　　　길로[길로](×[질로])

길며[길며](×[질며])　　　　길을[기를](×[지를])

길이[기리](×[지리])　　　　김[김](×[짐])

김장[김장](×[짐장])　　　　김치[김치](×[짐치])

ㄴ. 갈림길[갈림낄](×[갈림찔])　눈길[눈낄](×[눈찔])

들길[들낄](×[들찔])　　　물길[물낄](×[물찔])

발길[발낄](×[발찔])　　　산길[산낄](×[산찔])

손길[손낄](×[손찔])

ㄷ. 끼거나[끼거나](×[찌거나])　끼고[끼고](×[찌고])

끼리[끼리](×[찌리])　　　끼어[끼어](×[찌어])

끼쳐[끼쳐 → 끼처](×[찌쳐 → 찌처])　낀[낀](×[찐])

ㄹ. 겨루기[겨루기](×[겨루기 → 저루기])　겨우[겨우](×[겨우 → 저우])

견뎌[견뎌](×[견뎌 → 전뎌])　견딜[견딜](×[견딜 → 전딜])

결단[결딴](×[절딴 → 절딴])　곁에[겨테](×[겨테 → 저테])

곁을[겨틀](×[겨틀 → 저틀])

견디다[견디다](×[견디다 → 전디다])

ㅁ. 껴입고[껴입꼬](×[쪄입꼬 → 쩌입꼬])

(171)은 한 소리마디의 첫소리와 가운뎃소리인 홀소리 'ㅣ'나 반홀소리
'ㅣ'가 결합되어, 센입천장소리되기가 실현된 경우이다. 이는 비표준발음
이다. 보기는 'ㄱ → ㅈ', 'ㄲ → ㅉ' 등과 같이 센입천장소리되기 실현으로
인해 낱소리가 바뀐 경우이다.

(171ㄱ)은 첫소리마디의 첫소리 'ㄱ'('기-, 긴-' 등의 첫소리)이 가운뎃소
리인 홀소리 'ㅣ'('기'의 'ㅣ')와 결합되어, 'ㄱ'의 센입천장소리되기가 실현
된 것이다. '기다려'는 '기다려 → 지다려'와 같은 음운변화과정에서 'ㄱ →
ㅈ'과 같이 'ㄱ'에 센입천장소리되기가 적용된다.

(171ㄴ)은 끝소리마디의 첫소리 'ㄱ'('-길'의 첫소리)이 가운뎃소리인 홀소리 'ㅣ'('길'의 'ㅣ')와 결합되어, 'ㄱ'의 센입천장소리되기가 실현된 경우이다. '갈림길'이 '갈림길 → 갈림낄 → 갈림찔'과 같은 소리마디 순서에 따른 음운변화과정에서 1단계는 'ㄱ → ㄲ(-길 → -낄)'과 같이 'ㄱ'에 된소리되기가 적용되고, 2단계는 'ㄲ → ㅉ(-낄 → -찔)'과 같이 'ㄲ'에 센입천장소리되기가 적용된다.

(171ㄷ)은 첫소리마디의 첫소리인 'ㄲ'('끼-'의 첫소리)이 가운뎃소리인 홀소리 'ㅣ'('끼-'의 'ㅣ')와 결합되어, 'ㄲ'의 센입천장소리되기가 실현된 경우이다. '끼거나'는 '끼거나 → 찌거나'와 같은 음운변화과정에서 'ㄲ → ㅉ'과 같이 'ㄲ'에 센입천장소리되기가 적용된다.

(171ㄹ)은 첫소리마디의 첫소리인 'ㄱ'('겨-'의 첫소리)이 가운뎃소리인 홀소리 'ㅕ'('겨-'의 'ㅕ' : 'ㅕ = ㅣ + ㅓ'에서 반홀소리 'ㅣ'인 경우)와 결합되어, 'ㄱ'의 센입천장소리되기가 실현된 경우이다. '겨루기'가 '겨루기 → 져루기 → 저루기'와 같은 음운변화과정에서 1단계는 'ㄱ → ㅈ'과 같이 'ㄱ'에 센입천장소리되기가 적용되고, 2단계는 'ㅕ → ㅓ(져- → 저-)'와 같이 'ㅕ'에 홑홀소리되기가 적용된다.

(171ㅁ)은 첫소리마디의 첫소리인 'ㄲ'('껴-'의 첫소리)이 가운뎃소리인 홀소리 'ㅕ'('껴-'의 'ㅕ' : 'ㅕ = ㅣ + ㅓ'에서 반홀소리 'ㅣ'인 경우)와 결합되어, 'ㄲ'의 센입천장소리되기가 실현된 경우이다. '껴입고'가 '껴입고 → 쪄입고 → 쩌입고 → 쩌입꼬'와 같은 소리마디 순서에 따른 음운변화과정에서 1단계는 'ㄲ → ㅉ(껴- → 쪄-)'과 같이 'ㄲ'에 센입천장소리되기가 적용되고, 2단계는 'ㅕ → ㅓ(쪄- → 쩌-)'와 같이 'ㅕ'에 홑홀소리되기가 적용되고, 3단계는 'ㄱ → ㄲ(-고 → -꼬)'과 같이 'ㄱ'에 된소리되기가 적용된다.

⑦ 여린입천장소리되기(연구개음화 : 軟口蓋音化)

(172) ㄱ. 간격(×[강격])　　　간결(×[강결])　　　건강(×[겅강])
　　　　견고(×[경고])　　　관가(×[광가])　　　관객(×[광객])
　　　　관계(×[광계/－게])　권고(×[궝고])　　　근거(×[긍거])
　　　　근검(×[긍검])　　　긴급(×[깅급])　　　끈기(×[끙기])
　　　　난간(×[낭간])　　　난감(×[낭감])　　　내친김(×[내칭김])
　　　　누군가(×[누궁가])　눈감아(×[눙가마])　느개(×[능개])
　　　　단계(×[당계/－게])　단계적(×[당계적/－게－])　단골(×[당골])
　　　　단기간(×[당기간])　두런거리(×[두렁거리])　두만강(×[두망강])
　　　　등반가(×[등방가])　문갑(×[뭉갑])　　　문고(×[뭉고])
　　　　문구(×[뭉구])　　　물안개(×[무랑개])　민간(×[밍간])
　　　　민국(×[밍국])　　　반가운(×[방가운])　반가워(×[방가워])
　　　　반겨(×[방겨])　　　반기고(×[방기고])　번갈아(×[벙가라])
　　　　번개(×[벙개])　　　분간(×[붕간])　　　빈곤(×[빙곤])
　　　　사진관(×[사징관])　사진기(×[사징기])　손강(×[송강])
　　　　순간(×[숭간])　　　신경(×[싱경])　　　신고(×[싱고])
　　　　신곡(×[싱곡])　　　신기(×[싱기])　　　안개(×[앙개])
　　　　안개비(×[앙개비])　안겨(×[앙겨])　　　안경(×[앙경])
　　　　안구(×[앙구])　　　연결(×[영결])　　　연과(×[영과])
　　　　연관(×[영관])　　　연구(×[영구])　　　연극(×[영극])
　　　　연기(×[영기])　　　온기(×[옹기])　　　원고(×[웡고])
　　　　인간(×[잉간])　　　인구(×[잉구])　　　자전거(×[자정거])
　　　　잰거름(×[쟁거름])　전개(×[정개])　　　전경(×[정경])
　　　　전기(×[정기])　　　전기문(×[정기문])　조문객(×[조뭉객])
　　　　존경(×[종경])　　　촌극(×[총극])　　　친구(×[칭구])
　　　　친근감(×[칭긍감])　큰곰(×[킁곰])　　　큰길(×[킁길])
　　　　판결(×[팡결])　　　편견(×[평견])　　　한가락(×[항가락])
　　　　한가운데(×[항가운데])　한가족(×[항가족])　한겨레(×[항겨레])

한겨울(×[항겨울])　　　한결(×[항결])　　　　한국(×[항국])

한글(×[항글])　　　　　한길(×[항길])　　　　환경(×[황경])

환곡(×[황곡])　　　　　훈계(×[훙계/−게])

　ㄴ. 눈꺼풀(×[눙꺼풀])　　한꺼번(×[항꺼번])

(172)처럼 앞 닿소리가 'ㄴ'이고, 뒤 닿소리가 'ㄱ, ㄲ' 등인 경우는 표준
발음법 제21항의 보기에 없지만, 이는 음운변화현상으로 보아 제21항의
규정에 해당하는 것으로 추정한다. 이 규정은 위와 같은 경우에 닿소리닮
음을 인정하지 않는다는 내용인데, 이는 비표준발음이라는 의미이다. 보기
는 표기와 표준발음이 같기 때문에 비표준발음만 기술한다. 이는 닿소리이
어바뀜의 환경에서 앞 닿소리 'ㄴ'('간-, 건-, 눈-' 등의 끝소리)이 여린입
천장소리인 뒤 닿소리 'ㄱ · ㄲ'('-결, -강, -꺼-' 등의 첫소리) 등을 닮아,
'ㄴ → ㅇ'과 같이 'ㄴ'이 [ㅇ]으로 여린입천장소리되기가 실현된 경우이다.

(172ㄱ)은 닿소리이어바뀜의 환경에서 앞 닿소리가 'ㄴ'이고, 뒤 닿소리
가 'ㄱ'인 경우이다. '간결'은 '간결 → 강결'과 같은 음운변화과정에서 'ㄴ
→ ㅇ(간- → 강-)'과 같이 'ㄴ'에 여린입천장소리되기가 적용된다. 그러므
로 교과서에 표기된 '간결'은 표준발음 [간결]과 같지만, 여린입천장소리되
기가 적용된 비표준발음 [강결]은 표기와 다르다.

(172ㄴ)은 닿소리이어바뀜의 환경에서 앞 닿소리가 'ㄴ'이고, 뒤 닿소리
가 'ㄲ'인 경우이다. '눈꺼풀'은 '눈꺼풀 → 눙꺼풀'과 같은 음운변화과정에
서 'ㄴ → ㅇ(눈- → 눙-)'과 같이 'ㄴ'에 여린입천장소리되기가 적용된다.
그러므로 교과서에 표기된 '눈꺼풀'은 표준발음 [눈꺼풀]과 같지만, 여린입
천장소리되기가 적용된 비표준발음 [눙꺼풀]은 표기와 다르다.

(173) ㄱ. 개천가[개천까](×[개청까])　　눈가[눈까](×[눙까])

　　　눈길[눈낄](×[눙낄])　　　　　문구[문꾸](×[뭉꾸])(文句)

　　　문구멍[문꾸멍](×[뭉꾸멍])　　반갑게[반갑께](×[방갑께])

반갑고[반갑꼬](×[방갑꼬])   발전기[발쩐기](×[발쩡기])

번갯불[번갣뿔](×[벙갣뿔])   본격적[본격쩍](×[봉격쩍])

분가루[분까루](×[붕까루])   비단결[비단결](×[비당결])

산기슭[산끼슥](×[상끼슥])   산길[산낄](×[상낄])

손가락[손까락](×[송까락])   손가락질[손까락찔](×[송까락찔])

손길[손낄](×[송낄])   손끝[손끋](×[송끋])

신게[신께](×[싱께])   신겨[신껴](×[싱껴])

신고[신꼬](×[싱꼬])   신기다[신끼다](×[싱끼다])

안건[안껀](×[앙껀])   안고[안꼬](×[앙꼬])

안골[안꼴](×[앙꼴])   연꽃[연꼳](×[영꼳])

온갖[온간](×[옹간])   인격[인껵](×[잉껵])

인권[인꿘](×[잉꿘])   인기[인끼](×[잉끼])

인기척[인끼척](×[잉끼척])   찬거리[찬꺼리](×[창꺼리])

한곳[한곧](×[항곧])   한껏[한껃](×[항껃])

ㄴ. 만큼(×[망큼])   빈칸(×[빙칸])   큰코(×[쿵코])

ㄷ. 단칸방[단칸빵](×[당캄빵])

(173)처럼 앞 닿소리가 'ㄴ'이고, 뒤 닿소리가 'ㄱ·ㄲ·ㅋ' 등인 경우는 표준발음법 제21항의 보기에 없지만, 이는 음운변화현상으로 보아 제21항의 규정에 해당하는 것으로 추정한다. 이 규정은 위와 같은 경우에 닿소리닮음을 인정하지 않는다는 내용인데, 이는 비표준발음이란 의미이다. (173ㄱ, ㄷ)은 표기와 표준발음이 다르기 때문에 표준발음과 비표준발음을 모두 기술하고, (173ㄴ)은 표기와 표준발음이 같기 때문에 비표준발음만 기술한 경우이다.

(173ㄱ)은 닿소리이어바뀜의 환경에서 앞 닿소리 'ㄴ'('눈-, 손-' 등의 끝소리)이 여린입천장소리인 뒤 닿소리 'ㄱ·ㄲ'('-길, -끝' 등의 첫소리) 등을 닮아, 'ㄴ → ㅇ'과 같이 'ㄴ'이 [ㅇ]으로 여린입천장소리되기가 실현된 경우이다. 이 경우에 하나의 음운변화과정에서 표준발음과 비표준발음을 모두 나타내기 위해서는 먼저 된소리되기를 적용한 후에, 여린입천장소리

되기를 적용한다. 뒤 닿소리가 'ㄱ'인 '눈길'이 '눈길 → 눈낄 → 눙낄'과 같은 음운변화과정에서 1단계는 'ㄱ → ㄲ(-길 → -낄)'과 같이 'ㄱ'에 된소리되기가 적용되고, 2단계는 'ㄴ → ㅇ(눈- → 눙-)'과 같이 'ㄴ'에 여린입천장소리되기가 적용된다. 이 경우에 1단계에서 실현된 [눈낄]은 표준발음이고, 2단계에서 실현된 [눙낄]은 비표준발음이다.

(173ㄴ)은 닿소리이어바뀜의 환경에서 앞 닿소리 'ㄴ'('만-, 빈-, 큰-' 등의 끝소리)이 여린입천장소리인 뒤 닿소리 'ㅋ'('-큼, -칸, -코' 등의 첫소리)을 닮아, 'ㄴ → ㅇ'과 같이 'ㄴ'이 [ㅇ]으로 여린입천장소리되기가 실현된 경우이다. '만큼'은 '만큼 → 망큼'과 같은 음운변화과정에서 'ㄴ → ㅇ(만- → 망-)'과 같이 'ㄴ'에 여린입천장소리되기가 적용된다. 그러므로 교과서에 표기된 '만큼'은 표준발음 [만큼]과 같지만, 여린입천장소리되기가 적용된 비표준발음 [망큼]은 표기와 다르다.

(173ㄷ)은 닿소리이어바뀜의 환경에서 두 가지의 음운변화가 실현되고 있다. 하나는 '단칸-[당칸-]'과 같이 앞 닿소리 'ㄴ'('단-'의 끝소리)이 여린입천장소리인 뒤 닿소리 'ㅋ'('-칸'의 첫소리)을 닮아, 'ㄴ → ㅇ'과 같이 'ㄴ'이 [ㅇ]으로 여린입천장소리되기가 실현된 경우이다. 다른 하나는 '-칸방[-캄빵]'과 같이 앞 닿소리 'ㄴ'('-칸'의 끝소리)이 입술소리인 뒤 닿소리 'ㅂ'('-방'의 첫소리)을 닮아, 'ㄴ → ㅁ'과 같이 'ㄴ'이 [ㅁ]으로 입술소리되기가 실현된 경우이다. '단칸방'이 '단칸방 → 단칸빵 → 당칸빵 → 당캄빵'과 같은 음운변화과정에서 1단계는 'ㅂ → ㅃ(-방 → -빵)'과 같이 'ㅂ'에 된소리되기가 적용되고, 2단계는 'ㄴ → ㅇ(단- → 당-)'과 같이 'ㄴ'에 여린입천장소리되기가 적용되고, 3단계는 ㄴ → ㅁ(-칸- → -캄-)과 같이 'ㄴ'에 입술소리되기가 적용된다. 이 경우에 1단계에서 실현된 [단칸빵]은 표준발음이고, 3단계에서 실현된 [당캄빵]은 비표준발음이다.

(174) 걷거나[걷꺼나](×[걱꺼나])   걷게[걷께](×[걱께])

걷고[걷꼬](×[걱꼬])　　　　걷기[걷끼](×[걱끼])

곁고[곁꼬](×[격꼬])　　　　굳게[굳께](×[국께])

굳기[굳끼](×[국끼])　　　　깨닫게[깨닫께](×[깨닥께])

깨닫고[깨닫꼬](×[깨닥꼬])　　닫게[닫께](×[닥께])

듣거[듣꺼](×[득꺼])　　　　듣게[듣께](×[득께])

듣고[듣꼬](×[득꼬])　　　　듣기[듣끼](×[득끼])

딛고[딛꼬](×[딕꼬])　　　　뜯고[뜯꼬](×[뜩꼬])

뜯기[뜯끼](×[뜩끼])　　　　묻거[묻꺼](×[묵꺼])

묻고[묻꼬](×[묵꼬])　　　　믿게[믿께](×[믹께])

믿고[믿꼬](×[믹꼬])　　　　믿기[믿끼](×[믹끼])

받거든[받꺼든](×[박꺼든])　　받게[받께](×[박께])

받고[받꼬](×[박꼬])　　　　받기[받끼](×[박끼])

북돋게[북똗께](×[북똑께])　　뻗고[뻗꼬](×[뻑꼬])

숟가락[숟까락](×[숙까락])　　신고[신꼬](×[식꼬])

얻거[얻꺼](×[억꺼])　　　　얻게[얻께](×[억께])

얻고[얻꼬](×[억꼬])　　　　얻기[얻끼](×[억끼])

여닫게[여닫께](×[여닥께])

　(174)처럼 앞 닿소리가 'ㄷ'이고, 뒤 닿소리가 'ㄱ'인 경우는 표준발음법 제21항의 보기에 없지만, 이는 음운변화현상으로 보아 제21항의 규정에 해당하는 것으로 추정한다. 이 규정은 위와 같은 경우에 닿소리닮음을 인 정하지 않는다는 내용인데, 이는 비표준발음이라는 의미이다. 보기는 표 기와 표준발음이 다르기 때문에 표준발음과 비표준발음을 모두 기술한 경 우이다. 이 경우에 하나의 음운변화과정에서 표준발음과 비표준발음을 모 두 나타내기 위해서는 먼저 된소리되기를 적용한 후에, 여린입천장소리되 기를 적용한다. 보기는 닿소리이어바뀜의 환경에서 앞 닿소리 'ㄷ'('걷-, 듣-, 얻-' 등의 끝소리)이 여린입천장소리인 뒤 닿소리 'ㄱ'('-게, -고, - 기' 등의 첫소리)을 닮아, 'ㄷ → ㄱ'과 같이 'ㄷ'이 [ㄱ]으로 여린입천장소리

되기가 실현된 경우이다. '걷게'가 '걷게 → 걷께 → 걱께'와 같은 음운변화 과정에서 1단계는 'ㄱ → ㄲ(-게 → -께)'과 같이 'ㄱ'에 된소리되기가 적용되고, 2단계는 'ㄷ → ㄱ(걷- → 걱-)'과 같이 'ㄷ'에 여린입천장소리되기가 적용된다. 이 경우에 1단계에서 실현된 [걷께]는 표준발음이고, 2단계에서 실현된 [걱께]는 비표준발음이다.

(175) ㄱ. 감겨(×[강겨])　　　남겨(×[낭겨])　　　넘겨(×[넝겨])
　　　담겨(×[당겨])　　　숨겨(×[숭겨])　　　잠겨(×[장겨])
　　　참견(×[창견])

　　ㄴ. 강점기(×[강정기])　　감기(×[강기])　　　감긴(×[강긴])
　　　남극(×[낭극])　　　남기다(×[낭기다])　남긴(×[낭긴])
　　　남김(×[낭김])　　　넘기다(×[넝기다])　넘길(×[넝길])
　　　담가(×[당가])　　　담그다(×[당그다])　담근(×[당근])
　　　담기다(×[당기다])　담긴(×[당긴])　　　섬기다(×[성기다])
　　　숨기다(×[숭기다])　심각(×[싱각])　　　잠가(×[장가])
　　　잠그다(×[장그다])　잠금(×[장금])　　　잠기다(×[장기다])
　　　잠긴(×[장긴])　　　점검(×[정검])
　　　탐구(×[탕구])　　　함경도(×[항경도])

　　ㄷ. 꼼꼼히(×[꽁꼼히])　꿈까지(×[꿍까지])　꿈꿔(×[꿍꿔])
　　　목숨까지(×[목숭까지])　잠깐(×[장깐])　　잠깐만(×[장깐만])
　　　함께(×[항께])

　　ㄹ. 삼켜(×[상켜])　　　삼키(×[상키])　　　움켜(×[웅켜])
　　　움큼(×[웅큼])　　　캄캄(×[캉캄])

(175)는 표준발음법 제21항에 규정하고 있다. 이 규정은 보기와 같은 경우에 닿소리닮음을 인정하지 않는다는 내용이다. 이는 비표준발음이라는 의미이다. 보기는 표기와 표준발음이 같기 때문에 비표준발음만 기술한 경우이다. (175ㄱ)은 뒤 소리마디가 '-겨'와 같이 두겹홀소리이고, (175ㄴ)은 뒤 소리마디가 '-기·-구·-도' 등과 같이 홑홀소리인 경우이고, (175ㄷ)

은 뒤 소리마디 첫소리가 'ㄲ'인 경우이고, (175ㄹ)은 뒤 소리마디 첫소리가 'ㅋ'인 경우이다.

(175ㄱ)은 닿소리이어바뀜의 환경에서 앞 닿소리 'ㅁ'('감-, 넘-, 담-' 등의 끝소리)이 뒤 소리마디의 여린입천장소리인 'ㄱ'('-겨'의 첫소리)을 닮아, 'ㅁ → ㅇ'과 같이 'ㅁ'이 [ㅇ]으로 여린입천장소리되기가 실현된 경우이다. '감겨'는 '감겨 → 강겨'와 같은 음운변화과정에서 'ㅁ → ㅇ(감- → 강-)'과 같이 'ㅁ'에 여린입천장소리되기가 적용된다. 그러므로 교과서에 표기된 '감겨'는 표준발음 [감겨]와 같지만, 여린입천장소리되기가 적용된 비표준발음 [강겨]는 표기와 다르다.

(175ㄴ)은 닿소리이어바뀜의 환경에서 앞 닿소리 'ㅁ'('-점-, 감-, 탐-' 등의 끝소리)이 여린입천장소리인 뒤 닿소리 'ㄱ'('-기, -긴, -구' 등의 첫소리)을 닮아, 'ㅁ → ㅇ'과 같이 'ㅁ'이 [ㅇ]으로 여린입천장소리되기가 실현된 경우이다. '강점기'는 '강점기 → 강정기'와 같은 음운변화과정에서 'ㅁ → ㅇ(-점- → -정-)'과 같이 'ㅁ'에 여린입천장소리되기가 적용된다. 그러므로 교과서에 표기된 '강점기'는 표준발음 [강점기]와 같지만, 여린입천장소리되기가 적용된 비표준발음 [강정기]는 표기와 다르다.

(175ㄷ)은 닿소리이어바뀜의 환경에서 앞 닿소리 'ㅁ'('꼼-, 꿈-, -숨-' 등의 끝소리)이 여린입천장소리인 뒤 닿소리 'ㄲ'('-꼼, -까, -꿔' 등의 첫소리)을 닮아, 'ㅁ → ㅇ'과 같이 'ㅁ'이 [ㅇ]으로 여린입천장소리되기가 실현된 경우이다. '꼼꼼히'는 '꼼꼼히 → 꽁꼼히'와 같은 음운변화과정에서 'ㅁ → ㅇ(꼼- → 꽁-)'과 같이 'ㅁ'에 여린입천장소리되기가 적용된다.

(175ㄹ)은 닿소리이어바뀜의 환경에서 앞 닿소리 'ㅁ'('삼-, 움-, 캄-' 등의 끝소리)이 여린입천장소리인 뒤 닿소리 'ㅋ'('-켜, -키, -캄' 등의 첫소리)을 닮아, 'ㅁ → ㅇ'과 같이 'ㅁ'이 [ㅇ]으로 여린입천장소리되기가 실현된 경우이다. '삼켜'는 '삼켜 → 상켜'와 같은 음운변화과정에서 'ㅁ → ㅇ(삼- → 상-)'과 같이 'ㅁ'에 여린입천장소리되기가 적용된다.

(176) ㄱ. 감고[감꼬](×[강꼬])   검고[검꼬](×[겅꼬])

        남게[남께](×[낭께])   남고[남꼬](×[낭꼬])

        넘게[넘께](×[넝께])   다듬고[다듬꼬](×[다등꼬])

        담고[담꼬](×[당꼬])   숨결[숨껼](×[숭껼])

        숨고[숨꼬](×[숭꼬])   숨기[숨끼](×[숭끼])

        심각성[심각썽](×[싱각썽])   심고[심꼬](×[싱꼬])

        심기[심끼](×[싱끼])   줄넘기[줄럼끼](×[줄렁끼])

        참고[참꼬](×[창꼬])   삼각형[삼가켱](×[상가켱])

    ㄴ. 옮겨[옴겨](×[옹겨])   옮기다[옴기다](×[옹기다])

        옮길[옴길](×[옹길])   옮김[옴김](×[옹김])

(176ㄱ)은 표준발음법 제21항에 규정하고 있다. 이 규정은 보기와 같은 경우에 닿소리닮음을 인정하지 않는다는 내용이다. 이는 비표준발음이라는 의미이다. (176)은 표기와 표준발음이 다르기 때문에 표준발음과 비표준발음을 모두 기술한 경우이다.

(176ㄱ)은 닿소리이어바뀜의 환경에서 앞 닿소리 'ㅁ'('감-, 남-' 등의 끝소리)이 여린입천장소리인 뒤 닿소리 'ㄱ'('-고, -게' 등의 첫소리)을 닮아, 'ㅁ → ㅇ'과 같이 'ㅁ'이 [ㅇ]으로 여린입천장소리되기가 실현된 경우이다. 이 경우에 하나의 음운변화과정에서 표준발음과 비표준발음을 모두 나타내기 위해서는 먼저 된소리되기를 적용한 후에, 여린입천장소리되기를 적용한다. '감고'가 '감고 → 감꼬 → 강꼬'와 같은 음운변화과정에서 1단계는 'ㄱ → ㄲ(-고 → -꼬)'과 같이 'ㄱ'에 된소리되기가 적용되고, 2단계는 'ㅁ → ㅇ(감- → 강-)'과 같이 'ㅁ'에 여린입천장소리되기가 적용된다. 이 경우에 1단계에서 실현된 [감꼬]는 표준발음이고, 2단계에서 실현된 [강꼬]는 비표준발음이다.

(176ㄴ)처럼 앞 닿소리가 'ㄻ'이고, 뒤 닿소리가 'ㄱ'인 경우는 표준발음법 제21항의 보기에 없지만, 이는 음운변화현상으로 보아 제21항의 규정

에 해당하는 것으로 추정한다. 이 규정은 위와 같은 경우에 닿소리닮음을
인정하지 않는다는 내용인데, 이는 비표준발음이라는 의미이다. 보기는 표
기와 표준발음이 다르기 때문에 표준발음과 비표준발음을 모두 기술한 경
우이다. 이 경우에 하나의 음운변화과정에서 표준발음과 비표준발음을 모
두 나타내기 위해서는 먼저 닿소리빠짐을 적용한 후에, 여린입천장소리되
기를 적용한다. 보기는 닿소리이어바꿈의 환경에서 앞 닿소리가 'ㄿ'이고,
뒤 닿소리가 'ㄱ'인 경우이다. '옮겨'가 '옮겨 → 옴겨 → 옹겨'와 같은 음운
변화과정에서 1단계에 'ㄿ → ㅁ(옮- → 옴-)'과 같이 'ㄹ'에 닿소리빠짐이
적용되고, 2단계는 'ㅁ → ㅇ(옴- → 옹-)'과 같이 'ㅁ'에 여린입천장소리되
기가 적용된다.

(177) ㄱ. 갸웃거려[갸욷꺼려](×[갸욱꺼려])　　것과[걷꽈](×[걱꽈])
　　　고깃국[고긷꾹](×[고긱꾹])　　　고춧가루[고춛까루](×[고축까루])
　　　곳간[곧깐](×[곡깐])　　　곳곳[곧꼳](×[곡꼳])
　　　귓가[귇까](×[귁까])　　　기삿거리[기삳꺼리](×[기삭꺼리])
　　　기찻길[기찯낄](×[기착낄])　　　기웃거리다[기욷꺼리다](×[기욱꺼리다])
　　　김칫국[김칟꾹](×[김칙꾹])　　　나뭇가지[나묻까지](×[나묵까지])
　　　낫게[낟께](×[낙께])　　　낫고[낟꼬](×[낙꼬])
　　　낫기[낟끼](×[낙끼])　　　냇가[낻까](×[낵까])
　　　놋그릇[녿끄륻](×[녹끄륻])　　　다섯가지[다섣까지](×[다석까지])
　　　당핏골[당핃꼴](×[당픽꼴])　　　댓글[댇끌](×[댁끌])
　　　뒷걸음[뒫꺼름](×[뒥꺼름])　　　뒷골목[뒫꼴목](×[뒥꼴목])
　　　땟국[땓꾹](×[땍꾹])　　　뜻과[뜯꽈](×[뜩꽈])
　　　맛과[맏꽈](×[막꽈])　　　머뭇거려[머묻꺼려](×[머묵꺼려])
　　　못가[몯까](×[목까])　　　바닷가[바닫까](×[바닥까])
　　　밤나뭇골[밤나묻꼴](×[밤나묵꼴])　　　방앗간[방앋깐](×[방악깐])
　　　뱃길[밷낄](×[백낄])　　　뱅엇국[뱅얻꾹](×[뱅억꾹])
　　　벗개다[벋깨다](×[벅깨다])　　　벗거나[벋꺼나](×[벅꺼나])

벗겨[벋껴](×[벅껴])　　벗고[벋꼬](×[벅꼬])

벗기[벋끼](×[벅끼])　　벗기기[벋끼기](×[벅끼기])

벗긴[벋낀](×[벅낀])　　벙긋거릴[벙귿꺼릴](×[벙극꺼릴])

붓고[붇꼬](×[북꼬])　　비웃고[비욷꼬](×[비욱꼬])

빗겨[빋껴](×[빅껴])　　빗고[빋꼬](×[빅꼬])

빗금[빋끔](×[빅끔])　　빼앗겨[빼앋껴](×[빼악껴])

빼앗기[빼앋끼](×[빼악끼])　　빼앗긴[빼앋낀](×[빼악낀])

빼앗길[빼앋낄](×[빼악낄])　　샛길[샏낄](×[색낄])

솟고[솓꼬](×[속꼬])　　솟구치다[솓꾸치다](×[속꾸치다])

쇠고깃국[쇠고긷꾹](×[쇠고긱꾹])　　시냇가[시낻까](×[시낵까])

씻겨[씯껴](×[씩껴])　　씻고[씯꼬](×[씩꼬])

씻기[씯끼](×[씩끼])　　씻긴[씯낀](×[씩낀])

암컷과[암컫꽈](×[암컥꽈])　　어릿광대[어릳꽝대](×[어릭꽝대])

엇걸리게[얻껄리게](×[억껄리게])　　옷감[옫깜](×[옥깜])

옷고름[옫꼬름](×[옥꼬름])　　옷과[옫꽈](×[옥꽈])

웃걷이[욷꺼지](×[욱꺼지])　　옷깃[옫낃](×[옥낃])

웃거나[욷꺼나](×[욱꺼나]　　웃겨[욷껴](×[욱껴])

웃고[욷꼬](×[욱꼬])　　웃기[욷끼](×[욱끼])

이야깃거리[이야긷꺼리](×[이야긱꺼리])　　잇고[읻꼬](×[익꼬])

잇기[읻끼](×[익끼])　　절굿공이[절굳꽁이](×[절국꽁이])

젓갈[젇깔](×[적깔])　　젓갈류[젇깔류](×[적깔류])

젓고[젇꼬](×[적꼬])　　짓거[짇꺼](×[직꺼])

짓게[짇께](×[직께])　　짓고[짇꼬](×[직꼬])

짓궂다[짇꾿따](×[직꾿따])　　짓궂은[짇꾸즌](×[직꾸즌])

짓기[짇끼](×[직끼])　　첫걸음[천꺼름](×[척꺼름])

촛국[촏꾹](×[촉꾹])　　풋고추[푿꼬추](×[푹꼬추])

풋과일[푿꽈일](×[푹꽈일])　　하굣길[하굗낄](×[하곡낄])

햇곡식[핻꼭씩](×[핵꼭씩])　　햇과일[핻꽈일](×[핵꽈일])

헛간[헏깐](×[헉깐])　　헛걸음[헏꺼름](×[헉꺼름])

헛것[헏껃](×[헉껃])　　헛기침[헏끼침](×[헉끼침])

헷갈려[헫깔려](×[헥깔려]) 　　　헷갈리다[헫깔리다](×[헥깔리다])

ㄴ. 것까지[걷까지](×[걱까지]) 　　　곳까지[곧까지](×[곡까지])

꽃꽂[꼳꼳](×[꼭꼳]) 　　　　　　꿋꿋[꾿꾿](×[꾹꾿])

노릇까지[노른까지](×[노륵까지]) 　맛깔[맏깔](×[막깔])

붓꽃[붇꼳](×[북꼳]) 　　　　　　손짓까지[손짇까지](×[손찍까지])

(177ㄱ)은 표준발음법 제21항에 규정하고 있다. 이 규정은 보기와 같은 경우에 닿소리닮음을 인정하지 않는다는 내용이다. 이는 비표준발음이라는 의미이다. (177)은 표기와 표준발음이 다르기 때문에 표준발음과 비표준발음을 모두 기술한 경우이다.

(177ㄱ)은 닿소리이어바뀜의 환경에서 앞 닿소리가 'ㅅ'('-옷-, 것-, 곳-' 등의 끝소리)이고, 뒤 닿소리가 여린입천장소리 'ㄱ'('-거, -과, -곳' 등의 첫소리)인 경우에, 앞 닿소리의 여린입천장소리되기가 실현된 것이다. 이 경우에 하나의 음운변화과정에서 표준발음과 비표준발음을 모두 나타내기 위해서는 먼저 'ㅅ'에 받침규칙을 적용한 후에, 된소리되기와 여린입천장소리되기를 차례로 적용한다. '갸웃거려'가 '갸웃거려 → 갸욷거려 → 갸욷꺼려 → 갸욱꺼려'와 같은 음운변화과정에서 1단계는 'ㅅ → ㄷ(-웃- → -욷-)'과 같이 'ㅅ'에 받침규칙이 적용되고, 2단계는 'ㄱ → ㄲ(-거- → -꺼-)'과 같이 'ㄱ'에 된소리되기가 적용되고, 3단계는 'ㄷ → ㄱ(-욷- → -욱-)'과 같이 'ㄷ'에 여린입천장소리되기가 적용된다. 이 경우에 2단계에서 실현된 [갸욷꺼려]는 표준발음이고, 3단계에서 실현된 [갸욱꺼려]는 비표준발음이다.

(177ㄴ)처럼 앞 닿소리가 'ㅅ'이고, 뒤 닿소리가 'ㄲ'인 경우는 표준발음법 제21항의 보기에 없지만, 이는 음운변화현상으로 보아 제21항의 규정에 해당하는 것으로 추정한다. 이 규정은 위와 같은 경우에 닿소리닮음을 인정하지 않는다는 내용인데, 이는 비표준발음이라는 의미이다. 보기는 표기와 표준발음이 다르기 때문에 표준발음과 비표준발음을 모두 기술한 경

우이다. 이 경우에 하나의 음운변화과정에서 표준발음과 비표준발음을 모두 나타내기 위해서는 먼저 받침규칙을 적용한 후에, 여린입천장소리되기를 적용한다. 보기는 닿소리이어바꿈의 환경에서 앞 닿소리가 'ㅅ'이고, 뒤 닿소리가 여린입천장소리 'ㄲ'인 경우에 앞 닿소리의 여린입천장소리되기가 실현된 것이다. '것까지'가 '것까지 → 걷까지 → 걱까지'와 같은 음운변화과정에서 1단계는 'ㅅ → ㄷ(것- → 걷-)'과 같이 'ㅅ'에 받침규칙이 적용되고, 2단계는 'ㄷ → ㄱ(걷- → 걱-)'과 같이 'ㄷ'에 여린입천장소리되기가 적용된다. 이 경우에 1단계에서 실현된 [걷까지]는 표준발음이고, 2단계에서 실현된 [걱까지]는 비표준발음이다.

(178) 써야겠구나[써야겓꾸나](×[써야겍꾸나]) → 겠구[겓꾸](×[겍꾸])

갔구[갇꾸](×[각꾸])	갔기[갇끼](×[각끼])	겠군[겓꾼](×[겍꾼])
겼고[겯꼬](×[격꼬])	겼기[겯끼](×[격끼])	났고[낟꼬](×[낙꼬])
났구[낟꾸](×[낙꾸])	났기[낟끼](×[낙끼])	됐고[됃꼬](×[돽꼬])
됐구[됃꾸](×[돽꾸])	됐기[됃끼](×[돽끼])	랐고[랃꼬](×[락꼬])
랐기[랃끼](×[락끼])	랬건[랟껀](×[랙껀])	랬기[랟끼](×[랙끼])
렀고[럳꼬](×[럭꼬])	렀거[럳꺼](×[럭꺼])	렀고[럳꼬](×[럭꼬])
렀기[럳끼](×[럭끼])	봤거[봗꺼](×[봑꺼])	빴기[빧끼](×[빡끼])
싰거[싣꺼](×[식꺼])	섰고[섣꼬](×[석꼬])	셨게[셛께](×[셕께])
셨고[셛꼬](×[셕꼬])	셨구[셛꾸](×[셕꾸])	셨군[셛꾼](×[셕꾼])
셨기[셛끼](×[셕끼])	썼거[썯꺼](×[썩꺼])	썼고[썯꼬](×[썩꼬])
썼구[썯꾸](×[썩꾸])	왔거[왇꺼](×[악꺼])	왔게[왇께](×[악께])
왔고[왇꼬](×[악꼬])	왔구[왇꾸](×[악꾸])	왔군[왇꾼](×[악꾼])
왔기[왇끼](×[악끼])	었거[얻꺼](×[억꺼])	었고[얻꼬](×[억꼬])
었구[얻꾸](×[억꾸])	었기[얻끼](×[억끼])	었길[얻낄](×[억낄])
였거[엳꺼](×[역꺼])	였게[엳께](×[역께])	였고[엳꼬](×[역꼬])
였구[엳꾸](×[역꾸])	였기[엳끼](×[역끼])	왔거[왇꺼](×[왁꺼])
왔게[왇께](×[왁께])	왔고[왇꼬](×[왁꼬])	왔구[왇꾸](×[왁꾸])

웠고[웓꼬](×[웍꼬])	웠기[웓끼](×[웍끼])	있거[읻꺼](×[익꺼])
있게[읻께](×[익께])	있고[읻꼬](×[익꼬])	있구[읻꾸](×[익꾸])
있기[읻끼](×[익끼])	있긴[읻낀](×[익낀])	잤기[잗끼](×[작끼])
졌거[젇꺼](×[적꺼])	졌기[젇끼](×[적끼])	쨌건[짿껀](×[짹껀])
찼고[찯꼬](×[착꼬])	쳤게[첟께](×[척께])	쳤고[첟꼬](×[척꼬])
쳤구[첟꾸](×[척꾸])	컸고[컫꼬](×[컥꼬])	컸구[컫꾸](×[컥꾸])
팠기[팓끼](×[팍끼])	폈고[폗꼬](×[폭꼬])	했거[핻꺼](×[핵꺼])
했게[핻께](×[핵께])	했고[핻꼬](×[핵꼬])	했구[핻꾸](×[핵꾸])
했기[핻끼](×[핵끼])		

(178)은 표준발음법 제21항에 규정하고 있다. 이 규정은 보기와 같은 경우에 닿소리닮음을 인정하지 않는다는 내용이다. 이는 비표준발음이라는 의미이다. 보기는 표기와 표준발음이 다르기 때문에 표준발음과 비표준발음을 모두 기술한 경우이다. 이는 전술한 것처럼, 여린입천장소리되기와 직접 관련이 있는 두 소리마디만 기술한 경우이다. 그러므로 보기에 따라 앞 소리마디나 뒤 소리마디를 생략한 경우도 있다. '겠구'는 '써야겠구나 → 겠구'와 같이 여린입천장소리되기와 직접 관련이 있는 두 소리마디('겠구') 이외의 앞 소리마디 '써야-'와 뒤 소리마디 '-나'를 생략한 경우이다. 보기는 닿소리이어바뀜의 환경에서 앞 닿소리가 'ㅆ'이고, 뒤 닿소리가 여린입천장소리 'ㄱ'인 경우에 'ㅆ'의 여린입천장소리되기가 실현된 것이다. 이 경우에는 하나의 음운변화과정에서 표준발음과 비표준발음을 모두 나타내기 위해서는 먼저 'ㅆ'에 받침규칙을 적용한 후에, 된소리되기와 여린입천장소리되기를 차례로 적용한다. '겠구'가 '겠구 → 겓구 → 겓꾸 → 겍꾸'와 같은 음운변화과정에서 1단계는 'ㅆ → ㄷ(겠- → 겓-)'과 같이 'ㅆ'에 받침규칙이 적용되고, 2단계는 'ㄱ → ㄲ(-구 → -꾸)'과 같이 'ㄱ'에 된소리되기가 적용되고, 3단계는 'ㄷ → ㄱ(겓- → 겍-)'과 같이 'ㄷ'에 여린입천장소리되기가 적용된다. 이 경우에 2단계에서 실현된 [겓꾸]는 표준발

음이고, 3단계에서 실현된 [겍꾸]는 비표준발음이다.

(179) ㄱ. 갖가지[갇까지](×[각까지])   갖게[갇께](×[각께])
　　　　갖고[갇꼬](×[각꼬])   갖기[갇끼](×[각끼])
　　　　굳게[굳께](×[국께])   꽂고[꼳꼬](×[꼭꼬])
　　　　낮게[낟께](×[낙께])   낮고[낟꼬](×[낙꼬])
　　　　늦가을[늗까을](×[늑까을])   늦게[늗께](×[늑께])
　　　　늦기[늗끼](×[늑끼])   뒤늦게[뒤늗께](×[뒤늑께])
　　　　맞거든[맏꺼든](×[막꺼든])   맞게[맏께](×[막께])
　　　　맞고[맏꼬](×[막꼬])   맺고[맫꼬](×[맥꼬])
　　　　맺기[맫끼](×[맥끼])   빚게[빋께](×[빅께])
　　　　알맞게[알맏께](×[알막께])   엊그제[얻끄제](×[억끄제])
　　　　잊게[읻께](×[익께])   잊고[읻꼬](×[익꼬])
　　　　잊곤[읻꼰](×[익꼰])   젖고[젇꼬](×[적꼬])
　　　　찢거든[찓꺼든](×[찍꺼든])   찢기[찓끼](×[찍끼])
　　　　찾거든[찯꺼든](×[착꺼든])   찾고[찯꼬](×[착꼬])
　　　　찾기[찯끼](×[착끼])
　　　ㄴ. 벚꽃[벋꼳](×[벅꼳])   젖꼭지[젇꼭찌](×[적꼭찌])

　(179)처럼 앞 닿소리가 'ㅈ'이고, 뒤 닿소리가 'ㄱ·ㄲ' 등인 경우는 표준
발음법 제21항의 보기에 없지만, 이는 음운변화현상으로 보아 제21항의
규정에 해당하는 것으로 추정한다. 이 규정은 위와 같은 경우에 닿소리닮
음을 인정하지 않는다는 내용인데, 이는 비표준발음이라는 의미이다. 보
기는 표기와 표준발음이 다르기 때문에 표준발음과 비표준발음을 모두 기
술한 경우이다. 이는 닿소리이어바뀜의 환경에서 앞 닿소리가 'ㅈ'('갖-,
낮-, 벚-' 등의 끝소리)이고, 여린입천장소리인 뒤 닿소리가 'ㄱ·ㄲ'('-
가-, -게, -꽃' 등의 첫소리) 등인 경우에 앞 닿소리의 여린입천장소리되
기가 실현된 것이다. 이 경우에 하나의 음운변화과정에서 표준발음과 비표
준발음을 모두 나타내기 위해서는 먼저 'ㅈ'에 받침규칙을 적용한 후에, 된

소리되기와 여린입천장소리되기를 차례로 적용한다.

(179ㄱ)은 닿소리이어바뀜의 환경에서 앞 닿소리가 'ㅈ'이고, 뒤 닿소리가 'ㄱ'인 경우이다. '갗가지'가 '갗가지 → 갇가지 → 갇까지 → 각까지'와 같은 음운변화과정에서 1단계는 'ㅈ → ㄷ(갗- → 갇-)'과 같이 'ㅈ'에 받침규칙이 적용되고, 2단계는 'ㄱ → ㄲ(-가- → -까-)'과 같이 'ㄱ'에 된소리되기가 적용되고, 3단계는 'ㄷ → ㄱ(갇- → 각-)'과 같이 'ㄷ'에 여린입천장소리되기가 적용된다. 이 경우에 2단계에서 실현된 [갇까지]는 표준발음이고, 3단계에서 실현된 [각까지]는 비표준발음이다.

(179ㄴ)은 닿소리이어바뀜의 환경에서 앞 닿소리가 'ㅈ'이고, 뒤 닿소리가 'ㄲ'인 경우이다. '벚꽃'이 '벚꽃 → 벋꼳 → 벅꼳'과 같은 음운변화과정에서 1단계는 'ㅈ → ㄷ(벚- → 벋-)'과 같이 'ㅈ'에 받침규칙과 'ㅊ → ㄷ(-꽃 → -꼳)'과 같이 'ㅊ'에 받침규칙이 각각 적용되고, 2단계는 'ㄷ → ㄱ(벋- → 벅-)'과 같이 'ㄷ'에 여린입천장소리되기가 적용된다. 이 경우에 1단계에서 실현된 [벋꼳]은 표준발음이고, 2단계에서 실현된 [벅꼳]은 비표준발음이다.

(180) ㄱ. 꽃과[꼳꽈](×[꼭꽈]) 꽃그늘[꼳끄늘](×[꼭끄늘])
　　　　빛깔[빋깔](×[빅깔]) 쫓겨[쫃껴](×[쪽껴])
　　　　쫓기[쫃끼](×[쪽끼])

　　 ㄴ. 같거나[갇꺼나](×[각꺼나]) 같게[갇께](×[각께])
　　　　같고[갇꼬](×[각꼬]) 같구[갇꾸](×[각꾸])
　　　　같기[갇끼](×[각끼]) 같긴[갇낀](×[각낀])
　　　　겉가죽[걷까죽](×[걱까죽]) 겉껍질[걷껍찔](×[걱껍찔])
　　　　귀밑까지[귀믿까지](×[귀믹까지]) 끝과[끋꽈](×[끅꽈])
　　　　끝까지[끋까지](×[끅까지]) 내솥과[내솓꽈](×[내속꽈])
　　　　내솥까지[내솓까지](×[내속까지]) 떠맡겨[떠맏껴](×[떠막껴])
　　　　맡게[맏께](×[막께]) 맡겨[맏껴](×[막껴])
　　　　맡고[맏꼬](×[막꼬]) 맡기[맏끼](×[막끼])

맡긴[맏낀](×[막낀])　　　　맡길[맏낄](×[막낄])

밑그림[믿끄림](×[믹끄림])　　밭고랑[받꼬랑](×[박꼬랑])

붙같고[붇깓꼬](×[붇각꼬])　　붙게[붇께](×[북께])

솥과[솓꽈](×[속꽈])　　　　　앝고[앋꼬](×[약꼬])

짙게[짇께](×[직께])

무쇠솥과[무쇠솓꽈/-쉐-](×[무쇠속꽈/-쉐-])

　(180ㄱ)은 표준발음법 제21항에 규정하고 있다. 이 규정은 보기와 같은 경우에 닿소리닮음을 인정하지 않는다는 내용이다. 이는 비표준발음이라는 의미이다. 보기는 표기와 표준발음이 다르기 때문에 표준발음과 비표준발음을 모두 기술한 경우이다. 이는 닿소리이어바뀜의 환경에서 앞 닿소리가 'ㅊ'('꽃-'의 끝소리)이고, 여린입천장소리인 뒤 닿소리가 'ㄱ·ㄲ' 등인 경우에 앞 닿소리의 여린입천장소리되기가 실현된 경우이다. 뒤 닿소리가 'ㄱ'인 경우에 하나의 음운변화과정에서 표준발음과 비표준발음을 모두 나타내기 위해서는 먼저 'ㅊ'에 받침규칙을 적용한 후에, 된소리되기와 여린입천장소리되기를 차례로 적용한다. '꽃그늘'이 '꽃그늘 → 꼳그늘 → 꼳끄늘 → 꼭끄늘'과 같은 음운변화과정에서 1단계는 'ㅊ → ㄷ(꽃- → 꼳-)'과 같이 'ㅊ'에 받침규칙이 적용되고, 2단계는 'ㄱ → ㄲ(-그- → -끄-)'과 같이 'ㄱ'에 된소리되기가 적용되고, 3단계는 'ㄷ → ㄱ(꼳- → 꼭-)'과 같이 'ㄷ'에 여린입천장소리되기가 적용된다. 이 경우에 2단계에서 실현된 [꼳끄늘]은 표준발음이고, 3단계에서 실현된 [꼭끄늘]은 비표준발음이다.

　(180ㄴ)처럼 앞 닿소리가 'ㅌ'이고, 뒤 닿소리가 'ㄱ·ㄲ' 등인 경우는 표준발음법 제21항의 보기에 없지만, 이는 음운변화현상으로 보아 제21항의 규정에 해당하는 것으로 추정한다. 이 규정은 위와 같은 경우에 닿소리닮음을 인정하지 않는다는 내용인데, 이는 비표준발음이라는 의미이다. 보기는 표기와 표준발음이 다르기 때문에 표준발음과 비표준발음을 모두 기술한 경우이다. 이는 닿소리이어바뀜의 환경에서 앞 닿소리가 'ㅌ'이고, 여

린입천장소리인 뒤 닿소리가 'ㄱ·ㄲ' 등인 경우에 앞 닿소리의 여린입천
장소리되기가 실현된 경우이다. 뒤 닿소리가 'ㄱ'인 경우에 하나의 음운변
화과정에서 표준발음과 비표준발음을 모두 나타내기 위해서는 먼저 'ㅌ'에
받침규칙을 적용한 후에, 된소리되기와 여린입천장소리되기를 차례로 적
용한다. '같고'가 '같고 → 갇고 → 갇꼬 → 각꼬'와 같은 음운변화과정에서
1단계는 'ㅌ → ㄷ(같- → 갇-)'과 같이 'ㅌ'에 받침규칙이 적용되고, 2단계
는 'ㄱ → ㄲ(-고 → -꼬)'과 같이 'ㄱ'에 된소리되기가 적용되고, 3단계는
'ㄷ → ㄱ(갇- → 각-)'과 같이 'ㄷ'에 여린입천장소리되기가 적용된다. 이
경우에 2단계에서 실현된 [갇꼬]는 표준발음이고, 3단계에서 실현된 [각꼬]
는 비표준발음이다.

⑧ 거센소리되기(유기음화 : 有氣音化)

(181) ㄱ. 그렇게[그러케]   그렇고[그러코]   그렇군[그러쿤]

　　　　그렇기[그러키]   그렇다[그러타]   그렇지[그러치]

　　　　까맣게[까마케]   낳게[나케]   낳고[나코]

　　　　낳자[나차]   넣거나[너커나]   넣게[너케]

　　　　넣고[너코]   넣기[너키]   노랗고[노라코]

　　　　노랗다[노라타]   놓고[노코]   놓기[노키]

　　　　놓더라[노터라]   놓자[노차]   놓지[노치]

　　　　누렇게[누러케]   누렇다[누러타]   닿게[다케]

　　　　닿지[다치]   동그랗게[동그라케]   둥그렇기[둥그러키]

　　　　발갛게[발가케]   보얗게[보야케]   부옇게[부여케]

　　　　부옇다[부여타]   빨갛게[빨가케]   빨갛고[빨가코]

　　　　빨갛기[빨가키]   빨갛다[빨가타]   뻘겋게[뻘거케]

　　　　새파랗게[새파라케]   새하얗게[새하야케]   시꺼멓게[시꺼머케]

　　　　쌓고[싸코]   쌓다[싸타]   아무렇지[아무러치]

　　　　어떻게[어떠케]   어떻고[어떠코]   어떻긴[어떠킨]

요렇게[요러케]	이렇게[이러케]	저렇게[저러케]
조그맣게[조그마케]	좋게[조케]	좋고[조코]
좋구[조쿠]	좋기[조키]	좋다[조타]
좋대[조태]	좋도록[조토록]	좋지[조치]
찧다[찌타]	커다랗게[커다라케]	커다랗고[커다라코]
파랗게[파라케]	파랗다[파라타]	파랗던[파라턴]
퍼렇다[퍼러타]	하얗게[하야케]	하얗고[하야코]
허옇게[허여케]	허옇던[허여턴]	

ㄴ. 끊고[끈코]　끊기다[끈키다]　끊길[끈킬]

끊지[끈치]	많게[만케]	많고[만코]
많구[만쿠]	많기[만키]	많다[만타]
많단[만탄]	많지[만치]	않거든[안커든]
않게[안케]	않겠[안켄]	않고[안코]
않기[안키]	않다[안타]	않단[안탄]
않더라[안터라]	않던[안턴]	않도록[안토록]
않든[안튼]	않자[안차]	않지[안치]
언짢거[언잔커]	언짢게[언잔케]	점잖게[점잔케]
점잖고[점잔코]	찮다[찬타]	하찮게[하찬케]

ㄷ. 꿇고[꿀코]　꿰뚫고[꿰뚤코]　닳자[달차]

뚫고[뚤코]	싫거든[실커든]	싫다[실타]
앓게[알케]	앓고[알코]	앓기[알키]
옳거[올커]	옳건[올컨]	옳고[올코]
옳기[올키]	옳다[올타]	옳도록[올토록]
옳지[올치]	잃게[일케]	잃고[일코]
잃기[일키]	잃더[일터]	잃지[일치]

(181)은 표준발음법 제12항 1의 보기이다. 이는 'ㅎ(ㄶ, ㅀ)' 뒤에 'ㄱ‧ㄷ‧ㅈ'이 결합되는 경우에는, 뒤 소리마디 첫소리와 합쳐서 [ㅋ, ㅌ, ㅊ]으로 발음한다는 내용이다.

(181 ㄱ)은 닿소리이어바뀜의 환경에서 앞 닿소리 'ㅎ'('-렇-, -랗-, 닿-' 등의 끝소리)이 뒤 닿소리 'ㄱ·ㄷ·ㅈ'('-게, -다, -지' 등의 첫소리) 등과 결합되는 경우에, 'ㅎ + ㄱ → ㅋ'·'ㅎ + ㄷ → ㅌ'·'ㅎ + ㅈ → ㅊ' 등과 같이 두 닿소리의 합한 소리로 인해 예사소리 'ㄱ·ㄷ·ㅈ' 등의 거센소리되기가 실현된 것이다. 뒤 닿소리가 'ㄱ'인 '그렇게'는 '그렇게 → 그러케'와 같은 음운변화과정에서 'ㅎ + ㄱ → ㅋ'과 같이 'ㄱ'에 거센소리되기가 적용된다.

(181 ㄴ)은 닿소리이어바뀜의 환경에서 앞 닿소리 'ㄶ'('끊-, 많-, 않-' 등의 끝소리)이 뒤 닿소리 'ㄱ·ㄷ·ㄱ' 등과 결합되는 경우에, 'ㅎ + ㄱ → ㅋ'·'ㅎ + ㄷ → ㅌ'·'ㅎ + ㅈ → ㅊ' 등과 같이 두 닿소리의 합한 소리로 인해 예사소리 'ㄱ·ㄷ·ㅈ' 등의 거센소리되기가 실현된 것이다. 뒤 닿소리가 'ㄱ'인 '끊고'는 '끊고 → 끈코'와 같은 음운변화과정에서 'ㅎ + ㄱ → ㅋ'과 같이 'ㄱ'에 거센소리되기가 적용된다.

(181 ㄷ)은 닿소리이어바뀜의 환경에서 앞 닿소리 'ㅀ'('뚫-, 싫-, 닳-' 등의 끝소리)이 뒤 닿소리 'ㄱ·ㄷ·ㅈ' 등과 결합되는 경우에, 'ㅎ + ㄱ → ㅋ'·'ㅎ + ㄷ → ㅌ'·'ㅎ + ㅈ → ㅊ' 등과 같이 두 닿소리의 합한 소리로 인해 예사소리 'ㄱ·ㄷ·ㅈ' 등의 거센소리되기가 실현된 것이다. 뒤 닿소리가 'ㄱ'인 '뚫고'는 '뚫고 → 뚤코'와 같은 음운변화과정에서 'ㅎ + ㄱ → ㅋ'과 같이 'ㄱ'에 거센소리되기가 적용된다.

(182) ㄱ.가득하[가드카]　　가득한[가드칸]　　가득해[가드캐]　　가득히[가드키]
　　가뜩한[가뜨칸]　　간직하[간지카]　　간직한[간지칸]　　감격하[감겨카]
　　감독하[감도카]　　감복하[감보카]　　강력하[강녀카]　　강력한[강녀칸]
　　개척하[개처카]　　갸륵한[갸르칸]　　거역하[거여카]　　거역할[거여칼]
　　검색하[검새카]　　검색할[검새칼]　　고약한[고야칸]　　공격하[공겨카]
　　국회[구쾨/-퀘]　　그득하[그드카]　　극복하[극뽀카]　　극복한[극뽀칸]
　　극히[그키]　　　　기록하[기로카]　　기록한[기로칸]　　기록할[기로칼]

기막힌[기마킨]	기억하[기어카]	기억해[기어캐]	기특하[기트카]
기특해[기트캐]	깜짝하[깜짜카]	깜짝할[깜짜칼]	꼼짝할[꼼짜칼]
꽥꽥하[꽥꽤카]	끔찍하[끔찌카]	끔찍한[끔찌칸]	나직하[나지카]
노력하[노려카]	노력한[노려칸]	노력할[노려칼]	노력해[노려캐]
녹화[노콰]	달록한[달로칸]	도약하[도야카]	도착하[도차카]
도착한[도차칸]	도착할[도차칼]	도착해[도차캐]	독특한[독트칸]
독하[도카]	독후[도쿠]	돈독해[돈도캐]	두둑할[두두칼]
딱하[따카]	딱히[따키]	똑똑하[똑또카]	똑똑할[똑또칼]
똑똑해[똑또캐]	똑똑히[똑또키]	막막하[망마카]	막막함[망마캄]
막혀[마켜]	막히[마키]	막힌[마킨]	막힘[마킴]
만족하[만조카]	만족할[만조칼]	먹먹할[멍머칼]	먹혀[머켜]
먹히[머키]	명백하[명배카]	명확하[명화카]	명확히[명화키]
무식함[무시캄]	묵묵히[뭉무키]	미숙하[미수카]	박혀[바켜]
박힌[바킨]	반박하[반바카]	반복하[반보카]	반복할[반보칼]
반짝하[반짜카]	부족하[부조카]	부족한[부조칸]	부족함[부조캄]
부족해[부조캐]	부탁하[부타카]	부탁한[부타칸]	북극해[북끄캐]
북한[부칸]	분석하[분서카]	분석해[분서캐]	불룩하[불루카]
불룩한[불루칸]	빼곡히[빼고키]	빽빽하[빽빼카]	빽빽한[빽뼈칸]
뾰족하[뾰조카]	뾰족한[뾰조칸]	삐죽한[삐주칸]	사각형[사가켱]
삭막한[상마칸]	상륙하[상뉴카]	생각하[생가카]	생각한[생가칸]
생각할[생가칼]	생각해[생가캐]	서먹하[서머카]	서먹해[서머캐]
서식하[서시카]	선택하[선태카]	선택한[선태칸]	선택해[선태캐]
설득하[설뜨카]	설득한[설뜨칸]	설득할[설뜨칼]	설득해[설뜨캐]
섬뜩하[섬뜨카]	소박하[소바카]	소박한[소바칸]	속하[소카]
속한[소칸]	속할[소칼]	속히[소키]	솔직히[솔찌키]
수북하[수부카]	수북해[수부캐]	순국한[순구칸]	시작하[시자카]
시작한[시자칸]	시작할[시자칼]	시작함[시자캄]	시작해[시자캐]
식히다[시키다]	식힌[시킨]	심각하[심가카]	심각한[심가칸]
심각해[심가캐]	씩씩하[씩씨카]	아늑한[아느칸]	아늑해[아느캐]
악한[아칸]	악화[아콰]	안락한[알라칸]	야속하[야소카]

야속함[야소캄]　　약속하[약쏘카]　　약속한[약쏘칸]　　약속함[약쏘캄]

약하[야카]　　약한[야칸]　　약해[야캐]　　어둑해[어두캐]

어떡하[어떠카]　　어떡할[어떠칼]　　어떡해[어떠캐]　　어떡헐[어떠컬]

어색하[어새카]　　어색한[어새칸]　　어색해[어새캐]　　엄격하[엄껴카]

엄격히[엄껴키]　　엄숙하[엄수카]　　역할[여칼]　　오싹하[오싸카]

오죽헌[오주컨]　　옥황[오쾅]　　완벽한[완벼칸]　　요약하[요야카]

요약할[요야칼]　　욕하[요카]　　육하[유카]　　6학년[유캉년]

으슥하[으스카]　　으쓱하[으쓰카]　　으쓱해[으쓰캐]　　익숙하[익쑤카]

익숙한[익쑤칸]　　익숙할[익쑤칼]　　익숙해[익쑤캐]　　익혀[이켜]

익현[이켠]　　익히[이키]　　인색한[인새칸]　　인색할[인새칼]

인식하[인시카]　　인식할[인시칼]　　자박하[자바카]　　자욱한[자우칸]

작곡해[작꼬캐]　　재촉하[재초카]　　적혀[저켜]　　적힌[저킨]

절약하[저랴카]　　정복할[정보칼]　　정직한[정지칸]　　정확하[정화카]

정확한[정화칸]　　정확히[정화키]　　제작하[제자카]　　조직하[조지카]

조직함[조지캄]　　족하[조카]　　주목할[주모칼]　　지각하[지가카]

지적하[지저카]　　진학하[진하카]　　진학함[진하캄]　　질식하[질씨카]

질식해[질씨캐]　　짐작하[짐자카]　　짐작한[짐자칸]　　짐작할[짐자칼]

찍히[찌키]　　찍힌[찌킨]　　착각하[착까카]　　착하[차카]

착한[차칸]　　참석해[참서캐]　　창작한[창자칸]　　창작할[창자칼]

처박혀[처바켜]　　척하[처카]　　척할[처칼]　　촉박하[촉빠카]

촉촉하[촉초카]　　추측하[추츠카]　　축축해[축추캐]　　축하[추카]

충직하[충지카]　　친숙하[친수카]　　침묵하[침무카]　　쾌적하[쾌저카]

쾌적한[쾌저칸]　　큼직하[큼지카]　　큼직한[큼지칸]　　타박하[타바카]

타작하[타자카]　　타작할[타자칼]　　탄식하[탄시카]　　톡톡히[톡토키]

툭하면[투카면]　　특히[트키]　　파악하[파아카]　　푸석해[푸서캐]

학회[하쾨/-퀘]　　행복하[행보카]　　행복한[행보칸]　　행복할[행보칼]

행복해[행보캐]　　허락할[허라칼]　　헉헉[허컥]　　협력하[혐녀카]

혹독한[혹또칸]　　흉측하[흉츠카]

계속한[계소칸/게-]　　　계속함[계소캄/게-]　　　계속해[계소캐/게-]

계획하[계회카/게훼-]　　　계획한[계회칸/게훼-]　　　고지식하[고지시카]

무뚝뚝하[무뚝뚜카]　　　무뚝뚝한[무뚝뚜칸]　　　믿음직한[미듬지칸]

　　바람직하[바람지카]　　　바람직한[바람지칸]　　　시식회[시시쾨/−퀘]

　　야트막하[야트마카]　　　음악회[으마쾨/−퀘]　　　퇴색한[퇴새칸/퉤−]

　ㄴ. 밝혀[발켜]　　　밝히다[발키다]　　　밝힌[발킨]　　　붉히다[불키다]

　　얽혀[얼켜]　　　읽혀[일켜]

　(182)는 표준발음법 제12항 1 [붙임 1]의 보기이다. 이 규정은 받침 ‘ㄱ(ㄺ)’이 뒤 소리마디 첫소리 ‘ㅎ’과 결합되는 경우에도, 역시 두 소리를 합쳐서 [ㅋ]으로 발음한다는 내용이다. 보기는 닿소리이어바뀜의 환경에서 앞 닿소리 ‘ㄱ(ㄺ)’이 뒤 닿소리 ‘ㅎ’과 결합되는 경우에, ‘ㄱ + ㅎ → ㅋ’과 같이 두 닿소리의 합한 소리로 인해 예사소리 ‘ㄱ’의 거센소리되기가 실현된 것이다.

　(182ㄱ)은 닿소리이어바뀜의 환경에서 앞 닿소리가 ‘ㄱ’이고, 뒤 닿소리가 ‘ㅎ’인 경우이다. ‘가득하다’는 ‘가득하다 → 가드카다’와 같은 음운변화과정에서 ‘ㄱ + ㅎ → ㅋ(−득하− → −드카−)’과 같이 ‘ㄱ’에 거센소리되기가 적용된다. ‘납작하다’가 ‘납작하다 → 납짝하다 → 납짜카다’와 같은 음운변화과정에서 1단계는 ‘ㅈ → ㅉ(−작− → −짝−)’과 같이 ‘ㅈ’에 된소리되기가 적용되고, 2단계는 ‘ㄱ + ㅎ → ㅋ(−작하− → −짜카−)’과 같이 ‘ㄱ’에 거센소리되기가 적용된다.

　(182ㄴ)은 닿소리이어바뀜의 환경에서 앞 닿소리가 ‘ㄺ’이고, 뒤 닿소리가 ‘ㅎ’인 경우이다. ‘밝혀’는 ‘밝혀 → 발켜’와 같은 음운변화과정에서 ‘ㄱ + ㅎ → ㅋ’과 같이 ‘ㄱ’에 거센소리되기가 적용된다. ‘붉히다’는 ‘붉히다 → 불키다’와 같은 음운변화과정에서 ‘ㄱ + ㅎ → ㅋ(붉히− → 불키−)’과 같이 ‘ㄱ’에 거센소리되기가 적용된다.

(183)ㄱ. 가입하[가이파]　　　가입한[가이판]　　　간섭하[간서파]　　　갑갑하[갑까파]

　　갑갑해[갑까패]　　　거듭해[거드패]　　　결합하[결하파]　　　고집하[고지파]

구입할[구이팔]	굽혀[구펴]	굽히[구피]	굽힐[구필]
급하[그파]	급한[그판]	급해[그패]	급히[그피]
기습해[기스패]	꼽히[꼬피]	다급하[다그파]	다급해[다그패]
답답하[답따파]	답답한[답따판]	답답해[답따패]	답하[다파]
답한[다판]	답해[다패]	대답하[대다파]	대답할[대다팔]
대답해[대다패]	대접하[대저파]	대접한[대저판]	보급하[보그파]
뒤집혀[뒤지펴]	뒤집힌[뒤지핀]	밀접한[밀쩌판]	법한[버판]
비겁하[비거파]	뽑혀[뽀펴]	뽑히[뽀피]	섭섭하[섭써파]
섭섭해[섭써패]	성급하[성그파]	성급한[성그판]	성급해[성그패]
손꼽힌[손꼬핀]	수습하[수스파]	수업하[수어파]	수집하[수지파]
수집한[수지판]	수집할[수지팔]	습한[스판]	시급히[시그피]
억압하[어가파]	업혀[어펴]	연습할[연스팔]	연습해[연스패]
위협하[위혀파]	위협할[위혀팔]	응답하[응다파]	입학[이팍]
입혀[이펴]	입히[이피]	입힌[이핀]	입힐[이필]
작업하[자거파]	작업한[자거판]	잡하[자파]	잡혀[자펴]
잡히[자피]	잡힌[자핀]	잡힐[자필]	적합하[자카파]
접하[저파]	접합한[저파판]	조급해[조그패]	졸업하[조러파]
좁혀[조펴]	종합하[종하파]	주입하[주이파]	집합[지팝]
착잡한[착짜판]	창립한[창니판]	채집하[채지파]	취급할[취그팔]
편집하[편지파]	편집할[편지팔]	합하[하파]	합해[하패]
협회[혀푀/-풰]	화급히[화그피]	확립하[황니파]	황급히[황그피]
괴롭혀[괴로펴/궤-]		괴롭히[괴로피/궤-]	괴롭힌[괴로핀/궤-]
괴롭힘[괴로핌/궤-] 사립학숙[사리팍쑥]			

ㄴ. 입학하[이파카]　적합하[저카파]　적합함[저카팜]

ㄷ. 넓혀[널펴]　넓힌[널핀]　밟혀[발펴]　밟힐[발필]

(183)은 표준발음법 제12항 1 [붙임 1]의 보기이다. 이 규정은 받침 'ㅂ
(ㄼ)'이 뒤 소리마디 첫소리 'ㅎ'과 결합되는 경우에도, 역시 두 소리를 합
쳐서 [ㅍ]으로 발음한다는 내용이다. 보기는 닿소리이어바뀜의 환경에서

앞 닿소리 'ㅂ(ㅃ)'이 뒤 닿소리 'ㅎ'과 결합되는 경우에, 'ㅂ + ㅎ → ㅍ'과 같이 두 닿소리의 합한 소리로 인해 예사소리 'ㅂ'의 거센소리되기가 실현된 것이다.

(183ㄱ)은 닿소리이어바꿈의 환경에서 앞 닿소리가 'ㅂ'이고, 뒤 닿소리가 'ㅎ'인 경우이다. '가입하다'는 '가입하다 → 가이파다'와 같은 음운변화 과정에서 'ㅂ + ㅎ → ㅍ(-입하- → -이파-)'과 같이 'ㅂ'에 거센소리되기가 적용된다.

(183ㄴ)은 제2소리마디('-학-, -합-' 등)를 중심으로 앞 소리마디('입-, 적-' 등)와 뒤 소리마디('-하, -함' 등)가 닿소리이어바꿈의 환경에서 각각 거센소리되기가 실현된 경우이다. '입학하'가 '입학하 → 이팍하 → 이파카' 와 같은 음운변화과정에서 1단계는 'ㅂ + ㅎ → ㅍ(입학- → 이팍-)'과 같이 'ㅂ'에 거센소리되기가 적용되고, 2단계는 'ㄱ + ㅎ → ㅋ(-팍하 → -파카)'과 같이 'ㄱ'에 거센소리되기가 적용된다.

(183ㄷ)은 닿소리이어바꿈의 환경에서 앞 닿소리가 'ㅃ'이고, 뒤 닿소리가 'ㅎ'인 경우이다. '넓혀'는 '넓혀 → 널펴'와 같은 음운변화과정에서 'ㅂ + ㅎ → ㅍ'과 같이 'ㅂ'에 거센소리되기가 적용된다.

(184) ㄱ. 것하[거타]   곳하[고타]   긋하[그타]   깨끗하[깨끄타]
　　　깨끗한[깨끄탄]   깨끗할[깨끄탈]   깨끗해[깨끄태]   꿋꿋하[꾿꾸타]
　　　남짓한[남지탄]   느긋하[느그타]   느긋한[느그탄]   듯하[드타]
　　　듯한[드탄]   듯해[드태]   따뜻하[따뜨타]   따뜻한[따뜨탄]
　　　따뜻함[따뜨탐]   따뜻해[따뜨태]   또렷하[또려타]   또렷해[또려태]
　　　뚜렷하[뚜려타]   뜻하[뜨타]   뜻한[뜨탄]   뜻함[뜨탐]
　　　뜻해[뜨태]   못하[모타]   못한[모탄]   못할[모탈]
　　　못해[모태]   무엇하[무어타]   벗해[버태]   비롯한[비로탄]
　　　비릿한[비리탄]   비슷하[비스타]   비슷한[비스탄]   비슷해[비스태]
　　　뿌듯하[뿌드타]   뿌듯해[뿌드태]   아릿하[아리타]   어엿한[어여탄]

의젓하[의저타]　　　의젓한[의저탄]　　　잘못하[잘모타]　　　잘못한[잘모탄]

쫑긋해[쫑그태]　　　탓하[타타]　　　　　파릇하[파르타]　　　푸릇하[푸르타]

풋하[푸타]　　　　　향긋한[향그탄]　　　호젓하[호저타]　　　호젓한[호저탄]

흐릿한[흐리탄]　　　흐뭇한[흐무탄]　　　흐뭇함[흐무탐]　　　흐뭇해[흐무태]

걸핏하[걸핀하 → 걸피타]　　　희끗희끗[히끗히끗 → 히끋히끋 → 히ㄲ티끋]

ㄴ. 못 하[모타]　　　　못 한[모탄]　　　못 할[모탈]　　　못 해[모태]

못 했다[모탣따]　　　여섯 해[여서태]

ㄷ. 꽂혀[꼬쳐 → 꼬처]　　꽂힌[꼬친]　　　맞히기[마치기]　맞힌[마친]

맞힐[마칠]　　　　맺혀[매처]　　　부딪혀[부디처]　부딪힌[부디친]

앉혀[안처]　　　　앉히[안치]　　　앉힌[안친]　　　젖혀[저처]

(184ㄱ)은 표준발음법 제12항 1 [붙임 2]와 관련된다. 이는 규정에 따라 'ㄷ'으로 발음되는 'ㅅ'의 경우에도 이에 준한다는 내용이다. 보기는 닿소리이어바뀜의 환경에서 앞 닿소리 'ㅅ'이 뒤 닿소리 'ㅎ'과 결합되어, 'ㅅ'의 거센소리되기가 실현된 것이다. 이 경우에는 먼저 'ㅅ'에 받침규칙을 적용한 후에, 거센소리되기를 적용한다. '듯하다'가 '듯하다 → 듣하다 → 드타다'와 같은 음운변화과정에서 1단계는 'ㅅ → ㄷ(듯- → 듣-)'과 같이 'ㅅ'에 받침규칙이 적용되고, 2단계는 'ㄷ + ㅎ → ㅌ(듣하- → 드타-)'와 같이 'ㄷ'에 거센소리되기가 적용된다.

(184ㄴ)은 표준발음법 제12항 1 [붙임 2]에 규정하고 있다. 이는 규정에 따라 'ㄷ'으로 발음되는 'ㅅ'의 경우에도 이에 준한다는 내용이다. 보기에서 표기는 띄어서 했지만, 두 낱말을 한 마디로 이어서 발음하는 경우에도 거센소리되기를 적용하는 내용이다. 이 경우에는 먼저 'ㅅ'에 받침규칙을 적용한 후에, 거센소리되기를 적용한다. '잘 못 하다'가 '잘못하다 → 잘몯하다 → 잘모타다'와 같은 음운변화과정에서 1단계는 'ㅅ → ㄷ(-못- → -몯-)'과 같이 'ㅅ'에 받침규칙이 적용되고, 2단계는 'ㄷ + ㅎ → ㅌ(-몯하- → -모타-)'와 같이 'ㄷ'에 거센소리되기가 적용된다.

(184ㄷ)은 표준발음법 제12항 1 [붙임 1]에 규정하고 있다. 이 규정은 받침 'ㅈ(ㄵ)'이 뒤 소리마디 첫소리 'ㅎ'과 결합되는 경우에도, 역시 두 소리를 합쳐서 [ㅊ]으로 발음한다는 내용이다. 보기는 닿소리이어바뀜의 환경에서 앞 닿소리 'ㅈ(ㄵ)'이 뒤 닿소리 'ㅎ'과 결합되는 경우에, 'ㅈ + ㅎ → ㅊ'과 같이 두 닿소리의 합한 소리로 인해 예사소리 'ㅈ'의 거센소리되기가 실현된 것이다. 앞 닿소리가 'ㅈ'인 '꽂혀'가 '꽂혀 → 꼬쳐 → 꼬처'와 같은 음운변화과정에서 1단계는 'ㅈ + ㅎ → ㅊ'과 같이 'ㅈ'에 거센소리되기가 적용되고, 2단계는 'ㅕ → ㅓ(–쳐 → –처)'와 같이 'ㅕ'에 홑홀소리되기가 적용된다.

9 된소리되기(경음화 : 硬音化)

(185) ㄱ. 가닥가닥[가닥까닥]　각각[각깍]　각급[각끕]
각기[각끼]　감쪽같이[감쪽까치]　객관적[객꽌적]
골목길[골목낄]　교육계[교육꼐/–께]　교육권[교육꿘]
구석기[구석끼]　국가[국까]　국경[국꼉]
국고[국꼬]　국기[국끼]　당혹감[당혹깜]
독간[독깐]　독감[독깜]　떡국[떡꾹]
똑같이[똑까치]　막강[막깡]　막걸리[막껄리]
먹구름[먹꾸름]　목걸이[목꺼리]　목격[목껵]
목구멍[목꾸멍]　미역국[미역꾹]　백곡[백꼭]
백골[백꼴]　백과사전[백꽈사전]　백군[백꾼]
북경[북꼉]　북극[북끅]　북극곰[북끅꼼]
북극성[북끅썽]　산책길[산책낄]　색각[색깍]
석고상[석꼬상]　세탁기[세탁끼]　소작권[소작꿘]
순식간[순식깐]　식구[식꾸]　식기[식끼]
신석기[신석끼]　악기[악끼]　압록강[암녹깡]
약간[약깐]　약골[약꼴]　역경[역꼉]

연속극[연속끅]　　오락가락[오락까락]　　옥구슬[옥꾸슬]

욕구[욕꾸]　　육개장[육깨장]　　음악가[으막까]

의학계[의학계/－꼐]　　이윽고[이윽꼬]　　작가[작까]

작곡[작꼭]　　작곡가[작꼭까]　　잠복기[잠복끼]

장학금[장학끔]　　저작권[저작꿘]　　적극적[적끅쩍]

즉각적[즉깍쩍]　　직기[직끼]　　찍개[찍깨]

착각[착깍]　　찰떡궁합[찰떡꿍합]　　창덕궁[창덕꿍]

책가방[책까방]　　체육관[체육꽌]　　촉감[촉깜]

촉구[촉꾸]　　축구[축꾸]　　태극기[태극끼]

택견[택껸]　　특권[특꿘]　　폭격[폭꼉]

학교[학꾜]　　학급[학끕]　　학기[학끼]

도둑고양이[도둑꼬양이]

ㄴ. 가속도[가속또]　　각도[각또]　　검색대[검색때]

고속도로[고속또로]　　귀족들[귀족뜰]　　극도[극또]

깍두기[깍뚜기]　　꼭대기[꼭때기]　　낙동강[낙똥강]

노박덩굴[노박떵굴]　　녹둔도[녹뚠도]　　농악대[농악때]

늦대[늦때]　　독단적[독딴적]　　독도[독또]

두둑두둑[두둑뚜둑]　　막대[막때]　　막대기[막때기]

막돌이[막또리]　　목덜미[목떨미]　　목도리[목또리]

박대[박때]　　백동[백똥]　　벽돌[벽똘]

북돋아[북또다]　　북두칠성[북뚜칠썽]　　색다른[색따른]

색동옷[색똥옫]　　석등[석뜽]　　속닥속닥[속딱쏙딱]

속담[속땀]　　속도[속또]　　수박돌이[수박또리]

식당[식땅]　　아직도[아직또]　　악당[악땅]

알록달록[알록딸록]　　작대기[작때기]　　작동[작똥]

장작더미[장작떠미]　　적당[적땅]　　적도[적또]

축동[축똥]　　학당[학땅]　　혹독[혹똑]

ㄷ. 각박[각빡]　　각별히[각뼐히]　　개쑥부쟁이[개쑥뿌쟁이]

과학부[과학뿌]　　교육법[교육뻡]　　국밥집[국빱찝]

국보[국뽀]　　극복[극뽁]　　다락방[다락빵]

덕분[덕뿐]　　　　　뒤죽박죽[뒤죽빡쭉]　　　떡방아[떡빵아]

떡볶이[떡뽀끼]　　　똑바로[똑빠로]　　　　막바지[막빠지]

모닥불[모닥뿔]　　　목발[목빨]　　　　　바싹바싹[바싹빠싹]

박박[박빡]　　　　　반짝반짝[반짝빤짝]　　백발[백빨]

백배[백빼]　　　　　백변[백뼌]　　　　　버럭버럭[버럭뻐럭]

벌컥벌컥[벌컥뻘컥]　북반구[북빤구]　　　북방[북빵]

북부[북뿌]　　　　　새벽빛[새벽삗]　　　석불[석뿔]

속보[속뽀]　　　　　숙부[숙뿌]　　　　　악보[악뽀]

약방[약빵]　　　　　얼럭밥[얼럭빱]　　　역부족[역뿌족]

작별[작뼐]　　　　　장작불[장작뿔]　　　저녁밥[저녁빱]

쪽빛[쪽삗]　　　　　책방[책빵]　　　　　책벌레[책뻘레]

책보자기[책뽀자기]　초록빛[초록삗]　　　촉박[촉빡]

총독부[총독뿌]　　　축복[축뽁]　　　　　특별[특뼐]

폭발[폭빨]　　　　　폭발음[폭빠름]　　　학부모[학뿌모]

확보[확뽀]　　　　　회색빛[회색삗/훼ㅡ]　흑백[흑빽]

ㄹ. 가족사진[가족싸진]　각시취[각씨취]　　　각설이[각써리]

객산[객싼]　　　　　계약서[계약써/게ㅡ]　계획서[계획써/계획ㅡ]

곡선[곡썬]　　　　　곡식[곡씩]　　　　　극심[극씸]

낙산[낙싼]　　　　　낙서[낙써]　　　　　낙심[낙씸]

넉살[넉쌀]　　　　　녹색[녹쌕]　　　　　닥솥[닥쏟]

덕수궁[덕쑤궁]　　　독서[독써]　　　　　독수리[독쑤리]

득실[득씰]　　　　　막상[막쌍]　　　　　멱살[멱쌀]

목멱산[몽멱싼]　　　목성[목썽]　　　　　목소리[목쏘리]

목수[목쑤]　　　　　목숨[목쑴]　　　　　박사[박싸]

박살[박쌀]　　　　　박수[박쑤]　　　　　백성[백썽]

백신[백씬]　　　　　백악산[배각싼]　　　복사[복싸]

복수[복쑤]　　　　　복슬복슬[복쓸복쓸]　봉덕사[봉덕싸]

북상[북쌍]　　　　　북소문[북쏘문]　　　북악산[부각싼]

새록새록[새록쌔록]　색색[색쌕]　　　　　색시[색씨]

석상[석쌍]　　　　　설악산[서락싼]　　　세탁소[세탁쏘]

속삭[속싹] 속살[속쌀] 속상[속쌍]
속셈[속쎔] 속속[속쏙] 수막새[수막쌔]
숙성[숙썽] 숙소[숙쏘] 식사[식싸]
식생활[식쌩활] 식습관[식씁꽌] 심각성[심각썽]
악상[악쌍] 악성[악썽] 악수[악쑤]
액세서리[액쎄서리] 약속[약쏙] 약수[약쑤]
억새풀[억쌔풀] 억세게[억쎄게] 얼룩소[얼룩쏘]
역사[역싸] 역수[역쑤]
역시[역씨] 옥신각신[옥씬각씬] 욕설[욕썰]
욕심[욕씸] 육수[육쑤] 육십[육씹]
익살[익쌀] 익숙해[익쑤캐] 작사자[작싸자]
작성[작썽] 적색[적쌕] 적선[적썬]
적성[적썽] 제작사[제작싸] 즉석[즉썩]
즉시[즉씨] 직사각형[직싸가켱] 착시[착씨]
책상[책쌍] 초록색[초록쌕] 태백산[태백싼]
택시[택씨] 턱수염[턱쑤염] 특산품[특싼품]
특색[특쌕] 특성[특썽] 특수[특쑤]
폭식[폭씩] 푹신[푹씬] 학살[학쌀]
학생[학쌩] 학수고대[학쑤고대] 학술[학쑬]
학습[학씁] 학식[학씩] 핵심[핵씸]
혁신[혁씬] 혹시[혹씨] 확산[확싼]
확신[확씬] 확실[확씰] 얼룩송아지[얼룩쏭아지]
ㅁ. 가락지[가락찌] 각자[각짜] 각종[각쫑]
간척지[간척찌] 걱정[걱쩡] 계획적[계획쩍/계획-]
곡절[곡쩔] 공격적[공격쩍] 공식적[공식쩍]
과학자[과학짜] 과학적[과학쩍] 괴목장[괴목짱/궤-]
교육적[교육쩍] 구역질[구역찔] 국장[국짱]
국적[국쩍] 국제[국쩨] 귀족적[귀족쩍]
규칙적[규칙쩍] 그럭저럭[그럭쩌럭] 극장[극짱]
극적[극쩍] 극쟁이[극쩽이] 극진[극찐]

기록장[기록짱]　　　깍쟁이[깍쨍이]　　　깍지[깍찌]

꼭지[꼭찌]　　　　　녹지[녹찌]　　　　　다락집[다락찝]

닥종이[닥쫑이]　　　단백질[단백찔]　　　달착지근[달착찌근]

덕지[덕찌]　　　　　덕진[덕찐]　　　　　도둑질[도둑찔]

독자[독짜]　　　　　독자적[독짜적]　　　등딱지[등딱찌]

딱정벌레[딱쩡벌레]　딱지[딱찌]　　　　　딸꾹질[딸꾹찔]

똑똑지[똑똑찌]　　　막진[막찐]　　　　　매력적[매력쩍]

매혹적[매혹쩍]　　　목재[목째]　　　　　목적[목쩍]

목적지[목쩍찌]　　　무작정[무작쩡]　　　박제[박쩨]

박진감[박찐감]　　　백제[백쩨]　　　　　백조[백쪼]

백지[백찌]　　　　　백지장[백찌짱]　　　버럭쟁이[버럭쨍이]

벅적[벅쩍]　　　　　복잡[복짭]　　　　　복잡해[복짜패]

복제[복쩨]　　　　　복종[복쫑]　　　　　복지관[복찌관]

북장단[북짱단]　　　북적[북쩍]　　　　　분식집[분식찝]

삭제[삭쩨]　　　　　삼각주[삼각쭈]　　　색종이[색쫑이]

서식지[서식찌]　　　손가락질[손까락찔]　숙정문[숙쩡문]

숙제[숙쩨]　　　　　숨바꼭질[숨바꼭찔]　식중독[식쭝독]

실학자[실학짜]　　　액자[액짜]　　　　　액정[액쩡]

약자[약짜]　　　　　약점[약쩜]　　　　　약제[약쩨]

양식장[양식짱]　　　억장[억짱]　　　　　억제[억쩨]

억지[억찌]　　　　　역전[역쩐]　　　　　역정[역쩡]

왁자[왁짜]　　　　　오두막집[오두막찝]　욕지거리[욕찌거리]

육조[육쪼]　　　　　육주[육쭈]　　　　　육지[육찌]

음식점[음식쩜]　　　이삭줍기[이삭쭙끼]　자박자박[자박짜박]

작자[작짜]　　　　　작전[작쩐]　　　　　작정[작쩡]

저작자[저작짜]　　　적절[적쩔]　　　　　적정[적쩡]

제작자[제작짜]　　　조각조각[조각쪼각]　족제비[족쩨비]

주룩주룩[주룩쭈룩]　주막집[주막찝]　　　지극정성[지극쩡성]

지속적[지속쩍]　　　직장[직짱]　　　　　직전[직쩐]

직접[직쩝]　　　　　직접적[직쩝쩍]　　　쪽지[쪽찌]

착잡[착짭]	창작자[창작짜]	채석장[채석짱]
천주학쟁[천주학쨍]	청국장[청국짱]	촉진[촉찐]
축적[축쩍]	축제[축쩨]	측정[측쩡]
코딱지[코딱찌]	탁자[탁짜]	턱짓[턱찓]
통속적[통속쩍]	특정[특쩡]	특집[특찝]
특징[특찡]	폭력적[퐁녁쩍]	학자[학짜]
함축적[함축쩍]	해수욕장[해수욕짱]	

(185)는 표준발음법 제23항에 규정하고 있다. 이 규정은 받침 'ㄱ(ㄲ, ㅋ, ㄳ, ㄺ), ㄷ(ㅅ, ㅆ, ㅈ, ㅊ, ㅌ), ㅂ(ㅍ, ㄼ, ㄿ, ㅄ)' 뒤에 결합되는 'ㄱ, ㄷ, ㅂ, ㅅ, ㅈ'은 된소리로 발음한다는 내용이다. 이는 표준발음이다. 보기는 닿소리이어바뀜의 환경에서 앞 닿소리 'ㄱ'이 뒤 닿소리 'ㄱ·ㄷ·ㅂ·ㅅ·ㅈ' 등과 결합되어, 뒤 닿소리의 된소리되기가 실현된 경우이다.

(185ㄱ)은 닿소리이어바뀜의 환경에서 앞 닿소리가 'ㄱ'이고, 뒤 닿소리도 'ㄱ'인 경우이다. '각각'은 '각각 → 각깍'과 같은 음운변화과정에서 'ㄱ → ㄲ(-각→ -깍)'과 같이 'ㄱ'에 된소리되기가 적용된다.

(185ㄴ)은 앞 닿소리가 'ㄱ'이고, 뒤 닿소리가 'ㄷ'인 경우이다. '색동옷'이 '색동옷 → 색똥옷 → 색똥온'과 같은 음운변화과정에서 1단계는 'ㄷ → ㄸ(-동- → -똥-)'과 같이 'ㄷ'에 된소리되기가 적용되고, 2단계는 'ㅅ → ㄷ(-옷 → -온)'과 같이 'ㅅ'에 받침규칙이 적용된다.

(185ㄷ)은 앞 닿소리가 'ㄱ'이고, 뒤 닿소리가 'ㅂ'인 경우이다. '초록빛'이 '초록빛 → 초록삗 → 초록삗'과 같은 음운변화과정에서 1단계는 'ㅂ → ㅃ(-빛 → -삧)'과 같이 'ㅂ'에 된소리되기가 적용되고, 2단계는 'ㅊ → ㄷ(-삧 → -삗)'과 같이 'ㅊ'에 받침규칙이 적용된다.

(185ㄹ)은 앞 닿소리가 'ㄱ'이고, 뒤 닿소리가 'ㅅ'인 경우이다. '계획서'는 '계획서 → 계획써/-휙-'와 같은 음운변화과정에서 'ㅅ → ㅆ(-서 → -써)'과 같이 'ㅅ'에 된소리되기가 적용된다.

(185ㅁ)은 앞 닿소리가 'ㄱ'이고, 뒤 닿소리가 'ㅈ'인 경우이다. '폭력적'
이 '폭력적 → 폭녁적 → 퐁녁적 → 퐁녁쩍'과 같은 음운변화과정에서 1단
계는 'ㄹ → ㄴ(-력- → -녁-)'과 같이 'ㄹ'에 콧소리되기가 적용되고, 2단
계는 'ㄱ → ㅇ(폭- → 퐁-)'과 같이 'ㄱ'에 콧소리되기가 적용되고, 3단계
는 'ㅈ → ㅉ(-적 → -쩍)'과 같이 'ㅈ'에 된소리되기가 적용된다.

(186) ㄱ. 가족과[가족꽈]　　노력과[노력꽈]　　　대륙과[대륙꽈]
　　　댁과[댁꽈]　　　　만족과[만족꽈]　　　벼락같이[벼락까치]
　　　생각과[생각꽈]　　소득과[소득꽈]　　　시각과[시각꽈]
　　　시작과[시작꽈]　　아낙과[아낙꽈]　　　약과[약꽈]
　　　양식과[양식꽈]　　음식과[음식꽈]　　　음악과[으막꽈]
　　　지식과[지식꽈]　　짝과[짝꽈]　　　　　창조력과[창조력꽈]
　　　책과[책꽈]　　　　철쭉과[철쭉꽈]　　　쾌락과[쾌락꽈]
　　　학과[학꽈]　　　　행복과[행복꽈]

　　ㄴ. 가족도[가족또]　　계획대로[계획때로/계획-]　기록도[기록또]
　　　국도[국또]　　　　기억도[기억또]　　　꼼짝도[꼼작또]
　　　꼼쩍도[꼼쩍또]　　노력도[노력또]　　　떡도[떡또]
　　　박들[박뜰]　　　　생각도[생각또]　　　생각들[생각뜰]
　　　선박들[선박뜰]　　성적도[성적또]　　　아직도[아직또]
　　　암벽도[암벽또]　　약속대로[약쏙때로]　약속도[약쏙또]
　　　양식도[양식또]　　유약도[유약또]　　　자석들[자석뜰]
　　　자식도[자식또]　　자식들[자식뜰]　　　저녁도[저녁또]
　　　적도[적또]　　　　지각도[지각또]　　　지식도[지식또]
　　　지적도[지적또]　　책도[책또]　　　　　책들[책뜰]

　　ㄷ. 가격보다[가격뽀다]　새벽부터[새벽뿌터]　생각부터[생각뿌터]
　　　생각보다[생각뽀다]　이익보다[이익뽀다]　일찍부터[일찍뿌터]
　　　저녁부터[저녁뿌터]　제목부터[제목뿌터]　책보다[책뽀다]

(186)은 표준발음법 제23항에 규정하고 있다. 보기는 닿소리이어바뀜의

환경에서 앞 닿소리 'ㄱ'이 뒤 닿소리 'ㄱ · ㄷ · ㅂ' 등으로 시작되는 토씨(조사 : 助詞)나 뒷가지(접미사 : 接尾辭)와 결합되어, 뒤 닿소리의 된소리되기가 실현된 경우이다.

(186ㄱ)은 닿소리이어바뀜의 환경에서 앞 닿소리가 'ㄱ'이고, 뒤 닿소리도 'ㄱ'인 경우이다. '벼락같이'가 '벼락같이 → 벼락깥이 → 벼락까치'와 같은 음운변화과정에서 1단계는 'ㄱ → ㄲ(−같− → −깥−)'과 같이 'ㄱ'(토씨 '같이'의 첫소리인 예사소리 'ㄱ')에 된소리되기가 적용되고, 2단계는 'ㅌ → ㅊ(−깥이 → −까치)'과 같이 'ㅌ'에 센입천장소리되기가 적용된다.

(186ㄴ)은 앞 닿소리가 'ㄱ'이고, 뒤 닿소리가 'ㄷ'인 경우이다. '가족도'는 '가족도 → 가족또'와 같은 음운변화과정에서 'ㄷ → ㄸ(−도 → −또)'과 같이 'ㄷ'에 된소리되기가 적용된다.

(186ㄷ)은 앞 닿소리가 'ㄱ'이고, 뒤 닿소리도 'ㅂ'인 경우이다. '가격보다'는 '가격보다 → 가격뽀다'와 같은 음운변화과정에서 'ㅂ → ㅃ(−보− → −뽀−)'과 같이 'ㅂ'에 된소리되기가 적용된다.

(187) ㄱ.

거드럭거리[거드럭꺼리]	깜작거려[깜작꺼려]	꼼지락거리[꼼지락꺼리]
ㄲ덕거려[ㄲ덕꺼려]	끔벅거리[끔벅꺼리]	다독거려[다독꺼려]
다독거리[다독꺼리]	덜거덕거리[덜거덕꺼리]	덜커덕거리[덜커덕꺼리]
뒤적거리[뒤적꺼리]	또각거리[또각꺼리]	똑같고[똑깐꼬]
똑같기[똑깐끼]	똑같은[똑까튼]	막고[막꼬]
막기[막끼]	만지작거리[만지작꺼리]	먹거나[먹꺼나]
먹게[먹께]	먹고[먹꼬]	먹기[먹끼]
묵고[묵꼬]	바스락거리[바스락꺼리]	박고[박꼬]
부스럭거리[부스럭꺼리]	서걱거리[서걱꺼리]	설익게[설릭께]
시시덕거리[시시덕꺼리]	쑤석거리[쑤석꺼리]	씩씩거리[씩씩꺼리]
어리석게[어리석께]	익게[익께]	익기[익끼]
작게[작께]	작고[작꼬]	잘록거리[잘록꺼리]

적게[적께]　　　　　　적기[적끼]　　　　　　조몰락거리[조몰락꺼리]

죽거나[죽꺼나]　　　　죽게[죽께]　　　　　　죽고[죽꼬]

죽기[죽끼]　　　　　　찍고[찍꼬]　　　　　　찍기[찍끼]

처박고[처박꼬]　　　　콩닥거려[콩닥꺼려]　　콩닥거리[콩닥꺼리]

킥킥거리[킥킥꺼리]　　토닥거리[토닥꺼리]　　푸덕거리[푸덕꺼리]

푸드덕거려[푸드덕꺼려]　허우적거려[허우적꺼려]　헐떡거리[헐떡꺼리]

훌쩍거려[훌쩍꺼려]

ㄴ. 개척되다[개척뙤다/-뛔-]계속되[계속뙤/-뛔]　　계속된[계속뙨/-뛔ㄴ]

계속될[계속뙬/-뛔ㄹ]　귀속되[귀속뙤/-뛔]　　기억되[기억뙤/-뛔]

녹다[녹따]　　　　　　단축되[단축뙤/-뛔]　　막다[막따]

막더군[막떠군]　　　　막된[막뙨/-뛔ㄴ]　　　먹다[먹따]

먹다가[먹따가]　　　　먹던[먹떤]　　　　　　먹듯[먹뜯]

반복되[반복뙤/-뛔]　　부탁드리[부탁뜨리]　　북돋게[북똗께]

북돋아[북또다]　　　　생략된[생냑뙨/-뙨]　　선택된[선택뙨/-뙨]

소속되[소속뙤/-뛔]　　속된[속뙨/-뙨]　　　　시작되[시작뙤/-뛔]

시작된[시작뙨/-뙨]　　씩씩대[씩씩때]　　　　어리석다[어리석따]

위축되[위축뙤/-뛔]　　익다[익따]　　　　　　적다[적따]

적되[적뙤/-뛔]　　　　접목될[접목뙬/-뙬]　　조각된[조각뙨/-뙨]

중독되[중독뙤/-뛔]　　지속되[지속뙤/-뛔]　　찍다[찍따]

킥킥대고[킥킥때고]

ㄷ. 복받치[복빧치]　　　　북받쳐[북빧쳐 → 북빧처]　북받치[북빧치]

ㄹ. 감격스러[감격쓰러]　　녹슨[녹쓴]　　　　　　녹슬어[녹쓰러]

녹슬지[녹쓸지]　　　　만족스러[만족쓰러]　　먹음직스러[머금직쓰러]

속삭이[속싸기]　　　　속삭임[속싸김]　　　　쑥스러[쑥쓰러]

쑥스럽다[쑥쓰럽따]　　적셔[적쎠]

ㅁ. 거무죽죽하[거무죽쭈카]　구석지[구석찌]　　　　구석진[구석찐]

기죽지[기죽찌]　　　　넉넉지[넝넉찌]　　　　먹자[먹짜]

먹잖니[먹짠니]　　　　먹지[먹찌]　　　　　　생각지[생각찌]

썩지[썩찌]　　　　　　얼룩진[얼룩찐]　　　　윽박질러[윽빡찔러]

익지[익찌]　　　　　　작지[작찌]　　　　　　적지[적찌]

죽자[죽짜]　　　　　죽지[죽찌]　　　　　찍자[찍짜]

찍지[찍찌]

(187)은 표준발음법 제23항에 규정하고 있다. 보기는 닿소리이어바뀜의 환경에서 앞 닿소리 'ㄱ'이 뒤 닿소리 'ㄱ·ㄷ·ㅂ·ㅅ·ㅈ' 등과 결합되어, 뒤 닿소리의 된소리되기가 실현된 경우이다.

(187ㄱ)은 닿소리이어바뀜의 환경에서 앞 닿소리가 'ㄱ'이고, 뒤 닿소리도 'ㄱ'인 경우이다. '꼼지락거리다'는 '꼼지락거리다 → 꼼지락꺼리다'와 같은 음운변화과정에서 'ㄱ → ㄲ(-거- → -꺼-)'과 같이 'ㄱ'(뒷가지 '-거리다'의 첫 소리마디 첫소리 'ㄱ')에 된소리되기가 적용된다. '설익게'는 줄기 '설익-'과 씨끝 '-게'가 연결된 경우이다. 이는 '설익게 → 설닉게 → 설릭게 → 설릭께'와 같은 음운변화과정에서 1단계에 '∅ → ㄴ(-익- → -닉-)'과 같이 'ㄴ'소리보탬이 적용되고, 2단계는 'ㄴ → ㄹ(-닉- → -릭-)'과 같이 'ㄴ'에 흐름소리되기가 적용되고, 3단계는 'ㄱ → ㄲ(-게 → -께)'과 같이 'ㄱ'에 된소리되기가 적용된다.

(187ㄴ)은 앞 닿소리가 'ㄱ'이고, 뒤 닿소리가 'ㄷ'인 경우이다. '북돋게'는 줄기 '북돋-'과 씨끝 '-게'가 연결된 경우이다. '북돋게'가 '북돋게 → 북똗게 → 북똗께'와 같은 음운변화과정에서 1단계는 'ㄷ → ㄸ(-돋- → -똗-)'과 같이 'ㄷ'에 된소리되기가 적용되고, 2단계는 'ㄱ → ㄲ(-게 → -께)'과 같이 'ㄱ'에 된소리되기가 적용된다. 이 경우에 1단계의 된소리되기는 줄기에서 실현된 것이고, 2단계의 된소리되기는 줄기와 씨끝이 연결된 경우에 실현된 것이다.

(187ㄷ)은 앞 닿소리가 'ㄱ'이고, 뒤 닿소리가 'ㅂ'인 경우이다. '복받치'(씨끝 생략함)는 줄기에서 된소리되기가 실현된 경우이다. 이는 '복받치 → 복빧치'와 같은 음운변화과정에서 'ㅂ → ㅃ(-받- → -빧-)'과 같이 'ㅂ'에 된소리되기가 적용된다.

(187ㄹ)은 앞 닿소리가 'ㄱ'이고, 뒤 닿소리가 'ㅅ'인 경우이다. '녹슬
어'는 줄기 '녹슬-'에서 된소리되기가 실현된 경우이다. '녹슬어'가 '녹슬
어 → 녹쓸어 → 녹쓰러'와 같은 음운변화과정에서 1단계는 'ㅅ → ㅆ(-
슬- → -쓸-)'과 같이 'ㅅ'에 된소리되기가 적용되고, 2단계는 '-쓸어 → -
쓰러'와 같이 이음소리규칙이 적용된다.

(187ㅁ)은 앞 닿소리가 'ㄱ'이고, 뒤 닿소리가 'ㅈ'인 경우이다. '구석
진'(형용사, '구석지다')은 '구석진 → 구석찐'과 같은 음운변화과정에서 'ㅈ
→ ㅉ(-진 → -찐)'과 같이 'ㅈ'에 된소리되기가 적용된다.

(188) ㄱ. 겪거[격꺼] 겪게[격께] 겪고[격꼬] 겪지[격찌]
  꺾기[꺽끼] 낚시[낙씨] 닦고[닥꼬] 닦던[닥떤]
  묶고[묵꼬] 묶기[묵끼] 섞박지[석빡찌] 엮거[역꺼]
  깎고[깍고 → 깍꼬]

 ㄴ. 몫을[목슬 → 목쓸]   몫이[목시 → 목씨]

 ㄷ. 굵지[국찌] 긁적[극쩍]
  까닭과[까닥꽈] 까닭도[까닥또] 늙지[늑찌] 닭과[닥꽈]
  닭들[닥뜰] 닭장[닥짱] 닭전[닥쩐] 맑더[막떠]
  맑디[막띠] 밝다[박따] 밝자[박짜] 밝지[박찌]
  붉다[북따] 읽다[익따] 읽더[익떠] 읽던[익떤]
  읽도록[익또록] 읽듯[익뜯] 읽지[익찌] 진흙돌[진흑똘]
  흙도[흑또] 흙바닥[흑빠닥] 굵다[국다 → 국따]
  굵답니다[국땀니다] 읽습니다[익씀니다]

 ㄹ. 굵고[굴꼬] 굵기[굴끼] 긁게[글게]
  긁고[글꼬] 낡고[날꼬] 늙고[늘꼬] 늙기[늘끼]
  맑게[말게] 맑고[말꼬] 맑기[말끼] 밝게[발께]
  밝고[발꼬] 붉게[불게] 얽고[얼꼬] 읽게[일께]
  읽고[일꼬] 읽기[일끼] 읽긴[일낀]
  갉기[갈기 → 갈끼]

(188ㄱ)은 표준발음법 제23항에 규정하고 있다. 보기는 닿소리이어바뀜의 환경에서 앞 닿소리가 'ㄲ'이고, 뒤 닿소리가 'ㄱ・ㅅ・ㅈ' 등인 경우이다. 이 경우에는 음운변화과정에서 먼저 받침규칙을 적용한 후에, 된소리되기를 적용한다. 뒤 닿소리가 'ㄱ'인 '깎고'가 '깎고 → 깍고 → 깍꼬'와 같은 음운변화과정에서 1단계는 'ㄲ → ㄱ(깎- → 깍-)'과 같이 'ㄲ'에 받침규칙이 적용되고, 2단계는 'ㄱ → ㄲ(-고 → -꼬)'과 같이 'ㄱ'에 된소리되기가 적용된다.

(188ㄴ)은 표준발음법 제14항에 규정하고 있다. 이 규정은 겹받침이 홀소리로 시작된 토씨나 씨끝, 뒷가지와 결합되는 경우에는 뒤엣 것만을 뒤소리마디 첫소리로 옮겨 발음하되, 이 경우에 'ㅅ'은 된소리로 발음한다는 내용이다. '몫이'는 '몫이 → 목씨'와 같은 음운변화과정에서 'ㅅ → ㅆ'과 같이 'ㅅ'에 된소리되기가 적용된다.

(188ㄷ)은 표준발음법 제11항에 규정하고 있다. 이 규정은 겹받침 'ㄺ, ㄻ, ㄿ'은 낱말끝(어말 : 語末) 또는 닿소리 앞에서 각각 [ㄱ, ㅁ, ㅂ]으로 발음한다는 내용이다. 보기는 닿소리이어바뀜의 환경에서 앞 닿소리가 'ㄺ'인 경우이다. 이 경우에는 음운변화과정에서 먼저 닿소리빠짐을 적용한 후에, 된소리되기를 적용한다. 뒤 닿소리가 'ㄱ'인 '까닭과'가 '까닭과 → 까닥과 → 까닥꽈'와 같은 음운변화과정에서 1단계는 'ㄺ → ㄱ(-닭- → -닥-)'과 같이 'ㄹ'에 닿소리빠짐이 적용되고, 2단계는 'ㄱ → ㄲ(-과 → -꽈)'과 같이 'ㄱ'에 된소리되기가 적용된다.

(188ㄹ)은 표준발음법 제11항 '다만'에 규정하고 있다. 이 규정은 풀이씨의 줄기 끝소리 'ㄺ'은 'ㄱ'앞에서 [ㄹ]로 발음한다는 내용이다. 보기는 닿소리이어바뀜의 환경에서 앞 닿소리 'ㄺ'이 뒤 닿소리인 씨끝의 첫소리 'ㄱ'과 결합된 경우이다. 이 경우에는 음운변화과정에서 먼저 닿소리빠짐을 적용한 후에, 된소리되기를 적용한다. '굵고'가 '굵고 → 굴고 → 굴꼬'와 같은 음운변화과정에서 1단계는 'ㄺ → ㄹ(굵- → 굴-)'과 같이 'ㄱ'에 닿소리빠

짐이 적용되고, 2단계는 'ㄱ → ㄲ(-고 → -꼬)'와 같이 'ㄱ'(씨끝 '-고'의 첫
소리)에 된소리되기가 적용된다.

(189) ㄱ. 개천가[개천까]　　　논두렁[논뚜렁]　　　논둑[논뚝]
　　　눈가[눈까]　　　　　눈길[눈낄]　　　　　눈덩이[눈떵이]
　　　눈동자[눈똥자]　　　눈두덩[눈뚜덩]　　　눈병[눈뼝]
　　　눈빛[눈삗]　　　　　눈사람[눈싸람]　　　눈송이[눈쏭이]
　　　눈살[눈쌀]　　　　　눈짓[눈찓]　　　　　단칸방[단칸빵]
　　　돈벌이[돈뻐리]　　　문구멍[문꾸멍]　　　반찬거리[반찬꺼리]
　　　분가루[분까루]　　　비단결[비단껼]　　　산골[산꼴]
　　　산골짜기[산꼴짜기]　산기슭[산끼슥]　　　산길[산낄]
　　　산더미[산떠미]　　　산등성이[산뜽성이]　산속[산쏙]
　　　산자락[산짜락]　　　산짐승[산찜승]　　　손가락[손까락]
　　　손금[손끔]　　　　　손길[손낄]　　　　　손등[손뜽]
　　　손바닥[손빠닥]　　　손전등[손쩐등]　　　손짓[손찓]
　　　신바람[신빠람]　　　안골[안꼴]　　　　　안방[안빵]
　　　찬거리[찬꺼리]　　　피란길[피란낄]

　　　ㄴ. 관점[관쩜]　　　　　단점[단쩜]　　　　　디자인권[디자인꿘]
　　　만점[만쩜]　　　　　문구[문꾸](文句)　　문법[문뻡]
　　　문자[문짜]　　　　　발언권[바런꿘]　　　본격적[본격쩍]
　　　산보[산뽀]　　　　　성인병[성인뼝]　　　실용신안권[시룡시난꿘]
　　　안건[안껀]　　　　　안전성[안전썽]　　　인격[인껵]
　　　인격권[인껵꿘]　　　인권[인꿘]　　　　　인기[인끼]
　　　재산권[재산꿘]　　　저체온증[저체온쯩]　한자[한짜]
　　　ㄷ. 신게[신께]　　　　　신겨[신껴]　　　　　신고[신꼬]
　　　신기[신끼]　　　　　신지[신찌]　　　　　안고[안꼬]
　　　안다[안따]　　　　　안지[안찌]　　　　　안습니다[안씀니다]
　　　ㄹ. 앉게[안게 → 안께]　앉고[안꼬]　　　　　앉기[안끼]
　　　앉다[안따]　　　　　앉던[안떤]　　　　　앉습니다[안씀니다]

앉자[안짜]　　　　앉지[안찌]　　　　　없고[업꼬]

없다[업따]　　　　없자[업짜]

　　(189ㄱ)은 표준발음법 제28항에 규정하고 있다. 이 규정은 표기상으로는 사이시옷이 없더라도, 관형격 기능을 지니는 사이시옷이 있어야 할(휴지가 성립되는) 합성어의 경우에는, 뒤 낱말의 첫소리 'ㄱ, ㄷ, ㅂ, ㅅ, ㅈ'을 된소리로 발음한다는 내용이다. 보기는 닿소리이어바뀜의 환경에서 앞 닿소리 'ㄴ'이 뒤 닿소리 'ㄱ · ㄷ · ㅂ · ㅅ · ㅈ' 등과 결합되는 경우에, 뒤 닿소리의 된소리되기가 실현된 것이다. 뒤 닿소리가 'ㄱ'인 '개천가'는 '개천가 → 개천까'와 같은 음운변화과정에서 'ㄱ → ㄲ(-가 → -까)'과 같이 'ㄱ'에 된소리되기가 적용된다.

　　(189ㄴ)은 한자어의 경우이다. 보기는 닿소리이어바뀜의 환경에서 앞 닿소리 'ㄴ'이 뒤 닿소리 'ㄱ · ㅂ · ㅅ · ㅈ' 등과 연결된 경우에, 뒤 닿소리의 된소리되기가 실현된 것이다. 뒤 닿소리가 'ㄱ' 인 '문구'는 '문구 → 문꾸'와 같은 음운변화과정에서 'ㄱ → ㄲ(-구 → -꾸)'과 같이 'ㄱ'에 된소리되기가 적용된다.

　　(189ㄷ)은 표준발음법 제24항에 규정하고 있다. 이 규정은 줄기(어간 : 語幹) 받침 'ㄴ(ㄵ), ㅁ(ㄻ)'의 뒤에 결합되는 씨끝의 첫소리 'ㄱ, ㄷ, ㅅ, ㅈ'은 된소리로 발음한다는 내용이다. 보기는 닿소리이어바뀜의 환경에서 앞 닿소리 'ㄴ'이 뒤 닿소리 'ㄱ · ㅈ' 등과 결합되어, 뒤 닿소리의 된소리되기가 실현된 것이다. 뒤 닿소리가 'ㄱ'인 '신게'는 '신게 → 신께'와 같은 음운변화과정에서 'ㄱ → ㄲ(-게 → -께)'과 같이 'ㄱ'에 된소리되기가 적용된다.

　　(189ㄹ)은 표준발음법 제24항에 규정하고 있다. 보기는 앞 닿소리 'ㄵ'이 뒤 닿소리 'ㄱ · ㅈ' 등과 연결된 경우에, 뒤 닿소리의 된소리되기가 실현된 것이다. 이 경우에는 음운변화과정에서 먼저 닿소리빠짐이 적용된 후에, 된소리되기가 적용된다. 뒤 닿소리가 'ㄱ'인 '앉고'가 '앉고 → 안고 → 안

꼬'와 같은 음운변화과정에서 1단계는 'ᆬ → ㄴ(앉- → 안-)'과 같이 'ㅈ'에 닿소리빠짐이 적용되고, 2단계는 'ㄱ → ㄲ(-고 → -꼬)'과 같이 'ㄱ'에 된소리되기가 적용된다.

(190) ㄱ. 걷거나[걷꺼나]　　걷게[걷께]　　　걷고[걷꼬]　　　걷기[걷끼]
　　　　겯고[겯꼬]　　　 굳게[굳께]　　　굳기[굳끼]　　　깨닫게[깨닫께]
　　　　깨닫고[깨닫꼬]　　닫게[닫께]　　　닫고[닫꼬]　　　듣거[듣꺼]
　　　　듣게[듣께]　　　 듣고[듣꼬]　　　듣기[듣끼]　　　딛고[딛꼬]
　　　　뜯고[뜯꼬]　　　 뜯기[뜯끼]　　　묻거[묻꺼]　　　묻게[묻께]
　　　　묻고[묻꼬]　　　 묻기[묻끼]　　　믿게[믿께]　　　믿고[믿꼬]
　　　　믿기[믿끼]　　　 받거[받꺼]　　　받게[받께]　　　받고[받꼬]
　　　　받곤[받꼰]　　　 받기[받끼]　　　뻗고[뻗꼬]　　　숟가락[숟까락]
　　　　싣고[싣꼬]　　　 얻거[얻꺼]　　　얻게[얻께]　　　얻고[얻꼬]
　　　　얻기[얻끼]　　　 여닫게[여닫께]　반짇고리[반짇꼬리]
　　　ㄴ. 걷다[걷따]　　　 걷던[걷떤]　　　듣다[듣따]　　　듣더니[듣떠니]
　　　　듣던[듣떤]　　　 믿다[믿따]　　　받다[받따]　　　받더니[받떠니]
　　　　받던[받떤]　　　 받도록[받또록]　받들[받뜰]　　　섣달[섣딸]
　　　ㄷ. 곧바로[곧빠로]　　돋보기[돋뽀기]　돋보다[돋뽀다]
　　　ㄹ. 듣습니다[듣씀니다]　　　　　　 받습니다[받씀니다]
　　　ㅁ. 걷지[걷찌]　　　 곧잘[곧짤]　　　곧장[곧짱]　　　굳지[굳찌]
　　　　깨닫지[깨닫찌]　　듣자[듣짜]　　　듣지[듣찌]　　　묻자[묻짜]
　　　　묻지[묻찌]　　　 믿지[믿찌]　　　받자[받짜]　　　받지[받찌]
　　　　얻지[얻찌]　　　 캐묻지[캐묻찌]

　　(190)은 표준발음법 제23항에 규정하고 있다. 보기는 닿소리이어 바뀜의 환경에서 앞 닿소리 'ㄷ'이 뒤 닿소리 'ㄱ·ㄷ·ㅂ·ㅅ·ㅈ' 등과 결합되는 경우에, 뒤 닿소리의 된소리되기가 실현된 것이다.
　　(190ㄱ)은 닿소리이어바뀜의 환경에서 앞 닿소리가 'ㄷ'이고, 뒤 닿소리가 'ㄱ'인 경우이다. '걷게'는 '걷게 → 걷께'와 같은 음운변화과정에서 'ㄱ

→ ㄲ(-게 → -께)'과 같이 'ㄱ'에 된소리되기가 적용된다.

(190ㄴ)은 앞 닿소리가 'ㄷ'이고, 뒤 닿소리도 'ㄷ'인 경우이다. '걷다'는 '걷다 → 걷따'와 같은 음운변화과정에서 'ㄷ → ㄸ(-다 → -따)'과 같이 'ㄷ'에 된소리되기가 적용된다.

(190ㄷ)은 앞 닿소리가 'ㄷ'이고, 뒤 닿소리가 'ㅂ'인 경우이다. '곧바로'는 '곧바로 → 곧빠로'와 같은 음운변화과정에서 'ㅂ → ㅃ(-바- → -빠-)'과 같이 'ㅂ'에 된소리되기가 적용된다.

(190ㄹ)은 앞 닿소리가 'ㄷ'이고, 뒤 닿소리가 'ㅅ'인 경우이다. '듣습니다'가 '듣습니다 → 듣씁니다 → 듣씀니다'와 같은 음운변화과정에서 1단계는 'ㅅ → ㅆ(-습- → -씁-)'과 같이 'ㅅ'에 된소리되기가 적용되고, 2단계는 'ㅂ → ㅁ(-씁- → -씀-)'과 같이 'ㅂ'에 콧소리되기가 적용된다.

(190ㅁ)은 앞 닿소리가 'ㄷ'이고, 뒤 닿소리가 'ㅈ'인 경우이다. '곧잘'은 '곧잘 → 곧짤'과 같은 음운변화과정에서 'ㅈ → ㅉ(-잘 → -짤)'과 같이 'ㅈ'에 된소리되기가 적용된다.

(191) ㄱ. 갈등[갈뜽]　　　　갈색[갈쌕]　　　　결심[결씸]
　　　　결정[결쩡]　　　　고물상[고물쌍]　　기술자[기술짜]
　　　　기술적[기술쩍]　　달성[달썽]　　　　마술사[마술싸]
　　　　멸종[멸쫑]　　　　몰두[몰뚜]　　　　물결[물껼]
　　　　물자[물짜]　　　　물질[물찔]　　　　밀도[밀또]
　　　　발달[발딸]　　　　발산[발싼]　　　　발생[발쌩]
　　　　발송[발쏭]　　　　발전[발쩐]　　　　법률적[범뉼쩍]
　　　　별종[별쫑]　　　　불법[불뻡]　　　　불사신[불싸신]
　　　　불상[불쌍]　　　　삼일절[사밀쩔]　　생일상[생일쌍]
　　　　설득[설뜩]　　　　설정[설쩡]　　　　솔직[솔찍]
　　　　실수[실쑤]　　　　실제[실쩨]　　　　열대[열때]
　　　　열성적[열썽적]　　열정[열쩡]　　　　월식[월씩]
　　　　일상[일쌍]　　　　일생[일쌩]　　　　일석이조[일써기조]

일정[일쩡]	일제[일쩨]	일종[일쫑]
일주일[일쭈일]	절대[절때]	절실[절씰]
절정[절쩡]	질서[질써]	질식[질씩]
철도[철또]	철수[철쑤]	철저[철쩌]
철제[철쩨]	출산[출싼]	출신[출씬]
출중[출쭝]	칠산[칠싼]	칠성[칠썽]
팔자[팔짜]	필사[필싸]	필수품[필쑤품]
해결사[해결싸]	해설자[해설짜]	활달[활딸]
활동[활똥]	활자[활짜]	황갈색[황갈쌕]
효율적[효율쩍]		

ㄴ.
겨울잠[겨울짬]	굴속[굴쏙]	글자[글짜]
길가[길까]	길거리[길꺼리]	길동무[길똥무]
눈물방울[눈물빵울]	달덩이[달떵이]	달빛[달삗]
들길[들낄]	들소[들쏘]	들짐승[들찜승]
말버릇[말뻐른]	말소리[말쏘리]	물가[물까]
물감[물깜]	물고기[물꼬기]	물그릇[물끄른]
물길[물낄]	물독[물똑]	물방울[물빵울]
물소리[물쏘리]	물속[물쏙]	물줄기[물쭐기]
물집[물찝]	발가락[발까락]	발길[발낄]
발등[발뜽]	발바닥[발빠닥]	발소리[발쏘리]
발자국[발짜국]	불기운[불끼운]	불길[불낄]
불빛[불삗]	비탈길[비탈낄]	살색[살쌕]
솔가지[솔까지]	술상[술쌍]	신발장[신발짱]
심술보[심술뽀]	쌀독[쌀똑]	얼굴빛[얼굴삗]
열쇠[열쐬/-쒜]	오솔길[오솔낄]	옹달샘[옹달쌤]
이불장[이불짱]	이슬방울[이슬빵울]	일자리[일짜리]
칼자루[칼짜루]		

ㄷ.
열 개[열깨]	열 번[열뻔]	일 등[일뜽]

(191ㄱ)은 표준발음법 제26항에 규정하고 있다. 이 규정은 한자어에서,

'ㄹ' 받침 뒤에 연결되는 'ㄷ, ㅅ, ㅈ'은 된소리로 발음한다는 내용이다. 보기는 닿소리이어바뀜의 환경에서 앞 닿소리 'ㄹ'이 뒤 닿소리 'ㄷ · ㅅ · ㅈ' 등과 결합되어, 뒤 닿소리의 된소리되기가 실현된 경우이다. 뒤 닿소리가 'ㄷ'인 '갈등'은 '갈등 → 갈뜽'과 같은 음운변화과정에서 'ㄷ → ㄸ(-등 → -뜽)'과 같이 'ㄷ'에 된소리되기가 적용된다.

(191ㄴ)은 표준발음법 제28항에 규정하고 있다. 보기는 닿소리이어바뀜의 환경에서 앞 닿소리 'ㄹ'이 뒤 닿소리 'ㄱ · ㄷ · ㅂ · ㅅ · ㅈ' 등과 결합되어, 뒤 닿소리의 된소리되기가 실현된 경우이다. 뒤 닿소리가 'ㄱ'인 '물고기'는 '물고기 → 물꼬기'와 같은 음운변화과정에서 'ㄱ → ㄲ(-고- → -꼬-)'과 같이 'ㄱ'에 된소리되기가 적용된다.

(191ㄷ)은 한글맞춤법 제43항에 규정하고 있다. 이 규정은 '가지', '개', '시' 등과 같이 단위를 나타내는 명사는 띄어 쓴다는 내용이다. 이 경우에 두 낱말을 이어서 한 마디로 발음하면 'ㄱ'의 된소리되기가 실현된다. 보기는 닿소리이어바뀜의 환경에서 앞 닿소리 'ㄹ'이 뒤 닿소리 'ㄱ'과 결합되어, 뒤 닿소리의 된소리되기가 실현된 경우이다. '열 개'는 '열개 → 열깨'와 같은 음운변화과정에서 'ㄱ → ㄲ(-개 → -깨)'과 같이 'ㄱ'에 된소리되기가 적용된다.

(192) ㄱ. 넓거든[널거든 → 널꺼든]　　넓게[널께]　　　넓고[널꼬]
　　　넓다[널따]　　　　　　　넓디[널띠]　　　섧게[설께]
　　　얇게[얄께]　　　　　　　얇고[얄꼬]　　　얇다[얄따]
　　　짧게[짤께]　　　　　　　짧고[짤꼬]　　　짧다[짤따]
　　　짧지[짤찌]　　　　　　　폭넓게[퐁널께]
　　ㄴ. 여덟 개[여덜개 → 여덜깨]　여덟 배[여덜빼]　여덟 살[여덜쌀]
　　　여덟 장[여덜짱]
　　ㄷ. 핥고[할고 → 할꼬]　　　　핥기[할끼]　　　핥지[할찌]
　　　훑고[훌꼬]

(192ㄱ)은 표준발음법 제25항에 규정하고 있다. 이 규정은 줄기 받침 '랴' 뒤에 결합되는 씨끝의 첫소리 'ㄱ, ㄷ, ㅅ, ㅈ'은 된소리로 발음한다는 내용이다. 보기는 닿소리이어바뀜의 환경에서 앞 닿소리 '랴'이 뒤 닿소리 'ㄱ·ㄷ·ㅅ·ㅈ' 등과 결합되어, 뒤 닿소리의 된소리되기가 실현된 경우이다. 이 경우에는 음운변화과정에서 먼저 닿소리빠짐을 적용한 후에, 된소리되기를 적용한다. 뒤 닿소리가 'ㄱ'인 '넓고'는 '넓고 → 널고 → 널꼬'와 같은 음운변화과정에서 1단계는 '랴 → ㄹ(넓- → 널-)'과 같이 'ㅂ'에 닿소리빠짐이 적용되고, 2단계는 'ㄱ → ㄲ(-고 → -꼬)'과 같이 'ㄱ'에 된소리되기가 적용된다.

(192ㄴ)은 한글맞춤법 제43항에 규정하고 있다. 이 규정은 '개', '배', '살', '장' 등과 같이 단위를 나타내는 명사는 띄어 쓴다는 내용이다. 이 경우에 두 낱말을 이어서 한 마디로 발음하면 'ㄱ'의 된소리되기가 실현된다. 보기는 닿소리이어바뀜의 환경에서 앞 닿소리 '랴'이 뒤 닿소리 'ㄱ'과 결합되어, 뒤 닿소리의 된소리되기가 실현된 경우이다. '여덟 개'는 '여덟개 → 여덜개 → 여덜깨'와 같은 음운변화과정에서 1단계는 '랴 → ㄹ(-덟- → -덜-)'과 같이 'ㅂ'에 닿소리빠짐이 적용되고, 2단계는 'ㄱ → ㄲ(-개 → -깨)'과 같이 'ㄱ'에 된소리되기가 적용된다.

(192ㄷ)은 표준발음법 제25항에 규정하고 있다. 보기는 닿소리이어바뀜의 환경에서 앞 닿소리 '랴'이 뒤 닿소리 'ㄱ·ㅈ' 등과 결합되어, 뒤 닿소리의 된소리되기가 실현된 경우이다. 이 경우에 음운변화과정에서 먼저 닿소리빠짐을 적용한 후에, 된소리되기를 적용한다. 뒤 닿소리가 'ㄱ'인 '핥고'가 '핥고 → 할고 → 할꼬'와 같은 음운변화과정에서 1단계는 '랴 → ㄹ(핥- → 할-)'과 같이 'ㅌ'에 닿소리빠짐이 적용되고, 2단계는 'ㄱ → ㄲ(-고 → -꼬)'과 같이 'ㄱ'에 된소리되기가 적용된다.

(193) ㄱ. 가슴살[가슴쌀]　　　　가슴속[가슴쏙]　　　　갈림길[갈림낄]

김밥[김빱]　　　　　꿈속[꿈쏙]　　　　　땀방울[땀빵울]

마음속[마음쏙]　　　몸빛[몸삗]　　　　　몸속[몸쏙]

몸집[몸찝]　　　　　몸짓[몸찓]　　　　　바람결[바람껼]

밤바다[밤빠다]　　　봄밤[봄빰]　　　　　봄비[봄삐]

비빔밥[비빔빱]　　　숨결[숨껼]　　　　　아침밥[아침빱]

울음소리[우름쏘리]　움집[움찝]　　　　　웃음거리[우슴꺼리]

잠자리[잠짜리]　　　점자책[점짜책]　　　지름길[지름낄]

품삯[품싹]　　　　　품속[품쏙]　　　　　힘줄[힘쭐]

ㄴ. 모음자[모음짜]　　몰수[몰쑤]　　　　　엄격[엄꺽]

염증[염쯩]　　　　　자음자[자음짜]　　　전염병[저념뼝]

점수[점쑤]　　　　　점자[점짜]　　　　　조심성[조심썽]

ㄷ. 감게[감께]　　　　감고[감꼬]　　　　　감지[감찌]

검고[검꼬]　　　　　검다[검따]　　　　　검지[검찌]

남기[남끼]　　　　　남지만[남찌만]　　　넘게[넘께]

넘고[넘꼬]　　　　　넘다[넘따]　　　　　넘더니[넘떠니]

넘도록[넘또록]　　　넘습니다[넘씀니다]　다듬고[다듬꼬]

다듬기[다듬끼]　　　담거나[담꺼나]　　　담고[담꼬]

담다가[담따가]　　　담지[담찌]　　　　　머금고[머금꼬]

삼고[삼꼬]　　　　　서슴지[서슴찌]　　　숨고[숨꼬]

숨도록[숨또록]　　　숨자[숨짜]　　　　　심고[심꼬]

심도록[심또록]　　　심기[심끼]　　　　　참거든[참꺼든]

참고[참꼬]　　　　　참다[참따]　　　　　참자[참짜]

참지[참찌]　　　　　품게[품께]　　　　　품고[품꼬]

품던[품떤]

ㄹ. 굶기[굼기 → 굼끼]　닭지[담찌]　　　　　삶기[삼끼]

젊고[점꼬]　　　　　젊다[점따]　　　　　젊습니다[점씀니다]

(193ㄱ)은 표준발음법 제28항에 규정하고 있다. 보기는 닿소리이어바뀜
의 환경에서 앞 닿소리 'ㅁ'이 뒤 닿소리 'ㄱ · ㅂ · ㅅ · ㅈ' 등과 결합되어,

뒤 닿소리의 된소리되기가 실현된 경우이다. 뒤 닿소리가 'ㄱ'인 '바람결' 은 '바람결 → 바람껼'과 같은 음운변화과정에서 'ㄱ → ㄲ(-결 → -껼)'과 같이 'ㄱ'에 된소리되기가 적용된다.

(193ㄴ)은 한자어의 경우이다. 보기는 닿소리이어바뀜의 환경에서 앞 닿 소리 'ㅁ'이 뒤 닿소리 'ㅂ·ㅈ' 등과 연결되어, 뒤 닿소리의 된소리되기가 실현된 것이다. 뒤 닿소리가 'ㅂ' 인 '전염병'이 '전염병 → 전염뼝 → 저념 뼝'과 같은 음운변화과정에서 1단계는 'ㅂ → ㅃ(-병 → -뼝)'과 같이 'ㅂ' 에 된소리되기가 적용되고, 2단계는 '전염- → 저념'과 같이 이음소리규칙 이 적용된다.

(193ㄷ)은 표준발음법 제24항에 규정하고 있다. 보기는 닿소리이어바뀜 의 환경에서 앞 닿소리 'ㅁ' 이 뒤 닿소리 'ㄱ·ㄷ·ㅈ' 등과 결합되어, 뒤 닿소리의 된소리되기가 실현된 경우이다. 뒤 닿소리가 'ㄱ'인 '감고'는 '감 고 → 감꼬'와 같은 음운변화과정에서 'ㄱ → ㄲ(-고 → -꼬)'과 같이 'ㄱ'에 된소리되기가 적용된다.

(193ㄹ)은 표준발음법 제24항에 규정하고 있다. 보기는 닿소리이어바뀜 의 환경에서 앞 닿소리 'ㄼ'이 뒤 닿소리 'ㄱ·ㄷ·ㅅ·ㅈ'과 결합되어, 뒤 닿소리의 된소리되기가 실현된 경우이다. 뒤 닿소리가 'ㅅ'인 '젊습니다'가 '젊습니다 → 점습니다 → 점쑵니다 → 점씀니다'와 같은 음운변화과정에서 1단계는 'ㄼ → ㅁ(젊- → 점-)'과 같이 'ㄹ'에 닿소리빠짐이 적용되고, 2단 계는 'ㅅ → ㅆ(-습- → -쑵-)'과 같이 'ㅅ'에 된소리되기가 적용되고, 3단 계는 'ㅂ → ㅁ(-쑵- → -씀-)'과 같이 'ㅂ'에 콧소리되기가 적용된다.

(194) ㄱ. 가깝거든[가깝꺼든]   가깝게[가깝께]   가렵거든[가렵꺼든]
      가렵게[가렵께]   가렵고[가렵꼬]   가볍게[가볍께]
      가볍고[가볍꼬]   가엽고[가엽꼬]   가입국[가입꾹]
      갑갑도[갑깝또]   갑갑하다[갑까파다]   고맙게[고맙께]
      고맙고[고맙꼬]   고맙기[고맙끼]   고맙긴[고맙낀]

곱게[곱께]　　　　　　귀엽게[귀엽께]　　　　귀엽고[귀엽꼬]

급격하[급껴카]　　　　급격한[급껴칸]　　　　급격히[급껴키]

기업가[기업까]　　　　날카롭게[날카롭께]　　놀랍게[놀랍께]

놀랍고[놀랍꼬]　　　　돕고[돕꼬]　　　　　　돕기[돕끼]

두껍게[두껍께]　　　　뒤집게[뒤집께]　　　　따갑고[따갑꼬]

모습과[모습꽈]　　　　무겁게[무겁께]　　　　무섭거나[무섭꺼나]

무섭게[무섭께]　　　　무섭고[무섭꼬]　　　　문법과[문뻡꽈]

반갑게[반갑께]　　　　반갑고[반갑꼬]　　　　반갑기[반갑끼]

밥값[밥깝]　　　　　　번거롭게[번거롭께]　　번거롭고[번거롭꼬]

법규[법뀨]　　　　　　뵙기[뵙끼/뵙-]　　　　뵈옵기[뵈옵끼/웨-]

부끄럽기[부끄럽끼]　　부드럽게[부드럽께]　　부드럽고[부드럽꼬]

부드럽구[부드럽꾸]　　부드럽기[부드럽끼]　　뽑게[뽑께]

뽑기[뽑끼]　　　　　　사납게[사납께]　　　　사람답게[사람답께]

사업가[사업까]　　　　새롭게[새롭께]　　　　새삼스럽게[새삼스럽께]

손쉽게[손쉽께]　　　　수습공[수습꽁]　　　　수줍고[수줍꼬]

수집가[수집까]　　　　쉽게[쉽께]　　　　　　쉽고[쉽꼬]

쉽기[쉽끼]　　　　　　습관[습꽌]　　　　　　습기[습끼]

시원스럽고[시원스럽꼬]　시집가는[시집까는]　시집간[시집깐]

시집갈[시집깔]　　　　신비롭게[신비롭께]　　아깝게[아깝께]

아깝고[아깝꼬]　　　　아니꼽게[아니꼽께]　　아름답게[아름답께]

아름답고[아름답꼬]　　아름답구[아름답꾸]　　아쉽게[아쉽께]

안타깝게[안타깝께]　　애처롭게[애처롭께]　　어둡게[어둡께]

어둡고[어둡꼬]　　　　어렵거든[어렵꺼든]　　어렵게[어렵께]

어렵고[어렵꼬]　　　　어렵기[어렵끼]　　　　어른스럽게[어른스럽께]

어지럽기[어지럽끼]　　억지스럽게[억찌스럽께]　억지스럽고[억찌스럽꼬]

업계[업꼐/-께]　　　　업고[업꼬]　　　　　　여유롭게[여유롭께]

외롭게[외롭께/웨-]　　외롭고[외롭꼬/웨-]　　우스꽝스럽게[우스꽝스럽께]

우습게[우습께]　　　　위협과[위협꽈]　　　　인간답게[인간답께]

인접권[인접꿘]　　　　입가[입까]　　　　　　입게[입께]

입고[입꼬]　　　　　　입구[입꾸]　　　　　　입궐[입꿜]

입귀[입뀌]	입김[입낌]	자연스럽게[자연스럽께]
자유롭거든[자유롭꺼든]	자유롭게[자유롭께]	잡거든[잡꺼든]
잡건[잡껀]	잡게[잡께]	잡고[잡꼬]
잡곡[잡꼭]	잡곡밥[잡꼭빱]	잡기[잡끼]
접고[접꼬]	접근[접끈]	접기[접끼]
정겹게[정겹께]	정답게[정답께]	정성스럽게[정성스럽께]
조심스럽게[조심스럽께]	좁고[좁꼬]	줍거나[줍꺼나]
줍고[줍꼬]	줍기[줍끼]	즐겁고[즐겁꼬]
지겹게[지겹께]	지급기[지급끼]	집게[집께]
집계[집꼐/–께]	집과[집꽈]	집구석[집꾸석]
차갑게[차갑께]	차갑고[차갑꼬]	춥고[춥꼬]
탐스럽게[탐스럽께]	퉁명스럽게[퉁명스럽께]	평화롭게[평화롭께]
풍요롭게[풍요롭께]	풍요롭고[풍요롭꼬]	합격[합껵]
향기롭고[향기롭꼬]	흥겹게[흥겹께]	힘겹게[힘겹께]
ㄴ. 가깝다[가깝따]	가렵다[가렵따]	가볍다[가볍따]
가엾다[가엽따]	갑도[갑또]	고맙다[고맙따]
고맙더라[고맙떠라]	곱다[곱따]	굽다[굽따]
귀엽다[귀엽따]	그립다[그립따]	기업들[기업뜰]
기와집도[기와집또]	껍데기[껍떼기]	냅다[냅따]
놀랍다[놀랍따]	눕던[눕떤]	답답[답땁]
대답도[대답또]	대립되다[대립뙤다/–뛔–]	대립될[대립뙬/–뛜]
두렵다[두렵따]	따갑도록[따갑또록]	뜨겁다[뜨겁따]
맵다[맵따]	먹습디다[먹씁띠다]	모습도[모습또]
모습들[모습뜰]	몸집도[몸찝또]	무겁다[무겁따]
무덥다[무덥따]	밉다[밉따]	반갑다[반갑따]
밥도[밥또]	방법들[방법뜰]	법도[법또]
보급되다[보급뙤다/–뛔–]	부드럽다[부드럽따]	부드럽던[부드럽떤]
부릅디다[부릅띠다]	비법도[비뻡또]	사랑스럽다[사랑스럽따]
설립된[설립뙨/–뛴]	수입도[수입또]	쉽다[쉽따]
쉽도록[쉽또록]	습득[습뜩]	아깝다[아깝따]

아름답다[아름답따]　아섭다[아섭따]　안타깝다[안타깝따]

알껍데기[알껍떼기]　어렵다[어렵따]　입다[입따]

입도[입또]　잡다[잡따]　잡동사니[잡똥사니]

잡된[잡뙨/쀈]　좁다[좁따]　줍다[줍따]

즐겁다[즐겁따]　집단[집딴]　집도[집또]

집돼지[집뙈지]　집들[집뜰]　짜증스럽다[짜증스럽따]

합동[합똥]　합당[합땅]　합디다[합띠다]

협동[협똥]　화합도[화합또]

ㄷ. 고집부리지[고집뿌리지]　납부[납뿌]　답변[답뼌]

삼십 분[삼십뿐]　상급반[상급빤]　손톱보다[손톱뽀다]

시집보낸[시집뽀낸]　10분[십뿐]　입버릇[입뻐를]

작업복[자겁뽁]　졸업반[조럽빤]　집배원[집빼원]

톱밥[톱빱]　하급반[하급빤]　합법[합뼙]

협박[협빡]

ㄹ. 가십시오[가십씨오]　갑시다[갑씨다]　강습소[강습쏘]

겹실[겹씰]　고맙소[고맙쏘]　고맙습니다[고맙씀니다]

곱슬곱슬[곱쓸곱쓸]　광합성[광합썽]　괴롭습니다[괴롭씀니다]

굽실[굽씰]　그럽시다[그럽씨다]　급성[급썽]

급성장[급썽장]　급식[급씩]　덥석[덥썩]

듭시다[듭씨다]　마법사[마법싸]　맙시다[맙씨다]

맵시[맵씨]　몹시[몹씨]　밥상[밥쌍]

밥솥[밥쏟]　법석[법썩]　봅시다[봅씨다]

부끄럽소[부끄럽쏘]　부릅시다[부릅씨다]　섭섭하다[섭써파다]

쉽사리[쉽싸리]　쉽습니다[쉽씀니다]　십수 년[십쑤년]

아홉 살[아홉쌀]　업신[업씬]　응급실[응급씰]

일곱 시[일곱씨]　입술[입쑬]　입시[입씨]

잡수시고[잡쑤시고]　잡습니다[잡씀니다]　접속[접쏙]

접시[접씨]　졸업식[조럽씩]　줍시다[줍씨다]

청삽사리[청삽싸리]　탑승[탑씅]　편집실[편집씰]

하십시오[하십씨오]　한답시고[한답씨고]　합성[합썽]

합시다[합씨다]　　　　해롭습니다[해롭씀니다] 협상[협쌍]

호들갑스럽게[호들갑쓰럽께]　　　　　흡수[흡쑤]

ㅁ. 가깝지[가깝찌]　　　가렵지[가렵찌]　　　갑자기[갑짜기]

갑작스럽게[갑짝쓰럽께] 갑절[갑쩔]　　　겁주다[겁쭈다]

고맙지[고맙찌]　　　급제[급쩨]　　　급증[급쯩]

까무잡잡[까무잡짭]　　껍질[껍찔]　　　납작[납짝]

넙죽[넙쭉]　　　눕자[눕짜]　　　답장[답짱]

대수롭지[대수롭찌]　　독립적[동닙쩍]　　돕지[돕찌]

두껍지[두껍찌]　　　맵지[맵찌]　　　무겁지[무겁찌]

법적[법쩍]　　　법정[법쩡]　　　부드럽지[부드럽찌]

사업자[사업짜]　　　서랍장[서랍짱]　　쉽지[쉽찌]

십자[십짜]　　　십자수[십짜수]　　십진[십찐]

아깝지[아깝찌]　　　아름답지[아름답찌]　아섭지[아섭찌]

압정[압쩡]　　　어렵지[어렵찌]　　어쭙잖아[어쭙짜나]

업적[업쩍]　　　여성스럽지[여성스럽찌] 여유롭지[여유롭찌]

옹고집전[옹고집쩐]　　입장[입짱]　　　입장료[입짱뇨]

입증[입쯩]　　　입지[입찌]　　　자연스럽지[자연스럽찌]

자유롭지[자유롭찌]　　잡자[잡짜]　　　잡지[잡찌]

접종[접쫑]　　　종합적[종합쩍]　　즐겁지[즐겁찌]

지겹지[지겹찌]　　　지혜롭지[지혜롭찌]　집적[집쩍]

집중[집쭝]　　　집집[집찝]　　　짭조름[짭쪼름]

첩자[첩짜]　　　춥지[춥찌]　　　톱질[톱찔]

통합적[통합쩍]　　　학습장[학씁짱]　　합지요[합찌요]

해롭지[해롭찌]　　　허겁지겁[허겁찌겁]　헤집고[헤집꼬]

협정[협쩡]　　　협조[협쪼]　　　후덥지[후덥찌]

후덥지근[후덥찌근]

(194)는 표준발음법 제23항에 규정하고 있다. 보기는 닿소리이어바뀜의 환경에서 앞 닿소리 'ㅂ'이 뒤 닿소리 'ㄱ・ㄷ・ㅂ・ㅅ・ㅈ' 등과 결합되어, 뒤 닿소리의 된소리되기가 실현된 경우이다.

(194ㄱ)은 닿소리이어바뀜의 환경에서 앞 닿소리가 'ㅂ'이고, 뒤 닿소리가 'ㄱ'인 경우이다. '급격한'이 '급격한 → 급껵한 → 급껵칸'과 같은 음운변화과정에서 1단계는 'ㄱ → ㄲ(-격- → -껵-)'과 같이 'ㄱ'에 된소리되기가 적용되고, 2단계는 'ㄱ + ㅎ → ㅋ(-껵한 → -껵칸)'과 같이 'ㄱ'에 거센소리되기가 적용된다.

(194ㄴ)은 앞 닿소리가 'ㅂ'이고, 뒤 닿소리가 'ㄷ'인 경우이다. '몸집도'가 '몸집도 → 몸찝도 → 몸찝또'와 같은 음운변화과정에서 1단계는 'ㅈ → ㅉ(-집- → -찝-)'과 같이 'ㅈ'에 된소리되기가 적용되고, 2단계는 'ㄷ → ㄸ(-도 → -또)'과 같이 'ㄷ'에 된소리되기가 적용된다.

(194ㄷ)은 앞 닿소리가 'ㅂ'이고, 뒤 닿소리도 'ㅂ'인 경우이다. '삼십 분'은 두 낱말을 한 마디로 발음하는 경우에 된소리되기가 실현된다. 이는 '삼십분 → 삼십뿐'과 같은 음운변화과정에서 'ㅂ → ㅃ(-분 → -뿐)'과 같이 'ㅂ'에 된소리되기가 적용된다.

(194ㄹ)은 앞 닿소리가 'ㅂ'이고, 뒤 닿소리가 'ㅅ'인 경우이다. '섭섭하다'가 '섭섭하다 → 섭썹하다 → 섭써파다'와 같은 소리마디 순서에 따른 음운변화과정에서 1단계는 'ㅅ → ㅆ(-섭- → -썹-)'과 같이 'ㅅ'에 된소리되기가 적용되고, 2단계는 'ㅂ + ㅎ → ㅍ(-썹하- → -써파-)'과 같이 'ㅂ'에 거센소리되기가 적용된다.

(194ㅁ)은 앞 닿소리가 'ㅂ'이고, 뒤 닿소리가 'ㅈ'인 경우이다. '어쭙잖아'가 '어쭙잖아 → 어쭙짢아 → 어쭙짠아 → 어쭙짜나'와 같은 음운변화과정에서 1단계는 'ㅈ → ㅉ(-잖- → -짢-)'과 같이 'ㅈ'에 된소리되기가 적용되고, 2단계는 'ㄶ → ㄴ(-짢아 → -짜나)'과 같이 'ㅎ'에 닿소리빠짐이 적용되고, 3단계는 '-짠아 → -짜나'와 같이 이음소리규칙이 적용된다.

(195) ㄱ. 넓적다리[넙적다리 → 넙쩍따리]

　　　넓적하다[넙쩌카다]　　　　　밟고[밥꼬]　　　　　밟길[밥낄]

밟지[밥지 → 밥찌]
ㄴ. 읊조려[읖조려 → 읍조려 → 읍쪼려]　　읊조리[읖조리 → 읍조리 → 읍쪼리]
ㄷ. 가엾게[가엽게 → 가엽께]　가엽군[가엽꾼]　　　　값진[갑찐]
　　밥값도[밥깝또]　　　　없거나[업꺼나]　　　　없거든[업꺼든]
　　없건[업껀]　　　　　　없게[업께]　　　　　　없고[업꼬]
　　없구[업꾸]　　　　　　없기[업끼]　　　　　　없다[업따]
　　없단다[업딴다]　　　　없답니다[업땀니다]　　없대[업때]
　　없던[업떤]　　　　　　없도록[업또록]　　　　없소[업쏘]
　　없습니다[업씀니다]　　없자[업짜]　　　　　　없잖아[업짜나]
　　없지[업찌]

(195)는 닿소리이어바뀜의 환경에서 앞 닿소리가 겹받침인 경우에 음운
변화과정에서 먼저 닿소리빠짐을 적용한 후에 된소리되기를 적용한다.

(195ㄱ)은 표준발음법 제10항 '다만'에 규정하고 있다. 이 규정은 '밟-'은
닿소리 앞에서 [밥]으로 발음한다는 내용이다. 보기는 닿소리이어바뀜의
환경에서 앞 닿소리 'ㄼ'이 뒤 닿소리 'ㄱ·ㅈ' 등과 결합되어, 뒤 닿소리의
된소리되기가 실현된 경우이다. 뒤 닿소리가 'ㄱ'인 '밟고'가 '밟고 → 밥고
→ 밥꼬'와 같은 음운변화과정에서 1단계는 'ㄼ → ㅂ(밟- → 밥-)'과 같이
'ㄹ'에 닿소리빠짐이 적용되고, 2단계는 'ㄱ → ㄲ(-고 → -꼬)'과 같이 'ㄱ'
에 된소리되기가 적용된다.

(195ㄴ)은 표준발음법 제23항에 규정하고 있다. 보기는 닿소리이어바
뀜의 환경에서 앞 닿소리 'ㄿ'이 뒤 닿소리 'ㅈ'과 결합되어, 뒤 닿소리 'ㅈ'
의 된소리되기가 실현된 경우이다. '읊조려'가 '읖조려 → 읍조려 → 읍쪼
려 → 읍쪼려'와 같은 음운변화과정에서 1단계는 'ㄿ → ㅍ(읊- → 읖-)'과
같이 'ㄹ'에 닿소리빠짐이 적용되고, 2단계는 'ㅍ → ㅂ(읖- → 읍-)'과 같
이 'ㅍ'에 받침규칙이 적용되고, 3단계는 'ㅈ → ㅉ(-조- → -쪼-)'과 같이
'ㅈ'에 된소리되기가 적용된다.

(195ㄷ)은 표준발음법 제23항에 규정하고 있다. 보기는 닿소리이어바뀜의 환경에서 앞 닿소리 'ㅄ'이 뒤 닿소리 'ㄱ·ㄷ·ㅅ·ㅈ' 등과 결합되어, 뒤 닿소리의 된소리되기가 실현되는 경우이다. 뒤 닿소리가 'ㄱ'인 '가엾게'가 '가엾게 → 가엽게 → 가엽께'와 같은 음운변화과정에서 1단계는 'ㅄ → ㅂ(-엾- → -엽-)'과 같이 'ㅅ'에 닿소리빠짐이 적용되고, 2단계는 'ㄱ → ㄲ(-게 → -께)'과 같이 'ㄱ'에 된소리되기가 적용된다.

(196) ㄱ. 개웃거리다[개욷거리다 → 개욷꺼리다]

갸웃거려[갸욷꺼려]	것과[걷꽈]	곳곳[곧꼳]
글짓기[글짇끼]	기웃거리[기욷꺼리]	낫게[낟께]
낫겠지[낟껟찌]	낫고[낟꼬]	낫기[낟끼]
놋그릇[녿끄륻]	다섯가지[다섣까지]	뜻과[뜯꽈]
맛과[맏꽈]	머뭇거려[머묻꺼려]	머뭇거리[머묻꺼리]
못가[몯까]	벗거나[벋꺼나]	벗겨[벋껴]
벗고[벋꼬]	벗기[벋끼]	벗기기[벋끼기]
벗긴[벋낀]	벙긋거리[벙귿꺼리]	붓고[붇꼬]
빗겨[빋껴]	빗고[빋꼬]	빗금[빋끔]
빼앗겨[빼앋껴]	빼앗기[빼앋끼]	빼앗긴[빼앋낀]
빼앗길[빼앋낄]	솟고[솓꼬]	솟구치[솓꾸치]
씻겨[씯껴]	씻고[씯꼬]	씻기[씯끼]
씻긴[씯낀]	암컷과[암컫꽈]	어릿광대[어릳꽝대]
엇걸리게[얻껄리게]	여섯 그릇[여섣끄륻]	옛것[옏껃]
옷가지[옫까지]	옷감[옫깜]	옷걸이[옫꺼리]
옷고름[옫꼬름]	옷과[옫꽈]	옷깃[옫낃]
웃거나[욷꺼나]	웃걸이[욷꺼지]	웃고[욷꼬]
웃기[욷끼]	잇고[읻꼬]	잇기[읻끼]
젓갈[젇깔]	젓고[젇꼬]	짓거[짇꺼]
짓게[짇께]	짓고[짇꼬]	짓궂게[짇꾿께]
짓궂다[짇꾿따]	짓궂은[짇꾸즌]	짓기[짇끼]

첫걸음[천꺼름]　　　풋고추[푿꼬추]　　　풋과일[푿꽈일]
햇과일[핻꽈일]　　　헛간[헏깐]　　　　　헛걸음[헏꺼름]
헛것[헏껃]　　　　　헛기침[헏끼침]　　　헷갈려[헫깔려]
헷갈리[헫깔리]

ㄴ. 것도[걷도 → 걷또]　　것들[걷뜰]　　　곳들[곧뜰]
그것도[그걷또]　　　그릇도[그른또]　　　그릇들[그른뜰]
깃든[긷뜬]　　　　　깃들어[긷뜨러]　　　낫다[낟따]
놋대야[녿때야]　　　덧대어[덛때어]　　　뜻대로[뜯때로]
뜻도[뜯또]　　　　　맛도[맏또]　　　　　멋대로[먿때로]
못된[몯뛴/-뗀]　　　물그릇도[물끄른또]　뭣들[뭗뜰]
벗다[벋따]　　　　　볏도[볃또]　　　　　붓도록[붇또록]
비롯되[비롣뙤/-뚀]　빗대[빋때]　　　　　숫돌[숟똘]
씻다[씯따]　　　　　씻던[씯떤]　　　　　아무것도[아무걷또]
엿듣고[엳뜯꼬]　　　옷도[옫또]　　　　　이것도[이걷또]
이웃들[이욷뜰]　　　잇달아[읻따라]　　　잘못도[잘몯또]
잘못되[잘몯뙤/-뚀]　잘못된[잘몯뛴/-뗀]　짓더니[짇떠니]
짓던[짇떤]　　　　　짓도록[짇또록]　　　퍼붓더니[퍼붇떠니]
헛된[헏뛴/-뗀]

ㄷ. 것밖에[걷빠께]　　　것보다[걷뽀다]　　　곳블[곧쁠]
그것밖에[그걷빠께]　덧붙여[덛뿌처]　　　덧붙인[덛뿌친]
뜻밖[뜯빡]　　　　　맛보기[맏뽀기]　　　맛보다[맏뽀다]
맛볼[맏뽈]　　　　　무엇보다[무얻뽀다]　무엇부터[무얻뿌터]
반딧불이[반딛뿌리]　방긋방긋[방귿빵귿]　버릇부터[버른뿌터]
샛바람[샏빠람]　　　엇비슷할[얻삐스탈]　엿보고[엳뽀고]
엿볼[엳뽈]　　　　　옷본[옫뽄]　　　　　짓밟고[짇빱꼬]
짓밟은[짇빨븐]

ㄹ. 놋쇠[녿쐬/-쒜]　　　닷새[닫쌔]　　　　　덧셈[덛쎔]
못살[몯쌀]　　　　　못생겼다[몯쌩겯따]　옛사람[옏싸람]
옷소매[옫쏘매]　　　웃습니다[욷씀니다]　이웃사촌[이욷싸촌]
첫새벽[첟쌔벽]　　　첫소리[첟쏘리]　　　풋사랑[푿싸랑]

헛소리[헏쏘리]

ㅁ. 갓집[갇찝]   것조차[걷쪼차]   군것질[군걷찔]

낫지[낟찌]   돗자리[돋짜리]   맛집[맏찝]

멋지[먿찌]   멋진[먿찐]   멋질[먿찔]

못지[몯찌]   빼앗지[빼앋찌]   옛적[옏쩍]

옷장[옫짱]   웃자[욷짜]   웃자라[욷짜라]

이것저것[이걷쩌걷]   이곳저곳[이곧쩌곧]   이웃집[이욷찝]

잇지[읻찌]   풋잠[푿짬]

ㅂ. 다섯 가지[다섣까지]   다섯 권[다섣꿘]   다섯 송이[다섣쏭이]

다섯 종류[다섣쫑뉴]   다섯 집[다섣찝]   여섯 개[여섣깨]

이웃 반[이욷빤]   첫 번째[첟뻔째]   첫 장[첟짱]

(196)은 표준발음법 제23항에 규정하고 있다. 보기는 닿소리이어바뀜의
환경에서 앞 닿소리 'ㅅ'이 뒤 닿소리 'ㄱ·ㄷ·ㅂ·ㅅ·ㅈ' 등과 결합되
어, 뒤 닿소리의 된소리되기가 실현되는 경우이다. 이 경우에 음운변화과
정에서 먼저 받침규칙을 적용한 후에, 된소리되기를 적용한다.

(196ㄱ)은 닿소리이어바뀜의 환경에서 앞 닿소리가 'ㅅ'이고, 뒤 닿소리
가 'ㄱ'인 경우이다. '짓궂게'가 '짓궂게 → 짇굳게 → 짇꾿께'와 같은 음운
변화과정에서 1단계는 'ㅅ → ㄷ(것- → 걷-)'과 같이 'ㅅ'에 받침규칙과 'ㅈ
→ ㄷ(-궂- → -굳-)'과 같이 'ㅈ'에 받침규칙이 각각 적용되고, 2단계는
'ㄱ → ㄲ(-굳- → -꾿-)'과 'ㄱ → ㄲ(-게 → -께)'과 같이 각각 'ㄱ'에 된소
리되기가 적용된다.

(196ㄴ)은 앞 닿소리가 'ㅅ'이고, 뒤 닿소리가 'ㄷ'인 경우이다. '잘못된'
이 '잘못된 → 잘몯된 → 잘몯뙨/-뗀'과 같은 음운변화과정에서 1단계는
'ㅅ → ㄷ(-못- → -몯-)'과 같이 'ㅅ'에 받침규칙이 적용되고, 2단계는 'ㄷ
→ ㄸ(-된 → -뙨/-뗀)'과 같이 'ㄷ'에 된소리되기가 적용된다.

(196ㄷ)은 앞 닿소리가 'ㅅ'이고, 뒤 닿소리가 'ㅂ'인 경우이다. '것밖에'

가 '것밖에 → 걷밖에 → 걷빡에 → 걷빠께'와 같은 소리마디 순서에 따른 음운변화과정에서 1단계는 'ㅅ → ㄷ(것- → 걷-)'과 같이 'ㅅ'에 받침규칙이 적용되고, 2단계는 'ㅂ → ㅃ(-밖- → -빡-)'과 같이 'ㅂ'에 된소리되기가 적용되고, 3단계는 '-빡에 → -빠께'와 같이 이음소리규칙이 적용된다.

(196ㄹ)은 앞 닿소리가 'ㅅ'이고, 뒤 닿소리도 'ㅅ'인 경우이다. '못생겼다'가 '못생겼다 → 몯쌩겯따 → 몯쌩겯따'와 같은 음운변화과정에서 1단계는 'ㅅ → ㄷ(못- → 몯-)'과 같이 'ㅅ'에 받침규칙과 'ㅆ → ㄷ(-겼- → -겯-)'과 같이 'ㅆ'에 받침규칙이 각각 적용되고, 2단계는 'ㅅ → ㅆ(-생- → -쌩-)'과 같이 'ㅅ'에 된소리되기와 'ㄷ → ㄸ(-다 → -따)'과 같이 'ㄷ'에 된소리되기가 각각 적용된다.

(196ㅁ)은 앞 닿소리가 'ㅅ'이고, 뒤 닿소리가 'ㅈ'인 경우이다. '군것질'이 '군것질 → 군걷질 → 군걷찔'과 같은 음운변화과정에서 1단계는 'ㅅ → ㄷ(-것- → -걷-)'과 같이 'ㅅ'에 받침규칙이 적용되고, 2단계는 'ㅈ → ㅉ(-질 → -찔)'과 같이 'ㅈ'에 된소리되기가 적용된다.

(196ㅂ)의 '가지', '권', '송이' 등과 같이 단위를 나타내는 명사인 경우에 띄어서 표기하지만(한글맞춤법 제43항), 두 낱말을 이어서 한 마디로 발음하는 경우에는 뒤 닿소리의 된소리되기가 실현된다. '다섯 가지'는 '다섯가지 → 다섣가지 → 다섣까지'와 같은 음운변화과정에서 1단계는 'ㅅ → ㄷ(-섯- → -섣-)'과 같이 'ㅅ'에 받침규칙이 적용되고, 2단계는 'ㄱ → ㄲ(-가- → -까-)'과 같이 'ㄱ'에 된소리되기가 적용된다.

(197) ㄱ. 고깃국[고긷국 → 고긷꾹 → 고긱꾹 → 고기꾹]

고깃국[고기꾹/고긷꾹]　　　고춧가루[고추까루/고춛까루]

곳간[고간/곧깐]　　　　　　귓가[귀까/귇까]

기삿거리[기사꺼리/기삳꺼리]　기찻길[기차낄/기찯낄]

김칫국[김치꾹/김칟꾹]　　　나뭇가지[나무까지/나묻까지]

냇가[내까/낻까]　　　　　　당핏골[당피꼴/당핃꼴]

댓글[대끌 / 댇끌]   뒷걸음[뒤꺼름 / 뒫꺼름]

뒷골목[뒤꼴목 / 뒫꼴목]   등굣길[등교낄 / 등굗낄]

등하굣길[등하교낄 / 등하굗낄]   따릿골[따리꼴 / 따릳꼴]

땟국[때꾹 / 땓꾹]   바닷가[바다까 / 바닫까]

밤나뭇골[밤나무꼴 / 밤나묻꼴]   방앗간[방아깐 / 방앋깐]

뱃길[배낄 / 밷낄]   뱅엇국[뱅어꾹 / 뱅얻꾹]

뽕나뭇과[뽕나무꽈 / 뽕나묻꽈]   샛길[새낄 / 샏낄]

쇠고깃국[쇠고기꾹 / 쇠고긷꾹]   시냇가[시내까 / 시낻까]

우거짓국[우거지꾹 / 우거진꾹]   이야깃거리[이야기꺼리 / 이야긷꺼리]

절굿공이[절구꽁이 / 절굳꽁이]   젓가락[저까락 / 전까락]

촛국[초꾹 / 촏꾹]   하굣길[하교낄 / 하굗낄]

햇곡식[해꼭씩 / 핻꼭씩]   햇귀[해뀌 / 핻뀌]

ㄴ. 나뭇둥걸[나무뚱걸 / 나묻뚱걸]   담뱃대[담배때 / 담밷때]

댓돌[대똘 / 댇똘]   뒷다리[뒤따리 / 뒫따리]

뒷담[뒤땀 / 뒫땀]   뒷덜미[뒤떨미 / 뒫떨미]

등댓불[등대뿔 / 등댇뿔]   멧돼지[메뙈지 / 멛뙈지]

모랫돌[모래똘 / 모랟똘]   문젯덩어리[문제떵어리 / 문젣떵어리]

바윗덩이[바위떵이 / 바윋떵이]   볏단[벼딴 / 볃딴]

세숫대야[세수때야 / 세숟때야]   쇳덩이[쇠떵이 / 쇧떵이]

신줏단지[신주딴지 / 신줃딴지]   오랫동안[오래똥안 / 오랟똥안]

전봇대[전보때 / 전본때]   주춧돌[주추똘 / 주춛똘]

콧등[코뜽 / 콛뜽]

ㄷ. 고깃배[고기빼 / 고긷빼]   공깃밥[공기빱 / 공긷빱]

구둣방[구두빵 / 구둗빵]   구둣발[구두빨 / 구둗빨]

깃발[기빨 / 긷빨]   나룻배[나루빼 / 나룬빼]

난롯불[날로뿔 / 날론뿔]   담뱃불[담배뿔 / 담밷뿔]

대팻밥[대패빱 / 대팯빱]   뒷받침[뒤빧침 / 뒫빧침]

뒷발[뒤빨 / 뒫빨]   뒷부분[뒤뿌분 / 뒫뿌분]

마룻바닥[마루빠닥 / 마룬빠닥]   먼젓번[먼저뻔 / 먼젇뻔]

무지갯빛[무지개삗 / 무지갣삗]   번갯불[번개뿔 / 번갣뿔]

보랏빛[보라삗 / 보란삗]　　　　빗방울[비빵울 / 빈빵울]

어젯밤[어제빰 / 어젣빰]　　　　윗부분[위뿌분 / 윋뿌분]

잿빛[재삗 / 잳삗]　　　　　　　자줏빛[자주삗 / 자줃삗]

촛불[초뿔 / 촏뿔]　　　　　　　콧방귀[코빵귀 / 콛빵귀]

텃밭[터빧 / 턷빧]　　　　　　　핏발[피빨 / 핃빨]

하룻밤[하루빰 / 하룯빰]　　　　햇볕[해뼏 / 핻뼏]

햇빛[해삗 / 핻삗]　　　　　　　혓바닥[혀빠닥 / 현빠닥]

횃불[홰뿔 / 홷뿔]

ㄹ. 가짓수[가지쑤 / 가짇쑤]　　　귓속[귀쏙 / 귇쏙]

노랫소리[노래쏘리 / 노랟쏘리]　뒷산[뒤싼 / 뒫싼]

마릿수[마리쑤 / 마릳쑤]　　　　머릿속[머리쏙 / 머릳쏙]

뼛속[뼈쏙 / 뼏쏙]　　　　　　　쇳소리[쇠쏘리 / 쉗쏘리]

윗사람[위싸람 / 윋싸람]　　　　이맛살[이마쌀 / 이맏쌀]

잔칫상[잔치쌍 / 잔칟쌍]　　　　찻상[차쌍 / 찬쌍]

콧소리[코쏘리 / 콛쏘리]　　　　텃새[터쌔 / 턷쌔]

핏속[피쏙 / 핃쏙]　　　　　　　햇살[해쌀 / 핻쌀]

허릿심[허리씸 / 허릳씸]　　　　횟수[회쑤 / 휃쑤]

ㅁ. 고갯짓[고개찓 / 고갣찓]　　　곳집[고찝 / 곧찝]

귓전[귀쩐 / 귇쩐]　　　　　　　기왓장[기와짱 / 기왇짱]

날갯죽지[날개쭉찌 / 날갣쭉찌]　날갯짓[날개찓 / 날갣찓]

농삿집[농사찝 / 농삳찝]　　　　뒷자리[뒤짜리 / 뒫짜리]

뒷짐[뒤찜 / 뒫찜]　　　　　　　못줄[모쭐 / 몯쭐]

밧줄[바쭐 / 받쭐]　　　　　　　뱃전[배쩐 / 밷쩐]

벼룻집[벼루찝 / 벼룯찝]　　　　볏집[벼찝 / 볃찝]

볏짚[벼찝 / 볃찝]　　　　　　　보릿짚[보리찝 / 보릳찝]

봇짐[보찜 / 볻찜]　　　　　　　부잣집[부자찝 / 부잗찝]

빗자루[비짜루 / 빋짜루]　　　　빗줄기[비쭐기 / 빋쭐기]

손사랫짓[손사래찓 / 손사랟찓]　쇳조각[쇠쪼각 / 쉗쪼각]

숫자[수짜 / 숟짜]　　　　　　　실핏줄[실피쭐 / 실핃쭐]

아랫집[아래찝 / 아랟찝]　　　　어깻짓[어깨찓 / 어깯찓]

이삿짐[이사찜 / 이삳찜]　　　　잔칫집[잔치찝 / 잔칟찝]
종잇조각[종이쪼각 / 종읻쪼각]　　찻잔[차짠 / 찯짠]
콧잔등[코짠등 / 콛짠등]　　　　태곳적[태고쩍 / 태곧쩍]
탯줄[태쭐 / 탣쭐]　　　　　　　핏줄[피쭐 / 핃쭐]

(197)은 표준발음법 제30항 1에 규정하고 있다. 이 규정은 'ㄱ·ㄷ·
ㅂ·ㅅ·ㅈ'으로 시작하는 낱말 앞에 사이시옷이 올 때는 이들 닿소리만
을 된소리로 발음하는 것을 원칙으로 하되, 사이시옷을 [ㄷ]으로 발음하는
것도 허용한다는 내용이다. 보기는 닿소리이어바뀜의 환경에서 앞 닿소리
'ㅅ'이 뒤 닿소리 'ㄱ·ㄷ·ㅂ·ㅅ·ㅈ' 등과 결합되어, 뒤 닿소리의 된소
리되기가 두 가지의 표준발음으로 실현된 경우이다. 이 경우에 하나의 음
운변화과정에서 두 가지의 표준발음을 모두 나타내기 위해서는 뒤 닿소리
의 소리 나는 위치에 따라 세 가지의 규칙 적용 방법을 설정할 수 있다. 첫
째는 '갯벌'과 같이 앞 닿소리가 'ㅅ'이고, 뒤 닿소리가 입술소리('ㅂ')인 경
우는 '받침규칙 → 된소리되기 → 입술소리되기 → 같은위치닿소리빠짐' 등
의 순서로 규칙을 적용한다. 둘째는 '뒷산'이나 '치맛자락'과 같이 앞 닿소
리가 'ㅅ'이고, 뒤 닿소리가 잇몸소리('ㅅ')이나 센입천장소리('ㅈ')인 경우
는 '받침규칙 → 된소리되기 → 같은위치닿소리빠짐' 등의 순서로 규칙을
적용한다. 셋째는 '콧구멍'과 같이 앞 닿소리가 'ㅅ'이고, 뒤 닿소리가 여린
입천장소리('ㄱ')인 경우는 '받침규칙 → 된소리되기 → 여린입천장소리되
기 → 같은위치닿소리빠짐' 등의 순서로 규칙을 적용한다.

(197ㄱ)은 닿소리이어바뀜의 환경에서 앞 닿소리가 'ㅅ'이고, 뒤 닿소리
가 'ㄱ'인 경우이다. '고깃국'이 '고깃국 → 고긷국 → 고긷꾹 → 고긱꾹 →
고기꾹'과 같은 음운변화과정에서 1단계는 'ㅅ → ㄷ(-깃- → -긷-)'과 같
이 'ㅅ'에 받침규칙이 적용되고, 2단계는 'ㄱ → ㄲ(-국 → -꾹)'과 같이 'ㄱ'
에 된소리되기가 적용되고, 3단계는 'ㄷ → ㄱ(-긷- → -긱-)'과 같이 'ㄷ'
에 여린입천장소리되기가 적용되고, 4단계는 'ㄱ → ∅(-긱- → -기-)'과

같이 'ㄱ'에 같은위치닿소리빠짐이 적용된다. 이 경우에 2단계에서 실현된 [고긴꾹]과 4단계에서 실현된 [고기꾹]은 모두 표준발음이다.

(197ㄴ)은 앞 닿소리가 'ㅅ'이고, 뒤 닿소리가 'ㄷ'인 경우이다. '나뭇등걸'이 '나뭇등걸 → 나묻등걸 → 나묻뜽걸 → 나무뜽걸'과 같은 음운변화과정에서 1단계는 'ㅅ → ㄷ(-뭇- → -묻-)'과 같이 'ㅅ'에 받침규칙이 적용되고, 2단계는 'ㄷ → ㄸ(-등- → -뜽-)'과 같이 'ㄷ'에 된소리되기가 적용되고, 3단계는 'ㄷ → ∅(-묻- → -무-)'과 같이 'ㄷ'에 같은위치닿소리빠짐이 적용된다. 이 경우에 2단계에서 실현된 [나묻뜽걸]과 3단계에서 실현된 [나무뜽걸]은 모두 표준발음이다.

(197ㄷ)은 앞 닿소리가 'ㅅ'이고, 뒤 닿소리가 'ㅂ'인 경우이다. '고깃배'가 '고깃배 → 고긷배 → 고긷빼 → 고깁빼 → 고기빼'와 같은 음운변화과정에서 1단계는 'ㅅ → ㄷ(-깃- → -긷-)'과 같이 'ㅅ'에 받침규칙이 적용되고, 2단계는 'ㅂ → ㅃ(-배 → -빼)'과 같이 'ㅂ'에 된소리되기가 적용되고, 3단계는 'ㄷ → ㅂ(-긷- → -깁-)'과 같이 'ㄷ'에 입술소리되기가 적용되고, 4단계는 'ㅂ → ∅(-깁- → -기-)'과 같이 'ㅂ'에 같은위치닿소리빠짐이 적용된다. 이 경우에 2단계에서 실현된 [고긷빼]와 4단계에서 실현된 [고기빼]는 모두 표준발음이다.

(197ㄹ)은 앞 닿소리가 'ㅅ'이고, 뒤 닿소리도 'ㅅ'인 경우이다. '콧소리'가 '콧소리 → 콛소리 → 콛쏘리 → 코쏘리'와 같은 음운변화과정에서 1단계는 'ㅅ → ㄷ(콧- → 콛-)'과 같이 'ㅅ'에 받침규칙이 적용되고, 2단계는 'ㅅ → ㅆ(-소- → -쏘-)'과 같이 'ㅅ'에 된소리되기가 적용되고, 3단계는 'ㄷ → ∅(콛- → 코-)'과 같이 'ㄷ'에 같은위치닿소리빠짐이 적용된다. 이 경우에 2단계에서 실현된 [콛쏘리]와 3단계에서 실현된 [코쏘리]는 모두 표준발음이다.

(197ㅁ)은 앞 닿소리가 'ㅅ'이고, 뒤 닿소리가 'ㅈ'인 경우이다. '고갯짓'이 '고갯짓 → 고갣짇 → 고갣찓 → 고개찓'과 같은 음운변화과정에서 1단

계는 'ㅅ → ㄷ(-갰- → -갣-)'과 같이 'ㅅ'에 받침규칙과 'ㅅ → ㄷ(-짓
→ -짇-)'과 같이 'ㅅ'에 받침규칙이 각각 적용되고, 2단계는 'ㅈ → ㅉ(-
짇 → -찓-)'과 같이 'ㅈ'에 된소리되기가 적용되고, 3단계는 'ㄷ → ∅(-
갣- → -개-)'과 같이 'ㄷ'에 같은위치닿소리빠짐이 적용된다. 이 경우에 2
단계에서 실현된 [고갣찓]과 3단계에서 실현된 [고개찓]은 모두 표준발음
이다.

(198)   가겠구나[가겓구나 → 가겓꾸나] → 겠구[겓구 → 겓꾸]

ㄱ. 갔구[갇꾸]   갔기[갇끼]   겠구[겓꾸]   겠군[겓꾼]   겼고[겯꼬]
   났고[낟꼬]   났구[낟꾸]   됐고[됃꼬]   됐구[됃꾸]   됐기[됃끼]
   랐고[랃꼬]   랐기[랃끼]   랬건[랟껀]   랬구[랟꾸]   렀고[럳꼬]
   렸고[렫꼬]   렸구[렫꾸]   렸기[렫끼]   빴기[빧끼]   섰거[섣꺼]
   섰고[섣꼬]   셨겠[셛껟]   셨고[셛꼬]   셨구[셛꾸]   셨기[셛끼]
   썼거[썯꺼]   썼겠[썯껟]   썼구[썯꾸]   았거[앋꺼]   았겠[앋껟]
   았고[앋꼬]   았구[앋꾸]   았군[앋꾼]   았기[앋끼]   었거[얻꺼]
   었구[얻꾸]   었고[얻꼬]   었구[얻꾸]   었기[얻끼]   었길[얻낄]
   였거[열꺼]   였고[열꼬]   였구[열꾸]   였기[열끼]   왔게[왇께]
   왔거[왇꺼]   왔건[왇껀]   왔고[왇꼬]   왔구[왇꾸]   왔기[왇끼]
   윘고[윋꼬]   윘기[윋끼]   있거[읻꺼]   있게[읻께]   있겠[읻껟]
   있고[읻꼬]   있구[읻꾸]   있기[읻끼]   있긴[읻낀]   잤기[잗끼]
   졌거[젇꺼]   졌기[젇끼]   쨌거[쨷꺼]   쨌건[쨷껀]   찼고[찯꼬]
   쳤거[쳗꺼]   쳤게[쳗께]   쳤고[쳗꼬]   쳤구[쳗꾸]   컸고[컫꼬]
   컸구[컫꾸]   팠고[팓꼬]   팠기[팓끼]   폈고[펻꼬]   했거[핻꺼]
   했게[핻께]   했고[핻꼬]   했구[핻꾸]   했기[핻끼]

ㄴ. 갔다[갇따]   갔단[갇딴]   갔답[갇땁]   갔더[갇떠]   갔던[갇떤]
   갰다[갣따]   겠다[겓따]   겠답[겓땁]   겠더[겓떠]   겼다[겯따]
   겼단[겯딴]   겼던[겯떤]   깼다[깯따]   깼드[깯뜨]   꼈다[껻따]
   꼈던[껻떤]   뀠던[뀓떤]   났다[낟따]   났답[낟땁]   났대[낟때]
   났더[낟떠]   났던[낟떤]   냈다[낻따]   냈단[낻딴]   냈던[낻떤]

넜다[넏따] 넸다[넫따] 녔다[녇따] 녔던[녇떤] 놨다[놛따]
놨단[놛딴] 놨던[놛떤] 댔다[댇따] 됐다[됃따] 됐대[됃때]
떴다[떧따] 랐다[랃따] 랐답[랃땁] 랐던[랃떤] 랬다[랟따]
랬더[랟떠] 랬던[랟떤] 랬듯[랟뜯] 렀다[럳따] 렀단[럳딴]
렸다[렫따] 렸단[렫딴] 렸답[렫땁] 렸대[렫때] 렸더[렫떠]
렸던[렫떤] 맸다[맫따] 밌다[믿따] 볐다[볃따] 봤다[봗따]
봤더[봗떠] 빴다[빧따] 뺐다[뺃따] 샀다[삳따] 섰다[섣따]
섰단[섣딴] 셌다[섿따] 셨다[셛따] 셨단[셛딴] 셨답[셛땁]
셨던[셛떤] 썼다[썯따] 썼던[썯떤] 았다[앋따] 았단[앋딴]
았답[앋땁] 았더[앋떠] 았던[앋떤] 었다[얻따] 었단[얻딴]
었답[얻땁] 었더[얻떠] 었던[얻떤] 였다[엳따] 였단[엳딴]
였대[엳때] 였더[엳떠] 였던[엳떤] 였듯[엳뜯] 옜다[옏따]
왔다[완따] 왔단[완딴] 왔답[완땁] 왔대[완때] 왔던[완떤]
웠다[웓따] 웠단[웓딴] 웠더[웓떠] 웠던[웓떤] 있다[읻따]
있단[읻딴] 있답[읻땁] 있대[읻때] 있더[읻떠] 있던[읻떤]
있도[읻또] 있듯[읻뜯] 잤다[잗따] 쟀다[잳따] 졌다[젇따]
졌단[젇딴] 졌던[젇떤] 줬다[줟따] 쨌든[짿뜯] 찼다[찯따]
쳤다[쳗따] 쳤던[쳗떤] 췄다[춷따] 췄더[춷떠] 컸다[컫따]
켰다[켣따] 켰던[켣떤] 탔다[탇따] 팠던[팓떤] 펐다[펃따]
폈다[펻따] 폈듯[펻뜯] 했다[핻따] 했단[핻딴] 했답[핻땁]
했대[핻때] 했던[핻떤] 혔다[혇따]

ㄷ. 겠소[겓쏘] 겠수[겓쑤] 섰소[섣쏘] 셨소[셛쏘] 었소[얻쏘]
였소[엳쏘] 왔사[완싸] 왔소[완쏘] 있소[읻쏘] 했소[핻쏘]
했시[핻씨]

ㄹ. 갔지[갇찌] 겄제[걷쩨] 겠죠[겓쬬] 겠지[겓찌] 졌지[젇찌]
났지[낟찌] 냈지[낻찌] 녔지[녇찌] 댔지[댇찌] 됐지[됃찌]
랐지[랃찌] 랬지[랟찌] 렀지[럳찌] 렸지[럳찌] 봤자[봗짜]
봤지[봗찌] 샀지[삳찌] 섰지[섣찌] 셨지[셛찌] 썼지[썯찌]
았지[앋찌] 었자[얻짜] 었지[얻찌] 였지[엳찌] 왔지[완찌]
웠지[웓찌] 있자[읻짜] 있잖[읻짠] 있죠[읻쬬] 있지[읻찌]

잤지[잗찌]　　져잖[전짠]　　져제[전쩨]　　져지[전찌]　　첬지[천찌]

컸지[컨찌]　　켰지[견찌]　　탔지[탇찌]　　팠지[판찌]　　폈지[편찌]

했잖[핻짠]　　했지[핻찌]

　　ㅁ. 냈잖니[낻짠니]　　　　됐잖아[됃짜나]　　　　왔잖니[왇짠니]

　　　　있잖아[읻짜나]　　　　했잖아[핻짜나]

　　(198)은 표준발음법 제23항에 규정하고 있다. 보기는 닿소리이어바뀜의
환경에서 앞 닿소리 'ㅆ'이 뒤 닿소리 'ㄱ · ㄷ · ㅅ · ㅈ' 등과 결합되어, 뒤
닿소리의 된소리되기가 실현된 경우이다. 보기는 된소리되기의 환경에서
앞 닿소리와 뒤 닿소리가 포함된 두 소리마디만 기술된 경우이다. '겠구'는
'가겠구나'와 같은 경우에 앞 소리마디 '가-'와 뒤 소리마디 '-나'를 생략한
것이다. 이 경우에는 먼저 음운변화과정에서 받침규칙을 적용한 후에, 된
소리되기를 적용한다.

　　(198ㄱ)은 닿소리이어바뀜의 환경에서 앞 닿소리가 'ㅆ'이고, 뒤 닿소리
가 'ㄱ'인 경우이다. '갔구'가 '갔구 → 갇구 → 갇꾸'와 같은 음운변화과정
에서 1단계는 'ㅆ → ㄷ(갔- → 갇-)'과 같이 'ㅆ'에 받침규칙이 적용되고, 2
단계는 'ㄱ → ㄲ(-구 → -꾸)'과 같이 'ㄱ'에 된소리되기가 적용된다.

　　(198ㄴ)은 앞 닿소리가 'ㅆ'이고, 뒤 닿소리가 'ㄷ'인 경우이다. '냈다'가
'냈다 → 낻다 → 낻따'와 같은 음운변화과정에서 1단계는 'ㅆ → ㄷ(냈- →
낻-)'과 같이 'ㅆ'에 받침규칙이 적용되고, 2단계는 'ㄷ → ㄸ(-다 → -따)'
과 같이 'ㄷ'에 된소리되기가 적용된다.

　　(198ㄷ)은 앞 닿소리가 'ㅆ'이고, 뒤 닿소리가 'ㅅ'인 경우이다. '겠소'가
'겠소 → 겓소 → 겓쏘'와 같은 음운변화과정에서 1단계는 'ㅆ → ㄷ(겠- →
겓-)'과 같이 'ㅆ'에 받침규칙이 적용되고, 2단계는 'ㅅ → ㅆ(-소 → -쏘)'
과 같이 'ㅅ'에 된소리되기가 적용된다.

　　(198ㄹ)은 앞 닿소리가 'ㅆ'이고, 뒤 닿소리가 'ㅈ'인 경우이다. '했지'가
'했지 → 핻지 → 핻찌'와 같은 음운변화과정에서 1단계는 'ㅆ → ㄷ(했- →

핸-)'과 같이 'ㅆ'에 받침규칙이 적용되고, 2단계는 'ㅈ → ㅉ(-지 → -찌)'
과 같이 'ㅈ'에 된소리되기가 적용된다.

(198ㅁ)은 앞 닿소리가 'ㅆ'이고, 제2소리마디 끝소리가 'ㄶ'인 경우이다.
'냈잖니'가 '냈잖니 → 낻잖니 → 낻짢니 → 낻짠니'와 같은 음운변화과정에
서 1단계는 'ㅆ → ㄷ(냈- → 낻-)'과 같이 'ㅆ'에 받침규칙이 적용되고, 2단
계는 'ㅈ → ㅉ(-잖- → -짢-)'과 같이 'ㅈ'에 된소리되기가 적용되고, 3단
계는 'ㅎ → ∅(-짢니 → -짠니)'과 같이 'ㅎ'에 닿소리빠짐이 적용된다.

(199) 갔습니다[갇습니다 → 갇씁니다 → 갇씀니다] → 갔습[갇습 → 갇씁]

갔습[갇씁]	겠습[겓씁]	겼습[겯씁]	겼습[겯씁]	꿨습[꿛씁]
났습[낟씁]	냈습[낻씁]	댔습[댇씁]	됐습[됃씁]	떴습[떧씁]
랐습[랃씁]	렀습[럳씁]	렸습[렫씁]	멨습[멛씁]	뺐습[뺃씁]
섰습[섣씁]	셌습[섿씁]	셨습[셛씁]	았습[앋씁]	었습[얻씁]
였습[엳씁]	왔습[왇씁]	윘습[윋씁]	있습[읻씁]	잤습[잗씁]
졌습[젇씁]	찼습[찯씁]	쳤습[쳗씁]	캤습[캗씁]	컸습[컫씁]
켰습[켣씁]	탔습[탇씁]	팠습[팓씁]	폈습[폔씁]	했습[핻씁]
혔습[혇씁]				

(199)는 표준발음법 제23항에 규정하고 있다. 보기는 닿소리이어바뀜
의 환경에서 앞 닿소리 'ㅆ'이 뒤 닿소리 'ㅅ'과 결합되어, 뒤 닿소리 'ㅅ'
의 된소리되기가 실현된 경우이다. 보기는 된소리되기의 환경에서 앞 닿
소리와 뒤 닿소리가 포함된 두 소리마디만 기술된 경우이다. 이 경우에는
음운변화과정에서 먼저 받침규칙을 적용한 후에, 된소리되기를 적용한다.
'갔습'은 '갔습니다'와 같은 경우에 뒤 소리마디 '-니다'를 생략한 것이다.
'갔습'은 '갔습 → 갇습 → 갇씁'과 같은 음운변화과정에서 1단계에 'ㅆ →
ㄷ(갔- → 갇-)'과 같이 'ㅆ'에 받침규칙이 적용되고, 2단계는 'ㅅ → ㅆ(-
습- → -씁-)'과 같이 'ㅅ'에 된소리되기가 적용된다.

(200) ㄱ. 강가[강까]　　　　강바람[강빠람]　　　　걱정거리[걱쩡꺼리]

　　　　김장독[김장똑]　　　논쟁거리[논쟁꺼리]　　된장국[된장꾹/뒌―]

　　　　등불[등뿔]　　　　등줄기[등쭐기]　　　　등짐[등찜]

　　　　땅덩이[땅떵이]　　땅바닥[땅빠닥]　　　　땅속[땅쏙]

　　　　똥개[똥깨]　　　　방구석[방꾸석]　　　　방바닥[방빠닥]

　　　　빵집[빵찝]　　　　사냥개[사냥깨]　　　　상다리[상따리]

　　　　자랑거리[자랑꺼리]　장독[장똑]　　　　　종소리[종쏘리]

　　　　창가[창까]　　　　초승달[초승딸]　　　　콩가루[콩까루]

　　ㄴ. 가능성[가능썽]　　결승점[결쑹쩜]　　　　공통점[공통쩜]

　　　　궁기[궁끼]　　　　동점[동쩜]　　　　　불량증[불량쯩]

　　　　성격[성격]　　　　성과[성꽈]　　　　　입장권[입짱꿘]

　　　　장점[장쩜]　　　　정당성[정당썽]　　　　통증[통쯩]

　　　　평가[평까]　　　　평등권[평등꿘]

　　(200ㄱ)은 표준발음법 제28항에 규정하고 있다. 보기는 닿소리이어바뀜의 환경에서 앞 닿소리 'ㅇ'이 뒤 닿소리 'ㄱ·ㄷ·ㅂ·ㅅ·ㅈ' 등과 결합되어, 뒤 닿소리의 된소리되기가 실현된 경우이다. 뒤 닿소리가 'ㄱ'인 '강가'는 '강가 → 강까'와 같은 음운변화과정에서 'ㄱ → ㄲ(-가 → -까)'과 같이 'ㄱ'에 된소리되기가 적용된다.

(201) ㄱ. 갖가지[갇가지 → 갇까지]

　　　　갖가지[갇까지]　　갖게[갇께]　　　　　갖겠지[갇껟찌]

　　　　갖고[갇꼬]　　　　갖기[갇끼]　　　　　궂게[굳께]

　　　　꽂고[꼳꼬]　　　　낮게[낟께]　　　　　낮고[낟꼬]

　　　　늦가을[늗까을]　　늦게[늗께]　　　　　늦기[늗끼]

　　　　뒤늦게[뒤늗께]　　맞거든[맏꺼든]　　　맞게[맏께]

　　　　맞고[맏꼬]　　　　맺고[맫꼬]　　　　　맺기[맫끼]

　　　　빚겠다[빋껟따]　　엊그제[얻끄제]　　　잊게[읻께]

　　　　잊고[읻꼬]　　　　잊곤[읻꼰]　　　　　젖고[젇꼬]

찢거나[찓꺼나]　　　찢기[찓끼]　　　찾거[찯꺼]

찾고[찯꼬]　　　찾기[찯끼]

ㄴ. 갖다[갇다 → 갇따]　　굿다[굳따]　　　늦달이[는따리]

늦도록[늗또록]　　　맞다[맏따]　　　맞단다[맏딴다]

맞닿은[맏따은]　　　맞대다[맏때다]　　　맞더니[맏떠니]

맞도록[맏또록]　　　맞들[맏뜰]　　　빚도[빋또]

잇다[읻따]　　　찾다[찯따]

ㄷ. 낮밤[낟밤 → 낟빰]　　낮보다[낟뽀다]　　　맞부딪치[맏뿌딛치]

ㄹ. 맞서[맏서 → 맏써]　　맞선[맏썬]　　　맞설[맏썰]

짖습니다[짇씀니다]　　찾습니다[찯씀니다]

ㅁ. 갖자[갇자 → 갇짜]　　낮잠[낟짬]　　　낮잡아[낟짜바]

늦잠[늗짬]　　　늦지[늗찌]　　　맞잖아[맏짜나]

맞장구[맏짱구]　　　맞지[맏찌]　　　빚진[빋찐]

엊저녁[얻쩌녁]　　　잊지[읻찌]　　　젖잖아[젇짜나]

찾지[찯찌]

(201)은 표준발음법 제23항에 규정하고 있다. 보기는 닿소리이어바뀜의 환경에서 앞 닿소리 'ㅈ'이 뒤 닿소리 'ㄱ·ㄷ·ㅂ·ㅅ·ㅈ' 등과 결합되어, 뒤 닿소리의 된소리되기가 실현된 경우이다. 이 경우에는 음운변화과정에서 먼저 받침규칙을 적용한 후에, 된소리되기를 적용한다.

(201ㄱ)은 닿소리이어바뀜의 환경에서 앞 닿소리가 'ㅈ'이고, 뒤 닿소리가 'ㄱ'인 경우이다. 뒤 닿소리가 'ㄱ'인 '갖겠지'가 '갖겠지 → 갇겓지 → 갇껟찌'와 같은 음운변화과정에서 1단계는 'ㅈ → ㄷ(갖- → 갇-)'과 같이 'ㅈ'에 받침규칙과 'ㅆ → ㄷ(-겠- → -겓-)'과 같이 'ㅆ'에 받침규칙이 각각 적용되고, 2단계는 'ㄱ → ㄲ(-겓- → -껟-)'과 같이 'ㄱ'에 된소리되기와 'ㅈ → ㅉ(-지 → -찌)'과 같이 'ㅈ'에 된소리되기가 각각 적용된다.

(201ㄴ)은 앞 닿소리가 'ㅈ'이고, 뒤 닿소리가 'ㄷ'인 경우이다. '맞닿은'이 '맞닿은 → 맏닿은 → 맏땋은 → 맏따은'과 같은 음운변화과정에서 1단

계는 'ㅈ → ㄷ(맞- → 맏-)'과 같이 'ㅈ'에 받침규칙이 적용되고, 2단계는 'ㄷ → ㄸ(-닿- → -땋-)'과 같이 'ㄷ'에 된소리되기가 적용되고, 3단계는 'ㅎ → ∅(-땋- → -따-)'과 같이 'ㅎ'에 닿소리빠짐이 적용된다.

(201ㄷ)은 앞 닿소리가 'ㅈ'이고, 뒤 닿소리가 'ㅂ'인 경우이다. '낮밤'이 '낮밤 → 낟밤 → 낟빰'과 같은 음운변화과정에서 1단계는 'ㅈ → ㄷ(낮- → 낟-)'과 같이 'ㅈ'에 받침규칙이 적용되고, 2단계는 'ㅂ → ㅃ(-밤 → -빰)'과 같이 'ㅂ'에 된소리되기가 적용된다.

(201ㄹ)은 앞 닿소리가 'ㅈ'이고, 뒤 닿소리가 'ㅅ'인 경우이다. '찾습니다'가 '찾습니다 → 찯습니다 → 찯씁니다 → 찬씀니다'와 같은 음운변화과정에서 1단계는 'ㅈ → ㄷ(찾- → 찯-)'과 같이 'ㅈ'에 받침규칙이 적용되고, 2단계는 'ㅅ → ㅆ(-습- → -씁-)'과 같이 'ㅅ'에 된소리되기가 적용되고, 3단계는 'ㅂ → ㅁ(-씁- → -씀-)'과 같이 'ㅂ'에 콧소리되기가 적용된다.

(201ㅁ)은 앞 닿소리가 'ㅈ'이고, 뒤 닿소리도 'ㅈ'인 경우이다. '맞잖아'가 '맞잖아 → 맏잖아 → 맏짢아 → 맏짠아 → 맏짜나'와 같은 음운변화과정에서 1단계는 'ㅈ → ㄷ(맞- → 맏-)'과 같이 'ㅈ'에 받침규칙이 적용되고, 2단계는 'ㅈ → ㅉ(-잖- → -짢-)'과 같이 'ㅈ'에 된소리되기가 적용되고, 3단계는 'ㄶ → ㄴ(-짢- → -짠-)'과 같이 'ㅎ'에 닿소리빠짐이 적용되고, 4단계는 '-짠아 → -짜나'와 같이 이음소리규칙이 적용된다.

(202) ㄱ. 꽃과[꼳과 → 꼳꽈]   꽃그늘[꼳끄늘]   꽃다발[꼳따발]
　　　　꽃도[꼳또]   꽃들[꼳뜰]   꽃밭[꼳빧]
　　　　꽃병[꼳뼝]   꽃봉오리[꼳뽕오리] 꽃상여[꼳쌍여]
　　　　꽃신[꼳씬]   꽃잔디[꼳짠디]   꽃집[꼳찝]
　　　　낮빛[낟삗]   낮선[낟썬]   낮설[낟썰]
　　　　돛대[돋때]   몇백[멷빽]   몇십[멷씹]
　　　　불꽃들[불꼳뜰]   좇고[졷꼬]   쫓겨[쫃껴]
　　　　쫓기다[쫃끼다]   쫓다[쫃따]   쫓던[쫃떤]

ㄴ. 몇 가지[면까지]　　　몇 개[면깨]　　　　몇 개월[면깨월]

　　몇 걸음[면꺼름]　　　몇 겹[면껍]　　　　몇 곱절[면꼽쩔]

　　몇 굽이[면꾸비]　　　몇 권[면꿘]　　　　몇 달[면딸]

　　몇 바퀴[면빠퀴]　　　몇 발짝[면빨짝]　　몇 방울[면빵울]

　　몇 배[면빼]　　　　　몇 번[면뻔]　　　　몇 분[면뿐]

　　몇 송이[면쏭이]　　　몇 시[면씨]　　　　몇 시간[면씨간]

　　몇 장[면짱]　　　　　몇 주[면쭈]　　　　몇 집[면찝]

ㄷ. 부엌과[부억과 → 부억꽈]　부엌도[부억또]

(202)는 음운변화과정에서 먼저 받침규칙을 적용한 후에, 된소리되기를 적용한다.

(202ㄱ)은 표준발음법 제23항에 규정하고 있다. 보기는 닿소리이어바뀜의 환경에서 앞 닿소리 'ㅊ'이 뒤 닿소리 'ㄱ・ㄷ・ㅂ・ㅅ・ㅈ' 등과 결합되어, 뒤 닿소리의 된소리되기가 실현된 경우이다. 뒤 닿소리가 'ㄱ'인 '꽃그늘'이 '꽃그늘 → 꼳그늘 → 꼳끄늘'과 같은 음운변화과정에서 1단계는 'ㅊ → ㄷ(꽃- → 꼳-)'과 같이 'ㅊ'에 받침규칙이 적용되고, 2단계는 'ㄱ → ㄲ(-그- → -끄-)'과 같이 'ㄱ'에 된소리되기가 적용된다.

(202ㄴ)은 한글맞춤법 제43항에 규정하고 있다. 이 규정은 '가지', '겹', '권' 등과 같이 단위를 나타내는 명사는 띄어 쓴다는 내용이다. 이 경우에 두 낱말을 이어서 한 마디로 발음하면 된소리되기가 실현된다. 보기는 닿소리이어바뀜의 환경에서 앞 닿소리 'ㅊ'이 뒤 닿소리 'ㄱ・ㄷ・ㅂ・ㅅ・ㅈ' 등과 결합되어, 뒤 닿소리의 된소리되기가 실현된 경우이다. 뒤 닿소리가 'ㄱ'인 '몇 가지'가 '몇가지 → 면가지 → 면까지'와 같은 음운변화과정에서 1단계는 'ㅊ → ㄷ(몇- → 면-)'과 같이 'ㅊ'에 받침규칙이 적용되고, 2단계는 'ㄱ → ㄲ(-가- → -까-)'과 같이 'ㄱ'에 된소리되기가 적용된다.

(202ㄷ)은 앞 닿소리가 'ㅋ'인 경우이다. 뒤 닿소리가 'ㄱ'인 '부엌과'가 '부엌과 → 부억과 → 부억꽈'와 같은 음운변화과정에서 1단계는 'ㅋ → ㄱ

(-억- → -억-)'과 같이 'ㅋ'에 받침규칙이 적용되고, 2단계는 'ㄱ → ㄲ(-과 → -꽈)'와 같이 'ㄱ'에 된소리되기가 적용된다.

(203) ㄱ.같거나[갇거나 → 갇꺼나]   같고[갇꼬]   같구나[갇꾸나]

　　　　 같군[갇꾼]   같기[갇끼]   같긴[갇낀]

　　　　 겉가죽[걷까죽]   끝과[끋꽈]   내솥과[내솓꽈]

　　　　 맡게[맏께]   맡겨[맏껴]   맡고[맏꼬]

　　　　 맡기다[맏끼다]   맡긴[맏낀]   맡길[맏낄]

　　　　 밑거름[믿꺼름]   밑그림[믿끄림]   밭고랑[받꼬랑]

　　　　 불같고[불갇꼬]   붙게[붇께]   양은솥과[양은솓꽈]

　　　　 얕고[얃꼬]   짙게[짇께]

　　　ㄴ. 같다[갇다 → 갇따]   같답니[갇땀니]   같더[갇떠]

　　　　 같던[갇떤]   겉대[걷때]   곁들다[곁뜰다]

　　　　 곁들이[곁뜨리]   맡다[맏따]   밑동[믿똥]

　　　　 밥솥도[밥솓또]   밭두덩[받뚜덩]   밭두렁[받뚜렁]

　　　　 붙들다[붇뜰다]

　　　ㄷ. 끝부터[[끋부터 → 끋뿌터] 밑바닥[믿빠닥]   밑부분[믿뿌분]

　　　ㄹ. 홑실[혿실 → 혿씰]   같습니다[갇씀니다] 바깥사랑[바깓싸랑]

　　　　 바깥세상[바깓쎄상]   뱉습니다[밷씀니다]

　　　ㅁ. 같잖아[갇잖아 → 갇짢아 → 갇짠아 → 갇짜나]

　　　　 같잖아[갇짜나]   같지[갇찌]   같질[갇찔]

　　　　 겉절이[걷쩌리]   낱자[낟짜]   낱장[낟짱]

　　　　 맡지[맏찌]   밑줄[믿쭐]   붙잡고[붇짭꼬]

　　　　 붙잡다[붇짭따]   붙잡혀[붇짜펴]   얕잡아[얃짜바]

　　　　 팥죽[팓쭉]   팥쥐[팓쮜]

　(203)은 표준발음법 제23항에 규정하고 있다. 보기는 닿소리이어바뀜의 환경에서 앞 닿소리 'ㅌ'이 뒤 닿소리 'ㄱ·ㄷ·ㅂ·ㅅ·ㅈ' 등과 결합되어, 뒤 닿소리의 된소리되기가 실현된 경우이다. 이 경우에는 음운변화과

정에서 먼저 받침규칙을 적용한 후에, 된소리되기를 적용한다.

(203ㄱ)은 닿소리이어바꿈의 환경에서 앞 닿소리가 'ㅌ'이고, 뒤 닿소리가 'ㄱ'인 경우이다. '같고'가 '같고 → 갇고 → 갇꼬'와 같은 음운변화과정에서 1단계는 'ㅌ → ㄷ(같- → 갇-)'과 같이 'ㅌ'에 받침규칙이 적용되고, 2단계는 'ㄱ → ㄲ(-고 → -꼬)'과 같이 'ㄱ'에 된소리되기가 적용된다.

(203ㄴ)은 앞 닿소리가 'ㅌ'이고, 뒤 닿소리가 'ㄷ'인 경우이다. '밭두덩'이 '밭두덩 → 받두덩 → 받뚜덩'과 같은 음운변화과정에서 1단계는 'ㅌ → ㄷ(같- → 갇-)'과 같이 'ㅌ'에 받침규칙이 적용되고, 2단계는 'ㄷ → ㄸ(-두- → -뚜-)'과 같이 'ㄷ'에 된소리되기가 적용된다.

(203ㄷ)은 앞 닿소리가 'ㅌ'이고, 뒤 닿소리가 'ㅂ'인 경우이다. '밑바닥'이 '밑바닥 → 믿바닥 → 믿빠닥'과 같은 음운변화과정에서 1단계는 'ㅌ → ㄷ(밑- → 믿-)'과 같이 'ㅌ'에 받침규칙이 적용되고, 2단계는 'ㅂ → ㅃ(-바- → -빠-)'과 같이 'ㅂ'에 된소리되기가 적용된다.

(203ㄹ)은 앞 닿소리가 'ㅌ'이고, 뒤 닿소리가 'ㅅ'인 경우이다. '같습니다'가 '같습니다 → 갇습니다 → 갇씁니다 → 갇씀니다'와 같은 음운변화과정에서 1단계는 'ㅌ → ㄷ(같- → 갇-)'과 같이 'ㅌ'에 받침규칙이 적용되고, 2단계는 'ㅅ → ㅆ(-습- → -씁-)'과 같이 'ㅅ'에 된소리되기가 적용되고, 3단계는 'ㅂ → ㅁ(-씁- → -씀-)'과 같이 'ㅂ'에 콧소리되기가 적용된다.

(203ㅁ)은 앞 닿소리가 'ㅌ'이고, 뒤 닿소리가 'ㅈ'인 경우이다. '붙잡다'가 '붙잡다 → 붇잡다 → 붇짬따'와 같은 음운변화과정에서 1단계는 'ㅌ → ㄷ(붙- → 붇-)'과 같이 'ㅌ'에 받침규칙이 적용되고, 2단계는 'ㅈ → ㅉ(-잡- → -짬-)'과 같이 'ㅈ'에 된소리되기와 'ㄷ → ㄸ(-다 → -따)'과 같이 'ㄷ'에 된소리되기가 각각 적용된다.

(204) ㄱ. 갚게[갑게 → 갑께]　　갚고[갑꼬]　　　　갚기[갑끼]
　　　　깊거나[깁꺼나]　　　　깊게[깁께]　　　　깊고[깁꼬]

높게[놉께]	높고[놉꼬]	늪과[늡꽈]
덮개[덥깨]	덮고[덥꼬]	덮다[덥따]
숲과[숩꽈]	숲길[숩낄]	숲도[숩또]
싶게[십께]	싶기[십끼]	앞길[압낄]
옆구리[엽꾸리]	짚고[집꼬]	

ㄴ. 갚도록[갑또록]　깊다[깁따]　깊도록[깁또록]
　　높다[놉따]　싶다[십따]　싶더니[십떠니]
　　싶던[십떤]　싶소[십쏘]　싶지[십찌]
　　앞다리[압따리]　앞다투다[압따투다]　앞당기다[압땅기다]
　　앞도[압또]　앞두고[압뚜고]　앞둔[압뚠]
　　앞뒤[압뛰]　엎드려[업뜨려]　잎들[입뜰]

ㄷ. 앞바다[압빠다]　앞발[압빨]　무릎보다[무릅뽀다]

ㄹ. 깊숙이[깁쑤기]　깊숙하다[깁쑤카다]　깊숙한[깁쑤칸]
　　싶습니다[십씀니다]　앞사람[압싸람]　앞서[압써]
　　앞세워[압쎄워]　잎사귀[입싸귀]　짚신[집씬]

ㅁ. 갚지[갑지 → 갑찌]　싶지[십찌]　앞장[압짱]
　　앞잽이[압째비]　앞집[압찝]　옆자리[엽짜리]
　　옆집[엽찝]

ㅂ. 옆반[엽빤]

(204)는 음운변화과정에서 먼저 받침규칙을 적용한 후에, 된소리되기를 적용한다.

(204ㄱ)은 표준발음법 제23항에 규정하고 있다. 보기는 닿소리이어바뀜의 환경에서 앞 닿소리 'ㅍ'이 뒤 닿소리 'ㄱ·ㄷ·ㅅ·ㅈ' 등과 결합되어, 뒤 닿소리의 된소리되기가 실현된 경우이다. 뒤 닿소리가 'ㄱ'인 '갚게'가 '갚게 → 갑게 → 갑께'와 같은 음운변화과정에서 1단계는 'ㅍ → ㅂ(갚- → 갑-)'과 같이 'ㅍ'에 받침규칙이 적용되고, 2단계는 'ㄱ → ㄲ(-게 → -께)'과 같이 'ㄱ'에 된소리되기가 적용된다.

(204ㄴ)은 뒤 닿소리가 'ㄷ'인 '갚도록'이 '갚도록 → 갑도록 → 갑또록'과 같은 음운변화과정에서 1단계는 'ㅍ → ㅂ(갚- → 갑-)'과 같이 'ㅍ'에 받침규칙이 적용되고, 2단계는 'ㄷ → ㄸ(-도- → -또-)'과 같이 'ㄷ'에 된소리되기가 적용된다.

(204ㄷ)은 뒤 닿소리가 'ㅂ'인 '앞바다'가 '앞바다 → 압바다 → 압빠다'와 같은 변화과정에서 1단계는 'ㅍ → ㅂ(앞- → 압-)'과 같이 'ㅍ'에 받침규칙이 적용되고, 2단계는 'ㅂ → ㅃ(-바- → -빠-)'과 같이 'ㅂ'에 된소리되기가 적용된다.

(204ㄹ)은 뒤 닿소리가 'ㅅ'인 '깊숙이'가 '깊숙이 → 깁숙이 → 깁쑥이 → 깁쑤기'와 같은 음운변화과정에서 1단계는 'ㅍ → ㅂ(깊- → 깁-)'과 같이 'ㅍ'에 받침규칙이 적용되고, 2단계는 'ㅅ → ㅆ(-숙- → -쑥-)'과 같이 'ㅅ'에 된소리되기가 적용되고, 3단계는 '-쑥이 → -쑤기'와 같이 이음소리규칙이 적용된다.

(204ㅁ)은 뒤 닿소리가 'ㅈ'인 '갚지'가 '갚지 → 갑지 → 갑찌'와 같은 음운변화과정에서 1단계는 'ㅍ → ㅂ(갚- → 갑-)'과 같이 'ㅍ'에 받침규칙이 적용되고, 2단계는 'ㅈ → ㅉ(-지 → -찌)'과 같이 'ㅈ'에 된소리되기가 적용된다.

(204ㅂ)은 한글맞춤법 제43항에 규정하고 있다. 이 규정은 '반'과 같이 단위를 나타내는 명사는 띄어 쓴다는 내용이다. 이 경우에 두 낱말을 이어서 한 마디로 발음하면 된소리되기가 실현된다. 뒤 닿소리가 'ㅂ'인 '옆반'이 '옆반 → 엽반 → 엽빤'과 같은 음운변화과정에서 1단계는 'ㅍ → ㅂ(옆- → 엽-)'과 같이 'ㅍ'에 받침규칙이 적용되고, 2단계는 'ㅂ → ㅃ(-반 → -빤)'과 같이 'ㅂ'에 된소리되기가 적용된다.

(205)ㄱ. 그렇습니다[그러씀니다]   어떻소[어떠쏘]   어떻습니까[어떠씀니까]
　　　이렇습니다[이러씀니다]   좋습니다[조씀니다]

ㄴ. 많습니다[만씁니다]　　　　모르잖소[모르잔쏘] 않소[안쏘]

　　않습니다[안씁니다]

ㄷ. 싫소[실소 → 실쏘]

(205)는 표준발음법 제12항 2에 규정하고 있다. 이 규정은 'ㅎ(ㄶ, ㅀ)' 뒤에 'ㅅ'이 결합되는 경우에는, 'ㅅ'을 [ㅆ]으로 발음한다는 내용이다. 보기는 닿소리이어바뀜의 환경에서 앞 닿소리 'ㅎ · ㄶ' 등이 뒤 닿소리 'ㅅ'과 결합되어, 'ㅅ → ㅆ'과 같이 'ㅅ'의 된소리되기가 실현된 경우이다.

(205ㄱ)은 닿소리이어바뀜의 환경에서 앞 닿소리가 'ㅎ'인 경우이다. 이 경우에는 두 가지의 음운변화과정을 설정할 수 있다. 하나는 '그렇습니다'의 경우에 '그렇습니다 → 그러습니다 → 그러씁니다 → 그러씀니다'와 같은 음운변화과정이다. 1단계는 'ㅎ → Ø(-렇- → -러-)'과 같이 'ㅎ'에 닿소리빠짐이 적용되고, 2단계는 'ㅅ → ㅆ(-습- → -씁-)'과 같이 'ㅅ'에 된소리되기가 적용되고, 3단계는 'ㅂ → ㅁ(-씁- → -씀-)'과 같이 'ㅂ'에 콧소리되기가 적용된다. 또 하나는 '그렇습니다 → 그런습니다 → 그런씁니다 → 그런씀니다 → 그러씀니다'와 같은 음운변화과정이다. 1단계는 'ㅎ → ㄷ(-렇- → -런-)'과 같이 'ㅎ'에 받침규칙이 적용되고, 2단계는 'ㅅ → ㅆ(-습- → -씁-)'과 같이 'ㅅ'에 된소리되기가 적용되고, 3단계는 'ㅂ → ㅁ(-씁- → -씀-)'과 같이 'ㅂ'에 콧소리되기가 적용되고, 4단계는 'ㄷ → Ø(-런- → -러-)'과 같이 'ㄷ'에 같은위치닿소리빠짐이 적용된다. 전자는 닿소리빠짐 · 된소리되기 · 콧소리되기 등과 같이 세 단계가 적용되고, 후자는 받침규칙 · 된소리되기 · 콧소리되기 · 같은위치닿소리빠짐 등과 같이 네 단계가 적용되어 차이를 나타내고 있다. 그러나 표준발음 [그러씀니다]는 같다.

(205ㄴ)은 앞 닿소리가 'ㄶ'인 경우이다. '많습니다'가 '많습니다 → 만습니다 → 만씁니다 → 만씀니다'와 같은 음운변화과정에서 1단계는 'ㄶ →

ㄴ(많- → 만-)'과 같이 'ㅎ'에 닿소리빠짐이 적용되고, 2단계는 'ㅅ → ㅆ
(-습- → -씁-)'과 같이 'ㅅ'에 된소리되기가 적용되고, 3단계는 'ㅂ → ㅁ
(-씁- → -씀-)'과 같이 'ㅂ'에 콧소리되기가 적용된다.

(205ㄷ)은 앞 닿소리가 'ㄿ'인 경우이다. '싫소'가 '싫소 → 실소 → 실쏘'
와 같은 음운변화과정에서 1단계는 'ㄿ → ㄹ(싫- → 실-)'과 같이 'ㅎ'에 닿
소리빠짐이 적용되고, 2단계는 'ㅅ → ㅆ(-소 → -쏘)'과 같이 'ㅅ'에 된소
리되기가 적용된다.

(206) ㄱ. 대가[대까](代價)   대기권[대기꿘]   마구간[마구깐]
    무조건[무조껀]   사건[사껀]   사사건건[사사껀껀]
    상표권[상표꿘]   수도권[수도꿘]   외과[외꽈/웨-]
    의과[의꽈]   조건[조껀]   중부권[중부꿘]
    투표권[투표꿘]   특허권[특허꿘]   행복추구권[행복추구꿘]
  ㄴ. 분류법[불류뻽]   비법[비뻡]   비유법[비유뻡]
    어법[어뻡]   은유법[으뉴뻡]   직유법[지규뻡]
    치료법[치료뻡]
  ㄷ. 건조증[건조쯩]   문제점[문제쩜]   백지장[백찌짱]
    안내장[안내짱]   차이점[차이쩜]   허점[허쩜]
    현기증[현기쯩]

(206)은 앞 홀소리와 뒤 닿소리가 연결되어, 된소리되기가 실현된 경우
이다. 이는 표준발음이다. (206ㄱ)은 뒤 닿소리가 'ㄱ'인 경우이고, (206ㄴ)
은 뒤 닿소리가 'ㅂ'인 경우이고, (206ㄷ)은 뒤 닿소리가 'ㅈ'인 경우이다.

(206ㄱ)의 '대가'는 '대가 → 대까'와 같은 음운변화과정에서 'ㄱ → ㄲ(-
가 → -까)'과 같이 뒤 닿소리 'ㄱ'에 된소리되기가 적용된다.

(206ㄴ)의 '분류법'이 '분류법 → 불류법 → 불류뻽'과 같은 음운변화과정
에서 1단계는 'ㄴ → ㄹ(분- → 불-)'과 같이 'ㄴ'에 흐름소리되기가 적용되
고, 2단계는 'ㅂ → ㅃ(-법 → -뻽)'과 같이 'ㅂ'에 된소리되기가 적용된다.

(206ㄷ)의 '차이점'은 '차이점 → 차이쩜'과 같은 음운변화과정에서 'ㅈ → ㅉ(-점- → -쩜)'과 같이 'ㅈ'에 된소리되기가 적용된다.

10 닿소리보탬(자음첨가 : 子音添加)

(207)ㄱ. 남존여비[남존녀비]　　　담요[담뇨]　　　　밤일[밤닐]
　　　　빨간약[빨간냑]　　　　어린잎[어린닙]　　　좀약[좀냑]
　　　　집안일[지반닐]　　　　출산율[출싼뉼]　　　콩엿[콩녇]
　　　　큰일[큰닐]　　　　　　한여름[한녀름]　　　한입[한닙]
　　ㄴ. 색연필[색년필 → 생연필]
　　ㄷ. 갈댓잎[갈댇입 → 갈땓입 → 갈땓닙 → 갈땐닙]
　　　　깻잎[깬닙]　　　　　　나랏일[나란닐]　　　나뭇잎[나문닙]
　　　　놋요강[논뇨강]　　　　댓잎[댄닙]　　　　　도리깻열[도리깬녈]
　　　　뒷이야기[뒨니야기]　　뒷일[뒨닐]　　　　　뱃일[밴닐]
　　　　베갯잇[베갠닏]　　　　아랫입술[아랜닙쑬]　아랫잇몸[아랜닌몸]
　　　　예삿일[예산닐]　　　　옛일[옌닐]　　　　　윗입술[윈닙쑬]
　　　　윗잇몸[윈닌몸]　　　　찻잎[찬닙]　　　　　허드렛일[허드렌닐]
　　　　헛일[헌닐]
　　ㄹ. 꽃잎[꼳입 → 꼳닙 → 꼰닙]
　　　　늦여름[는녀름]　　　　밭일[반닐]　　　　　앞일[암닐]
　　ㅁ. 꽃 이름[꼰니름]　　　　멋진 일[먼찐닐]　　바꾼 일[바꾼닐]
　　　　본 일[본닐]　　　　　　앞 이야기[암니야기]　온 일[온닐]
　　　　옮긴 일[옴긴닐]　　　　준 일[준닐]　　　　　책 이름[챙니름]
　　　　천한 일[천한닐]　　　　한 양반[한냥반]　　한 일[한닐]
　　　　한 입[한닙]
　　ㅂ. 갈잎[갈입 → 갈닙 → 갈립]　길옆[길렵]　　　들일[들릴]
　　　　물약[물략]　　　　　　물엿[물렫]　　　　　별일[별릴]
　　　　불여우[불려우]　　　　서울역[서울력]　　　설익은[설리근]
　　　　솔이끼[솔리끼]　　　　솔잎[솔립]　　　　　알약[알략]

올여름[올려름]　　　　　풀잎[풀립]　　　　　휘발유[휘발류]

ㅅ. 그럴 일[그럴닐 → 그럴릴]　모를 일[모를릴]　　쌀 익는[쌀링는]

쓸 일[쓸릴]　　　　　　울 일[울릴]　　　　할 일[할릴]

(207)은 앞 닿소리와 뒤 홀소리 사이에 'ㄴ'소리가 보태진 경우이다. 이는 표준발음이다.

(207ㄱ)은 표준발음법 제29항에 규정하고 있다. 이 규정은 합성어 및 파생어에서, 앞 낱말이나 뒷가지의 끝이 닿소리이고 뒤 낱말이나 뒷가지의 첫 소리마디가 '이, 야, 여, 요, 유'인 경우에는, 'ㄴ'소리를 보태어 [니, 냐, 녀, 뇨, 뉴]로 발음한다는 내용이다. 보기는 앞 닿소리 'ㄴ'과 뒤 소리마디 '여, 이' 등의 사이에 'ㄴ'소리가 보태진 경우이다. 뒤 소리마디가 '여'인 '남존여비'는 '남존여비 → 남존녀비'와 같은 음운변화과정에서 '∅ → ㄴ(-여- → -녀-)'과 같이 'ㄴ'소리보탬이 적용된다. 뒤 소리마디가 '이'인 '어린잎'이 '어린잎 → 어린입 → 어린닙'과 같은 음운변화과정에서 1단계는 'ㅍ → ㅂ(-닢 → -닙)'과 같이 'ㅍ'에 받침규칙이 적용되고, 2단계는 '∅ → ㄴ(-잎 → -닢)'과 같이 'ㄴ'소리보탬이 적용된다.

(207ㄴ)은 제29항과 같이 'ㄴ'소리가 보태진 후에, 닿소리이어바뀜의 환경에서 앞 닿소리가 'ㄴ'소리보탬 뒤 닿소리를 닮아 콧소리로 실현된 경우이다. '색연필'이 '색연필 → 색년필 → 생년필'과 같은 음운변화과정에서 1단계는 '∅ → ㄴ(-연- → -년-)'과 같이 'ㄴ'소리보탬이 적용되고, 2단계는 'ㄱ → ㅇ(색- → 생-)'과 같이 'ㄱ'에 콧소리되기가 적용된다.

(207ㄷ)은 표준발음법 제30항 3에 규정하고 있다. 이 규정은 사이시옷 뒤에 '이'소리가 결합되는 경우에는 [ㄴㄴ]으로 발음한다는 내용이다. 보기는 'ㅅ → ㄷ'과 같이 받침규칙이 적용된 후에(또는 'ㄴ'소리 보탠 후 받침규칙 적용도 가능함), 'ㄴ'소리보탬으로 인한 닿소리이어바뀜의 환경에서 앞 닿소리가 'ㄴ'소리보탬 뒤 닿소리를 닮아 콧소리로 실현된 경우이다. '나랏

일'이 '나랏일 → 나랃일 → 나랃닐 → 나란닐'과 같은 음운변화과정에서 1단계는 'ㅅ → ㄷ(-랏- → -랃-)'과 같이 'ㅅ'에 받침규칙이 적용되고, 2단계는 '∅ → ㄴ(-일 → -닐)'과 같이 'ㄴ'소리보탬이 적용되고, 3단계는 'ㄷ → ㄴ(-랃- → -란-)'과 같이 'ㄷ'에 콧소리되기가 적용된다.

(207ㄹ)은 표준발음법 제29항에 규정하고 있다. 보기는 받침규칙이 적용된 후에(또는 'ㄴ'소리보탬 후 받침규칙 적용도 가능함), 'ㄴ'소리보탬으로 인한 닿소리이어바뀜의 환경에서 앞 닿소리가 'ㄴ'소리보탬 뒤 닿소리를 닮아 콧소리로 실현된 경우이다. '꽃잎'이 '꽃잎 → 꼳입 → 꼳닙 → 꼰닙'과 같은 음운변화과정에서 1단계는 'ㅊ → ㄷ(꽃- → 꼳-)'과 같이 'ㅊ'에 받침규칙과 'ㅍ → ㅂ(-잎 → -입)'과 같이 'ㅍ'에 받침규칙이 각각 적용되고, 2단계는 '∅ → ㄴ(-입 → -닙)'과 같이 'ㄴ'소리보탬이 적용되고, 3단계는 'ㄷ → ㄴ(꼳- → 꼰-)'과 같이 'ㄷ'에 콧소리되기가 적용된다.

(207ㅁ)은 표준발음법 제29항 [붙임 2]에 규정하고 있다. 이 규정은 두 낱말을 이어서 한 마디로 발음하는 경우에도 'ㄴ'소리를 보태어 발음한다는 내용이다. 보기는 두 가지로 구분할 수 있다. 하나는 '준 일'과 같이 'ㄴ'소리가 보태진 경우이다. '준 일'은 '준일 → 준닐'과 같은 음운변화과정에서 '∅ → ㄴ(-일 → -닐)'과 같이 'ㄴ'소리보탬이 적용된다. 또 하나는 '책 이름'과 같이 'ㄴ'소리보탬 후에, 닿소리이어바뀜의 환경에서 앞 닿소리가 'ㄴ'소리보탬 뒤 닿소리를 닮아 콧소리로 실현된 경우이다. '책 이름'이 '책이름 → 책니름 → 챙니름'과 같은 음운변화과정에서 1단계는 '∅ → ㄴ(-이- → -니-)'과 같이 'ㄴ'소리보탬이 적용되고, 2단계는 'ㄱ → ㅇ(책- → 챙-)'과 같이 'ㄱ'에 콧소리되기가 적용된다.

(207ㅂ)은 표준발음법 제29항 [붙임 1]에 규정하고 있다. 이 규정은 'ㄹ'받침 뒤에 보태진 'ㄴ'소리는 [ㄹ]로 발음한다는 내용이다. 보기는 제29항과 같이 'ㄴ'소리가 보태진 후에, 닿소리이어바뀜의 환경에서 'ㄴ'소리보탬 뒤 닿소리가 앞 닿소리를 닮아 흐름소리로 실현된 경우이다. '갈잎'이 '갈

잎 → 갈입 → 갈닙 → 갈립'과 같은 음운변화과정에서 1단계는 'ㅍ → ㅂ
(-잎 → -입)'과 같이 'ㅍ'에 받침규칙이 적용되고, 2단계는 '∅ → ㄴ(-입
→ -닙)'과 같이 'ㄴ'소리보탬이 적용되고, 3단계는 'ㄴ → ㄹ(-닙 → -립)'
과 같이 'ㄴ'에 흐름소리되기가 적용된다.

(207ㅅ)은 표준발음법 제29항 [붙임 2]에 규정하고 있다. 이 규정은 두
낱말을 이어서 한 마디로 발음하는 경우에도 'ㄴ'소리를 보태어 발음한다
는 내용이다. 보기는 띄어 있는 표기에서 두 낱말을 한 마디로 이어서 발
음하는 경우에, 'ㄴ'소리가 보태진 닿소리이어바뀜의 환경에서 뒤 닿소리
'ㄴ'이 앞 닿소리 'ㄹ'을 닮아 흐름소리로 실현된 경우이다. '할 일'이 '할
일 → 할닐 → 할릴'과 같은 음운변화과정에서 1단계는 '∅ → ㄴ(-일 → -
닐)'과 같이 'ㄴ'소리보탬이 적용되고, 2단계는 'ㄴ → ㄹ(-닐 → -릴)'과 같
이 'ㄴ'에 흐름소리되기가 적용된다.

11 갈이소리되기(마찰음화 : 摩擦音化)

(208) ㄱ. 빛을[비즐](×[비슬])　　　　　빛이[비지](×[비시])
　　　　젖을[저즐](×[저슬])　　　　　젖이[저지](×[저시])
　　　　짖을[지즐](×[지슬])

　　ㄴ. 꽃에[꼬체](×[꼬세])　　　　　꽃으로[꼬츠로](×[꼬스로])
　　　　꽃을[꼬츨](×[꼬슬])　　　　　꽃의[꼬최/-체](×[꼬싀/-세])
　　　　꽃이[꼬치](×[꼬시])　　　　　꽃인데[꼬친데](×[꼬신데])
　　　　꽃일까[꼬칠까](×[꼬실까])　　낮을[나츨](×[나슬])
　　　　달빛에[달삐체](×[달삐세])　　들꽃이[들꼬치](×[들꼬시])
　　　　몸빛이[몸삐치](×[몸삐시])　　박꽃을[박꼬츨](×[박꼬슬])
　　　　별꽃이[별꼬치](×[별꼬시])　　불꽃을[불꼬츨](×[불꼬슬])
　　　　불빛을[불삐츨](×[불삐슬])　　불빛이[불삐치](×[불삐시])
　　　　붉은빛이[불근비치](×[불근비시])　빛으로[비츠로](×[비스로])

빛을[비츨](×[비슬])   빛이[비치](×[비시])

살갗으로[살까츠로](×[살까스로])   살갗이[살까치](×[살까시])

숯으로[수츠로](×[수스로])   숯이[수치](×[수시])

옅꽃을[열꼬츨](×[열꼬슬])   제빛을[제비츨](×[제비슬])

햇빛은[핻삐츤](×[핻삐슨])   햇빛을[핻삐츨](×[핻삐슬])

햇빛이[핻삐치](×[핻삐시])

도라지꽃은[도라지꼬츤](×[도라지꼬슨])

동자꽃이[동자꼬치](×[동자꼬시])

오랑캐꽃이[오랑캐꼬치](×[오랑캐꼬시])

진달래꽃은[진달래꼬츤](×[진달래꼬슨])

잇꽃으로[인꼬츠로](×[인꼬스로])

푸른빛을[푸른비츨](×[푸른비슬])   푸른빛이[푸른비치](×[푸른비시])

ㄷ. 가마솥에[가마소테](×[가마소세])   가마솥은[가마소튼](×[가마소슨])

가마솥을[가마소틀](×[가마소슬])   가마솥이[가마소치](×[가마소시])

곁에[겨테](×[겨세])   곁으로[겨트로](×[겨스로])

꽃밭에서[꼬빠테서](×[꼳빠세서])   끝에[*끄*테](×[*끄*세])

끝으로[*끄*트로](×[*끄*스로])   끝은[*끄*튼](×[*끄*슨])

끝을[*끄*틀](×[*끄*슬])   끝이[*끄*치](×[*끄*시])

논밭을[논바틀](×[논바슬])   논밭이[논바치](×[논바시])

닥솥에[닥쏘테](×[닥쏘세])   뒤곁으로[뒤껴트로](×[뒤껴스로])

말끝에[말*끄*테](×[말*끄*세])   머리맡에[머리마테](×[머리마세])

메밀밭을[메밀바틀](×[메밀바슬])   밑에서[미테서](×[미세서])

밑으로[미트로](×[미스로])   밑을[미틀](×[미슬])

바깥을[바까틀](×[바까슬])   밭밑에[받미테](×[받미세])

밭에[바테](×[바세])   밭으로[바트로](×[바스로])

밭은[바튼](×[바슨])   밭을[바틀](×[바슬])

밭이[바치](×[바시])   샅샅이[삳싸치](×[삳싸시])

솥은[소튼](×[소슨])   솥을[소틀](×[소슬])

솥이[소치](×[소시])   채마밭을[채마바틀](×[채마바슬])

칼끝이[칼*끄*치](×[칼*끄*시])   코끝에[코*끄*테](×[코*끄*세])

풀밭에[풀바테](×[풀바세])　　　햇볕에[핻뼈테](×[핻뼈세])

햇볕을[핻뼈틀](×[핻뼈슬])　　　햇볕이[핻뼈치](×[핻뼈시])

거피팥이랑[거피파치랑](×[거피파시랑])

모래밭이나[모래바치나](×[모래바시나])

양은솥이나[양은소치나](×[양은소시나])

(208)은 앞 닿소리와 뒤 홀소리 사이에서 앞 닿소리의 갈이소리되기가 실현된 경우이다. 보기는 표준발음법 제16항의 규정과는 다른 내용이기 때문에 비표준발음이다.

(208ㄱ)은 앞 닿소리 'ㅊ'이 뒤 소리마디 '-으로, -을, -이' 등과 결합되어, 'ㅊ → ㅅ'과 같이 'ㅊ'의 갈이소리되기가 실현된 경우이다. 뒤 소리마디가 '으로'인 '숯으로'가 '숯으로 → 숫으로 → 수스로'와 같은 음운변화과정에서 1단계는 'ㅊ → ㅅ(숯- → 숫-)'과 같이 'ㅊ'에 갈이소리되기가 적용되고, 2단계는 '숫으로 → 수스로'와 같이 이음소리규칙이 적용된다.

(208ㄴ)은 앞 닿소리 'ㅌ'이 뒤 소리마디 '-에, -에서, -으로, -은, -을, -이' 등과 결합되어, 'ㅌ → ㅅ'과 같이 'ㅌ'의 갈이소리되기가 실현된 경우이다. 뒤 소리마디가 '에'인 '밑에'가 '밑에 → 밋에 → 미세'와 같은 음운변화과정에서 1단계는 'ㅌ → ㅅ(밑- → 밋-)'과 같이 'ㅌ'에 갈이소리되기가 적용되고, 2단계는 '밋에 → 미세'와 같이 이음소리규칙이 적용된다.

12 머리소리규칙(두음법칙 : 頭音法則)

머리소리규칙은 한글맞춤법 제10항, 제11항, 제12항에 규정하고 있다. 제10항은 한자음에서 낱말 첫머리(어두 : 語頭) 또는 낱말 첫소리의 'ㄴ'이 '녀, 뇨, 뉴, 니' 등과 같이 홀소리 'ㅕ, ㅛ, ㅠ, ㅣ' 등과 결합된 경우이고, 제11항은 한자음에서 낱말 첫머리의 'ㄹ'이 '랴, 려, 례, 료, 류, 리' 등과 같이 홀소리 'ㅑ, ㅕ, ㅖ, ㅛ, ㅠ, ㅣ' 등과 결합된 경우이고, 제12항은 한자음에서 낱말 첫머리의 'ㄹ'이 '라, 래, 로, 뢰, 루, 르' 등과 같이 홀소리 'ㅏ, ㅐ, ㅗ, ㅚ, ㅜ, ㅡ' 등과 결합된 경우이다.

머리소리규칙이란 우리말의 경우에 한자어에서 일부의 소리가 낱말의 첫머리(첫소리)에서 발음되는 것을 꺼려 다른 소리로 발음되는 현상을 말한다. 이를 머리소리법칙이라고도 한다. 이에 대해 한글맞춤법에서는 한자어 '녀(女)'가 '여성(女性)'과 같이 낱말 첫머리에서 '여'로 발음하여 'ㄴ'이 빠지는 경우(한글맞춤법 제10항), 한자어 '량(兩)'이 '양반(兩班)'과 같이 낱말 첫머리에서 '양'으로 발음하여 'ㄹ'이 빠지는 경우(한글맞춤법 제11항), 한자어 '론(論)'이 '논어(論語)'와 같이 낱말 첫머리에서 '논'으로 발음하여 'ㄹ'이 'ㄴ'으로 변화하는 경우(한글맞춤법 제12항)처럼 한자음의 경우에 머리소리규칙에 대해 세 가지를 규정하고 있다.

이 항에서 머리소리규칙은 세 가지로 구분하여 기술한다. 첫째는 낱말 첫머리에서 'ㄴ → ∅'과 같이 'ㄴ'이 빠지는 경우이고, 둘째는 낱말 첫머리에서 'ㄹ → ∅'과 같이 'ㄹ'이 빠지는 경우이고, 셋째는 낱말 첫머리에서 'ㄹ → ㄴ'과 같이 'ㄹ'이 'ㄴ'으로 변화하는 경우이다. 각각의 보기에서 같은 음운변화과정과 음운규칙이 적용되는 경우에는 하나만 설명하고, 나머지 보기는 설명을 생략한다.

(209) ㄱ. 여성[여성](女性)　　여자[여자](女子)　　연간[연간](年間)
　　　　연년생[연년생](年年生)　연대[연대](年代)　　연도[연도](年度)
　　　　염두[염두](念頭)　　염려[염녀](念慮)
　　ㄴ. 남녀[남녀](男女)　　수녀[수녀](修女)　　자녀[자녀](子女)
　　　　직녀[징녀](織女)　　노년[노년](老年)　　만년[만년](萬年)
　　　　소년[소년](少年)　　재작년[재장년](再昨年)　천년[천년](千年)
　　　　관념[관념](觀念)　　기념[기념](記念)
　　ㄷ. 수천 냥[수천냥](兩)　　열 냥[열량]　　　　오백 냥[오뱅냥]
　　　　몇 년[면년](年)　　　몇십 년[면씸년]　　몇천 년[면천년]

삼 년[삼년]	삼사 년[삼사년]	십수 년[십쑤년]
십여 년[시벼년]	십오 년[시보년]	일 년[일련]
팔십 년[팔씸년]		

(209)는 한글맞춤법 제10항에 규정하고 있다. 이 규정은 한자음 '녀, 뇨, 뉴, 니'가 낱말 첫머리에 올 적에는 머리소리규칙에 따라 '여, 요, 유, 이'로 적는다는 내용이다.

(209ㄱ)은 낱말의 첫 소리마디(어두음절 : 語頭音節) 또는 첫음절에서 첫 소리 'ㄴ'이 뒤 홀소리 'ㅕ'와 결합된 경우에, 'ㄴ'이 빠진 것이다. 뒤 홀소리 가 'ㅕ'인 '여성'은 '녀성 → 여성'과 같은 음운변화과정에서 'ㄴ → ∅'과 같 이 'ㄴ'에 머리소리규칙이 적용된다. 이는 '여성[여성]'과 같이 표기와 표준 발음이 같다. '염려'가 '념려 → 염려 → 염녀'와 과 같은 음운변화과정에서 1단계는 'ㄴ → ∅(념- → 염-)'과 같이 'ㄴ'에 머리소리규칙이 적용되고, 2 단계는 'ㄹ → ㄴ(-려 → -녀)'과 같이 'ㄹ'에 콧소리되기가 적용된다. 이는 표기가 '염려'이고, 표준발음은 [염녀]이다. 즉 표기와 표준발음이 다르다.

(209ㄴ)은 한글맞춤법 제10항 [붙임 1]에 규정하고 있다. 이 규정은 낱말 의 첫머리 이외의 경우에는 본래의 소리대로 적는다는 내용이다. 즉 이 경 우에는 머리소리규칙이 적용되지 않는다. 보기는 낱말끝 소리마디(어말음 절 : 語末音節) 또는 제2음절에서 한자음 'ㄴ'이 본래의 소리대로 실현된 경 우이다. 낱말끝 소리마디의 홀소리가 'ㅕ'인 '남녀'는 [남녀]와 같이 표기와 표준발음이 같다. '직녀'는 '직녀 → 징녀'와 같은 음운변화과정에서 'ㄱ → ㅇ(직- → 징-)'과 같이 'ㄱ'에 콧소리되기가 적용된다. 이 경우에 표기는 '직녀'이고, 표준발음은 [징녀]이다. 즉 표기와 표준발음이 다르다.

(209ㄷ)은 한글맞춤법 제10항 '다만'에 규정하고 있다. 이 규정은 보기와 같은 의존명사에서는 '냐, 녀' 소리를 인정한다는 내용이다. 즉 이 경우에 는 의존명사나 단위를 나타내는 명사는 띄어쓴다는 규정(한글맞춤법 제42

항, 제43항)에 따라 '수천 냥', '몇 년' 등과 같이 '냥, 년' 등의 낱말 첫머리 'ㄴ'은 머리소리규칙을 적용하지 않는다. 두 낱말을 한 마디로 발음하는 경우에 '열 냥'은 '열냥 → 열량'과 같은 음운변화과정에서 'ㄴ → ㄹ(-냥 → -량)'과 같이 'ㄴ'에 흐름소리되기가 적용된다. '몇 년'이 '몇년 → 멷년 → 면년'과 같은 음운변화과정에서 1단계는 'ㅊ → ㄷ(몇- → 멷-)'과 같이 'ㅊ'에 받침규칙이 적용되고, 2단계는 'ㄷ → ㄴ(멷- → 면-)'과 같이 'ㄷ'에 콧소리되기가 적용된다.

(210) ㄱ. 약탈[약탈](掠奪) 양반[양반](兩班) 양분[양분](兩分)
　　　약식[약식](良識) 여행[여행](旅行) 역사[역싸](歷史)
　　　연관[연관](聯關) 연락[열락](連絡) 연맹[연맹](聯盟)
　　　연습[연습](練習) 열사[열싸](烈士) 염치[염치](廉恥)
　　　영역[영역](領域) 영토[영토](領土) 예시[예시](例示)
　　　예의[예의/-이](禮儀) 예절[예절](禮節) 요리[요리](料理)
　　　유념[유념](留念) 유례[유례](類例) 유학[유학](留學)
　　　유형[유형](類型) 육로[융노](陸路) 윤리[율리](倫理)
　　　이득[이득](利得) 이별[이별](離別) 이유[이유](理由)
　　　이익[이익](利益) 이장[이장](里長) 이해[이해](理解)
　　　입장[입짱](立場) 육하원칙[유카원칙](六何原則)
　　ㄴ. 몇십 리[면씸니](里) 삼천 리[삼철리] 십 리[심니]
　　　오 리[오리] 천 리[철리] 그럴 리[그럴리](理)
　　　먹을 리[머글리](理)
　　ㄷ. 침략[침냑](侵略) 분량[불량](分量) 불량[불량](不良)
　　　수량[수량](數量) 식량[싱냥](食糧) 열량[열량](熱量)
　　　격려[경녀](激勵) 배려[배려](配慮) 강력[강녁](强力)
　　　노력[노력](努力) 능력[능녁](能力) 동력[동녁](動力)
　　　무력[무력](武力) 병력[병녁](兵力) 속력[송녁](速力)
　　　시력[시력](視力) 실력[실력](實力) 압력[암녁](壓力)
　　　입력[임녁](入力) 중력[중녁](重力) 청력[청녁](聽力)

폭력[퐁녁](暴力) 협력[혐녁](協力) 화력[화력](火力)

활력[활력](活力) 관련[괄련](關聯) 단련[달련](鍛鍊)

목련[몽년](木蓮) 시련[시련](試鍊) 훈련[훌련](訓鍊)

저렴[저렴](低廉) 명령[명녕](命令) 발령[발령](發令)

설령[설령](設令) 요령[요령](要領) 점령[점녕](占領)

정령[정녕](精靈) 답례[담녜](答禮) 사례[사례](事例)

종례[종녜](終禮) 차례[차례](次例) 자료[자료](資料)

재료[재료](材料) 치료[치료](治療) 공룡[공뇽](恐龍)

난류[날류](亂流) 부류[부류](部類) 분류[불류](分類)

서류[서류](書類) 인류[일류](人類) 전류[절류](電流)

조류[조류](鳥類) 종류[종뉴](種類) 대륙[대륙](大陸)

확률[황뉼](確率) 관리[괄리](管理) 권리[궐리](權利)

난리[날리](亂離) 논리[놀리](論理) 도리[도리](道理)

무리[무리](無理) 물리[물리](物理) 분리[불리](分離)

영리[영니](營利) 원리[월리](原理) 유리[유리](有利)

정리[정니](整理) 진리[질리](眞理) 편리[펼리](便利)

건립[걸립](建立) 국립[궁닙](國立) 농립[농닙](農笠)

대립[대립](對立) 독립[동닙](獨立) 설립[설립](設立)

시립[시립](市立) 확립[황닙](確立)

사용량[사용냥](使用量) 무능력[무능녁](無能力)

사고력[사고력](思考力) 상상력[상상녁](想像力)

설득력[설뜩녁](說得力) 영향력[영향녁](影響力)

원동력[원동녁](原動力) 정신력[정신녁](精神力)

조절력[조절력](調節力) 산신령[산실령](山神靈)

해례본[해례본](解例本) 수수료[수수료](手數料)

향신료[향신뇨](香辛料) 시청률[시청뉼](視聽率)

ㄹ. 규율[규율](規律) 비율[비율](比率) 전도율[전도율](傳導率)

선율[서뉼](旋律)

(210)은 한글맞춤법 제11항에 규정하고 있다. 이 규정은 한자음 '랴, 려, 례, 료, 류, 리'가 낱말의 첫머리에 올 적에는 머리소리규칙에 따라 '야, 여, 예, 요, 유, 이'로 적는다는 내용이다.

(210ㄱ)은 낱말의 첫 소리마디에서 첫소리 'ㄹ'이 뒤 홀소리('ㅑ, ㅕ, ㅖ, ㅛ, ㅠ, ㅣ' 등)와 결합된 경우에, 'ㄹ'이 빠진 것이다. 뒤 홀소리가 'ㅑ'인 '약탈'은 '략탈→약탈'과 같은 음운변화과정에서 'ㄹ→∅'과 같이 'ㄹ'에 머리소리규칙이 적용된다. 이는 '약탈[약탈]'과 같이 표기와 표준발음이 같다. 뒤 홀소리가 'ㅕ'인 '역사'는 '력사→역사→역싸'와 같은 음운변화과정에서 1단계는 'ㄹ→∅(력-→역-)'과 같이 'ㄹ'에 머리소리규칙이 적용되고, 2단계는 'ㅅ→ㅆ(-사→-싸)'과 같이 'ㅅ'에 된소리되기가 적용된다. 이는 '역사'[역싸]와 같이 표기와 표준발음이 다르다. 뒤 홀소리가 'ㅖ'인 '예시'는 '례시→예시'와 같은 음운변화과정에서 'ㄹ→∅(례-→예-)'과 같이 'ㄹ'에 머리소리규칙이 적용된다. 이는 '예시'[예시]와 같이 표기와 표준발음이 같다. 뒤 홀소리가 'ㅛ'인 '요리'는 '료리→요리'와 같은 음운변화과정에서 'ㄹ→∅(료-→요-)'과 같이 'ㄹ'에 머리소리규칙이 적용된다. 이는 '요리[요리]'과 같이 표기와 표준발음이 같다. 뒤 홀소리가 'ㅠ'인 '윤리'가 '륜리→윤리→율리'와 같은 음운변화과정에서 1단계는 'ㄹ→∅(륜-→윤-)'과 같이 'ㄹ'에 머리소리규칙이 적용되고, 2단계는 'ㄴ→ㄹ(윤-→율-)'과 같이 'ㄴ'에 흐름소리되기가 적용된다. 이는 '윤리[율리]와 같이 표기와 표준발음이 다르다. 뒤 홀소리가 'ㅣ'인 '입장'이 '립장→입장→입짱'과 같은 음운변화과정에서 1단계는 'ㄹ→∅(립-→입-)'과 같이 'ㄹ'에 머리소리규칙이 적용되고, 2단계는 'ㅈ→ㅉ(-장→-짱)'과 같이 'ㅈ'에 된소리되기가 적용된다. 이는 '입장[입짱]'과 같이 표기와 표준발음이 다르다.

(210ㄴ)은 한글맞춤법 제11항 '다만'에 규정하고 있다. 이 규정은 보기와 같은 의존명사는 본래의 소리대로 적는다는 내용이다. 즉 이 경우에는 의

존명사나 단위를 나타내는 명사는 띄어 쓴다는 규정(한글맞춤법 제42항, 제43항)에 따라 '몇십 리'와 같이 '리'의 첫소리 'ㄹ'은 머리소리규칙을 적용하지 않는다. '몇십 리'를 이어서 한 마디로 발음할 경우에 '몇십리 → 먿십리 → 먿씹리 → 먿씹니 → 먿씸니'와 같은 음운변화과정에서 1단계는 'ㅊ → ㄷ(몇- → 먿-)'과 같이 'ㅊ'에 받침규칙이 적용되고, 2단계는 'ㅅ → ㅆ (-십- → -씹-)'과 같이 'ㅅ'에 된소리되기가 적용되고, 3단계는 'ㄹ → ㄴ (-리 → -니)'과 같이 'ㄹ'에 콧소리되기가 적용되고, 4단계는 'ㅂ → ㅁ(-십- → -심-)'과 같이 'ㅂ'에 콧소리되기가 적용된다.

(210ㄷ)은 한글맞춤법 제11항 [붙임 1]에 규정하고 있다. 이 규정은 낱말의 첫머리 이외의 경우에는 본래의 소리대로 적는다는 내용이다. 즉 이 경우에는 머리소리규칙이 적용되지 않는다. 보기는 낱말의 끝 소리마디에서 한자음 'ㄹ'이 본래의 소리대로 실현된 경우이다. 뒤 홀소리가 'ㅑ'인 '침략' 은 '침략 → 침냑'과 같은 음운변화과정에서 'ㄹ → ㄴ(-략 → -냑)'과 같이 'ㄹ'에 콧소리되기가 적용된다. 이는 '침략[침냑]'과 같이 표기와 표준발음이 다르다. 뒤 홀소리가 'ㅕ'인 '폭력'이 '폭력 → 폭녁 → 퐁녁'과 같은 음운변화과정에서 1단계는 'ㄹ → ㄴ(-력 → -녁)'과 같이 'ㄹ'에 콧소리되기가 적용되고, 2단계는 'ㄱ → ㅇ(폭- → 퐁-)'과 같이 'ㄱ'에 콧소리되기가 적용된다. 이는 '폭력[퐁녁]'과 같이 표기와 표준발음이 다르다. 뒤 홀소리가 'ㅖ'인 '답례'가 '답례 → 답녜 → 담녜'와 같은 음운변화과정에서 1단계는 'ㄹ → ㄴ(-례 → -녜)'과 같이 'ㄹ'에 콧소리되기가 적용되고, 2단계는 'ㅂ → ㅁ(답- → 담-)'과 같이 'ㅂ'에 콧소리되기가 적용된다. 이는 서로닮음에 해당된다. '답례[담녜]'와 같이 표기와 표준발음이 다르다. 뒤 홀소리가 'ㅛ'인 '향신료'는 '향신료 → 향신뇨'와 같은 음운변화과정에서 'ㄹ → ㄴ(-료 → -뇨)'과 같이 'ㄹ'에 콧소리되기가 적용된다. 이는 '향신료[향신뇨]'와 같이 표기와 표준발음이 다르다. 뒤 홀소리가 'ㅠ'인 '확률'이 '확률 → 확뉼 → 황뉼'과 같은 음운변화과정에서 1단계는 'ㄹ → ㄴ(-률 → -뉼)'과 같이

'ㄹ'에 콧소리되기가 적용되고, 2단계는 'ㄱ → ㅇ(확− → 황−)'과 같이 'ㄱ'에 콧소리되기가 적용된다. 이는 '확률[황뉼]'과 같이 표기와 표준발음이 다르다. 뒤 홀소리가 'ㅣ'인 '관리'는 '관리 → 괄리'와 같은 음운변화과정에서 'ㄴ → ㄹ(관− → 괄−)'과 같이 'ㄴ'에 흐름소리되기가 적용된다. 이는 '관리[괄리]'와 같이 표기와 표준발음이 다르다.

(210ㄹ)은 한글맞춤법 제11항 [붙임 1] '다만'에 규정하고 있다. 이 규정은 홀소리나 'ㄴ' 받침 뒤에 이어지는 '렬, 률'은 '열, 율'로 적는다는 내용이다. 보기는 낱말의 끝 소리마디의 첫소리인 'ㄹ'에 머리소리규칙이 적용된 경우이다. 앞 소리마디의 홀소리가 'ㅠ'인 '규율'은 '규률 → 규율'과 같은 음운변화과정에서 'ㄹ → ∅(−률 → −율)'과 같이 뒤 홀소리의 첫소리인 'ㄹ'에 머리소리규칙이 적용된다. 이는 '규율[규율]'과 같이 표기와 표준발음이 같다.

(211) ㄱ. 난리[날리](亂離) 낭비[낭비](浪費) 내년[내년](來年)
   내일[내일](來日) 노동[노동](勞動) 노년[노년](老年)
   노인[노인](老人) 녹음[노금](錄音) 녹음기[노금기](錄音器)
   녹화[노콰](錄畫) 논설문[논설문](論說文) 농담[농담](弄談)
   난중일기[난중일기](亂中日記)

  ㄴ. 신라[실라](新羅) 극락[긍낙](極樂) 안락[알락](安樂)
   추락[추락](墜落) 쾌락[쾌락](快諾) 허락[허락](許諾)
   요란[요란](搖亂) 혼란[홀란](混亂) 화랑[화랑](花郞)
   미래[미래](未來) 원래[월래](原來) 유래[유래](由來)
   장래[장내](將來) 경로[경노](敬老) 난로[날로](煖爐)
   위로[위로](慰勞) 진로[질로](進路) 통로[통노](通路)
   피로[피로](疲勞) 항로[항노](航路) 기록[기록](記錄)
   등록[등녹](登錄) 목록[몽녹](目錄) 결론[결론](結論)
   물론[물론](勿論) 반론[발론](反論) 본론[볼론](本論)
   서론[서론](序論) 언론[얼론](言論) 여론[여론](輿論)

(211)은 한글맞춤법 제12항에 규정하고 있다. 이 규정은 한자음 '라, 래, 로, 뢰, 루, 르'가 낱말의 첫머리에 올 적에는 머리소리규칙에 따라 '나, 내, 노, 뇌, 누, 느'로 적는다는 내용이다.

(211ㄱ)은 낱말의 첫 소리마디에서 첫소리 'ㄹ'이 뒤 홀소리 'ㅏ, ㅐ, ㅗ' 등과 결합된 경우에, 'ㄹ'이 'ㄴ'으로 변화한 것이다. 뒤 홀소리가 'ㅏ'인 '난리'가 '란리 → 난리 → 날리'와 같은 음운변화과정에서 1단계는 'ㄹ → ㄴ (란- → 난-)'과 같이 'ㄹ'에 머리소리규칙이 적용되고, 2단계는 'ㄴ → ㄹ (난- → 날-)'과 같이 'ㄴ'에 흐름소리되기가 적용된다. 이는 '난리[날리]'와 같이 표기와 표준발음이 다르다. 뒤 홀소리가 'ㅐ'인 '내일'은 '래일 → 내일'과 같은 음운변화과정에서 'ㄹ → ㄴ(래- → 내-)'과 같이 'ㄹ'에 머리소리규칙이 적용된다. 이는 '내일[내일]'과 같이 표기와 표준발음이 같다. 뒤 홀소리가 'ㅗ'인 '녹화'가 '록화 → 녹화 → 노콰'와 같은 음운변화과정에서 1단계는 'ㄹ → ㄴ(록- → 녹-)'과 같이 'ㄹ'에 머리소리규칙이 적용되고, 2단계는 'ㄱ + ㅎ → ㅋ'과 같이 'ㄱ'에 거센소리되기가 적용된다. 이는 '녹화[노콰]'와 같이 표기와 표준발음이 다르다.

(211ㄴ)은 한글맞춤법 제12항 [붙임 1]에 규정하고 있다. 이 규정은 낱말의 첫머리 이외의 경우에는 본래의 소리대로 적는다는 내용이다. 즉 이 경우에는 머리소리규칙이 적용되지 않는다. 보기는 낱말의 끝 소리마디에서 한자음 'ㄹ'이 본래의 소리대로 실현된 경우이다. 뒤 홀소리가 'ㅏ'인 '극락'이 '극락 → 극낙 → 긍낙'과 같은 음운변화과정에서 1단계는 'ㄹ → ㄴ(-락 → -낙)'과 같이 'ㄹ'에 콧소리되기가 적용되고, 2단계는 'ㄱ → ㅇ(극- → 긍-)'과 같이 'ㄱ'에 콧소리되기가 적용된다. 이는 서로닮음에 해당된다. '극락[긍낙]'과 같이 표기와 표준발음이 다르다. 뒤 홀소리가 'ㅐ'인 '원래'는 '원래 → 월래'와 같은 음운변화과정에서 'ㄴ → ㄹ(원- → 월-)'과 같이

'ㄴ'에 흐름소리되기가 적용된다. 이는 '원래[월래]'와 같이 표기와 표준발음이 다르다. 뒤 홀소리가 'ㅗ'인 '난로'는 '난로 → 날로'와 같은 음운변화 과정에서 'ㄴ → ㄹ(난- → 날-)'과 같이 'ㄴ'에 흐름소리되기가 적용된다. 이는 '난로[날로]'와 같이 표기와 표준발음이 다르다.

제2부   초등학교 국어교과서의 표기와 발음의 실제

표기의 음운규칙 적용에 따른 표준발음과 비표준발음

[부록] 표기의 음운규칙 적용에 따른 **표준발음**과 비표준발음

1. 부록에 제시된 낱말은 본문에 있는 보기이다. 다만, 두 개 이상의 같은 낱말 중 비표준발음(입술소리되기, 센입천장소리되기, 여린입천장소리되기 등)과 관련된 경우는 표준발음과 비표준발음을 이해하는데 참고가 될 수 있도록, 본문 보기 이외의 낱말을 추가로 기술한다.

2. 음운규칙의 명칭은 다음과 같이 괄호 안의 글자만 사용한다. 다만, 음운변화과정에서 적용된 규칙 중 같은위치닿소리빠짐, 이음소리규칙 등은 부록에서는 제외한다.

   ① 받침규칙(받)   ② 닿소리빠짐(빠짐)
   ③ 콧소리되기(콧)   ④ 흐름소리되기(흐)
   ⑤ 입술소리되기(입)   ⑥ 센입천장소리되기(센)
   ⑦ 여린입천장소리되기(여)   ⑧ 거센소리되기(거)
   ⑨ 된소리되기(된)   ⑩ 닿소리보탬(보탬)
   ⑪ 갈이소리되기(갈)   ⑫ 머리소리규칙(머)
   ⑬ 홀홀소리되기(홀)

3. '→'는 음운규칙 적용 순서(1단계, 2단계 등) 및 음운규칙 적용 전, 후를 나타낸다. 하나의 음운변화과정에서 표준발음과 비표준발음을 적용하는 경우에는 표준발음을 먼저 적용한다.

초등국어의 표기와 발음

4. 괄호 안의 '×'는 비표준발음을 나타낸다.

5. '·'는 2가지 이상 표준발음의 음운규칙이 적용되는 경우에 사용한다. 단 이 경우에 음운규칙 적용의 순서가 바뀌어도 표준발음은 같다.

6. '각 나라[강나라]'와 같이 띄어 있는 표기에 대해, 두 단어를 이어서 한 마디로 발음하는 경우는 표준발음으로 제시한다. (표준발음법 제12항 [붙임 2], 제18항 [붙임], 제29항 [붙임 2])

7. 본문에서는 비표준발음의 경우에 표기와 표준발음이 같으면 표준발음을 기술하지 않고 비표준 발음만 기술했는데, 부록에서는 이 경우에도 표준발음을 기술한다.

   ① 본문 : 신문(×[심문]) → 표준발음 [신문]을 기록하지 않음.

   ② 부록 : 신문[신문](×[심문]) → 표준발음 [신문]을 기록함.

8. 머리소리규칙에서 머리소리규칙이 적용되지 않고, 본래의 소리대로 발음하는 경우는 '추락'[추락](墜落, '락':머-'ㄹ'본음)과 같이 괄호 안에 "'락':머-'ㄹ'본음"이라고 기술한다.

9. 표준발음법 제30항 1의 '냇가[내ː까/낻ː까]와 같이 복수표준발음의 경우에 부록에서는 [낻ː까]에 대해서만 기술한다.

10. 비표준어의 경우에는 비표준어의 표기대로 발음을 기술한다. 예:'깨구락지'[깨구락찌](개구리)

11. '계집[계집/*게집]', '주의[주의/*주이]', '우리의[우리의/*우리에]' 등과 같은 복수표준발음의 경우에 '*' 표시가 된 낱말 'ㅖ → ㅔ (계- → 게-)', 'ㅢ → ㅣ (-의 → -이)', 'ㅢ → ㅔ (-의 → -에)' 등은 '계집[계집/*게집]'(홑)과 같이 홑홑소리되기의 규칙이 적용되는 것으로 기술한다.

ㄱ

가겠구나[가겐구나 → 가겐꾸나](받 → 된)

가겠구나[가겐꾸나](×[가겍꾸나])(여)

가겠군[가겐군 → 가겐꾼](받 → 된)

가겠군[가겐꾼](×[가겍꾼])(여)

가겠다[가겐다 → 가겐따](받 → 된)

가겠더라[가겐더라 → 가겐떠라](받 → 된)

가겠소[가겐소 → 가겐쏘](받 → 된)

가겠수[가겐수 → 가겐쑤](받 → 된)

가겠습니다[가겐습니다 → 가겐씀니다](받 → 된 ·
　콧)

가겠죠[가겐죠 → 가겐쬬](받 → 된)

가겠지[가겐지 → 가겐찌](받 → 된)

가격보다[가격뽀다](된)

가깝거든[가깝꺼든](된)

가깝게[가깝께](된)

가깝구[가깝꾸](된)

가깝나[가깜나](콧)

가깝네[가깜네](콧)

가깝다[가깝따](된)

가깝지[가깝찌](된)

가능성[가능썽](된)

가다듬기[가다듬끼](된)

가닥가닥[가닥까닥](된)

가득가득[가득까득](된)

가득하다[가드카다](거)

가득한[가드칸](거)

가득해[가드캐](거)

가득히[가드키](거)

가뜩한[가뜨칸](거)

가락지[가락찌](된)

가락엿[가락엳 → 가랑녇](받 → 'ㄴ'보탬 → 콧)

가렵거든[가렵꺼든](된)

가렵게[가렵께](된)

가렵고[가렵꼬](된)

가렵니다[가렴니다](콧)

가렵다[가렵따](된)

가렵습니다[가렵씀니다](된 · 콧)

가렵지[가렵찌](된)

가마솥[가마솓](받)

가마솥에[가마소테](×[가마소세])(갈)

가마솥은[가마소튼](×[가마소슨])(갈)

가마솥을[가마소틀](×[가마소슬])(갈)

가마솥의[가마소틔/*-테](홑)

가마솥의[가마소틔/-테](×[가마소싀/가마소세])
　(갈)

가마솥이[가마소치](센)

가마솥이[가마소치](×[가마소시])(갈)

가마솥처럼[가마솓처럼](받)

가무락조개[가무락쪼개](된)

가볍게[가볍께](된)

가볍고[가볍꼬](된)

가볍다[가볍따](된)

가볍습니다[가볍씀니다](된 · 콧)

가볍지[가볍찌](된)

가셨게[가션게 → 가션께](받 → 된)

가셨게[가션께](×[가셕께])(여)

가셨습니다[가션습니다 → 가션씀니다](받 → 된 ·
　콧)

가속도[가속또](된)

가슴살[가슴쌀](된)

가슴속[가슴쏙](된)

가슴팍만[가슴팡만](콧)

가십니다[가심니다](콧)

가십시다[가십씨다](된)

가십시오[가십씨오](된)

가엽고[가엽꼬](된)

가엽다[가엽따](된)

가엾게[가엽게 → 가엽께]('ㅅ'빠짐 → 된)

가엾군[가엽군 → 가엽꾼]('ㅅ'빠짐 → 된)

가엾다[가엽다 → 가엽따]('ㅅ'빠짐 → 된)

가운뎃손가락[가운덷손가락 → 가운덷쏜까락](받
　→ 된)

가을걷이[가을거지](센)
가입국[가입꾹](된)
가입하다[가이파다](거)
가입한[가이판](거)
가잖니[가잔니]('ㅎ'빠짐)
가잖아[가자나]('ㅎ'빠짐)
가족과[가족꽈](된)
가족 나들이[가종나드리](콧)
가족도[가족또](된)
가족사진[가족싸진](된)
가족회의[가조쾨의/＊가조케이](거 → 홀)
가짓수[가진수 → 가진쑤](받 → 된)
각각[각깍](된)
각급[각끕](된)
각기[각끼](된)
각 나라[강나라](콧)
각도[각또](된)
각 면[강면](콧)
각목[강목](콧)
각 문단[강문단](콧)
각 문장[강문장](콧)
각박[각빡](된)
각별히[각뼐히](된)
각설이[각써리](된)
각시[각씨](된)
각시취[각씨취](된)
각자[각짜](된)
각 장[각짱](된)
각종[각쫑](된)
각지[각찌](된)
간격[간격](×[강격])(여)
간결[간결](×[강결])(여)
간답니다[간담니다](콧)
간발[간발](×[감발])(입)
간밤[간밤](×[감밤])(입)
간섭하다[간서파다](거)
간 일[간닐]('ㄴ'보탬)

간지럽히다[간지러피다](거)
간직하다[간지카다](거)
간직한[간지칸](거)
간척지[간척찌](된)
간편[간편](×[감편])(입)
갇혀[같여 → 가쳐 → 가처](거 → 센 → 홀)
갇히다[같이다 → 가치다](거 → 센)
갇히면[같이면 → 가치면](거 → 센)
갇힌[같인 → 가친](거 → 센)
갇힘[같임 → 가침](거 → 센)
갈대[갈때](된)
갈대밭이[갈때바치](된·센)
갈대밭이[갈때바치](×[갈때바시])(갈)
갈댓잎[갈댇입 → 갈땐닙](받 → 경 →'ㄴ'보탬 → 콧)
갈등[갈뜽](된)
갈림길[갈림낄](된)
갈림길[갈림낄](×[갈림찔])(센)
갈빗집[갈빋집 → 갈빋찝](받 → 된)
갈색[갈쌕](된)
갈 일[갈닐 → 갈릴]('ㄴ'보탬 → 흐)
갈잎[갈입 → 갈닙 → 갈립](받 →'ㄴ'보탬 → 흐)
갉기[갈기 → 갈끼]('ㄱ'빠짐 → 된)
감게[감께](된)
감겨[감겨](×[강겨])(여)
감격스러[감격쓰러](된)
감격하다[감겨카다](거)
감고[감꼬](된)
감고[감꼬](×[강꼬])(여)
감기[감기](×[강기])(여)
감긴[감긴](×[강긴])(여)
감독하다[감도카다](거)
감별사[감별싸](된)
감복하다[감보카다](거)
감자밭[감자받](받)
감지[감찌](된)
감쪽같이[감쪽까치](된·센)
감추듯[감추듣](받)

갑갑도[갑깝또](된)

갑갑하다[갑까파다](된 · 거)

갑니다[감니다](콧)

갑도[갑또](된)

갑시다[갑씨다](된)

갑자기[갑짜기](된)

갑작스런[갑짝쓰런](된)

갑작스럽게[갑짝쓰럽께](된)

갑절[갑쩔](된)

값도[갑도 → 갑또]('ㅅ'빠짐 → 된)

값싸게[갑싸게]('ㅅ'빠짐)

값진[갑진 → 갑찐]('ㅅ'빠짐 → 된)

갓[갇](받)

갓난[갇난 → 간난](받 → 콧)

갓난아이[갇난아이 → 간난아이](받 → 콧)

갓 낳은[갇낳은 → 간나은](받 → 콧 · 'ㅎ'빠짐)

갓도[갇도 → 갇또](받 → 된)

갓집[갇집 → 갇찝](받 → 된)

갓게[갇게 → 갇께](받 → 된)

갔게[간께](×[각께])(여)

갔고[간고 → 갇꼬](받 → 된)

갔고[간꼬](×[각꼬])(여)

갔구[간구 → 갇꾸](받 → 된)

갔구[간꾸](×[각꾸])(여)

갔기[간기 → 갇끼](받 → 된)

갔기[간끼](×[각끼])(여)

갔노[간노 → 간노](받 → 콧)

갔느[간느 → 간느](받 → 콧)

갔니[간니 → 간니](받 → 콧)

갔다[간다 → 갇따](받 → 된)

갔단다[간단다 → 갇딴다](받 → 된)

갔답[간답 → 갇땁](받 → 된)

갔더니[간더니 → 갇떠니](받 → 된)

갔던[간던 → 갇떤](받 → 된)

갔습[간습 → 갇씁](받 → 된)

갔습니다[간습니다 → 갇씀니다](받 → 된 · 콧)

갔자[간자 → 갇짜](받 → 된)

갔죠[간죠 → 갇쬬](받 → 된)

갔지[간지 → 갇찌](받 → 된)

강가[강까](된)

강둑[강뚝](된)

강력[강녁](强力,'력':머-'ㄹ'본음)(콧)

강력하다[강녀카다](콧 · 거)

강력한[강녀칸](콧 · 거)

강렬[강녈](콧)

강릉[강능](콧)

강바람[강빠람](된)

강변로[강변노](콧)

강습소[강습쏘](된)

강점기[강점기](×[강정기])(여)

갖가지[갇가지 → 갇까지](받 → 된)

갖가지[갇까지](×[각까지])(여)

갖게[갇게 → 갇께](받 → 된)

갖게[갇께](×[각께])(여)

갖겠지[갇겐지 → 갇껜찌](받 → 된)

갖겠지[갇껜찌](×[각껜찌])(여)

갖고[갇고 → 갇꼬](받 → 된)

갖고[갇꼬](×[각꼬])(여)

갖기[갇기 → 갇끼](받 → 된)

갖기[갇끼](×[각끼])(여)

갖는[갇는 → 간는](받 → 콧)

갖다[갇다 → 갇따](받 → 된)

갖자[갇자 → 갇짜](받 → 된)

갖추다[갇추다](받)

갖춘[갇춘](받)

갖춤[갇춤](받)

갖춰[갇춰](받)

같거나[갇거나 → 갇꺼나](받 → 된)

같거나[갇꺼나](×[각꺼나])(여)

같게[갇게 → 갇께](받 → 된)

같게[갇께](×[각께])(여)

같고[갇고 → 갇꼬](받 → 된)

같고[갇꼬](×[각꼬])(여)

같구나[갇구나 → 갇꾸나](받 → 된)

같구나[갇꾸나](×[각꾸나])(여)
같군[갇군 → 갇꾼](받 → 된)
같군[갇꾼](×[각꾼])(여)
같기[갇기 → 갇끼](받 → 된)
같기[갇끼](×[각끼])(여)
같긴[갇긴 → 갇낀](받 → 된)
같긴[갇낀](×[각낀])(여)
같나[갇나 → 간나](받 → 콧)
같네[갇네 → 간네](받 → 콧)
같니[갇니 → 간니](받 → 콧)
같다[갇다 → 갇따](받 → 된)
같답니다[갇답니다 → 갇땀니다](받 → 된 · 콧)
같더[갇더 → 갇떠](받 → 된)
같던[갇던 → 갇떤](받 → 된)
같소[갇소 → 갇쏘](받 → 된)
같습니다[갇습니다 → 갇씀니다](받 → 된 · 콧)
같이[가치](센)
같잖아[갇잖아 → 갇짜나](받 → 된 · 'ㅎ'빠짐)
같지[갇지 → 갇찌](받 → 된)
같질[갇질 → 갇찔](받 → 된)
갚게[갑게 → 갑께](받 → 된)
갚고[갑고 → 갑꼬](받 → 된)
갚기[갑기 → 갑끼](받 → 된)
갚는[갑는 → 감는](받 → 콧)
갚도록[갑도록 → 갑또록](받 → 된)
갚지[갑지 → 갑찌](받 → 된)
개미핥기[개미할기 → 개미할끼]('ㅌ'빠짐 → 된)
개불알꽃[개부랄꼳](받)
개쑥부쟁이[개쑥뿌쟁이](된)
개울가[개울까](된)
개웃거리[개욷거리 → 개욷꺼리](받 → 된)
개웃거리[개욷꺼리](×[개욱꺼리])(여)
개척되다[개척뙤다/-뛔-](된)
개척하다[개처카다](거)
개천가[개천까](된)
개천가[개천까](×[개청까])(여)
개학하다[개하카다](거)

객관적[객꽌적](된)
객산[객싼](된)
객산리[객싼니](된 · 콧)
객석[객썩](된)
갯가[갣가 → 갣까](받 → 된)
갯가[갣까](×[객까])(여)
갯마을[갣마을 → 갠마을](받 → 콧)
갯마을[갠마을](×[갬마을])(입)
갯바닥[갣바닥 → 갣빠닥](받 → 된)
갯바닥[갣빠닥](×[갭빠닥])(입)
갯벌[갣벌 → 갣뻘](받 → 된)
갯벌[갣뻘](×[갭뻘])(입)
갯일[갣일 → 갣닐 → 갠닐](받 → 'ㄴ'보탬 → 콧)
갯지렁이[갣지렁이 → 갣찌렁이](받 → 된)
갰다[갣다 → 갣따](받 → 된)
갸륵한[갸르칸](거)
갸웃거려[갸욷거려 → 갸욷꺼려](받 → 된)
갸웃거려[갸욷꺼려](×[갸욱꺼려])(여)
갸웃거리다[갸욷거리다 → 갸욷꺼리다](받 → 된)
갸웃거리다[갸욷꺼리다](×[갸욱꺼리다])(여)
갸웃거린[갸욷거린 → 갸욷꺼린](받 → 된)
갸웃거린[갸욷꺼린](×[갸욱꺼린])(여)
갸웃하다[갸욷하다 → 갸우타다](받 → 거)
거드럭거리다[거드럭꺼리다](된)
거듭나[거듬나](콧)
거듭해[거드패](거)
거무죽죽[거무죽쭉](된)
거북 목[거붕목](콧)
거역하다[거여카다](거)
거역할[거여칼](거)
거짓[거짇](받)
거짓된[거짇된 → 거짇뛘/-뗀](받 → 된)
거짓말[거짇말 → 거진말](받 → 콧)
거짓말[거진말](×[거짐말])(입)
거피팥[거피팓](받)
거피팥이[거피파치](센)
거피팥이랑[거피파치랑](×[거피파시랑])(갈)

걱정[걱쩡](된)
걱정거리[걱쩡꺼리](된)
건강[건강](×[겅강])(여)
건넛집[건넏집 → 건넏찝](받 → 된)
건넜다[건넏다 → 건넏따](받 → 된)
건립[걸립](建立, '립':머-'ㄹ'본음)(흐)
건물[건물](×[검물])(입)
건반[건반](×[검반])(입)
건방지다[건방지다](×[검방지다])(입)
건배[건배](×[검배])(입)
건조중[건조쭝](된)
건축물[건충물](콧)
걷거나[걷꺼나](된)
걷거나[걷꺼나](×[걱꺼나])(여)
걷게[걷께](된)
걷게[걷께](×[걱께])(여)
걷고[걷꼬](된)
걷고[걷꼬](×[걱꼬])(여)
걷기[걷끼](된)
걷기[걷끼](×[걱끼])(여)
걷느라[건느라](콧)
걷는[건는](콧)
걷다[걷따](된)
걷던[걷떤](된)
걷습니다[걷씀니다](된·콧)
걷지[걷찌](된)
걸리적거릴[걸리적꺼릴](된)
걸림돌[걸림똘](된)
걸상[걸쌍](된)
걸핏하다[걸핃하다 → 걸피타다](받 → 거)
검고[검꼬](된)
검고[검꼬](×[겅꼬])(여)
검다[검따](된)
검색대[검색때](된)
검색하다[검새카다](거)
검색할[검새칼](거)
검은색밖에[거믄색빠께](된)

검지[검찌](된)
겁나지[검나지](콧)
겁니다[검니다](콧)
겁먹게[검먹께](콧·된)
겁먹은[검머근](콧)
겁먹지[검먹찌](콧·된)
겁쟁이[겁쨍이](된)
겁주다[겁쭈다](된)
것[걷](받)
것같이[걷같이 → 걷까치](받 → 된·센)
것같이[걷까치](×[걱까치])(여)
것과[걷과 → 걷꽈](받 → 된)
것과[걷꽈](×[걱꽈])(여)
것까지[걷까지](받)
것까지[걷까지](×[걱까지])(여)
것끼리[걷끼리](받)
것끼리[걷끼리](×[걱끼리])(여)
것도[걷도 → 걷또](받 → 된)
것들[걷들 → 걷뜰](받 → 된)
것만[걷만 → 건만](받 → 콧)
것만[건만](×[검만])(입)
것만큼[걷만큼 → 건만큼](받 → 콧)
것만큼[건만큼](×[검만큼])(입)
것밖에[걷밖에 → 걷빠께](받 → 된)
것밖에[걷빠께](×[겁빠께])(입)
것보다[걷보다 → 걷뽀다](받 → 된)
것보다[걷뽀다](×[겁뽀다])(입)
것부터[걷부터 → 걷뿌터](받 → 된)
것부터[걷뿌터](×[겁뿌터])(입)
것뿐[걷뿐](받)
것뿐[걷뿐](×[겁뿐])(입)
것조차[걷조차 → 걷쪼차](받 → 된)
것쯤[걷쯤](받)
것처럼[걷처럼](받)
것하다[걷하다 → 거타다](받 → 거)
겄제[걷제 → 걷쩨](받 → 된)
겉가죽[걷가죽 → 걷까죽](받 → 된)

초등국어의 표기와 발음

겉가죽[걷까죽](×[걱까죽])(여)
겉껍질[걷껍질 → 걷껍찔](받 → 된)
겉껍질[걷껍찔](×[걱껍찔])(여)
겉대[걷대 → 걷때](받 → 된)
겉만[걷만 → 건만](받 → 콧)
겉만[건만](×[검만])(입)
겉면[걷면 → 건면](받 → 콧)
겉면[건면](×[검면])(입)
겉모습[걷모습 → 건모습](받 → 콧)
겉모습[건모습](×[검모습])(입)
겉모양[걷모양 → 건모양](받 → 콧)
겉모양[건모양](×[검모양])(입)
겉옷[거돋](받)
겉으로[거트로](×[거스로])(갈)
겉이[거치](센)
겉이[거치](×[거시])(갈)
겉절이[걷절이 → 걷쩌리](받 → 된)
겉표지[걷표지](받)
겠거[겓거 → 겓꺼](받 → 된)
겠거[겓꺼](×[겍꺼])(여)
겠고[겓고 → 겓꼬](받 → 된)
겠고[겓꼬](×[겍꼬])(여)
겠네[겓네 → 겐네](받 → 콧)
겠노[겓노 → 갠노](받 → 콧)
겠느[겓느 → 겐느](받 → 콧)
겠는[겓는 → 겐는](받 → 콧)
겠니[겓니 → 겐니](받 → 콧)
겠답[겓답 → 겓땁](받 → 된)
겠대[겓대 → 겓때](받 → 된)
겠사[겓사 → 겓싸](받 → 된)
겠습[겓습 → 겓씁](받 → 된)
겠습니다[겓습니다 → 겓씀니다](받 → 된 · 콧)
겨드랑이[겨드랑이](×[겨드랑이 → 저드랑이])(센
　　→ 홀)
겨루기[겨루기](×[겨루기 → 저루기])(센 → 홀)
겨우-[겨우-](×[겨우 → 저우-])(센 → 홀)
겨울밤[겨울빰](된)

겨울-잠[겨울짬](된)
격려[격녀 → 경녀](激勵,'려':머-'ㄹ'본음)(콧)
겪거[격거 → 격꺼](받 → 된)
겪게[격게 → 격께](받 → 된)
겪고[격고 → 격꼬](받 → 된)
겪나[격나 → 경나](받 → 콧)
겪는[격는 → 경는](받 → 콧)
겪다[격다 → 격따](받 → 된)
겪은 일[겨끈닐]('ㄴ'보탬)
겪지[격지 → 격찌](받 → 된)
견고[견고](×[경고])(여)
견뎌[견뎌](×[전뎌 → 전뎌])(센 → 홀)
견디기[견디기](×[전디기 → 전디기])(센 → 홀)
견디는[견디는](×[전디는 → 전디는])(센 → 홀)
견디다[견디다](×[전디다 → 전디다])(센 → 홀)
견디며[견디며](×[전디며 → 전디며])(센 → 홀)
견딜[견딜](×[전딜 → 전딜])(센 → 홀)
견문[견문](×[검문])(입)
견고[견꼬](된)
견고[견꼬](×[격꼬])(여)
결단[결딴](된)
결단[결딴](×[절딴 → 절딴])(센 → 홀)
결단력[결딴녁](決斷力,'력':머-'ㄹ'본음)(된 · 콧)
결론[결론](結論,'론':머-'ㄹ'본음)
결석[결썩](된)
결석하다[결써카다](된 · 거)
결승점[결씅쩜](된)
결심[결씸](된)
결정[결쩡](된)
결합하다[결하파다](거)
겸연쩍게[겨면쩍께](된)
겹겹[겹껍](된)
겹눈[겸눈](콧)
겹받침[겹빧침](된)
겹실[겹씰](된)
겹쳐[겹처](×[접쳐 → 접처])(센 → 홀)
겼고[겯고 → 겯꼬](받 → 된)

겼고[겯꼬](×[격꼬])(여)
겼구[겯구 → 겯꾸](받 → 된)
겼구[겯꾸](×[격꾸])(여)
겼군[겯군 → 겯꾼](받 → 된)
겼군[겯꾼](×[격꾼])(여)
겼기[겯기 → 겯끼](받 → 된)
겼기[겯끼](×[격끼])(여)
겼나[겯나 → 견나](받 → 콧)
겼는[겯는 → 견는](받 → 콧)
겼다[겯다 → 겯따](받 → 된)
겼단[겯단 → 겯딴](받 → 된)
겼던[겯던 → 겯떤](받 → 된)
겼습[겯습 → 겯씁](받 → 된)
겼지[겯지 → 겯찌](받 → 된)
경각심[경각씸](된)
경력[경녁](콧)
경련[경년](콧)
경례[경녜](콧)
경로[경노](敬老,‘로’:머-‘ㄹ’본음)(콧)
경복궁[경복꿍](된)
경쟁력[경쟁녁](競爭力,‘력’:머-‘ㄹ’본음)(콧)
경직되다[경직뙤다/-뛔-](된)
곁눈[겯눈 → 견눈](받 → 콧)
곁눈질[겯눈질 → 견눈질](받 → 콧)
곁눈질[견눈질](×[전눈질 → 전눈질])(센 → 홑)
곁들[겯들 → 겯뜰](받 → 된)
곁에[겨테](×[져테 → 저테])(센 → 홑)
곁에[겨테](×[겨세])(갈)
곁에는[겨테는](×[져테는 → 저테는])(센 → 홑)
곁에는[겨테는](×[겨세는])(갈)
곁에서[겨테서](×[져테서 → 저테서])(센 → 홑)
곁에서[겨테서](×[겨세서])(갈)
곁으로[겨트로](×[져트로 → 저트로])(센 → 홑)
곁으로[겨트로](×[겨스로])(갈)
곁을[겨틀](×[져틀 → 저틀])(센 → 홑)
곁을[겨틀](×[겨슬])(갈)
계산력[계산녁/*게-](콧 → 홑)

계속되[계속뙤/*게속뛔](된 → 홑)
계속된[계속뙨/*게속뛘](된 → 홑)
계속될[계속뙬/*게속뛜](된 → 홑)
계속하다[계소카다/*게-](거 → 홑)
계속한[계소칸/*게-](거 → 홑)
계속함[계소캄/*게-](거 → 홑)
계속해[계소캐/*게-](거 → 홑)
계약서[계약써/*게-](된 → 홑)
계획대로[계획때로/*게획-](된 → 홑)
계획서[계획써/*게획-](된 → 홑)
계획적[계획쩍/*게획-](된 → 홑)
계획하다[계회카다/*게훼-](거 → 홑)
계획한[계회칸/*게훼-](거 → 홑)
고갯길[고갣길 → 고갣낄](받 → 된)
고갯길[고갣낄](×[고객낄])(여)
고갯길[고갣낄](×[고갣찔])(센)
고갯마루[고갣마루 → 고갠마루](받 → 콧)
고갯마루[고갠마루](×[고갬마루])(입)
고갯말[고갣말 → 고갠말](받 → 콧)
고갯말[고갠말](×[고갬말])(입)
고갯짓[고갣짇 → 고갣찓](받 → 된)
고것뿐[고걷뿐](받)
고것뿐[고걷뿐](×[고겁뿐])(입)
고깃국[고긷국 → 고긷꾹](받 → 된)
고깃국[고긷꾹](×[고긱꾹])(여)
고깃배[고긷배 → 고긷빼](받 → 된)
고깃배[고긷빼](×[고깁빼])(입)
고려[고려](高麗,‘려’:머-‘ㄹ’본음)
고립된[고립뙨/-뛘](된)
고맙게[고맙께](된)
고맙고[고맙꼬](된)
고맙구[고맙꾸](된)
고맙기[고맙끼](된)
고맙긴[고맙낀](된)
고맙네[고맘네](콧)
고맙다[고맙따](된)
고맙더라[고맙떠라](된)

고맙소[고맙쏘](된)
고맙습니다[고맙씀니다](된·콧)
고맙지[고맙찌](된)
고목나무[고몽나무](콧)
고무줄놀이[고무줄로리](흐)
고물상[고물쌍](된)
고속도로[고속또로](된)
고약하다[고야카다](거)
고약한[고야칸](거)
고약해[고야캐](거)
고을 일[고을닐 → 고을릴]('ㄴ'보탬 → 흐)
고지식하다[고지시카다](거)
고집만[고짐만](콧)
고집부리지[고집뿌리지](된)
고집하다[고지파다](거)
고추밭[고추받](받)
고춧가루[고춛가루 → 고춛까루](받 → 된)
고춧가루[고춛까루](×[고축까루])(여)
곡선[곡썬](된)
곡식[곡씩](된)
곡절[곡쩔](된)
곤두박질[곤두박찔](된)
곤란[골란](흐)
곧게[곧께](된)
곧게[곧께](×[곡께])(여)
곧바로[곧빠로](된)
곧바로[곧빠로](×[곱빠로])(입)
곧잘[곧짤](된)
곧장[곧짱](된)
골목길[골목낄](된)
골목길[골목낄](×[골목찔])(센)
골칫거리[골칟거리 → 골칟꺼리](받 → 된)
골칫거리[골칟꺼리](×[골칙꺼리])(여)
곯아[고라]('ㅎ'빠짐)
곯으니[고르니]('ㅎ'빠짐)
곱게[곱께](된)
곱고[곱꼬](된)

곱기[곱끼](된)
곱다[곱따](된)
곱셈[곱쎔](된)
곱슬곱슬[곱쓸곱쓸](된)
곱슬머리[곱쓸머리](된)
곱습니다[곱씀니다](된·콧)
곱지[곱찌](된)
곳[곧](받)
곳간[곧간 → 곧깐](받 → 된)
곳간[곧깐](×[곡깐])(여)
곳곳[곧곧 → 곧꼳](받 → 된)
곳곳[곧꼳](×[곡꼳])(여)
곳과[곧과 → 곧꽈](받 → 된)
곳과[곧꽈](×[곡꽈])(여)
곳까지[곧까지](받)
곳까지[곧까지](×[곡까지])(여)
곳도[곧도 → 곧또](받 → 된)
곳들[곧들 → 곧뜰](받 → 된)
곳마다[곧마다 → 곤마다](받 → 콧)
곳마다[곤마다](×[곰마다])(입)
곳만[곧만 → 곤만](받 → 콧)
곳만[곤만](×[곰만])(입)
곳불[곧불 → 곧뿔]('고뿔'의 옛말)(받 → 된)
곳불[곧뿔](×[곱뿔])(입)
곳집[곧집 → 곧찝](받 → 된)
공같이[공가치](센)
공격수[공격쑤](된)
공격자[공격짜](된)
공격적[공격쩍](된)
공격하다[공겨카다](거)
공깃밥[공긷밥 → 공긷빱](받 → 된)
공깃밥[공긷빱](×[공깁빱])(입)
공로[공노](콧)
공룡[공뇽](恐龍, '룡':머→ㄹ 본음)(콧)
공법[공뻡](된)
공식적[공식쩍](된)
공작새[공작쌔](된)

공통점[공통쩜](된)

곳감[곧감 → 곧깜](받 → 된)

곳감[곧깜](×[곡깜])(여)

과격하다[과겨카다](거)

과학부[과학뿌](된)

과학자[과학짜](된)

과학적[과학쩍](된)

관가[관가](×[광가])(여)

관객[관객](×[광객])(여)

관객들[관객뜰](된)

관계[관계/*-게](홑)

관계[관계/-게](×[광계/-게])(여)

관광[관광](×[광광])(여)

관념[관념](觀念,'념':머-'ㄴ'본음)

관람[괄람](흐)

관련[괄련](關聯,'련':머-'ㄹ'본음)(흐)

관리[괄리](管理,'리':머-'ㄹ'본음)(흐)

관복[관복](×[괌복])(입)

관점[관쩜](된)

관찰력과[관찰력꽈](된)

광합성[광합썽](된)

괜찮게[괜찬케](거)

괜찮니[괜찬니]('ㅎ'빠짐)

괜찮다[괜찬타](거)

괜찮습니다[괜찬습니다 → 괜찬씀니다]('ㅎ'빠짐
　　→ 된 · 콧)

괜찮아[괜차나]('ㅎ'빠짐)

괜찮으니[괜차느니]('ㅎ'빠짐)

괜찮은[괜차는]('ㅎ'빠짐)

괴롭게[괴롭께/궤-](된)

괴롭습니다[괴롭씀니다/궤-](된 · 콧)

괴롭지[괴롭찌/궤-](된)

괴롭혀[괴로펴/궤-](거)

괴롭히다[괴로피다/궤-](거)

괴롭힌[괴로핀/궤-](거)

괴롭힘[괴로핌/궤-](거)

괴목장[괴목짱/궤-](된)

교육계[교육계/*-께](된 → 홑)

교육권[교육꿘](된)

교육법[교육뻡](된)

교육적[교육쩍](된)

구김살[구김쌀](된)

구둣발[구둔발 → 구둔빨](받 → 된)

구둣발[구둔빨](×[구둡빨])(입)

구둣방[구둔방 → 구둔빵](받 → 된)

구둣방[구둔빵](×[구둡빵])(입)

구만리[구말리](흐)

구석구석[구석꾸석](된)

구석기[구석끼](된)

구석지다[구석찌다](된)

구석진[구석찐](된)

구속력[구속녁 → 구송녁](콧)

구속하다[구소카다](거)

구역상[구역쌍](된)

구역질[구역찔](된)

구입할[구이팔](거)

국가[국까](된)

국경[국꼉](된)

국경일[국꼉일](된)

국고[국꼬](된)

국그릇[국끄른](된 · 받)

국기[국끼](된)

국내[궁내](콧)

국도[국또](된)

국립[국닙 → 궁닙](國立,'립':머-'ㄹ'본음)(콧)

국문[궁문](콧)

국물[궁물](콧)

국민[궁민](콧)

국밥[국빱](된)

국밥집[국빱찝](된)

국보[국뽀](된)

국수[국쑤](된)

국장[국짱](된)

국적[국쩍](된)

국제[국쩨](된)
국하고[구카고](거)
국화[구콰](거)
국회[구회/-쾌](거)
군것질[군걷질 → 군걷찔](받 → 된)
군것질[군걷찔](×[궁걷찔])(여)
군밤[군밤](×[굼밤])(입)
군사력[군사력](軍事力, '력':머-'르'본음)
굳게[굳께](된)
굳게[굳께](×[국께])(여)
굳기[굳끼](된)
굳기[굳끼](×[국끼])(여)
굳는[군는](콧)
굳세게[굳쎄게](된)
굳이[구지](센)
굳지[굳찌](된)
굳혀[굳여 → 구쳐 → 구처](거 → 센 → 홀)
굴뚝과[굴뚝꽈](된)
굴렁대[굴렁때](된)
굴속[굴쏙](된)
굵고[굴고 → 굴꼬]('ㄱ'빠짐 → 된)
굵기[굴기 → 굴끼]('ㄱ'빠짐 → 된)
굵다[국다 → 국따]('ㄹ'빠짐 → 된)
굵답니다[국답니다 → 국땀니다]('ㄹ'빠짐 → 된·콧)
굵지[국지 → 국찌]('ㄹ'빠짐 → 된)
굶겨[굼겨]('ㄹ'빠짐)
굶겨[굼겨](×[궁겨])(여)
굶고[굼고 → 굼꼬]('ㄹ'빠짐 → 된)
굶고[굼꼬](×[궁꼬])(여)
굶기[굼기 → 굼끼]('ㄹ'빠짐 → 된)
굶기[굼끼](×[궁끼])(여)
굶는[굼는]('ㄹ'빠짐)
굶다[굼다 → 굼따]('ㄹ'빠짐 → 된)
굶주려[굼주려]('ㄹ'빠짐)
굶주리다[굼주리다]('ㄹ'빠짐)
굽는[굼는](콧)
굽다[굽따](된)

굽실대다[굽씰대다](된)
굽혀[구펴](거)
굽히[구피](거)
굽힐[구필](거)
굿모닝[굳모닝 → 군모닝](받 → 콧)
굿모닝[군모닝](×[굼모닝])(입)
궁금증[궁금쯩](된)
궁기[궁끼](된)
궁리[궁니](窮理, '리':머-'르'본음)(콧)
궂게[굳게 → 굳께](받 → 된)
궂게[굳께](×[국께])(여)
궂고[굳고 → 굳꼬](받 → 된)
궂고[굳꼬](×[국꼬])(여)
궂다[굳다 → 굳따](받 → 된)
권고[권고](×[궝고])(여)
권력[궐력](흐)
권리[궐리](權利, '리':머-'르'본음)(흐)
권장량[권장냥](콧)
귀속되[귀속뙤/-뛔](된)
귀엽게[귀엽께](된)
귀엽고[귀엽꼬](된)
귀엽다[귀엽따](된)
귀족들[귀족뜰](된)
귀족적[귀족쩍](된)
귀찮게[귀찬케](거)
귀찮다[귀찬타](거)
귓가[귇가 → 귇까](받 → 된)
귓가[귇까](×[귁까])(여)
귓구녕[귇구녕 → 귇꾸녕](받 → 된)
귓구녕[귇꾸녕](×[귁꾸녕])(여)
귓구멍[귇구멍 → 귇꾸멍](받 → 된)
귓구멍[귇꾸멍](×[귁꾸멍])(여)
귓속[귇속 → 귇쏙](받 → 된)
귓속말[귇속말 → 귇쏭말](받 → 된·콧)
귓전[귇전 → 귇쩐](받 → 된)
규칙적[규칙쩍](된)
그것[그걷](받)

그것도[그걷도 → 그걷또](받 → 된)

그것마저[그걷마저 → 그건마저](받 → 콧)

그것마저[그건마저](×[그검마저])(입)

그것만[그걷만 → 그건만](받 → 콧)

그것만[그건만](×[그검만])(입)

그것밖에[그걷밖에 → 그걷빠께](받 → 된)

그것밖에[그걷빠께](×[그겁빠께])(입)

그것보다[그걷보다 → 그걷뽀다](받 → 된)

그것보다[그걷뽀다](×[그겁뽀다])(입)

그것참[그걷참](받)

그곳[그곧](받)

그곳만[그곧만 → 그곤만](받 → 콧)

그곳만[그곤만](×[그곰만])(입)

그까짓[그까짇](받)

그깟[그깓](받)

그넷줄[그넫줄 → 그넫쭐](받 → 된)

그득하다[그드카다](거)

그랬다[그랟다 → 그랟따](받 → 된)

그랬더니[그랟더니 → 그랟떠니](받 → 된)

그랬듯[그랟듣 → 그랟뜯](받 → 된)

그랬지[그랟지 → 그랟찌](받 → 된)

그럭저럭[그럭쩌럭](된)

그럴 리[그럴리](理,'리':머-'ㄹ'본음)

그럴 일[그럴닐 → 그럴릴]('ㄴ'보탬 → 흐)

그럽시다[그럽씨다](된)

그렇게[그러케](거)

그렇고[그러코](거)

그렇구[그러쿠](거)

그렇군[그러쿤](거)

그렇기[그러키](거)

그렇긴[그러킨](거)

그렇다[그러타](거)

그렇대[그러태](거)

그렇듯[그러튿](거 · 받)

그렇소[그러소 → 그러쏘]('ㅎ'빠짐 → 된)

그렇습니다[그러습니다 → 그러씀니다]('ㅎ'빠짐
　　→ 된 · 콧)

그렇잖아[그러찮아 → 그러차나](거 → 'ㅎ'빠짐)

그렇지[그러치](거)

그릇[그륻](받)

그릇도[그륻도 → 그륻또](받 → 된)

그릇된[그륻된 → 그륻뙨/-뛔](받 → 된)

그릇들[그륻들 → 그륻뜰](받 → 된)

그릇마다[그륻마다 → 그른마다](받 → 콧)

그릇마다[그른마다](×[그름마다])(입)

그릇만[그륻만 → 그른만](받 → 콧)

그릇만[그른만](×[그름만])(입)

그림물감[그림물깜](된)

그립다[그립따](된)

극도[극또](된)

극락[극낙 → 궁낙](極樂,'락':머-'ㄹ'본음)(콧)

극복[극뽁](된)

극복하다[극뽀카다](된 · 거)

극복한[극뽀칸](된 · 거)

극비[극삐](된)

극빈자[극삔자](된)

극심[극씸](된)

극장[극짱](된)

극적[극쩍](된)

극젱이[극쩽이](된)

극진[극찐](된)

극히[그키](거)

근거[근거](×[긍거])(여)

근검[근검](×[긍검])(여)

근무[근무](×[금무])(입)

글감[글깜](된)

글자[글짜](된)

글짓기[글짇기 → 글짇끼](받 → 된)

글짓기[글짇끼](×[글직끼])(여)

긁거나[글거나 → 글꺼나]('ㄱ'빠짐 → 된)

긁거든[글거든 → 글꺼든]('ㄱ'빠짐 → 된)

긁게[글게 → 글께]('ㄱ'빠짐 → 된)

긁고[글고 → 글꼬]('ㄱ'빠짐 → 된)

긁기[글기 → 글끼]('ㄱ'빠짐 → 된)

긁는[극는 → 긍는]('ㄱ'빠짐 → 콧)
긁습니다[극습니다 → 극씀니다]('ㄱ'빠짐 → 된·콧)
긁적이다[극적이다 → 극쩌기다]('ㄱ'빠짐 → 된)
긁혀[글켜](거)
긁히다[글키다](거)
금빛[금삧](된·받)
급격하[급껴카](된·거)
급격한[급껴칸](된·거)
급격히[급껴키](된·거)
급기야[급끼야](된)
급성[급썽](된)
급성장[급썽장](된)
급식[급씩](된)
급식소[급씩쏘](된)
급제[급쩨](된)
급증[급쯩](된)
급하다[그파다](거)
급한[그판](거)
급해[그패](거)
급히[그피](거)
긋습니다[귿습니다 → 귿씀니다](받 → 된·콧)
긋하다[귿하다 → 그타다](받 → 거)
기권[기꿘](된)
기껏[기껃](받)
기념[기념](記念, '념':머-'ㄴ'본음)
기다란[기다란](×[지다란])(센)
기다려[기다려](×[지다려])(센)
기다리다[기다리다](×[지다리다])(센)
기다릴[기다릴](×[지다릴])(센)
기다립니다[기다림니다](콧)
기다립니다[기다림니다](×[지다림니다])(센)
기대다[기대다](×[지대다])(센)
기댑니다[기댐니다](콧)
기댑니다[기댐니다](×[지댐니다])(센)
기둥[기둥](×[지둥])(센)
기득한[기드칸](거)
기록[기록](記錄, '록':머-'ㄹ'본음)

기록도[기록또](된)
기록문[기롱문](콧)
기록자[기록짜](된)
기록장[기록짱](된)
기록하다[기로카다](거)
기록한[기로칸](거)
기록할[기로칼](거)
기름[기름](×[지름])(센)
기름칠[기름칠](×[지름칠])(센)
기릅니다[기름니다](콧)
기릅니다[기름니다](×[지름니다])(센)
기막힌[기마킨](거)
기막힌[기마킨](×[지마킨])(센)
기뻤다[기뻗다 → 기뻗따](받 → 된)
기뻤습니다[기뻗습니다 → 기뻗씀니다](받 → 된·콧)
기쁩니다[기쁨니다](콧)
기쁩니다[기쁨니다](×[지쁨니다])(센)
기삿거리[기삳거리 → 기삳꺼리](받 → 된)
기삿거리[기삳꺼리](×[기삭꺼리])(여)
기술자[기술짜](된)
기술적[기술쩍](된)
기슭[기슥]('ㄹ'빠짐)
기습해[기스패](거)
기억나[기엉나](콧)
기억도[기억또](된)
기억되[기억뙤/-뛔](된)
기억력[기억녁 → 기엉녁](콧)
기억하다[기어카다](거)
기억해[기어캐](거)
기업가[기업까](된)
기업들[기업뜰](된)
기와[기와](×[지와])(센)
기와집[기와집](×[지와집])(센)
기와집도[기와집또](된)
기와집도[기와집또]](×[지와집또])(센)
기왓장[기완장 → 기완짱](받 → 된)

기왓장[기완짱](×[지왇짱])(센)
기우뚱[기우뚱](×[지우뚱])(센)
기우려[기우려](×[지우려])(센)
기우제[기우제](×[지우제])(센)
기울다[기울다](×[지울다])(센)
기울여[기우려](×[지우려])(센)
기울이고[기우리고](×[지우리고])(센)
기웃거려[기운거려 → 기욷꺼려](받→된)
기웃거려[기욷꺼려](×[기욱꺼려])(여)
기웃거려[기욷꺼려](×[지욷꺼려])(센)
기웃거리다[기욷거리다 → 기욷꺼리다](받→된)
기웃거리다[기욷꺼리다](×[기욱꺼리다])(여)
기웃거리다[기욷꺼리다](×[지욷꺼리다])(센)
기웃기웃[기욷기욷 → 기욷끼욷](받→된)
기웃기웃[기욷끼욷](×[기욱끼욷])(여)
기웃기웃[기욷끼욷](×[지욷찌욷])(센)
기죽기[기죽끼](된)
기죽지[기죽찌](된)
기찻길[기찯길 → 기찯낄](받→된)
기찻길[기찯낄](×[기착낄])(여)
기척[기척](×[지척])(센)
기침[기침](×[지침])(센)
기특하다[기트카다](거)
기특해[기트캐](거)
긴[긴](×[진])(센)
긴가요[긴가요](×[진가요])(센)
긴급[긴급](×[깅급])(여)
긴급회의[긴그푀의/*-풰이](거→홑)
긴밀히[긴밀히](×[김밀히])(입)
긴소리[긴소리](×[진소리])(센)
긷고[긷꼬](된)
긷고[긷꼬](×[긱꼬])(여)
긷고[긷꼬](×[짇꼬])(센)
긷기[긷끼](된)
긷기[긷끼](×[긱끼])(여)
긷기[긷끼](×[짇끼])(센)
길[길](×[질])(센)

길가[길까](된)
길가[길까](×[질까])(센)
길거나[길거나](×[질거나])(센)
길거리[길꺼리](된)
길거리[길꺼리](×[질꺼리])(센)
길게[길게](×[질게])(센)
길고[길고](×[질고])(센)
길님[길림](흐)
길다[길다](×[질다])(센)
길도[길도](×[질도])(센)
길동무[길똥무](된)
길동무[길똥무](×[질똥무])(센)
길들여[길드려](×[질드려])(센)
길렀습니다[길럳습니다 → 길럳씀니다](받→된·
  콧)
길로[길로](×[질로])(센)
길며[길며](×[질며])(센)
길목[길목](×[질목])(센)
길목마다[길몽마다](콧)
길목마다[길몽마다](×[질몽마다])(센)
길바닥[길빠닥](된)
길바닥[길빠닥](×[질빠닥])(센)
길옆[길엽 → 길녑 → 길렵](받→'ㄴ'보탬→흐)
길옆[길렵](×[질렵])(센)
길을[기를](×[지를])(센)
길이[기리](×[지리])(센)
길잡이[길자비](×[질자비])(센)
길쭉길쭉[길쭉낄쭉](×[질쭉찔쭉])(센)
김[김](×[짐])(센)
김밥[김빱](된)
김밥[김빱](×[짐빱])(센)
김빠지는[김빠지는](×[짐빠지는])(센)
김이[기미](×[지미])(센)
김장[김장](×[짐장])(센)
김장독[김장똑](된)
김장독[김장똑](×[짐장똑])(센)
김치[김치](×[짐치])(센)

김칫국[김칟국 → 김칟꾹](받→된)
김칫국[김칟꾹](×[김칙꾹])(여)
김칫국[김칟꾹](×[짐칟꾹])(센)
김칫독[김칟독 → 김칟똑](받→된)
김칫독[김칟똑](×[짐칟똑])(센)
깁니다[깁니다](콧)
깁니다[깁니다](×[짐니다])(센)
깃든[긷든 → 긷뜬](받→된)
깃들다[긷들다 → 긷뜰다](받→된)
깃들어[긷들어 → 긷뜨러](받→된)
깃발[긷발 → 긷빨](받→된)
깃발[긷빨](×[깁빨])(입)
깃털[긷털](받)
깊거나[깁거나 → 깁꺼나](받→된)
깊거나[깁꺼나](×[집꺼나])(센)
깊게[깁게 → 깁께](받→된)
깊게[깁께](×[집께])(센)
깊고[깁고 → 깁꼬](받→된)
깊고[깁꼬](×[집꼬])(센)
깊구나[깁구나 → 깁꾸나](받→된)
깊구나[깁꾸나](×[집꾸나])(센)
깊다[깁다 → 깁따](받→된)
깊다[깁따](×[집따])(센)
깊도록[깁도록 → 깁또록](받→된)
깊도록[깁또록](×[집또록])(센)
깊숙이[깁숙이 → 깁쑤기](받→된)
깊숙이[깁쑤기](×[집쑤기])(센)
깊숙하다[깁숙하다 → 깁쑤카다](받→된·거)
깊숙하다[깁쑤카다](×[집쑤카다])(센)
깊습니다[깁습니다 → 깁씀니다](받→된·콧)
깊습니다[깁씀니다](×[집씀니다])(센)
깊은[기픈](×[지픈])(센)
깊은 일[기픈닐]('ㄴ'보탬)
까닭[까닥]('ㄹ'빠짐)
까닭과[까닥과 → 까닥꽈]('ㄹ'빠짐→된)
까닭도[까닥도 → 까닥또]('ㄹ'빠짐→된)
까닭만[까닥만 → 까당만]('ㄹ'빠짐→콧)

까딱거려[까딱꺼려](된)
까마득히[까마드키](거)
까맣게[까마케](거)
까맣고[까마코](거)
까무잡잡[까무잡짭](된)
까짓[까짇](받)
깍두기[깍뚜기](된)
깍둑깍둑[깍뚝깍뚝](된)
깍쟁이[깍쨍이](된)
깍지[깍찌](된)
깎고[깍고 → 깍꼬](받→된)
깎는[깍는 → 깡는](받→콧)
깜깜[깜깜](×[깡깜])(여)
깜박거리다[깜박꺼리다](된)
깜작거려[깜작꺼려](된)
깜짝하다[깜짜카다](거)
깜짝할[깜짜칼](거)
깜찍한[깜찌칸](거)
깜찍해[깜찌캐](거)
깨구락지[깨구락찌](개구리)(된)
깨끗하다[깨끋하다 → 깨끄타다(받→거)]
깨끗한[깨끋한 → 깨끄탄](받→거)
깨끗할[깨끋할 → 깨끄탈](받→거)
깨끗해[깨끋해 → 깨끄태](받→거)
깨닫게[깨닫께](된)
깨닫게[깨닫께](×[깨닥께])(여)
깨닫고[깨닫꼬](된)
깨닫고[깨닫꼬](×[깨닥꼬])(여)
깨닫기[깨닫끼](된)
깨닫기[깨닫끼](×[깨닥끼])(여)
깨닫지[깨닫찌](된)
깨엿[깨열](받)
깨작거리다[깨작꺼리다](된)
깻묵[깯묵 → 깬묵](받→콧)
깻묵[깬묵](×[깸묵])(입)
깻잎[깯입 → 깬닙 → 깬닙](받→'ㄴ'보탬→콧)
깼다[깯다 → 깬따](받→된)

깼드리다[깯드리다 → 깯뜨리다](받→된)
껌벅거리다[껌벅꺼리다](된)
겹데기[겹떼기](된)
겹질[겹찔](된)
겼다[걷다 → 걷따](받→된)
껴입고[껴입꼬](된)
껴입고[껴입꼬](×[쪄입꼬 → 쩌입꼬])(센→홑)
꺾기[꺽기 → 꺽끼](받→된)
꺾지[꺽지 → 꺽찌](받→된)
겼고[곁고 → 겯꼬](받→된)
겼고[겯꼬](×[격꼬])(여)
겼다[겯다 → 겯따](받→된)
겼답[겯답 → 겯땁](받→된)
겼던[겯던 → 겯떤](받→된)
겼습[겯습 → 겯씁](받→된)
꼬집고[꼬집꼬](된)
꼬집는[꼬짐는](콧)
꼭대기[꼭때기](된)
꼭지[꼭찌](된)
꼭지연[꼭찌연](된)
꼼꼼히[꼼꼼히](×[꽁꼼히])(여)
꼼지락거려[꼼지락꺼려](된)
꼼지락거리다[꼼지락꺼리다](된)
꼼짝도[꼼짝또](된)
꼼짝하다[꼼짜카다](거)
꼼짝할[꼼짜칼](거)
꼽고[꼽꼬](된)
꼽히다[꼬피다](거)
꼿꼿[꼳꼳](받)
꼿꼿[꼳꼳](×[꼭꼳])(여)
꼿꼿이[꼳꼬시](받)
꼿꼿하다[꼳꼳하다 → 꼳꼬타다](받→거)
꽂고[꼳고 → 꼳꼬](받→된)
꽂고[꼳꼬](×[꼭꼬])(여)
꽂는[꼳는 → 꼰는](받→콧)
꽂혀[꼬쳐 → 꼬처](거→홑)
꽂힌[꼬친](거)

꽃힐[꼬칠](거)
꽃[꼳](받)
꽃가루[꼳가루 → 꼳까루](받→된)
꽃가루[꼳까루](×[꼭까루])(여)
꽃가지[꼳가지 → 꼳까지](받→된)
꽃가지[꼳까지](×[꼭까지])(여)
꽃게[꼳게 → 꼳께](받→된)
꽃게[꼳께](×[꼭께])(여)
꽃과[꼳과 → 꼳꽈](받→된)
꽃과[꼳꽈](×[꼭꽈])(여)
꽃구경[꼳구경 → 꼳꾸경](받→된)
꽃구경[꼳꾸경](×[꼭꾸경])(여)
꽃그늘[꼳그늘 → 꼳끄늘](받→된)
꽃그늘[꼳끄늘](×[꼭끄늘])(여)
꽃나무[꼳나무 → 꼰나무](받→콧)
꽃 냄새[꼳냄새 → 꼰냄새](받→콧)
꽃눈[꼳눈 → 꼰눈](받→콧)
꽃다발[꼳다발 → 꼳따발](받→된)
꽃도[꼳도 → 꼳또](받→된)
꽃동산[꼳동산 → 꼳똥산](받→된)
꽃들[꼳들 → 꼳뜰](받→된)
꽃마다[꼳마다 → 꼰마다](받→콧)
꽃마다[꼰마다](×[꼼마다])(입)
꽃만[꼳만 → 꼰만](받→콧)
꽃만[꼰만](×[꼼만])(입)
꽃말[꼳말 → 꼰말](받→콧)
꽃말[꼰말](×[꼼말])(입)
꽃 모양[꼳모양 → 꼰모양](받→콧)
꽃 모양[꼰모양](×[꼼모양])(입)
꽃목걸이[꼳목걸이 → 꼰목꺼리](받→콧·된)
꽃목걸이[꼰목꺼리](×[꼼목꺼리])(입)
꽃무늬[꼳무늬 → 꼰무니](받→콧→홑)
꽃무늬[꼰무니](×[꼼무니])(입)
꽃 밑[꼳믿 → 꼰믿](받→콧)
꽃 밑[꼰믿](×[꼼믿])(입)
꽃반지[꼳반지 → 꼳빤지](받→된)
꽃반지[꼳빤지](×[꼽빤지])(입)

꽃받침[꼳받침 → 꼳빧침](받 → 된)

꽃받침[꼳빧침](×[꼽빧침])(입)

꽃발게[꼳발게 → 꼳빨게](받 → 된)

꽃발게[꼳빨게](×[꼽빨게])(입)

꽃방게[꼳방게 → 꼳빵게](받 → 된)

꽃방게[꼳빵게](×[꼽빵게])(입)

꽃밭[꼳받 → 꼳빧](받 → 된)

꽃밭[꼳빧](×[꼽빧])(입)

꽃밭에서[꼳빠테서](×[꼽빠테서])(입)

꽃밭에서[꼳빠테서](×[꼳빠세서])(갈)

꽃밭을[꼳빠틀](×[꼽빠틀])(입)

꽃밭을[꼳빠틀](×[꼳빠슬])(갈)

꽃밭이[꼳받이 → 꼳빠치](받 → 된 · 센)

꽃밭이[꼳빠치](×[꼽빠치])(입)

꽃밭이[꼳빠치](×[꼳빠시])(갈)

꽃병[꼳병 → 꼳뼝](받 → 된)

꽃병[꼳뼝](×[꼽뼝])(입)

꽃봉오리[꼳봉오리 → 꼳뽕오리](받 → 된)

꽃봉오리[꼳뽕오리](×[꼽뽕오리])(입)

꽃부리[꼳부리 → 꼳뿌리](받 → 된)

꽃부리[꼳뿌리](×[꼽뿌리])(입)

꽃삽[꼳삽 → 꼳쌉](받 → 된)

꽃상여[꼳상여 → 꼳쌍여](받 → 된)

꽃샘[꼳샘 → 꼳쌤](받 → 된)

꽃수[꼳수 → 꼳쑤](받 → 된)

꽃술[꼳술 → 꼳쑬](받 → 된)

꽃신[꼳신 → 꼳씬](받 → 된)

꽃씨[꼳씨](받)

꽃에[꼬체](×[꼬세])(갈)

꽃 요리[꼳요리 → 꼰뇨리](받→'ㄴ'보탬→콧)

꽃으로[꼬츠로](×[꼬스로])(갈)

꽃은[꼬츤](×[꼬슨])(갈)

꽃을[꼬츨](×[꼬슬])(갈)

꽃의[꼬츼/*−체](×[꼬싀/꼬세])(갈 → 홑)

꽃이[꼬치](×[꼬시])(갈)

꽃이랑[꼬치랑](×[꼬시랑])(갈)

꽃 이름[꼳이름 → 꼰니름](받→'ㄴ'보탬→콧)

꽃 이야기[꼳이야기 → 꼰니야기](받→'ㄴ'보탬 → 콧)

꽃인데[꼬친데](×[꼬신데])(갈)

꽃일까[꼬칠까](×꼬실까])(갈)

꽃입니다[꼬침니다](콧)

꽃입니다[꼬침니다](×[꼬심니다])(갈)

꽃잎[꼳입 → 꼳닙 → 꼰닙](받→'ㄴ'보탬→콧)

꽃잎만[꼳입만 → 꼰님만](받→'ㄴ'보탬→콧)

꽃잔디[꼳잔디 → 꼳짠디](받 → 된)

꽃잠[꼳잠 → 꼳짬](받 → 된)

꽃집[꼳집 → 꼳찝](받 → 된)

꽃처럼[꼳처럼](받)

꽃향기[꼳향기 → 꼬턍기](받 → 거)

꽥꽥하다[꽥꽤카다](거)

꿀단지[꿀딴지](된)

꿇고[꿀코](거)

꿇어[꾸러]('ㅎ'빠짐)

꿈속[꿈쏙](된)

꿈쩍도[꿈쩍또](된)

꿈니다[꿈니다](콧)

꿋꿋이[꾿꾸시](받)

꿋꿋하다[꾿꾿하다 → 꾿꾸타다](받 → 거)

꿰던[꿷던 → 꿷떤](받 → 된)

꿰습[꿷습 → 꿷씁](받 → 된)

꿰뚫고[꿰뚤코](거)

꿰니다[꿰니다](콧)

끄덕거려[끄덕꺼려](된)

끄덕도[끄덕또](된)

끄덕하다[끄더카다](거)

끈기[끈기](×[끙기])(여)

끈적하다[끈저카다](거)

끈적해[끈저캐](거)

끊겨[끈켜](거)

끊고[끈코](거)

끊기다[끈키다](거)

끊기지[끈키지](거)

끊길[끈킬](거)

끊다[끈타](거)
끊어[끄너]('ㅎ'빠짐)
끊으니[끄느니]('ㅎ'빠짐)
끊음[끄늠]('ㅎ'빠짐)
끊이다[끄니다]('ㅎ'빠짐)
끊임없다[끄니멉따]('ㅎ · ㅅ'빠짐 · 된)
끊자[끈차](거)
끊지[끈치](거)
끊고[끌코](거)
끊기[끌키](거)
끓는[끌는 → 끌른]('ㅎ'빠짐 → 혀)
끓어[끄러]('ㅎ'빠짐)
끓여[끄려]('ㅎ'빠짐)
끓으[끄르]('ㅎ'빠짐)
끓이[끄리]('ㅎ'빠짐)
끓인[끄린]('ㅎ'빠짐)
끓이다[끄리다]('ㅎ'빠짐)
끔벅거리다[끔벅꺼리다](된)
끔벅하다[끔버카다](거)
끔찍하다[끔찌카다](거)
끔찍한[끔찌칸](거)
끗끗이[끋끄시](받)
끝[끋](받)
끝까지[끋까지](받)
끝까지[끋까지](×[끅까지])(여)
끝과[끋과 → 끋꽈](받 → 된)
끝과[끋꽈](×[끅꽈])(여)
끝나[끋나 → 끈나](받 → 콧)
끝난[끋난 → 끈난](받 → 콧)
끝날[끋날 → 끈날](받 → 콧)
끝내[끋내 → 끈내](받 → 콧)
끝낸[끋낸 → 끈낸](받 → 콧)
끝도[끋도 → 끋또](받 → 된)
끝마다[끋마다 → 끈마다](받 → 콧)
끝마다[끈마다](×[끔마다])(입)
끝마치다[끋마치다 → 끈마치다](받 → 콧)
끝마치다[끈마치다](×[끔마치다])(입)

끝만[끋만 → 끈만](받 → 콧)
끝만[끈만](×[끔만])(입)
끝말[끋말 → 끈말](받 → 콧)
끝말[끈말](×[끔말])(입)
끝매[끋매 → 끈매](받 → 콧)
끝매[끈매](×[끔매])(입)
끝맺는[끋맨는 → 끈맨는](받 → 콧)
끝맺는[끈맨는](×[끔맨는])(입)
끝머리[끋머리 → 끈머리](받 → 콧)
끝머리[끈머리](×[끔머리])(입)
끝부터[끋부터 → 끋뿌터](받 → 된)
끝부터[끋뿌터](×[끕뿌터])(입)
끝에[끄테](×[끄세])(갈)
끝으로[끄트로](×[끄스로])(갈)
끝은[끄튼](×[끄슨])(갈)
끝을[끄틀](×[끄슬])(갈)
끝이[끄치](센)
끝이[끄치](×[끄시])(갈)
끝이라[끄치라](×[끄시라])(갈)
끼거나[끼거나](×[찌거나])(센)
끼고[끼고](×[찌고])(센)
끼리[끼리](×[찌리])(센)
끼어[끼어](×[찌어])(센)
끼쳐[끼처](×[찌쳐 → 찌처])(센 → 홑)
끼치는[끼치는](×[찌치는])(센)
긴[긴](×[찐])(센)
낌새[낌새](×[찜새])(센)
낍니다[낌니다](콧)
낍니다[낌니다](×[찜니다])(센)

ㄴ

나긋나긋[나귿나귿 → 나근나근](받 → 콧)
나랏일[나랃일 → 나란닐](받 → 'ㄴ'보탬 → 콧)
나룻배[나룯배 → 나룯빼](받 → 된)
나룻배[나룯빼](×[나룹빼])(입)

나뭇가지[나묻가지 → 나묻까지](받 → 된)
나뭇가지[나묻까지](×[나묵까지])(여)
나뭇더미[나묻더미 → 나묻떠미](받 → 된)
나뭇등걸[나묻등걸 → 나묻뚱걸](받 → 된)
나뭇잎[나묻입 → 나문닙](받 →'ㄴ'보탬 → 콧)
나뭇잎도[나묻입도 → 나문닙또](받 →'ㄴ'보탬 →
　콧ㆍ된)
나뭇짐[나묻짐 → 나묻찜](받 → 된)
나직하다[나지카다](거)
나팔꽃[나팔꼳](받)
나팔꽃이[나팔꼬치](×[나팔꼬시])(갈)
낙동강[낙똥강](된)
낙산[낙싼](된)
낙서[락서 → 낙서 → 낙써](落書)(머 → 된)
낙숫물[낙숟물 → 낙쑨물](받 → 된ㆍ콧)
낙숫물[낙쑨물](×[낙쑴물])(입)
낙심[낙씸](된)
낙지[낙찌](된)
낙하산[나카산](거)
낚시[낙시 → 낙씨](받 → 된)
난간[난간](×[낭간])(여)
난감[난감](×[낭감])(여)
난로[날로](煖爐,'로':머-'ㄹ'본음)(흐)
난롯불[난론불 → 날론뿔](받 → 흐ㆍ된)
난롯불[날론뿔](×[날롭뿔])(입)
난류[란류 → 난류 → 날류](亂流)(머 → 흐)
난리[란리 → 난리 → 날리](亂離)(머 → 흐)
날갯죽지[날갣죽지 → 날갣쭉찌](받 → 된)
날갯짓[날갣짇 → 날갣찓](받 → 된)
날짐승[날찜승](된)
날카롭게[날카롭께](된)
낡고[날고 → 날꼬]('ㄱ'빠짐 → 된)
남거나[남꺼나](된)
남거나[남꺼나](×[낭꺼나])(여)
남게[남께](된)
남게[남께](×[낭께])(여)
남겨[남겨](×[낭겨])(여)

남극[남극](×[낭극])(여)
남기[남끼](된)
남기[남끼](×[낭끼])(여)
남기다[남기다](×[낭기다])(여)
남긴[남긴](×[낭긴])(여)
남길[남길](×[낭길])(여)
남김[남김](×[낭김])(여)
남녀[남녀](男女,'녀':머-'ㄴ'본음)
남는 일[남는닐]('ㄴ'보탬)
남도록[남또록](된)
남루[남누](콧)
남존여비[남존녀비]('ㄴ'보탬)
남지[남찌](된)
남지만[남찌만](된)
남짓[남짇](받)
남짓한[남짇한 → 남지탄](받 → 거)
납니다[남니다](콧)
납부[납뿌](된)
납작[납짝](된)
납작하다[납짜카다](된ㆍ거)
납작한[납짜칸](된ㆍ거)
낫[낟](받)
낫게[낟게 → 낟께](받 → 된)
낫게[낟께](×[낙께])(여)
낫겠지[낟겓지 → 낟껟찌](받 → 된)
낫겠지[낟껟찌](×[낙껟찌])(여)
낫고[낟고 → 낟꼬](받 → 된)
낫고[낟꼬](×[낙꼬])(여)
낫기[낟기 → 낟끼](받 → 된)
낫기[낟끼](×[낙끼])(여)
낫네[낟네 → 난네](받 → 콧)
낫는[낟는 → 난는](받 → 콧)
낫다[낟다 → 낟따](받 → 된)
낫습니다[낟습니다 → 낟씀니다](받 → 된ㆍ콧)
낫지[낟지 → 낟찌](받 → 된)
낫질[낟질 → 낟찔](받 → 된)
낫 한 자루[낟한자루 → 나탄자루](받 → 거)

낳거[낟거 → 낟꺼](받 → 된)
낳거[낟꺼](×[낙꺼])(여)
낳고[낟고 → 낟꼬](받 → 된)
낳고[낟꼬](×[낙꼬])(여)
낳구[낟구 → 낟꾸](받 → 된)
낳구[낟구](×[낙꾸])(여)
낳나[낟나 → 난나](받 → 콧)
낳느[낟느 → 난느](받 → 콧)
낳는[낟는 → 난는](받 → 콧)
낳다[낟다 → 낟따](받 → 된)
낳답니다[낟답니다 → 낟땀니다](받 → 된 · 콧)
낳대[낟대 → 낟때](받 → 된)
낳더니[낟더니 → 낟떠니](받 → 된)
낳던[낟던 → 낟떤](받 → 된)
낳습[낟습 → 낟씁](받 → 된)
낳습니다[낟습니다 → 낟씀니다](받 → 된 · 콧)
낳자[낟자 → 낟짜](받 → 된)
낳지[낟지 → 낟찌](받 → 된)
낭독하기[낭도카기](거)
낭랑[랑랑 → 낭랑 → 낭낭](朗朗)(머 → 콧)
낭비[랑비 → 낭비](浪費)(머)
낮[낟](받)
낮같이[낟같이 → 낟까치](받 → 된 · 센)
낮같이[낟까치](×[낙까치])(여)
낮게[낟게 → 낟께](받 → 된)
낮게[낟께](×[낙께])(여)
낮고[낟고 → 낟꼬](받 → 된)
낮고[낟꼬](×[낙꼬])(여)
낮다[낟다 → 낟따](받 → 된)
낮말[낟말 → 난말](받 → 콧)
낮말[난말](×[남말])(입)
낮밤[낟밤 → 낟빰](받 → 된)
낮밤[낟빰](×[납빰])(입)
낮보다[낟보다 → 낟뽀다](받 → 된)
낮보다[낟뽀다](×[납뽀다])(입)
낮부터[낟부터 → 낟뿌터](받 → 된)
낮부터[낟뿌터](×[납뿌터])(입)

낮잠[낟잠 → 낟짬](받 → 된)
낮잡아[낟잡아 → 낟짜바](받 → 된)
낮추다[낟추다](받)
낮춰[낟춰](받)
낯[낟](받)
낯빛[낟빋 → 낟삗](받 → 된)
낯빛[낟삗](×[납삗])(입)
낯선[낟선 → 낟썬](받 → 된)
낯설다[낟설다 → 낟썰다](받 → 된)
낯을[나츨](×[나슬])(갈)
낱말[낟말 → 난말](받 → 콧)
낱말[난말](×[남말])(입)
낱자[낟자 → 낟짜](받 → 된)
낱장[낟장 → 낟짱](받 → 된)
낳거나[나커나](거)
낳게[나케](거)
낳고[나코](거)
낳느니[낟느니 → 난느니](받 → 콧)
낳는[낟는 → 난는](받 → 콧)
낳아[나아]('ㅎ'빠짐)
낳으니[나으니]('ㅎ'빠짐)
낳은[나은]('ㅎ'빠짐)
낳을[나을]('ㅎ'빠짐)
낳자[나차](거)
내년[래년 → 내년](來年)(머)
내놓게[내노케](거)
내놓는[내논는 → 내논는](받 → 콧)
내뱉는[내밷는 → 내밴는](받 → 콧)
내색하다[내새카다](거)
내솥과[내솓과 → 내솓꽈](받 → 된)
내솥과[내솓꽈](×[내솓꽈])(여)
내솥의[내소틔/*-테](×[내소싀/내소세])(갈 → 홀)
내일[래일 → 내일](來日)(머)
내친김에[내친기메](×[내칭기메])(여)
냅니다[냄니다](콧)
냅다[냅따](된)
냇가[낻가 → 낻까](받 → 된)

냇가[낻까](×[낵까])(여)
냇물[낻물 → 낸물](받 → 콧)
냇물[낻물](×[냄물])(입)
냇고[낻고 → 낻꼬](받 → 된)
냇고[낻꼬](×[낵꼬])(여)
냇니[낻니 → 낸니](받 → 콧)
냇다[낻다 → 낻따](받 → 된)
냇단[낻단 → 낻딴](받 → 된)
냇던[낻던 → 낻떤](받 → 된)
냇수[낻수 → 낻쑤](받 → 된)
냇습[낻습 → 낻씁](받 → 된)
냇습니다[낻습니다 → 낻씀니다](받 → 된·콧)
냇잖니[낻잖니 → 낻짠니](받 → 된·'ㅎ'빠짐)
냇지[낻지 → 낻찌](받 → 된)
넉넉[넝넉](콧)
넉넉지[넝넉찌](콧·된)
넉넉하다[넝너카다](콧·거)
넉넉히[넝너키](콧·거)
넉살[넉쌀](된)
넋[넉]('ㅅ'빠짐)
넋두리[넉두리 → 넉뚜리]('ㅅ'빠짐 → 된)
넓거든[널거든 → 널꺼든]('ㅂ'빠짐 → 된)
넓게[널게 → 널께]('ㅂ'빠짐 → 된)
넓고[널고 → 널꼬]('ㅂ'빠짐 → 된)
넓다[널다 → 널따]('ㅂ'빠짐 → 된)
넓디[널디 → 널띠]('ㅂ'빠짐 → 된)
넓습니다[널습니다 → 널씀니다]('ㅂ'빠짐 → 된·콧)
넓적다리[넙적다리 → 넙쩍따리]('ㄹ'빠짐 → 된)
넓적하게[넙적하게 → 넙쩌카게]('ㄹ'빠짐 → 된·거)
넓적하다[넙적하다 → 넙쩌카다]('ㄹ'빠짐 → 된·거)
넓적한[넙적한 → 넙쩌칸]('ㄹ'빠짐 → 된·거)
넓혀[널펴](거)
넓히다[널피다](거)
넓힌[널핀](거)
넘게[넘께](된)
넘게[넘께](×[넝께])(여)
넘겨[넘겨](×[넝겨])(여)

넘고[넘꼬](된)
넘고[넘꼬](×[넝꼬])(여)
넘기[넘끼](된)
넘기[넘끼](×[넝끼])(여)
넘기다[넘기다](×[넝기다])(여)
넘긴[넘긴](×[넝긴])(여)
넘길[넘길](×[넝길])(여)
넘다[넘따](된)
넘더니[넘떠니](된)
넘도록[넘또록](된)
넘습니다[넘씀니다](된·콧)
넘지[넘찌](된)
넙니다[넘니다](콧)
넙죽[넙쭉](된)
넜다[넏다 → 넏따](받 → 된)
넣거나[너커나](거)
넣게[너케](거)
넣고[너코](거)
넣기[너키](거)
넣는[넏는 → 넌는](받 → 콧)
넣든[너튼](거)
넣습니다[너습니다 → 너씀니다]('ㅎ'빠짐 → 된·콧)
넣어[너어]('ㅎ'빠짐)
넣으니[너으니]('ㅎ'빠짐)
넣은[너은]('ㅎ'빠짐)
넣을[너을]('ㅎ'빠짐)
넣지[너치](거)
네댓 마리[네댇마리 → 네댄마리](받 → 콧)
네댓 마리[네댇마리](×[네댐마리])(입)
넷[넫](받)
넷째[넫째](받)
넷 하면[넫하면 → 네타면](받 → 거)
넸다[넫다 → 넫따](받 → 된)
녀석들[녀석뜰](된)
녔다[녇다 → 녇따](받 → 된)
녔답[녇답 → 녇땁](받 → 된)
녔습[녇습 → 녇씁](받 → 된)

녔습니다[넌습니다 → 넏씁니다](받 → 된 · 콧)

노년[로년 → 노년](老年)(머)

노동[로동 → 노동](勞動)(머)

노동력[로동력 → 노동력 → 노동녁](勞動力, '력': 머-'ㄹ' 본음)(머 · 콧)

노랗게[노라케](거)

노랗고[노라코](거)

노랗다[노라타](거)

노래하듯[노래하듣](받)

노랫말[노랟말 → 노랜말](받 → 콧)

노랫말[노랜말](×[노램말])(입)

노랫소리[노랟소리 → 노랟쏘리](받 → 된)

노력[노력](努力, '력':머-'ㄹ' 본음)

노력과[노력꽈](된)

노력도[노력또](된)

노력만[노령만](콧)

노력하다[노려카다](거)

노력한[노려칸](거)

노력할[노려칼](거)

노력해[노려캐](거)

노릇[노륻](받)

노릇까지[노륻까지](받)

노릇까지[노륻까지](×[노륵까지])(여)

노릇노릇[노륻노른 → 노른노른](받 → 콧)

노릇만[노륻만 → 노른만](받 → 콧)

노릇만[노른만](×[노름만])(입)

노릇하다[노륻하다 → 노르타다](받 → 거)

노박덩굴[노박떵굴](된)

노소[로소 → 노소](老少)(머)

노숙자[노숙짜](된)

노인[로인 → 노인](老人)(머)

녹고[녹꼬](된)

녹는[농는](콧)

녹두[녹뚜](된)

녹둔도[녹뚠도](된)

녹듯이[녹뜨시](된)

녹로[녹노 → 농노](콧)

녹말[농말](콧)

녹말가루[농말까루](콧 · 된)

녹색[녹쌕](된)

녹슨[녹쓴](된)

녹슬지[녹쓸지](된)

녹음[록음 → 녹음 → 노금](錄音)(머)

녹음기[록음기 → 녹음기 → 노금기](錄音器)(머)

녹자[녹짜](된)

녹지[녹찌](된)

녹화[록화 → 녹화 → 노콰](錄畫)(머 → 거)

논두렁[논뚜렁](된)

논둑길[논뚝낄](된)

논둑길[논뚝낄](×[논뚝찔])(센)

논리[론리 → 논리 → 놀리](論理)(머 → 흐)

논문[논문](×[놈문])(입)

논문서[논문서](×[놈문서])(입)

논밥[논빱](된)

논밥[논빱](×[놈빱])(입)

논밭[논받](받)

논밭[논받](×[놈받])(입)

논밭을[논바틀](×[논바슬])(갈)

논밭이[논바치](센)

논밭이[논바치](×[논바시])(갈)

논설문[론설문 → 논설문](論說文)(머)

논어[론어 → 논어 → 노너](論語)(머)

논쟁거리[논쟁꺼리](된)

놀랍게[놀랍께](된)

놀랍고[놀랍꼬](된)

놀랍다[놀랍따](된)

놀랍소[놀랍쏘](된)

놀림감[놀림깜](된)

놂[놈]('ㄹ'빠짐)

놉니다[놈니다](콧)

놋그릇[녿그륻 → 녿끄륻](받 → 된)

놋그릇[녿끄륻](×[녹끄륻])(여)

놋대야[녿대야 → 녿때야](받 → 된)

놋쇠[녿쇠 → 녿쐬/녿쒜](받 → 된)

초등국어의 표기와 발음

놋요강[논요강 → 논뇨강](받 → 'ㄴ'보탬 → 콧)
농담[롱담 → 농담](弄談)(머)
농립[농닙](農笠, '립':머―'ㄹ'본음)(콧)
농립모[농닙모 → 농님모](콧)
농삿집[농삳집 → 농삳찝](받 → 된)
농악대[농악때](된)
높거나[놉거나 → 놉꺼나](받 → 된)
높게[놉게 → 놉께](받 → 된)
높고[놉고 → 놉꼬](받 → 된)
높낮이[놉낮이 → 놈나지](받 → 콧)
높다[놉다 → 놉따](받 → 된)
높습니다[놉습니다 → 놉씀니다](받 → 된 · 콧)
높직하다[놉직하다 → 놉찌카다](받 → 된 · 거)
놓거나[노커나](거)
놓게[노케](거)
놓고[노코](거)
놓곤[노콘](거)
놓기[노키](거)
놓네[논네 → 논네](받 → 콧)
놓는[논는 → 논는](받 → 콧)
놓다[노타](거)
놓더라[노터라](거)
놓도록[노토록](거)
놓든지[노튼지](거)
놓습니다[노습니다 → 노씀니다]('ㅎ'빠짐 → 된 · 콧)
놓아[노아]('ㅎ'빠짐)
놓여[노여]('ㅎ'빠짐)
놓으니[노으니]('ㅎ'빠짐)
놓은[노은]('ㅎ'빠짐)
놓을[노을]('ㅎ'빠짐)
놓이다[노이다]('ㅎ'빠짐)
놓인[노인]('ㅎ'빠짐)
놓자[노차](거)
놓지[노치](거)
놓치고[논치고](받)
났네[낟네 → 난네](받 → 콧)
났다[낟다 → 낟따](받 → 된)

났단다[낟단다 → 낟딴다](받 → 된)
났던[낟던 → 낟떤](받 → 된)
났지[낟지 → 낟찌](받 → 된)
누군가[누군가](×[누궁가])(여)
누렇게[누러케](거)
누렇다[누러타](거)
누렇고[누럳고 → 누럳꼬](받 → 된)
누렇고[누럳고](×[누럭꼬])(여)
누렇다[누럳다 → 누럳따](받 → 된)
누렇던[누럳던 → 누럳떤](받 → 된)
누렇지[누럳지 → 누럳찌](받 → 된)
눅눅하다[능누카다](콧 · 거)
눅다[눅따](된)
눈가[눈까](된)
눈가[눈까](×[눙까])(여)
눈가루[눈까루](된)
눈가루[눈까루](×[눙까루])(여)
눈감아[눈가마](×[눙가마])(여)
눈곱[눈꼽](된)
눈곱[눈꼽](×[눙꼽])(여)
눈길[눈낄](된)
눈길[눈낄](×[눈찔])(센)
눈길[눈낄](×[눙낄])(여)
눈꺼풀[눈꺼풀](×[눙꺼풀])(여)
눈꽃[눈꼳](받)
눈꽃[눈꼳](×[눙꼳])(여)
눈꽃이[눈꼬치](×[눈꼬시])(갈)
눈덩이[눈떵이](된)
눈독[눈똑](된)
눈동자[눈똥자](된)
눈두덩[눈뚜덩](된)
눈만[눈만](×[눔만])(입)
눈망울[눈망울](×[눔망울])(입)
눈물[눈물](×[눔물])(입)
눈물바다[눈물빠다](된)
눈물바다[눈물빠다](×[눔물빠다])(입)

눈물방울[눈물빵울](된)
눈물방울[눈물빵울](×[눔물빵울])(입)
눈물주머니[눈물쭈머니](된)
눈물주머니[눈물쭈머니](×[눔물쭈머니])(입)
눈밭[눈받](받)
눈밭[눈받](×[눔받])(입)
눈밭에[눈바테](×[눈바세])(갈)
눈밭으로[눈바트로](×[눈바스로])(갈)
눈밭을[눈바틀](×[눈바슬])(갈)
눈병[눈뼝](된)
눈병[눈뼝](×[눔뼝])(입)
눈보다[눈보다](×[눔보다])(입)
눈보라[눈보라](×[눔보라])(입)
눈부시다[눈부시다](×[눔부시다])(입)
눈부신[눈부신](×[눔부신])(입)
눈부터[눈부터](×[눔부터])(입)
눈빛[눈삗](된·받)
눈빛[눈삗](×[눔삗])(입)
눈빛에는[눈삐체는](×[눈삐세는])(갈)
눈빛으로[눈삐츠로](×[눈삐스로])(갈)
눈빛을[눈삐츨](×[눈삐슬])(갈)
눈빛이[눈삐치](×[눈삐시])(갈)
눈뿐[눈뿐](×[눔뿐])(입)
눈사람[눈싸람](된)
눈살[눈쌀](된)
눈속임짓[눈소김짇](받)
눈송이[눈쏭이](된)
눈시울[눈씨울](된)
눈요기[눈뇨기]('ㄴ'보탬)
눈짓[눈찓](된·받)
눈치껏[눈치껃](받)
눕기[눕끼](된)
눕는[눔는](콧)
눕니다[눔니다](콧)
눕더니[눕떠니](된)
눕던[눕떤](된)
눕시다[눕씨다](된)

눕자[눕짜](된)
눕히지[누피지](거)
뉘엿뉘엿[뉘연뉘연 → 뉘연뉘연](받→콧)
뉴스거리[뉴스꺼리](된)
느긋하다[느귿하다 → 느그타다](받→거)
느긋한[느귿한 → 느그탄](받→거)
느꼈던[느껻던 → 느껻떤](받→된)
느릿느릿[느릳느릳 → 느린느릳](받→콧)
늑대[늑때](된)
는개[는개](×[능개])(여)
늘그래국과[늘그래국꽈](된)
늙고[늘고 → 늘꼬]('ㄱ'빠짐 → 된)
늙기[늘기 → 늘끼]('ㄱ'빠짐 → 된)
늙지[늑지 → 늑찌]('ㄹ'빠짐 → 된)
늠름[늠늠](콧)
능력[능녁](能力,'력':머ー'ㄹ'본음)(콧)
능률[능뉼](콧)
늦가을[늗가을 → 늗까을](받 → 된)
늦가을[늗까을](×[늑까을])(여)
늦게[늗게 → 늗께](받 → 된)
늦게[늗께](×[늑께])(여)
늦겠다[늗겐다 → 늗껜따](받 → 된)
늦겠다[늗껜따](×[늑껜따])(여)
늦겨울[늗겨울 → 늗껴울](받 → 된)
늦겨울[늗껴울](×[늑껴울])(여)
늦기[늗기 → 늗끼](받 → 된)
늦기[늗끼](×[늑끼])(여)
늦는[늗는 → 는는](받→콧)
늦달이[늗달이 → 늗따리](받 → 된)
늦도록[늗도록 → 늗또록](받 → 된)
늦여름[늗여름 → 는녀름](받→'ㄴ'보탬→콧)
늦잠[늗잠 → 늗짬](받 → 된)
늦지[늗지 → 늗찌](받 → 된)
늦춰[늗춰](받)
늪[늡](받)
늪과[늡과 → 늡꽈](받 → 된)
닙니다[님니다](콧)

ㄷ

다급하다[다그파다](거)
다급한[다그판](거)
다급해[다그패](거)
다급히[다그피](거)
다녀온 일[다녀온닐]('ㄴ'보탬)
다녔다[다녇다 → 다녇따](받→된)
다녔던[다녇던 → 다녇떤](받→된)
다녔지[다녇지 → 다녇찌](받→된)
다닙니다[다님니다](콧)
다닥다닥[다닥따닥](된)
다독거려[다독꺼려](된)
다독다독[다독따독](된)
다듬고[다듬꼬](된)
다듬고[다듬꼬](×[다등꼬])(여)
다듬기[다듬끼](된)
다듬기[다듬끼](×[다등끼])(여)
다락문[다랑문](콧)
다락방[다락빵](된)
다락집[다락찝](된)
다른 일[다른닐]('ㄴ'보탬)
다릅니다[다름니다](콧)
다복하다[다보카다](거)
다섯[다섣](받)
다섯 가지[다섣가지 → 다섣까지](받→된)
다섯 가지[다섣까지](×[다석까지])(여)
다섯 가지[다섣가지 → 다섣까지](받→된)
다섯 권[다섣권 → 다섣꿘](받→된)
다섯 권[다섣꿘](×[다석꿘])(여)
다섯 남매[다섣남매 → 다선남매](받→콧)
다섯 마리[다섣마리 → 다선마리](받→콧)
다섯 마리[다선마리](×[다섬마리])(입)
다섯 면[다섣면 → 다선면](받→콧)
다섯 면[다선면](×[다섬면])(입)
다섯 명[다섣명 → 다선명](받→콧)
다섯 명[다선명](×[다섬명])(입)

다섯 살[다섣살 → 다섣쌀](받→된)
다섯 송이[다섣송이 → 다섣쏭이](받→된)
다섯 시[다섣시 → 다섣씨](받→된)
다섯째[다섣째](받)
다섯 하면[다섣하면 → 다서타면](받→거)
다소곳하다[다소곧하다 → 다소고타다](받→거)
다식도[다식또](된)
다음번[다음뻔](된)
닥나무[당나무](콧)
닥솥에[닥쏘테](된)
닥솥에[닥쏘테](×[닥쏘세])(갈)
닥종이[닥쫑이](된)
닭[닥](받)
닭거[닥거 → 닥꺼](받→된)
닭고[닥고 → 닥꼬](받→된)
닭기[닥기 → 닥끼](받→된)
닭는[닥는 → 당는](받→콧)
닭다[닥다 → 닥따](받→된)
닭던[닥던 → 닥떤](받→된)
닭습니다[닥습니다 → 닥씀니다](받→된·콧)
단계적[단계적/*-게-](×[당계적/-게-])(여→홑)
단골[단골](×[당골])(여)
단기간[단기간](×[당기간])(여)
단련[달련](鍛鍊, '련':머-'ㄹ'본음)(흐)
단맛[단맏](받)
단맛[단맏](×[담맏])(입)
단물[단물](×[담물])(입)
단백질[단백찔](된)
단백질[단백찔](×[담백찔])(입)
단비[단비](×[담비])(입)
단점[단쩜](된)
단축되[단축뙤/-뛔](된)
단축하다[단추카다](거)
단칸방[단칸빵](된)
단칸방[단칸빵](×[당칸빵])(여)
단칸방[단칸빵](×[단캄빵])(입)
단풍잎[단풍입 → 단풍닙](받→'ㄴ'보탬)

닫게[닫께](된)
닫게[닫께](×[닥께])(여)
닫고[닫꼬](된)
닫고[닫꼬](×[닥꼬])(여)
닫네[단네](콧)
닫는[단는](콧)
닫다[닫따](된)
닫지[닫찌](된)
닫혀[닫여 → 다쳐 → 다처](거 → 센 → 홑)
닫히다[닫이다 → 다치다](거 → 센)
닫힌[닫인 → 다친](거 → 센)
달나라[달라라](흐)
달님[달림](흐)
달덩이[달떵이](된)
달래듯[달래듣](받)
달랩니다[달램니다](콧)
달록하다[달로카다](거)
달록한[달로칸](거)
달밤[달빰](된)
달빛[달삗](된 · 받)
달빛에[달삐체](×[달삐세])(갈)
달빛이[달삐치](×[달삐시])(갈)
달성[달썽](된)
달싹거려[달싹꺼려](된)
달음박질[다름박찔](된)
달짝지근[달짝찌근](된)
달착지근[달착찌근](된)
닭[닥]('ㄹ'빠짐)
닭과[닥과 → 닥꽈]('ㄹ'빠짐 → 된)
닭고기[닥고기 → 닥꼬기]('ㄹ'빠짐 → 된)
닭다리[닥다리 → 닥따리]('ㄹ'빠짐 → 된)
닭들[닥들 → 닥뜰]('ㄹ'빠짐 → 된)
닭똥[닥똥]('ㄹ'빠짐)
닭 요리[닥요리 → 당뇨리]('ㄹ'빠짐 → 'ㄴ'보탬 →
　콧)
닭장[닥장 → 닥짱]('ㄹ'빠짐 → 된)
닭전[닥전 → 닥쩐]('ㄹ'빠짐 → 된)

닮고[담고 → 담꼬]('ㄹ'빠짐 → 된)
닮지[담지 → 담찌]('ㄹ'빠짐 → 된)
닳다[달타](거)
닳아[다라]('ㅎ'빠짐)
닳자[달차](거)
담가[담가](×[당가])(여)
담거나[담꺼나](된)
담거나[담꺼나](×[당꺼나])(여)
담겨[담겨](×[당겨])(여)
담고[담꼬](된)
담고[담꼬](×[당꼬])(여)
담그다[담그다](×[당그다])(여)
담근[담근](×[당근])(여)
담기[담끼](된)
담기[담끼](×[당끼])(여)
담기다[담기다](×[당기다])(여)
담긴[담긴](×[당긴])(여)
담다가[담따가](된)
담뱃대[담뱃대 → 담뺃때](받 → 된)
담뱃불[담뱃불 → 담뺃뿔](받 → 된)
담뱃불[담뺃뿔](×[담뱁뿔])(입)
담요[담뇨]('ㄴ'보탬)
담지[담찌](된)
답네[담네](콧)
답답[답땁](된)
답답하다[답따파다](된 · 거)
답답한[답따판](된 · 거)
답답해[답따패](된 · 거)
답례[답녜 → 담녜](答禮, '례':머-'ㄹ'본음)(콧)
답변[답뼌](된)
답장[답짱](된)
답하다[다파다](거)
답한[다판](거)
답해[다패](거)
닷[닫](받)
닷새[닫새 → 닫쌔](받 → 된)
당핏골[당핃골 → 당핃꼴](받 → 된)

당핏골[당핃꼴](×[당픽꼴])(여)
당혹감[당혹깜](된)
닻[닫](받)
닿게[다케](거)
닿는[닫는 → 단는](받 → 콧)
닿도록[다토록](거)
닿아[다아]('ㅎ'빠짐)
닿으니[다으니]('ㅎ'빠짐)
닿은[다은]('ㅎ'빠짐)
닿을[다을]('ㅎ'빠짐)
닿지[다치](거)
대가[대까](代價)(된)
대각선[대각썬](된)
대관령[대괄령](흐)
대기권[대기꿘](된)
대낮같이[대낟같이 → 대낟까치](받 → 된 · 센)
대낮같이[대낟까치](×[대낙까치])(여)
대낮처럼[대낟처럼](받)
대답도[대답또](된)
대답하다[대다파다](거)
대답한[대다판](거)
대답할[대다팔](거)
대답해[대다패](거)
대들보[대들뽀](된)
대략[대략](大略, '략':머-'ㄹ'본음)
대령[대령](待令, '령':머-'ㄹ'본음)
대륙[대륙](大陸, '륙':머-'ㄹ'본음)
대륙과[대륙꽈](된)
대립[대립](對立, '립':머-'ㄹ'본음)
대립되[대립뙤/-뛔](된)
대립될[대립뙬/-뛜](된)
대목만[대몽만](콧)
대수롭지[대수롭찌](된)
대장간[대장깐](된)
대접하다[대저파다](거)
대접한[대저판](거)
대출증[대출쯩](된)

대팻밥[대팯밥 → 대팯빱](받 → 된)
대팻밥[대팯빱](×[대팹빱])(입)
댁과[댁꽈](된)
댓글[댇글 → 댇끌](받 → 된)
댓글[댇끌](×[댁끌])(여)
댓돌[댇돌 → 댇똘](받 → 된)
댓잎[댇입 → 댇닙 → 댄닙](받→'ㄴ'보탬 → 콧)
댔기[댇기 → 댇끼](받 → 된)
댔기[댇끼](×[댁끼])(여)
댔다[댇다 → 댇따](받 → 된)
댔습[댇습 → 댇씁](받 → 된)
댔습니다[댇습니다 → 댇씀니다](받 → 된 · 콧)
댔지[댇지 → 댇찌](받 → 된)
더럽혀[더러펴](거)
더럽히다[더러피다](거)
더욱더[더욱떠](된)
더운물[더운물](×[더움물])(입)
덕도[덕또](된)
덕망[덩망](콧)
덕분[덕뿐](된)
덕수궁[덕쑤궁](된)
덕지[덕찌](된)
덕진[덕찐](된)
덕행[더캥](거)
던지듯[던지듣](받)
덜 익은[덜닉은 → 덜리근]('ㄴ'보탬 → 흐)
덜커덕거리다[덜커덕꺼리다](된)
덥거나[덥꺼나](된)
덥거든[덥꺼든](된)
덥구나[덥꾸나](된)
덥긴[덥낀](된)
덥석[덥썩](된)
덥수룩하다[덥쑤루카다](된 · 거)
덧나[덛나 → 던나](받 → 콧)
덧대어[덛대어 → 덛때어](받 → 된)
덧붙는[덛붇는 → 덛뿐는](받 → 된 · 콧)
덧붙는[덛뿐는](×[덥뿐는])(입)

덧붙여[덛붙여 → 덛뿌쳐 → 덛뿌처](받→ 된ᆞ 셴
　→ 홑)

덧붙여[덛뿌처](×[덥뿌처])(입)

덧붙은[덛붙은 → 덛뿌튼](받→ 된)

덧붙은[덛뿌튼](×[덥뿌튼])(입)

덧붙이기[덛붙이기 → 덛뿌치기](받→ 된ᆞ 셴)

덧붙이기[덛뿌치기](×[덥뿌치기])(입)

덧붙이다[덛붙이다 → 덛뿌치다](받→ 된ᆞ 셴)

덧붙이다[덛뿌치다](×[덥뿌치다])(입)

덧붙이면[덛붙이면 → 덛뿌치면](받→ 된ᆞ 셴)

덧붙이면[덛뿌치면](×[덥뿌치면])(입)

덧붙인[덛붙인 → 덛뿌친](받→ 된ᆞ 셴)

덧붙인[덛뿌친](×[덥뿌친])(입)

덧셈[덛셈 → 덛쎔](받→ 된)

덧신[덛신 → 덛씬](받→ 된)

덩그렇게[덩그러케](거)

덫에[더체](×[더세])(갈)

덮개[덥개 → 덥깨](받→ 된)

덮고[덥고 → 덥꼬](받→ 된)

덮는[덥는 → 덤는](받→ 콧)

덮다[덥다 → 덥따](받→ 된)

덮지[덥지 → 덥찌](받→ 된)

덮쳐[덥쳐 → 덥처](받→ 홑)

덮치다[덥치다](받)

덮치던[덥치던](받)

덮친[덥친](받)

도낏자루[도낃자루 → 도낃짜루](받→ 된)

도넛[도넏](받)

도둑고양이[도둑꼬양이](된)

도둑과[도둑꽈](된)

도둑눈[도둥눈](콧)

도둑도[도둑또](된)

도둑들[도둑뜰](된)

도둑맞은[도둥마즌](콧)

도둑질[도둑찔](된)

도라지꽃은[도라지꼬츤](×[도라지꼬슨])(갈)

도로[도로](道路, ‘로’:머-‘ㄹ’본음)

도리[도리](道理, ‘리’:머-‘ㄹ’본음)

도리깻열[도리깯열 → 도리깬녈](받→ ‘ㄴ’보탬→
　콧)

도망치듯[도망치듣](받)

도시락도[도시락또](된)

도약하다[도야카다](거)

도읍지[도읍찌](된)

도착점[도착쩜](된)

도착하다[도차카다](거)

도착한[도차칸](거)

도착할[도차칼](거)

도착해[도차캐](거)

독간[독깐](된)

독감[독깜](된)

독단적[독딴적](된)

독도[독또](된)

독립[독닙 → 동닙](獨立, ‘립’:머-‘ㄹ’본음)(콧)

독립적[독닙적 → 동닙쩍](콧ᆞ 된)

독새[독쌔](독사)(된)

독서[독써](된)

독성[독썽](된)

독수리[독쑤리](된)

독자[독짜](된)

독자적[독짜적](된)

독촉함[독초캄](거)

독특하다[독트카다](거)

독특한[독트칸](거)

독하다[도카다](거)

독후[도쿠](거)

독후감[도쿠감](거)

돈도해[돈도캐](거)

돈만[돈만](×[돔만])(입)

돈벌이[돈뻐리](된)

돈벌이[돈뻐리](×[돔뻐리])(입)

돈주머니[돈쭈머니](된)

돋고[돋꼬](된)

돋고[돋꼬](×[독꼬])(여)

돋는[돈는](콧)
돋보기[돋뽀기](된)
돋보기[돋뽀기](×[돕뽀기])(입)
돋보이다[돋뽀이다](된)
돋보이다[돋뽀이다](×[돕뽀이다])(입)
돋덩이[돌떵이](된)
돌림병[돌림뼝](된)
돌복도[돌복또](된)
돌복들[돌복뜰](된)
돌부리[돌뿌리](된)
돌상[돌쌍](된)
돌쇠[돌쇠/-쉐](된)
돕게[돕께](된)
돕고[돕꼬](된)
돕기[돕끼](된)
돕는[돔는](콧)
돕지[돕찌](된)
돗자리[돋자리 → 돋짜리](받 → 된)
동갑내기[동감내기](콧)
동그랗게[동그라케](거)
동녘[동녁](받)
동력[동녁](動力, '력':머-'ㄹ'본음)(콧)
동료[동뇨](콧)
동식물[동싱물](콧)
동자꽃이[동자꼬치](×[동자꼬시])(갈)
동점[동쩜](된)
돛대[돋대 → 돋때](받 → 된)
돛처럼[돋처럼](받)
돌[돋](받)
됐거[됃거 → 됃꺼](받 → 된)
됐거[됃꺼](×[돽꺼])(여)
됐고[됃고 → 됃꼬](받 → 된)
됐고[됃꼬](×[돽꼬])(여)
됐구[됃구 → 됃꾸](받 → 된)
됐구[됃꾸](×[돽꾸])(여)
됐군[됃군 → 됃꾼](받 → 된)
됐군[됃꾼](×[돽꾼])(여)

됐기[됃기 → 됃끼](받 → 된)
됐기[됃끼](×[돽끼])(여)
됐는[됃는 → 댄는](받 → 콧)
됐니[됃니 → 댄니](받 → 콧)
됐다[됃다 → 됃따](받 → 된)
됐대[됃대 → 됃때](받 → 된)
됐더[됃더 → 됃떠](받 → 된)
됐습[됃습 → 됃씁](받 → 된)
됐습니다[됃습니다 → 됃씀니다](받 → 된 · 콧)
됐자[됃자 → 됃짜](받 → 된)
됐지[됃지 → 됃찌](받 → 된)
된 일[된닐/뒌-]('ㄴ'보탬)
된장국[된장꾹/뒌-](된)
될 리[될리/뒐-](理, '리':머-'ㄹ'본음)
될 일[될닐 → 될릴/뒐-]('ㄴ'보탬 → 흐)
됩니다[됨니다/뒘-](콧)
두 골[두꼴](된)
두껍게[두껍께](된)
두껍고[두껍꼬](된)
두껍다[두껍따](된)
두껍지[두껍찌](된)
두둑두둑[두둑뚜둑](된)
두둑하다[두두카다](거)
두둑할[두두칼](거)
두런거리다[두런거리다](×[두렁거리다])(여)
두렵다[두렵따](된)
두렵습니다[두렵씀니다](된 · 콧)
두만강[두만강](×[두망강])(여)
두텁다[두텁따](된)
둡시다[둡씨다](된)
둥그렇게[둥그러케](거)
둥그렇기[둥그러키](거)
뒀다[뒏다 → 뒏따](받 → 된)
뒤꼍으로[뒤껻트로](×[뒤껴스로])(갈)
뒤늦게[뒤는게 → 뒤는께](받 → 된)
뒤늦게[뒤는께](×[뒤늗께])(여)
뒤적거리[뒤적꺼리](된)

뒤죽박죽[뒤죽빠쭉](된)
뒤지듯[뒤지듣](받)
뒤집게[뒤집께](된)
뒤집고[뒤집꼬](된)
뒤집혀[뒤지펴](거)
뒤집힌[뒤지핀](거)
뒤쫓는[뒤쫀는 → 뒤쫀는](받 → 콧)
뒤쫓다[뒤쫃다 → 뒤쫃따](받 → 된)
뒷걸음[뒫걸음 → 뒫꺼름](받 → 된)
뒷걸음[뒫꺼름](×[뒥꺼름])(여)
뒷골목[뒫골목 → 뒫꼴목](받 → 된)
뒷골목[뒫꼴목](×[뒥꼴목])(여)
뒷날[뒫날 → 뒨날](받 → 콧)
뒷다리[뒫다리 → 뒫따리](받 → 된)
뒷담[뒫담 → 뒫땀](받 → 된)
뒷덜미[뒫덜미 → 뒫떨미](받 → 된)
뒷마당[뒫마당 → 뒨마당](받 → 콧)
뒷마당[뒨마당](×[뒴마당])(입)
뒷마을[뒫마을 → 뒨마을](받 → 콧)
뒷마을[뒨마을](×[뒴마을])(입)
뒷말[뒫말 → 뒨말](받 → 콧)
뒷말[뒨말](×[뒴말])(입)
뒷머리[뒫머리 → 뒨머리](받 → 콧)
뒷머리[뒨머리](×[뒴머리])(입)
뒷면[뒫면 → 뒨면](받 → 콧)
뒷면[뒨면](×[뒴면])(입)
뒷모습[뒫모습 → 뒨모습](받 → 콧)
뒷모습[뒨모습](×[뒴모습])(입)
뒷문[뒫문 → 뒨문](받 → 콧)
뒷문[뒨문](×[뒴문])(입)
뒷받침[뒫받침 → 뒫빧침](받 → 된)
뒷받침[뒫빧침](×[뒵빧침])(입)
뒷발[뒫발 → 뒫빨](받 → 된)
뒷발[뒫빨](×[뒵빨])(입)
뒷발질[뒫발질 → 뒫빨질](받 → 된)
뒷발질[뒫빨질](×[뒵빨질])(입)
뒷밭[뒫받 → 뒫빧](받 → 된)

뒷밭[뒫빧](×[뒵빧])(입)
뒷벽[뒫벽 → 뒫뼉](받 → 된)
뒷벽[뒫뼉](×[뒵뼉])(입)
뒷부분[뒫부분 → 뒫뿌분](받 → 된)
뒷부분[뒫뿌분](×[뒵뿌분])(입)
뒷사람[뒫사람 → 뒫싸람](받 → 된)
뒷산[뒫산 → 뒫싼](받 → 된)
뒷이야기[뒫이야기 → 뒨니야기](받 → 'ㄴ'보탬 →
　　콧)
뒷일[뒫일 → 뒨닐 → 뒨닐](받 → 'ㄴ'보탬 → 콧)
뒷자리[뒫자리 → 뒫짜리](받 → 된)
뒷장불[뒫장불 → 뒫짱불](받 → 된)
뒷전[뒫전 → 뒫쩐](받 → 된)
뒷짐[뒫짐 → 뒫찜](받 → 된)
드립니다[드림니다](콧)
득실[득씰](된)
득점[득쩜](된)
듣거든[듣꺼든](된)
듣거든[듣꺼든](×[득꺼든])(여)
듣게[듣께](된)
듣게[듣께](×[득께])(여)
듣고[듣꼬](된)
듣고[듣꼬](×[득꼬])(여)
듣기[듣끼](된)
듣기[듣끼](×[득끼])(여)
듣는[든는](콧)
듣다[듣따](된)
듣더니[듣떠니](된)
듣던[듣떤](된)
듣도록[듣또록](된)
듣사옵고[듣싸옵꼬](된)
듣습니다[듣씀니다](된·콧)
듣자[듣짜](된)
듣잖니[듣짢니 → 듣짠니](된·'ㅎ'빠짐)
듣잖아[듣짢아 → 듣짜나](된·'ㅎ'빠짐)
듣지[듣찌](된)
들길[들낄](된)

들길[들낄](×[들찔])(센)
들꽃[들꼳](받)
들꽃이[들꼬치](×[들꼬시])(갈)
들녘[들녁 → 들력](받 → 흐)
들락거리다[들락꺼리다](된)
들락날락[들랑날락](콧)
들릴락 말락[들릴랑말락](콧)
들먹거리다[들먹꺼리다](된)
들소[들쏘](된)
들썩거리다[들썩꺼리다](된)
들썩하다[들써카다](거)
들을 일[들을닐 → 드를릴]('ㄴ'보탬 → 흐)
들일[들닐 → 들릴]('ㄴ'보탬 → 흐)
들쥐[들쮜](된)
들짐승[들찜승](된)
들쭉날쭉[들쭝날쭉](콧)
듭니다[듬니다](콧)
듭시다[듭씨다](된)
듯[듣](받)
듯만[듣만 → 든만](받 → 콧)
듯하다[듣하다 → 드타다](받 → 거)
듯한[듣한 → 드탄](받 → 거)
듯해[듣해 → 드태](받 → 거)
등곳길[등곧길 → 등곧낄](받 → 된)
등곳길[등곧낄](×[등곡낄])(여)
등곧길[등곧낄](×[등곧찔])(센)
등댓불[등댇불 → 등댇뿔](받 → 된)
등댓불[등댇뿔](×[등댑뿔])(입)
등딱지[등딱찌](된)
등록[등녹](登錄, '록':머-'ㄹ'본음)(콧)
등반가[등반가](×[등방가])(여)
등불[등뿔](된)
등산로[등산노](콧)
등잔불[등잔뿔](된)
등잔불[등잔뿔](×[등잠뿔])(입)
등줄기[등쭐기](된)
등짐[등찜](된)

등하굣길[등하굗길 → 등하굗낄](받 → 된)
등하굗길[등하굗낄](×[등하굑낄])(여)
등하굗길[등하굗낄](×[등하굗찔])(센)
디딤돌[디딤똘](된)
디자인권[디자인꿘](된)
딛고[딛꼬](된)
딛고[딛꼬](×[딕꼬])(여)
따갑고[따갑꼬](된)
따갑도록[따갑또록](된)
따뜻하다[따뜯하다 → 따뜨타다](받 → 거)
따뜻한[따뜯한 → 따뜨탄](받 → 거)
따뜻함[따뜯함 → 따뜨탐](받 → 거)
따뜻해[따뜯해 → 따뜨태](받 → 거)
따라왔[따라왇](받)
따릿골[따릳골 → 따릳꼴](받 → 된)
따릿골[따릳꼴](×[따릭꼴])(여)
따먹기[따먹끼](된)
딱딱하다[딱따카다](거)
딱딱해[딱따캐](거)
딱정벌레[딱쩡벌레](된)
딱지[딱찌](된)
딱하[따카](거)
딱한[따칸](거)
딱히[따키](거)
딸꾹질[딸꾹찔](된)
땀방울[땀빵울](된)
땄습[땄습 → 딴씁](받 → 된)
땄습니다[땄습니다 → 딴씀니다](받 → 된·콧)
땅덩이[땅떵이](된)
땅바닥[땅빠닥](된)
땅속[땅쏙](된)
땋은[따은]('ㅎ'빠짐)
땔감[땔깜](된)
땔나무[땔라무](흐)
땟국[땓국 → 땓꾹](받 → 된)
땟국[땓꾹](×[땍꾹])(여)
떡갈나무[떡깔라무](된·흐)

떡갈비[떡깔비](된)

떡국[떡꾹](된)

떡도[떡또](된)

떡 먹기[떵먹끼](콧 · 된)

떡메[떵메](콧)

떡방아[떡빵아](된)

떡볶이[떡뽀끼](된)

떡살[떡쌀](된)

떡시루[떡씨루](된)

떡잎[떡입 → 떡닙 → 떵닙](받→'ㄴ'보탬 → 콧)

떡조개[떡쪼개](된)

떡집[떡찝](된)

떡하다[떠카다](거)

떫다[떨다 → 떨따]('ㅂ'빠짐 → 된)

떱니다[떰니다](콧)

떴나[떧나 → 떤나](받→콧)

떴다[떧다 → 떧따](받→된)

떴습[덛습 → 떧씁](받→된)

떴습니다[떧습니다 → 떧씀니다](받→된 · 콧)

떴지[떧지 → 떧찌](받→된)

또각거리다[또각꺼리다](된)

또렷하다[또렫하다 → 또려타다](받→거)

또렷한[또렫한 → 또려탄](받→거)

또렷해[또렫해 → 또려태](받→거)

또박또박하다[또박또바카다](거)

똑같고[똑갇고 → 똑깓꼬](받→된)

똑같고[똑깓꼬](×[똑각꼬])(여)

똑같구나[똑갇구나 → 똑깓꾸나](받→된)

똑같기[똑갇기 → 똑깓끼](받→된)

똑같다[똑갇다 → 똑깓따](받→된)

똑같애[똑까태](된)

똑같은[똑까튼](된)

똑같이[똑깓이 → 똑까치](된 → 센)

똑똑지[똑똑찌](된)

똑똑하다[독또카다](거)

똑똑한[똑또칸](거)

똑똑할[똑또칼](거)

똑똑해[똑또캐](거)

똑똑히[똑또키](거)

똑바로[똑빠로](된)

똥개[똥깨](된)

뚜렷하다[뚜렫하다 → 뚜려타다](받→거)

뚝배기[뚝빼기](된)

뚫고[뚤코](거)

뚫는[뚤는 → 뚤른]('ㅎ'빠짐 → 흐)

뚫어[뚜러]('ㅎ'빠짐)

뚫을[뚜를]('ㅎ'빠짐)

뚫음[뚜름]('ㅎ'빠짐)

뚫린[뚤린]('ㅎ'빠짐)

뚫릴[뚤릴]('ㅎ'빠짐)

뜁니다[뜀니다](콧)

뜨겁다[뜨겁따](된)

뜯겨[뜯껴](된)

뜯겨[뜯껴](×[뜨껴])(여)

뜯고[뜯꼬](된)

뜯고[뜯꼬](×[뜨꼬])(여)

뜯기[뜯끼](된)

뜯기[뜯끼](×[뜨끼])(여)

뜯는[뜬는](콧)

뜯지[뜯찌](된)

뜻[뜯](받)

뜻과[뜯과 → 뜯꽈](받→된)

뜻과[뜯꽈](×[뜨꽈])(여)

뜻대로[뜯대로 → 뜯때로](받→된)

뜻도[뜯도 → 뜯또](받→된)

뜻밖[뜯박 → 뜯빡](받→된)

뜻밖[뜯빡](×[뜹빡])(입)

뜻밖에[뜯박에 → 뜯빠께](받→된)

뜻밖에[뜯빠께](×[뜹빠께])(입)

뜻풀이[뜯푸리](받)

뜻풀이[뜯푸리](×[뜹푸리])(입)

뜻하다[뜯하다 → 뜨타다](받→거)

뜻한[뜯한 → 뜨탄](받→거)

뜻함[뜯함 → 뜨탐](받→거)

초등국어의 표기와 발음

뜻해[뜻해 → 뜨태](받 → 거)

ㄹ

라면류[라면뉴](콧)
랍니다[람니다](콧)
랐게[랃게 → 랃께](받 → 된)
랐게[랃께](×[락께])(여)
랐기[랃기 → 랃끼](받 → 된)
랐기[랃끼](×[락끼])(여)
랐나[랃나 → 란나](받 → 콧)
랐는[랃는 → 란는](받 → 콧)
랐다[랃다 → 랃따](받 → 된)
랐답[랃답 → 랃땁](받 → 된)
랐습[랃습 → 랃씁](받 → 된)
랐습니다[랃습니다 → 랃씀니다](받 → 된 · 콧)
랐지[랃지 → 랃찌](받 → 된)
랬거[랟거 → 랟꺼](받 → 된)
랬거[랟꺼](×[랙꺼])(여)
랬건[랟건 → 랟껀](받 → 된)
랬건[랟껀](×[랙껀])(여)
랬구[랟구 → 랟꾸](받 → 된)
랬구[랟꾸](×[랙꾸])(여)
랬기[랟기 → 랟끼](받 → 된)
랬기[랟끼](×[랙끼])(여)
랬는[랟는 → 랜는](받 → 콧)
랬니[랟니 → 랜니](받 → 콧)
랬다[랟다 → 랟따](받 → 된)
랬더[랟더 → 랟떠](받 → 된)
랬던[랟던 → 랟떤](받 → 된)
랬습[랟습 → 랟씁](받 → 된)
랬습니다[랟습니다 → 랟씀니다](받 → 된 · 콧)
랬자[랟자 → 랟짜](받 → 된)
랬지[랟지 → 랟찌](받 → 된)
럭비[럭삐](된)
럽니다[럼니다](콧)

렀거[럳거 → 럳꺼](받 → 된)
렀거[럳꺼](×[럭꺼])(여)
렀기[럳기 → 럳끼](받 → 된)
렀기[럳끼](×[럭끼])(여)
렀나[럳나 → 런나](받 → 콧)
렀는[럳는 → 런는](받 → 콧)
렀다[럳다 → 럳따](받 → 된)
렀당[럳당 → 럳땅](받 → 된)
렀더[럳더 → 럳떠](받 → 된)
렀습[럳습 → 럳씁](받 → 된)
렀습니다[럳습니다 → 럳씀니다](받 → 된 · 콧)
렀지[럳지 → 럳찌](받 → 된)
렸거[럳거 → 럳꺼](받 → 된)
렸거[럳꺼](×[럭꺼])(여)
렸고[럳고 → 럳꼬](받 → 된)
렸고[럳꼬](×[럭꼬])(여)
렸구[럳구 → 럳꾸](받 → 된)
렸구[럳꾸](×[럭꾸])(여)
렸기[럳기 → 럳끼](받 → 된)
렸기[럳끼](×[럭끼])(여)
렸나[럳나 → 런나](받 → 콧)
렸는[럳는 → 런는](받 → 콧)
렸니[럳니 → 런니](받 → 콧)
렸다[럳다 → 럳따](받 → 된)
렸단[럳단 → 럳딴](받 → 된)
렸답[럳답 → 럳땁](받 → 된)
렸대[럳대 → 럳때](받 → 된)
렸더[럳더 → 럳떠](받 → 된)
렸소[럳소 → 럳쏘](받 → 된)
렸습[럳습 → 럳씁](받 → 된)
렸습니다[럳습니다 → 럳씀니다](받 → 된 · 콧)
렸자[럳자 → 럳짜](받 → 된)
렸지[럳지 → 럳찌](받 → 된)
로봇[로볻](받)
로봇도[로볻도 → 로볻또](받 → 된)
로봇처럼[로볻처럼](받)
룹니다[룸니다](콧)

릅니다[름니다](콧)
립니다[림니다](콧)

ㅁ

마구간[마구깐](된)
마녀[마녀](魔女, '녀': 며-ᄂ 본음)
마늘종[마늘쫑](된)
마뜩잖은[마뜩짜는](된·'ㅎ'빠짐)
마룻바닥[마룯바닥 → 마룯빠닥](받→된)
마룻바닥[마룯빠닥](×[마룹빠닥])(입)
마룻장[마룯장 → 마룯짱](받→된)
마릿수[마릳수 → 마릳쑤](받→된)
마법과[마법꽈](된)
마법사[마법싸](된)
마술사[마술싸](된)
마음껏[마음껃](받)
마음속[마음쏙](된)
막강[막깡](된)
막고[막꼬](된)
막걸리[막껄리](된)
막기[막끼](된)
막내[망내](콧)
막 눈물[망눈물](콧)
막는[망는](콧)
막다[막따](된)
막대[막때](된)
막대기[막때기](된)
막더군[막떠군](된)
막돌이[막또리](된)
막된[막뙨/-뛘](된)
막막하다[망마카다](콧·거)
막막함[망마캄](콧·거)
막막히[망마키](콧·거)
막만[망만](콧)
막무가내[망무가내](콧)

막바지[막빠지](된)
막상[막쌍](된)
막지[막찌](된)
막진[막찐](된)
막하다[마카다](거)
막혀[마켜](거)
막히다[마키다](거)
막힌[마킨](거)
막힐[마킬](거)
막힘[마킴](거)
만강[만강](×[망강])(여)
만년[만년](萬年, '년': 며-ᄂ 본음)
만듦[만듬]('ㄹ'빠짐)
만리[말리](흐)
만리장성[말리장성](흐)
만물[만물](×[맘물])(입)
만물상[만물쌍](된)
만물상[만물쌍](×[맘물쌍])(입)
만병[만병](×[맘병])(입)
만점[만쩜](된)
만족과[만족꽈](된)
만족스럽다[만족쓰럽따](된)
만족하다[만조카다](거)
만족할[만조칼](거)
만지작거리다[만지작꺼리다](된)
만큼[만큼](×[망큼])(여)
많거나[만커나](거)
많거나[만커나](×[망커나])(여)
많게[만케](거)
많게[만케](×[망케])(여)
많고[만코](거)
많고[만코](×[망코])(여)
많구[만쿠](거)
많구[만쿠](×[망쿠])(여)
많기[만키](거)
많기[만키](×[망키])(여)
많네[만네]('ㅎ'빠짐)

초등국어의 표기와 발음

많다[만타](거)
많단[만탄](거)
많더니[만터니](거)
많습니다[만습니다 → 만씀니다]('ㅎ'빠짐 → 된·콧)
많아[마나]('ㅎ'빠짐)
많으니[마느니]('ㅎ'빠짐)
많은[마는]('ㅎ'빠짐)
많을[마늘]('ㅎ'빠짐)
많음[마금]('ㅎ'빠짐)
많이[마니]('ㅎ'빠짐)
많잖아[만차나](거·'ㅎ'빠짐)
많지[만치](거)
맏이[마지](센)
말갛게[말가케](거)
말귀[말뀌](된)
말끝[말끋](받)
말끝에[말끄테](×[말끄세])(갈)
말끝을[말끄틀](×[말끄슬])(갈)
말놀이[말로리](흐)
말뚝박기[말뚝빡끼](된)
말버릇[말버른 → 말뻐른](받 → 된)
말소리[말쏘리](된)
말수[말쑤](된)
말주머니[말쭈머니](된)
맑게[말게 → 말께]('ㄱ'빠짐 → 된)
맑고[말고 → 말꼬]('ㄱ'빠짐 → 된)
맑기[말기 → 말끼]('ㄱ'빠짐 → 된)
맑다[막다 → 막따]('ㄹ'빠짐 → 된)
맑디[막디 → 막떠]('ㄹ'빠짐 → 된)
맑디[막디 → 막띠]('ㄹ'빠짐 → 된)
맑지[막지 → 막찌]('ㄹ'빠짐 → 된)
맙니다[맘니다](콧)
맙시다[맙씨다](된)
맛[맏](받)
맛깔[맏깔](받)
맛깔[맏깔](×[막깔])(여)
맛과[맏과 → 맏꽈](받 → 된)

맛과[맏꽈](×[막꽈])(여)
맛나[맏나 → 만나](받 → 콧)
맛난[맏난 → 만난](받 → 콧)
맛도[맏도 → 맏또](받 → 된)
맛만[맏만 → 만만](받 → 콧)
맛만[만만](×[맘만])(입)
맛보다[맏보다 → 맏뽀다](받 → 된)
맛보다[맏뽀다](×[맙뽀다])(입)
맛보려고[맏보려고 → 맏뽀려고](받 → 된)
맛보려고[맏뽀려고](×[맙뽀려고])(입)
맛볼[맏볼 → 맏뽈](받 → 된)
맛볼[맏뽈](×[맙뽈])(입)
맛있게[맏읻게 → 마딛께](받 → 된)
맛있게[마딛께](×[마딕께])(여)
맛있겠다[맏읻겓다 → 마딛껟따](받 → 된)
맛있겠다[마딛껟따](×[마딕껟따])(여)
맛있다[맏읻다 → 마딛따](받 → 된)
맛있다[맏읻다 → 마싣따](받 → 된)
맛집[맏집 → 맏찝](받 → 된)
맛태기[만태기](받)
망극하다[망그카다](거)
맞거든[맏거든 → 맏꺼든](받 → 된)
맞거든[맏꺼든](×[막꺼든])(여)
맞게[맏게 → 맏께](받 → 된)
맞게[맏께](×[막께])(여)
맞고[맏고 → 맏꼬](받 → 된)
맞고[맏꼬](×[막꼬])(여)
맞구[맏구 → 맏꾸](받 → 된)
맞구[맏꾸](×[막꾸])(여)
맞기[맏기 → 맏끼](받 → 된)
맞기[맏끼](×[막끼])(여)
맞긴[맏긴 → 맏낀](받 → 된)
맞긴[맏낀](×[막낀])(여)
맞나[맏나 → 만나](받 → 콧)
맞네[맏네 → 만네](받 → 콧)
맞는[맏는 → 만는](받 → 콧)
맞니[맏니 → 만니](받 → 콧)

맞다[맏다 → 맏따](받 → 된)
맞단다[맏단다 → 맏딴다](받 → 된)
맞당게[맏당게 → 맏땅께](받 → 된)
맞닿는[맏닿는 → 맏딴는](받 → 된 · 콧)
맞닿아[맏닿아 → 맏따아](받 → 된 · 'ㅎ'빠짐)
맞닿은[맏닿은 → 맏따은](받 → 된 · 'ㅎ'빠짐)
맞대다[맏대다 → 맏때다](받 → 된)
맞더니[맏더니 → 맏떠니](받 → 된)
맞도록[맏도록 → 맏또록](받 → 된)
맞들면[맏들면 → 맏뜰면](받 → 된)
맞물리게[맏물리게 → 만물리게](받 → 콧)
맞물리게[만물리게](×[맘물리게])(입)
맞물리다[맏물리다 → 만물리다](받 → 콧)
맞물리다[만물리다](×[맘물리다])(입)
맞받아[맏받아 → 맏빠다](받 → 된)
맞받아[맏빠다](×[맙빠다])(입)
맞부딪치[맏부딪치 → 맏뿌딛치](받 → 된)
맞부딪치[맏뿌딛치](×[맙뿌딛치])(입)
맞서[맏서 → 맏써](받 → 된)
맞선[맏선 → 맏썬](받 → 된)
맞설[맏설 → 맏썰](받 → 된)
맞습니다[맏습니다 → 맏씀니다](받 → 된 · 콧)
맞았습니다[맞앋습니다 → 마잗씀니다](받 → 된 · 콧)
맞잖아[맏잖아 → 맏짜나](받 → 된 · 'ㅎ'빠짐)
맞잡아[맏잡아 → 맏짜바](받 → 된)
맞장구[맏장구 → 맏짱구](받 → 된)
맞지[맏지 → 맏찌](받 → 된)
맞추고[맏추고](받)
맞추다[맏추다](받)
맞추어[맏추어](받)
맞춤[맏춤](받)
맞춤법[맏춤법 → 맏춤뻡](받 → 된)
맞춰[맏춰](받)
맞혀[마쳐 → 마처](거 → 홑)
맞히기[마치기](거)
맞히다[마치다](거)

맞힌[마친](거)
맞힐[마칠](거)
맡게[맏게 → 맏께](받 → 된)
맡게[맏께](×[막께])(여)
맡겨[맏겨 → 맏껴](받 → 된)
맡겨[맏껴](×[막껴])(여)
맡고[맏고 → 맏꼬](받 → 된)
맡고[맏꼬](×[막꼬])(여)
맡기다[맏기다 → 맏끼다](받 → 된)
맡기다[맏끼다](×[막끼다])(여)
맡긴[맏긴 → 맏낀](받 → 된)
맡긴[맏낀](×[막낀])(여)
맡길[맏길 → 맏낄](받 → 된)
맡길[맏낄](×[막낄])(여)
맡는[맏는 → 만는](받 → 콧)
맡다[맏다 → 맏따](받 → 된)
맡습니다[맏습니다 → 맏씀니다](받 → 된 · 콧)
맡지[맏지 → 맏찌](받 → 된)
매력과[매력꽈](된)
매력적[매력쩍](된)
매밋과[매믿과 → 매믿꽈](받 → 된)
매밋과[매믿꽈](×[매믹꽈])(여)
매혹적[매혹쩍](된)
맥락[맥낙 → 맹낙](콧)
맨머리[맨머리](×[맴머리])(입)
맨몸[맨몸](×[맴몸])(입)
맨발[맨발](×[맴발])(입)
맵고[맵꼬](된)
맵니다[맴니다](콧)
맵다[맵따](된)
맵시다[맵씨다](된)
맵지[맵찌](된)
맷돌[맫돌 → 맫똘](받 → 된)
맸다[맫다 → 맫따](받 → 된)
맹랑[맹낭](콧)
맺고[맫고 → 맫꼬](받 → 된)
맺고[맫꼬](×[맥꼬])(여)

초등국어의 표기와 발음

맺기[맫기 → 맫끼](받 → 된)
맺기[맫끼](×[맥끼])(여)
맺는[맫는 → 맨는](받 → 콧)
맺혀[매쳐 → 매처](거 → 홑)
맺힌[매친](거)
머금고[머금꼬](된)
머금고[머금꼬](×[머긍꼬])(여)
머리맡에[머리마테](×[머리마세])(갈)
머릿속[머릳속 → 머릳쏙](받 → 된)
머뭇거려[머묻거려 → 머묻꺼려](받 → 된)
머뭇거려[머묻꺼려](×[머묵꺼려])(여)
머뭇거리다[머묻거리다 → 머묻꺼리다](받 → 된)
머뭇거리다[머묻꺼리다](×[머묵꺼리다])(여)
머뭇머뭇[머묻머묻 → 머문머묻](받 → 콧)
머뭇머뭇[머문머묻](×[머뭄머묻])(입)
머뭇하다[머묻하다 → 머무타다](받 → 거)
먹거나[먹꺼나](된)
먹게[먹께](된)
먹고[먹꼬](된)
먹구름[먹꾸름](된)
먹기[먹끼](된)
먹나[멍나](콧)
먹느니[멍느니](콧)
먹는[멍는](콧)
먹다가[먹따가](된)
먹던[먹떤](된)
먹도록[먹또록](된)
먹듯[먹뜯](된 · 받)
먹먹할[멍머칼](콧 · 거)
먹먹히[멍머키](콧 · 거)
먹물[멍물](콧)
먹보[먹뽀](된)
먹습니다[먹씀니다](된 · 콧)
먹습디다[먹씁띠다](된)
먹었거든[먹얻거든 → 머걷꺼든](받 → 된)
먹었거든[머걷꺼든](×[머거꺼든])(여)
먹었구[먹얻구 → 머걷꾸](받 → 된)
먹었구[머걷꾸](×[머걱꾸])(여)
먹었기[먹얻기 → 머걷끼](받 → 된)
먹었기[머걷끼](×[머걱끼])(여)
먹음직스러[머금직쓰러](된)
먹자[먹짜](된)
먹잖니[먹짠니](된 · 'ㅎ'빠짐)
먹잖아[먹짜나](된 · 'ㅎ'빠짐)
먹지[먹찌](된)
먹혀[머켜](거)
먹히다[머키다](거)
먼바다[먼바다](×[멈바다])(입)
먼빛으로[먼비츠로](×[멈비츠로])(입)
먼빛으로[먼비츠로](×[먼비스로])(갈)
먼젓번[먼젇번 → 먼젇뻔](받 → 된)
먼젓번[먼젇뻔](×[먼접뻔])(입)
멀쑥하다[멀쑤카다](거)
멂[멈]('ㄹ'빠짐)
멈칫[멈칟](받)
멈칫하다[멈칟하다 → 멈치타다](받 → 거)
멋과[먿과 → 먿꽈](받 → 된)
멋과[먿꽈](×[먹꽈])(여)
멋대로[먿대로 → 먿때로](받 → 된)
멋있게[먿인게 → 머딛께](받 → 된)
멋있게[머딛께](×[머딕께])(여)
멋있게[먿읻게 → 머싣께](받 → 된)
멋있게[머싣께](×[머식께])(여)
멋있다[먿인다 → 머딛따](받 → 된)
멋있다[먿읻다 → 머싣따](받 → 된)
멋쟁이[먿쟁이 → 먿쩽이](받 → 된)
멋져[먿져 → 먿쪄 → 먿쩌](받 → 된 → 홑)
멋지다[먿지다 → 먿찌다](받 → 된)
멋진[먿진 → 먿찐](받 → 된)
멋진 일[먿진일 → 먿찐닐](받 → 된 → 'ㄴ'보탬)
멋질[먿질 → 먿찔](받 → 된)
멋쩍어[먿쩌거](받)
멋쩍은[먿쩌근](받)
멋 하냐[먿하냐 → 머타냐](받 → 거)

멎는[먿는 → 먼는](받 → 콧)
메밀밭[메밀받](받)
메밀밭을[메밀바틀](×[메밀바슬])(갈)
멧돼지[멛돼지 → 멛뙈지](받 → 된)
멨습[멛습 → 멛씁](받 → 된)
멨습니다[멛습니다 → 멛씁니다](받 → 된·콧)
멱살[멱쌀](된)
면역력[며녁녁 → 며녕녁](콧)
명랑[명낭](콧)
멸종[멸쫑](된)
명령[명녕](命令, '령':머-'ㄹ'본음)(콧)
명백하다[명배카다](거)
명확하다[명화카다](거)
명확히[명화키](거)
멨다[멛다 → 멛따](받 → 된)
멨습[멛습 → 멛씁](받 → 된)
멨습니다[멛습니다 → 멛씁니다](받 → 된·콧)
명줄[명쭐](된)
몇[멷](받)
몇 가지[멷가지 → 멷까지](받 → 된)
몇 가지[멷까지](×[멱까지])(여)
몇 개[멷개 → 멷깨](받 → 된)
몇 개[멷깨](×[멱깨])(여)
몇 걸음[멷걸음 → 멷꺼름](받 → 된)
몇 걸음[멷꺼름](×[멱꺼름])(여)
몇 겹[멷겹 → 멷꼅](받 → 된)
몇 겹[멷꼅](×[멱꼅])(여)
몇 굽이[멷굽이 → 멷꾸비](받 → 된)
몇 굽이[멷꾸비](×[멱꾸비])(여)
몇 권[멷권 → 멷꿘](받 → 된)
몇 권[멷꿘](×[멱꿘])(여)
몇 글자[멷글자 → 멷끌짜](받 → 된)
몇 글자[멷끌짜](×[멱끌짜])(여)
몇 날[멷날 → 면날](받 → 콧)
몇 년[멷년 → 면년](年, '년':머-'ㄴ'본음)(받 → 콧)
몇 달[멷달 → 멷딸](받 → 된)
몇 대[멷대 → 멷때](받 → 된)

몇 마디[멷마디 → 면마디](받 → 콧)
몇 마디[면마디](×[멈마디])(입)
몇 마리[멷마리 → 면마리](받 → 콧)
몇 마리[면마리](×[멈마리])(입)
몇 막[멷막 → 면막](받 → 콧)
몇 막[면막](×[멈막])(입)
몇만[멷만 → 면만](받 → 콧)
몇만[면만](×[멈만])(입)
몇 명[멷명 → 면명](받 → 콧)
몇 명[면명](×[멈명])(입)
몇몇[멷멷 → 면면](받 → 콧)
몇몇[면면](×[멈면])(입)
몇 문단[멷문단 → 면문단](받 → 콧)
몇 문단[면문단](×[멈문단])(입)
몇 바퀴[멷바퀴 → 멷빠퀴](받 → 된)
몇 바퀴[멷빠퀴](×[멥빠퀴])(입)
몇 발짝[멷발짝 → 멷빨짝](받 → 된)
몇 발짝[멷빨짝](×[멥빨짝])(입)
몇백[멷백 → 멷빽](받 → 된)
몇백[멷빽](×[멥빽])(입)
몇 번[멷번 → 멷뻔](받 → 된)
몇 번[멷뻔](×[멥뻔])(입)
몇 부분[멷부분 → 멷뿌분](받 → 된)
몇 부분[멷뿌분](×[멥뿌분])(입)
몇 분[멷분 → 멷뿐](받 → 된)
몇 분[멷뿐](×[멥뿐])(입)
몇 살[멷살 → 멷쌀](받 → 된)
몇 숟가락[멷숟가락 → 멷쑫까락](받 → 된)
몇 숟가락[멷쑫까락](×[멷쑥까락])(여)
몇 시[멷시 → 멷씨](받 → 된)
몇 시간[멷시간 → 멷씨간](받 → 된)
몇십[멷십 → 멷씹](받 → 된)
몇십 년[멷십년 → 면씸년](年, '년':머-'ㄴ'본음)(받
    → 된·콧)
몇십 리[멷십리 → 면씸니](里, '리':머-'ㄹ'본음)(받
    → 된·콧)
몇은[며튼](×[며슨])(갈)

초등국어의 표기와 발음

몇 자[멷자 → 멷짜](받 → 된)
몇 장[멷장 → 멷짱](받 → 된)
몇 주[멷주 → 멷쭈](받 → 된)
몇 집[멷집 → 멷찝](받 → 된)
몇천[멷천](받)
몇천 년[멷천년](年, '년':머→ㄴ'본음)(받)
몇 학년[멷학년 → 며탕년](받 → 거 · 콧)
모닥불[모닥뿔](된)
모락모락[모랑모락](콧)
모래밭이나[모래바치나](센)
모래밭이나[모래바치나](×[모래바시나])(갈)
모랫길[모랟길 → 모랟낄](받 → 된)
모랫길[모랟낄](×[모랙낄])(여)
모랫길[모랟낄](×[모랟찔])(센)
모랫돌[모랟돌 → 모랟똘](받 → 된)
모르잖소[모르잔소 → 모르잔쏘]('ㅎ'빠짐 → 된)
모를 일[모를닐 → 모를릴]('ㄴ'보탬 → 흐)
모습과[모습꽈](된)
모습도[모습또](된)
모습들[모습뜰](된)
모습만[모슴만](콧)
모시듯[모시듣](받)
모음자[모음짜](된)
목걸이[목꺼리](된)
목격[목껵](된)
목과[목꽈](된)
목구멍[목꾸멍](된)
목 놓아[몽놓아 → 몽노아](콧 → 'ㅎ'빠짐)
목덜미[목떨미](된)
목도리[목또리](된)
목돈[목똔](된)
목동[목똥](된)
목둘레[목뚤레](된)
목련[목년 → 몽년](木蓮, '련':머→ㄹ'본음)(콧)
목록[목녹 → 몽녹](目錄, '록':머→ㄹ'본음)(콧)
목마르다[몽마르다](콧)
목마른[몽마른](콧)

목마름[몽마름](콧)
목말라[몽말라](콧)
목멱산[몽멱싼](콧 · 된))
목발[목빨](된)
목사[목싸](된)
목성[목썽](된)
목소리[목쏘리](된)
목수[목쑤](된)
목숨[목쑴](된)
목욕하다[모교카다](거)
목장[목짱](된)
목재[목쩨](된)
목적[목쩍](된)
목적도[목쩍또](된)
목적지[목쩍찌](된)
목청껏[목청껃](받)
목화[모콰](거)
몫[목]('ㅅ'빠짐)
몫만[목만 → 몽만]('ㅅ'빠짐 → 콧)
몫을[목쓸](된)
몰두[몰뚜](된)
몰랐고[몰란고 → 몰란꼬](받 → 된)
몰랐고[몰란꼬](×[몰락꼬])(여)
몰랐다[몰란다 → 몰란따](받 → 된)
몰랐던[몰란던 → 몰란떤](받 → 된)
몰랐지[몰란지 → 몰란찌](받 → 된)
몰수[몰쑤](된)
몸동작[몸똥작](된)
몸빛[몸삗](된 · 받)
몸빛이[몸삐치](×[몸삐시])(갈)
몸속[몸쏙](된)
몸집[몸찝](된)
몸집도[몸찝또](된)
몸짓[몸찓](된 · 받)
몸짓과[몸찓과 → 몸찓꽈](받 → 된)
몸짓과[몸찓꽈](×[몸찍꽈])(여)
몹시[몹씨](된)

못[몯](받)
못가[몯가 → 몯까](받 → 된)
못가[몯까](×[목까])(여)
못 나가[몯나가 → 몬나가](받 → 콧)
못난[몯난 → 몬난](받 → 콧)
못내[몯내 → 몬내](받 → 콧)
못 내는[몯내는 → 몬내는](받 → 콧)
못 낸다[몯낸다 → 몬낸다](받 → 콧)
못 낼[몯낼 → 몬낼](받 → 콧)
못 날아[몯날아 → 몬나라](받 → 콧)
못된[몯된 → 몯뙨/-뛘](받 → 된)
못될[몯될 → 몯뙬/-뛜](받 → 된)
못들은[몯들은 → 몯뜨른](받 → 된)
못마땅[몯마땅 → 몬마땅](받 → 콧)
못마땅[몬마땅](×[몸마땅])(입)
못 만지게[몯만지게 → 몬만지게](받 → 콧)
못 만지게[몬만지게](×[몸만지게])(입)
못 말려[몯말려 → 몬말려](받 → 콧)
못 말려[몬말려](×[몸말려])(입)
못 맞아[몯맞아 → 몬마자](받 → 콧)
못 맞아[몬마자](×[몸마자])(입)
못 맞추다[몯맏추다 → 몬맏추다](받 → 콧)
못 맞추다[몬맏추다](×[몸맏추다])(입)
못 먹게[몯먹게 → 몬먹께](받 → 콧 · 된)
못 먹게[몬먹께](×[몸먹께])(입)
못 먹고[몯먹고 → 몬먹꼬](받 → 콧 · 된))
못 먹고[몬먹꼬](×[몸먹꼬])(입)
못 먹는[몯먹는 → 몬멍는](받 → 콧)
못 먹는[몬멍는](×[몸멍는])(입)
못 먹어[몯먹어 → 몬머거](받 → 콧)
못 먹어[몬머거](×[몸머거])(입)
못밥[몯밥 → 몯빱](받 → 된)
못밥[몯빱](×[몹빱])(입)
못살게[몯살게 → 몯쌀게](받 → 된)
못살다[몯살다 → 몯쌀다](받 → 된)
못생겼다[몯생겯다 → 몯쌩겯따](받 → 된)
못생긴[몯생긴 → 몯쌩긴](받 → 된)

못써[몯써](받)
못쓰다[몯쓰다](받)
못읽게[몯읽게 → 몬닐께](받 → 'ㄴ'보탬 → 콧 → 'ㄱ' 빠짐 → 된)
못입고[몯입고 → 몬닙꼬](받 → 'ㄴ'보탬 → 콧 · 된)
못자리[몯자리 → 몯짜리](받 → 된)
못줄[몯줄 → 몯쭐](받 → 된)
못지[몯지 → 몯찌](받 → 된)
못 하고[몯하고 → 모타고](받 → 거)
못하다[몯하다 → 모타다](받 → 거)
못한[몯한 → 모탄](받 → 거)
못할[몯할 → 모탈](받 → 거)
못 할[몯할 → 모탈](받 → 거)
못해[몯해 → 모태](받 → 거)
못 해[몯해 → 모태](받 → 거)
못 했다[몯핻다 → 모탣따](받 → 거 · 된)
몽롱[몽농](콧)
몽룡실[몽뇽실](콧)
무겁게[무겁께](된)
무겁고[무겁꼬](된)
무겁다[무겁따](된)
무겁습니다[무겁씀니다](된 · 콧)
무겁지[무겁찌](된)
무능력[무능녁](無能力,'력':머−'ㄹ'본음)(콧)
무덥다[무덥따](된)
무뚝뚝하다[무뚝뚝카다](거)
무뚝뚝한[무뚝뚝칸](거)
무럭무럭[무렁무럭](콧)
무력[무력](武力,'력':머−'ㄹ'본음)
무릇[무른](받)
무릎[무릅](받)
무릎보다[무릅보다 → 무릅뽀다](받 → 된)
무리[무리](無理,'리':머−'ㄹ'본음)
무섭거나[무섭꺼나](된)
무섭게[무섭께](된)
무섭고[무섭꼬](된)
무섭기[무섭끼](된)

초등국어의 표기와 발음

무섭다[무섭따](된)
무섭던[무섭떤](된)
무섭지[무섭찌](된)
무식함[무시캄](거)
무엇[무얻](받)
무엇과[무얻과 → 무얻꽈](받 → 된)
무엇과[무얻꽈](×[무억꽈])(여)
무엇무엇[무얻무얻 → 무언무얻](받 → 콧)
무엇무엇[무언무얻](×[무엄무얻])(입)
무엇보다[무얻보다 → 무얻뽀다](받 → 된)
무엇보다[무얻뽀다](×[무업뽀다])(입)
무엇부터[무얻부터 → 무얻뿌터](받 → 된)
무엇부터[무얻뿌터](×[무업뿌터])(입)
무엇처럼[무얻처럼](받)
무엇하다[무얻하다 → 무어타다](받 → 거)
무엇하는[무얻하는 → 무어타는](받 → 거)
무작정[무작쩡](된)
무조건[무조껀](된)
무지갯빛[무지갣빋 → 무지갣삗](받 → 된)
무지갯빛[무지갣삗](×[무지갭삗])(입)
묵게[묵께](된)
묵고[묵꼬](된)
묵념[뭉념](默念, '념':머-'ㄴ'본음)(콧)
묵묵[뭉묵](콧)
묵묵히[뭉무키](콧·거)
묵직[묵찍](된)
묵직하다[묵찌카다](된·거)
묶고[묵고 → 묵꼬](받 → 된)
묶는[묵는 → 뭉는](받 → 콧)
문갑[문갑](×[뭉갑])(여)
문고[문고](×[뭉고])(여)
문고리[문꼬리](된)
문고리[문꼬리](×[뭉꼬리])여)
문구[문꾸](文句)(된)
문구[문꾸](×[뭉꾸])(여)
문구[문구](文具)(×[뭉구])(여)
문구멍[문꾸멍](된)

문구멍[문꾸멍](×[뭉꾸멍])(여)
문구점[문구점](×[뭉구점])(여)
문루[물루](門樓, '루':머-'ㄹ'본음)(흐)
문맥[문맥](×[뭄맥])(입)
문명[문명](×[뭄명])(입)
문물[문물](×[뭄물])(입)
문밖[문박](받)
문밖[문박](×[뭄박])(입)
문방구[문방구](×[뭄방구])(입)
문법[문뻡](된)
문법[문뻡](×[뭄뻡])(입)
문법과[문뻡꽈](된)
문법과[문뻡꽈](×[뭄뻡꽈])(입)
문병[문병](×[뭄병])(입)
문자[문짜](된)
문제점[문제쩜](된)
문젯덩어리[문젣덩어리 → 문젣떵어리](받 → 된)
문지방[문찌방](된)
묻거[묻꺼](된)
묻거[묻꺼](×[묵꺼])(여)
묻게[묻께](된)
묻게[묻께](×[묵께])(여)
묻고[묻꼬](된)
묻고[묻꼬](×[묵꼬])(여)
묻기[묻끼](된)
묻기[묻끼](×[묵끼])(여)
묻는[문는](콧)
묻습니다[묻씀니다](된·콧)
묻자[묻짜](된)
묻지[묻찌](된)
묻혀[묻여 → 무쳐 → 무처](거 → 센 → 홑)
묻히다[묻이다 → 무치다](거 → 센)
물가[물까](된)
물감[물깜](된)
물개[물깨](된)
물결[물껼](된)
물고기[물꼬기](된)

물그릇[물끄른](된·받)
물그릇도[물끄른또](된·받)
물기[물끼](된)
물길[물낄](된)
물길[물낄](×[물찔])(센)
물난리[물랄리](흐)
물놀이[물로리](흐)
물독[물똑](된)
물돼지[물뙈지](된)
물론[물론](勿論, '론':머-'ㄹ'본음)
물리[물리](物理, '리':머-'ㄹ'본음)
물방울[물빵울](된)
물병[물뼝](된)
물살[물쌀](된)
물새[물쌔](된)
물소리[물쏘리](된)
물속[물쏙](된)
물수건[물쑤건](된)
물안개[무란개](×[무랑개])(여)
물약[물냑→물략]('ㄴ'보탬→흐)
물엿[물연→물녈→물렫](받→'ㄴ'보탬→흐)
물자[물짜](된)
물줄기[물쭐기](된)
물질[물찔](된)
물집[물찝](된)
묽게[물게→물께]('ㄱ'빠짐→된)
묽[묵]('ㄹ'빠짐)
뭅니다[뭄니다](콧)
뭇국[문국→문꾹](받→된)
뭇국[문꾹](×[묵꾹])(여)
뭉툭한[뭉투칸](거)
뭡니까[뭠니까](콧)
뭣[뭘](받)
뭣들[뭘들→뭘뜰](받→된)
미나리밭에[미나리바테](×[미나리바세])(갈)
미닫이[미다지](센)
미래[미래](未來, '래':머-'ㄹ'본음)

미숙하다[미수카다](거)
미역국[미역꾹](된)
미역 냄새[미영냄새](콧)
미역도[미역또](된)
미역무침[미영무침](콧)
미흡하다[미흐파다](거)
민간[민간](×[밍간])(여)
민국[민국](×[밍국])(여)
민망[민망](×[밈망])(입)
민물고기[민물꼬기](된)
민물고기[민물꼬기](×[밈물꼬기])(입)
민게[민께](된)
민게[민께](×[믹께])(여)
민고[민꼬](된)
민고[민꼬](×[믹꼬])(여)
민기[민끼](된)
민기[민끼](×[믹끼])(여)
믿는[민는](콧)
믿다[믿따](된)
믿음직스러[미듬직쓰러](된)
믿음직한[미듬지칸](거)
믿지[믿찌](된)
밀가루[밀까루](된)
밀도[밀또](된)
밀랍과[밀랍꽈](된)
밀밭에[밀바테](×[밀바세])(갈)
밀밭이[밀바치](센)
밀밭이[밀바치](×[밀바시])(갈)
밀접한[밀쩝한→밀쩌판](된·거)
밉고[밉꼬](된)
밉니다[밈니다](콧)
밉다[밉따](된)
밋밋하다[믿믿하다→민미타다](받→콧·거)
밋밋하다[민미타다](×[밈미타다])(입)
밌게[믿게→믿께](받→된)
밌게[믿께](×[믹께])(여)
밌다[믿다→믿따](받→된)

밑[믿](받)
밑[믿](받)
밑거름[믿거름 → 믿꺼름](받 → 된)
밑거름[믿꺼름](×[믹꺼름])(여)
밑그림[믿그림 → 믿끄림](받 → 된)
밑그림[믿끄림](×[믹끄림])(여)
밑도[믿도 → 믿또](받 → 된)
밑동[믿동 → 믿똥](받 → 된)
밑바닥[믿바닥 → 믿빠닥](받 → 된)
밑바닥[믿빠닥](×[밉빠닥])(입)
밑받침[믿받침 → 믿빤침](받 → 된)
밑받침[믿빤침](×[밉빤침])(입)
밑부분[믿부분 → 믿뿌분](받 → 된)
밑부분[믿뿌분](×[밉뿌분])(입)
밑에[미테](×[미세])(갈)
밑에서[미테서](×[미세서])(갈)
밑으로[미트로](×[미스로])(갈)
밑을[미틀](×[미슬])(갈)
밑줄[믿줄 → 믿쭐](받 → 된)
밑창[믿창](받)
밑천[믿천](받)

ㅂ

바각바각[바각빠각](된)
바깥[바깓](받)
바깥문[바깓문 → 바깐문](받 → 콧)
바깥문[바깐문](×[바깜문])(입)
바깥사랑[바깓사랑 → 바깓싸랑](받 → 된)
바깥세상[바깓세상 → 바깓쎄상](받 → 된)
바깥으로[바까트로](×[바까스로])(갈)
바깥을[바까틀](×[바까슬])(갈)
바깥쪽[바깓쪽](받)
바꾼 일[바꾼닐]('ㄴ'보탬)
바뀝니다[바뀜니다](콧)
바늘귀[바늘뀌](된)

바닥도[바닥또](된)
바닷가[바닫가 → 바닫까](받 → 된)
바닷가[바닫까](×[바닥까])(여)
바닷말[바닫말 → 바단말](받 → 콧)
바닷말[바단말](×[바담말])(입)
바닷물[바닫물 → 바단물](받 → 콧)
바닷물[바단물](×[바담물])(입)
바닷물고기[바닫물고기 → 바단물꼬기](받 → 콧·
된))
바닷물고기[바단물꼬기](×[바담물꼬기])(입)
바닷바람[바닫바람 → 바닫빠람](받 → 된)
바닷바람[바닫빠람](×[바답빠람])(입)
바닷속[바닫속 → 바닫쏙](받 → 된)
바둑부[바둑뿌](된)
바람결[바람껼](된)
바랍니다[바람니다](콧)
바람직한[바람지칸](거)
바람직하다[바람지카다](거)
바삭바삭[바삭빠삭](된)
바스락거리다[바스락꺼리다](된)
바윗덩이[바윋덩이 → 바윋떵이](받 → 된)
바지락도[바지락또](된)
바치듯[바치듣](받)
박고[박꼬](된)
박꽃을[박꼬츨](×[박꼬슬])(갈)
박대[박때](된)
박도록[박또록](된)
박들[박뜰](된)
박물관[방물관](콧)
박박[박빡](된)
박사[박싸](된)
박살[박쌀](된)
박수[박쑤](된)
박자[박짜](된)
박제[박쩨](된)
박진감[박찐감](된)
박혀[바켜](거)

박히다[바키다](거)
박힌[바킨](거)
밖[박](받)
밖까지[박까지](받)
반가운[반가운](×[방가운])(여)
반가워[반가워](×[방가워])(여)
반갑게[반갑께](된)
반갑게[반갑께](×[방갑께])(여)
반갑고[반갑꼬](된)
반갑고[반갑꼬](×[방갑꼬])(여)
반갑기[반갑끼](된)
반갑기[반갑끼](×[방갑끼])(여)
반갑네[반감네](콧)
반갑네[반감네](×[방감네])(여)
반갑다[반갑따](된)
반갑다[반갑따](×[방갑따])(여)
반갑습니다[반갑씀니다](된·콧)
반갑습니다[반갑씀니다](×[방갑씀니다])(여)
반겨[반겨](×[방겨])(여)
반기고[반기고](×[방기고])[여]
반기는[반기는](×[방기는])(여)
반납하다[반나파다](거)
반단이[반다지](센)
반달연[반달년 → 반달련]('ㄴ'보탬 → 흐)
반딧불이[반딛불이 → 반딛뿌리](받 → 된)
반딧불이[반딛뿌리](×[반딥뿌리])(입)
반듯하다[반듣하다 → 반드타다](받 → 거)
반란군[발란군](흐)
반론[발론](反論,'론':머ᅳ'ㄹ'본음)(흐)
반만[반만](×[밤만])(입)
반만년[반만년](×[밤만년])(입)
반말[반말](×[밤말])(입)
반면[반면](×[밤면])(입)
반박[반박](×[밤박])(입)
반박하다[반바카다](거)
반밖에[반바께](×[밤바께])(입)
반복[반복](×[밤복])(입)

반복되[반복뙤/-뛔](된)
반복하다[반보카다](거)
반복할[반보칼](거)
반죽하다[반주카다](거)
반짇고리[반짇꼬리](된)
반짇고리[반짇꼬리](×[반직꼬리])(여)
반짝거려[반짝꺼려](된)
반짝반짝[반짝빤짝](된)
반짝하다[반짜카다](거)
반찬거리[반찬꺼리](된)
반찬거리[반찬꺼리](×[반창꺼리])(여)
반찬류[반찬뉴](콧)
받거든[받꺼든](된)
받거든[받꺼든](×[박꺼든])(여)
받게[받께](된)
받게[받께](×[박께])(여)
받고[받꼬](된)
받고[받꼬](×[박꼬])(여)
받곤[받꼰](된)
받곤[받꼰](×[박꼰])(여)
받기[받끼](된)
받기[받끼](×[박끼])(여)
받나[반나](콧)
받느니[반느니](콧)
받는[반는](콧)
받다[받따](된)
받더[받떠](된)
받던[받떤](된)
받도록[받또록](된)
받들다[받뜰다](된)
받습니다[받씀니다](된·콧)
받은 일[바든닐]('ㄴ'보탬)
받자[받짜](된)
받지[받찌](된)
발가락[발까락](된)
발갛게[발가케](거)
발걸음[발꺼름](된)

발길[발낄](된)
발길[발낄](×[발찔])(센)
발끝을[발끄틀](×[발끄슬])(갈)
발달[발딸](된)
발뒤꿈치[발뛰꿈치](된)
발등[발뜽](된)
발령[발령](發令, '령':머-'ㄹ'본음)
발바닥[발빠닥](된)
발산[발싼](된)
발생[발쌩](된)
발생률[발쌩뉼](된·콧)
발소리[발쏘리](된)
발송[발쏭](된)
발언권[바런꿘](된)
발자국[발짜국](된)
발자국만[발짜궁만](된·콧)
발전[발쩐](된)
발전기[발쩐기](된)
발전기[발쩐기](×[발쩡기])(여)
발짓[발찓](된·받)
발짝도[발짝또](된)
밝거나[발거나 → 발꺼나]('ㄱ'빠짐 → 된)
밝게[발게 → 발께]('ㄱ'빠짐 → 된)
밝고[발고 → 발꼬]('ㄱ'빠짐 → 된)
밝기[발기 → 발끼]('ㄱ'빠짐 → 된)
밝는[박는 → 방는]('ㄹ'빠짐 → 콧)
밝다[박다 → 박따]('ㄹ'빠짐 → 된)
밝습니다[박습니다 → 박씀니다]('ㄹ'빠짐 → 된·콧)
밝자[박자 → 박짜]('ㄹ'빠짐 → 된)
밝지[박지 → 박찌]('ㄹ'빠짐 → 된)
밝혀[발켜](거)
밝히다[발키다](거)
밝힌[발킨](거)
밟거든[밥거든 → 밥꺼든]('ㄹ'빠짐 → 된)
밟고[밥고 → 밥꼬]('ㄹ'빠짐 → 된)
밟기[밥기 → 밥끼]('ㄹ'빠짐 → 된)
밟길[밥길 → 밥낄]('ㄹ'빠짐 → 된)

밟나[밥나 → 밤나]('ㄹ'빠짐 → 콧)
밟는[밥는 → 밤는]('ㄹ'빠짐 → 콧)
밟지[밥지 → 밥찌]('ㄹ'빠짐 → 된)
밟혀[발펴](거)
밟힌[발핀](거)
밟힐[발필](거)
밤길[밤낄](된)
밤길[밤낄](×[밤찔])(센)
밤나뭇골[밤나묻골 → 밤나문꼴](받·된)
밤나뭇골[밤나묻꼴](×[밤나묵꼴])(여)
밤낮[밤낟](받)
밤바다[밤빠다](된)
밤새껏[밤새껃](받)
밤일[밤닐]('ㄴ'보탬)
밤중[밤쭝](된)
밥값[밥갑 → 밥깝]('ㅅ'빠짐 → 된)
밥값도[밥갑도 → 밥깝또]('ㅅ'빠짐 → 된)
밥과[밥꽈](된)
밥그릇[밥끄륻](된·받)
밥 냄새[밤냄새](콧)
밥도[밥또](된)
밥만[밤만](콧)
밥맛[밤맏](콧·받)
밥 먹고[밤먹꼬](콧·된)
밥 먹는[밤멍는](콧)
밥 먹을[밤머글](콧)
밥 먹자[밤먹짜](콧·된)
밥물[밤물](콧)
밥보[밥뽀](된)
밥보다[밥뽀다](된)
밥상[밥쌍](된)
밥솥[밥솓 → 밥쏟](받 → 된)
밥솥도[밥솓도 → 밥쏟또](받 → 된)
밥솥에[밥쏘테](×[밥쏘세])(갈)
밥솥은[밥쏘튼](×[밥쏘슨])(갈)
밥솥이[밥쏘치](된·센)
밥솥이[법쏘치](×[밥쏘시])(갈)

밥솥임[밥쏘침](된 · 센)
밥솥임[밥쏘침](×[밥쏘심])(갈)
밧줄[받줄 → 받쭐](받 → 된)
방구석[방꾸석](된)
방긋[방귿](받)
방긋방긋[방귿방귿 → 방귿빵귿](받 → 된)
방긋방긋[방귿빵귿](×[방귿빵귿])(입)
방긋하다[방귿하다 → 방그타다](받 → 거)
방바닥[방빠닥](된)
방법들[방법뜰](된)
방앗간[방앋간 → 방안깐](받 → 된)
방앗간[방안깐](×[방악깐])(여)
방청객도[방청객또](된)
밭[받](받)
밭가[받가 → 받까](받 → 된)
밭가[받까](×[박까])(여)
밭고랑[받고랑 → 받꼬랑](받 → 된)
밭고랑[받꼬랑](×[박꼬랑])(여)
밭두덩[받두덩 → 받뚜덩](받 → 된)
밭두렁[받두렁 → 받뚜렁](받 → 된)
밭둑[받둑 → 받뚝](받 → 된)
밭만[받만 → 반만](받 → 콧)
밭만[반만](×[밤만])(입)
밭밑에[반미테](×[반미세])(갈)
밭에[바테](×[바세])(갈)
밭에서[바테서](×[바세서])(갈)
밭으로[바트로](×[바스로])(갈)
밭은[바튼](×[바슨])(갈)
밭을[바틀](×[바슬])(갈)
밭이[바치](센)
밭이[바치](×[바시])(갈)
밭이다[바치다](센)
밭이다[바치다](×[바시다])(갈)
밭일[받일 → 반닐](받→'ㄴ'보탬 → 콧)
배꼽시계[배꼽씨계/*-게](된 → 홀)
배냇저고리[배낻저고리 → 배낻쩌고리](받 → 된)
배달 일[배달닐 → 배달릴]('ㄴ'보탬 → 흐)

배려[배려](配慮,'려':머-'ㄹ'본음)
배웠고[배월고 → 배월꼬](받 → 된)
배웠고[배월꼬](×[배웍꼬])(여)
배웠기[배월기 → 배월끼](받 → 된)
배웠기[배월끼](×[배웍끼])(여)
배웠다[배월다 → 배월따](받 → 된)
배웠단다[배월단다 → 배월딴다](받 → 된)
배웠던[배월던 → 배월떤](받 → 된)
배웠습니다[배월습니다 → 배월씀니다](받 → 된 · 콧)
배웠지[배월지 → 배월찌](받 → 된)
백 가지[백까지](된)
백곡[백꼭](된)
백골[백꼴](된)
백과사전[백꽈사전](된)
백구[백꾸](된)
백군[백꾼](된)
백 권[백꿘](된)
백 날[뱅날](콧)
백 년[뱅년](콧)
백동[백똥](된)
백두산[백뚜산](된)
백 마리[뱅마리](콧)
백만[뱅만](콧)
백 명[뱅명](콧)
백미[뱅미](콧)
백 미터[뱅미터](콧)
백발[백빨](된)
백발노인[백빨로인](된 · 흐)
백배[백빼](된)
백 배[백빼](된)
백번[백뻔](된)
백 번[백뻔](된)
백설[백썰](된)
백설기[백썰기](된)
백성[백썽](된)
백 송이[백쏭이](된)
백신[백씬](된)

백악산[배각싼](된)
백옥같이[배곡까치](된·센)
백정[백쩡](된)
백제[백쩨](된)
백조[백쪼](된)
백지[백찌](된)
백지장[백찌짱](된)
백하고[배카고](거)
백희[배킈 → 배키](거 → 홑)
뱃가죽[뱃가죽 → 뺃까죽](받 → 된)
뱃가죽[뺃까죽](×[백까죽])(여)
뱃길[뺃길 → 뺃낄](받 → 된)
뱃길[뺃낄](×[백낄])(여)
뱃머리[뺃머리 → 밴머리](받 → 콧)
뱃머리[밴머리](×[뱀머리])(입)
뱃일[뺃일 → 뺃닐 → 밴닐](받→'ㄴ'보탬 → 콧)
뱃전[뺃전 → 뺃쩐](받 → 된)
뱄습[뺀습 → 뺃씁](받 → 된)
뱅엇국[뱅얻국 → 뱅얻꾹](받 → 된)
뱅엇국[뱅얻꾹](×[뱅억꾹])(여)
뱉습니다[뱉습니다 → 뺃씀니다](받 → 된·콧)
뱉잖아[뺃잖아 → 뺃짜나](받 → 된·'ㅎ'빠짐)
버럭버럭[버럭뻐럭](된)
버럭쟁이[버럭쨍이](된)
버릇[버른](받)
버릇만[버른만 → 버른만](받 → 콧)
버릇만[버른만](×[버름만])(입)
버릇부터[버른부터 → 버른뿌터](받 → 된)
버릇부터[버른뿌터](×[버릅뿌터])(입)
버릇처럼[버른처럼](받)
버섯 모양[버섣모양 → 버선모양](받 → 콧)
버섯 모양[버선모양](×[버섬모양])(입)
벅벅[벅뻑](된)
벅적[벅쩍](된)
번갈아[번가라](×[벙가라])(여)
번개[번개](×[벙개])(여)
번갯불[번갣불 → 번갣뿔](받 → 된)

번갯불[번갣뿔](×[벙갣뿔])(여)
번갯불[번갣뿔](×[번갭뿔])(입)
번거롭게[번거롭께](된)
번거롭게[번거롭께](×[벙거롭께])(여)
번거롭고[번거롭꼬](된)
벌겋게[벌거케](거)
벌일 일[벌일닐 → 버릴릴]('ㄴ'보탬 → 흐)
벌컥벌컥[벌컥뻘컥](된)
범람[범남](콧)
법규[법뀨](된)
법도[법또](된)
법률[법뉼 → 범뉼](法律,'률':머-'ㄹ'본음)(콧)
법률적[법뉼적 → 범뉼쩍](콧·된)
법석[법썩](된)
법적[법쩍](된)
법정[법쩡](된)
법학[버팍](거)
법한[버판](거)
벗[벋](받)
벗개다[번개다 → 번깨다](받 → 된)
벗개다[번깨다](×[벅깨다])(여)
벗거나[번거나 → 번꺼나](받 → 된)
벗거나[번꺼나](×[벅꺼나])(여)
벗겨[번겨 → 번껴](받 → 된)
벗겨[번껴](×[벅껴])(여)
벗고[벋고 → 번꼬](받 → 된)
벗고[번꼬](×[벅꼬])(여)
벗기기[번기기 → 번끼기](받 → 된)
벗기기[번끼기](×[벅끼기])(여)
벗기다[번기다 → 번끼다](받 → 된)
벗기다[번끼다](×[벅끼다])(여)
벗긴[번긴 → 번낀](받 → 된)
벗긴[번낀](×[벅낀])(여)
벗님[번님 → 번님](받 → 콧)
벗다[번다 → 벋따](받 → 된)
벗습니다[번습니다 → 벋씀니다](받 → 된·콧)
벗지[번지 → 벋찌](받 → 된)

벗해[벋해 → 버태](받 → 거)
벙긋거리[벙귿거리 → 벙귿꺼리](받 → 된)
벙긋거리[벙귿꺼리](×[벙극꺼리])(여)
벚꽃[벋꼳](받)
벚꽃[벋꼳](×[벅꼳])(여)
베갯잇[베갣읻 → 베갠닏](받 → 'ㄴ'보탬 → 콧)
벼락같이[벼락까치](된 · 센)
벼룻집[벼룯집 → 벼룯찝](받 → 된)
벽도[벽또](된)
벽돌[벽똘](된)
벽만[병만](콧)
벽시계[벽씨계/*-게](된 → 홀)
벽화[벼콰](거)
변명[변명](×[범명])(입)
변명거리[변명꺼리](된)
별것[별걷](받)
별꽃이[별꼬치](×[별꼬시])(갈)
별나라[별라라](흐)
별난[별란](흐)
별님[별림](흐)
별빛[별삗](된 · 받)
별빛도[별빋도 → 별삗또](받 → 된)
별일[별닐 → 별릴]('ㄴ'보탬 → 흐)
별종[별쫑](된)
별주부전[별쭈부전](된)
별짓[별짇](받)
볏단[볃단 → 볃딴](받 → 된)
볏도[볃도 → 볃또](받 → 된)
볏집[볃집 → 볃찝](받 → 된)
볏짚[볃집 → 볃찝](받 → 된)
볐다[볃다 → 볃따](받 → 된)
볐대[볃대 → 볃때](받 → 된)
볐습[볃습 → 볃씁](받 → 된)
볐습니다[볃씁니다 → 볃씀니다](받 → 된 · 콧)
병력[병녁](兵力,'력':머-'ㄹ'본음)(콧)
볕에[벼테](×[벼세])(갈)
볕이[벼치](센)

볕이[벼치](×[벼시])(갈)
빛도[빋도 → 빋또](받 → 된)
보관대[보관때](된)
보급되[보급뙤/-뛔](된)
보급하[보그파](거)
보듯[보듣](받)
보랏빛[보랃빋 → 보랃삗](받 → 된)
보랏빛[보랃삗](×[보랍삗])(입)
보름달[보름딸](된)
보릿짚[보릳집 → 보릳찝](받 → 된)
보물섬[보물썸](된)
보잘것[보잘걷 → 보잘껃](받 → 된)
보얗게[보야케](거)
복건[복껀](된)
복도[복또](된)
복 많이[봉마니](콧 · 'ㅎ'빠짐)
복받치다[복빧치다](된)
복사[복싸](된)
복사뼈[복싸뼈](된)
복상씨[복쌍씨](된)
복수[복쑤](된)
복숭아[복쑹아](된)
복슬복슬[복쓸복쓸](된)
복습[복씁](된)
복잡[복짭](된)
복잡하다[복짜파다](된 · 거)
복잡해[복짜패](된 · 거)
복제[복쩨](된)
복종[복쫑](된)
복주머니[복쭈머니](된)
복지관[복찌관](된)
볶는[복는 → 봉는](받 → 콧)
본격적[본껵쩍](된)
본격적[본껵쩍](×[봉격쩍])(여)
본래[볼래](本來,'래':머-'ㄹ'본음)(흐)
본론[볼론](本論,'론':머-'ㄹ'본음)(흐)
본말[본말](×[봄말])(입)

　　　　　　　　　　　　　　초등국어의 표기와 발음

본문[본문](×[봄문])(입)
본받을[본바들](×[봄바들])(입)
본보기[본보기](×[봄보기])(입)
본 일[본닐]('ㄴ'보탬)
볼거리[볼꺼리](된)
볼록해[볼로캐](거)
볼일[볼닐 → 볼릴]('ㄴ'보탬 → 흐)
봄꽃[봄꼳](받)
봄밤[봄빰](된)
봄볕이[봄뼈치](된·센)
봄볕이[봄뼈치](×[봄뼈시])(갈)
봄비[봄삐](된)
봅니다[봄니다](콧)
봅시다[봅씨다](된)
봇도랑[본도랑 → 본또랑](받 → 된)
봇짐[본짐 → 본찜](받 → 된)
봉긋한[봉근한 → 봉그탄](받 → 거)
봉덕사[봉덕싸](된)
봤거[받거 → 받꺼](받 → 된)
봤거[받꺼](×[봑꺼])(여)
봤니[받니 → 봔니](받 → 콧)
봤다[받다 → 받따](받 → 된)
봤더[받더 → 받떠](받 → 된)
봤자[받자 → 받짜](받 → 된)
봤지[받지 → 받찌](받 → 된)
뵙게[뵙께/뷉-](된)
뵙고[뵙꼬/뷉-](된)
뵙기[뵙끼/뷉-](된)
뵈옵기[뵈옵끼/뷔-](된)
부끄럽기[부끄럽끼](된)
부끄럽소[부끄럽쏘](된)
부드럽게[부드럽께](된)
부드럽고[부드럽꼬](된)
부드럽구[부드럽꾸](된)
부드럽기[부드럽끼](된)
부드럽다[부드럽따](된)
부드럽던[부드럽떤](된)

부드럽지[부드럽찌](된)
부딪쳐[부딛쳐 → 부딛처](받 → 홀)
부딪치다[부딛치다](받)
부류[부류](部類,'류':머‒'ㄹ'본음)
부딪혀[부디쳐 → 부디처](거 → 홀)
부딪히다[부디치다](거)
부딪힌[부디친](거)
부럽게[부럽께](된)
부럽고[부럽꼬](된)
부럽네[부럼네](콧)
부럽다[부럽따](된)
부럽습니다[부럽씀니다](된·콧)
부럽지[부럽찌](된)
부르듯[부르든](받)
부릅디다[부릅띠다](된)
부릅시다[부릅씨다](된)
부스럭거리다[부스럭꺼리다](된)
부엌[부억](받)
부엌과[부억과 → 부억꽈](받 → 된)
부엌구석[부억구석 → 부억꾸석](받 → 된)
부엌도[부억도 → 부억또](받 → 된)
부잣집[부잗집 → 부잗찝](받 → 된)
부옇게[부여케](거)
부옇다[부여타](거)
부족하다[부조카다](거)
부족한[부조칸](거)
부족함[부조캄](거)
부족해[부조캐](거)
부축하다[부추카다](거)
부침개[부침개](×[부칭개])(여)
부탁드려[부탁뜨려](된)
부탁드리다[부탁뜨리다](된)
부탁받은[부탁빠든](된)
부탁하다[부타카다](거)
부탁한[부타칸](거)
북경[북꼉](된)
북과[북꽈](된)

북극[북끅](된)
북극곰[북끅꼼](된)
북극성[북끅썽](된)
북극해[북끄깨](된·거)
북돋게[북똗께](된)
북돋게[북똗께](×[북똑께])(여)
북돋아[북또다](된)
북두칠성[북뚜칠썽](된)
북반구[북빤구](된)
북받쳐[북빧쳐 → 북빧처](된 → 홑)
북받치다[북빧치다](된)
북방[북빵](된)
북부[북뿌](된)
북북[북뿍](된)
북상[북쌍](된)
북서[북써](된)
북소문[북쏘문](된)
북실북실[북씰북씰](된)
북악산[부각싼](된)
북엇국[북언국 → 부건꾹](받 → 된)
북엇국[부건꾹](×[부걱꾹])(여)
북장단[북짱단](된)
북적[북쩍](된)
북적대는[북쩍때는](된)
북적북적[북쩍뿍쩍](된)
북한[부칸](거)
분가루[분까루](된)
분가루[분까루](×[붕까루])(여)
분간[분간](×[붕간])(여)
분량[불량](分量,'량':머-ㄹ'본음)(흐)
분류[불류](分類,'류':머-ㄹ'본음)(흐)
분류법[불류법 → 불류뻽](흐·된)
분리[불리](分離,'리':머-ㄹ'본음)(흐)
분명[분명](×[붐명])(입)
분별[분별](×[붐별])(입)
분부[분부](×[붐부])(입)
분비[분비](×[붐비])(입)

분석하다[분서카다](거)
분석해[분서캐](거)
분식집[분식찝](된)
분필[분필](×[붐필])(입)
분홍빛[분홍빋 → 분홍삗](받 → 된)
불갈고[불갈고 → 불갈꼬](받 → 된)
불갈고[불갈꼬](×[불각꼬])(여)
불같이[불가치](센)
불규칙하다[불규치카다](거)
불기운[불끼운](된)
불길[불낄](된)
불길[불낄](×[불찔])(센)
불꽃[불꼳](받)
불꽃놀이[불꼳놀이 → 불꼰노리](받 → 콧)
불꽃들[불꼳들 → 불꼳뜰](받 → 된)
불꽃을[불꼬츨](×[불꼬슬])(갈)
불꽃이[불꼬치](×[불꼬시])(갈)
불나다[불라다](흐)
불뚝하다[불뚜카다](거)
불량[불량](不良,'량':머-ㄹ'본음)
불량증[불량쯩](된)
불렀고[불럳고 → 불럳꼬](받 → 된)
불렀고[불럳꼬](×[불럭꼬])(여)
불렀다[불럳다 → 불럳따](받 → 된)
불렀단다[불럳단다 → 불럳딴다](받 → 된)
불렀지[불럳지 → 불럳찌](받 → 된)
불룩하다[불루카다](거)
불룩한[불루칸](거)
불법[불뻽](된)
불빛[불빋 → 불삗](받 → 된)
불빛만[불빋만 → 불삗만](받 → 된·콧)
불빛만[불삗만](×[불뺌만])(입)
불빛을[불삐츨](×[불삐슬])(갈)
불빛이[불삐치](된)
불빛이[불삐치](×[불삐시])(갈)
불사신[불싸신](된)
불상[불쌍](된)

초등국어의 표기와 발음

불시착[불씨착](된)
불여우[불녀우 → 불려우-]('ㄴ'보탬 → 흐)
붉게[불게 → 불께]('ㄱ'빠짐 → 된)
붉다[북다 → 북따]('ㄹ'빠짐 → 된)
붉은빛이[불근비치](×[불근비시])(갈)
붉지[북지 → 북찌]('ㄹ'빠짐 → 된)
붉히다[불키다](거)
붓[붇](받)
붓고[붇고 → 붇꼬](받→된)
붓고[붇꼬](×[북꼬])(여)
붓과[붇과 → 붇꽈](받→된)
붓과[붇꽈](×[북꽈])(여)
붓글씨[붇글씨 → 붇끌씨](받→된)
붓글씨[붇끌씨](×[북끌씨])(여)
붓꽃[붇꼳](받)
붓꽃[붇꼳](×[북꼳])(여)
붓는[붇는 → 분는](받→콧)
붓대[붇대 → 붇때](받→된)
붓도록[붇도록 → 붇또록](받→된)
붓질[붇질 → 붇찔](받→된)
붓통[붇통](받)
붙게[붇게 → 붇께](받→된)
붙게[붇께](×[북께])(여)
붙기[붇기 → 붇끼](받→된)
붙기[붇끼](×[북끼])(여)
붙는[붇는 → 분는](받→콧)
붙들고[붇들고 → 붇뜰고](받→된)
붙들다[붇들다 → 붇뜰다](받→된)
붙들어[붇들어 → 붇뜨러](받→된)
붙습니다[붇습니다 → 붇씀니다](받→된·콧)
붙여[부쳐 → 부처](센→홑)
붙이다[부치다](센)
붙인[부친](센)
붙일[부칠](센)
붙임[부침](센)
붙잡고[붇잡고 → 붇짭꼬](받→된)
붙잡기[붇잡기 → 붇짭끼](받→된)

붙잡다[붇잡다 → 붇짭따](받→된)
붙잡아[붇잡아 → 붇짜바](받→된)
붙잡혀[붇잡혀 → 붇짜펴](받→된·거)
붙지[붇지 → 붇찌](받→된)
비겁하다[비거파다](거)
비눗물[비눋물 → 비눈물](받→콧)
비눗물[비눈물](×[비눔물])(입)
비눗방울[비눋방울 → 비눈빵울-](받→된)
비눗방울[비눈빵울](×[비눔빵울])(입)
비단결[비단껼](된)
비단결[비단껼](×[비당껼])(여)
비롯되[비론되 → 비론뙤/-뛔](받→된)
비롯하다[비론하다 → 비로타다](받→거)
비롯한[비론한 → 비로탄](받→거)
비릿한[비린한 → 비리탄](받→거)
비법[비뻡](된)
비법도[비뻡또](된)
비빔밥[비빔빱](된)
비슷하다[비슫하다 → 비스타다](받→거)
비슷한[비슫한 → 비스탄](받→거)
비슷할[비슫할 → 비스탈](받→거)
비슷해[비슫해 → 비스태](받→거)
비옷과[비옫과 → 비옫꽈](받→된)
비옷과[비옫꽈](×[비옥꽈])(여)
비옷고[비옫고 → 비옫꼬](받→된)
비옷고[비옫꼬](×[비옥꼬])(여)
비옷는[비옫는 → 비온는](받→콧)
비유법[비유뻡](된)
비탈길[비탈낄](된)
비탈길[비탈낄](×[비탈찔])(센)
빈말[빈말](×[빔말])(입)
빈민가[빈민가](×[빔민가])(입)
빈방[빈방](×[빔방])(입)
빈병[빈병](×[빔병])(입)
빈부[빈부](×[빔부])(입)
빈칸[빈칸](×[빙칸])(여)
빕니다[빔니다](콧)

빗겨[빋겨 → 빋껴](받 → 된)
빗겨[빋껴](×[빅껴])(여)
빗고[빋고 → 빋꼬](받 → 된)
빗고[빋꼬](×[빅꼬])(여)
빗금[빋금 → 빋끔](받 → 된)
빗금[빋끔](×[빅끔])(여)
빗대다[빋대다 → 빋때다](받 → 된)
빗댄[빋댄 → 빋땐](받 → 된)
빗물[빋물 → 빈물](받 → 콧)
빗물[빈물](×[빔물])(입)
빗방울[빋방울 → 빋빵울](받 → 된)
빗방울[빋빵울](×[빕빵울])(입)
빗자루[빋자루 → 빋짜루](받 → 된)
빗줄기[빋줄기 → 빋쭐기](받 → 된)
빙긋[빙귿](받)
빚[빋](받)
빚겠다[빋겐다 → 빋껜따](받 → 된)
빚겠다[빋껜따](×[빅껜따])(여)
빚는[빋는 → 빈는](받 → 콧)
빚도[빋도 → 빋또](받 → 된)
빚을[비즐](×[비슬])(갈)
빚이[비지](×[비시])(갈)
빚진[빋진 → 빋찐](받 → 된)
빛[빋](받)
빛깔[빋깔](받)
빛깔[빋깔](×[빅깔])(여)
빛나[빋나 → 빈나](받 → 콧)
빛난[빋난 → 빈난](받 → 콧)
빛날[빋날 → 빈날](받 → 콧)
빛내며[빋내며 → 빈내며](받 → 콧)
빛낸[빋낸 → 빈낸](받 → 콧)
빛낼[빋낼 → 빈낼](받 → 콧)
빛 너머[빋넘어 → 빈너머](받 → 콧)
빛만[빋만 → 빈만](받 → 콧)
빛만[빈만](×[빔만])(입)
빛에서[비체서](×[비세서])(갈)
빛으로[비츠로](×[비스로])(갈)

빛을[비츨](×[비슬])(갈)
빛이[비치](×[비시])(갈)
빨간불[빨간불](×[빨감불])(입)
빨간약[빨간냑]('ㄴ'보탬)
빨갛게[빨가케](거)
빨갛고[빨가코](거)
빨갛기[빨가키](거)
빨갛다[빨가타](거)
빨대[빨때](된)
빳빳하다[빧빧하다 → 빧빠타다](받 → 거)
빴기[빧기 → 빧끼](받 → 된)
빴기[빧끼](×[빡끼])(여)
빴다[빧다 → 빧따](받 → 된)
빴던[빧던 → 빧떤](받 → 된)
빴지[빧지 → 빧찌](받 → 된)
빵집[빵찝](된)
빻아[빠아]('ㅎ'빠짐)
빻는[빠는 → 빤는](받 → 콧)
빻은[빠은]('ㅎ'빠짐)
빼곡히[빼고키](거)
빼앗겨[빼앋겨 → 빼앋껴](받 → 된)
빼앗겨[빼앋껴](×[빼악껴])(여)
빼앗고[빼앋고 → 빼앋꼬](받 → 된)
빼앗고[빼앋꼬](×[빼악꼬])(여)
빼앗기[빼앋기 → 빼앋끼](받 → 된)
빼앗기[빼앋끼](×[빼악끼])(여)
빼앗긴[빼앋긴 → 빼앋낀](받 → 된)
빼앗긴[빼앋낀](×[빼악낀])(여)
빼앗길[빼앋길 → 빼앋낄](받 → 된)
빼앗길[빼앋낄](×[빼악낄])(여)
빼앗는[빼앋는 → 빼안는](받 → 콧)
빼앗지[빼앋지 → 빼앋찌](받 → 된)
빡빽하다[빡뻬카다](거)
뺏기[뺃기 → 뺃끼](받 → 된)
뺏기[뺃끼](×[뺙끼])(여)
뺏기다[뺃기다 → 뺃끼다](받 → 된)
뺏기다[뺃끼다](×[뺙끼다])(여)

뻑뻑한[뻑뻐칸](거)
뻔고[뻔꼬](된)
뻔고[뻔꼬](×[뻑꼬])(여)
뻗는[뻔는](콧)
뻘겋게[뻘거케](거)
뺏뺏하다[뻔뻔하다 → 뻔뻐타다](받 → 거)
뺏뺏할[뻔뻔할 → 뻔뻐탈](받 → 거)
뻤습[뻔습 → 뻔씁](받 → 된)
뻤습니다[뻔습니다 → 뻔씁니다](받 → 된 · 콧)
뻤지[뻔지 → 뻔찌](받 → 된)
뻣속[뻔속 → 뻔쏙](받 → 된)
뽑게[뽑께](된)
뽑고[뽑꼬](된)
뽑기[뽑끼](된)
뽑나[뽐나](콧)
뽑는[뽐는](콧)
뽑자[뽑짜](된)
뽑지[뽑찌](된)
뽑혀[뽀펴](거)
뽑힌[뽀핀](거)
뽑히다[뽀피다](거)
뽕나뭇과[뽕나묻과 → 뽕나묻꽈](받 → 된)
뽕나뭇과[뽕나묻꽈](×[뽕나묵꽈])(여)
뾰족하다[뾰조카다](거)
뾰족한[뾰조칸](거)
뿌듯하다[뿌듣하다 → 뿌드타다](받 → 거)
뿌듯한[뿌듣한 → 뿌드탄](받 → 거)
뿌듯함[뿌듣함 → 뿌드탐](받 → 거)
뿌듯해[뿌듣해 → 뿌드태](받 → 거)
뿌렸습니다[뿌렫습니다 → 뿌렫씁니다](받 → 된 ·
　　콧)
뿌옇게[뿌여케](거)
뿐만[뿐만](×[뿜만])(입)
뿜기[뿜끼](된)
뿜지[뿜찌](된)
삐죽거려[삐죽꺼려](된)
삐죽한[삐주칸](거)

ㅅ

사각사각[사각싸각](된)
사각형[사가켱](거)
사건[사껀](된)
사고력[사고력](思考力, '력': 머-'ㄹ' 본음)
사납게[사납께](된)
사납고[사납꼬](된)
사냥개[사냥깨](된)
사냥법[사냥뻡](된)
사람답게[사람답께](된)
사랑스럽다[사랑스럽따](된)
사례[사례](事例, '례': 머-'ㄹ' 본음)
사료[사료](飼料, '료': 머-'ㄹ' 본음)
사립문[사림문](콧)
사립학숙[사리팍숙 → 사리팍쑥](거 · 된)
사뭇[사묻](받)
사사건건[사사껀껀](된)
사십권[사십꿘](된)
사업가[사업까](된)
사업상[사업쌍](된)
사업자[사업짜](된)
사용량[사용냥](使用量, '량': 머-'ㄹ' 본음)(콧)
사용료[사용뇨](콧)
사육사[사육싸](된)
사이좋게[사이조케](거)
사진관[사진관](×[사징관])(여)
사진기[사진기](×[사징기])(여)
사진만[사진만](×[사짐만])(입)
사진첩만[사진첩만](콧)
4컷[4컫](받)
삭막한[상마칸](콧 · 거)
삭삭[삭싹](된)
삭제[삭쩨](된)
삭혀[사켜](거)
산골[산꼴](된)
산골[산꼴](×[상꼴])(여)

산골짜기[산꼴짜기](된)
산골짜기[산꼴짜기](×[상꼴짜기])(여)
산국화[산구콰](거)
산국화[산구콰](×[상구콰])(여)
산기슭[산끼슥](된·'ㄹ'빠짐)
산기슭[산끼슥](×[상끼슥])(여)
산길[산낄](된)
산길[산낄](×[산찔])(센)
산길[산낄](×[상낄])(여)
산꼭대기[산꼭때기](된)
산꼭대기[산꼭때기](×[상꼭때기])(여)
산더미[산떠미](된)
산등성이[산뜽성이](된)
산란[살란](흐)
산림[살림](흐)
산림관[살림관](흐)
산마루[산마루](×[삼마루])(입)
산마을[산마을](×[삼마을])(입)
산맥[산맥](×[삼맥])(입)
산모롱이[산모롱이](×[삼모롱이])(입)
산보[산뽀](된)
산보[산뽀](×[삼뽀])(입)
산봉우리[산뽕우리](된)
산봉우리[산뽕우리](×[삼뽕우리])(입)
산불[산뿔](된)
산불[산뿔](×[삼뿔])(입)
산비탈[산비탈](×[삼비탈])(입)
산새[산쌔](된)
산속[산쏙](된)
산신령[산실령](山神靈,'령':머-'ㄹ'본음)(흐)
산자락[산짜락](된)
산짐승[산찜승](된)
산책길[산책낄](된)
살가죽[살까죽](된)
살갗[살깓](된·받)
살갗으로[살까츠로](×[살까스로])(갈)
살갗이[살까치](×[살까시])(갈)

살결[살껼](된)
살림집[살림찝](된)
살색[살쌕](된)
삶[삼]('ㄹ'빠짐)
삶과[삼과]('ㄹ'빠짐)
삶는[삼는]('ㄹ'빠짐)
삶다[삼다 → 삼따]('ㄹ'빠짐 → 된)
삶도[삼도]('ㄹ'빠짐)
삶습니다[삼습니다 → 삼씀니다]('ㄹ'빠짐 → 된·콧)
삼각기둥[삼각끼둥](된)
삼각기둥[삼각끼둥](×[상각끼둥])(여)
삼각기둥[삼각끼둥](×[삼각찌둥])(센)
삼각주[삼각쭈](된)
삼각주[삼각쭈](×[상각쭈])(여)
삼각형[삼가켱](거)
삼각형[삼가켱](×[상가켱])(여)
삼고[삼꼬](된)
삼고[삼꼬](×[상꼬])(여)
삼 년[삼년](年,'년':머-'ㄴ'본음)
삼사 년[삼사년](年,'년':머-'ㄴ'본음)
삼밭에서[삼바테서](×[삼바세서])(갈)
삼밭이[삼바치](센)
삼밭이[삼바치](×[삼바시])(갈)
삼십 분[삼십뿐](된)
3연[3년]('ㄴ'보탬)
삼일절[사밀쩔](된)
삼진날[삼진날](콧)
삼천 리[삼철리](里,'리':머-'ㄹ'본음)(흐)
삼켜[삼켜](×[상켜])(여)
삼키다[삼키다](×[상키다])(여)
삼킨[삼킨](×[상킨])(여)
삽니다[삼니다](콧)
삽 모양[삼모양](콧)
삿갓[삳갇 → 삳깓](받 → 된)
삿갓[삳깓](×[삭깓])(여)
샀고[삳고 → 삳꼬](받 → 된)
샀고[삳꼬](×[삭꼬])(여)

초등국어의 표기와 발음

샀다[삳다 → 삳따](받 → 된)
샀습[삳습 → 삳씁](받 → 된)
샀습니다[삳습니다 → 삳씀니다](받 → 된·콧)
샀지[삳지 → 삳찌](받 → 된)
상견례[상견녜](相見禮, '례':ㅕ→'ㅔ'본음)(콧)
상급반[상급빤](된)
상다리[상따리](된)
상록수[상녹쑤](콧·된)
상류[상뉴](上流, '류':ㅠ→'ㅜ'본음)(콧)
상륙하다[상뉴카다](콧·거)
상상력[상상녁](想像力, '력':ㅕ→'ㅓ'본음)(콧)
상장[상짱](된)
상접하다[상저파다](거)
상표권[상표꿘](된)
살바[삳바 → 삳빠](받 → 된)
살바[삳빠](×[삽빠])(입)
살살이[삳살이 → 삳싸치](받 → 된·센)
살살이[삳싸치](×[삳싸시])(갈)
새록새록[새록쌔록](된)
새롭게[새롭께](된)
새벽녘[새벽녁](받)
새벽닭[새벽딱](된·'ㄹ'빠짐)
새벽빛[새벽삗](된·받)
새벽부터[새벽뿌터](된)
새삼스럽게[새삼스럽께](된)
새싹들[새싹뜰](된)
새하얗게[새하야케](거)
색각[색깍](된)
색과[색꽈](된)
색다른[색따른](된)
색도[색또](된)
색동[색똥](된)
색동옷[색똥옫](된·받)
색동저고리[색똥저고리](된)
색맹[생맹](콧)
색상[색쌍](된)
색색[색쌕](된)

색소[색쏘](된)
색시[색씨](된)
색연필[색년필 → 생년필]('ㄴ'보탬→콧)
색이름[색니름 → 생니름]('ㄴ'보탬→콧)
색종이[색쫑이](된)
색지[색찌](된)
샘가[샘까](된)
샛길[샏길 → 샏낄](받 → 된)
샛길[샏낄](×[색낄])(여)
샛길[샏낄](×[샏찔])(센)
샛노랗다[샏노랗다 → 샌노라타](받→콧·거)
샛문[샏문 → 샌문](받 → 콧)
샛문[샌문](×[샘문])(입)
샛바람[샏바람 → 샏빠람](받 → 된)
샛바람[샏빠람](×[샙빠람])(입)
생각과[생각꽈](된)
생각나는[생강나는](콧)
생각다[생각따](된)
생각도[생각또](된)
생각들[생각뜰](된)
생각 마라[생강마라](콧)
생각만[생강만](콧)
생각보다[생각뽀다](된)
생각부터[생각뿌터](된)
생각지[생각찌](된)
생각지도[생각찌도](된)
생각하다[생가카다](거)
생각한[생가칸](거)
생각할[생가칼](거)
생각해[생가캐](거)
생긋[생귿](받)
생략[생냑](콧)
생략된[생냑된/-뙌](콧·된)
생리적[생니적](콧)
생산량[생산냥](콧)
생산성[생산썽](된)
생일상[생일쌍](된)

서걱거리다[서걱꺼리다](된)
서녘[서녁](받)
서랍장[서랍짱](된)
서론[序論,‘론’:머-‘ㄹ’본음)
서류[書類,‘류’:머-‘ㄹ’본음)
서릿기둥[서릳기둥 → 서릳끼둥](받 → 된)
서릿기둥[서릳끼둥](×[서릭끼둥])(여)
서릿기둥[서릳끼둥](×[서릳찌둥])(센)
서먹하다[서머카다](거)
서먹해[서머캐](거)
서슴지[서슴찌](된)
서식지[서식찌](된)
서식하다[서시카다](거)
서울역[서울녁 → 서울력](‘ㄴ’보탬 → 흐)
석가탑[석까탑](된)
석고상[석꼬상](된)
석굴암[석꾸람](된)
석등[석뜽](된)
석류[석뉴 → 성뉴](콧)
석불[석뿔](된)
석상[석쌍](된)
섞습니다[석습니다 → 석씀니다](받 → 된 · 콧)
선거[선거](×[성거])(여)
선뜻[선뜯](받)
선명[선명](×[섬명])(입)
선물[선물](×[섬물])(입)
선박[선박](×[섬박])(입)
선박들[선박뜰](된)
선발[선발](×[섬발])(입)
선보는[선보는](×[섬보는])(입)
선비[선비](×[섬비])(입)
선율[선률 → 선율 → 서뉼](旋律)(머)
선택된[선택뛴/-뗀](된)
선택하다[선태카다](거)
선택한[선태칸](거)
선택해[선태캐](거)
섣달[섣딸](된)

설날[설랄](흐)
설득[설뜩](된)
설득력[설뜽녁](說得力,‘력’:머-‘ㄹ’본음)(된 · 콧)
설득하다[설뜩하다 → 설뜨카다](된 · 거)
설득한[설뜩한 → 설뜨칸](된 · 거)
설득할[설뜩할 → 설뜨칼](된 · 거)
설득해[설뜩해 → 설뜨캐](된 · 거)
설령[설령](設令,‘령’:머-‘ㄹ’본음)
설립[설립](設立,‘립’:머-‘ㄹ’본음)
설립된[설립뛴/-뗀](된)
설사[설싸](된)
설악산[서락싼](된)
설익게[설닉게 → 설릭께](‘ㄴ’보탬 → 흐 · 된)
설익은[설니근 → 설리근](‘ㄴ’보탬 → 흐)
설정[설쩡](된)
섧게[설게 → 설께](‘ㅂ’빠짐 → 된)
섬겨[섬겨](×[성겨])(여)
섬기다[섬기다](×[성기다])(여)
섬뜩하다[섬뜨카다](거)
섬뜩해[섬뜨캐](거)
섭니다[섬니다](콧)
섭섭하게[섭써파게](된 · 거)
섭섭하다[섭썹하다 → 섭써파다](된 · 거)
섭섭해[섭썹해 → 섭써패](된 · 거)
섰거[선거 → 선꺼](받 → 된)
섰거[선거](×[석꺼])(여)
섰고[선고 → 선꼬](받 → 된)
섰고[선꼬](×[석꼬])(여)
섰는[선는 → 선는](받 → 콧)
섰다[선다 → 선따](받 → 된)
섰단다[선단다 → 선딴다](받 → 된)
섰소[선소 → 선쏘](받 → 된)
섰습[선습 → 선씁](받 → 된)
섰습니다[선습니다 → 선씀니다](받 → 된 · 콧)
섰지[선지 → 선찌](받 → 된)
성격[성격](된)
성과[성꽈](된)

　　　　　　　　　　초등국어의 표기와 발음

성급하다[성그파다](거)
성급한[성그판](거)
성급해[성그패](거)
성냥개비[성냥깨비](된)
성률[성뉼](콧)
성리학[성니학](콧)
성인병[성인뼝](된)
성적도[성적또](된)
세균류[세균뉴](콧)
세력[세력](勢力, '력':머-'ㄹ'본음)
세뱃돈[세밷돈 → 세밷똔](받 → 된)
세숫대야[세숟대야 → 세순때야](받 → 된)
세탁기[세탁끼](된)
세탁소[세탁쏘](된)
세탁실[세탁씰](된)
셋[섿](받)
셋만[섿만 → 센만](받 → 콧)
셋만[섿만](×[셈만])(입)
셋째[섿째](받)
셋 하면[섿하면 → 세타면](받 → 거)
셌다[섿다 → 섿따](받 → 된)
셌습니다[섿습니다 → 섿씀니다](받 → 된 · 콧)
셨겠느냐[셛겐느냐 → 셛껜느냐](받 → 된 · 콧)
셨겠느냐[셛껜느냐](×[셕껜느냐])(여)
셨거[셛거 → 셛꺼](받 → 된)
셨거[셛꺼](×[셕꺼])(여)
셨고[셛고 → 셛꼬](받 → 된)
셨고[셛꼬](×[셕꼬])(여)
셨구[셛구 → 셛꾸](받 → 된)
셨구[셛꾸](×[셕꾸])(여)
셨군[셛군 → 셛꾼](받 → 된)
셨군[셛꾼](×[셕꾼])(여)
셨기[셛기 → 셛끼](받 → 된)
셨기[셛끼](×[셕끼])(여)
셨나[셛나 → 션나](받 → 콧)
셨네[셛네 → 션네](받 → 콧)
셨니[셛니 → 션니](받 → 콧)

셨다[셛다 → 셛따](받 → 된)
셨단[셛단 → 셛딴](받 → 된)
셨답[셛답 → 셛땁](받 → 된)
셨대[셛대 → 셛때](받 → 된)
셨던[셛던 → 셛떤](받 → 된)
셨소[셛소 → 셛쏘](받 → 된)
셨습[셛습 → 셛씁](받 → 된)
셨습니다[셛습니다 → 셛씀니다](받 → 된 · 콧)
셨자[셛자 → 셛짜](받 → 된)
셨죠[셛죠 → 셛쬬](받 → 된)
셨지[셛지 → 셛찌](받 → 된)
소년[소년](少年, '년':머-'ㄴ'본음)
소득과[소득꽈](된)
소박하다[소바카다](거)
소박한[소바칸](거)
소복하다[소보카다](거)
소속되[소속뙤/-뛔](된)
소작권[소작꿘](된)
속눈썹[송눈썹](콧)
속는[송는](콧)
속닥속닥[속딱쏙딱](된)
속담[속땀](된)
속도[속또](된)
속된[속뙨/-뛴](된)
속력[송녁](速力, '력':머-'ㄹ'본음)(콧)
속마음[송마음](콧)
속보[속뽀](된)
속삭이다[속싸기다](된)
속삭임[속싸김](된)
속살[속쌀](된)
속상하다[속쌍하다](된)
속셈[속쎔](된)
속속[속쏙](된)
속았구나[속앋구나 → 소간꾸나](받 → 된)
속았구나[소간꾸나](×[소각꾸나])(여)
속절[속쩔](된)
속지[속찌](된)

속하다[소카다](거)
속한[소칸](거)
속할[소칼](거)
속히[소키](거)
손가락[손까락](된)
손가락[손까락](×[송까락])(여)
손가락과[손까락꽈](된)
손가락도[손까락또](된)
손가락만[손까랑만](된·콧)
손가락질[손까락찔](된)
손금[손끔](된)
손금[손끔](×[송끔])(여)
손길[손낄](된)
손길[손낄](×[손찔])(센)
손길[손낄](×[송낄])(여)
손꼽힌[손꼬핀](거)
손꼽힌[손꼬핀](×[송꼬핀])(여)
손끝[손끋](받)
손끝[손끋](×[송끋])(여)
손끝에서[손끄테서](×[손끄세서])(갈)
손끝을[손끄틀](×[손끄슬])(갈)
손난로[손날로](흐)
손도장[손또장](된)
손동작[손똥작](된)
손등[손뜽](된)
손마디[손마디](×[솜마디])(입)
손만[손만](×[솜만])(입)
손맛[손맏](받)
손맛[손맏](×[솜맏])(입)
손목[손목](×[솜목])(입)
손바닥[손빠닥](된)
손바닥[손빠닥](×[솜빠닥])(입)
손발[손발](×[솜발])(입)
손부리[손부리](×[솜부리])(입)
손부터[손부터](×[솜부터])(입)
손뼉[손뼉](×[솜뼉])(입)
손사랫짓[손사랟짇 → 손사랟찓](받→된)

손수건[손쑤건](된)
손쉽게[손쉽께](된)
손전등[손쩐등](된)
손짓[손찓](된·받)
손톱만큼[손톰만큼](콧)
손톱보다[손톱뽀다](된)
솔가지[솔까지](된)
솔이끼[솔니끼 → 솔리끼]('ㄴ'보탬 → 흐)
솔잎[솔입 → 솔닙 → 솔립](받→'ㄴ'보탬 → 흐)
솔직[솔찍](된)
솔직하다[솔찌카다](된·거)
솔직히[솔찌키](된·거)
솟고[솓고 → 솓꼬](받→된)
솟고[솓꼬](×[속꼬])(여)
솟구치다[솓구치다 → 솓꾸치다](받→된)
솟구치다[솓꾸치다](×[속꾸치다])(여)
솟는[솓는 → 손는](받→콧)
송곳과[송곧과 → 송곧꽈](받→된)
송곳과[송곧꽈](×[송곡꽈])(여)
솥[솓](받)
솥과[솓과 → 솓꽈](받→된)
솥과[솓꽈](×[속꽈])(여)
솥뚜껑[솓뚜껑](받)
솥에[소테](×[소세])(갈)
솥은[소튼](×[소슨])(갈)
솥을[소틀](×[소슬])(갈)
솥이[소치](센)
솥이[소치](×[소시])(갈)
쇠고깃국[쇠고긷국 → 쇠고긷꾹/쉐-](받→된)
쇠고깃국[쇠고긷꾹/쉐-](×[쇠고긱꾹/쉐-])(여)
쇠못[쇠몯/쉐-](받)
쇠붙이[쇠부치/쉐-](센)
쇳덩이[쇧덩이 → 쇧떵이/쉐-](받→된)
쇳빛[쇧빋 → 쇧삗/쉐-](받→된)
쇳빛[쇧삗/쉐-](×[쇱삗/쉡-])(입)
쇳소리[쇧소리 → 쇧쏘리/쉐-](받→된)
쇳조각[쇧조각 → 쇧쪼각/쉐-](받→된)

초등국어의 표기와 발음

수녀[수녀](修女, '녀':머-'ㄴ'본음)
수도권[수도꿘](된)
수돗물[수돈물 → 수돈물](받→콧)
수돗물[수돈물](×[수돔물])(입)
수량[수량](數量, '량':머-'ㄹ'본음)
수로[수로](水路, '로':머-'ㄹ'본음)
수막새[수막쌔](된)
수박돌이[수박또리](된)
수백 년[수뱅년](年, '년':머-'ㄴ'본음)(콧)
수북하다[수부카다](거)
수북해[수부캐](거)
수수료[수수료](手數料, '료':머-'ㄹ'본음)
수수밭[수수받](받)
수습공[수습꽁](된)
수습하[수스파](거)
수십 년[수심년](年, '년':머-'ㄴ'본음)(콧)
수십 마리[수심마리](콧)
수십 명[수심명](콧)
수업 마침[수엄마침](콧)
수업하다[수어파다](거)
수입도[수입또](된)
수족관[수족꽌](된)
수줍게[수줍께](된)
수줍고[수줍꼬](된)
수집가[수집까](된)
수집하다[수지파다](거)
수집한[수지판])(거)
수집할[수지팔](거)
수천 냥[수천냥](兩, '냥':머-'ㄴ'본음)
수컷[수컫](받)
수탉[수탁]('ㄹ'빠짐)
수탉과[수탁과 → 수탁꽈]('ㄹ'빠짐 → 된)
수학 문제[수항문제](콧)
수확하다[수화카다](거)
숙녀[숭녀](淑女, '녀':머-'ㄴ'본음)(콧)
숙부[숙뿌](된)
숙성[숙썽](된)

숙소[숙쏘](된)
숙정문[숙쩡문](된)
숙제[숙쩨](된)
숙직실[숙찍씰](된)
순간[순간](×[숭간])(여)
순경[순경](×[숭경])(여)
순국한[순구칸](거)
순례[술례](흐)
순번[순번](×[숨번])(입)
순식간[순식깐](된)
숟가락[숟까락](된)
숟가락[숟까락](×[숙까락])(여)
숟갈[숟깔](된)
숟갈[숟깔](×[숙깔])(여)
술독[술똑](된)
술래잡기[술래잡끼](된)
술상[술쌍](된)
술잔[술짠](된)
숨겨[숨겨](×[숭겨])(여)
숨결[숨껼](된)
숨결[숨껼](×[숭껼])(여)
숨고[숨꼬](된)
숨고[숨꼬](×[숭꼬])(여)
숨구멍[숨꾸멍](된)
숨구멍[숨꾸멍](×[숭꾸멍])(여)
숨기[숨끼](된)
숨기[숨끼](×[숭끼])(여)
숨기다[숨기다](×[숭기다])(여)
숨길[숨낄](된)
숨길[숨낄](×[숭낄])(여)
숨도록[숨또록](된)
숨바꼭질[숨바꼭찔](된)
숨소리[숨쏘리](된)
숨자[숨짜](된)
숫돌[숟돌 → 순똘](받 → 된)
숫자[숟자 → 숟짜](받 → 된)
숭례문[숭녜문](콧)

숯[순](받)
숯 몇 개[순멷개 → 순멷깨](받→콧·된)
숯 몇 개[순멷깨](×[숨멷깨])(입)
숯 몇 개[순멷깨](×[순멱깨])(여)
숯으로[수츠로](×[수스로])(갈)
숯은[수츤](×[수슨])(갈)
숯을[수츨](×[수슬])(갈)
숯이[수치](×[수시])(갈)
숲[숩](받)
숲공원[숩공원 → 숩꽁원](받→된)
숲과[숩과 → 숩꽈](받→된)
숲길[숩길 → 숩낄](받→된)
숲길[숩낄](×[숩찔])(센)
숲도[숩도 → 숩또](받→된)
숲 마을[숩마을 → 숨마을](받→콧)
숲 속[숩속 → 숩쏙](받→된)
쓱쓱거리다[쓱쓱꺼리다](된)
쉽게[쉽께](된)
쉽고[쉽꼬](된)
쉽기[쉽끼](된)
쉽네[쉼네](콧)
쉽니다[쉼니다](콧)
쉽다[쉽따](된)
쉽도록[쉽또록](된)
쉽사리[쉽싸리](된)
쉽습니다[쉽씀니다](된·콧)
쉽지[쉽찌](된)
쉿[쉳](받)
슈퍼마켓[슈퍼마켇](받)
스물네 자[스물레자](흐)
스물여덟[스물여덜 → 스물려덜](‘ㅂ’빠짐 → ‘ㄴ’보
     탬 → 흐)
슬기롭게[슬기롭께](된)
습관[습꽌](된)
습기[습끼](된)
습니다[슴니다](콧)
습득[습뜩](된)

습득할[습뜩할 → 습뜨칼](된·거)
습한[스판](거)
승려[승녀](콧)
승렬[승녈](콧)
승리[승니](勝利,‘리’:머-‘ㄹ’본음)(콧)
시각과[시각꽈](된)
시곗바늘[시곋바늘 → 시곈빠늘/*-겐-](받→된
     →홀)
시곗바늘[시곋빠늘/-겐-](×[시곕빠늘/-겝-])(입)
시골집[시골찝](된)
시급히[시그피](거)
시꺼멓게[시꺼머케](거)
시냇가[시낻가 → 시낻까](받→된)
시냇가[시낻까](×[시낵까])(여)
시냇물[시낻물 → 시낸물](받→콧)
시냇물[시낸물](×[시냄물])(입)
시덕거리다[시덕꺼리다](된)
시력[시력](視力,‘력’:머-‘ㄹ’본음)
시련[시련](試鍊,‘련’:머-‘ㄹ’본음)
시립[시립](市立,‘립’:머-‘ㄹ’본음)
시무룩하다[시무루카다](거)
시시덕거리다[시시덕꺼리다](된)
시식회[시시쾨/-퀘](거)
시옷[시옫](받)
시원스럽고[시원스럽꼬](된)
시작과[시작꽈](된)
시작되[시작뙤/-뛔](된)
시작된[시작뙨/-뛔](된)
시작될[시작뙬/-뛜](된)
시작하다[시자카다](거)
시작한[시자칸](거)
시작할[시자칼](거)
시작함[시자캄](거)
시작해[시자캐](거)
시집가는[시집까는](된)
시집간[시집깐](된)
시집갈[시집깔](된)

초등국어의 표기와 발음

시집보낸[시집뽀낸](된)
시청률[시청뉼](視聽率, '률':머-'ㄹ'본음)(콧)
시퍼렇게[시퍼러케](거)
시합하다[시하파다](거)
식구[식꾸](된)
식기[식끼](된)
식는[싱는](콧)
식당[식땅](된)
식량[식냥→싱냥](食糧, '량':머-'ㄹ'본음)(콧)
식물[싱물](콧)
식물원[싱무뤈](콧)
식민지[싱민지](콧)
식사[식싸](된)
식생활[식쌩활](된)
식수대[식쑤대](된)
식습관[식씁꽌](된)
식중독[식쭝독](된)
식혜[시계/*-케](거→홑)
식히다[시키다](거)
식힌[시킨](거)
신게[신께](된)
신게[신께](×[싱께])(여)
신겨[신껴](된)
신겨[신껴](×[싱껴])(여)
신경[신경](×[싱경])(여)
신경질적[신경질쩍](된)
신경질적[신경질쩍](×[싱경질쩍])(여)
신고하다[신고하다](×[싱고하다])(여)
신고[신꼬](된)
신고[신꼬](×[싱꼬])(여)
신기[신끼](된)
신기[신끼](×[싱끼])(여)
신기다[신끼다](된)
신기다[신끼다](×[싱끼다])(여)
신기하다[신기하다](×[싱기하다])(여)
신나게[신나게](×[싱나게])(여)
신라[실라](新羅, '라':머-'ㄹ'본음)(흐)

신랑[실랑](흐)
신령[실령](흐)
신령님[실령님](흐)
신뢰[실뢰/실뭬](흐)
신립[실립](흐)
신문[신문](×[심문])(입)
신문지[신문지](×[심문지])(입)
신바람[신빠람](된)
신바람[신빠람](×[심빠람])(입)
신발[신발](×[심발])(입)
신발장[신발짱](된)
신발장[신발짱](×[심발짱])(입)
신부[신부](×[심부])(입)
신분제[신분제](×[심분제])(입)
신비[신비](×[심비])(입)
신비롭게[신비롭께](된)
신비롭게[신비롭께](×[심비롭께])(입)
신석기[신석끼](된)
신줏단지[신준단지→신준딴지](받→된)
신지[신찌](된)
신고[신꼬](된)
신고[신꼬](×[식꼬])(여)
싣기[싣끼](된)
싣기[싣끼](×[식끼])(여)
싣는[신는](콧)
실내[실래](흐)
실내화[실래화](흐)
실력[실력](實力, '력':머-'ㄹ'본음)
실례[실례](失禮, '례':머-'ㄹ'본음)
실룩거리다[실룩꺼리다](된)
실룩실룩[실룩씰룩](된)
실룩하다[실루카다](거)
실속[실쏙](된)
실수[실쑤](된)
실용신안권[시룡시난꿘](된)
실제[실쩨](된)
실조[실쪼](된)

실컷[실컫](받)
실핏줄[실핃줄 → 실핃쭐](받 → 된)
실학자[실학짜](된)
싫거든[실커든](거)
싫게[실케](거)
싫네[실네 → 실레]('ㅎ'빠짐 → 흐)
싫다[실타](거)
싫소[실소 → 실쏘]('ㅎ'빠짐 → 된)
싫어[시러]('ㅎ'빠짐)
싫으니[시르니]('ㅎ'빠짐)
싫은[시른]('ㅎ'빠짐)
싫음[시름]('ㅎ'빠짐)
싫증[실증 → 실쯩]('ㅎ'빠짐 → 된)
심각[심각](×[싱각])(여)
심각성[심각썽](된)
심각성[심각썽](×[싱각썽])(여)
심각하다[심가카다](거)
심각하다[심가카다](×[싱가카다])(여)
심각한[심가칸](거)
심각한[심가칸](×[싱가칸])(여)
심각해[심가캐](거)
심각해[심가캐](×[싱가캐])(여)
심고[심꼬](된)
심고[심꼬](×[싱꼬])(여)
심기[심끼](된)
심기[심끼](×[싱끼])(여)
심도록[심또록](된)
심리[심니](心理,'리':머-'ㄹ'본음)(콧)
심술보[심술뽀](된)
심습니다[심씀니다](된 · 콧)
심자[심짜](된)
십 년[심년](年,'년':머-'ㄴ'본음)(콧)
십니다[심니다](콧)
십 리[십니 → 심니](里,'리':머-'ㄹ'본음)(콧)
십 마리[심마리](콧)
십만[심만](콧)
십 명[심명](콧)

10분[십뿐](된)
십수 년[십쑤년](年,'년':머-'ㄴ'본음)(된)
십시오[십씨오](된)
십여 년[시벼년](年,'년':머-'ㄴ'본음)
십오 년[시보년](年,'년':머-'ㄴ'본음)
십자[십짜](된)
십자수[십짜수](된)
싱긋[싱귿](받)
싫거나[십거나 → 십꺼나](받 → 된)
싫게[십게 → 십께](받 → 된)
싫고[십고 → 십꼬](받 → 된)
싫기[십기 → 십끼](받 → 된)
싫나[십나 → 심나](받 → 콧)
싫니[십니 → 심니](받 → 콧)
싫다[십다 → 십따](받 → 된)
싫단다[십단다 → 십딴다](받 → 된)
싫대[십대 → 십때](받 → 된)
싫더니[십더니 → 십떠니](받 → 된)
싫던[십던 → 십떤](받 → 된)
싫소[십소 → 십쏘](받 → 된)
싫습니다[십습니다 → 십씀니다](받 → 된 · 콧)
싫지[십지 → 십찌](받 → 된)
싹둑싹둑[싹뚝싹뚝](된)
싹들이[싹뜨리](된)
쌀가루[쌀까루](된)
쌀독[쌀똑](된)
쌀 익는[쌀닉는 → 쌀링는]('ㄴ'보탬 → 흐 → 콧)
쌀자루[쌀짜루](된)
쌉니다[쌈니다](콧)
쌌다[쌈다 → 쌈따](받 → 된)
쌍시옷[쌍시옫](받)
쌍지읒[쌍지읃](받)
쌓고[싸코](거)
쌓기[싸키](거)
쌓느[쌀느 → 싼느](받 → 콧)
쌓는[쌀는 → 싼는](받 → 콧)
쌓다[싸타](거)

쌓아[싸아]('ㅎ'빠짐)
쌓여[싸여]('ㅎ'빠짐)
쌓으니[싸으니]('ㅎ'빠짐)
쌓은[싸은]('ㅎ'빠짐)
쌓을[싸을]('ㅎ'빠짐)
쌓이다[싸이다]('ㅎ'빠짐)
쌓인[싸인]('ㅎ'빠짐)
쌔무룩하다[쌔무루카다](거)
써먹는[써멍는](콧)
썩는[썽는](콧)
썩 물러나[썽물러나](콧)
썩지[썩찌](된)
썼거든[썯거든 → 썯꺼든](받 → 된)
썼거든[썯꺼든](×[썩꺼든])(여)
썼겠지[썯겐지 → 썯껜찌](받 → 된)
썼겠지[썯껜찌](×[썩껜찌])(여)
썼고[썯고 → 썯꼬](받 → 된)
썼고[썯꼬](×[썩꼬])(여)
썼구나[썯구나 → 썯꾸나](받 → 된)
썼구나[썯꾸나](×[썩꾸나])(여)
썼나[썯나 → 썬나](받 → 콧)
썼는[썯는 → 썬는](받 → 콧)
썼다[썯다 → 썯따](받 → 된)
썼대[썯대 → 썯때](받 → 된)
썼더[썯더 → 썯떠](받 → 된)
썼던[썯던 → 썯떤](받 → 된)
썼든[썯든 → 썯뜬](받 → 된)
썼습[썯습 → 썯씁](받 → 된)
썼습니다[썯습니다 → 썯씀니다](받 → 된 · 콧)
썼지[썯지 → 썯찌](받 → 된)
쏟고[쏟꼬](된)
쏟고[쏟꼬](×[쏙꼬])(여)
쐈더[쏻더 → 쏻떠](받 → 된)
쐈지[쏻지 → 쏻찌](받 → 된)
쑤석거리다[쑤석꺼리다](된)
쑥갓[쑥갇 → 쑥깓](된 · 받)
쑥 냄새[쑹냄새](콧)

쑥스러운[쑥쓰러운](된)
쑥스러워[쑥쓰러워](된)
쑥스럽거나[쑥쓰럽꺼나](된)
쓸데[쓸떼](된)
쓸 일[쓸닐 → 쓸릴]('ㄴ'보탬 → 흐)
씁니다[씀니다](콧)
씨앗[씨앋](받)
씨앗도[씨앋도 → 씨앋또](받 → 된)
씨잘데기[씨잘떼기](된)
씩씩거려[씩씩꺼려](된)
씩씩거리다[씩씩꺼리다](된)
씩씩대다[씩씩때다](된)
씩씩하다[씩씨카다](거)
씩씩한[씩씨칸](거)
씩씩해[씩씨캐](거)
씰룩거리다[씰룩꺼리다](된)
씹거든[씹꺼든](된)
씹지[씹찌](된)
씻겨[씯겨 → 씯껴](받 → 된)
씻겨[씯껴](×[씩껴])(여)
씻고[씯고 → 씯꼬](받 → 된)
씻고[씯꼬](×[씩고])(여)
씻기[씯기 → 씯끼](받 → 된)
씻기[씯끼](×[씩끼])(여)
씻긴[씯긴 → 씯낀](받 → 된)
씻긴[씯낀](×[씩낀])(여)
씻는[씯는 → 씬는](받 → 콧)
씻다[씯다 → 씯따](받 → 된)
씻던[씯던 → 씯떤](받 → 된)
씻습니다[씯습니다 → 씯씀니다](받 → 된 · 콧)
씻지[씯지 → 씯찌](받 → 된)

ㅇ

아깝게[아깝께](된)
아깝고[아깝꼬](된)

아깝다[아깝따](된)
아깝지[아깝찌](된)
아낙과[아낙꽈](된)
아낙네[아낭네](콧)
아늑하다[아느카다](거)
아늑한[아느칸](거)
아늑해[아느캐](거)
아니꼽게[아니꼽께](된)
아닙니다[아님니다](콧)
아득하다[아드카다](거)
아득히[아드키](거)
아들내미[아들래미](흐)
아들놈[아들롬](흐)
아랫도리[아랜도리 → 아랜또리](받 → 된)
아랫동아리[아랜동아리 → 아랜똥아리](받 → 된)
아랫마을[아랜마을 → 아랜마을](받 → 콧)
아랫마을[아랜마을](×[아램마을])(입)
아랫물[아랜물 → 아랜물](받 → 콧)
아랫물[아랜물](×[아램물])(입)
아랫부분[아랜부분 → 아랜뿌분](받 → 된)
아랫부분[아랜뿌분](×[아램뿌분])(입)
아랫입술[아랜입술 → 아랜닙쑬](받 →‘ㄴ’보탬 →
　　　콧 · 된)
아랫잇몸[아랜읻몸 → 아랜닌몸](받 →‘ㄴ’보탬 →
　　　콧)
아랫집[아랜집 → 아랜찝](받 → 된)
아름답게[아름답께](된)
아름답고[아름답꼬](된)
아름답구[아름답꾸](된)
아름답기[아름답끼](된)
아름답네[아름담네](콧)
아름답다[아름답따](된)
아름답습니다[아름답씀니다](된 · 콧)
아름답지[아름답찌](된)
아릿하다[아릳하다 → 아리타다](받 → 거)
아무것도[아무걷도 → 아무걷또](받 → 된)
아무렇게[아무러케](거)

아무렇지[아무러치](거)
아쉽게[아쉽께](된)
아쉽다[아쉽따](된)
아쉽지[아쉽찌](된)
아얏[아얃](받)
아이들도[아이들또](된)
아직도[아직또](된)
아침밥[아침빱](된)
아홉 명[아홈명](콧)
아홉 살[아홉쌀](된)
악기[악끼](된)
악당[악땅](된)
악물어[앙무러](콧)
악보[악뽀](된)
악상[악쌍](된)
악성[악썽](된)
악수[악쑤](된)
악착같이[악착까치](된 · 센)
악한[아칸](거)
악화[아콰](거)
안간힘[안간힘](×[앙간힘])(여)
안개[안개](×[앙개])(여)
안개꽃[안개꼳](받)
안개꽃[안개꼳](×[앙개꼳])(여)
안개비[안개비](×[앙개비])(여)
안건[안껀](된)
안건[안껀](×[앙껀])(여)
안겨[안겨](×[앙겨])(여)
안경[안경](×[앙경])(여)
안고[안꼬](된)
안고[안꼬](×[앙꼬])(여)
안골[안꼴](된)
안골[안꼴](×[앙꼴])(여)
안구[안구](×[앙구])(여)
안기듯[안기듣](받)
안기듯[안기듣](×[앙기듣])(여)
안내장[안내짱](된)

안다[안따](된)
안락[알락](安樂, '락':머ー'ㄹ'본음)(흐)
안락한[알락한→알라칸](흐·거)
안방[안빵](된)
안방[안빵](×[암빵])(입)
안보리[안보리](×[암보리])(安保理, '리':머ー'ㄹ'본음)(입)
안부[안부](×[암부])(입)
안습니다[안씀니다](된·콧)
안전성[안전썽](된)
안지[안찌](된)
안타깝게[안타깝께](된)
안타깝기[안타깝끼](된)
안타깝다[안타깝따](된)
안팎[안팍](받)
안팎[안팍](×[암팍])(입)
앉게[안게→안께]('ㅈ'빠짐→된)
앉게[안께](×[앙께])(여)
앉고[안고→안꼬]('ㅈ'빠짐→된)
앉고[안꼬](×[앙꼬])(여)
앉기[안기→안끼]('ㅈ'빠짐→된)
앉기[안끼](×[앙끼])(여)
앉는[안는]('ㅈ'빠짐)
앉다[안다→안따]('ㅈ'빠짐→된)
앉던[안던→안떤]('ㅈ'빠짐→된)
앉습니다[안습니다→안씀니다]('ㅈ'빠짐→된·콧)
앉자[안자→안짜]('ㅈ'빠짐→된)
앉지[안지→안찌]('ㅈ'빠짐→된)
앉혀[안쳐→안처](거→홑)
앉히다[안치다](거)
않거나[안커나](거)
않거든[안커든](거)
않게[안케](거)
않고[안코](거)
않군[안쿤](거)
않기[안키](거)

않나[안나]('ㅎ'빠짐)
않네[안네]('ㅎ'빠짐)
않느냐[안느냐]('ㅎ'빠짐)
않는[안는]('ㅎ'빠짐)
않니[안니]('ㅎ'빠짐)
않다[안타](거)
않단다[안탄다](거)
않더라[안터라](거)
않던[안턴](거)
않도록[안토록](거)
않든[안튼](거)
않소[안소→안쏘]('ㅎ'빠짐→된)
않습니다[안습니다→안씀니다]('ㅎ'빠짐→된·콧)
않아[아나]('ㅎ'빠짐)
않으니[아느니]('ㅎ'빠짐)
않은[아는]('ㅎ'빠짐)
않을[아늘]('ㅎ'빠짐)
않음[아늠]('ㅎ'빠짐)
않자[안차](거)
않죠[안쵸](거)
않지[안치](거)
알껍데기[알껍떼기](된)
알록달록[알록딸록](된)
알림장[알림짱](된)
알맞게[알맏게→알맏께](받→된)
알맞게[알맏께](×[알막께])(여)
알맞기[알맏기→알맏끼](받→된)
알맞기[알맏끼](×[알막끼])(여)
알맞지[알맏지→알맏찌](받→된)
알아맞히다[아라마치다](거)
알았거나[알앋거나→아랃꺼나](받→된)
알았거나[아랃꺼나](×[아락꺼나])(여)
알았겠구[알앋겐구→아랃껜꾸](받→된)
알았겠구[아랃껜꾸](×[아락껙꾸])(여)
알았겠지[알앋겐지→아랃껜찌](받→된)
알았겠지[아랃껜찌](×[아락껜찌])(여)
알았구[알앋구→아랃꾸](받→된)

알았구[아랃꾸](×[아락꾸])(여)
알았기[알앋기 → 아랃끼](받 → 된)
알았기[아랃끼](×[아락끼])(여)
알았다[알앋다 → 아랃따](받 → 된)
알았단다[알앋단다 → 아랃딴다](받 → 된)
알았더니[알앋더니 → 아랃떠니](받 → 된)
알았던[알앋던 → 아랃떤](받 → 된)
알았지[알앋지 → 아랃찌](받 → 된)
알약[알냑 → 알략]('ㄴ'보탬 → ㅎ)
앓게[알케](거)
앓고[알코](거)
앓기[알키](거)
앓는[알는 → 알른]('ㅎ'빠짐 → ㅎ)
앓다[알타](거)
앓아[아라]('ㅎ'빠짐)
암벽도[암벽또](된)
암컷[암컫](받)
암컷[암컫](×[앙컫])(여)
암컷과[암컫과 → 암컫꽈](받 → 된)
암컫과[암컫꽈](×[앙컥꽈])(여)
암탉[암탁]('ㄹ'빠짐)
압니다[암니다](콧)
압력[압녁 → 암녁](壓力, '력':머–'ㄹ'본음)(콧)
압록강[압녹강 → 암녹강 → 암녹깡](콧 → 된)
압정[압쩡](된)
앗[앋](받)
앗싸[앋싸](받)
앗쭈구리[앋쭈구리](받)
았거[앋거 → 안꺼](받 → 된)
았거[안꺼](×[악꺼])(여)
았게[앋게 → 안께](받 → 된)
았게[안께](×[악께])(여)
았겠[안겐 → 안껜](받 → 된)
았겠[안껜](×[악껜])(여)
았고[안고 → 안꼬](받 → 된)
았고[안꼬](×[악꼬])(여)
았구[안구 → 안꾸](받 → 된)

았구[안꾸](×[악꾸])(여)
았군[안군 → 안꾼](받 → 된)
았군[안꾼](×[악꾼])(여)
았기[안기 → 안끼](받 → 된)
았기[안끼](×[악끼])(여)
았나[안나 → 안나](받 → 콧)
았네[안네 → 안네](받 → 콧)
았느[안느 → 안느](받 → 콧)
았는[안는 → 안는](받 → 콧)
았니[안니 → 안니](받 → 콧)
았다[안다 → 안따](받 → 된)
았단[안단 → 안딴](받 → 된)
았답[안답 → 안땁](받 → 된)
았대[안대 → 안때](받 → 된)
았더[안더 → 안떠](받 → 된)
았던[안던 → 안떤](받 → 된)
았소[안소 → 안쏘](받 → 된)
았습[안습 → 안씁](받 → 된)
았습니다[안습니다 → 안씀니다](받 → 된·콧)
았자[안자 → 안짜](받 → 된)
았지[안지 → 안찌](받 → 된)
앞[압](받)
앞과[압과 → 압꽈](받 → 된)
앞길[압길 → 압낄](받 → 된)
앞길[압낄](×[압찔])(센)
앞까지[압까지](받)
앞날[압날 → 암날](받 → 콧)
앞니[압니 → 암니](받 → 콧)
앞다리[압다리 → 압따리](받 → 된)
앞다투다[압다투다 → 압따투다](받 → 된)
앞다투어[압다투어 → 압따투어](받 → 된)
앞당기다[압당기다 → 압땅기다](받 → 된)
앞도[압도 → 압또](받 → 된)
앞두고[압두고 → 압뚜고](받 → 된)
앞둔[압둔 → 압뚠](받 → 된)
앞뒤[압뒤 → 압뛰](받 → 된)
앞마당[압마당 → 암마당](받 → 콧)

초등국어의 표기와 발음

앞마을[압마을 → 암마을](받 → 콧)
앞만[압만 → 암만](받 → 콧)
앞말[압말 → 암말](받 → 콧)
앞머리[압머리 → 암머리](받 → 콧)
앞면[압면 → 암면](받 → 콧)
앞 못 보는[압몬보는 → 암몬뽄는](받 → 콧·된)
앞문[압문 → 암문](받 → 콧)
앞바다[압바다 → 압빠다](받 → 된)
앞발[압발 → 압빨](받 → 된)
앞부분[압부분 → 압뿌분](받 → 된)
앞뿐[압뿐](받)
앞사람[압사람 → 압싸람](받 → 된)
앞산[압산 → 압싼](받 → 된)
앞서[압서 → 압써](받 → 된)
앞세워[압세워 → 압쎄워](받 → 된)
앞 이야기[압이야기 → 암니야기](받→'ㄴ'보탬
　　→ 콧)
앞일[압일 → 압닐 → 암닐](받→'ㄴ'보탬→ 콧)
앞자리[압자리 → 압짜리](받 → 된)
앞장[압장 → 압짱](받 → 된)
앞장불[압장불 → 압짱불](받 → 된)
앞잽이[압잽이 → 압째비](받 → 된)
앞질러[압질러 → 압찔러](받 → 된)
앞집[압집 → 압찝](받 → 된)
앞쪽[압쪽](받)
앞치마[압치마](받)
앞코[압코](받)
앞표지[압표지](받)
애걸복걸[애걸복껄](된)
애국가[애국까](된)
애처롭게[애처롭께](된)
애틋한[애튿한 → 애트탄](받 → 거)
애틋해[애튿해 → 애트태](받 → 거)
액세서리[액쎄서리](된)
액수[액쑤](된)
액자[액짜](된)
액정[액쩡](된)

야릇하다[야륻하다 → 야르타다](받 → 거)
야속하다[야소카다](거)
야속함[야소캄](거)
야트막하다[야트마카다](거)
약간[약깐](된)
약골[약꼴](된)
약과[약꽈](된)
약국[약꾹](된)
약도[약또](된)
약만[양만](콧)
약 먹여[양머겨](콧)
약방[약빵](된)
약보다[약뽀다](된)
약봉지[약뽕지](된)
약속[약쏙](된)
약속대로[약쏙때로](된)
약속도[약쏙또](된)
약속하다[약쏘카다](된·거)
약속한[약쏘칸](된·거)
약속함[약쏘캄](된·거)
약속해[약쏘캐](된·거)
약수[약쑤](된)
약자[약짜](된)
약재[약째](된)
약점[약쩜](된)
약제[약쩨](된)
약탈[략탈 → 약탈](掠奪)(머)
약탕기[약탕끼](된)
약하다[야카다](거)
약한[야칸](거)
약해[야캐](거)
얄따랗고[얄따라코](거)
얇게[얄게 → 얄께]('ㅂ'빠짐 → 된)
얇고[얄고 → 얄꼬]('ㅂ'빠짐 → 된)
얇다[얄다 → 얄따]('ㅂ'빠짐 → 된)
양력[양녁](콧)
양반[량반 → 양반](兩班)(머)

양분[량분 → 양분](兩分)(머)
양서류[량서류 → 양서류](兩棲類)(머)
양성[량성 → 양성](兩性)(머)
양식[량식 → 양식](良識)(머)
양식과[양식꽈](된)
양식도[양식또](된)
양식장[양식짱](된)
양심[량심 → 양심](良心)(머)
양은솥과[양은솓과 → 양은꽈](받 → 된)
양은솥과[양은손꽈](×[양은속꽈])(여)
양은솥이[양은소치](센)
양은솥이나[양은소치나](×[양은소시나])(갈)
양편[량편 → 양편](兩便)(머)
얄고[얄고 → 얄꼬](받 → 된)
얄고[얄꼬](×[약꼬])(여)
얄보다[얄보다 → 얄뽀다](받 → 된)
얄보다[얄뽀다](×[얍뽀다])(입)
얄잡아[얄잡아 → 얄짜바](받 → 된)
애기꽃[애기꼳](받)
어긋나[어근나 → 어근나](받 → 콧)
어긋난[어근난 → 어근난](받 → 콧)
어긋날[어근날 → 어근날](받 → 콧)
어긋남[어근남 → 어근남](받 → 콧)
어깻짓[어깯짇 → 어깯찓](받 → 된)
어느덧[어느덛](받)
어둑해[어두캐](거)
어둡게[어둡께](된)
어둡거나[어둡꺼나](된)
어둡고[어둡꼬](된)
어둡다[어둡따](된)
어떡하다[어떠카다](거)
어떡할[어떠칼](거)
어떡해[어떠캐](거)
어떡헐려고[어떠컬려고](거)
어떤 일[어떤닐]('ㄴ'보탬)
어떨지[어떨찌](된)
어떻게[어떠케](거)

어떻고[어떠코](거)
어떻긴[어떠킨](거)
어떻다[어떠타](거)
어떻소[어떠소 → 어떠쏘]('ㅅ'빠짐 → 된)
어떻습니까[어떠습니까 → 어떠씀니까]('ㅎ'빠짐 →
    된·콧)
어뜩하다[어뜨카다](거)
어렵게[어렵께](된)
어렵거든[어렵꺼든](된)
어렵고[어렵꼬](된)
어렵기[어렵끼](된)
어렵네[어렴네](콧)
어렵다[어렵따](된)
어렵지[어렵찌](된)
어렵쇼[어렵쑈](된)
어른스럽게[어른스럽께](된)
어리석게[어리석께](된)
어리석다[어리석따](된)
어리숙해[어리수캐](거)
어린잎[어린입 → 어린닙](받 → 'ㄴ'보탬)
어릿광대[어릳광대 → 어릳꽝대](받 → 된)
어릿광대[어릳꽝대](×[어릭꽝대])(여)
어묵도[어묵또](된)
어법[어뻡](된)
어색하다[어새카다](거)
어색한[어새칸](거)
어색해[어새캐](거)
어엿한[어엳한 → 어여탄](받 → 거)
어젯밤[어젣밤 → 어젣빰](받 → 된)
어젯밤[어젣빰](×[어접빰])(입)
어지럽기[어지럽끼](된)
어짊과[어짐과]('ㄹ'빠짐)
어쨌건[어쨷건 → 어쨷껀](받 → 된)
어쨌건[어쨷껀](×[어쨕껀])(여)
어획량[어획냥 → 어횡냥/-휑-](콧)
억누르고[엉누르고](콧)
억만 원[엉마눤](콧)

억 명[엉명](콧)
억새풀[억쌔풀](된)
억세게[억쎄게](콧)
억압하다[어가파다](거)
억장[억짱](된)
억제[억쩨](된)
억지[억찌](된)
억지스럽게[억찌스럽께](된)
억지스럽고[억찌스럽꼬](된)
언덕과[언덕꽈](된)
언덕길[언덕낄](된)
언덕길[언덕낄](×[언덕찔])(센)
언뜻[언뜯](받)
언론[얼론](言論, '론':머–'ㄹ'본음)(흐)
언짢거나[언짠커나](거)
언짢게[언짠케](거)
언짢기[언짠키](거)
언짢아[언짜나]('ㅎ'빠짐)
언짢을[언짜늘]('ㅎ'빠짐)
없고[언고 → 언꼬]('ㅈ'빠짐 → 된)
없는[언는]('ㅈ'빠짐)
없다[언다 → 언따]('ㅈ'빠짐 → 된)
없자[언자 → 언짜]('ㅈ'빠짐 → 된)
얻거든[얻꺼든](된)
얻거든[얻꺼든](×[억꺼든])(여)
얻게[얻께](된)
얻게[얻께](×[억께])(여)
얻고[얻꼬](된)
얻고[얻꼬](×[억꼬])(여)
얻기[얻끼](된)
얻기[얻끼](×[억끼])(여)
얻는[언는](콧)
얻지[얻찌](된)
얼굴빛[얼굴삗](된·받)
얼떨결[얼떨결](된)
얼럭밥[얼럭빱](된)
얼룩말[얼룽말](콧)

얼룩무늬[얼룽무늬 → 얼룽무니](콧 → 홑)
얼룩소[얼룩쏘](된)
얼룩송아지[얼룩쏭아지](된)
얼룩진[얼룩찐](된)
얼음덩어리[어름떵어리](된)
얼음덩이[어름떵이](된)
얼핏[얼핃](받)
얽고[얼고 → 얼꼬]('ㄱ'빠짐 → 된)
얽혀[얼켜](거)
얽히다[얼키다](거)
얽힌[얼킨](거)
엄격[엄껵](된)
엄격하다[엄껵카다](된·거)
엄격히[엄껴키](된·거)
엄숙하다[엄수카다](거)
업계[업껠/*–께](된 → 홑)
업고[업꼬](된)
업다[업따](된)
업무[엄무](콧)
업신[업씬](된)
업적[업쩍](된)
업혀[어펴](거)
없거나[업거나 → 업꺼나]('ㅅ'빠짐 → 된)
없거든[업거든 → 업꺼든]('ㅅ'빠짐 → 된)
없건[업건 → 업껀]('ㅅ'빠짐 → 된)
없게[업게 → 업께]('ㅅ'빠짐 → 된)
없고[업고 → 업꼬]('ㅅ'빠짐 → 된)
없구[업구 → 업꾸]('ㅅ'빠짐 → 된)
없기[업기 → 업끼]('ㅅ'빠짐 → 된)
없나[업나 → 엄나]('ㅅ'빠짐 → 콧)
없냐[업냐 → 엄냐]('ㅅ'빠짐 → 콧)
없네[업네 → 엄네]('ㅅ'빠짐 → 콧)
없느니[업느니 → 엄느니]('ㅅ'빠짐 → 콧)
없는[업는 → 엄는]('ㅅ'빠짐 → 콧)
없니[업니 → 엄니]('ㅅ'빠짐 → 콧)
없다[업다 → 업따]('ㅅ'빠짐 → 된)
없단다[업단다 → 업딴다]('ㅅ'빠짐 → 된)

없답니다[업답니다→업땀니다]('ㅅ'빠짐→된·콧)
없대[업대→업때]('ㅅ'빠짐→된)
없더니[업더니→업떠니]('ㅅ'빠짐→된)
없던[업던→업떤]('ㅅ'빠짐→된)
없도록[업도록→업또록]('ㅅ'빠짐→된)
없사옵니다[업사옵니다→업싸옴니다]('ㅅ'빠짐→
　　된·콧)
없소[업소→업쏘]('ㅅ'빠짐→된)
없습니다[업습니다→업씀니다]('ㅅ'빠짐→된·콧)
없자[업자→업짜]('ㅅ'빠짐→된)
없잖아[업잔아→업짜나]('ㅅ, ㅎ'빠짐→된)
없지[업지→업찌]('ㅅ'빠짐→된)
엇[얻](받)
엇갈려[얻갈려→언깔려](받→된)
엇갈려[언깔려](×[억깔려])(여)
엇걸리게[얻걸리게→언껄리게](받→된)
엇걸리게[언껄리게](×[억껄리게])(여)
엇비슷할[얻비슫할→언삐스탈](받→된·거)
엇비슷할[언삐스탈](×[업삐스탈])(입)
었거[얻거→얻꺼](받→된)
었거[얻꺼](×[억꺼])(여)
었게[얻게→얻께](받→된)
었게[얻께](×[억께])(여)
었고[얻고→얻꼬](받→된)
었고[얻꼬](×[억꼬])(여)
었구[얻구→얻꾸](받→된)
었구[얻꾸](×[억꾸])(여)
었군[얻군→얻꾼](받→된)
었군[얻꾼](×[억꾼])(여)
었기[얻기→얻끼](받→된)
었기[얻끼](×[억끼])(여)
었길[얻길→얻낄](받→된)
었길[얻낄](×[억낄])(여)
었나[얻나→언나](받→콧)
었노[얻노→언노](받→콧)
었는[얻는→언는](받→콧)
었니[얻니→언니](받→콧)

었다[얻다→얻따](받→된)
었단[얻단→얻딴](받→된)
었답[얻답→얻땁](받→된)
었대[얻대→얻때](받→된)
었더[얻더→얻떠](받→된)
었던[얻던→얻떤](받→된)
었든[얻든→얻뜬](받→된)
었사[얻사→얻싸](받→된)
었소[얻소→얻쏘](받→된)
었습[얻습→얻씁](받→된)
었습니다[얻습니다→얻씀니다](받→된·콧)
었자[얻자→얻짜](받→된)
었죠[얻죠→얻쬬](받→된)
었지[얻지→얻찌](받→된)
엉겁결[엉겁껼](된)
엊그제[얻그제→얻끄제](받→된)
엊그제[얻끄제](×[억끄제])(여)
엊저녁[얻저녁→얻쩌녁](받→된)
엎드려[업드려→업뜨려](받→된)
엎드리다[업드리다→업뜨리다](받→된)
엎드린[업드린→업뜨린](받→된)
엎지[업지→업찌](받→된)
엎치락[업치락](받)
에잇[에읻](받)
여객기[여객끼](된)
여관집[여관찝](된)
여닫게[여닫께](된)
여닫게[여닫께](×[여닥께])(여)
여덟[여덜]('ㅂ'빠짐)
여덟 가지[여덜가지→여덜까지]('ㅂ'빠짐→된)
여덟 개[여덜개→여덜깨]('ㅂ'빠짐→된)
여덟 배[여덜배→여덜빼]('ㅂ'빠짐→된)
여덟 살[여덜살→여덜쌀]('ㅂ'빠짐→된)
여덟 시[여덜시→여덜씨]('ㅂ'빠짐→된)
여덟 폭[여덜폭]('ㅂ'빠짐)
여럿[여럳](받)
여론[여론](與論, '론':머-'ㄹ'본음)

여섯[여섣](받)
여섯 개[여섣개 → 여섣깨](받 → 된)
여섯 개[여섣깨](×[여석깨])(여)
여섯-마리[여섣마리 → 여선마리](받 → 콧)
여섯 마리[여선마리](×[여섬마리])(입)
여섯째[여섣째](받)
여섯 해[여섣해 → 여서태](받 → 거)
여성[녀성 → 여성](女性)(머)
여성스럽지[여성스럽찌](된)
여유롭게[여유롭께](된)
여유롭지[여유롭찌](된)
여자[녀자 → 여자](女子)(머)
여쭙잖아[여쭙짜나](된 · 'ㅎ'빠짐)
여태껏[여태껃](받)
여행[려행 → 여행](旅行)(머)
역경[역꼉](된)
역기[역끼](된)
역부족[역뿌족](된)
역사[력사 → 역사 → 역싸](歷史)(머 → 된)
역수[역쑤](된)
역시[역씨](된)
역전[역쩐](된)
역정[역쩡](된)
역할[여칼](거)
역할극[여칼극](거)
역할놀이[여칼로리](거 · 흐)
엮거[역거 → 역꺼](받 → 된)
엮는[역는 → 영는](받 → 콧)
연간[년간 → 연간](年間)(머)
연거푸[연거푸](×[영거푸])(여)
연결[련결 → 연결](連結)(머)
연결[연결](×[영결])(여)
연과[연과](×[영과])(여)
연관[련관 → 연관](聯關)(머)
연관[연관](×[영관])(여)
연구[연구](×[영구])(여)
연극[연극](×[영극])(여)

연극반[연극빤](된)
연극반[연극빤](×[영극빤])(여)
연기[연기](×[영기])(여)
연꽃[연꼳](받)
연꽃[연꼳](×[영꼳])(여)
연꽃무늬[연꼳무늬 → 연꼰무늬](받 → 콧 → 홑)
연꽃무늬[연꼰무늬](×[영꼼무늬])(여 · 입)
연년생[년년생 → 연년생](年年生)(머)
연대[년대 → 연대](年代)(머)
연도[년도 → 연도](年度)(머)
연둣빛[연둗빈 → 연둗삗](받 → 된)
연둣빛[연둗삗](×[연둡삗])(입)
연락[련락 → 연락 → 열락](連絡)(머 → 흐)
연례[년례 → 연례 → 열례](年例)(머 → 흐)
연맹[련맹 → 연맹](聯盟)(머)
연맹[연맹](×[염맹])(입)
연못[연몯](받)
연못[연몯](×[염몯])(입)
연방[연방](×[염방])(입)
연분홍[연분홍](×[염분홍])(입)
연뿌리[연뿌리](×[염뿌리])(입)
연속극[연속끅](된)
연습[련습 → 연습](練習)(머)
연습하다[연스파다](거)
연습할[연스팔](거)
연습해[연스패](거)
연필[연필](×[염필])(입)
연필심[연필심](×[염필심])(입)
열 개[열깨](된)
열꽃을[열꼬츨](×[열꼬슬])(갈)
열 냥[열량](兩, '냥':머－'ㄴ'본음)(흐)
열네 번[열레번](흐)
열네 살[열레살](흐)
열네 시간[열레시간](흐)
열네 자[열레자](흐)
열 달[열딸](된)
열대[열때](된)

열두대[열뚜대](된)
열두 살[열뚜살](된)
열두 시간[열뚜시간](된)
열량[열량](熱量, '량':머―ㄹ'본음)
열사[렬사 → 열사 → 열싸](烈士)(머 → 된)
열성적[열썽적](된)
열 송이[열쏭이](된)
열쇠[열쐬/열쒜](된)
열심히[열씸히](된)
열 자[열짜](된)
열 장[열짱](된)
열정[열쩡](된)
엷게[열게 → 열께]('ㅂ'빠짐 → 된)
엷다[열다 → 열따]('ㅂ'빠짐 → 된)
염두[념두 → 염두](念頭)(머)
염라[염나](콧)
염려[념려 → 염려 → 염녀](念慮)(머 → 콧)
염불[념불 → 염불](念佛)(머)
염증[염쯩](된)
염치[렴치 → 염치](廉恥)(머)
엽니다[염니다](콧)
엽서[엽써](된)
엽전[엽쩐](된)
엿[엳](받)
엿가락[엳가락 → 엳까락](받 → 된)
엿가락[엳까락](×[역까락])(여)
엿가위질[엳가위질 → 엳까위질](받 → 된)
엿가위질[엳까위질](×[역까위질])(여)
엿기름[엳기름 → 엳끼름](받 → 된)
엿기름[엳끼름](×[역끼름])(여)
엿기름[엳끼름](×[엳찌름])(센)
엿듣고[엳듣고 → 엳뜯꼬](받 → 된)
엿듣고[엳뜯꼬](×[엳뜩꼬])(여)
엿보다[엳보다 → 엳뽀다](받 → 된)
엿보다[엳뽀다](×[엽뽀다])(입)
엿볼[엳볼 → 엳뽈](받 → 된)
엿볼[엳뽈](×[엽뽈])(입)

엿새[엳새 → 엳쌔](받 → 된)
엿장사[엳장사 → 엳짱사](받 → 된)
엿장수[엳장수 → 엳짱수](받 → 된)
엿쟁이[엳쟁이 → 엳쨍이](받 → 된)
엿치기[엳치기](받)
엿거[엳거 → 엳꺼](받 → 된)
엿거[엳꺼](×[역꺼])(여)
엿건[엳건 → 엳껀](받 → 된)
엿건[엳껀](×[역껀])(여)
엿게[엳게 → 엳께](받 → 된)
엿게[엳께](×[역께])(여)
엿고[엳고 → 엳꼬](받 → 된)
엿고[엳꼬](×[역꼬])(여)
엿구[엳구 → 엳꾸](받 → 된)
엿구[엳꾸](×[역꾸])(여)
엿기[엳기 → 엳끼](받 → 된)
엿기[엳끼](×[역끼])(여)
엿나[엳나 → 연나](받 → 콧)
엿는[엳는 → 연는](받 → 콧)
엿다[엳다 → 엳따](받 → 된)
엿단[엳단 → 엳딴](받 → 된)
엿대[엳대 → 엳때](받 → 된)
엿더[엳더 → 엳떠](받 → 된)
엿던[엳던 → 엳떤](받 → 된)
엿듯[엳듣 → 엳뜯](받 → 된)
엿소[엳소 → 엳쏘](받 → 된)
엿습[엳습 → 엳씁](받 → 된)
엿습니다[엳습니다 → 엳씀니다](받 → 된 · 콧)
엿죠[엳죠 → 엳쬬](받 → 된)
엿지[엳지 → 엳찌](받 → 된)
영락[영낙](콧)
영리[영니](營利, '리':머―ㄹ'본음)(콧)
영역[령역 → 영역](領域)(머)
영토[령토 → 영토](領土)(머)
영향권[영향꿘](된)
영향력[영향녁](影響力, '력':머―ㄹ'본음)(콧)
옆[엽](받)

초등국어의 표기와 발음

옆구리[엽구리 → 엽꾸리](받 → 된)

옆만[엽만 → 염만](받 → 콧)

옆 반[엽반 → 엽빤](받 → 된)

옆방[엽방 → 엽빵](받 → 된)

옆자리[엽자리 → 엽짜리](받 → 된)

옆집[엽집 → 엽찝](받 → 된)

옆쪽[엽쪽](받)

예사[례사 → 예사](例事)(머)

예삿일[례삳일 → 예산닐](받 →'ㄴ'보탬 → 콧)

예시[례시 → 예시](例示)(머)

예외[례외 → 예외/예웨](例外)(머)

예의[례의 → 예의/*예이](禮儀)(머 → 홑)

예절[례절 → 예절](禮節)(머)

예측하다[예츠카다](거)

옛[옏](받)

옛것[옏걷 → 옏껃](받 → 된)

옛것[옏껃](×[옉껃])(여)

옛날[옏날 → 옌날](받 → 콧)

옛말[옏말 → 옌말](받 → 콧)

옛말[옌말](×[옘말])(입)

옛 모습[옏모습 → 옌모습](받 → 콧)

옛 모습[옌모습](×[옘모습])(입)

옛사람[옏사람 → 옏싸람](받 → 된)

옛이야기[옏이야기 → 옌니야기](받 →'ㄴ'보탬 →
콧)

옛이응[옏이응 → 옌니응](받 →'ㄴ'보탬 → 콧)

옛일[옏일 → 옏닐 → 옌닐](받 →'ㄴ'보탬 → 콧)

옛적[옏적 → 옏쩍](받 → 된)

옜다[옏다 → 옏따](받 → 된)

오두막집[오두막찝](된)

오락가락[오락까락](된)

오랑캐꽃이[오랑개꼬치](×[오랑캐꼬시])(갈)

오래간만[오래간만](×[오래감만])(입)

오랜만에[오랜마네](×[오램마네])(입)

오랫동안[오랟동안 → 오랟똥안](받 → 된)

오륙십 명[오륙씸명](경 · 콧)

오르락내리락[오르랑내리락](콧)

오 리[오리](里,'리':머→'ㄹ'본음)

오백 냥[오뱅냥](兩,'냥':머→'ㄴ'본음)(콧)

오백 년[오뱅년](年,'년':머→'ㄴ'본음)(콧)

오색구름[오색꾸름](된)

오솔길[오솔낄](된)

오솔길[오솔낄](×[오솔찔])(센)

오싹하다[오싸카다](거)

오얏꽃[오얃꼳](받)

오얏꽃[오얃꼳](×[오약꼳])(여)

오죽헌[오주컨](거)

옥구슬[옥꾸슬](된)

옥수꾸[옥쑤꾸](된)

옥수수[옥쑤수](된)

옥수숫대[옥쑤숟때](받 → 된)

옥신각신[옥씬각씬](된)

옥황[오쾅](거)

온갖[온갇](받)

온갖[온갇](×[옹갇])(여)

온기[온기](×[옹기])(여)

온몸[온몸](×[옴몸])(입)

온 일[온닐]('ㄴ'보탬)

올겨울[올껴울](된)

올여름[올녀름 → 올려름]('ㄴ'보탬 → 흐)

옮겨[옴겨]('ㄹ'빠짐)

옮겨[옴겨](×[옹겨])(여)

옮기다[옴기다]('ㄹ'빠짐)

옮기다[옴기다](×[옹기다])(여)

옮긴[옴긴]('ㄹ'빠짐)

옮긴[옴긴](×[옹긴])(여)

옮긴 일[옴긴일 → 옴긴닐]('ㄹ'빠짐 →'ㄴ'보탬)

옮길[옴길]('ㄹ'빠짐)

옮길[옴길](×[옹길])(여)

옮김[옴김]('ㄹ'빠짐)

옮김[옴김](×[옹김])(여)

옮깁니다[옴김니다]('ㄹ'빠짐 · 콧)

옮깁니다[옴김니다](×[옹김니다])(여)

옳거니[올커니](거)

옳건데[올컨데](거)
옳고[올코](거)
옳기[올키](거)
옳다[올타](거)
옳도록[올토록](거)
옳아[오라]('ㅎ'빠짐)
옳으니[오르니]('ㅎ'빠짐)
옳은[오른]('ㅎ'빠짐)
옳을[오를]('ㅎ'빠짐)
옳지[올치](거)
옵니다[옴니다](콧)
옷[온](받)
옷가지[온가지 → 온까지](받 → 된)
옷가지[온까지](×[옥까지])(여)
옷감[온감 → 온깜](받 → 된)
옷감[온깜](×[옥깜])(여)
옷걸이[온걸이 → 온꺼리](받 → 된)
옷걸이[온꺼리](×[옥꺼리])(여)
옷고름[온고름 → 온꼬름](받 → 된)
옷고름[온꼬름](×[옥꼬름])(여)
옷과[온과 → 온꽈](받 → 된)
옷과[온꽈](×[옥꽈])(여)
옷깃[온긷 → 온낃](받 → 된)
옷깃[온낃](×[옥낃])(여)
옷도[온도 → 온또](받 → 된)
옷들[온들 → 온뜰](받 → 된)
옷만[온만 → 온만](받 → 콧)
옷만[온만](×[옴만])(입)
옷맵시[온맵시 → 온맵씨](받 → 콧·된)
옷맵시[온맵씨](×[옴맵씨])(입)
옷본[온본 → 온뽄](받 → 된)
옷본[온뽄](×[옵뽄])(입)
옷부터[온부터 → 온뿌터](받 → 된)
옷부터[온뿌터](×[옵뿌터])(입)
옷소매[온소매 → 온쏘매](받 → 된)
옷 이름[온이름 → 온니름](받→'ㄴ'보탬 → 콧)
옷자락[온자락 → 온짜락](받 → 된)

옷장[온장 → 온짱](받 → 된)
옷차림[온차림](받)
옷핀[온핀](받)
옷 한 벌[온한벌 → 오탄벌](받 → 거)
웅고집전[웅고집쩐](된)
웅달샘[웅달쌤](된)
옻나무[온나무 → 온나무](받 → 콧)
옻칠[온칠](받)
왁스[왁쓰](된)
왁자[왁짜](된)
왁자지껄[왁짜지껄](된)
완벽[완벽](×[왐벽])(입)
완벽하다[완벼카다](거)
완벽한[완벼칸](거)
왔거[왇거 → 왇꺼](받 → 된)
왔거[왇꺼](×[왁꺼])(여)
왔건[왇건 → 왇껀](받 → 된)
왔건[왇껀](×[왁껀])(여)
왔게[왇게 → 왇께](받 → 된)
왔게[왇께](×[왁께])(여)
왔고[왇고 → 왇꼬](받 → 된)
왔고[왇꼬](×[왁꼬])(여)
왔구[왇구 → 왇꾸](받 → 된)
왔구[왇꾸](×[왁꾸])(여)
왔기[왇기 → 왇끼](받 → 된)
왔기[왇끼](×[왁끼])(여)
왔나[왇나 → 완나](받 → 콧)
왔는[왇는 → 완는](받 → 콧)
왔다[왇다 → 왇따](받 → 된)
왔단다[왇단다 → 왇딴다](받 → 된)
왔답니다[왇답니다 → 왇땀니다](받 → 된·콧)
왔대[왇대 → 왇때](받 → 된)
왔더[왇더 → 왇떠](받 → 된)
왔던[왇던 → 왇떤](받 → 된)
왔사[왇사 → 왇싸](받 → 된)
왔소[왇소 → 왇쏘](받 → 된)
왔수[왇수 → 왇쑤](받 → 된)

초등국어의 표기와 발음

왔습[완습 → 완씁](받 → 된)

왔습니다[완습니다 → 완씀니다](받 → 된 · 콧)

왔잖니[완잖니 → 완짠니](받 → 된 · 'ㅎ'빠짐)

왔지[완지 → 완찌](받 → 된)

왕권[왕꿘](된)

왕래[왕내](콧)

왕릉[왕능](王陵, '릉':머-'ㄹ'본음)(콧)

왕립[왕닙](콧)

왕십리[왕십니 → 왕심니](콧)

외갓집[외갇집 → 외간찝/웨-](받 → 된)

외과[외꽈/웨-](된)

외롭게[외롭께/웨-](된)

외롭고[외롭꼬/웨-](된)

외양간[외양깐/웨-](된)

요금[료금 → 요금](料金)(머)

요란[요란](搖亂, '란':머-'ㄹ'본음)

요렇게[요러케](거)

요령[요령](要領, '령':머-'ㄹ'본음)

요리[료리 → 요리](料理)(머)

요약하다[요야카다](거)

요약할[요야칼](거)

요일제[요일쩨](된)

욕과[욕꽈](된)

욕구[욕꾸](된)

욕설[욕썰](된)

욕실[욕씰](된)

욕심[욕씸](된)

욕심쟁이[욕씸쟁이](된)

욕지거리[욕찌거리](된)

욕하다[요카다](거)

용돈[용똔](된)

용량[용냥](容量:머-'ㄹ'본음)(콧)

우거짓국[우거짇국 → 우거짇꾹](받 → 된)

우거짓국[우거짇꾹](×[우거직꾹])(여)

우스꽝스럽게[우스꽝스럽께](된)

우습게[우습께](된)

우습기[우습끼](된)

우습나[우습나](콧)

운명[운명](×[움명])(입)

울긋불긋한[울귿불귿한 → 울귿뿔그탄](받 → 된 · 거)

울부짖는[울부짇는 → 울부진는](받 → 콧)

울상[울쌍](된)

울었거나[울얻거나 → 우럳꺼나](받 → 된)

울었거나[우럳꺼나](×[우럭꺼나])(여)

울었구[울얻구 → 우럳꾸](받 → 된)

울었구[우럳꾸](×[우럭꾸])(여)

울었기[울얻기 → 우럳끼](받 → 된)

울었기[우럳끼](×[우럭끼])(여)

울었다[울얻다 → 우럳따](받 → 된)

울었단다[울얻단다 → 우럳딴다](받 → 된)

울었답니다[울얻답니다 → 우럳땀니다](받 → 된 · 콧)

울었던[울얻던 → 우럳떤](받 → 된)

울었소[울얻소 → 우럳쏘](받 → 된)

울었습니다[울얻습니다 → 우럳씀니다](받 → 된 · 콧)

울었지[울얻지 → 우럳찌](받 → 된)

울음보[우름뽀](된)

울음소리[우름쏘리](된)

울 일[울닐 → 울릴]('ㄴ'보탬 → ㅎ)

움집[움찝](된)

움칫[움친](받)

움켜[움켜](×[웅켜])(여)

움큼[움큼](×[웅큼])(여)

웁니다[움니다](콧)

웃거나[욷거나 → 욷꺼나](받 → 된)

웃거나[욷꺼나](×[욱꺼나])(여)

웃걷이[욷걷이 → 욷꺼지](받 → 된 · 센)

웃걷이[욷꺼지](×[욱꺼지])(여)

웃게[욷게 → 욷께](받 → 된)

웃게[욷께](×[욱께])(여)

웃겨서[욷겨서 → 욷껴서](받 → 된)

웃겨서[욷껴서](×[욱껴서])(여)

웃고[욷고 → 욷꼬](받 → 된)
웃고[욷꼬](×[욱꼬])(여)
웃기[욷기 → 욷끼](받 → 된)
웃기[욷끼](×[욱끼])(여)
웃나[욷나 → 운나](받 → 콧)
웃네[욷네 → 운네](받 → 콧)
웃냐[욷냐 → 운냐](받 → 콧)
웃느라[욷느라 → 운느라](받 → 콧)
웃는[욷는 → 운는](받 → 콧)
웃니[욷니 → 운니](받 → 콧)
웃다[욷다 → 욷따](받 → 된)
웃더니[욷더니 → 욷떠니](받 → 된)
웃던[욷던 → 욷떤](받 → 된)
웃습니다[욷습니다 → 욷씀니다](받 → 된 · 콧)
웃어른[우더른](받)
웃옷[우돋](받)
웃음거리[우슴꺼리](된)
웃음꽃[우슴꼳](받)
웃음소리[우슴쏘리](된)
웃자[욷자 → 욷짜](받 → 된)
웃자라[욷자라 → 욷짜라](받 → 된)
웃지[욷지 → 욷찌](받 → 된)
원각사지[원각싸지](된)
원고[원고](×[웡고])(여)
원고지[원고지](×[웡고지])(여)
원동력[원동녁](原動力, '력':머-'ㄹ'본음)(콧)
원래[월래](原來, '래':머-'ㄹ'본음)(흐)
원료[월료](原料, '료':머-'ㄹ'본음)(흐)
원리[월리](原理, '리':머-'ㄹ'본음)(흐)
원망[원망](×[웜망])(입)
원본[원본](×[웜본])(입)
월급날[월금날](콧)
월등히[월뜽히](된)
월식[월씩](된)
윗입술[윋입술 → 윈닙쑬](받→'ㄴ'보탬→콧→된)
윗잇몸[윋읻몸 → 윈닌몸](받→'ㄴ'보탬→콧)
웠거[윋거 → 윋꺼](받 → 된)

웠거[윋꺼](×[웍꺼])(여)
웠게[윋게 → 윋께](받 → 된)
웠게[윋께](×[웍께])(여)
웠고[윋고 → 윋꼬](받 → 된)
웠고[윋꼬](×[웍꼬])(여)
웠구[윋구 → 윋꾸](받 → 된)
웠구[윋꾸](×[웍꾸])(여)
웠기[윋기 → 윋끼](받 → 된)
웠기[윋끼](×[웍끼])(여)
웠는[윋는 → 원는](받 → 콧)
웠나[윋나 → 원나](받 → 콧)
웠니[윋니 → 원니](받 → 콧)
웠다[윋다 → 윋따](받 → 된)
웠단[윋단 → 윋딴](받 → 된)
웠대[윋대 → 윋때](받 → 된)
웠더[윋더 → 윋떠](받 → 된)
웠던[윋던 → 윋떤](받 → 된)
웠습[윋습 → 윋씁](받 → 된)
웠습니다[윋습니다 → 윋씀니다](받 → 된 · 콧)
웠지[윋지 → 윋찌](받 → 된)
웬만[웬만](×[웸만])(입)
위급하다[위그파다](거)
위로[위로](慰勞, '로':머-'ㄹ'본음)
위축되[위축뙤/-뛔](된)
위협과[위협꽈](된)
위협하다[위혀파다](거)
위협할[위혀팔](거)
윗글[윋글 → 윋끌](받 → 된)
윗글[윋끌](×[윅끌])(여)
윗도리[윋도리 → 윋또리](받 → 된)
윗말[윋말 → 윈말](받 → 콧)
윗말[윈말](×[윔말])(입)
윗목[윋목 → 윈목](받 → 콧)
윗목[윈목](×[윔목])(입)
윗몸[윋몸 → 윈몸](받 → 콧)
윗몸[윈몸](×[윔몸])(입)
윗물[윋물 → 윈물](받 → 콧)

초등국어의 표기와 발음

윗물[윈물](×[윔물])(입)
윗부분[윋부분 → 윋뿌분](받 → 된)
윗부분[윋뿌분](×[윕뿌분])(입)
윗사람[윋사람 → 윋싸람](받 → 된)
윗옷[위돋](받)
윗입술[윋입술 → 윈닙쑬](받→'ㄴ'보탬→콧·된)
윗잇몸[윋잇몸 → 윈닌몸](받→'ㄴ'보탬→콧)
유념[유념](留念,'넘':머–'ㄴ'본음)
유래[유래](由來,'래':머–'ㄹ'본음)
유령[유령](幽靈,'령':머–'ㄹ'본음)
유례[류례 → 유례](類例)(머)
유리[유리](有利,'리':머–'ㄹ'본음)
유별난[유별란](흐)
유약도[유약또](된)
유익하다[유이카다](거)
유학[류학 → 유학](留學)(머)
유행[류행 → 유행](流行)(머)
유형[류형 → 유형](類型)(머)
육개장[육깨장](된)
육 년[융년](年,'년':머–본음)(콧)
육로[륙로 → 육로 → 육노 → 융노](陸路)(머·콧)
육상[륙상 → 육상 → 육쌍](陸上)(머·된)
육수[육쑤](된)
육십[육씹](된)
육조[육쪼](된)
육주[육쭈](된)
육지[육찌](된)
육하[유카](거)
6학년[륙학년 → 육학년 → 유캉년](六學年)(머 →
　거·콧)
윤기[윤끼](된)
윤기[윤끼](×[융끼])(여)
윤리[율리](倫理,'리':머–'ㄹ'본음)(흐)
윤활유[윤활뉴 → 윤활류]('ㄴ'보탬→흐)
윷[윧](받)
윷놀이[윧놀이 → 윤노리](받→콧)
으랏차차[으랃차차](받)

으름장[으름짱](된)
으쓱하다[으쓰카다](거)
으쓱해[으쓰캐](거)
윽박질러[윽빡찔러](된)
은방울꽃[은방울꼳](받)
은빛[은삗](된·받)
은빛[은삗](×[음삗])(입)
은빛으로[은삐츠로](×[은삐스로])(갈)
은유법[으뉴뻡](된)
은행잎[은행입 → 은행닙](받→'ㄴ'보탬)
읊조려[읖조려 → 읍쪼려]('ㄹ'빠짐 → 받·된)
읊조리다[읖조리다 → 읍쪼리다]('ㄹ'빠짐 → 받→
　된)
음력[음녁](콧)
음료수[음뇨수](콧)
음식과[음식꽈](된)
음식도[음식또](된)
음식들[음식뜰](된)
음식만[음싱만](콧)
음식물[음싱물](콧)
음식점[음식쩜](된)
음악가[으막까](된)
음악과[으막꽈](된)
음악도[으막또](된)
음악 소리[으막쏘리](된)
음악회[으마쾨/-퀘](거)
읍내[음내](콧)
읽는[음는](콧)
읊다[읍다 → 읍따]('ㅅ'빠짐 → 된)
응급실[응급씰](된)
응답하다[응다파다](거)
의견란[의견난](콧)
의과[의꽈](된)
의젓하다[의젇하다 → 의저타다](받 → 거)
의젓한[의젇한 → 의저탄](받 → 거)
의학계[의학계/*–께](된 → 홑)
이것[이걷](받)

이것도[이걷도 → 이걷또](받 → 된)
이것만[이걷만 → 이건만](받 → 콧)
이것만[이건만](×[이검만])(입)
이것저것[이걷저걷 → 이걷쩌걷](받 → 된)
이겼고[이겯고 → 이겯꼬](받 → 된)
이겼고[이겯꼬](×[이격꼬])(여)
이겼다[이겯다 → 이겯따](받 → 된)
이겼단다[이겯단다 → 이겯딴다](받 → 된)
이겼던[이겯던 → 이겯떤](받 → 된)
이겼습니다[이겯습니다 → 이겯씀니다](받 → 된 · 콧)
이겼지[이겯지 → 이겯찌](받 → 된)
이곳[이곧](받)
이곳저곳[이곧저곧 → 이곧쩌곧](받 → 된)
이까짓[이까짇](받)
이깟[이깐](받)
이득[리득 → 이득](利得)(머)
이때껏[이때껃](받)
이런 일[이런닐]('ㄴ'보탬)
이렇게[이러케](거)
이렇다[이러타](거)
이렇듯[이러튿](거 · 받)
이렇습니다[이러습니다 → 이러씀니다]('ㅎ'빠짐 →
  된 · 콧)
이룹니다[이룸니다](콧)
이맛살[이맏살 → 이맏쌀](받 → 된)
이번만[이번만](×[이범만])(입)
이별[리별 → 이별](離別)(머)
이불장[이불짱](된)
이삭줍기[이삭쭙끼](된)
이삿짐[이삳짐 → 이삳찜](받 → 된)
이성[리성 → 이성](理性)(머)
이슬방울[이슬빵울](된)
이야깃거리[이야긷거리 → 이야긷꺼리](받 → 된)
이야깃거리[이야긷꺼리](×[이야긱꺼리])(여)
이용료[이용뇨](콧)
이웃[이욷](받)
이웃과[이욷과 → 이욷꽈](받 → 된)

이웃과[이욷꽈](×[이욱꽈])(여)
이웃들[이욷들 → 이욷뜰](받 → 된)
이웃사촌[이욷사촌 → 이욷싸촌](받 → 된)
이웃집[이욷집 → 이욷찝](받 → 된)
이유[리유 → 이유](理由)(머)
이윽고[이윽꼬](된)
이익[리익 → 이익](利益)(머)
이익만[이잉만](콧)
이익보다[이익뽀다](된)
이장[리장 → 이장](里長)(머)
이제껏[이제껃](받)
이튿날[이튿날](콧)
이해[리해 → 이해](理解)(머)
익게[익께](된)
익기[익끼](된)
익는[잉는](콧)
익다[익따](된)
익살[익쌀](된)
익숙하다[익쑤카다](된 · 거)
익숙한[익쑥한 → 익쑤칸](된 · 거)
익숙할[익쑥할 → 익쑤칼](된 · 거)
익숙해[익쑥해 → 익쑤캐](된 · 거)
익지[익찌](된)
익혀[이켜](거)
익현[이켠](거)
익혔다[익켣다 → 이켣따](받 → 거 · 된)
익혔습니다[익켣습니다 → 이켣씀니다](받 → 거 ·
  된 · 콧)
익히기[이키기](거)
익히다[이키다](거)
익힘[이킴](거)
인간[인간](×[잉간])(여)
인간답게[인간답께](된)
인간답게[인간답께](×[잉간답께])(여)
인간성[인간썽](된)
인간성[인간썽](×[잉간썽])(여)
인격[인껵](된)

인격[인격](×[잉격])(여)
인격권[인격꿘](된)
인격권[인격꿘](×[잉격꿘])(여)
인구[인구](×[잉구])(여)
인권[인꿘](된)
인권[인꿘](×[잉꿘])(여)
인기[인끼](된)
인기[인끼](×[잉끼])(여)
인기척[인끼척](된)
인기척[인끼척](×[잉끼척])(여)
인류[일류](人類,'류':머—'ㄹ'본음)(흐)
인마[인마](×[임마])(입)
인명[인명](×[임명])(입)
인물[인물](×[임물])(입)
인사법[인사뻡](된)
인색하다[인새카다](거)
인색한[인새칸](거)
인색할[인새칼](거)
인식하다[인시카다](거)
인식할[인시칼](거)
인접권[인접꿘](된)
인접권료[인접꿘뇨](된·콧)
인터넷[인터넫](받)
인품[인품](×[임품])(입)
일거리[일꺼리](된)
일곱 명[일곰명](콧)
일곱 시[일곱씨](된)
일기장[일기짱](된)
일 년[일련](年,'년':머—'ㄴ'본음)(흐)
일단[일딴](된)
일 등[일뜽](된)
일번부터[일번부터](×[일범부터])(입)
일삼자[일삼짜](된)
일상[일쌍](된)
일생[일쌩](된)
일석이조[일써기조](된)
일손[일쏜](된)

일인용[이린뇽]('ㄴ'보탬)
일자리[일짜리](된)
일점[일쩜](된)
일정[일쩡](된)
일제[일쩨](된)
일종[일쫑](된)
일주[일쭈](된)
일주일[일쭈일](된)
일지[일찌](된)
일찍부터[일찍뿌터](된)
일컫는[일컨는](콧)
읽거나[일거나 → 일꺼나]('ㄱ'빠짐 → 된)
읽거든[일거든 → 일꺼든]('ㄱ'빠짐 → 된)
읽게[일게 → 일께]('ㄱ'빠짐 → 된)
읽고[일고 → 일꼬]('ㄱ'빠짐 → 된)
읽기[일기 → 일끼]('ㄱ'빠짐 → 된)
읽긴[일긴 → 일낀]('ㄱ'빠짐 → 된)
읽나[익나 → 잉나]('ㄹ'빠짐 → 콧)
읽느냐[익느냐 → 잉느냐]('ㄹ'빠짐 → 콧)
읽는[익는 → 잉는]('ㄹ'빠짐 → 콧)
읽니[익니 → 잉니]('ㄹ'빠짐 → 콧)
읽다[익다 → 익따]('ㄹ'빠짐 → 된)
읽더니[익더니 → 익떠니]('ㄹ'빠짐 → 된)
읽던[익던 → 익떤]('ㄹ'빠짐 → 된)
읽도록[익도록 → 익또록]('ㄹ'빠짐 → 된)
읽되[익되 → 익뙤/-뛔]('ㄹ'빠짐 → 된)
읽듯[익든 → 익뜯]('ㄹ'빠짐·받 → 된)
읽습니다[익습니다 → 익씀니다]('ㄹ'빠짐 → 된·콧)
읽자[익자 → 익짜]('ㄹ'빠짐 → 된)
읽지[익지 → 익찌]('ㄹ'빠짐 → 된)
읽히다[일키다](거)
잃게[일케](거)
잃고[일코](거)
잃기[일키](거)
잃는[일는 → 일른]('ㅎ'빠짐 → 흐)
잃다[일타](거)
잃더라[일터라](거)

잃어[이러]('ㅎ'빠짐)

잃은[이른]('ㅎ'빠짐)

잃을[이를]('ㅎ'빠짐)

잃음[이름]('ㅎ'빠짐)

잃자[일차](거)

잃지[일치](거)

입가[입까](된)

입게[입께](된)

입고[입꼬](된)

입구[입꾸](된)

입궐[입꿸](된)

입귀[입뀌](된)

입기[입끼](된)

입김[입낌](된)

입는[임는](콧)

입니다[임니다](콧)

입다[입따](된)

입던[입떤](된)

입도[입또](된)

입력[입녁 → 임녁](入力,'력':머－'ㄹ'본음)(콧)

입력하다[임녁하다 → 임녀카다](콧 · 거)

입력할[임녁할 → 임녀칼](콧 · 거)

입력해[임녁해 → 임녀캐](콧 · 거)

입맛[입맏 → 임맏](받 → 콧)

입맛만[입맏만 → 임만만](받 → 콧)

입 맞추자[입맏추자 → 임맏추자](받 → 콧)

입맞춤[입맏춤 → 임맏춤](받 → 콧)

입 모양[임모양](콧)

입버릇[입버른 → 입뻐른](받 → 된)

입술[입쑬](된)

입술책[입쑬책](된)

입습니다[입씀니다](된 · 콧)

입시[입씨](된)

입원료[이뷘뇨](콧)

입자[입짜](된)

입장[립장 → 입장 → 입짱](立場)(머 → 된)

입장권[입짱꿘](된)

입장료[입짱뇨](入場料,'료':머－'ㄹ'본음)(된 · 콧)

입조심[입쪼심](된)

입증[입쯩](된)

입지[입찌](된)

입학[이팍](거)

입학하다[이파카다](거)

입학함[이파캄](거)

입혀[이펴](거)

입히다[이피다](거)

입힌[이핀](거)

입힐[이필](거)

잇거든[읻거든 → 읻꺼든](받 → 된)

잇거든[읻꺼든](×[익꺼든])(여)

잇고[읻고 → 읻꼬](받 → 된)

잇고[읻꼬](×[익꼬])(여)

잇기[읻기 → 읻끼](받 → 된)

잇기[읻끼](×[익끼])(여)

잇꽃[읻꼳](받)

잇꽃[읻꼳](×[익꼳])(여)

잇꽃으로[읻꼬츠로](×[읻꼬스로])(갈)

잇는[읻는 → 인는](받 → 콧)

잇달아[읻달아 → 읻따라](받 → 된)

잇따라[읻따라](받)

잇습니다[읻습니다 → 읻씀니다](받 → 된 · 콧)

잇지[읻지 → 읻찌](받 → 된)

있거[읻거 → 읻꺼](받 → 된)

있거[읻꺼](×[익꺼])(여)

있거든[읻거든 → 읻꺼든](받 → 된)

있거든[읻꺼든](×[익꺼든])(여)

있게[읻게 → 읻께](받 → 된)

있게[읻께](×[익께])(여)

있겠[읻겓 → 읻껟](받 → 된)

있겠[읻껟](×[익껟])(여)

있겠다[읻껟다 → 읻껟따](받 → 된)

있겠다[읻껟따](×[익껟따])(여)

있겠지[읻껟지 → 읻껟찌](받 → 된)

있겠지[읻껟찌](×[익껟찌])(여)

초등국어의 표기와 발음

있고[일고 → 일꼬](받 → 된)
있고[일꼬](×[익꼬])(여)
있구[일구 → 일꾸](받 → 된)
있구[일꾸](×[익꾸])(여)
있기[일기 → 일끼](받 → 된)
있기[일끼](×[익끼])(여)
있긴[일긴 → 일낀](받 → 된)
있긴[일낀](×[익낀])(여)
있나[일나 → 인나](받 → 콧)
있네[일네 → 인네](받 → 콧)
있노[일노 → 인노](받 → 콧)
있느냐[일느냐 → 인느냐](받 → 콧)
있는[일는 → 인는](받 → 콧)
있니[일니 → 인니](받 → 콧)
있다[일다 → 일따](받 → 된)
있단[일단 → 일딴](받 → 된)
있단다[일단다 → 일딴다](받 → 된)
있답[일답 → 일땁](받 → 된)
있답니다[일답니다 → 일땀니다](받 → 된·콧)
있대[일대 → 일때](받 → 된)
있댜[일댜 → 일땨]('있다')(받 → 된)
있더[일더 → 일떠](받 → 된)
있던[일던 → 일떤](받 → 된)
있도[일도 → 일또](받 → 된)
있도록[일도록 → 일또록](받 → 된)
있듯[일듣 → 일뜯](받 → 된)
있사[일사 → 일싸](받 → 된)
있소[일소 → 일쏘](받 → 된)
있습[일습 → 일씁](받 → 된)
있습니다[일습니다 → 일씀니다](받 → 된·콧)
있자[일자 → 일짜](받 → 된)
있잖아[일잖아 → 일짜나](받 → 된·'ㅎ'빠짐)
있죠[일죠 → 일쬬](받 → 된)
있지[일지 → 일찌](받 → 된)
잊게[일게 → 일께](받 → 된)
잊게[일께](×[익께])(여)
잊고[일고 → 일꼬](받 → 된)

잊고[일꼬](×[익꼬])(여)
잊곤[일곤 → 일꼰](받 → 된)
잊곤[일꼰](×[익꼰])(여)
잊는[일는 → 인는](받 → 콧)
잊다[일다 → 일따](받 → 된)
잊지[일지 → 일찌](받 → 된)
잎[입](받)
잎과[입과 → 입꽈](받 → 된)
잎도[입도 → 입또](받 → 된)
잎들[입들 → 입뜰](받 → 된)
잎사귀[입사귀 → 입싸귀](받 → 된)
잎싹[입싹](받)

ㅈ

자격도[자격또](된)
자기력[자기력](磁氣力, '력':머-ㄹ본음)
자녀[자녀](子女, '녀':머-ㄴ본음)
자랐고[자랃고 → 자랃꼬](받 → 된)
자랐고[자랃꼬](×[자락꼬])(여)
자랐습니다[자랃습니다 → 자랃씀니다](받 → 된·콧)
자랑거리[자랑꺼리](된)
자료[자료](資料, '료':머-ㄹ본음)
자물쇠[자물쐬/자물쒜](된)
자박자박[자박짜박](된)
자박하다[자바카다](거)
자석들[자석뜰](된)
자식도[자식또](된)
자식들[자식뜰](된)
자신감[자신감](×[자싱감])(여)
자연스럽게[자연스럽께](된)
자연스럽지[자연스럽찌](된)
자욱한[자우칸](거)
자유롭거든[자유롭꺼든](된)
자유롭게[자유롭께](된)
자유롭지[자유롭찌](된)

자율적[자률적 → 자율적 → 자율쩍](自律的)(머
　→ 된)
자음자[자음짜](된)
자작나무[자장나무](콧)
자작자작[자작짜작](된)
자전거[자전거](×[자정거])(여)
자줏빛[자줃빋 → 자준삗](받 → 된)
자줏빛[자준삗](×[자줍삗])(입)
작가[작까](된)
작게[작께](된)
작고[작꼬](된)
작곡[작꼭](된)
작곡가[작꼭까](된)
작곡해[작꼬캐](된 · 거)
작년[장년](콧)
작다[작따](된)
작대기[작때기](된)
작달막[작딸막](된)
작동[작똥](된)
작디작은[작띠자근](된)
작물[장물](콧)
작별[작뼐](된)
작사자[작싸자](된)
작성[작썽](된)
작습니다[작씀니다](된 · 콧)
작업복[자겁뽁](된)
작업하다[자거파다](거)
작업한[자거판](거)
작자[작짜](된)
작전[작쩐](된)
작정[작쩡](된)
작지[작찌](된)
잔가지[잔가지](×[장가지])(여)
잔뼈[잔뼈](×[잠뼈])(입)
잔뿌리[잔뿌리](×[잠뿌리])(입)
잔 일[잔닐]('ㄴ'보탬)
잔칫날[잔칟날 → 잔친날](받 → 콧)

잔칫상[잔칟상 → 잔친쌍](받 → 된)
잔칫집[잔칟집 → 잔친찝](받 → 된)
잖은[자는]('ㅎ'빠짐)
잘록거리[잘록꺼리](된)
잘못[잘몯](받)
잘못도[잘몯도 → 잘몯또](받 → 된)
잘못되[잘몯되 → 잘몯뙤/-뛔](받 → 된)
잘못된[잘몯된 → 잘몯뙨/-뛘](받 → 된)
잘못하다[잘몯하다 → 잘모타다](받 → 거)
잘못한[잘몯한 → 잘모탄](받 → 거)
잘못해[잘몯해 → 잘모태](받 → 거)
잘 익게[잘닉게 → 잘릭께]('ㄴ'보탬 → 흐 · 된)
잘 집[잘찝](된)
잠가[잠가](×[장가])(여)
잠겨[잠겨](×[장겨])(여)
잠결[잠껼](된)
잠결[잠껼](×[장껼])(여)
잠근다[잠근다](×[장근다])(여)
잠금[잠금](×[장금])(여)
잠기다[잠기다](×[장기다])(여)
잠기셔[잠기셔](×[장기셔])(여)
잠긴[잠긴](×[장긴])(여)
잠깐[잠깐](×[장깐])(여)
잠깐만[잠깐만](×[장깜만])(여 · 입)
잠꾸러기[잠꾸러기](×[장꾸러기])(여)
잠복기[잠복끼](된)
잠옷[자옫](받)
잠자리[잠짜리](된)
잡거나[잡꺼나](된)
잡거든[잡꺼든](된)
잡건[잡껀](된)
잡게[잡께](된)
잡고[잡꼬](된)
잡곡[잡꼭](된)
잡곡밥[잡꼭빱](된)
잡균[잡뀬](된)
잡기[잡끼](된)

잡는[잠는](콧)
잡니다[잠니다](콧)
잡동사니[잡똥사니](된)
잡뒨[잡뛴/-뛈](된)
잡다[잡따](된)
잡수고[잡쑤고](된)
잡수다[잡쑤다](된)
잡수시고[잡쑤시고](된)
잡습니다[잡씀니다](된·콧)
잡자[잡짜](된)
잡지[잡찌](된)
잡혀[자펴](거)
잡히다[자피다](거)
잡힌[자핀](거)
잡힐[자필](거)
잡힙니다[자핌니다](거·콧)
잣[잗](받)
잣가루[잗가루 → 잗까루](받→된)
잣가루[잗까루](×[작까루])(여)
잣나무[잗나무 → 잔나무](받→콧)
잤구[잗구 → 잗꾸](받→된)
잤구[잗꾸](×[작꾸])(여)
잤나[잗나 → 잔나](받→콧)
잤다[잗다 → 잗따](받→된)
잤습[잗습 → 잗씁](받→된)
잤습니다[잗습니다 → 잗씀니다](받→된·콧)
잤지[잗지 → 잗찌](받→된)
장기[장끼](된)
장기자랑[장끼자랑](된)
장난감[장난깜](된)
장난감[장난깜](×[장낭깜])(여)
장난기[장난끼](된)
장난기[장난끼](×[장낭끼])(여)
장단점[장단쩜](된)
장대[장때](된)
장독[장똑](된)
장독간[장똑깐](된)

장독대[장똑때](된)
장래[장내](將來, '래':머-'ㄹ'본음)(콧)
장래성[장내썽](콧·된)
장렬[장녈](콧)
장례[장네](葬禮, '례':머-'ㄹ'본음)(콧)
장례식[장네식](콧)
장례식 날[장네싱날](콧)
장류[장뉴](콧)
장미꽃[장미꼳](받)
장밋빛[장믿빋 → 장믿삗](받→된)
장밋빛[장믿삗](×[장밉삗])(입)
장바구니[장빠구니](된)
장식용[장식뇽 → 장싱뇽]('ㄴ'보탬 → 콧)
장작과[장작꽈](된)
장작더미[장작떠미](된)
장작불[장작뿔](된)
장점[장쩜](된)
장학금[장학끔](된)
재료[재료](材料, '료':머-'ㄹ'본음)
재작년[재장년](再昨年, '년':머-'ㄴ'본음)(콧)
재촉하다[재초카다](거)
잰거름[잰거름](×[쟁거름])(여)
잿골[잳골 → 잳꼴](받→된)
잿골[잳꼴](×[잭꼴])(여)
잿물[잳물 → 잰물](받→콧)
잿물[잰물](×[잼물])(입)
잿빛[잳빋 → 잳삗](받→된)
잿빛[잳삗](×[잽삗])(입)
잿빛을[잳삐츨](×[잳삐슬])(갈)
잿기[잳기 → 잳끼](받→된)
잿기[잳끼](×[잭끼])(여)
잿다[잳다 → 잳따](받→된)
저깃[저긷](받)
저깟[저깓](받)
저녁나절[저녕나절](콧)
저녁내[저녕내](콧)
저녁 내내[저녕내내](콧)

저녁노을[저녁노을](콧)
저녁 늦게[저녁는게 → 저녕는께](받→콧·된)
저녁도[저녁또](된)
저녁마다[저녕마다](콧)
저녁 무렵[저녕무렵](콧)
저녁밥[저녁빱](된)
저녁부터[저녁뿌터](된)
저렇게[저러케](거)
저렇고[저러코](거)
저작권[자작꿘](된)
저작권료[저작꿘뇨](된·콧)
저작자[저작짜](된)
저작물[저장물](콧)
저잣거리[저잗거리 → 저잗꺼리](받→된)
저잣거리[저잗꺼리](×[저작꺼리])(여)
저체온증[저체온쯩](된)
적게[적께](된)
적고[적꼬](된)
적군[적꾼](된)
적극적[적끅쩍](된)
적기[적끼](된)
적는[정는](콧)
적다[적따](된)
적당히[적땅히](된)
적대감[적때감](된)
적더니[적떠니](된)
적도[적또](된)
적되[적뙤/-뛔](된)
적록[적녹 → 정녹](赤綠, '록':머-'ㄹ'본음)(콧)
적병[적뻥](된)
적색[적쌕](된)
적선[적썬](된)
적성[적썽](된)
적셔[적쎠](된)
적시다[적씨다](된)
적자[적짜](된)
적잖은[적짜는](된·'ㅎ'빠짐)

적절성[적쩔썽](된)
적절히[적쩔히](된)
적정[적쩡](된)
적지[적찌](된)
적합하다[저카파다](거)
적합함[저카팜](거)
적혀[저켜](거)
적히다[저키다](거)
적힌[저킨](거)
전개[전개](×[정개])(여)
전경[전경](×[정경])(여)
전교생[전교생](×[정교생])(여)
전구[전구](×[정구])(여)
전기[전기](×[정기])(여)
전기밥솥[전기밥솓 → 전기밥쏟](받→된)
전기밥솥[전기밥쏟](×[정기밥쏟])(여)
전기밥솥은[전기밥쏘튼](×[전기밥쏘슨])(갈)
전깃줄[전긷줄 → 전긷쭐](받→된)
전깃줄[전긷쭐](×[정긷쭐])(여)
전념[전념](專念, '념':머-'ㄴ'본음)
전도율[전도률 → 전도율](傳導率)(머)
전라남도[절라남도](흐)
전라도[절라도](흐)
전람회[절람회/절람훼](흐)
전래[절래](흐)
전략[절략](戰略, '략':머-'ㄹ'본음)(흐)
전류[절류](電流, '류':머-'ㄹ'본음)(흐)
전망[전망](×[점망])(입)
전문[전문](×[점문])(입)
전문가[전문가](×[점문가])(입)
전복[전복](×[점복])(입)
전봇대[전볻대 → 전볻때](받→된)
전봇대[전볻때](×[점볻때])(입)
전부[전부](×[점부])(입)
전부터[전부터](×[점부터])(입)
전염병[저념뼝](된)
절굿공이[절굳공이 → 절굳꽁이](받→된)

절굿공이[절굳꽁이](×[절국꽁이])(여)
절대[절때](된)
절룩거리다[절룩꺼리다](된)
절룩절룩[절룩쩔룩](된)
절실[절씰](된)
절약하다[저랴카다](거)
절정[절쩡](된)
절제[절쩨](된)
절집[절찝](된)
젊고[점고 → 점꼬]('ㄹ'빠짐 → 된)
젊고[점꼬](×[정꼬])(여)
젊다[점다 → 점따]('ㄹ'빠짐 → 된)
젊습니다[점습니다 → 점씀니다]('ㄹ'빠짐 → 된·콧)
점검[점검](×[정검])(여)
점령[점녕](占領,'령':머-'ㄹ'본음)(콧)
점수[점쑤](된)
점자[점짜](된)
점자책[점짜책](된)
점잖게[점잔케](거)
점잖고[점잔코](거)
접고[접꼬](된)
접근[접끈](된)
접기[접끼](된)
접느냐[점느냐](콧)
접는[점는](콧)
접목될[점목뙬/-뛜](콧·된)
접목하[점모카](콧·거)
접속[접쏙](된)
접습니다[접씀니다](된·콧)
접시[접씨](된)
접시꽃[접씨꼳](된·받)
접종[접쫑](된)
접하다[저파다](거)
접합한[저파판](거)
젓가락[젇가락 → 젇까락](받→된)
젓가락[젇까락](×[적까락])(여)
젓가락질[젇가락질 → 젇까락찔](받→된)

젓가락질[젇까락찔](×[적까락찔])(여)
젓갈[젇갈 → 젇깔](받→된)
젓갈[젇깔](×[적깔])(여)
젓갈류[젇갈류 → 젇깔류](받→된)
젓갈류[젇깔류](×[적깔류])(여)
젓고[젇고 → 젇꼬](받→된)
젓고[젇꼬](×[적꼬])(여)
젓다[젇다 → 젇따](받→된)
정겹게[정겹께](된)
정겹다[정겹따](된)
정답게[정답께](된)
정답지[정답찌](된)
정당성[정당썽](된)
정란[정난](콧)
정령[정녕](精靈,'령':머-'ㄹ'본음)(콧)
정류장[정뉴장](콧)
정리[정니](整理,'리':머-'ㄹ'본음)(콧)
정립[정닙](正立,'립':머-'ㄹ'본음)(콧)
정복할[정보칼](거)
정성껏[정성껃](받)
정성스럽게[정성스럽께](된)
정신력[정신녁](精神力,'력':머-'ㄹ'본음)(콧)
정직한[정지칸](거)
정착하다[정차카다](거)
정확하다[정화카다](거)
정확한[정화칸](거)
정확히[정화키](거)
젖[젇](받)
젖고[젇고 → 젇꼬](받→된)
젖고[젇꼬](×[적꼬])(여)
젖꼭지[젇꼭찌](받·된)
젖꼭지[젇꼭찌](×[적꼭찌])(여)
젖는[젇는 → 전는](받→콧)
젖 먹던[젇먹던 → 전먹떤](받→콧·된)
젖 먹던[전먹떤](×[점먹떤])(입)
젖무덤[젇무덤 → 전무덤](받→콧)
젖무덤[전무덤](×[점무덤])(입)

젖소[전소→ 전쏘](받→ 된)

젖을[저즐](×[저슬])(갈)

젖이[저지](×[저시])(갈)

젖잖아[전잖아→ 전짜나](받→ 된·'ㅎ'빠짐)

젖혀[저쳐→ 저처](거→ 홑)

제각각[제각깍](된)

제까짓[제까진](받)

제멋대로[제먿대로→ 제먿때로](받→ 된)

제목과[제목꽈](된)

제목도[제목또](된)

제목만[제몽만](콧)

제목부터[제목뿌터](된)

제빛을[제비츨](×[제비슬])(갈)

제작사[제작싸](된)

제작자[제작짜](된)

제작하다[제자카다](거)

졌거나[젇거나→ 젇꺼나→ 전꺼나](받→ 된→ 홑)

졌거나[전꺼나](×[적꺼나])(여)

졌거든[젇거든→ 젇꺼든→ 전꺼든](받→ 된→ 홑)

졌거든[전꺼든](×[적꺼든])(여)

졌고[젇고→ 젇꼬→ 전꼬](받→ 된→ 홑)

졌고[전꼬](×[적꼬])(여)

졌구[젇구→ 젇꾸→ 전꾸](받→ 된→ 홑)

졌구[전꾸](×[적꾸])(여)

졌기[젇기→ 젇끼→ 전끼](받→ 된→ 홑)

졌기[전끼](×[적끼])(여)

졌나[젇나→ 젼나→ 전나](받→ 콧→ 홑)

졌네[젇네→ 젼네→ 전네](받→ 콧→ 홑)

졌노[젇노→ 젼노→ 전노](받→ 콧→ 홑)

졌는[젇는→ 젼는→ 전는](받→ 콧→ 홑)

졌다[젇다→ 젇따→ 전따](받→ 된→ 홑)

졌단다[젇단다→ 젇딴다→ 전딴다](받→ 된→ 홑)

졌대[젇대→ 젇때→ 전때](받→ 된→ 홑)

졌던[젇던→ 젇떤→ 전떤](받→ 된→ 홑)

졌소[젇소→ 젇쏘→ 전쏘](받→ 된→ 홑)

졌습[젇습→ 젇씁→ 전씁](받→ 된→ 홑)

졌습니다[젇습니다→ 젇씁니다→ 전씁니다](받→

된·콧→ 홑)

졌잖[젇잖→ 젇짠→ 전짠](받→ 된·'ㅎ'빠짐→ 홑)

졌잖아[젇잖아→ 젇짜나→ 전짜나](받→ 된·'ㅎ'
빠짐→ 홑)

졌제[젇제→ 젇쩨→ 전쩨](받→ 된→ 홑)

졌지[젇지→ 젇찌→ 전찌](받→ 된→ 홑)

조각가[조각까](된)

조각된[조각뙨/-뗀](된)

조각상[조각쌍](된)

조각조각[조각쪼각](된)

조각하늘[조가카늘](거)

조건[조껀](된)

조그맣게[조그마케](거)

조금씩만[조금씽만](콧)

조급해[조그패](거)

조롱[조롱](嘲弄, '롱':머-'ㄹ'본음)

조류[조류](鳥類, '류':머-'ㄹ'본음)

조립[조립](組立, '립':머-'ㄹ'본음)

조립만[조림만](콧)

조몰락거리[조몰락꺼리](된)

조문객[조문객](×[조뭉객])(여)

조심성[조심썽](된)

조심스럽게[조심스럽께](된)

조절력[조절력](調節力, '력':머-'ㄹ'본음)

조직하다[조지카다](거)

조직함[조지캄](거)

조팝나무[조팜나무](콧)

족제비[족쩨비](된)

족하다[조카다](거)

존경[존경](×[종경])(여)

졸업반[조럽빤](된)

졸업식[조럽씩](된)

졸업하다[조러파다](거)

좀도둑[좀또둑](된)

좀약[좀냑]('ㄴ'보탬)

좁게[좁께](된)

좁고[좁꼬](된)

좁다[좁따](된)
좁지[좁찌](된)
좁혀[조펴](거)
종달새[종달쌔](된)
종례[종녜](終禮, '례':머-'ㄹ'본음)(콧)
종로[종노](鐘路, '로':머-'ㄹ'본음)(콧)
종루[종누](鐘樓, '루':머-'ㄹ'본음)(콧)
종류[종뉴](種類, '류':머-'ㄹ'본음)(콧)
종소리[종쏘리](된)
종잇조각[종읻조각 → 종읻쪼각](받 → 된)
종합적[종합쩍](된)
종합하[종하파](거)
좇고[졷고 → 졷꼬](받 → 된)
좇고[졷꼬](×[족꼬])(여)
좋게[조케](거)
좋고[조코](거)
좋구[조쿠](거)
좋군[조쿤](거)
좋기[조키](거)
좋네[졷네 → 존네](받 → 콧)
좋니[졷니 → 존니](받 → 콧)
좋다[조타](거)
좋단다[조탄다](거)
좋대[조태](거)
좋도록[조토록](거)
좋소[조소 → 조쏘]('ㅎ'빠짐 → 된)
좋습니다[조습니다 → 조씀니다]('ㅎ'빠짐 → 된 · 콧)
좋아[조아]('ㅎ'빠짐)
좋으니[조으니]('ㅎ'빠짐)
좋은[조은]('ㅎ'빠짐)
좋을[조을]('ㅎ'빠짐)
좋잖아[조잖아 → 조차나](거 → 'ㅎ'빠짐)
좋지[조치](거)
주룩주룩[주룩쭈룩](된)
주막집[주막찝](된)
주먹만[주멍만](콧)
주먹질[주먹찔](된)

주목할[주모칼](거)
주입하다[주이파다](거)
주춧돌[주춛돌 → 주춛똘](받 → 된)
죽거나[죽꺼나](된)
죽게[죽께](된)
죽고[죽꼬](된)
죽기[죽끼](된)
죽네[중네](콧)
죽는[중는](콧)
죽 먹여[중머겨](콧)
죽사옵니다[죽싸옴니다](된 · 콧)
죽자[죽짜](된)
죽죽[죽쭉](된)
죽지[죽찌](된)
준말[준말](×[줌말])(입)
준비[준비](×[줌비])(입)
준비물[준비물](×[줌비물])(입)
준 일[준닐]('ㄴ'보탬)
줄넘기[줄럼끼](흐 · 된)
줄넘기[줄럼끼](×[줄렁끼])(여)
줄 일[줄닐 → 줄릴]('ㄴ'보탬 → 흐)
줍거나[줍꺼나](된)
줍고[줍꼬](된)
줍기[줍끼](된)
줍는[줌는](콧)
줍니다[줌니다](콧)
줍다[줍따](된)
줍시다[줍씨다](된)
줍자[줍짜](된)
중간막[중간막](×[중감막])(입)
중독되[중독뙤/-뛔](된)
중력[중녁](重力, '력':머-'ㄹ'본음)(콧)
중부권[중부꿘](된)
중앙탑면[중앙탐면](콧)
줬다[쥗다 → 쥗따](받 → 된)
줬잖[쥗잖 → 쥗짠](받 → 된 · 'ㅎ'빠짐)
줬잖아[쥗잖아 → 쥗짜나](받 → 된 · 'ㅎ'빠짐)

쥐어박기[쥐어박끼](된)
즉각적[즉깍쩍](된)
즉석[즉썩](된)
즉시[즉씨](된)
즐겁고[즐겁꼬](된)
즐겁다[즐겁따](된)
즐겁지[즐겁찌](된)
지각도[지각또](된)
지각하다[지가카다](거)
지겹게[지겹께](된)
지겹던[지겹떤](된)
지겹지[지겹찌](된)
지극정성[지극쩡성](된)
지극하다[지그카다](거)
지금껏[지금껃](받)
지급기[지급끼](된)
지난번[지난번](×[지남번])(입)
지난여름[지난녀름]('ㄴ'보탬)
지름길[지름낄](된)
지름길[지름낄](×[지름찔])(센)
지속되[지속뙤/-뛔](된)
지속적[지속쩍](된)
지식과[지식꽈](된)
지식도[지식또](된)
지역마다[지영마다](콧)
지읒[지읃](받)
지적도[지적또](된)
지적하다[지저카다](거)
지지직거리다[지지직꺼리다](된)
지혜롭지[지혜롭찌/-헤-](된)
직기[직끼](된)
직녀[징녀](織女,'녀':'머-ㄴ'본음)(콧)
직사각형[직싸가켱](된·거)
직유법[지규뻡](된)
직장[직짱](된)
직전[직쩐](된)
직접[직쩝](된)

직접적[직쩝쩍](된)
직지심체요절[직찌심체요절](된)
진달래꽃은[진달래꼬츤](×[진달래꼬슨])(갈)
진돗개[진돋개 → 진돋깨](받 → 된)
진돗개[진돋깨](×[진독깨])(여)
진득하다[진드카다](거)
진딧물[진딛물 → 진딘물](받 → 콧)
진딧물[진딘물](×[진딤물])(입)
진로[질로](進路,'로':'머-ㄹ'본음)(흐)
진료[질료](흐)
진료비[질료비](흐)
진리[질리](眞理,'리':'머-ㄹ'본음)(흐)
진학하다[진하카다](거)
진학함[진하캄](거)
진흙[진흑]('ㄹ'빠짐)
진흙돌[진흑돌 → 진흑똘]('ㄹ'빠짐 → 된)
진홍리[진홍니](콧)
질그릇[질그른](받)
질서[질써](된)
질식[질씩](된)
질식하다[질씨카다](된·거)
질식해[질씨캐](된·거)
질퍽거리다[질퍽꺼리다](된)
짐작대로[짐작때로](된)
짐작하다[짐자카다](거)
짐작한[짐자칸](거)
짐작할[짐자칼](거)
짐짓[짐짇](받)
집게[집께](된)
집게발[집께발](된)
집계[집꼐/*-께](된 → 홀)
집고[집꼬](된)
집과[집꽈](된)
집구석[집꾸석](된)
집기[집끼](된)
집념[짐념](콧)
집 농사[짐농사](콧)

집는[짐는](콧)
집니다[짐니다](콧)
집단[집딴](된)
집도[집또](된)
집돼지[집뙈지](된)
집들[집뜰](된)
집마다[짐마다](콧)
집 마당[짐마당](콧)
집만[짐만](콧)
집 모양[짐모양](콧)
집배원[집빼원](된)
집세[집쎄](된)
집안일[지반닐]('ㄴ'보탬)
집적[집쩍](된)
집적하[집쩌카](된·거)
집중[집쭝](된)
집집[집찝](된)
집집마다[집찜마다](된·콧)
집짓기[집짇기 → 집찓끼](받→된)
집짓기[집찓끼](×[집쩍끼])(여)
집합[지팝](거)
짓[짇](받)
짓거나[짇거나 → 짇꺼나](받→된)
짓거나[짇꺼나](×[직꺼나])(여)
짓거든[짇거든 → 짇꺼든](받→된)
짓거든[짇꺼든](×[직꺼든])(여)
짓게[짇게 → 짇께](받→된)
짓게[짇께](×[직께])(여)
짓고[짇고 → 짇꼬](받→된)
짓고[짇꼬](×[직꼬])(여)
짓궂게[짇굳게 → 짇꾿께](받→된)
짓궂게[짇꾿께](×[직꾿께])(여)
짓궂다[짇굳다 → 짇꾿따](받→된)
짓궂다[짇꾿따](×[직꾿따])(여)
짓궂은[짇굳은 → 짇꾸즌](받→된)
짓궂은[짇꾸즌](×[직꾸즌])(여)
짓기[짇기 → 짇끼](받→된)

짓기[짇끼](×[직끼])(여)
짓나[짇나 → 진나](받→콧)
짓눌러[짇눌러 → 진눌러](받→콧)
짓는[짇는 → 진는](받→콧)
짓더니[짇더니 → 짇떠니](받→된)
짓던[짇던 → 짇떤](받→된)
짓도록[짇도록 → 짇또록](받→된)
짓듯[짇듣 → 짇뜯](받→된)
짓밟고[짇밟고 → 짇밥고 → 짇빱꼬](받→'ㄹ'빠짐
→된)
짓밟고[짇빱꼬](×[집빱꼬])(입)
짓밟은[짇밟은 → 짇빨븐](받→된)
짓밟은[짇빨븐](×[집빨븐])(입)
짓습니다[짇습니다 → 짇씀니다](받→된·콧)
짓자[짇자 → 짇짜](받→된)
짓지[짇지 → 짇찌](받→된)
짖고[짇고 → 짇꼬](받→된)
짖고[짇꼬](×[직꼬])(여)
짖는[짇는 → 진는](받→콧)
짖지[짇지 → 짇찌](받→된)
짖습니다[짇습니다 → 짇씀니다](받→된·콧)
짖을[지즐](×[지슬])(갈)
짙게[짇게 → 짇께](받→된)
짙게[짇께](×[직께])(여)
짚[집](받)
짚고[집고 → 집꼬](받→된)
짚는[집는 → 짐는](받→콧)
짚신[집신 → 집씬](받→된)
짚여물[집여물 → 짐녀물](받→'ㄴ'보탬→콧)
짚지[집지 → 집찌](받→된)
짜릿하다[짜릳하다 → 짜리타다](받→거)
짜증스럽다[짜증스럽따](된)
짝과[짝꽈](된)
짝사랑[짝싸랑](된)
짝하다[짜카다](거)
짧아[짜나]('ㅎ'빠짐)
짤막하다[짤마카다](거)

짧거나[짤거나→짤꺼나]('ㅂ'빠짐→된)
짧게[짤게→짤께]('ㅂ'빠짐→된)
짧고[짤고→짤꼬]('ㅂ'빠짐→된)
짧다[짤다→짤따]('ㅂ'빠짐→된)
짧습니다[짤습니다→짤씀니다]('ㅂ'빠짐→된·콧)
짧지[짤지→짤찌]('ㅂ'빠짐→된)
짭조름[짭쪼름](된)
짹짹거리다[짹짹꺼리다](된)
쨌거[쨀거→쨀꺼](받→된)
쨌거[쨀꺼](×[짹꺼])(여)
쨌건[쨀건→쨀껀](받→된)
쨌건[쨀껀](×[짹껀])(여)
쨌다[쨀다→쨀따](받→된)
쨌든[쨀든→쨀뜬](받→된)
쩔뚝거리다[쩔뚝꺼리다](된)
쪽나무[쫑나무](콧)
쪽만큼[쫑만큼](콧)
쪽만큼[쫑만큼](×[쫑망큼])(여)
쪽문[쫑문](콧)
쪽물[쫑물](콧)
쪽박[쪽빡](된)
쪽방[쪽빵](된)
쪽배기[쪽빼기](된)
쪽빛[쪽삗](된·받)
쪽지[쪽찌](된)
쫄깃쫄깃[쫄긷쫄긷](받)
쫑긋거리다[쫑귿거리다→쫑귿꺼리다](받→된)
쫑긋거리다[쫑귿꺼리다](×[쫑극꺼리다])(여)
쫑긋쫑긋[쫑귿쫑귿](받)
쫑긋하다[쫑귿하다→쫑그타다](받→거)
쫑긋해[쫑귿해→쫑그태](받→거)
쫓겨[쫃겨→쫃껴](받→된)
쫓겨[쫃껴](×[쪽껴])(여)
쫓기[쫃기→쫃끼](받→된)
쫓기[쫃끼](×[쪽끼])(여)
쫓는[쫃는→쫀는](받→콧)
쫓다[쫃다→쫃따](받→된)

쫓던[쫃던→쫃떤](받→된)
쫓지[쫃지→쫃찌](받→된)
쬠니다[쬠니다/쫨-](콧)
쭈뼛[쭈뼏](받)
쭈뼛하다[쭈뼏하다→쭈뼈타다](받→거)
쯧쯧[쯛쯛](받)
찌릿[찌릳](받)
찌릿하다[찌릳하다→찌리타다](받→거)
찌푸리듯[찌푸리듣](받)
찍개[찍깨](된)
찍고[찍꼬](된)
찍기[찍끼](된)
찍는[찡는](콧)
찍다[찍따](된)
찍습니다[찍씀니다](된·콧)
찍자[찍짜](된)
찍지[찍찌](된)
찍히다[찌키다](거)
찍힌[찌킨](거)
찐빵[찐빵](×[찜빵])(입)
찡긋[찡귿](받)
찡긋하다[찡귿하다→찡그타다](받→거)
찢거나[찓거나→찓꺼나](받→된)
찢거나[찓꺼나](×[찍꺼나])(여)
찢기[찓기→찓끼](받→된)
찢기[찓끼](×[찍끼])(여)
찧다[찌타](거)
찧어[찌어]('ㅎ'빠짐)
찧은[찌은]('ㅎ'빠짐)
찧을[찌을]('ㅎ'빠짐)

ㅊ

차갑게[차갑께](된)
차갑고[차갑꼬](된)
차렷[차렫](받)

초등국어의 표기와 발음

차렸고[차련고 → 차련꼬](받 → 된)
차렸고[차런꼬](×[차럭꼬])(여)
차례[차레](次例, '레':머-'ㄹ'본음)
차이점[차이쩜](된)
착각[착깍](된)
착각하다[착까카다](된·거)
착공[착꽁](된)
착시[착씨](된)
착잡[착짭](된)
착잡한[착짜판](된·거)
착하다[차카다](거)
착한[차칸](거)
찬거리[찬꺼리](된)
찬거리[찬꺼리](×[창꺼리])(여)
찬란하다[찰란하다](흐)
찬물[찬물](×[참물])(입)
찬밥[찬밥](×[참밥])(입)
찮게[찬케](거)
찰나[찰라](흐)
찰떡궁합[찰떡꿍합](된)
참거든[참꺼든](된)
참거든[참꺼든](×[창꺼든])(여)
참게[참께](된)
참게[참께](×[창께])(여)
참견[참견](×[창견])(여)
참고[참꼬](된)
참고[참꼬](×[창꼬])(여)
참고래[참고래](×[창고래])(여)
참기[참끼](된)
참기[참끼](×[창끼])(여)
참기름[참기름](×[창기름])(여)
참기름[참기름](×[참지름])(센)
참다[참따](된)
참석하다[참서카다](거)
참석해[참서캐](거)
참외밭[차뫼받/-뭬-](받)
참자[참짜](된)

참지[참찌](된)
찹니다[참니다](콧)
찹쌀가루[찹쌀까루](된)
찻길[찬길 → 찬낄](받 → 된)
찻길[찬낄](×[착낄])(여)
찻길[찬낄](×[찬찔])(센)
찻상[찬상 → 찬쌍](받 → 된)
찻잎[찬입 → 찬닙](받 →'ㄴ'보탬 → 콧)
찻잔[찬잔 → 찬짠](받 → 된)
찼고[찬고 → 찬꼬](받 → 된)
찼고[찬꼬](×[착꼬])(여)
찼다[찬다 → 찬따](받 → 된)
찼습[찬습 → 찬씁](받 → 된)
창가[창까](된)
창덕궁[창덕꿍](된)
창립한[창납한 → 창니판](콧 → 거)
창밖만[창박만 → 창방만](받 → 콧)
창작물[창장물](콧)
창작자[창작짜](된)
창작하다[창자카다](거)
창작한[창자칸](거)
창작할[창자칼](거)
창조력과[창조력꽈](된)
찾거든[찬거든 → 찬꺼든](받 → 된)
찾거든[찬꺼든](×[착꺼든])(여)
찾게[찬게 → 찬께](받 → 된)
찾게[찬께](×[착께])(여)
찾겠니[찬겐니 → 찬껜니](받 → 된·콧)
찾겠니[찬껜니](×[착껜니])(여)
찾고[찬고 → 찬꼬](받 → 된)
찾고[찬꼬](×[착꼬])(여)
찾기[찬기 → 찬끼](받 → 된)
찾기[찬끼](×[착끼])(여)
찾노라[찬노라 → 찬노라](받 → 콧)
찾는[찬는 → 찬는](받 → 콧)
찾다[찬다 → 찬따](받 → 된)
찾던[찬던 → 찬떤](받 → 된)

찾습니다[찬습니다 → 찯씀니다](받 → 된 · 콧)
찾았게[찾앋게 → 차잗께](받 → 된)
찾았게[차잗께](×[차작께])(여)
찾았기[찾앋기 → 차잗끼](받 → 된)
찾았기[차잗끼](×[차작끼])(여)
찾지[찯지 → 찯찌](받 → 된)
채마밭을[채마바틀](×[채마바슬])(갈)
채석장[채석짱](된)
채집하다[채지파다](거)
책가방[책까방](된)
책과[책꽈](된)
책 나부랭이[챙나부랭이](콧)
책 내용[챙내용](콧)
책도[책또](된)
책들[책뜰](된)
책만[챙만](콧)
책 먹는[챙멍는](콧)
책 모양[챙모양](콧)
책밖에[책빠께](된)
책방[책빵](된)
책벌레[책뻘레](된)
책보다[책뽀다](된)
책보자기[책뽀자기](된)
책상[책쌍](된)
책 속[책쏙](된)
책 이름[책니름 → 챙니름]('ㄴ'보탬 → 콧)
책장[책짱](된)
챕니다[챔니다](콧)
챘다[챈다 → 챈따](받 → 된)
처박고[처박꼬](된)
처박혀[처바켜](거)
척하다[처카다](거)
척할[처칼](거)
천년[천년](千年, '년':머-'ㄴ'본음)
천 년[천년](年, '년':머-'ㄴ'본음)
천리[철리](千里, '리':머-'ㄹ'본음)(흐)
천 리[철리](里, '리':머-'ㄹ'본음)(흐)

천막[천막](×[첨막])(입)
천만[천만](×[첨만])(입)
천만번[천만번](×[첨맘번])(입)
천박[천박](×[첨박])(입)
천벌[천벌](×[첨벌])(입)
천주학쟁[천주학쨍](된)
천한 일[천하닐]('ㄴ'보탬)
철도[철또](된)
철새[철쌔](된)
철수[철쑤](된)
철저히[철쩌히](된)
철제[철쩨](된)
철쭉과[철쭉꽈](된)
첩자[첩짜](된)
첫[첟](받)
첫걸음[첟걸음 → 첟꺼름](받 → 된)
첫걸음[첟꺼름](×[척꺼름])(여)
첫걸음마[첟걸음마 → 첟꺼름마](받 → 된)
첫걸음마[첟꺼름마](×[척꺼름마])(여)
첫날[첟날 → 천날](받 → 콧)
첫눈[첟눈 → 천눈](받 → 콧)
첫마디[첟마디 → 천마디](받 → 콧)
첫마디[천마디](×[첨마디])(입)
첫머리[첟머리 → 천머리](받 → 콧)
첫머리[천머리](×[첨머리])(입)
첫 문단[첟문단 → 천문단](받 → 콧)
첫 문단[천문단](×[첨문단])(입)
첫 문장[첟문장 → 천문장](받 → 콧)
첫 문장[천문장](×[첨문장])(입)
첫 번째[첟번째 → 첟뻔째](받 → 된)
첫 번째[첟뻔째](×[첩뻔째])(입)
첫새벽[첟새벽 → 첟쌔벽](받 → 된)
첫소리[첟소리 → 첟쏘리](받 → 된)
첫인사[처딘사](받)
첫인상[처딘상](받)
첫 장[첟장 → 첟짱](받 → 된)
첫째[첟째](받)

초등국어의 표기와 발음

첫쪽[천쪽](받)
청국장[청국짱](된)
청력[청녁](聽力, '력':머-ㄹ'본음)(콧)
청백리[청백니 → 청뱅니](콧)
청삽사리[청삽싸리](된)
체육관[체육꽌](된)
체육복[체육뽁](된)
체육복만[체육뽕만](된·콧)
쳇[첻](받)
쳤거[첟거 → 첟꺼 → 천꺼](받→된→홑)
쳤거[천꺼](×[척꺼])(여)
쳤게[첟게 → 첟께 → 천께](받→된→홑)
쳤게[천께](×[척께])(여)
쳤고[첟고 → 첟꼬 → 천꼬](받→된→홑)
쳤고[천꼬](×[척꼬])(여)
쳤구[첟구 → 첟꾸 → 천꾸](받→된→홑)
쳤구[천꾸](×[척꾸])(여)
쳤다[첟다 → 첟따 → 천따](받→된→홑)
쳤던[첟던 → 첟떤 → 천떤](받→된→홑)
쳤습[첟습 → 첟씁 → 천씁](받→된→홑)
쳤습니다[첟습니다 → 첟씁니다 → 천씀니다](받→
   된·콧→홑)
쳤지[첟지 → 첟찌 → 천찌](받→된→홑)
초대장[초대짱](된)
초록머리[초롱머리](콧)
초록빛[초록삗](된·받)
초록색[초록쌕](된)
초승달[초승딸](된)
초콜릿[초콜린](받)
초콜릿도[초코릳도 → 초코릳또](받→된)
촉감[촉깜](된)
촉구[촉꾸](된)
촉박[촉빡](된)
촉박하다[초빠카다](된·거)
촉진[촉찐](된)
촉촉하다[촉초카다](거)
촌극[촌극](×[총극])(여)

촛국[촌국 → 촌꾹](받→된)
촛국[촌꾹](×[촉꾹])(여)
촛불[촌불 → 촌뿔](받→된)
촛불[촌뿔](×[촙뿔])(입)
총각과[총각꽈](된)
총구멍[총꾸멍](된)
총독부[총독뿌](된)
총류[총뉴](콧)
총소리[총쏘리](된)
추격하다[추겨카다](거)
추듯[추듣](받)
추락[추락](墜落, '락':머-ㄹ'본음)
추론[추론](推論, '론':머-ㄹ'본음)
추석날[추성날](콧)
추측하다[추츠카다](거)
축구[축꾸](된)
축구공[축꾸공](된)
축 늘어진[충느러진](콧)
축동[축똥](된)
축복[축뽁](된)
축성[축썽](된)
축적[축쩍](된)
축적물[축쩡물](된·콧)
축제[축쩨](된)
축조[축쪼](된)
축축해[축추캐](거)
축하[추카](거)
출산[출싼](된)
출산율[출산뉼 → 출싼뉼]('ㄴ'보탬→된)
출신[출씬](된)
출입문[추림문](콧)
출중[출쭝](된)
춥거든[춥꺼든](된)
춥고[춥꼬](된)
춥니다[춤니다](콧)
춥지[춥찌](된)
충직하다[충지카다](거)

췄다[췓다 → 췓따](받 → 된)
췄더[췓더 → 췓떠](받 → 된)
취급하다[취그파다](거)
취급할[취그팔](거)
측만증[층만쯩](콧 · 된))
측면[층면](콧)
측정[측쩡](된)
치료[치료](治療, '료':머-'ㄹ'본음)
치료법[치료뻡](된)
치맛자락[치맏자락 → 치맏짜락](받 → 된)
치웇[치읃](받)
친구[친구](×[칭구])(여)
친근감[친근감](×[칭긍감])(여)
친목[친목](×[침목])(입)
친숙하다[친수카다](거)
친척과[친척꽈](된)
칠산[칠싼](된)
칠성[칠썽](된)
칠성골[칠썽꼴](된)
칡잎[칙잎 → 칙입 → 칭닙]('ㄹ'빠짐 → 받→'ㄴ'보
   탬→콧)
침략[침냑](侵略, '략':머-'ㄹ'본음)(콧)
침략하다[침냐카다](콧 · 거)
침묵하다[침무카다](거)
침입하다[치미파다](거)
칩니다[침니다](콧)
칫솔[칟솔 → 칟쏠](받 → 된)

ㅋ

칼끝이[칼끄치](센)
칼끝이[칼끄치](×[칼끄시])(갈)
칼날[칼랄](흐)
칼자루[칼짜루](된)
캄캄[캄캄](×[캉캄])(여)
캐묻지[캐묻찌](된)

캤습니다[캗습니다 → 캗씀니다](받→된·콧)
커다랗게[커다라케](거)
커다랗고[커다라코](거)
컴컴한[컴컴한](×[컹컴한])(여)
컵과[컵꽈](된)
컵만[컴만](콧)
컸고[컫고 → 컫꼬](받 → 된)
컸고[컫꼬](×[컥꼬])(여)
컸구[컫구 → 컫꾸](받 → 된)
컸구[컫꾸](×[컥꾸])(여)
컸다[컫다 → 컫따](받 → 된)
컸는[컫는 → 컨는](받 → 콧)
컸더[컫더 → 컫떠](받 → 된)
컸던[컫던 → 컫떤](받 → 된)
컸습[컫습 → 컫씁](받 → 된)
컸습니다[컫습니다 → 컫씀니다](받→된·콧)
컸지[컫지 → 컫찌](받 → 된)
켰기[켣기 → 켣끼](받 → 된)
켰기[켣끼](×[켝끼])(여)
켰다[켣다 → 켣따](받 → 된)
켰던[켣던 → 켣떤](받 → 된)
켰습[켣습 → 켣씁](받 → 된)
켰습니다[켣습니다 → 켣씀니다](받→된·콧)
켰지[켣지 → 켣찌](받 → 된)
코끝에[코끄테](×[코끄세])(갈)
코끝이[코끄치](센)
코끝이[코끄치](×[코끄시])(갈)
코딱지[코딱찌](된)
코밑[코믿](받)
코뿔소[코뿔쏘](된)
코앞[코압](받)
콧구멍[콛구멍 → 콛꾸멍](받 → 된)
콧구멍[콛꾸멍](×[콕꾸멍])(여)
콧노래[콛노래 → 콘노래](받 → 콧)
콧등[콛등 → 콛뜽](받 → 된)
콧물[콛물 → 콘물](받 → 콧)
콧물[콘물](×[콤물])(입)

초등국어의 표기와 발음

콧방귀[콘방귀 → 콘빵귀](받 → 된)
콧방귀[콘빵귀](×[콥빵귀])(입)
콧소리[콘소리 → 콘쏘리](받 → 된)
콧속[콘속 → 콘쏙](받 → 된)
콧잔등[콘잔등 → 콘짠등](받 → 된)
콩가루[콩까루](된)
콩국수[콩국쑤](된)
콩깍지[콩깍찌](된)
콩깻묵[콩깬묵 → 콩깬묵](받 → 콧)
콩깻묵[콩깬묵](×[콩깸묵])(입)
콩닥거리[콩닥꺼리](된)
콩대[콩때](된)
콩밭[콩받](받)
콩엿[콩엳 → 콩녇](받 → 'ㄴ'보탬)
쾌락[쾌락](快諾, '락':머-'ㄹ'본음)
쾌적하다[쾌저카다](거)
쾌적한[쾌저칸](거)
큰걸[큰걸](×[쿵걸])(여)
큰길[큰길](×[쿵길])(여)
큰길[큰길](×[큰낄])(센)
큰맘[큰맘](×[큼맘])(입)
큰북[큰북](×[큼북])(입)
큰불[큰불](×[큼불])(입)
큰일[큰닐]('ㄴ'보탬)
큰코[큰코](×[쿵코])(여)
큼직하다[큼지카다](거)
큼직한[큼지칸](거)
큽니다[큼니다](콧)
키읔[키윽](받)
킥킥거리다[킥킥꺼리다](된)
킥킥대다[킥킥때다](된)
큽니다[큼니다](콧)

ㅌ

타박하다[타바카다](거)

타작하다[타자카다](거)
타작할[타자칼](거)
탁구[탁꾸](된)
탁자[탁짜](된)
탁하다[타카다](거)
탄력[탈력](흐)
탄식하다[탄시카다](거)
탄 일[탄닐]('ㄴ'보탬)
탐구[탐구](×[탕구])(여)
탐스럽게[탐스럽께](된)
탑니다[탐니다](콧)
탑승[탑씅](된)
탑평리[탑평니](콧)
탓[탇](받)
탓처럼[탇처럼](받)
탓하다[탇하다 → 타타다](받 → 거)
탔다[탇다 → 탇따](받 → 된)
탔던[탇던 → 탇떤](받 → 된)
탔습[탇습 → 탇씁](받 → 된)
탔습니다[탇습니다 → 탇씀니다](받 → 된 · 콧)
탔지[탇지 → 탇찌](받 → 된)
태곳적[태곧적 → 태곧쩍](받 → 된)
태극기[태극끼](된)
태백산[태백싼](된)
택견[택껸](된)
택시[택씨](된)
탯줄[탣줄 → 탣쭐](받 → 된)
턱수염[턱쑤염](된)
턱짓[턱찓](된 · 받)
털끝만큼[털끋만큼 → 털끈만큼](받 → 콧)
털끝만큼[털끈만큼](×[털끔만큼])(입)
털끝만큼[털끈만큼](×[털근망큼])(여)
털끝만큼[털근만큼](×[털끔망큼])(입 · 여)
텃밭[턷받 → 턷빧](받 → 된)
텃밭[턷빧](×[턴빧])(입)
텃밭의[턷빠틔/-테](×[턷빠싀/-세])(갈)
텃새[턷새 → 턷쌔](받 → 된)

토닥거리[토닥꺼리](된)
토담집[토담찝](된)
토론[토론](討論, '론':머-'ㄹ'본음)
톡톡히[톡토키](거)
톱니[톰니](콧)
톱밥[톱빱](된)
톱질[톱찔](된)
통닭과[통닥과 → 통닥꽈]('ㄹ'빠짐 → 된)
통닭도[통닥도 → 통닥또]('ㄹ'빠짐 → 된)
통로[통노](通路, '로':머-'ㄹ'본음)(콧)
통속적[통속쩍](된)
통신란[통신난](콧)
통증[통쯩](된)
통합적[통합쩍](된)
퇴색한[퇴새칸/퉤-](거)
뒷마루[뒌마루 → 뒌마루/퉽-](받→콧)
뒷마루[뒌마루/퉽-](×[퉴마루/퉴-])(입)
투막집[투막찝](된)
투표권[투표꿘](된)
툭하면[투카면](거)
퉁명스럽게[퉁명스럽께](된)
튐니다[튐니다](콧)
튕기듯[튕기든](받)
특권[특꿘](된)
특기[특끼](된)
특별[특뼐](된)
특산물[특싼물](된)
특산품[특싼품](된)
특색[특쌕](된)
특성[특썽](된)
특수[특쑤](된)
특정[특쩡](된)
특집[특찝](된)
특징[특찡](된)
특허권[트커꿘](거·된)
특히[트키](거)
티읕[티읃](받)

파닥거려[파닥꺼려](된)
파랗고[파라코](거)
파랗다[파라타](거)
파랗던[파라턴](거)
파릇파릇[파른파른](받)
파릇하다[파른하다 → 파르타다](받→거)
파악하다[파아카다](거)
파충류[파충뉴](콧)
판결[판결](×[팡결])(여)
판단력[판단녁](判斷力, '력':머-'ㄹ'본음)(콧)
판매[판매](×[팜매])(입)
판소리[판쏘리](된)
팔십 년[팔씸년](年, '년':머-'ㄴ'본음)(된·콧)
팔자[팔짜](된)
팔절[팔쩔](된)
팠고[판고 → 판꼬](받→된)
팠고[판꼬](×[곽꼬])(여)
팠구[판구 → 판꾸](받→된)
팠구[판꾸](×[곽꾸])(여)
팠기[판기 → 판끼](받→된)
팠기[판끼](×[곽끼])(여)
팠는[판는 → 판는](받→콧)
팠다[판다 → 판따](받→된)
팠던[판던 → 판떤](받→된)
팠습[판습 → 판씁](받→된)
팠습니다[판습니다 → 판씀니다](받→된·콧)
팠지[판지 → 판찌](받→된)
팥[판](받)
팥 난다[판난다 → 판난다](받→콧)
팥을[파틀](×[파슬])(갈)
팥죽[판죽 → 판쭉](받→된)
팥쥐[판쥐 → 판쮀](받→된)
팻말[팯말 → 팬말](받→콧)
팻말[팬말](×[팸말])(입)
퍼렇게[퍼러케](거)

퍼렇다[퍼러타](거)
퍼붓더니[퍼붇더니 → 퍼붇떠니](받 → 된)
펄럭거리다[펄럭꺼리다](된)
펄밭이[펄바치](센)
펄밭이[펄바치](×[펄바시])(갈)
폈고[편고 → 편꼬](받 → 된)
폈고[편꼬](×[펵꼬])(여)
폈다[편다 → 편따](받 → 된)
폈던[편던 → 편떤](받 → 된)
폈습[편습 → 편씁](받 → 된)
폈습니다[편습니다 → 편씀니다](받 → 된·콧)
펴듯[펴듣](받)
편견[편견](×[평견])(여)
편리[펼리](便利, '리':머-'ㄹ'본음)(흐)
편집실[편집씰](된)
편집하[편지파](거)
편집할[편지팔](거)
폈고[편고 → 편꼬](받 → 된)
폈고[편꼬](×[펵꼬])(여)
폈다[편다 → 편따](받 → 된)
폈던[편던 → 편떤](받 → 된)
폈듯[편듣 → 편뜯](받 → 된)
폈습니다[편습니다 → 편씀니다](받 → 된·콧)
폈지[편지 → 편찌](받 → 된)
평가[평까](된)
평등권[평등꿘](된)
평화롭게[평화롭께](된)
포각질[포각찔](된)
폭격[폭껵](된)
폭력[퐁녁 → 퐁녁](暴力, '력':머-'ㄹ'본음)(콧)
폭발[폭빨](된)
폭발음[폭빠름](된)
폭식[폭씩](된)
폭넓게[폭널게 → 퐁널께]('ㅂ'빠짐 → 콧·된)
폭력적[폭녁적 → 퐁녁쩍](콧 → 콧·된)
푸덕거리다[푸덕꺼리다](된)
푸드덕거려[푸드덕꺼려](된)

푸른빛을[푸른비츨](×[푸른비슬])(갈)
푸른빛이[푸른비치](×[푸른비시])(갈)
푸릇푸릇[푸른푸른](받)
푸릇하다[푸른하다 → 푸르타다](받 → 거)
푸석해[푸서캐](거)
푹신[푹씬](된)
풀기[풀끼](된)
풀꽃[풀꼳](받)
풀꽃이[풀꼬치](×[풀꼬시])(갈)
풀밭[풀받](받)
풀밭에[풀바테](×[풀바세])(갈)
풀밭을[풀바틀](×[풀바슬])(갈)
풀밭이[풀바치](센)
풀밭이[풀바치](×[풀바시])(센)
풀숲[풀숩 → 풀쑵](받 → 된)
풀잎[풀입 → 풀닙 → 풀립](받 → 'ㄴ'보탬 → 흐)
품게[품께](된)
품고[품꼬](된)
품고[품꼬](×[풍꼬])(여)
품던[품떤](된)
품삯[품삭 → 품싹]('ㅅ'빠짐 → 된)
품속[품쏙](된)
풋고추[푿고추 → 푿꼬추](받 → 된)
풋고추[푿꼬추](×[푹꼬추])(여)
풋과일[푿과일 → 푿꽈일](받 → 된)
풋과일[푿꽈일](×[푹꽈일])(여)
풋사과[푿사과 → 푿싸과](받 → 된)
풋사랑[푿사랑 → 푿싸랑](받 → 된)
풋잠[푿잠 → 푿짬](받 → 된)
풋하다[푿하다 → 푸타다](받 → 거)
풍년[풍년](豊年, '년':머-'ㄹ'본음)
풍물놀이[풍물로리](흐)
풍요롭게[풍요롭께](된)
풍요롭고[풍요롭꼬](된)
풍족하다[풍조카다](거)
픕니다[픔니다](콧)
피란길[피란낄](된)

피란길[피란낄](×[피랑낄])(여)
피란길[피란낄](×[피란찔])(센)
피란민[피란민](×[피람민])(입)
피로[피로](疲勞, '로':머─'ㄹ'본음)
피부색과[피부색꽈](된)
피읖[피읍](받)
핀잔하듯[핀잔하든](받)
필사[필싸](된)
필수품[필쑤품](된)
핍니다[핌니다](콧)
핏발[핃발 → 핃빨](받 → 된)
핏발[핃빨](×[핍빨])(입)
핏속[핃속 → 핃쏙](받 → 된)
핏줄[핃줄 → 핃쭐](받 → 된)

ㅎ

하굣길[하굗길 → 하굗낄](받 → 된)
하굣길[하굗낄](×[하곡낄])(여)
하굣길[하굗낄](×[하굗찔])(센)
하급반[하급빤](된)
하나씩만[하나씽만](콧)
하늘가[하늘까](된)
하늘 나라[하늘라라](흐)
하늘색[하늘쌕](된)
하듯[하든](받)
하룻밤[하룬밤 → 하룬빰](받 → 된)
하룻밤[하룬빰](×[하룸빰])(입)
하십시오[하십씨오](된)
하얀색과[하얀색꽈](된)
하얗게[하야케](거)
하얗고[하야코](거)
하얗다[하야타](거)
하였거나[하엳거나 → 하엳꺼나](받 → 된)
하였거나[하엳꺼나](×[하역꺼나])(여)
하였거든[하엳거든 → 하엳꺼든](받 → 된)

하였거든[하엳꺼든](×[하역꺼든])(여)
하였고[하엳고 → 하엳꼬](받 → 된)
하였고[하엳꼬](×[하역꼬])(여)
하였기[하엳기 → 하엳끼](받 → 된)
하였기[하엳끼](×[하역끼])(여)
하였다[하엳다 → 하엳따](받 → 된)
하였단다[하엳단다 → 하엳딴다](받 → 된)
하였더니[하엳더니 → 하엳떠니](받 → 된)
하였던[하엳던 → 하엳떤](받 → 된)
하였듯[하엳듣 → 하엳뜯](받 → 된)
하였습니다[하엳습니다 → 하엳씀니다](받 → 된·콧)
하였지[하엳지 → 하엳찌](받 → 된)
하옵게[하옵께](된)
하잖니[하잔니]('ㅎ'빠짐)
하잖아[하자나]('ㅎ'빠짐)
하찮게[하찬케](거)
학과[학꽈](된)
학교[학꾜](된)
학굣길[학꾿길 → 학꾿낄](받 → 된)
학굣길[학꾿낄](×[학꼭낄])(여)
학굣길[학꾿낄](×[학꾿찔])(센)
학급[학끕](된)
학급회의[학끄뵈의/─뷔이](된·거)
학기[학끼](된)
학년[항년](콧)
학당[학땅](된)
학력[학력 → 항녁](콧)
학문[항문](콧)
학부모[학뿌모](된)
학살[학쌀](된)
학생[학쌩](된)
학수고대[학쑤고대](된)
학술[학쑬](된)
학습[학씁](된)
학습날[학씀날](된·콧)
학습장[학씁짱](된)
학식[학씩](된)

학자[학짜](된)
학회[하쾨/-훼](된)
한가득[한가득](×[항가득])(여)
한가락[한가락](×[항가락])(여)
한가운데[한가운데](×[항가운데])(여)
한가위[한가위](×[항가위])(여)
한가족[한가족](×[항가족])(여)
한강[한강](×[항강])(여)
한걸음[한거름](×[항거름])(여)
한겨레[한겨레](×[항겨레])(여)
한겨울[한겨울](×[항겨울])(여)
한결[한결](×[항결])(여)
한국[한국](×[항국])(여)
한국말[한궁말](콧)
한국말[한궁말](×[항궁말])(여)
한글[한글](×[항글])(여)
한글날[한글날](×[항글날])(여)
한길[한길](×[항길])(여)
한길[한길](×[한질])(센)
한꺼번[한꺼번](×[항꺼번])(여)
한껏[한껃](받)
한껏[한껃](×[항껃])(여)
한끝[한끋](받)
한끝[한끋](×[항끋])(여)
한낮[한낟](받)
한날[한날](받)
한눈팔다[한눈팔다](×[한눔팔다])(입)
한답시고[한답씨고](된)
한뜻[한뜯](받)
한라산[할라산](흐)
한류[할류](흐)
한마당[한마당](×[함마당])(입)
한마디[한마디](×[함마디])(입)
한마을[한마을](×[함마을])(입)
한마음[한마음](×[함마음])(입)
한명[한명](×[함명])(입)
한몫[한목]('ㅅ'빠짐)

한몫[한목](×[함목])(입)
한문[한문](×[함문])(입)
한민족[한민족](×[함민족])(입)
한바탕[한바탕](×[함바탕])(입)
한발[한발](×[함발])(입)
한밤[한밤](×[함밤])(입)
한밤중[한밤쭝](된)
한밤중[한밤쭝](×[함밤쭝])(입)
한번[한번](×[함번])(입)
한 벌씩만[한벌씽만](콧)
한 벌씩만[한벌씽만](×[함벌씽만])(입)
한복[한복](×[함복])(입)
한복판[한복판](×[함복판])(입)
한 양반[한냥반]('ㄴ'보탬)
한여름[한녀름]('ㄴ'보탬)
한 일[한닐]('ㄴ'보탬)
한입[한닙]('ㄴ'보탬)
한 입[한닙]('ㄴ'보탬)
한 잎[한입 → 한닙](받→'ㄴ'보탬)
한자[한짜](된)
한치못[한치몯](받)
할 일[할닐 → 할릴]('ㄴ'보탬 → 흐)
핥고[할고 → 할꼬]('ㅌ'빠짐 → 된)
핥기[할기 → 할끼]('ㅌ'빠짐 → 된)
핥느라[할느라 → 할르라]('ㅌ'빠짐 → 흐)
핥지[할지 → 할찌]('ㅌ'빠짐 → 된)
함께[함께](×[항께])(여)
함경도[함경도](×[항경도])(여)
함락[함나](陷落, '락':머ー'ㄹ'본음)(콧)
함축적[함축쩍](된)
합격[합껵](된)
합격자[합껵짜](된)
합격한[합껵칸](된 · 거)
합니다[함니다](콧)
합당[합땅](된)
합동[합똥](된)
합디다[합띠다](된)

합류[합뉴 → 함뉴](合流, '류':머−'ㄹ'본음)(콧)
합리[합니 → 함니](콧)
합리적[합니적 → 함니적](콧)
합법[합뻡](된)
합성[합썽](된)
합시다[합씨다](된)
합지요[합찌요](된)
합하다[하파다](거)
합해[하패](거)
항로[항노](航路, '로':머−'ㄹ'본음)(콧)
해결사[해결싸](된)
해돋이[해도지](센)
해례본[해례본](解例本, '례'머−'ㄹ'본음)
해롭습니다[해롭씀니다](된·콧)
해롭지[해롭찌](된)
해설사[해설싸](된)
해설자[해설짜](된)
해수욕장[해수욕짱](된)
핵심[핵씸](된)
햇[핻](받)
햇감[핻감 → 핻깜](받 → 된)
햇감[핻깜](×[핵깜])(여)
햇감자[핻감자 → 핻깜자](받 → 된)
햇감자[핻깜자](×[핵깜자])(여)
햇곡식[핻곡식 → 핻꼭씩](받 → 된)
햇곡식[핻꼭씩](×[핵꼭씩])(여)
햇과일[핻과일 → 핻꽈일](받 → 된)
햇과일[핻꽈일](×[핵꽈일])(여)
햇귀[핻귀 → 핻뀌](받 → 된)
햇귀[핻뀌](×[핵뀌])(여)
햇김[핻김 → 핻낌](받 → 된)
햇김[핻낌](×[핵낌])(여)
햇김[핻낌](×[핻찜])(센)
햇밤[핻밤 → 핻빰](받 → 된)
햇밤[핻빰](×[햅빰])(입)
햇병아리[핻병아리 → 핻뼝아리](받 → 된)
햇병아리[핻뼝아리](×[햅뼝아리])(입)

햇볕[핻볃 → 핻뼏](받 → 된)
햇볕[핻뼏](×[햅뼏])(입)
햇볕에[핻뼈테](×[핻뼈세])(갈)
햇볕을[핻뼈틀](×[핻뼈슬])(갈)
햇볕이[핻뼈치](센)
햇볕이[핻뼈치](×[햅뼈치])(입)
햇볕이[핻뼈치](×[핻뼈시])(갈)
햇빛[핻빋 → 핻삗](받 → 된)
햇빛[핻삗](×[햅삗])(입)
햇빛에[핻빛에 → 핻삐체](받 → 된)
햇빛에[핻삐체](×[햅삐체])(입)
햇빛에[핻삐체](×[핻삐세])(갈)
햇빛은[핻삐츤](×[핻삐슨])(갈)
햇빛을[핻삐츨](×[핻삐슬])(갈)
햇빛이[핻삐치](×[핻삐시])(갈)
햇사과[핻사과 → 핻싸과](받 → 된)
햇살[핻살 → 핻쌀](받 → 된)
했거[핻거 → 핻꺼](받 → 된)
했거[핻꺼](×[핵꺼])(여)
했게[핻게 → 핻께](받 → 된)
했게[핻께](×[핵께])(여)
했겠[핻겐 → 핻껜](받 → 된)
했겠[핻껜](×[핵껜])(여)
했고[핻고 → 핻꼬](받 → 된)
했고[핻꼬](×[핵꼬])(여)
했구[핻구 → 핻꾸](받 → 된)
했구[핻꾸](×[핵꾸])(여)
했기[핻기 → 핻끼](받 → 된)
했기[핻끼](×[핵끼])(여)
했나[핻나 → 핸나](받 → 콧)
했네[핻네 → 핸네](받 → 콧)
했냐[핻냐 → 핸냐](받 → 콧)
했는[핻는 → 핸는](받 → 콧)
했니[핻니 → 핸니](받 → 콧)
했다[핻다 → 핻따](받 → 된)
했단[핻단 → 핻딴](받 → 된)
했답[핻답 → 핻땁](받 → 된)

초등국어의 표기와 발음

했답니다[핻답니다 → 핻땀니다](받 → 된 · 콧)

했대[핻대 → 핻때](받 → 된)

했더[핻더 → 핻떠](받 → 된)

했던[핻던 → 핻떤](받 → 된)

했소[핻소 → 핻쏘](받 → 된)

했습[핻습 → 핻씁](받 → 된)

했습니다[핻습니다 → 핻씀니다](받 → 된 · 콧)

했시[핻시 → 핻씨](받 → 된)

했자[핻자 → 핻짜](받 → 된)

했잖아[핻잖아 → 핻짜나](받 → 된 · 'ㅎ'빠짐)

했제[핻제 → 핻쩨](받 → 된)

했지[핻지 → 핻찌](받 → 된)

행랑채[행낭채](콧)

행렬[행녈](行列, '렬':머-'ㄹ'본음)(콧)

행복과[행복꽈](된)

행복추구권[행복추구꿘](된)

행복하다[행보카다](거)

행복한[행보칸](거)

행복할[행보칼](거)

행복해[행보캐](거)

향긋한[향귿한 → 향그탄](받 → 거)

향기롭고[향기롭꼬](된)

향신료[향신뇨](香辛料, '료':머-'ㄹ'본음)(콧)

허겁지겁[허겁찌겁](된)

허드렛[허드렏](받)

허드렛물[허드렏물 → 허드렌물](받 → 콧)

허드렛물[허드렌물](×[허드렘물])(입)

허드렛일[허드렏일 → 허드렌닐](받 → 'ㄴ'보탬 → 콧)

허락[허락](許諾, '락':머-'ㄹ'본음)

허락도[허락또](된)

허락하다[허라카다](거)

허락할[허라칼](거)

허릿심[허릳심 → 허릳씸](받 → 된)

허벅지[허벅찌](된)

허점[허쩜](된)

허옇게[허여케](거)

허옇던[허여턴](거)

허우적거려[허우적꺼려](된)

허우적거리다[허우적꺼리다](된)

헉헉[허컥](거)

헉헉대면서[허컥때면서](거 · 된)

헌병[헌병](×[험병])(입)

헐떡거리다[헐떡꺼리다](된)

헐뜯는[헐뜬는](콧)

험악하다[허마카다](거)

협력하다[협녁하다 → 혐녀카다](콧 · 거)

헛간[헏간 → 헏깐](받 → 된)

헛간[헏깐](×[헉깐])(여)

헛개[헏개 → 헏깨](받 → 된)

헛개[헏깨](×[헉깨])(여)

헛걸음[헏걸음 → 헏꺼름](받 → 된)

헛걸음[헏꺼름](×[헉꺼름])(여)

헛것[헏걷 → 헏껃](받 → 된)

헛것[헏껃](×[헉껃])(여)

헛기침[헏기침 → 헏끼침](받 → 된)

헛기침[헏끼침](×[헉끼침])(여)

헛기침[헏끼침](×[헏찌침])(센)

헛된[헏된 → 헏뙨/뛘](받 → 된)

헛바람[헏바람 → 헏빠람](받 → 된)

헛바람[헏빠람](×[헙빠람])(입)

헛보고[헏보고 → 헏뽀고](받 → 된)

헛보고[헏뽀고](×[헙뽀고])(입)

헛소리[헏소리 → 헏쏘리](받 → 된)

헛수고[헏수고 → 헏쑤고](받 → 된)

헛일[헏일 → 헏닐 → 헌닐](받 → 'ㄴ'보탬 → 콧)

헝겊[헝겁](받)

헤집고[헤집꼬](된)

헬멧과[헬멛과 → 헬멛꽈](받 → 된)

헬멧과[헬멛꽈](×[헬멕꽈])(여)

헷갈려[헫갈려 → 헫깔려](받 → 된)

헷갈려[헫깔려](×[헥깔려])(여)

헷갈리다[헫갈리다 → 헫깔리다](받 → 된)

헷갈리다[헫깔리다](×[헥깔리다])(여)

혀끝이[혀끄치](×[혀끄시])(갈)

혁신[혁씬](된)
현관[현관](×[형관])(여)
현기증[현기쯩](된)
현기증[현기쯩](×[형기쯩])(여)
현명[현명](×[혐명])(입)
현미[현미](×[혐미])(입)
협공[협꽁](된)
협동[협똥](된)
협력[협력 → 혐녁](協力,'력':머-'ㄹ'본음)(콧)
협박[협빡](된)
협상[협쌍](된)
협정[협쩡](된)
협조[협쪼](된)
협회[혀푀/-풰](거)
혓바닥[혇바닥 → 혈빠닥](받 → 된)
혓바닥[혈빠닥](×[협빠닥])(입)
헀나[헏나 → 헌나](받 → 콧)
헀다[헏다 → 헏따](받 → 된)
헀습[헏습 → 헏씁](받 → 된)
헀습니다[헏습니다 → 헏씀니다](받 → 된·콧)
헀지[헏지 → 헏찌](받 → 된)
호들갑스럽게[호들갑쓰럽께](된)
호젓하다[호젇하다 → 호저타다](받 → 거)
호젓한[호젇한 → 호저탄](받 → 거)
호통치듯[호통치듣](받)
혹독[혹똑](된)
혹독한[혹또칸](된·거)
혹 모르니[홍모르니](콧)
혹부리[혹뿌리](된)
혹시[혹씨](된)
혼란[홀란](混亂,'란':머-'ㄹ'본음)(흐)
혼잣말[혼짇말 → 혼잔말](받 → 콧)
혼잣말[혼잔말](×[혼잠말])(입)
혼잡하다[혼자파다](거)
홍보석같이[홍보석까치](된·센)
홑실[혿실 → 혼씰](받 → 된)
화급히[화그피](거)

화났고[화난고 → 화난꼬](받 → 된)
화났고[화난꼬](×[화낙꼬])(여)
화났구나[화난구나 → 화난꾸나](받 → 된)
화났구나[화난꾸나](×[화낙꾸나])(여)
화랑[화랑](花郞,'랑':머-'ㄹ'본음)
화려[화려](華麗,'려':머-'ㄹ'본음)
화력[화력](火力,'력':머-'ㄹ'본음)
화합도[화합또](된)
화합하다[화하파다](거)
확률[확뉼 → 황뉼](確率,'률':머-'ㄹ'본음)(콧)
확립[확닙 → 황닙](確立,'립':머-'ㄹ'본음)(콧)
확립하다[확닙하다 → 황니파다](콧·거)
확보[확뽀](된)
확산[확싼](된)
확성기[확썽기](된)
확신[확씬](된)
확실히[확씰히](된)
확정[확쩡](된)
환경[환경](×[황경])(여)
환곡[환곡](×[황곡])(여)
환불[환불](×[홤불])(입)
활달[활딸](된)
활동[활똥](된)
활력[활력](活力,'력':머-'ㄹ'본음)
활자[활짜](된)
황갈색[황갈쌕](된)
황금빛[황금빋 → 황금삗](받 → 된)
황급히[황그피](거)
황량[황냥](콧)
햇불[핻불 → 횃뿔](받 → 된)
햇불[횃뿔](×[횝뿔])(입)
회복하다[회보카다/훼-](거)
회색빛[회색빋 → 회색삗/훼-](받 → 된)
횟수[횓수 → 횓쑤/훽-](받 → 된)
횡단로[횡단노/훵-](橫斷路,'로':머-'ㄹ'본음)(콧)
효율적[효율쩍](된)
후닥닥[후닥딱](된)

후덥지근[후덥찌근](된)
후덥지다[후덥찌다](된)
후훗[후훋](받)
훈계[훈계/*-게](홑)
훈계[훈계/-게](×[훙계/-게])(여)
훈련[훌련](訓練, '련':머-'ㄹ'본음)(흐)
훈맹[훈맹](×[훔맹])(입)
훈민[훈민](×[훔민])(입)
훈민가[훈민가](×[훔민가])(입)
훌쩍거려[훌쩍꺼려](된)
훑고[훌고 → 훌꼬]('ㅌ'빠짐 → 된)
훗날[훋날 → 훈날](받 → 콧)
휘발유[휘발뉴 → 휘발류]('ㄴ'보탬 → 흐)
흉측하다[흉츠카다](거)
흉측한[흉츠칸](거)
흐릿하다[흐릳하다 → 흐리타다](받 → 거)
흐릿한[흐릳한 → 흐리탄](받 → 거)
흐뭇하다[흐묻하다 → 흐무타다](받 → 거)
흐뭇한[흐묻한 → 흐무탄](받 → 거)
흐뭇함[흐묻함 → 흐무탐](받 → 거)
흐뭇해[흐묻해 → 흐무태](받 → 거)
흑밥장난[흑빱짱난](된)
흑갈색[흑깔쌕](된)
흑백[흑빽](된)
흑색[흑쌕](된)
흑흑[흐큭](거)
흘긋[흘귿](받)
흘낏[흘낃](받)
흙[흑]('ㄹ'빠짐)
흙 나르고[흑나르고 → 흥나르고]('ㄹ'빠짐 → 콧)
흙냄새[흑냄새 → 흥냄새]('ㄹ'빠짐 → 콧)
흙덩이[흑덩이 → 흑떵이]('ㄹ'빠짐 → 된)
흙도[흑도 → 흑또]('ㄹ'빠짐 → 된)
흙만[흑만 → 흥만]('ㄹ'빠짐 → 콧)
흙물[흑물 → 흥물]('ㄹ'빠짐 → 콧)
흙바닥[흑바닥 → 흑빠닥]('ㄹ'빠짐 → 된)
흙집[흑집 → 흑찝]('ㄹ'빠짐 → 된)

흙탕[흑탕]('ㄹ'빠짐)
훑고[훌고 → 훌꼬]('ㅌ'빠짐 → 된)
흠칫[흠칟](받)
흡수[흡쑤](된)
흡족[흡쪽](된)
흡족하다[흡쪼카다](된 · 거)
흡족해[흡쪼캐](된 · 거)
흥겹게[흥겹께](된)
흥미롭게[흥미롭께](된)
흥미롭고[흥미롭꼬](된)
흥미롭기[흥미롭끼](된)
흥미롭다[흥미롭따](된)
흥미롭지[흥미롭찌](된)
흩날리다[흗날리다 → 흔날리다](받 → 콧)
희끗하다[희끋하다 → 히끄타다](받 → 거 → 홑)
희끗희끗[희끋희끋 → 히끄티끋](받 → 거 → 홑)
흰개미[힌개미](홑)
흰개미[힌개미](×[힝개미])(여)
흰구름[힌구름](홑)
흰구름[힌구름](×[힝구름])(여)
흰맷새[흰맫새 → 힌맫쌔](받 → 된 → 홑)
흰맷새[힌맫쌔](×[힘맫쌔])(입)
흰모래[힌모래](홑)
흰모래[힌모래](×[힘모래])(입)
히읗[히읃](받)
히힛[히힏](받)
힐끗힐끗[힐끋힐끋 → 힐끄티끋](받 · 거)
힘겹게[힘겹께](된)
힘껏[힘껃](받)
힘껏[힘껃](×[힝껃])(여)
힘든 일[힘든닐]('ㄴ'보탬)
힘없는[힘업는 → 히멈는]('ㅅ'빠짐 → 콧)
힘없이[히업씨](된)
힘줄[힘쭐](된)

초등국어의
표기와 발음

황인권